INSTITUTIONS

LITURGIQUES

INSTITUTIONS
LITURGIQUES

PAR

LE R. P. DOM PROSPER GUÉRANGER

ABBÉ DE SOLESMES

Sanas Pontificii Juris et sacræ Liturgiæ
traditiones labescentes confovere.

DEUXIÈME ÉDITION

TOME DEUXIÈME

SOCIÉTÉ GÉNÉRALE DE LIBRAIRIE CATHOLIQUE

Victor PALMÉ, éditeur des *Bollandistes*, DIRECTEUR GÉNÉRAL

PARIS	BRUXELLES
76, rue des Saints-Pères, 76	29, rue des Paroissiens, 29

1880

MCLAUGHLIN

PRÉFACE

En donnant enfin au public le second volume de nos *Institutions Liturgiques*, nous éprouvons le besoin de justifier le retard que nous avons mis à satisfaire à des engagements réitérés. _{L'auteur justifie le retard qu'il a mis à publier le second volume.}

Certes, nous pouvons nous rendre ce témoignage, que notre bonne volonté est demeurée entière; mais nos forces affaiblies par un long malaise n'ont pas servi notre courage, et nous avons vu les mois, et presque les années, s'accumuler, sans nous rendre cette vigueur qui pourtant nous était nécessaire pour achever la rude tâche que nous nous étions imposée.

D'un autre côté, les nécessités du plan que nous nous sommes tracé, exigeant impérieusement que nous ne fissions pas trop attendre la dernière partie de cette Introduction historique, il nous a fallu subir les exigences du sujet, et, partant, donner au présent volume une dimension presque double de celle à laquelle nous avions cru devoir étendre le premier.

Ce long délai a du moins servi à manifester quel intérêt paraît devoir s'attacher en France aux études liturgiques.

Du moins, ce long délai, durant lequel nous avons reçu les instances les plus vives et les plus multipliées pour la continuation de l'ouvrage, aura servi à manifester l'intérêt qui désormais paraît devoir s'attacher aux études liturgiques si longtemps éclipsées en France. Assurément, lorsque nous prîmes la plume pour écrire sur ces matières, nous étions loin de nous attendre que notre faible travail dût exciter aussi vivement l'attention des catholiques, et que le siècle fût en mesure de témoigner tant de sympathie pour une œuvre que plusieurs pouvaient croire surannée dans son objet, et que certains symptômes semblaient signaler à l'opinion comme étant tout au moins dépourvue de ce qu'on est convenu d'appeler aujourd'hui actualité.

Nous bénissons le Père des lumières qui a bien voulu qu'il en fût autrement ; car ce travail a été entrepris dans des intentions pures, et ce nous est une grande joie de voir se préparer un retour vers l'étude et l'amour des pieuses traditions des âges catholiques. Profès d'un Institut qui place en tête de tous ses devoirs le Service liturgique, il est naturel que nos désirs et nos efforts se tournent vers ce but auquel nous avons voué avec bonheur notre vie tout entière.

Nécessité d'une introduction historique en tête de toute l'œuvre.

Mais avant d'ouvrir la source des mélodies, avant d'expliquer les mystères célestes, il nous fallait tracer un tableau général des vicissitudes de la Liturgie, raconter sa marche à travers les siècles, son admirable progrès, ses altérations en quelques lieux ; arriver ainsi à établir l'aspect général de cette immense forme du catholicisme. Cet aperçu, ainsi que nous l'avons dit ailleurs, était indispensable, tant pour asseoir sur la base inébranlable des faits la partie didactique de l'ouvrage tout entier, que pour subvenir aux besoins des personnes qui ne possèdent point un ensemble sur la matière des faits liturgiques.

Et le nombre de ces personnes est plus grand que nous ne l'aurions pensé. On rencontre des hommes versés dans les sciences ecclésiastiques, récitant chaque jour les heures canoniales dans un bréviaire, célébrant la sainte messe dans un missel, et avouant avec simplicité ne s'être jamais préoccupés de savoir les noms des rédacteurs de ce bréviaire, de ce missel, qu'ils ont sans cesse entre les mains. Bien plus, un écrivain exact, et même minutieux, l'auteur des *Mémoires pour servir à l'Histoire ecclésiastique pendant le XVIIIe siècle*, en est venu jusqu'à omettre, dans son livre, le récit d'un si grand fait que le changement de la Liturgie dans l'Église de France au xviiie siècle. C'est à peine si on trouve, dans ses quatre volumes, quelques mots épars, à l'aide desquels on puisse se douter qu'une révolution quelconque ait eu lieu chez nous dans les choses du service divin, tandis qu'il est matériellement incontestable que rien d'aussi grave sous ce rapport ne s'était opéré dans nos églises, depuis l'époque de Charlemagne.

Beaucoup de personnes, même versées dans les sciences ecclésiastiques, ne possèdent pas la moindre notion sur la révolution liturgique, opérée en France aux xviie et xviiie siècles.

L'histoire des deux derniers siècles liturgiques devra donc paraître quelque peu étrange à certains esprits préoccupés qui n'aiment pas qu'on les dérange, ou qu'on trouble leur quiétude. Il est des hommes qui voudraient qu'on ne parlât jamais des choses auxquelles ils n'ont pas l'habitude de songer, et qui se trouvent portés à nier de

Certains esprits pourront trouver ces faits étranges.

prime abord ce qu'ils ne rencontrent pas dans leurs souvenirs. Quoi qu'il en soit de l'effet que peut produire sur ces derniers la lecture de cette histoire, nous nous flattons du moins que les lecteurs sans préjugés rendront justice aux efforts qu'il nous a fallu faire pour en rassembler les matériaux, tout imparfait d'ailleurs que puisse leur sembler le résultat.

<small>Les lecteurs sans préjugés rendront justice aux efforts que ce travail a nécessités.</small>

Mais il est un avertissement que nous croyons devoir déposer ici pour l'utilité de plusieurs personnes. Il consistera tout simplement à dire que quiconque n'est pas familiarisé avec l'histoire du jansénisme, ne saurait jamais qu'imparfaitement saisir la situation de l'Église de France au xviiie siècle. Si donc on avait oublié la *Distinction du fait et du droit*, le *Cas de conscience*, les *Réflexions morales*, le *Problème ecclésiastique*, l'*Appel* et le *Réappel*, les *Héxaples de la Constitution*, le *Figurisme*, le *Sécourisme*, la *Venue d'Élie*, etc.; si on ne savait plus ce que la secte appelait la *Vérité*, l'*Obscurcissement*; si on ne s'était pas familiarisé avec les Bulles *Vineam Domini Sabaoth*, — *Unigenitus*, — *Auctorem fidei*; si on était porté à confondre les *évêques constitutionnaires* et les *évêques constitutionnels*, etc., etc., il faudrait bien s'attendre à trouver quelques étrangetés dans notre histoire liturgique. Depuis bientôt deux siècles, le jansénisme est le grand fait religieux de l'Église de France; et ses influences qui, grâces à Dieu, s'en vont s'éteignant de jour en jour, ont été incalculables. Dieu permettra, sans doute, que les derniers restes de cette ivraie maudite disparais-

<small>La science de l'histoire du jansénisme est nécessaire pour saisir la situation de l'Église de France au xviiie siècle.</small>

sent bientôt du champ du Père de famille; mais il nous semble grandement salutaire que les catholiques n'oublient pas trop vite les artifices de leurs ennemis. Le jansénisme a été le protestantisme de notre pays, le seul qui ait su se faire accepter; il importe donc qu'on s'en souvienne.

Pour en revenir au présent volume, certaines personnes remarqueront peut-être qu'il est écrit avec quelque chaleur: nous ne pensons pas cependant qu'elles aillent jusqu'à s'en plaindre. Dans ce cas, nous leur répondrions que la conviction seule nous ayant porté à l'écrire, il nous devenait tout aussi impossible de ne pas montrer cette conviction dans nos paroles, que de tracer même une seule ligne, du moment où il ne nous eût pas semblé évident que la cause que nous soutenons est la bonne cause. Certes, s'il y a lieu de s'étonner de quelque chose en ce monde, c'est de voir la vérité et la justice défendues mollement par les hommes, eux qui sont si ardents au maintien de leurs droits et de leurs prétentions personnelles. Les Livres saints et les écrits des Pères déposent énergiquement en faveur du langage sincère et sans ménagement qui doit être employé par l'homme de foi, dès qu'il s'agit de Dieu ou de son Église.

La conviction seule ayant porté l'auteur à écrire, il lui était impossible de ne pas la montrer dans ses paroles.

Et, après tout, qui de nous porte donc aujourd'hui un si tendre intérêt au jansénisme et à ses œuvres, pour se scandaliser du zèle qu'un auteur catholique mettrait à les démasquer et à les poursuivre? Nous ne sommes plus à l'époque où cette secte travaillait à se faire passer pour un fantôme, et y réussissait dans l'esprit d'un si grand nombre

Ce zèle d'un auteur catholique ne doit scandaliser personne, le jansénisme étant pour jamais inauguré au dictionnaire des hérésies.

de personnes. Aujourd'hui, le jansénisme est pour jamais inauguré au dictionnaire des hérésies, à côté de l'arianisme, du pélagianisme, et du calvinisme son frère.

La critique de l'auteur ne sera jamais aussi amère que la critique, faite par les novateurs, des prières séculaires de la chrétienté.

Nous trouverait-on amer contre les nouvelles Liturgies ? Mais si elles sont pour la plupart l'œuvre de mains jansénistes, pourquoi devrions-nous respecter les fruits, quand il nous est enjoint de maudire l'arbre ? Parce que le xviiie siècle les a produites pour la plupart, devrons-nous leur sacrifier sans résistance le recueil des chants chrétiens, centonisé par saint Grégoire, et devenu l'expression de la foi et de la piété depuis mille ans, dans toute la chrétienté occidentale ? Et encore quelle critique plus sanglante pourrions-nous faire d'une œuvre tout humaine, entachée d'esprit de parti, de prétention nationale, et surtout d'esprit presbytérien, que celle qu'on a osé faire de la Liturgie romaine, lorsqu'on l'a mutilée, parodiée, expulsée enfin de nos églises, comme si elle n'eût pas eu pour elle l'antiquité et l'autorité que donne la tradition ? S'il a pu être permis de refaire à neuf les prières séculaires de la chrétienté, et de donner cet attentat comme un progrès sublime de la chose religieuse, il nous sera bien permis sans doute d'environner de notre amour ces antiques formes de la piété de nos pères, qui sont encore celles de la religion de toute l'Église latine, de les défendre sans faiblesse, et de peser au poids du sanctuaire ce qu'on leur a substitué.

Du reste, l'auteur ne paraîtra

Au reste, dans cette lutte laborieuse, nous ne paraîtrons pas seul. De nobles champions, à la tête desquels on verra briller l'illustre Languet, archevêque de Sens, le marteau du jansénisme, entreront avec nous dans la lice, et pas une parole ne sortira de notre bouche qui ne soit l'écho des doctrines expresses de ces vaillants antagonistes de l'hérésie antiliturgiste, au dernier siècle.

<small>pas seul en cette lutte.</small>

Enfin, si notre accent est quelquefois sévère, c'est encore parce que nous ne saurions nous résoudre à contempler de sang-froid les ravages que les changements liturgiques de ces derniers temps ont faits dans les habitudes de la piété catholique, en France ; l'altération des offices divins, l'oubli du symbolisme des cérémonies, la destruction des chants antiques, le refroidissement de la dévotion à la sainte Vierge et aux saints; et, ce qui met le comble à tout, l'intelligence des mystères, si ample et à la fois si facile par la Liturgie, ravalée pour la plupart des fidèles à la mesure de ces innombrables petits livres qui inondent de plus en plus la librairie religieuse.

<small>La sévérité de l'accent provient du spectacle des ravages causés par ces innovations.</small>

Mais, diront quelques-uns, pourquoi révéler au grand jour une telle situation ? Pourquoi ? afin d'aider à y mettre un terme ; afin d'empêcher, en si faible mesure que ce soit, qu'elle ne s'aggrave encore. Au reste, dans cette histoire, c'est à des morts surtout que nous avons affaire, et si nous avons cru devoir relever quelques faits contemporains, nous ne l'avons fait qu'en écartant soigneusement les noms des personnes. Toutes les fois aussi que la marche de notre narration nous a mis à même de raconter le bien qui s'est fait, et se fait encore, de constater les indices consolants et déjà si nombreux d'un retour aux anciennes formes de

<small>L'auteur s'est attaché à écarter les personnes de ce débat et aussi à constater les indices consolants d'un retour aux formes anciennes.</small>

la prière et du culte divin, nous nous sommes étendu avec complaisance sur ces récits, nous en avons fait ressortir avec joie toute la portée.

<small>Raisons qui nécessitaient cet exposé des véritables causes des changements de Liturgie.</small>

Mais il était nécessaire que nous entrassions tout d'abord avec franchise dans la question des causes de la révolution liturgique du siècle dernier, et que nous montrassions la véritable raison des changements à l'aide desquels il se fait que nos églises se présentent aujourd'hui tout aussi modernisées sous le rapport des prières qu'on y récite et des cantiques qu'on y chante, que sous celui de leur architecture, de leur décoration et de leur ameublement. Il fallait prendre les devants sur les hommes de la science laïque et même profane qui s'apprêtaient à se lancer, au nom de la poésie et des origines nationales, sur le champ de la Liturgie, comme ils ont déjà, au nom de l'art du moyen âge, envahi nos édifices sacrés. Mieux valait donc convenir sincèrement des aberrations d'un siècle que personne n'ose plus défendre, et montrer dès l'abord, que nous, hommes d'Église, n'avons pas besoin d'un secours étranger pour interpréter nos livres, ni des leçons d'autrui pour reconnaître ce qui reste à faire, en notre temps, quand on voudra aussi restaurer ces livres et y rétablir les droits de l'antiquité, et les glorieux avantages de l'universalité. N'était-il pas urgent de montrer que cette déviation malheureuse n'est point notre ouvrage; que si nous sommes réduits à en subir les conséquences, la faute en est, pour la plus grande partie, dans les obstacles matériels que nous avons hérités d'un autre âge, et, pour le reste, dans ces préjugés de Liturgie perfectionnée qui nous ont bien été imposés avec l'éducation, mais qui s'effacent de jour en jour, comme tant d'autres, pour faire place à une appréciation plus large des institutions catholiques. Oui, nous le disons avec sincérité, nous penserons avoir rendu un service, si, en nous jetant ainsi dans ces questions de l'histoire et de la forme liturgiques, nous parvenons à occuper la place, et à prévenir l'invasion de ces littérateurs, historiens, poètes, artistes, et autres, dont le demi-savoir et l'incompétence produisent journellement tant d'inconvénients dans les publications, périodiques ou non, qu'un zèle, souvent très louable en lui-même, leur fait entreprendre.

Toutefois, nous éprouvons le besoin de protester contre un abus dans lequel, malgré nous, la lecture de notre livre pourrait peut-être entraîner quelques personnes. Il ne serait pas impossible que certains ecclésiastiques, apprenant par nos récits l'origine peu honorable de tel ou tel livre liturgique en usage dans leur diocèse depuis un siècle, crussent faire une œuvre agréable à Dieu en renonçant avec éclat à l'usage de ces livres. Notre but n'est certainement pas d'encourager de pareils actes, qui n'auraient guère d'autre résultat final que de scandaliser le peuple fidèle, et d'énerver le lien sacré de la subordination cléricale. Pour produire un bien médiocre, on s'exposerait à opérer un mal considérable. Nous désavouons donc à l'avance toutes démonstrations imprudentes et téméraires, propres seulement à compromettre une cause qui n'est

L'auteur désavoue à l'avance toutes démonstrations imprudentes et propres à scandaliser le peuple fidèle.

Le retour aux traditions anciennes ne peut être opéré qu'à l'aide du temps et par la main des évêques.

pas mûre encore. Sans doute, notre intention est d'aider à l'instruction de cette cause, et nous la voudrions voir jugée déjà et gagnée par la tradition contre la nouveauté ; mais une si grande révolution ne s'accomplira qu'à l'aide du temps, et la main de nos évêques devra intervenir, afin que toutes choses soient comme elles doivent être dans cette Église de Dieu qu'il leur appartient de régir.

En sa qualité de membre du clergé régulier, l'auteur professe un attachement inviolable à l'ordre hiérarchique que les docteurs du presbytérianisme ont confondu dans une même aversion avec les privilèges des réguliers.

Tel est notre avis que nous déposons ici pour la décharge de notre conscience, nous souvenant de notre qualité de membre indigne du clergé régulier, lequel a dans tous les temps témoigné de son attachement inviolable à l'ordre hiérarchique, sans croire par là porter atteinte aux privilèges dont la discipline générale de l'Église l'a investi ; tandis qu'on a vu constamment les docteurs du presbytérianisme, guidés par un secret instinct, confondre dans une même aversion la prérogative divine de l'épiscopat et les droits concédés aux corps privilégiés. Nous en appelons, sur ce point, à l'histoire des controverses qui s'agitèrent, en France, aux XVIIe et XVIIIe siècles, sur la hiérarchie et ses applications. Ce qui nous perd aujourd'hui, c'est l'ignorance de ce passé, sans lequel, pourtant, on espérerait en vain comprendre et terminer les questions présentes.

L'auteur ne pourra motiver son opinion sur un grand nombre de questions que dans la partie didactique de l'ouvrage.

Il ne sera peut-être pas inutile de répéter ici ce que nous avons déjà dit ailleurs, savoir que, dans cette Introduction historique, nous touchons un grand nombre de questions, sur lesquelles nous sommes amené à prendre un parti, sans que la marche du récit nous permette de nous arrêter assez pour motiver notre avis. Si quelquefois le lecteur avait peine à se rendre compte des raisons qui nous déterminent pour telle ou telle conclusion, nous le prierions d'attendre le développement même de l'ouvrage ; il n'est pas une seule des questions soulevées dans l'Introduction, qui ne doive être discutée dans la partie didactique de notre travail. On peut revoir le plan de l'ouvrage entier dans la préface du premier volume.

On nous a prié de caractériser la nature et l'étendue de la réaction liturgique du XVIIIe siècle ; c'était déjà notre intention, et nous croyons même que rien ne sera plus utile, quand, d'une manière précise, nous en viendrons à l'explication détaillée des offices divins, que de placer jour par jour, en regard des formules de l'antiquité, les innombrables pièces nouvelles qu'on y a substituées, en France. La science liturgique, comme toute science de faits, avance principalement par la réunion et la comparaison des données positives ; c'est ce qui nous a porté à ne rien négliger pour procurer à notre ouvrage les compléments dont il a besoin pour être, autant que nos forces nous le permettront, une *Somme liturgique.* Ainsi nous n'interrogerons point seulement les anciennes Liturgies de l'Orient et de l'Occident ; mais nous étudierons, dans le plus grand détail, les produits de notre fécondité nationale en ce genre, à partir du Bréviaire de Cluny, de 1686, jusqu'aux récents bréviaires que notre siècle a vus paraître.

Nous avons déjà dit et nous répétons ici volontiers que nous nous ferons un devoir de répondre franchement aux observations ou réclamations qui nous seraient adressées ;

<small>Pour caractériser la réaction liturgique du XVIIIe siècle rien n'est plus utile que de rapprocher les formules antiques des pièces nouvelles qu'on leur a substituées.</small>

<small>Les Liturgies anciennes des Liturgies récentes.</small>

<small>L'auteur répondra aux observations qui lui seraient adressées.</small>

la préface du volume suivant contiendrait nos éclaircissements sur les points contestés, ou même, s'il y avait lieu, les rectifications qu'une plus ample instruction de la matière nous mettrait à même de fournir.

Jusqu'ici il n'a recueilli que des suffrages bienveillants.

Jusqu'ici du moins, nous le disons en toute simplicité, nons n'avons recueilli que des suffrages bienveillants. Pour ne parler que de la France, les encouragements directs que nous ont transmis plusieurs de nos archevêques et de nos évêques, la sympathie que d'autres prélats nous ont fait témoigner, l'assentiment d'un nombre très considérable des membres les plus éclairés du clergé du second ordre, toutes ces choses sont pour nous le motif d'une consolation d'autant plus grande, que nous n'avons fait aucune démarche pour nous attirer ces honorables témoignages de satisfaction. Nous ne formons maintenant d'autre vœu que celui de nous en rendre digne de plus en plus.

Unanimité de la presse catholique dans l'appréciation des Institutions liturgiques.

Le public laïque a accueilli les *Institutions Liturgiques* avec un empressement, sur lequel, nous le répétons, nous étions loin de compter. La presse catholique s'est exprimée avec la plus précieuse et la plus rare unanimité en faveur du retour aux anciennes et véritables traditions du service divin, et nos faibles efforts vers ce but ont été récompensés à l'excès, par les articles qu'ont bien voulu consacrer à notre livre les *Annales de Philosophie chrétienne*, l'*Université catholique*, l'*Ami de la religion*, l'*Univers*, etc.

Mais ce qui nous a semblé encore plus digne de remarque, a été de voir notre livre et ses doctrines devenir, dans un journal anglican, l'objet non seulement d'une attention sérieuse, mais d'une sympathie presque catholique. Le *British Critic*, organe solennel et véritablement grave du clergé de l'*Église-établie*, dans le N° d'octobre 1841, après avoir développé les plus hautes considérations sur l'importance de la forme religieuse, conclut ainsi le long et bienveillant article qu'il a consacré à notre premier volume :

> « Toutes formes donc, autant qu'elles sont religieuses, « étant des symboles des choses spirituelles, l'uniformité, « comme nous le rappelle l'Abbé, en doit être la condi- « tion, et par là même le gage de l'*unité de l'Esprit* (1). « En effet, pour employer les propres paroles de l'archi- « diacre Manning, *n'est-il pas certain que l'uniformité est* « *le langage symbolique et silencieux de l'unité ?* Y a-t-il « quelque loi dans l'œuvre de Dieu qui n'ait sa propre « forme invariable? Qu'est-ce que la variété de la nature, « sinon l'expression uniforme d'une variété de lois, et « non pas l'expression variée d'une seule loi ? *Là où il n'y* « *a qu'un cœur, il n'y aura aussi qu'une voie*, a dit « Jérémie (2). En conséquence, l'Abbé condamne la variété « des rites dans l'Église ; il la poursuit comme un man- « que d'appréciation de l'importance de l'unité chrétienne, « et il propose de surmonter la difficulté en prenant « Rome pour centre. Ici, il ouvre une question dans « laquelle nos lecteurs nous pardonneront certainement

Sympathie presque catholique du British Critic, *organe du clergé de l'*Église-établie *d'Angleterre (octobre 1841).*

(1) *Eph.*, IV, 3.
(2) Jerem., XXXII, 39.

« de ne pas nous engager, à la fin d'un long article. Nous
« nous bornerons donc, pour le présent, à dire que,
« quant aux vues de l'Abbé sur l'importance de l'unité
« religieuse, et sur la futilité de tous les efforts dépensés
« à procurer cette unité sans l'uniformité, il peut, si cela
« lui est de quelque consolation, être assuré de la franche
« sympathie de plus d'un cœur anglais.

« Certes, il n'est pas un cœur *catholique* (1) qui ne sou-
« pire ardemment vers une règle plus forte, vers une plus
« grande unité d'action, et non seulement en Angleterre,
« mais par toute la chrétienté. Nous sympathisons du fond
« de nos cœurs avec l'auteur dont nous venons d'examiner
« l'ouvrage, en ce qu'il dit contre l'esprit de nationalité en
« religion. Nous ne pouvons ressentir le moindre attrait
« pour le parti gallican, en tant qu'il s'oppose à l'école
« ultramontaine. Les théories nationales, y compris même
« la théorie gallicane, qui, par le fait, est plus ou moins
« la théorie actuelle des divers pays de la communion
« romaine, nous paraissent recéler un subtil érastianisme,
« et témoigner en même temps d'une véritable insouciance
« pour la plénitude et pour la liberté de l'Évangile. C'est
« en émettant cette profession de sympathie que nous
« prenons congé de l'Abbé, lui souhaitant de cœur la
« santé et une longue vie, pour mener à terme l'ouvrage
« de si haute importance et de si ardue difficulté dont ce
« volume n'est que le premier gage (2). »

(1) Le mot *catholique* est pris ici dans le sens de l'anglicanisme, qui l'étend à ses propres membres.
(2) *British Critic*. Number LX. October M DCCC XLI, pag. 464 et 465.

Et nous, nous demandons au Père des lumières qu'il lui plaise de se révéler de plus en plus à ces frères séparés, auxquels il a déjà donné de comprendre la nécessité de l'unité dans la doctrine et dans la forme; afin que leur cœur acceptant, par le secours de la divine grâce, la vérité déjà manifestée à l'intelligence, la confession publique de la vraie foi, la participation aux divins sacrements, la soumission filiale à la seule vraie hiérarchie, consomment bientôt dans l'unité de l'amour ceux qu'un lamentable isolement en avait arrachés.

Puisse le Père des lumières se révéler de plus en plus à ces frères séparés.

INSTITUTIONS LITURGIQUES

PREMIÈRE PARTIE
(Suite.)

CHAPITRE XVII

DE LA LITURGIE DURANT LA SECONDE MOITIÉ DU XVIIe SIÈCLE. COMMENCEMENT DE LA DÉVIATION LITURGIQUE EN FRANCE. — AFFAIRE DU PONTIFICAL ROMAIN. — TRADUCTION FRANÇAISE DU MISSEL. — RITUEL D'ALET. — BRÉVIAIRE PARISIEN DE HARLAY. — BRÉVIAIRE DE CLUNY. — HYMNES DE SANTEUIL. — CARACTÈRE DES CHANTS NOUVEAUX. — TRAVAUX DES PAPES SUR LES LIVRES ROMAINS. — AUTEURS LITURGIQUES DE CETTE ÉPOQUE.

Nous entrons dans la partie la plus pénible et la plus délicate du récit que nous nous sommes imposé. Pendant que l'Église latine tout entière reste fidèle aux formes liturgiques établies par saint Pie V, suivant le vœu du concile de Trente, confirmé par les divers conciles provinciaux qui l'ont suivi, une révolution se pré-

Durant la seconde moitié du XVIIe siècle une révolution se prépare dans l'Église de France.

pare dans l'Église de France. En moins d'un siècle, nous allons voir les plus graves changements s'introduire dans la lettre des offices divins, et l'unité romaine, que proclamait si nettement encore l'Assemblée de 1605, disparaître en peu d'années.

Pour mettre dans tout leur jour les causes de ce changement, il serait nécessaire de faire en détail l'histoire de France pendant le XVIIe siècle. Peu de gens aujourd'hui la connaissent, et pourtant elle renferme seule la clef de tous les événements religieux accomplis dans le cours des deux siècles suivants. C'est à cette époque qui montre encore de si magnifiques débris des anciennes mœurs catholiques, et qui vit s'élever tant de pieuses institutions, que les germes du protestantisme, sourdement implantés dans les mœurs françaises, percèrent la terre et produisirent ces doctrines d'isolement dont les unes, formellement hétérodoxes, furent honteusement flétries du nom de jansénisme, les autres, moins hardies, moins caractérisées, plus difficiles à démêler dans leur portée, se groupèrent successivement en forme de système national du christianisme, et ont été dans la suite comprises sous la dénomination plus ou moins juste de gallicanisme.

La Liturgie devait ressentir le contre-coup de ce mouvement. On peut dire qu'elle est l'expression de l'Église ; du moment donc que des variations s'introduisaient dans la chose religieuse en France, on ne pouvait plus espérer que l'unité liturgique pût dès lors exister entre Rome et la France. S'il est une assertion d'une rigueur mathématique, c'est assurément celle que nous énonçons en ce moment. — Mais, dira-t-on, voulez-vous nous faire croire que les changements introduits au bréviaire et au missel sont le résultat de principes hétérodoxes et suspects, ou encore qu'ils ont eu pour auteurs et promoteurs des hommes qui n'étaient pas purs dans la foi ? A cela nous répondons simplement : Lisez notre récit, et jugez ; prouvez que les faits que nous racontons ne sont pas exacts, que les principes que nous soutenons ne sont pas sûrs. Nous n'entendons pas, certes, envelopper, en masse, dans une odieuse conspiration contre l'orthodoxie les générations qui nous ont précédés; mais on ne saurait non plus nier l'histoire et les monuments.

Semblable en beaucoup de choses aux sectes gnostiques et manichéennes que nous avons signalées au chapitre xive; essentiellement antiliturgique comme elles, le jansénisme eut pour caractère de s'infiltrer au sein du peuple fidèle, en pénétrant de son esprit, à des degrés divers, la société qu'il venait corrompre. A ceux qui étaient assez forts, il prêcha un calvinisme véritable qui, au xviiie siècle, se transforma en le gnosticisme le plus honteux, par les *convulsions* et le *secourisme*, en attendant qu'à la fin du même siècle, on vît ses adeptes passer, de plain-pied, de la doctrine de Saint-Cyran et de Montgeron, à l'athéisme et au culte de la raison. A ceux au contraire qu'un attachement énergique à l'ensemble des dogmes, un éloignement prononcé pour une révolte contre les décisions évidentes de l'Église, garantissait de pareils excès, le jansénisme chercha à inspirer une défiance, un mépris, un éloignement même pour les formes extérieures du catholicisme, pour les croyances qui paraissent ne tenir au symbole que d'une manière éloignée. S'il n'osa révéler à ces derniers que l'Église avait cessé d'être visible, il se plut du moins à la leur montrer comme déchue de la perfection des premiers siècles, encombrée de superfétations que l'ignorance des bas siècles avait entassées autour d'elle, et surtout moins pure à Rome et dans les pays de la vieille catholicité qu'en France, où la science de l'antiquité, la critique, et surtout un zèle éclairé pour de saintes et précieuses *libertés*, avaient ménagé d'efficaces moyens de retour à la pureté primitive. Dans cette doctrine, le lecteur reconnaît sans doute, non-seulement Jansénius, Saint-Cyran et Arnauld, mais Letour-

Semblable aux sectes manichéennes, le jansénisme pénètre la société en ménageant la dose de ses poisons avec un art infernal.

Aux uns il prêche un calvinisme véritable; aux autres il se borne à inspirer du mépris pour les formes extérieures du catholicisme et pour les usages de l'Église de leur temps.

neux, Ellies Dupin, Tillemont, Launoy, Thiers, Baillet, de Vert, Fleury, Duguet, Mésenguy, Coffin, Rondet, etc.; or ce qui nous reste à faire voir, c'est que ces législateurs du dogme et de la discipline en France, ces réformateurs des mœurs chrétiennes, ont été, directement ou indirectement, les promoteurs des énormes changements introduits dans la Liturgie de nos églises.

Avant d'offrir au lecteur le tableau de leurs opérations sur le culte et l'office divin, nous ouvrirons notre récit par un incident liturgique qui signala le commencement de la période dont nous traçons l'histoire dans ce chapitre.

En 1645, Urbain VIII ayant, ainsi que nous l'avons dit, donné une nouvelle édition du Pontifical romain, dans laquelle il avait, d'autorité apostolique, introduit plusieurs modifications et additions, il se trouva qu'une de ces modifications avait rapport à la promesse d'obéissance à l'évêque que doivent émettre les prêtres dans la cérémonie de leur ordination. Le Siége apostolique avait jugé à propos de prescrire que l'évêque, conférant l'ordination, exigerait cette promesse de la part des réguliers, non pour lui-même, mais pour leur supérieur, en ces termes : *Promittis prælato ordinario tuo pro tempore existenti reverentiam et obedientiam?* En effet, du moment que l'existence des corporations régulières est admise par l'Église, il n'est nullement extraordinaire que cette partie du droit reçoive aussi ses applications dans les formes ecclésiastiques : c'est le contraire qui devrait surprendre. Clément VIII, il est vrai, dans la première édition du Pontifical, avait omis cette particularité; mais l'autorité de son successeur Urbain VIII, qui répara cette omission, était égale à la sienne, et le motif qui faisait agir ce dernier pontife ne pouvait être plus rationnel. Le but de la promesse d'obéissance exigée des prêtres dans leur ordination, est, sans doute, de les lier à un centre ecclésiastique quelconque. Ce centre naturel est l'évêque pour ceux qui doivent exercer le sacerdoce dans un diocèse en particulier ; mais, comme il est évident que les individus faisant partie des corps réguliers doivent se transporter non-seulement d'un diocèse à l'autre, mais d'un royaume, ou même d'une partie du monde à l'autre, il suit de là que la promesse d'obéissance émise par l'ordinand régulier à l'évêque qui célèbre l'ordination deviendrait le plus souvent illusoire, et que, par conséquent, la véritable dépendance à constater, en ce moment, est celle qu'il doit avoir à l'égard de son supérieur de droit et de fait.

L'Assemblée du clergé de 1650 témoigna néanmoins son déplaisir sur l'addition faite au Pontifical. « Le 17 août,
« l'évêque de Comminges représenta à l'Assemblée que,
« dans l'édition du Pontifical imprimé à Rome, en 1645,
« l'on avait ajouté un formulaire de serment particulier
« pour les prêtres réguliers, lequel n'était point dans les
« autres pontificaux, dans lesquels il n'y a qu'un même
« formulaire, tant pour les réguliers que pour les sécu-
« liers, lorsqu'ils sont promus à l'ordre de prêtrise ; que
« le formulaire de serment des religieux, ajouté dans ledit
« Pontifical nouveau, porte : *Promittis prælato ordinario*
« *tuo obedientiam,* au lieu qu'à celui qui est pour les
« prêtres, il y a : *Promittis pontifici ordinario tuo obe-*
« *dientiam,* quand il n'est point son diocésain ; que par ce
« mot de *prælato* mis dans le serment des réguliers, ils
« prétendent n'être entendu que la personne de leur supé-
« rieur, qu'ils qualifient du nom de prélat ; et, ce faisant,
« qu'ils ne se soumettent point à l'évêque ; *qu'il croyait*
« *à propos d'en écrire au Pape,* POUR L'EN AVERTIR, et à
« Messeigneurs les Prélats DE NE PAS S'EN SERVIR. Ce qui
« ayant été trouvé raisonnable, Monseigneur de Com-
« minges a été prié de faire les deux lettres.

« Le 20 septembre, Monseigneur de Comminges se mit
« au bureau et fit lecture des deux dites lettres qu'il avait
« été chargé de faire. **A**yant été trouvées *dans le sens de*

« l'Assemblée, l'on ordonna de les envoyer, et les sieurs
« Agents furent chargés d'en prendre soin (1). »

<small>INSTITUTIONS
LITURGIQUES</small>

<small>Étrangeté de
cette démarche
auprès du pape
Innocent X.</small>

Rien, sans doute, ne nous oblige à croire que l'Assemblée de 1650 ne fût pas d'une parfaite bonne foi quand elle écrivait au Pape pour *l'avertir* des changements qu'on avait faits au Pontifical; bien qu'on doive trouver un peu extraordinaire la lettre écrite *en même temps* aux évêques du royaume pour leur donner avis *de ne pas se servir* de ce Pontifical ainsi modifié. Quoi qu'il en soit, comme l'édition du Pontifical de 1645 avait été publiée à Rome par autorité apostolique, et accompagnée d'un bref solennel d'Urbain VIII, qui déclarait ce livre, dans sa nouvelle forme, obligatoire par toute l'Église, il était difficile à croire que les changements ou additions qu'on y avait introduits n'eussent pas été introduits par le souverain Pontife lui-même. Innocent X, qui tenait alors la chaire de saint Pierre, reçut donc la lettre de l'Assemblée de 1650 ; mais, ou il ne jugea pas à propos d'y répondre, ou il y fit telle réponse que le clergé n'eut pas lieu d'en être pleinement satisfait.

<small>En 1660,
à l'occasion
d'une
réimpression
du Pontifical,
l'Assemblée
nomme des
commissaires
pour aviser aux
moyens
d'empêcher
l'impression des
formules
favorables
à l'exemption
des réguliers.</small>

En effet, dix ans après, l'Assemblée de 1660 s'occupa encore de cette affaire, mais on ne saurait s'empêcher d'être effrayé des dispositions qu'elle fit paraître. « Le 12 août,
« Monseigneur l'évêque de Tulle dit que ceux qui doivent
« revoir le Pontifical qu'une compagnie d'imprimeurs de
« Paris veulent faire imprimer, le sont venus trouver et
« lui en ont donné quelques épreuves, dans lesquelles ils
« lui ont fait remarquer qu'à l'endroit où les prêtres font
« le serment à l'évêque lors de leur ordination, on y avait
« distingué celui que doivent faire les réguliers, comme
« s'ils ne devaient prêter le serment qu'à leur supérieur

---

(1) *Procès-verbaux des Assemblées générales du Clergé,* tom. III, pag. 610 et 611. Dans la même séance, l'évêque de Comminges se plaignit aussi de la formule du serment que doivent prêter, d'après le Pontifical de 1645, les abbesses exemptes, dans la cérémonie de leur bénédiction.

« de religion, et non pas aux évêques qui les ordonnent;
« et que, comme l'Assemblée de 1650 *en avait fait plainte*
« *au pape Innocent X, et avait même envoyé une lettre*
« *circulaire à tous les évêques de France, pour les prier*
« *de ne pas vouloir se servir de ce Pontifical ainsi recor-*
« *rigé*, IL IMPORTAIT A PRÉSENT D'EMPÊCHER L'IMPRESSION DE
« CELUI-CI, *s'il n'était conforme à celui que le pape Clé-*
« *ment VIII avait fait imprimer à Rome, et dont on s'est*
« *toujours servi depuis*. L'Assemblée a prié Monseigneur
« de Tulle et M. l'abbé de Colbert de voir lesdites épreuves
« et de mander ceux qui doivent les revoir, afin de voir par
« quel moyen on pourra empêcher cette impression, pour,
« après en avoir fait leur rapport à la compagnie, y être
« pris telle délibération qu'elle jugera nécessaire (1). »

Ainsi le prélat rapporteur jugeait que, du moment qu'on avait adressé des plaintes au Pape sur un acte de sa juridiction, et qu'on avait écrit à tous les évêques de France de n'avoir pas égard à cet acte, on était en droit de passer outre, sans avoir reçu décharge d'obéissance de la part du pouvoir auquel on s'était adressé. Avec de pareilles maximes quelle société pourrait subsister ? Quel moyen restait dès lors au clergé de parer les coups de la puissance séculière, quand lui-même, dans son propre sein, donnait l'exemple fatal d'un refus de subordination ?

Tout fut consommé en l'Assemblée de 1670. Voici les termes du procès-verbal : « Le 4 août, Monseigneur de
« Tréguier a pris le bureau et a rapporté que, dans le
« Pontifical romain qui a été imprimé en 1645 et 1664, il
« se trouve des additions et des restrictions qui ne sont pas
« aux anciens pontificaux : et en ayant fait remarquer les
« endroits à la compagnie, l'Assemblée, après y avoir fait
« ses réflexions, a cru l'affaire d'assez grande importance
« pour être examinée par des commissaires, et pour cet

(1) *Procès-verbaux du Clergé*, tom. IV, pag. 793.

« effet, Monseigneur le président a nommé Messeigneurs
« les évêques de Montauban, de Tréguier et de La Ro-
« chelle, et Messieurs les abbés de Chavigny, de Valbelle
« et de Fromentières.

« Le 24 septembre, Monseigneur l'évêque de Montau-
« ban a dit qu'il avait rendu compte à la compagnie d'une
« commission qu'elle lui avait donnée, concernant le Pon-
« tifical romain, où, dans les nouvelles éditions, il a été
« changé quelques endroits ; ce qui semble avoir été fait
« dessein, afin que les réguliers paraissent être seulement
« soumis à leur supérieur dans les temps de l'ordination,
« et non pas à l'évêque ; *ce qui étant d'une dangereuse*
« *conséquence*, porta l'Assemblée de 1650 d'en écrire au
« Pape ; *mais comme depuis* ON *n'y a pas remédié, il*
« *estime qu'il serait à propos de le faire*, en faisant réim-
« primer la *Messe pontificale* dont il n'y a plus d'exem-
« plaires à vendre, et que l'impression fût conforme à
« l'ancienne manière de parler ; et en faire une lettre à
« tous Messeigneurs archevêques et évêques du royaume,
« pour leur en donner avis. Sur quoi Monseigneur le
« président a dit que ces expédients sont très-judicieux, et
« qu'il faudrait joindre à l'édition de la messe la cérémonie
« de la bénédiction des abbesses, conformément à l'ancien
« usage ; mais comme la compagnie n'était pas complète,
« elle a remis à y délibérer quand elle sera plus nombreuse.

« Le 14 octobre de relevée, Monseigneur de Mon-
« tauban a dit qu'il avait examiné, avec Messeigneurs les
« commissaires, les articles qu'on avait insérés dans les
« nouvelles éditions du Pontifical romain, *où ils ont trouvé*
« DES NOUVEAUTÉS *préjudiciables à l'autorité des évêques;*
« QUE LE MEILLEUR REMÈDE serait de faire imprimer de nou-
« veau la *Messe pontificale*, selon les exemplaires anciens.
« Ce qui a été ordonné en même temps au sieur Vitré,
« suivant les mémoires qui lui seront donnés par Messei-
« gneurs les commissaires. »

« Le 12 novembre, Monseigneur de Tréguier a dit que le
« sieur Vitré, qui avait été chargé d'imprimer les *Messes*
« *pontificales*, a dit qu'ayant été chez les libraires pour voir
« s'il en trouverait assez pour en fournir tous les diocèses
« du royaume, en cas qu'on en eût besoin, il avait trouvé
« qu'il y en avait suffisamment, *et qu'il faudra seulement*
« *en imprimer quelques feuilles pour les mettre dans l'état*
« *que l'Assemblée* désire qu'elles soient mises, par sa dé-
« libération; que cela serait d'une grande épargne pour
« le Clergé, et ferait même qu'il ne resterait plus de ces
« *messes pontificales* imprimées qui ne fussent corrigées.
« *L'Assemblée a approuvé cet expédient, et a prié Mon-*
« *seigneur de Tréguier de tenir la main à ce que cela*
« *s'exécute ainsi* (1). »

Ainsi fut décrétée l'altération d'un livre liturgique reçu dans toute l'Église latine ; ainsi le souverain pouvoir liturgique qui avait déjà reçu une première atteinte dans l'Assemblée de 1606, par l'irrégulière insertion du nom du roi au canon de la messe, en reçut une seconde bien plus violente dans les Assemblées de 1650, 1660 et 1670. Du moins, en 1606, on n'avait pas pris la peine de consulter le Siége apostolique avant de formuler un refus positif d'obéissance à ses prescriptions. On n'avait pas dit et inséré au procès-verbal des délibérations, qu'une mesure prise par l'autorité apostolique était *d'une dangereuse conséquence;* qu'un des livres les plus vénérables, les plus sacrés qui soient dans l'Église, un livre garanti par le Saint-Siége, renfermait des *nouveautés préjudiciables à l'autorité des évêques;* comme si l'Église romaine n'avait pas, dans tous les siècles, maintenu, pour le bien de la chrétienté, l'autorité inviolable de l'Épiscopat. Il est vrai que, depuis bien des siècles, de concert avec les évêques eux-mêmes, Rome avait cru devoir assurer par des priviléges spéciaux les

Gravité de cette conduite de l'Assemblée qui, après avoir consulté le Saint-Siége et sans tenir compte de sa réponse, altère un livre liturgique et porte atteinte à un point de discipline générale.

---

(1) *Procès-verbaux des Assemblées du clergé*, tom. V, pag. 152 et 153.

INSTITUTIONS
LITURGIQUES

grands biens produits par les réguliers ; mais cette discipline étant universelle et promulguée par les canons des conciles œcuméniques et par les bulles des papes, deux choses devaient nécessairement être considérées avant tout par ceux auxquels elle aurait déplu. La première, qu'une discipline revêtue d'une sanction aussi sacrée ne pouvait, en aucune façon, être contraire à la constitution essentielle de l'Église; autrement, il faudrait dire que l'Église aurait erré sur la discipline générale, ce qui est hérétique. La seconde, que l'exemption des réguliers étant une loi générale de l'Église, toutes les atteintes qui lui seraient portées par un pouvoir autre que le pouvoir universel du concile œcuménique ou du souverain pontife, seraient illicites et nulles de plein droit.

Les gouvernements ennemis de l'Église ont toujours poussé le clergé à combattre l'exemption des réguliers.

Il y a donc contradiction de principes toutes les fois que, dans une église particulière, il est porté atteinte à l'exemption des corps réguliers, et voilà pourquoi les gouvernements ennemis de l'Église ont toujours poussé le clergé qui leur est soumis à annuler, par des règlements spéciaux, l'existence exceptionnelle des réguliers, et ont même décrété, comme loi de l'État, la soumission des réguliers aux ordinaires. Rappelons-nous Joseph II en Allemagne, Léopold en Toscane, Ferdinand IV à Naples, les archevêques électeurs à Ems, les Cortès de 1822 en Espagne, Nicolas Ier en Pologne, les articles de Baden, en 1834, pour la Suisse, etc. Ceci demande une histoire à part, et nous n'avons ici à traiter cette question que dans ses seuls rapports avec l'incident liturgique qui nous occupe. Nous dirons seulement que cette altération du Pontifical coïncida avec la fameuse déclaration de l'Assemblée de 1645 sur les réguliers, déclaration dont l'effet avait été préparé dans l'opinion par le *Petrus Aurelius*, par le livre de Hallier, sur la hiérarchie, etc., et qui fut bientôt suivie de la censure du livre de Jacques Vernant par la Sorbonne, censure censurée elle-même par Alexandre VII, dans une bulle doctrinale qui fut rejetée en France. Mais, sans entrer dans toutes ces questions qui sont d'un autre sujet, nous avons à noter ici un acte solennel par lequel les prélats français déclarent qu'ils ne sont point tellement obligés à suivre les livres liturgiques de Rome reçus par eux, qu'ils n'en puissent à l'occasion juger et modifier le texte, et ce, sans avoir besoin de l'autorisation apostolique.

Pendant que les Assemblées du clergé, si zélées d'ailleurs contre les nouveautés, donnaient ainsi le fatal exemple d'une atteinte portée à la Liturgie universelle, la secte janséniste poursuivait, avec une audace toujours croissante, ses plans ténébreux. Elle marchait à son but en attaquant les principes de l'Église sur la Liturgie. Son coup d'essai public, en ce genre, fut la publication d'une traduction française du Missel romain.

La secte janséniste continue son attaque contre les principes de l'Église sur la Liturgie par la traduction française du Missel romain.

Nous avons, dans notre chapitre XIVe, assigné comme le huitième caractère de l'hérésie antiliturgiste, la haine pour tout ce qui est mystérieux dans le culte, et spécialement pour l'emploi d'une langue sacrée inconnue au peuple. Les réformateurs du XVIe siècle, ancêtres naturels des jansénistes, avaient inauguré les traductions de l'Écriture sainte en langue vulgaire, comme le plus puissant moyen d'en finir avec la tradition, et d'affranchir l'intelligence des peuples du joug de Rome ; en même temps, ils réclamèrent l'emploi exclusif de la même langue vulgaire dans la Liturgie. Par là le culte se trouvait purgé de toute tendance mystique, et le dernier des fidèles devenait à même de juger de sa croyance, et conséquemment de sa pratique. Les novateurs français du XVIIe siècle n'avaient garde de s'écarter d'une ligne de conduite si éprouvée, et, en attendant le Nouveau Testament de Mons, que Port-Royal publia en 1666, et qui excita de si grands troubles dans l'Église, dès 1660, le sieur Joseph de Voisin, docteur de Sorbonne, faisait paraître, avec l'approbation des vicaires généraux de Paris, un ouvrage en cinq volumes,

Les jansénistes, comme les protestants, cherchent à bannir tout mystère de la Liturgie.

Le docteur de Voisin publie en 1660 une traduction complète du Missel romain.

intitulé : *Le Missel romain, selon le règlement du concile de Trente, traduit en français, avec l'explication de toutes les messes*, etc. Dans leur permission, les vicaires généraux s'étayaient d'une approbation de la Sorbonne qui se trouva être supposée, ainsi qu'il conste d'une déclaration donnée l'année suivante par la même Faculté, et dans laquelle les docteurs attestent d'abord qu'ils n'ont point donné la prétendue approbation; qu'à la vérité on les avait consultés sur un ouvrage, mais qu'on ne leur avait parlé que d'une *explication des messes de l'année*, et non d'*une traduction du Missel en langue française;* qu'elle ne pourrait donc s'empêcher d'improuver l'approbation qui, dit-on, aurait été donnée par quelques membres de son corps, puisque déjà elle s'est vue dans le cas, en 1655, de refuser son autorisation à une traduction française du Bréviaire romain, et en 1649, à une version du Nouveau Testament en langue vulgaire. La Sorbonne rappelle ensuite sa fameuse censure de 1527, contre les propositions d'Érasme, dont une, entre autres, exprimait le désir de voir les saintes Écritures traduites en toutes les langues (1).

L'Assemblée du clergé de 1660, se montra fidèle, dans cette occasion, à ces vénérables traditions qui n'auraient jamais dû périr chez nous. Elle condamna la traduction du Missel en langue vulgaire par le sieur de Voisin, et pour qu'il ne manquât rien à la solennelle réprobation de l'attentat qui venait d'être commis contre le mystère sacré de la Liturgie, un bref d'Alexandre VII, du 12 janvier 1661, vint joindre son autorité irréfragable à la sentence qu'avaient, en première instance, rendue les évêques de l'Assemblée. Le Pontife s'exprime ainsi. « Il est venu à nos oreilles et « nous avons appris avec une grande douleur que, dans « le royaume de France, certains fils de perdition, curieux

---

(1) D'Argentré. *Collectio Judiciorum*, tom. III, pag. 81.

« de nouveautés pour la perte des âmes, au mépris des
« règlements et de la pratique de l'Église, en sont venus
« à ce point d'audace que de traduire en langue française
« le Missel romain, écrit jusqu'ici en langue latine, sui-
« vant l'usage approuvé dans l'Église depuis tant de
« siècles ; qu'après l'avoir traduit, ils ont osé le publier
« par la presse, le mettant ainsi à la portée des personnes
« de tout rang et de tout sexe, et, par là, qu'ils ont tenté,
« par un téméraire effort, de dégrader les rites les plus
« sacrés, en abaissant la majesté que leur donne la
« langue latine, et exposant aux yeux du vulgaire la di-
« gnité des mystères divins. Nous qui, quoique indigne,
« avons reçu le soin de la vigne du Seigneur des armées,
« plantée par le Christ notre Sauveur, et arrosée de son
« précieux sang, voulant ôter les épines qui la couvri-
« raient si on les laissait croître, et même en couper jus-
« qu'aux racines, autant que Nous le pouvons par le
« secours de Dieu, détestant et abhorrant cette nouveauté
« qui déformerait l'éternelle beauté de l'Église et qui en-
« gendrerait facilement la désobéissance, la témérité,
« l'audace, la sédition, le schisme, et plusieurs autres
« malheurs ; de notre propre mouvement, de notre
« science certaine et mûre délibération, Nous condam-
« nons et réprouvons le susdit Missel traduit en français,
« défendant à tous les fidèles du Christ de l'imprimer,
« lire ou retenir, sous peine d'excommunication, mandant
« à iceux de remettre aux ordinaires ou aux inquisiteurs
« les exemplaires qu'ils ont ou pourraient avoir dans la
« suite, afin que ceux-ci les fassent immédiatement jeter
« au feu (1). »

Tout catholique verra, sans doute, à la gravité du langage du Pontife romain, qu'il s'agissait dans cette occasion d'une affaire majeure ; mais plus d'un de nos lecteurs

D'après le droit, toute traduction du canon de la messe, comme de l'Écriture, doit être accompagnée de commentaires.

(1) *Vid.* la Note A.

s'étonnera, peut-être, après ce que nous venons de rapporter, de l'insensibilité avec laquelle on considère aujourd'hui un abus qui excitait à un si haut degré le zèle d'Alexandre VII. Aujourd'hui, tous les fidèles de France, pour peu qu'ils sachent lire, sont à même de scruter ce qu'il y a de plus mystérieux dans le canon de la messe, grâce aux innombrables traductions qui en sont répandues en tous lieux ; la Bible, en langue vulgaire est, de toutes parts, mise à leur disposition : que doit-on penser de cet état de choses ? Certes, ce n'est pas à Rome que nous le demanderons : bien des fois, depuis Alexandre VII, elle s'est exprimée de manière à ne nous laisser aucun doute ; mais nous dirons avec tous les conciles des trois derniers siècles, que l'usage des traductions de l'Écriture sainte, tant qu'elles ne sont pas accompagnées d'une glose ou de notes tirées des saints Pères et des enseignements de la tradition, sont illicites, et, avec l'autorité du Saint-Siége et du clergé de France, nous assimilerons aux versions de l'Écriture prohibées, toute traduction du canon de la messe qui ne serait pas accompagnée d'un commentaire qui prévienne les difficultés. D'autre part, nous confessons avec tous les catholiques qu'il y a un pouvoir de dispense dans l'Église, et il n'est pas le moins du monde dans notre sujet d'en rechercher les règles d'application. Nous poursuivrons donc notre récit.

L'Assemblée du clergé de France de 1660 sentit si parfaitement la portée que pouvait avoir la traduction du Missel, comme fait liturgique, et le rapport intime qui règne entre l'Écriture sainte et la Liturgie, qu'elle décréta qu'il serait publié au nom du clergé une collection de tous les passages des auteurs graves qui ont traité, soit *ex professo*, soit en passant, de l'inconvénient des traductions de l'Écriture et de la Liturgie en langue vulgaire. Cette collection parut en 1661, chez Vitré, in-4°. Malheureusement, une de ces inconséquences dont l'histoire ecclésias-

tique de France présente un grand nombre d'exemples au XVIIe siècle, vient encore se présenter sous notre plume. Louis XIV, ayant jugé à propos de révoquer l'Édit de Nantes et un grand nombre d'abjurations ayant suivi cet acte fameux, on jugea nécessaire de prévenir les nouveaux convertis contre le retour de leurs anciens préjugés, et pour cela, on leur mit en main des traductions de la messe. C'est ce que nous apprend assez familièrement Bossuet dans sa correspondance, si importante à consulter pour quiconque tient à connaître l'histoire de l'Église de France à cette époque. « Le bref contre le Missel de Voisin, donné par
« Alexandre VII, dit Bossuet, n'a jamais été porté au
« parlement, ni les lettres patentes vues. On n'a eu, en
« France, aucun égard à ce bref, et l'on fut obligé, pour
« l'instruction des nouveaux catholiques, de répandre des
« milliers d'exemplaires de la messe en français (1). »

Voilà, certes, beaucoup de chemin fait en peu de temps. En 1660, une Assemblée du clergé défère un livre au Saint-Siége, après l'avoir elle-même censuré ; le souverain pontife répond à la consultation du clergé par un bref dans le sens de l'Assemblée : la cause paraît finie, et trente ans après un évêque d'un si grand poids nous révèle que ce bref n'a été jugé d'aucune valeur, par le motif qu'il n'a jamais été porté au parlement, et que les évêques ont cru pouvoir, nonobstant un jugement si solennel, enfreindre les plus formelles défenses qu'ils avaient eux-mêmes provoquées. Il est vrai que les évêques de l'Assemblée de 1660 avaient pris l'alarme, voyant la Liturgie ébranlée dans ses bases, et devinant le vœu secret des novateurs qui, par leur prétention d'initier les fidèles à l'intelligence des mystères sacrés, au moyen des traductions en langue vulgaire, ne faisaient autre chose que continuer le plan de leurs prédécesseurs ; tandis que les évêques des quinze

---

(1) *Correspondance de Bossuet*, tom. XLII, pag. 474.

dernières années du XVIIe siècle n'avaient en vue que de dissiper les préjugés des protestants nouvellement convertis. Mais n'y avait-il pas d'autre mesure qu'une traduction pure et simple du canon de la messe ? fallait-il compter pour rien les prescriptions du Saint-Siége, du concile de Trente, lorsqu'on avait le moyen si facile et mis en usage en tous lieux, excepté en France, de joindre au texte un commentaire qui arrête les objections, une glose qui ne permet pas que l'œil du lecteur profane et illettré perce des ombres qui garantissent les mystères contre sa curiosité. Du moment que le peuple peut lire en sa langue, mot pour mot, ce que le prêtre récite à l'autel, pourquoi ce dernier use-t-il d'une langue étrangère qui dès lors ne cache plus rien ? pourquoi récite-t-il à voix basse ce que la dernière servante, le plus grossier manœuvre suivent de l'œil et peuvent connaître aussi bien que lui ? Deux conséquences terribles que nos docteurs antiliturgistes ne manqueront pas de tirer avec toute leur audace, ainsi qu'on le verra dans la suite de ce récit.

A peine les foudres de l'Église avaient cessé de retentir contre la traduction du Missel, que la Sorbonne, encore fidèle à une orthodoxie dont elle devait plus tard se départir honteusement, signalait une nouvelle entreprise de l'esprit de secte, voilée sous des formes liturgiques. Cette fois encore, le piége était dirigé contre les simples fidèles. Un sieur de Laval avait publié, à Paris, un livre intitulé : *Prières pour faire en commun, le matin et le soir, dans une famille chrétienne, tirées des prières de l'Église;* et ce livre était arrivé jusqu'à la cinquième édition. La Faculté qui avait pris l'éveil à l'occasion du Missel de Voisin, examina ce livre en même temps, et le signala, dans la déclaration de 1661, que nous avons déjà citée, « comme renfermant d'infidèles traductions des prières de « l'Église, des choses fausses, ambiguës, sentant l'hérésie « et y induisant, sur la matière des sacrements, et renou-

« velant les opinions récemment condamnées sur la grâce, « le libre arbitre et les actes humains (1). »

 Mais quelque chose de bien autrement grave se préparait dans les arsenaux de la secte qui avait formé l'odieux projet d'atteindre le dogme et la morale chrétienne par la Liturgie. On avait eu en vue les simples fidèles dans la traduction du Missel et dans les Heures du sieur de Laval ; on songea à atteindre le clergé dans un livre qui fût spécialement à son usage. Il n'y avait pas moyen encore de songer au bréviaire et au Missel : le Rituel parut être un véhicule favorable aux doctrines qu'on voulait faire prévaloir. Ce livre, qu'un usage déjà ancien en France avait rendu le répertoire de l'instruction pratique du saint ministère, aussi bien que le recueil des formules de l'administration des sacrements, parut le plus propre à servir les desseins du parti. Un de ses chefs les plus zélés, Pavillon, évêque d'Alet, osa insérer, dans le Rituel qu'il publia en 1667 pour son diocèse, plusieurs des maximes de Saint-Cyran et d'Arnauld, sur la pratique des sacrements. Le travail fut même revu par Arnauld lui-même, qui avait succédé à Saint-Cyran dans la dictature du parti.

 Ceux qui savent l'histoire et la tactique du jansénisme, connaissent l'art avec lequel ses adeptes étaient parvenus à recouvrir leurs dogmes monstrueux du vernis menteur d'une morale plus sévère que celle de l'Église, dont ils proclamaient le relâchement. Ils voulaient, disaient-ils, ramener les institutions des premiers siècles, qui seuls avaient connu la vraie doctrine. Sans nier encore la vertu des sacrements, ils venaient à bout de les anéantir quant à l'usage, en enseignant que *l'Eucharistie est la récompense d'une piété avancée et non d'une vertu commençante ;* que *les confessions fréquentes nuisent d'ordinaire plus qu'elles ne servent ;* que *l'absolution ne doit régulièrement*

_____
(1) D'Argentré. *Collectio Judiciorum*, tom. III. *Ibid.*

T. II

Publication du Rituel d'Alet par l'évêque Nicolas Pavillon en 1667.

Tactique du jansénisme qui, sans nier la vertu des sacrements, les anéantissait quant à l'effet en les rendant inaccessibles.

être donnée qu'après l'accomplissement de la pénitence; qu'il est à propos de rétablir les pénitences publiques, etc. Chacun sait qu'avec de pareilles maximes, les religieuses de Port-Royal, le fameux diacre Paris, et mille autres, en étaient venus à conclure que la communion pascale, supposant une familiarité par trop grande avec Dieu, la perfection était de l'omettre entièrement. Dans la suite, on alla plus loin, et on passa de l'isolement à l'égard des choses saintes au blasphème et à l'apostasie. Quant aux effets que produisit sur les catholiques de France ce rigorisme, qui se glissa, du moins en grande partie, dans les livres et l'enseignement de plusieurs théologiens orthodoxes d'ailleurs, on peut dire qu'il porta un coup funeste aux mœurs chrétiennes, en rendant plus rare l'usage des sacrements, devenus, pour ainsi dire, inabordables. On sait que le parti n'épargna rien pour décréditer et opprimer le clergé régulier et la Compagnie des Jésuites surtout, parce qu'il savait et la popularité dont jouissaient les membres de ces corporations, et leur éloignement énergique pour une morale aussi opposée à celle de Jésus-Christ.

Or les maximes que nous venons de citer se trouvaient professées et appliquées dans cent endroits du Rituel d'Alet : quoiqu'on eût cherché avec un soin extrême à ne pas employer des termes trop forts, pour ne pas donner d'ombrage au Siége apostolique, qui déjà avait foudroyé le livre *de la fréquente Communion* du docteur Arnauld, et plusieurs autres productions analogues du parti. Rome n'en vit pas moins tout le venin dont les ennemis de la vraie foi avaient su empoisonner une des sources les plus sacrées de la Liturgie.

Clément IX, pontife dont la secte a plus d'une fois vanté la tolérance, mais qui fut seulement un fidèle et prudent administrateur du troupeau du Seigneur, Clément IX, dès l'apparition du Rituel d'Alet, signala son zèle apostolique par une condamnation solennelle de ce livre pernicieux. Dans son fameux bref du 9 avril 1668, il s'exprime en ces termes :

« Le devoir de la sollicitude de toutes les Églises qui
« Nous a été divinement confiée exige de Nous que, veil-
« lant continuellement pour la garde de la discipline
« ecclésiastique dont le Seigneur Nous a établi conserva-
« teur, Nous Nous efforcions avec toute sorte de soin et
« de vigilance à prévenir l'invasion cachée des choses qui
« pourraient troubler cette discipline, s'écarter des rites
« ordonnés et ouvrir une voie aux erreurs. Comme donc,
« ainsi que Nous l'avons appris, il a paru l'année dernière,
« à Paris, un livre publié en langue française, sous ce
« titre : *Rituel romain du pape Paul V, à l'usage du*
« *diocèse d'Alet, avec les instructions et les rubriques*
« *en françois;* dans lequel sont contenues non-seulement
« plusieurs choses contraires au rituel romain publié par
« ordre de notre prédécesseur Paul V d'heureuse mémoire,
« mais encore certaines doctrines et propositions fausses,
« singulières, périlleuses dans la pratique, erronées, oppo-
« sées et répugnantes à la coutume reçue communément
« dans l'Église et aux constitutions ecclésiastiques; par
« l'usage et lecture desquelles les fidèles du Christ pour-
« raient insensiblement être induits dans des erreurs déjà
« condamnées et infectés d'opinions perverses. Nous,
« voulant apporter à ce mal un remède opportun, de notre
« propre mouvement, science certaine et mûre délibéra-
« tion, par l'autorité apostolique, Nous condamnons par
« la teneur des présentes, le livre français intitulé *Rituel;*
« Nous le réprouvons et interdisons, voulons qu'il soit
« tenu pour condamné, réprouvé et interdit, et défendons
« sous peine d'excommunication *latæ sententiæ* encourue
« par le seul fait, la lecture, la rétention et l'usage d'ice-
« lui, à tous et chacun des fidèles de l'un et l'autre sexe,
« principalement ceux de la ville et diocèse d'Alet, de

« quelque degré, condition, dignité et prééminence qu'ils
« soient, quand bien même il devrait être fait d'eux men-
« tion spéciale et individuelle. Mandant à iceux qu'ils aient
« à exhiber, livrer et consigner réellement et sur-le-champ
« les exemplaires qu'ils ont ou qu'ils auraient dans la
« suite, aux ordinaires des lieux, ou aux inquisiteurs, et
« ceux qui sont soumis à notre vénérable frère l'évêque
« d'Alet, au métropolitain, ou à un des évêques les plus
« voisins; lesquels, sans retard, livreront, ou feront livrer
« aux flammes les exemplaires qu'on leur aura remis,
« nonobstant toutes choses à ce contraires (1). »

On aurait dû s'attendre qu'après un jugement aussi solennel, le Rituel d'Alet n'aurait plus trouvé de défenseurs dans l'Église de France ; mais, hélas ! la plaie était déjà si grande et si envenimée, que tout le zèle du médecin était devenu presque stérile. Sans parler de l'évêque d'Alet lui-même, qui jusqu'à la fin de sa vie maintint le Rituel dans son diocèse, et trouva encore, au moment de sa mort, le triste courage d'écrire au Pape, à ce sujet, une lettre de soumission en termes ambigus, on vit le crédit du parti s'élever jusqu'à faire rejeter, par les influences de l'épiscopat et de la magistrature, ce bref et celui que Clément IX venait de donner en même temps contre le Nouveau Testament de Mons, par le motif qu'ils contenaient des clauses de chancellerie contraires aux libertés de l'Église gallicane. De pareils faits sont lamentables, sans doute ; mais ce qui l'est bien plus encore, c'est l'adhésion expresse que donnèrent vingt-neuf évêques au Rituel condamné, après la notification du bref faite par le Nonce à tous les prélats de l'Église de France. De Péréfixe, archevêque de Paris, si nous en croyons Ellies Dupin (2), aurait témoigné sa sympathie pour le Rituel d'Alet dès qu'il parut ; mais nous ne chargerons point la mémoire de

(1) *Vid.* la Note B.
(2) *Histoire ecclésiastique du XVIIe siècle*, tom. III, pag. 244.

ce prélat sur la seule assertion d'un écrivain qui aimait le scandale; nous nous contenterons de citer le document officiel qu'on trouve en tête de la plupart des éditions du Rituel d'Alet. Vingt-neuf signatures le suivent, et elles sont de l'année 1669, à l'exception des deux dernières, qui sont de 1676. Ceux qui les ont données avaient reçu, en son temps, le bref de Clément IX. Voici en quels termes ils rassurent l'évêque d'Alet contre la flétrissure que venait d'infliger à son œuvre la condamnation du Saint-Siége :

« Nous avons lu *avec beaucoup d'édification* le rituel
« que Messire Pavillon, évêque d'Alet, a composé pour
« l'usage de son diocèse, et nous louons Dieu de tout notre
« cœur *de ce qu'il lui a plu d'inspirer à ce grand prélat*
« *la pensée de donner au public de si saintes instructions.*
« Comme les évêques sont les vrais docteurs de l'Église, *per-*
« *sonne n'a droit* de s'élever contre leur doctrine, à moins
« qu'ils ne soient tombés dans des erreurs manifestes, ou
« que l'Église n'ait condamné leurs sentiments, ce qu'elle
« n'a jamais fait qu'avec beaucoup de circonspection ; et
« les ouvrages qu'ils publient portent leur approbation par
« le seul nom de leurs auteurs. Mais, quand ils seraient
« sujets aux mêmes censures que les théologiens particu-
« liers, *tout le monde sait* que nous pourrions dire à bon
« droit de Monsieur l'évêque d'Alet, ce que Célestin Ier
« disait autrefois de saint Augustin, en reprenant l'auda-
« cieuse témérité de ceux qui déclamaient contre ce doc-
« teur incomparable : *Hunc nunquam sinistræ suspicionis*
« *saltem rumor aspersit.* Et puisque ce Rituel n'est qu'un
« abrégé de ce que Monseigneur d'Alet a enseigné dans
« son diocèse depuis plus de trente ans qu'il le gouverne
« avec un soin infatigable, *et que d'ailleurs il ne contient*
« *que les plus pures règles de l'Évangile, et les maximes*
« *les plus saintes que les canons nous ont proposées, nous*
« *ne pouvons assez en recommander la lecture et la pra-*

« *tique.* C'est le sentiment que nous avons *de cet excellent*
« ouvrage, et nous avons cru être obligés d'en rendre un
« témoignage public, pour ne détenir pas la vérité dans
« l'injustice. »

Les noms des évêques qui eurent le malheur de signer cette pièce, appartiennent à l'histoire de la Liturgie en France : nous les donnerons ici. Ces prélats étaient : de Gondrin, archevêque de Sens ; Fouquet, archevêque de Narbonne ; Malliet, évêque de Troyes ; de Bertier, évêque de Montauban ; de Vialar, évêque de Châlons-sur-Marne ; de Grignan, évêque d'Uzès ; de Caulet, évêque de Pamiers ; de Choiseul, évêque de Comminges ; Arnauld, évêque d'Angers ; de Péricard, évêque d'Angoulême ; Jean, évêque d'Aulonne (1) ; Faure, évêque d'Amiens ; de Harlay, évêque de Lodève ; Choart, évêque de Beauvais ; de Laval, évêque de La Rochelle ; de Forbin de Janson, évêque de Marseille ; Bourlon, évêque de Soissons ; de Marmisse, évêque de Conserans ; de Clermont, évêque de Noyon ; de Ventadour, évêque de Mirepoix ; de Ligny, évêque de Meaux ; Fouquet, évêque d'Agde ; Bertier, évêque de Rieux ; de La Vieuville, évêque de Rennes ; de Percin de Montgaillard, évêque de Saint-Pons ; Joly, évêque d'Agen ; de Bar, évêque d'Acqs ; de Barillon, évêque de Luçon, et de Bassompierre, évêque de Saintes.

Pour achever ce qui nous reste à dire sur le Rituel d'Alet, nous remarquerons que ce livre, outre les maximes pernicieuses dont nous avons parlé, présentait encore une nouveauté jusqu'alors sans exemple. Les rubriques pour l'administration des sacrements avaient été traduites en

---

(1) Ce personnage était un récollet nommé Jean Malvaud, en religion le P. Chérubin, qui fut sacré en 1648, évêque *in partibus* d'Aulonne, ville de l'exarchat de Macédoine, pour faire les fonctions de suffragant de l'évêque de Clermont, Louis d'Estaing. Il remplit ensuite celles de vicaire général successivement dans plusieurs diocèses. Il était favorable au jansénisme et toujours prêt à approuver les livres du parti.

français. Cette innovation, qui ne rappelle que trop, dans un pareil livre et de la part de semblables auteurs, le système qui avait produit la traduction du missel, était très-significative, et occupa beaucoup le public. Quel autre motif, en effet, pouvait-on avoir eu de traduire en langue vulgaire des détails dont la connaissance est exclusivement réservée aux prêtres, sinon le désir de témoigner de la sympathie aux partisans de la langue vulgaire dans les offices ? Autrement, quelle insulte faite au clergé, de supposer nécessaire pour son usage la traduction des règles les plus familières ! quelle témérité inouïe d'exposer à la profanation les rites les plus vénérables, en soumettant aux yeux profanes la manière mystérieuse de procéder en les accomplissant ! Cette innovation renversait donc à plaisir tous les principes, et montrait ce qu'on pouvait attendre du parti. Nous le verrons bientôt franchir toutes les limites, et pousser à l'usage absolu de la langue vulgaire. Au reste, l'exemple du Rituel d'Alet ne tarda pas à être suivi dans plusieurs diocèses. Dès 1677, Le Tellier, archevêque de Reims, donna un rituel à rubriques françaises : on en compte encore aujourd'hui, en France, un certain nombre (1).

<small>L'archevêque de Reims Le Tellier imite cet exemple pour le Rituel de son diocèse en 1677.</small>

Nous plaçons ici, en anticipant de quelques années, un fait qui rentre dans la même ligne que le Missel de Voisin, les Heures de Laval et le Rituel d'Alet; c'est la publication de l'*Année chrétienne*, de Nicolas Letourneux. Cet ecclésiastique, étroitement lié avec Port-Royal, avança grandement les affaires du parti, en publiant certains ouvrages destinés à agir sur les fidèles dans le sens des principes dogmatiques et moraux de la secte. Il déposa cette semence dans son *Catéchisme de la Pénitence*, dans ses *Principes et règles de la vie chrétienne;* dans son *Explication litté-*

<small>Nicolas Letourneux avance les affaires des jansénistes en répandant parmi les fidèles des ouvrages ascétiques, remplis des maximes de la secte.</small>

---

(1) Il ne faut pas compter parmi ceux-ci tous ceux dont les instructions sont en langue vulgaire; il ne s'agit ici que des rubriques pour l'administration des sacrements.

rale et morale de *l'Épître de saint Paul aux Romains.* Cherchant aussi à agir par la Liturgie, il publia en 1685 un livre sous ce titre : *La meilleure manière d'entendre la Messe.* C'est là qu'il prétendit, quoique sous une forme simplement historique, que, durant les dix premiers siècles, on avait toujours célébré la Messe à voix haute. Bientôt nous allons voir la secte antiliturgiste s'emparer de cette assertion historiquement fausse, et transformer en droit ce prétendu fait. Letourneux, avançant toujours, après avoir composé des *Instructions sur les sept sacrements de l'Église et les cérémonies de la Messe,* prépara une traduction du Bréviaire romain en français; il paraît toutefois qu'il ne fut que le réviseur et non l'auteur même de la traduction, et il était déjà mort quand elle parut en 1688. Quoi qu'il en soit, sa connivence à cette œuvre n'en était pas moins la même. Le Bréviaire romain, traduit en français, fut censuré par sentence de l'official de Paris, en 1688, et, comme il était naturel, le docteur Antoine Arnauld en prit la défense.

Rome, toutefois, ne jugea pas à propos de fulminer contre cette traduction. Une version du bréviaire avait beaucoup moins d'inconvénients qu'une version du missel : il n'y avait plus là de mystères à révéler, et quoique le scandale fût grand de voir des hérétiques ou fauteurs d'hérétiques se faire les interprètes du langage de l'Église, ces derniers avaient mis assez de prudence dans leur opération pour que Rome ne se trouvât pas obligée de lancer ses foudres. Mais elles ne tardèrent pas à éclater bientôt après contre un autre ouvrage du même Letourneux, dans lequel, sous couleur d'explication de la Liturgie, cet auteur inoculait le venin de la secte. Il s'agit de l'*Année chrétienne,* dont les premiers volumes avaient paru dès 1677, et dont les derniers, qui sont du Flamand Ruth d'Ans, n'ont paru qu'après la mort de Letourneux, arrivée en 1686. Cet ouvrage fut censuré à Rome, le 17 septembre 1691, par un décret approuvé par Innocent XII : plusieurs évêques français le proscrivirent aussi, vers la même époque.

Les entreprises du jansénisme facilitées par le gallicanisme, les usurpations du pouvoir temporel sur le spirituel, la guerre déclarée aux réguliers et l'hypercriticisme de la science.

Les fidèles durent, après toutes ces condamnations, se tenir pour avertis qu'une conspiration se tramait contre leur foi, et que la secte qui avait juré obstinément de se cacher jusque dans l'Église, avait enfin choisi la Liturgie pour le principal levier de sa grande entreprise. Cependant, jusqu'ici, les livres du sanctuaire étaient demeurés fermés à ses innovations; elle devait donc faire tous ses efforts pour les envahir. Les circonstances sont devenues favorables. Le besoin de changement, une vague inquiétude agite les esprits. Le XVIIe siècle, qui n'a pas su purger l'Église de France du virus qui la travaille, est sur le point de finir dans l'inquiétude et l'attente de grands événements. Le moment est venu où un acte solennel va résumer aux yeux de la catholicité entière la situation hostile de la France à l'égard de Rome. Le jansénisme longtemps harcelé deviendra désormais invincible, et achèvera impunément le cours ignominieux de ses scandales. Rome seule pouvait l'atteindre, et les jugements de Rome ne sont plus, comme autrefois, irréformables par cela seul qu'elle les a prononcés. La puissance séculière déclarée indépendante fixera elle-même ses propres limites, et jugera qu'elle peut ouvrir de force le tabernacle sacré, en attendant qu'elle *constitue civilement* le clergé *national*. Les libertés de notre Église proclamées hautement *comme le reste précieux de l'ancienne discipline*, arrêteront aux frontières de la France toutes les bulles, brefs et décrets des pontifes romains; en sorte que le centre du gouvernement ecclésiastique deviendra impuissant à réformer chez nous les abus. La constitution monarchique de l'Église, altérée dans ses fondements, du moment qu'on a proclamé la souveraineté des membres sur le chef, fournira de nouveaux prétextes au développement des théories d'anarchie.

INSTITUTIONS LITURGIQUES

Que pouvaient produire toutes ces idées imposées, de plus en plus, au clergé par l'enseignement asservi des universités ? Tout livre favorable aux saines maximes était supprimé par les parlements et quelquefois par les deux autorités; les corps réguliers, menacés dans leur indépendance, étaient durement surveillés; quelques-uns même, et les plus favorisés, penchaient vers les nouveautés. Les Jésuites avaient, à la fois, à subir les accusations les plus perfides de la part de la secte, et les plus fatigantes vexations dans certains diocèses. La science historique tout entière était employée à dénigrer, sous couleur de zèle pour la vénérable antiquité, toutes les institutions, les usages catholiques postérieurs au ve ou au vi^e siècle. L'éloignement pour le merveilleux et le mystique, faisait tomber dans le mépris les pieuses croyances devenues désormais le partage d'un peuple illettré; la morale pratique, jugée ou enseignée par des hommes étrangers au positif de la vie, se réglait non plus d'après l'autorité des docteurs pratiques, mais sur les expressions oratoires et, partant, exagérées des Pères. La nouvelle école, comme celle de Luther et de Calvin, avait déclaré haine à la scolastique et anathématisé les casuistes. Enfin le presbytéranisme se préparait à faire invasion dans une Église au sein de laquelle la vraie dignité épiscopale avait faibli, en proportion des efforts qu'on faisait pour la grandir aux dépens du Siége apostolique.

Malgré quelques fâcheuses innovations, le corps de la Liturgie romaine reste intact dans toutes les Églises de France.

Au milieu de ce formidable ensemble de nouveautés, le corps de la Liturgie était demeuré intact. Le Sacramentaire et l'Antiphonaire de saint Grégoire formaient toujours le Missel de l'Église de France; le Responsorial du même Pontife était, sous le nom de Bréviaire, entre les mains de tous les clercs. L'œuvre de Charlemagne, œuvre d'unité romaine, lui survivait après neuf siècles; seulement Rome avait complété, réformé ce merveilleux ensemble de prières et de chants sacrés, et la France, comme le reste de l'Église latine, avait embrassé fidèlement les usages que la mère des Églises avait en même temps retrempés aux sources pures de l'antiquité, et adaptés aux formes exigées par les temps. Il est vrai que les Églises de France avaient suivi une route diverse à la grande époque de la régénération liturgique du XVIe siècle. Les unes avaient adopté purement et simplement les livres renouvelés par saint Pie V, abandonnant ainsi beaucoup de coutumes locales qui, précédemment, se montraient dans les livres diocésains, mêlées au vaste ensemble liturgique de saint Grégoire. Un certain nombre d'autres avait préféré garder ses traditions, et tout en acceptant la lettre du Bréviaire et du Missel de saint Pie V, ces Églises avaient fondu, dans une réimpression plus ou moins intelligente, les usages qui leur étaient propres, avec les pures traditions romaines. Les livres de ces Églises portaient le titre diocésain, comme par le passé, avec cette addition sur le titre : *Ad Romani formam*, ou encore, *Juxta mentem concilii Tridentini*. Le lecteur peut revoir toute l'histoire de la réforme liturgique en France au XVIe siècle, telle que nous l'avons rapportée ci-dessus, chap. xv.

Il suit de là que jusqu'à ce qu'on eût introduit d'autres changements dans la Liturgie, tous les diocèses de France étaient restés unanimes dans la même prière, et, pour nous servir de l'expression de saint Pie V, *la communion des prières catholiques* n'avait point encore été *déchirée*. Seulement on disputait innocemment entre les docteurs, pour savoir lequel des deux était préférable, pour un clerc habitant un diocèse où le bréviaire était à la fois romain et diocésain, de suivre le romain pur ou de se conformer à l'usage du diocèse. On convenait généralement qu'il était mieux de se conformer au rite diocésain; mais la presque totalité des canonistes enseignait que les clercs non bénéficiers étaient libres de réciter purement et simplement le Bréviaire romain. Plusieurs des lettres

La communion des prières catholiques n'était point déchirée par l'usage des bréviaires diocésains corrigés *ad Romani formam*.

Controverse entre les canonistes au sujet de l'usage du bréviaire romain et des rites diocésains.

28 COMMENCEMENT DE LA DÉVIATION EN FRANCE

INSTITUTIONS LITURGIQUES

Le privilége du Bréviaire romain pour la récitation privée reconnu par la généralité des canonistes et même par les lettres pastorales placées en tête des Bréviaires diocésains.

pastorales des évêques, placées en tête des Bréviaires diocésains *ad Romani formam* ou *ad formam concilii Tridentini*, le disaient expressément. Nous citerons en particulier, pour le Bréviaire parisien-romain, celles de Pierre de Gondy, en 1584; de Henri de Gondy, en 1607; de Jean-François de Gondy, en 1634; du cardinal de Retz, en 1658; et pour le missel de la même Église, celle de Hardouin de Péréfixe, en 1665. En tête du Bréviaire angevin-romain, de 1623, Charles Miron, et en tête de celui de 1665, Henri Arnauld, exceptaient, de la manière la plus précise, les clercs récitant l'office en particulier, de l'obligation de suivre les livres diocésains, et reconnaissaient le privilége du Bréviaire romain, etc., etc.

Variété de pratique à Paris : Saint-Sulpice tient pour le romain, saint Vincent de Paul conseille le rite diocésain.

Il y avait donc, à Paris même, une grande variété de pratique à ce sujet, entre les ecclésiastiques qui n'étaient point astreints au chœur. Ainsi, par exemple, la compagnie de Saint-Sulpice tenait pour les livres romains purs, jusqu'à ce qu'elle se fût vue forcée par un décret de l'archevêque à prendre le parisien (1); saint Vincent de Paul, au contraire, enseignait qu'il était mieux de suivre le rite diocésain, et son avis, ainsi que nous le verrons ailleurs, paraît fondé sur l'avis des meilleurs canonistes (2).

Diffusion nouvelle des livres romains en France durant la première moitié du XVIIe siècle.

On se rappelle ce qui a été rapporté précédemment, au sujet de l'Assemblée du clergé de 1605, qui avait décrété des encouragements pécuniaires à une entreprise pour une réimpression des livres romains, à l'usage de toutes les églises du royaume. Ainsi que nous l'avons dit, cette réimpression intéressait même celles qui avaient leurs livres sous titre diocésain, à raison de la conformité de ces livres avec le romain; d'ailleurs ces églises étaient loin de former le plus grand nombre. Plusieurs évêques

---

(1) Salgues. *De la Littérature des offices divins*, pag. 332.

(2) Le lecteur ne doit jamais perdre de vue que les livres diocésains de cette époque étaient conformes à la bulle de saint Pie V, acceptée dans les divers conciles français du XVIe siècle.

et chapitres, voulant diminuer les frais que nécessitent les livres d'usages particuliers, et sans doute aussi pour témoigner de leur dévotion envers le Siége apostolique, s'étaient, dans le cours des premières années du xviie siècle, rangés à l'usage des livres purement romains. L'Église de Paris en particulier avait vu ses prélats au moment de réaliser ce projet. Nous avons raconté les difficultés qu'éprouva Pierre de Gondy, en 1584, et qui l'obligèrent à prendre un tempérament ; il a réimprimé le Bréviaire de Paris, mais en le rapprochant le plus possible de celui de saint Pie V. Dans cette réforme, l'Église de Paris conservait du moins une partie de ses usages. Henri de Gondy, en 1607, réimprima le Bréviaire de son prédécesseur ; mais, en 1643, l'archevêque Jean-François de Gondy ayant fait une nouvelle révision des livres parisiens, les rendit si conformes aux romains, qu'on pouvait dire que, sauf de rares exceptions, ils étaient une seule et même chose.

Nouvelle révision des livres parisiens en 1643 qui les rend presque entièrement semblables aux romains.

Ce fut durant les trente dernières années du xviie siècle qu'on commença, en France, à parler d'une réforme liturgique, dans les diocèses qui avaient des livres particuliers ; car ceux qui s'étaient conformés au romain pur, ne se livrèrent aux innovations que dans le cours du xviiie siècle. Des motifs légitimes et des vues suspectes causaient à la fois cette agitation première, qui devait bientôt enfanter la plus complète révolution. D'un côté, le progrès de la critique sacrée, les nouvelles éditions des saints Pères et des écrivains ecclésiastiques, avaient mis les savants à même de découvrir plusieurs imperfections dans les livres du xvie siècle, et d'ailleurs la partie des bréviaires qui était propre aux diocèses était loin de présenter une exécution en rapport avec les récentes découvertes historiques et littéraires. D'autre part, l'esprit frondeur qui distingue notre nation, l'envie de s'isoler de Rome en quelque chose, les habitudes de secte déjà contractées par nombre de gens habiles d'ailleurs, l'espoir de faire servir la Liturgie

Durant les trente dernières années du xviie siècle, on commence à parler d'une réforme liturgique dans les diocèses qui avaient des livres particuliers.

Des motifs légitimes et des vues suspectes décident en même temps ce mouvement.

comme moyen de répandre des doctrines souvent repoussées dans d'autres livres : en voilà plus qu'il n'en faut pour expliquer les remaniements liturgiques qui signalèrent la dernière moitié du xviie siècle. Tout ne fut donc pas mauvais dans les œuvres et les intentions de tous ceux qui travaillèrent ainsi à rajeunir la Liturgie. Les bréviaires de cette époque sont devenus bien rares ; cependant nous avons pu en étudier plusieurs. Celui de Soissons, donné en 1676, porte quelques changements que nous traiterions volontiers d'améliorations, attendu que l'élément romain est respecté, sauf la substitution de quelques homélies puisées à des sources plus sûres ; les traditions sur les saints sont généralement conservées ; le culte de la sainte Vierge n'a souffert aucune atteinte, et rien de suspect ne se rencontre dans la doctrine. Nous dirons à peu près la même chose du Bréviaire de Reims, donné par Maurice Le Tellier, en 1685 ; de celui du Mans, donné en 1693, par Louis de Tressan, etc.

Le bréviaire de cette époque, qui ouvrit la voie la plus large aux novateurs, fut celui que publia, en 1678, Henri de Villars, archevêque de Vienne. L'Église de Vienne n'avait pas donné d'édition de son bréviaire depuis l'année 1522, quoiqu'elle n'eût cependant pas adopté dans l'église métropolitaine l'usage des livres de saint Pie V. Henri de Villars jugea à propos de publier le *breviarium Viennense,* c'était son droit ; mais dans cette opération, il ouvrit une voie nouvelle qui ne se ferma pas après lui. Jusqu'alors, toutes les réformes des livres liturgiques avaient consisté dans la révision du texte sur les manuscrits les plus anciens et les plus autorisés ; on avait substitué des homélies plus authentiques aux anciennes, épuré quelques légendes locales ou autres ; on avait pu même faire quelques additions, mais les formules primitives n'avaient jamais été sacrifiées à un système. Le nouveau Bréviaire de Vienne fut annoncé au diocèse comme ayant acquis une grande supériorité sur l'ancien, attendu qu'on y avait remplacé les antiennes et les répons grégoriens, qui n'étaient pas tirés de l'Écriture sainte, par des passages de l'Écriture qui n'avaient point figuré encore dans la Liturgie. Les nécessités du nouveau plan avaient même obligé de renoncer à beaucoup d'autres pièces liturgiques tirées de l'Écriture sainte, et que l'ancien Bréviaire empruntait au responsorial de saint Grégoire. Les leçons, pour la plus grande partie, n'étaient ni celles du Bréviaire viennois de 1522, ni celles du romain de saint Pie V. Enfin on pouvait évaluer aux deux tiers sur l'ensemble les parties nouvelles de cette composition, en sorte que l'œuvre de Henri de Villars ne devait plus désormais être comptée entre les corrections de la Liturgie, si l'on veut entendre ce mot dans le sens jusqu'alors admis.

Non-seulement on avait fait abstraction des antiques manuscrits de l'église de Vienne, non-seulement on avait dédaigné de prendre pour base dans cette réforme liturgique les livres de saint Pie V, qui avaient fait règle partout ailleurs; mais l'opération s'était effectuée hors du diocèse, loin des traditions viennoises, à Paris, où déjà une commission créée par Hardouin de Péréfixe, pour la correction du Bréviaire de cette Église, tenait ses séances, comme nous le dirons tout à l'heure. Henri de Villars avait député dans la capitale le sieur Argoud, doyen de son église métropolitaine, mais il lui avait donné pour adjoints le docteur Sainte-Beuve, tristement célèbre dans les fastes du jansénisme, et le sieur Du Tronchet, chanoine de la Sainte-Chapelle. Ces trois hommes eurent le soin et la responsabilité de l'œuvre tout entière, et au bout de trois ans leur travail fut en état d'être présenté à l'archevêque de Vienne, qui l'approuva et en fit la publication (1). Un missel parut bientôt, procédant de la même

*I PARTIE
CHAPITRE XVII*

Ce bréviaire élaboré à Paris, loin des traditions viennoises, par des hommes d'une orthodoxie au moins douteuse.

---

(1) Drouet de Maupertuis. *Histoire de la sainte Église de Vienne*, p. 328; Charvet, p. 608.

source. Ce n'est pas ici le lieu d'insister sur les détails ; nous dirons cependant que l'engouement produit par la nouvelle Liturgie dans le diocèse de Vienne, si l'on en croit les historiens de cette Église, Drouet de Maupertuis et Charvet, ne fut pas si universel que l'on ne vît encore vingt ans après la *plupart des ecclésiastiques du diocèse de Vienne réciter le Bréviaire romain de préférence à celui de Henri de Villars.*

Ce bréviaire premier spécimen des livres liturgiques créés à nouveau comme des ouvrages d'esprit et avec le principe arrêté de n'y admettre que des pièces tirées de l'Écriture sainte.

Toutefois, ce bréviaire qui disparut tristement au XVIIIe siècle pour faire place à une des formes du nouveau parisien, n'en eut pas moins l'honneur de servir de type aux divers produits de la première période de fabrication liturgique qui comprend, outre le Bréviaire parisien de Harlay et celui de Cluny, ceux d'Orléans, de la Rochelle, de Sens et de Clermont. On corrigeait alors, non plus d'après les livres romains, mais sur un spécimen élaboré dans la capitale du royaume. Les livres liturgiques appelés au plus grand succès allaient bientôt surgir, et, en leur qualité *d'ouvrages d'esprit*, selon l'expression de Mésenguy, l'un des principaux opérateurs de cette nouvelle époque, ils devaient sortir au premier jet du cerveau de leurs auteurs. Avec ce même Bréviaire de Vienne apparaît un principe emprunté à l'école janséniste et dont l'application a produit, presqu'à elle seule, le bouleversement liturgique au milieu duquel nous vivons. Ce principe dont nous avons déjà préparé l'histoire et dont nous discuterons ailleurs la valeur, est de n'employer que des passages de l'Écriture sainte comme matériaux des pièces de la Liturgie. Les corrections introduites dans le Bréviaire de Vienne, au mépris des anciens livres grégoriens, avaient été faites, comme nous l'avons dit, en vertu de ce principe, et ce bréviaire eut la triste gloire d'ouvrir une route qui fut grandement fréquentée depuis.

La publication du Bréviaire

Mais aucun bréviaire ne présenta, dans les circonstances de sa réforme et dans les principes qui y présidèrent, une histoire plus instructive et un système plus remarquable que celui que donna, en 1680, à son diocèse, François de Harlay, archevêque de Paris. C'est de la publication de ce bréviaire, bien autrement célèbre que celui de Vienne, auquel il n'est, après tout, postérieur que de deux ans, qu'il faut dater l'époque véritable du renversement de l'œuvre de Charlemagne et des pontifes romains, œuvre qu'avaient, cent ans auparavant et depuis encore, sanctionnée les conciles de France et les assemblées du clergé. L'histoire exacte de ces grands changements va nous faire connaître les hommes qui eurent le malheur de prêter leurs secours à des nouveautés coupables ; plusieurs d'entre eux furent séduits, ou entraînés ; le grand nombre est marqué du sceau de la plus grave responsabilité.

François de Harlay, archevêque de Paris, a été loué par ceux qui avaient intérêt au triomphe des principes qu'il fit prévaloir dans son administration. Nous laisserions sa cendre en paix, si, dans ce moment, nous ne remplissions pas le devoir d'historien. Nous n'irons même pas chercher les couleurs de son portrait dans les mémoires profanes de son temps, et nous passerons sous silence les jugements souvent peu sûrs de Mme de Sévigné, du duc de Saint-Simon et de cent autres. Voici ce que Fénelon disait de ce prélat, dans sa fameuse lettre à Louis XIV : « Vous avez un archevêque corrompu, scandaleux, incor« rigible, faux, malin, artificieux, ennemi de toute vertu, « et qui fait gémir tous les gens de bien. Vous vous en « accommodez, parce qu'il ne songe qu'à vous plaire par « ses flatteries. Il y a plus de vingt ans qu'en prostituant « son honneur, il jouit de votre confiance. Vous lui « livrez les gens de bien, vous lui laissez tyranniser « l'Église, et nul prélat vertueux n'est traité aussi bien « que lui (1). »

(1) *Correspondance de Fénelon*, tom. II, pag. 341, in-8º ; Paris, Leclère, 1827.

Ajoutons à cela que François de Harlay fut l'âme de l'Assemblée de 1682, le chef de ces prélats qui disaient : *Le Pape nous a poussés, il s'en repentira ;* de ces prélats dont l'audace effrayait Bossuet, et lui dicta ces trop fameuses propositions que lui-même qualifiait d'*odieuses*.

Hardouin de Péréfixe, prédécesseur de François de Harlay, avait déjà songé à une réforme du Bréviaire parisien, et rien n'était plus légitime, plus conforme à son droit d'archevêque d'une Église qui n'avait point adopté les livres purement romains. En 1670, il présida la première réunion d'une commission de membres choisis en partie par lui-même, et en partie par son chapitre : cette commission tint dix-huit séances, jusqu'à la mort de l'archevêque, arrivée l'année suivante (1).

Elle était composée ainsi qu'il suit (2) : Jacques de Sainte-Beuve, docteur de Sorbonne, connu par ses liaisons intimes avec Port-Royal. Il avait été exclu de la faculté et contraint de se démettre de la chaire qu'il y occupait, en 1658, pour avoir refusé de souscrire à la censure lancée contre la doctrine de son ami Antoine Arnauld. Il faut dire que depuis il signa le formulaire : mais quels membres de ce parti ne le signèrent pas ?

2° Guillaume de la Brunetière, archidiacre de Brie, depuis évêque de Saintes, dont nous mentionnerons ailleurs les belles hymnes.

3° Claude Chastelain, chanoine de Notre-Dame, homme véritablement savant dans les antiquités liturgiques, mais imbu des principes de l'école française de son

---

(1) *Réponse aux Remarques sur le nouveau Bréviaire de Paris*, 1680, in-8°, pag. 5. Nous avons puisé beaucoup de renseignements dans cette apologie anonyme du Bréviaire de François de Harlay.

(2) Ménage, *Historia mulierum philosophiæ artibus excultarum*, pag. 45, à l'article de sainte Catherine, où l'auteur parle du retranchement de la légende de cette sainte par les correcteurs du bréviaire de 1680.

temps. Il eut la plus grande part aux travaux de la commission.

4° Nicolas Gobillon, curé de Saint-Laurent.

5° Léonard Lamet, chanoine de Notre-Dame, depuis curé de Saint-Eustache.

6° Claude Ameline, d'abord prêtre de l'Oratoire, et alors grand archidiacre de l'Église de Paris.

7° Nicolas Coquelin, chancelier de l'Église de Paris.

8° Nicolas Letourneux, dont nous venons de signaler la mauvaise doctrine et les relations suspectes. Il est vrai que ses ouvrages ne furent condamnés par le Saint-Siége qu'après sa mort.

François de Harlay, ayant pris en main avec ardeur l'œuvre de la réforme du Bréviaire de Paris, confirma la commission formée par son prédécesseur; « mais il joignit « aux députés M. l'abbé Benjamain, son grand vicaire « et son official; M. Loisel, chancelier de l'Église de « Paris et curé de Saint-Jean; M. Gaude, aussi son « grand vicaire ; et pria M. le doyen de se trouver « aux assemblées, autant que ses affaires pourraient le « lui permettre. Et, en effet, il se trouva à toutes celles « qui se firent de son temps en présence de Monseigneur « l'archevêque, tous les mardis de chaque semaine, « depuis le 17 septembre 1674 jusqu'au 30 avril 1675; « et ce grand prélat, dont tout le monde connoît la « capacité et les lumières, s'étant fait représenter tout « ce que l'on avoit fait auparavant, fit continuer les « assemblées en sa présence durant tout ce temps-là : « et étant supérieur en érudition et en lumières à tous « ceux qui en étoient, quelque préparation qu'ils apportassent, autant qu'il est élevé au-dessus d'eux par sa « dignité, il donna ou appuya par de nouvelles preuves « les principes et les maximes qui ont servi de règle à « cet ouvrage. Et dans toute la suite du temps qui s'est « depuis écoulé, on lui a toujours rendu un compte

« exact de tout ce qui s'est fait en exécution de ses ordres « et de ses lumières (1). »

Nous venons d'entendre le langage d'un adulateur ; mais nous conclurons du moins de ce que nous venons de lire, que François de Harlay prit sur lui toute la responsabilité de l'œuvre. Jugeons-la maintenant, cette œuvre qui eut une si grande influence, et observons les principes dont elle fut l'expression.

D'abord, nous conviendrons sans peine de plusieurs points qui pouvaient être favorables à l'idée d'une réforme, en 1680.

1° On ne peut nier que l'archevêque de Harlay n'eût le droit de travailler à la réforme du Bréviaire de son Église, puisque l'église de Paris s'était maintenue en possession d'un bréviaire particulier, et que celui de saint Pie V, malgré le désir de Pierre de Gondy, n'avait point été accepté dans le diocèse, avec les formalités de la bulle *Quod a nobis*.

2° Ceci admis, il ne pouvait être blâmable de rétablir certains usages dont l'Église de Paris était en possession de temps immémorial, et dont la pratique avait été momentanément suspendue dans les bréviaires ou missels des derniers archevêques. En général, les choses anciennes sont toujours bonnes dans les institutions ecclésiastiques, quand leur rétablissement n'est point rendu illicite, ou impossible par un droit contraire, mais légitime.

3° Dans le cas d'une correction du Bréviaire parisien, c'était une chose louable de remplacer certaines homélies tirées de livres faussement attribués aux saints Pères, ou même simplement douteux, par des passages puisés à des sources plus authentiques.

4° Il était louable également de choisir dans les monuments de la tradition, pour les placer dans les leçons de

(1) *Réponse aux Remarques sur le nouveau Bréviaire de Paris*, pag. 6.

l'Office, des endroits où les saints docteurs réfutent, par leur solennel témoignage, les erreurs anciennes et modernes et appuient plus fortement sur les dogmes qui auraient été davantage contestés par les hérétiques. Il est vrai même de dire que le Bréviaire de Harlay présenta dans sa rédaction un certain nombre de passages dirigés expressément contre la doctrine des cinq Propositions. Cet archevêque, comme plusieurs prélats, ses collègues, tout en faisant une guerre opiniâtre au Saint-Siége et à ses doctrines, professait un éloignement énergique pour la doctrine de Jansénius sur la grâce. Ils pouvaient se servir des gens du parti quand ils en avaient besoin, mais ils savaient les contenir. L'histoire de l'Église au XVIIe siècle dépose de cette vérité.

réfuter les erreurs des hérétiques, particulièrement des jansénistes.

5° Les légendes des saints propres au bréviaire de Paris pouvaient avoir besoin d'être épurées, et la sollicitude de la commission se porta de ce côté avec raison.

Les légendes des saints propres au Bréviaire de Paris avaient besoin d'être épurées et il convenait d'ajouter des hymnes à certains offices.

6° Il pouvait être besoin d'ajouter quelques hymnes pour accroître la solennité de certaines fêtes, pour enrichir les communs du bréviaire : en cela, rien ne dépassait les bornes de la discrétion.

Mais le Bréviaire de Harlay ne se borna pas aux améliorations dont nous venons de parler. L'archevêque l'annonça à son clergé par une lettre pastorale, en date des calendes de juin 1680 (1), et dans cette lettre il disait que son intention, dès son élévation sur le siége de Paris, avait été de travailler à la réforme des livres ecclésiastiques, voulant suivre en cela les intentions de plusieurs conciles, même tenus à Paris, qui ordonnent *de retrancher* de ces livres *les choses superflues, ou peu convenables à la dignité de l'Église, et d'en faire disparaître ce qu'on y aurait introduit de superstitieux, pour n'y laisser que des choses conformes à la dignité de l'Église*

Lettre pastorale du 1er juin 1680 promulguant le Bréviaire parisien.

---

(1) *Vid.* la Note C.

et aux institutions de l'antiquité. Nous verrons bientôt ce que François de Harlay entendait par *superstitions* et *superfluités* dans le bréviaire de ses prédécesseurs.

En conséquence, le prélat déclarait que plusieurs choses s'étant, en ces derniers temps, glissées au Bréviaire de Paris, qui n'étaient pas d'accord avec les règles, *on s'était mis en devoir, avec toute sorte de soin et de prudence, de rectifier les choses qui s'éloignaient de la splendeur de l'Église et de la dignité de la religion, de retrancher les homélies faussement attribuées aux Pères, les choses erronées ou incertaines dans les Actes des Saints; enfin, généralement toutes les choses moins conformes à la piété.*

De si belles assurances n'empêchèrent pas que l'ouvrage ne devînt l'objet d'une critique sévère. Il parut même des *Remarques* anonymes *sur le nouveau Bréviaire de Paris.* Sans adopter tous les reproches qu'on adressait à ce livre et à ses auteurs, reproches qui furent discutés, mais rarement réfutés par l'auteur du factum que nous avons déjà cité, nous nous permettrons de faire, sur l'œuvre de François de Harlay, les observations suivantes.

D'abord, le titre du livre était celui-ci purement et simplement : *Breviarium Parisiense;* on ne lisait plus à la suite de ces deux mots, comme dans toutes les éditions précédentes, depuis 1584, ces paroles : *Ad formam sacrosancti concilii Tridentini restitutum.* Ce lien qui unissait au Bréviaire romain les Bréviaires diocésains de France était donc brisé pour l'Église de Paris ! On aurait donc bientôt une Liturgie qui ne serait plus romaine ! Dans quelle région inconnue allait-on se lancer ? Certes, cette suppression, dès le frontispice du livre, était éloquente, et présageait bien ce que l'on allait trouver dans l'ouvrage.

En effet (à part le Psautier qui était demeuré conforme à celui de l'Église romaine), si l'on considérait le Propre du Temps, on trouvait qu'un grand nombre de leçons, d'homélies et d'antiennes avaient été changées, bien que le choix de ces dernières remontât jusqu'à saint Grégoire, ou au delà. L'office presque entier de la Sainte-Trinité avait été réformé ; les leçons de l'octave du Saint-Sacrement, si belles dans le romain, avaient été remplacées par d'autres. Le Propre des Saints, comme nous allons le voir, renfermait encore un plus grand nombre de divergences, tant avec la partie romaine des anciens Bréviaires de Paris qu'avec la partie purement parisienne. Les Communs avaient été aussi retouchés en cent endroits, et présentaient beaucoup d'antiennes et de répons nouveaux.

I PARTIE CHAPITRE XVII

Suppression d'un grand nombre de leçons, consacrées par l'usage romain, et de pièces émanées du répertoire grégorien.

Maintenant, si l'on se demande à quelle source avaient été puisées ces modernes formules à l'aide desquelles on refaisait ainsi, après mille ans, le Responsorial de saint Grégoire, on trouvera que des phrases de l'Écriture sainte en avaient exclusivement fait les frais. Les paroles consacrées par la tradition avaient dû céder la place à ces centons bibliques choisis par des mains modernes et suspectes. On n'avait pas su retrouver le style ecclésiastique pour produire une antienne de deux lignes. Les sectaires qui prônaient l'usage exclusif de l'Écriture dans le service divin avaient remporté ce premier avantage ; encore un effort, encore cinquante ans de patience, et le reste des formules de style traditionnel que conserve le Bréviaire de 1680 aura disparu dans l'édition préparée alors par les disciples de Nicolas Le Tourneux.

Des centons bibliques, choisis par des mains suspectes remplacent les formules grégoriennes.

Mais voyons à l'œuvre ces commissaires du bréviaire. Il est trois points sur lesquels l'école française d'alors n'était que trop unanime avec l'école janséniste proprement dite :

L'école française d'accord avec les jansénistes pour diminuer le culte des saints.

1° Diminuer le culte des saints, la confiance dans leur puissance ; choses jugées excessives par des auteurs très-estimés alors, et depuis encore : les Tillemont, les Launoy, les Baillet, les Thiers.

2° Restreindre en particulier les marques de la dévotion envers la sainte Vierge. Les mêmes écrivains que nous venons de citer (Baillet surtout, dans un livre spécial qui a mérité les éloges de Bayle), n'avaient-ils pas déjà insulté la piété des fidèles sur un article qui lui est si cher, et cela, sans encourir aucune disgrâce ? Est-il besoin de rappeler l'hérétique Jean de Neercassel, évêque de Castorie, et son traité *du Culte des saints et de la sainte Vierge*, quand Gilbert de Choiseul-Praslin, évêque de Tournai, qui fut bientôt l'un des plus violents prélats de l'assemblée de 1682, osait, en 1674, dans une instruction pastorale faite exprès, entreprendre la défense raisonnée d'un livre fameux que Rome venait de proscrire, et qui portait ce titre : *Les Avis salutaires de la Vierge à ses dévots indiscrets?*

3° Comprimer l'exercice de la puissance des pontifes romains et la réduire, sous le vain prétexte des usages de la vénérable antiquité, à devenir une pure abstraction. Des milliers d'écrits composés en France depuis 1660, et dans lesquels il est question historiquement, dogmatiquement, ou canoniquement, de la constitution de l'Église, sont autant de pièces de la conspiration antiromaine, et l'assemblée de 1682, décrétant les quatre articles, n'alla pas plus loin, après tout, que la Sorbonne dans les six fameuses assertions de 1663.

Montrons maintenant l'application de ces trois principes de l'école française d'alors, par des faits positifs tirés du Bréviaire de Harlay.

1° On put voir que la commission était animée de dispositions peu favorables aux usages et aux traditions qui ont pour objet le culte des saints, quand on s'aperçut que plus de quarante légendes contenues dans l'office avaient été retranchées, pour faire place à des passages des saints Pères ou des écrivains ecclésiastiques qui, dans leur brièveté, ne faisaient souvent allusion qu'à une seule circonstance de la vie du personnage, tandis que cette vie était racontée en entier, quoique abrégée, dans les leçons du Bréviaire antérieur. Nous citerons en particulier, comme mutilés ainsi, les offices de saint Vincent, de saint Mathias, des saintes Perpétue et Félicité, des Quarante Martyrs, de saint Apollinaire, de saint Jacques le Majeur, de sainte Marthe, de saint Pierre aux Liens, de l'Invention de saint Étienne, de saint Lazare, de saint Corneille, de saint Cyprien et de sainte Euphémie, de saint Matthieu, de sainte Thècle, de saint Clément, de saint Lin, de saint André, de saint Thomas, apôtre, etc.

Suppression de plus de quarante légendes des saints.

Il est vrai que les défenseurs du Bréviaire de Harlay prétendent justifier cette innovation par l'autorité du Bréviaire romain (1); mais, de douze exemples qu'ils citent, cinq sont allégués sans fondement, savoir, les leçons de sainte Agnès tirées de saint Ambroise, et celles de saint Ignace d'Antioche, de saint Jean-Porte-Latine, de saint Marc et de saint Luc, empruntées à saint Jérôme, puisque ces fragments sont de véritables légendes. Quant à saint Joseph et saint Joachim, la tradition ne nous en apprenant rien de bien précis, l'Église les loue, avec raison, par des passages des saints Pères. La Nativité de saint Jean-Baptiste est un fait biblique, ainsi que le martyre des Machabées; il eût donc été inutile d'en faire un récit humain dans l'office. Sainte Marie-Madeleine est louée, il est vrai, au jour de sa fête, par un sermon de saint Grégoire, mais sa légende historique se trouve dans l'office de sainte Marthe. Enfin, nous convenons que l'office de saint Pierre et de saint Paul, et celui de saint Laurent, sont sans légendes; mais c'est parce que l'Église romaine, à l'époque où les légendes ont été introduites dans l'office divin, a cru superflu de rédiger un récit de la vie et de la passion de ces deux grands apôtres et de son plus illustre

Les défenseurs du Bréviaire de Harlay cherchent vainement à justifier cette innovation par l'exemple du Bréviaire romain.

---

(1) *Réponse aux Remarques sur le nouveau Bréviaire de Paris*, pag. 15.

martyr. Cette légende n'est-elle pas écrite dans Rome, en vingt endroits qui gardent les vestiges sacrés de ces glorieux soutiens de l'Église. Au reste, quand le Bréviaire romain eût, dans un plus grand nombre d'endroits, remplacé par des homélies les leçons historiques des saints, le reproche que nous adressons aux correcteurs du Bréviaire de Harlay n'en serait pas moins mérité. En effet, nous leur demandons compte des choses qu'ils ont retranchées, et non de celles qui manquaient déjà dans le Bréviaire romain-parisien de Jean-François de Gondy, quand il fut soumis à leur correction. Que s'il leur eût semblé utile d'épurer par l'emploi d'une saine critique plusieurs des légendes, ils le pouvaient faire avec modération : mais supprimer en masse la partie la plus populaire dans un si grand nombre d'offices, était une démarche digne de censure et qui rappelait les condamnations portées au xvie siècle par la Sorbonne de ce temps-là, contre les Bréviaires de Soissons et d'Orléans (1).

Mais on ne se borna pas à retrancher ainsi une partie considérable des légendes; les traditions catholiques les plus vénérables furent insultées. Pour commencer par l'Église même de Paris, les correcteurs du Bréviaire la déshéritèrent de sa vieille gloire d'être fille de saint Denys l'Aréopagite; ils portèrent leur main audacieuse sur le fameux prodige qui suivit la décollation du saint fondateur de leur propre Église. Ils distinguèrent sainte Marie-Madeleine de Marie, sœur de Marthe : ils ôtèrent à cette dernière la qualité de vierge, et à saint Lazare celle d'évêque. Ils effacèrent l'histoire si célèbre de sainte Catherine d'Alexandrie : enfin, ces docteurs de Paris, marchant sur les traces honteuses de Le Fèvre d'Estaples et d'Érasme, flétris pourtant par l'ancienne Sorbonne, pour avoir osé attaquer les traditions sur saint

---

(1) Voyez ci-dessus, tome Ier, pag. 458.

Denys et sur sainte Marie-Madeleine, enchérirent, comme l'on voit, sur ces frondeurs de la tradition.

Veut-on savoir la vaine excuse qu'ils apportèrent lorsqu'on leur demanda compte de tant de témérités ? Eux qui avaient biffé un si grand nombre de récits miraculeux et d'actions extraordinaires des saints, sans doute pour la plus grande gloire de ces amis de Dieu, on les entend se faire un mérite de ces retranchements, parce qu'ils avaient, disaient-ils, substitué à des récits purement historiques et contestables, des passages des saints Pères par lesquels les dogmes attaqués par les hérétiques, et particulièrement le culte et l'intercession des saints étaient confirmés (1). Étrange préoccupation et qui dure encore dans l'Église de France, de considérer le bréviaire et les autres livres liturgiques, non plus comme un dépôt des traditions de la piété, comme un livre pratique qui renferme les monuments de la foi des fidèles, mais comme un arsenal de controverse, un supplément aux traités qu'on étudie dans l'école !

Ce fut sans doute cette même préoccupation qui porta les commissaires à statuer dans les rubriques générales que, désormais, le clerc récitant l'office divin en particulier, ne saluerait plus l'assemblée des fidèles, par ces mots : *Dominus vobiscum;* mais qu'il dirait, comme pour lui seul : *Domine, exaudi orationem meam.* Il est triste d'avoir à ajouter que presque tous nos bréviaires nouveaux ont embrassé cette pratique, non-seulement réprouvée expressément par l'Église romaine, mais contraire à l'essence même de toute prière ecclésiastique. Pourquoi ne supprime-t-on pas de même, au canon de la messe, toutes les formules qui font allusion à l'assemblée des fidèles, quand on célèbre à quelque autel isolé ? Luther n'est-il pas parti du même principe, quand il a anathéma-

---

(1) *Réponse* aux *Remarques*, etc., pag. 7-16.

tisé les messes privées, parce que, disait-il, elles étaient pleines de mensonge en ce que les paroles supposent la présence du peuple ? Les jansénistes n'ont-ils pas tiré des conséquences analogues, ainsi que nous le raconterons ? Mais poursuivons.

Diminution du culte de la sainte Vierge.

2° Si nous considérons maintenant la manière dont le culte de la sainte Vierge avait été traité dans le Bréviaire de Harlay, nous voyons qu'il y avait été grandement diminué. D'abord, on avait supprimé les bénédictions de l'office *de Beata*, qui étaient propres à l'Église de Paris,

Suppressions dans l'office de Beata.

en tout temps si dévote à sa glorieuse patronne. Les capitules du même office, dans lesquels l'Église romaine applique à Marie plusieurs passages des Livres sapientiaux qui ont rapport à la divine Sagesse, tradition si ancienne et si chère à la piété, avaient été sacrifiés, sans doute pour faire droit aux déclamations furibondes des hérétiques du XVIe siècle, que l'Église romaine et toutes celles qui la suivent dans les offices divins bravent encore aujourd'hui.

Désormais l'office de la Vierge, au Bréviaire de Paris, ne contenait plus cette antienne formidable à tous les sectaires : *Gaude, Maria Virgo, cunctas hæreses sola interemisti in universo mundo;* ni cette autre non moins vénérable, par laquelle l'Église implore le secours de Marie pour déjouer les complots de l'erreur contre la gloire de cette reine du ciel : *Dignare me laudare te, Virgo sacrata; da mihi virtutem contra hostes tuos.*

Deux passages de saint Jean Damascène, qui professent la foi à l'assomption corporelle de la sainte Vierge, rejetés du bréviaire.

Mais on ne s'était pas arrêté là. On pouvait se demander si les rédacteurs du Bréviaire de Paris, du Bréviaire de Notre-Dame, n'avaient pas visé à diminuer la croyance à la vérité de la glorieuse assomption de Marie. Car pourquoi avoir retranché ces belles paroles de saint Jean Damascène, dans la sixième leçon de la fête de ce grand mystère : *Hanc autem vere beatam quæ Dei Verbo aures præstitit, et Spiritus Sancti operatione repleta est, atque ad archangeli spiritalem salutationem, sine voluptate et virili consortio, Dei Filium concepit et sine dolore aliquo peperit, ac totam se Deo consecravit, quonam modo mors devoraret? Quomodo inferi susciperent? Quomodo corruptio invaderet corpus illud, in quo vita suscepta est?* Pourquoi, le quatrième jour dans l'octave, avoir retranché les trois leçons dans lesquelles le même saint Jean Damascène raconte la grande scène de la mort et de l'assomption corporelle de la Mère du Sauveur?

Non content d'avoir supprimé en masse le bel office de la Visitation de la sainte Vierge, qui était commun à l'Église de Paris et à plusieurs autres des plus illustres du royaume, le Bréviaire de Harlay portait ses coups sur une des plus grandes gloires de la Reine du ciel. Dans la plupart des Églises de l'Occident comme de l'Orient, la solennité du 25 mars, fondement de l'année liturgique, était appelée *l'Annonciation de la sainte Vierge*; par quoi l'Église voulait témoigner de sa foi et de son amour envers Celle qui prêta son consentement pour le grand mystère de l'Incarnation du Verbe. La commission osa s'opposer à cette manifestation de la foi et de la reconnaissance. Elle craignit sans doute *les dévots indiscrets*, et décréta que cette fête serait désormais exclusivement une fête de Notre-Seigneur, sous ce titre : *Annuntiatio Dominica*. Nous verrons bientôt le progrès de cette entreprise : en attendant, que ceux-là se glorifient qui ont fait perdre à l'Église de France presque tout entière une des principales solennités de la Mère de Dieu.

3° Nous passons maintenant à ce qui regarde l'autorité du pontife romain. D'abord, François de Harlay décréta que la fête de saint Pierre serait descendue au rang des fêtes *solennelles mineures* ; en quoi il ne tarda pas à être imité dans plus de soixante diocèses. Les légendes qui racontaient les actes d'autorité des pontifes romains dans l'antiquité furent modifiées d'une manière captieuse, sous

Suppression du répons Tu es pastor ovium en dépit de son antiquité.

couleur de conserver les paroles mêmes des Pères. Nous n'en citerons qu'un exemple entre vingt ; c'est dans l'office de saint Basile. Il y est dit de ce saint : *Egit apud sanctum Athanasium et alios Orientis episcopos ut auxilium ipsi ab occidentalibus episcopis postularent.* Les rédacteurs de cette légende savaient bien que par *les évêques d'Occident,* il faut entendre le Siége apostolique, sans lequel l'Occident n'aurait point eu ainsi le droit de recevoir l'appel des évêques de l'Orient, berceau du christianisme. On aime mieux profiter d'une expresssion vague qni n'exprime point clairement le dogme, que de la traduire dans le style précis, mais surtout catholique, d'une légende. Le lecteur peut voir encore celles de saint Athanase, de saint Étienne, pape et martyr, etc.

L'esprit qui animait l'archevêque de Harlay parut surtout dans la suppression de deux pièces anciennes et vénérables, mais qui offensaient à juste titre sa susceptibilité gallicane. La première est le fameux répons de saint Pierre : *Tu es pastor ovium, princeps Apostolorum ; tibi tradidit Deus omnia regna mundi : Et ideo tibi traditæ sunt claves regni cœlorum.*

Néanmoins ce répons se trouve déjà dans les plus anciens manuscrits du Responsorial de saint Grégoire, publiés soit par D. Denys de Sainte-Marthe, soit par le B. Tommasi. Mais le favori de Louis XIV, celui qui était à la veille de proclamer, dans une solennelle déclaration, la complète indépendance de la puissance temporelle à l'égard de la puissance spirituelle, pouvait-il (quelle que soit d'ailleurs la portée des paroles du répons) souffrir que l'on continuât à chanter dans les églises de la capitale du grand Roi, que Dieu a livré à saint Pierre tous les royaumes du monde, en vertu du pouvoir des clefs ? En pareil cas, un sujet fidèle doit tout sacrifier, jusqu'à l'antiquité qu'il prônera en toute autre occasion.

La seconde pièce est une antienne que l'Église chante

aux secondes vêpres de l'office des saints papes. On les loue de n'avoir pas craint les puissances de la terre, pendant qu'ils exerçaient leur souverain pontificat, en sorte qu'ils sont montés, pleins de gloire, au royaume céleste. *Dum esset summus Pontifex, terrena non metuit, sed ad cœlestia regna gloriosus migravit.* Jamais plus beau résumé ne pouvait être fait de la vie de ces grands pontifes qui, à l'exemple de saint Pierre, n'ont point humilié devant César la royauté sacerdotale, et en ont été loués et récompensés du divin pasteur qui expose et donne sa vie pour ses brebis. Mais pour François de Harlay, tel que Fénelon et, mieux encore, l'histoire nous le font connaître, c'était là une maxime importune, et quelque peu séditieuse.

L'antienne Dum esset summus Pontifex, *rejetée parce qu'elle célèbre le courage des saints papes en face du pouvoir séculier.*

Au reste, à cette même époque, la Chaire de saint Pierre était occupée par un pape plein du sentiment de la liberté ecclésiastique, et qui se préparait à faire voir à son tour qu'il ne craignait pas les puissances terrestres. Encore deux ans, et Innocent XI écrira à François de Harlay et à ses collègues de l'Assemblée de 1682 : « Vous « avez craint là où il n'y avait pas sujet de craindre. Une « seule chose était à craindre pour vous ; c'était qu'on « pût avec raison vous accuser devant Dieu et devant les « hommes, d'avoir manqué à votre rang, à votre honneur, « à la dette de votre devoir pastoral. Il fallait avoir en « mémoire les exemples de constance et de force épisco- « pales que ces anciens et très-saints évêques, imités par « beaucoup d'autres, en chaque siècle, ont, en semblable « circonstance, donnés pour votre instruction… Qui d'en- « tre vous a osé plaider devant le Roi une cause si grave, « si juste et si sacrée ? Cependant vos prédécesseurs, dans « un péril semblable, la défendirent plus d'une fois, cette « cause, avec liberté, auprès des anciens Rois de France, et « même auprès de celui-ci, et ils se retirèrent victorieux « de la présence du Roi, rapportant de la part de ce

Reproches que Harlay s'attire de la part d'Innocent XI pour avoir sacrifié la doctrine et les droits de l'Église à la puissance séculière dans l'Assemblée de 1682.

« prince très-équitable la récompense du devoir pastoral
« vigoureusement accompli. Qui d'entre vous est descendu
« dans l'arène pour s'opposer comme un mur en faveur
« de la maison d'Israël ? Qui a seulement prononcé un
« mot qui rappelât le souvenir de l'antique liberté ?
« Cependant, ils ont crié, eux, les gens du Roi, et dans
« une mauvaise cause, pour le droit royal ; tandis que
« vous, quand il s'est agi de la meilleure des causes, de
« l'honneur du Christ, vous avez gardé le silence (1) ! »

L'antienne dont nous parlons devait donc être sacrifiée par un prélat capable de mériter d'aussi sanglants reproches et que Dieu frappa de mort subite, sans qu'il pût offrir satisfaction convenable au Siége apostolique.

Le Bréviaire de Harlay renferme encore un grand nombre de choses étranges ; mais nous avons hâte d'en finir. Nous ne pouvons toutefois nous dispenser de mentionner ici deux changements graves dont les motifs nous paraissent au moins inexplicables. Dans le temps où ils eurent lieu, la satire s'en occupa. Nous ne ferons pas de réflexions.

Le public se demanda donc par quel motif François de

---

(1) .... Timuistis ergo ubi non erat timor. Id unum timendum vobis erat, ne apud Deum, hominesque redargui jure possetis, loco atque honori vestro, et pastoralis officii debito defuisse. Memoria vobis repetenda erant quæ antiqui illi sanctissimi Præsules, quos quam plurimi postea qualibet ætate sunt imitati, episcopalis constantiæ et fortitudinis exempla, in hujusmodi casibus, ad vestram eruditionem ediderunt......
.... Ecquis vestrum tam gravem, tam justam causam, tam sacrosanctam oravit apud Regem ? Cum tamen prædecessores vestri eam in simili periculo constitutam non semel apud superiores Galliæ Reges, imo apud hunc ipsum libera voce defenderint, victoresque a Regio conspectu discesserint, relatis etiam ab æquissimo Rege præmiis pastoralis officii strenue impleti ? Quis vestrum in arenam descendit, ut opponeret murum pro domo Israel ? Quis vel unam vocem emisit memorem pristinæ libertatis ? Clamaverunt interim sicut scribitis, et quidem in mala causa, pro regio jure, clamaverunt Regis administri ; cum vos in optima pro Christi honore sileretis. (*Brev. Innocentii XI, 11 April. 1682. Ad Archiepiscopos, Episcopos et alios Ecclesiasticos viros in Comitiis generalibus cleri Gallicani Parisiis congregatos.*)

Harlay avait retranché, dans l'hymne du dimanche à matines, qui est de saint Ambroise et commence par ce vers : *Primo dierum omnium*, les strophes suivantes, qui sont pourtant le centre de cette prière ; le reste de de l'hymne n'étant que le prélude :

Mutilation de l'hymne du dimanche à matines.

> *Jam nunc, Paterna claritas,*
> *Te postulamus affatim,*
> *Absit libido sordidans,*
> *Et omnis actus noxius.*
>
> *Ne fœda sit, vel lubrica*
> *Compago nostri corporis,*
> *Per quam averni ignibus,*
> *Ipsi crememus acrius.*
>
> *Ob hoc Redemptor, quæsumus*
> *Ut probra nostra diluas,*
> *Vitæ perennis commoda*
> *Nobis benigne conferas.*

Enfin, on se demanda pourquoi on avait ôté de la légende de saint Louis les belles paroles de la reine Blanche, sa mère : *Fili, mallem te vita et regno privatum quam lethalis peccati reum agnoscere.* Le cardinal de Noailles, dans les diverses éditions qu'il donna du Bréviaire de Harlay, s'empressa de réparer cette omission, en restituant la mémoire de cette parole si célèbre et si populaire, que la reine Blanche proféra dans une occasion d'ailleurs fort délicate.

Suppression d'un passage important dans la légende de saint Louis.

Nous venons de donner au lecteur une idée des choses *superstitieuses, fausses, incertaines, superflues, contraires à la dignité de l'Église, ou aux règles établies par elle*, que François de Harlay, dans sa lettre pastorale, se proposait de faire disparaître du bréviaire. Ce début, dans la réforme liturgique, promettait beaucoup, comme l'on voit, et bientôt il ne serait plus au pouvoir des archevêques de Paris de sauver les débris des livres grégoriens, menacés dans leur intégrité par l'audace de la secte.

En attendant, le nouveau Bréviaire de Paris portait en tête l'injonction expresse et jusqu'alors inouïe, *à toutes les églises, monastères, colléges, communautés, ordres; à tous les clercs tenus à la récitation de l'Office divin, de se servir de ce bréviaire, avec défense expresse et solennelle d'en réciter un autre, quel qu'il soit, tant en public qu'en particulier.* Cette défense était, comme l'on voit, bien nouvelle à Paris, lorsqu'on se rappelle les termes des lettres pastorales des prédécesseurs de François de Harlay, qui laissaient l'option entre le Bréviaire romain et celui de Paris. C'était aussi la première fois qu'on ne faisait pas de réserve en faveur des corps religieux approuvés, dont aucun n'a le droit de réciter un bréviaire diocésain. On n'avait point intention, pourtant, de déroger au privilége des réguliers, et la brochure que nous avons citée plus haut, qui fut publiée sous les inspirations de l'archevêché (1), le dit expressément; mais on avait pensé que l'absence de toute restriction dans la formule de promulgation du nouveau bréviaire rendrait cette formule bien autrement solennelle. Elle devait frapper d'autant plus les esprits, et éblouir ou effrayer ceux qui auraient pu être tentés de résister. Il paraît cependant, comme nous le verrons ailleurs, qu'un grand nombre d'ecclésiastiques continuèrent, malgré tout, l'usage du bréviaire romain; mais les chapitres, les paroisses, les communautés séculières, comme Saint-Sulpice, durent subir la loi. Les prêtres de la Mission, quoiqu'ils ne fussent pas un ordre régulier proprement dit, gardèrent le bréviaire romain; mais déjà ce corps s'était étendu bien au-delà des limites du diocèse de Paris, et même des frontières du royaume.

---

(1) On l'attribue à l'abbé Chastelain, l'un des commissaires du bréviaire.

Après avoir publié son bréviaire, en 1680, François de Harlay eut occasion de développer ses sentiments sur la liberté ecclésiastique et sur l'autorité du Pontife romain, dans l'assemblée du clergé de 1681 à 1682. Sa conduite dans cette circonstance à jamais déplorable pour l'Église gallicane, ne contribua pas à attirer les lumières de l'Esprit-Saint sur son administration. Aussitôt après l'assemblée, il se mit en devoir d'exécuter sur le missel le même travail de réforme qu'il avait entrepris sur le bréviaire. La commission dont nous avons parlé continua ses travaux, et dès le mois de novembre 1684, l'archevêque fut en mesure d'annoncer à son diocèse, par une lettre pastorale, le don qu'il lui faisait d'un nouveau missel digne de l'Église de Paris (1).

De Harlay publie en 1684 un nouveau missel de Paris, réformé par la même commission que le bréviaire.

Nous répéterons d'abord ici, en peu de mots, ce que nous avons dit au sujet de la réforme du bréviaire. Nous conviendrons donc, avec franchise, que l'archevêque de Paris avait le droit de faire les réformes convenables aux livres de son diocèse, pourvu qu'il les fît dans l'esprit de la tradition, qui est l'élément principal de la Liturgie; pourvu que dans ses améliorations la partie romaine de ces livres fût respectée, et que les réformes fussent autant d'applications des principes suivis dans toute l'antiquité en matière de Liturgie.

Limites dans lesquelles le droit incontestable de l'archevêque de Paris sur le missel de son Église devait s'exercer.

Nous n'attaquerons même pas François de Harlay dans les changements qu'il fit aux rubriques, pour les rendre plus conformes aux anciens usages parisiens, bien que ces changements ne pussent avoir lieu qu'aux dépens des rubriques romaines que ses derniers prédécesseurs avaient fait presque exclusivement prévaloir. Il y avait là du moins une possession, bien qu'interrompue durant quelque temps, et les prédécesseurs de Harlay, malgré le désir qu'ils en avaient nourri, n'avaient pu parvenir à

Changements apportés aux rubriques.

---

(1) *Vid.* la Note D.

INSTITUTIONS LITURGIQUES

inaugurer, sans retour, les livres purement romains dans leur église.

Dans sa lettre de promulgation du missel, de Harlay énonce formellement cette maxime protestante, que les pièces chantées durant la messe doivent être empruntées exclusivement aux saintes Écritures.

Mais nous ne saurions nous empêcher de protester énergiquement contre la maxime protestante qu'on n'avait pas osé avouer tout entière dans la préface du bréviaire, et qui se trouvait enfin énoncée dans celle du missel. François de Harlay disait : « Les choses qui doivent être « chantées, nous les avons tirées des seules Écritures « saintes, persuadés que rien ne saurait être ou plus con- « venable, ou plus en rapport avec la majesté d'un si « auguste sacrement, que de traiter l'acte divin dans « lequel le Verbe de Dieu est à la fois prêtre et hostie, au « moyen de la parole à l'aide de laquelle il s'est lui-même « exprimé dans les saintes Écritures. »

C'était aussi le principe de Luther dans sa réforme liturgique, quand il disait : « Nous ne blâmons pas ceux « qui voudront retenir les *introït* des apôtres, de la « Vierge et des autres saints, *lorsque ces trois introït* « *sont tirés des Psaumes et d'autres endroits de l'Écri-* « *ture* (1). » Depuis Luther, tous les sectaires français et flamands avaient répété à satiété leurs banalités sur l'usage de l'Écriture sainte, qui devait suffire partout, suivant eux ; et il fallait, certes, être bien aveugle, sinon sourdement complice, pour croire avoir tout fait en signant le Formulaire contre les cinq propositions, quand on ouvrait en même temps, sur l'Église et sa doctrine, cette porte par laquelle tous les hérétiques de tous les temps sont entrés.

Toutes les formules de style ecclésiastique expulsées de la partie chantée du missel.

Quoi qu'il en soit, François de Harlay entreprit cette œuvre et la consomma; il expulsa de l'antiphonaire grégorien, qui forme, comme on sait, la partie chantée du missel ; il en expulsa, disons-nous, toutes ces formules solennelles, touchantes, poétiques, mystérieuses, dogma-

---

(1) *Vid.* ci-dessus, tom. I, chap. XIV, pag. 397.

tiques, dans lesquelles l'Église prête sa voix traditionnelle aux fidèles, pour exalter la majesté de Dieu et la sainteté de ses mystères. Ainsi tombèrent d'abord ces *introït* qui avaient, il est vrai, déjà été interdits par Martin Luther, tels que celui de la sainte Vierge : *Salve, sancta Parens, enixa puerpera Regem, etc.;* et cet autre qui retentit avec tant d'éclat et de majesté dans les solennités de l'Assomption, de la Toussaint, etc. : *Gaudeamus omnes in Domino, diem festum celebrantes,* etc. Ainsi, le verset alléluiatique des fêtes de la Sainte-Croix : *Dulce lignum, dulces clavos,* etc.; celui de saint Laurent : *Levita Laurentius;* ceux de saint Michel : *Sancte Michael archangele,* etc., et *Concussum est mare et contremuit terra, ubi archangelus Michael,* etc.; celui de saint François : *Franciscus, pauper et humilis, cœlum dives ingreditur,* etc.; de saint Martin : *Beatus vir sanctus Martinus, urbis Turonis Episcopus requievit,* etc., etc.

Dans les messes de la sainte Vierge, tant celles du samedi que celles des solennités proprement dites, le Missel de 1684 sacrifiait impitoyablement le beau et mélodieux graduel : *Benedicta et venerabilis es, Virgo Maria,* etc.; les versets alléluiatiques : *Virga Jesse floruit,* etc.; *Felix es, sacra Virgo Maria,* etc.; *Senex puerum portabat,* etc.; *Assumpta est Maria in cœlum;* le trait : *Gaude, Maria Virgo;* l'offertoire : *Beata es, Virgo Maria;* la communion : *Beata viscera Mariæ Virginis.* Croirait-on que le zèle de l'Écriture sainte animait François de Harlay jusqu'au point de lui faire sacrifier la belle communion de saint Ignace d'Antioche, composée de ces immortelles paroles : *Frumentum Christi sum; dentibus bestiarum molar, ut panis mundus inveniar.* Il est vrai qu'il avait poussé la haine des prières traditionnelles jusqu'à détruire même les messes propres des saints de Paris, entre lesquelles on doit surtout regretter celle si gracieuse que la capitale du noble royaume de France avait composée, dans les âges de foi et de chevalerie, à la louange de sa benoîte et douce patronne.

<small>Les traditions de l'Église de Paris sur saint Denys sacrifiées.</small>

Le Missel de Harlay, aussi bien que le Bréviaire, attaquait les traditions de l'Église de Paris sur saint Denys ; on peut même dire qu'il les renversait pour jamais, en déshonorant par des changements et des interpolations la populaire et harmonieuse séquence qu'Adam de Saint-Victor, au XIIe siècle, avait consacrée à la mémoire du glorieux apôtre de Lutèce.

<small>Mutilation de la séquence consacrée à saint Denys par Adam de Saint-Victor.</small>

Nous ne nous imposerons certes pas l'ennuyeuse tâche de signaler en détail toutes les mutilations auxquelles cette pièce admirable fut en proie sous les coups de la commission du missel. Nous nous bornerons à faire remarquer la barbarie avec laquelle fut sacrifié le début de cette séquence et la maladresse qui suppléa l'omission. Adam de Saint-Victor avait dit, et toutes les églises de France répétèrent :

> *Gaude prole, Græcia,*
> *Glorietur Gallia*
> *Patre Dionysio.*

Ainsi la gloire d'Athènes, qui députe vers nos contrées son immortel Aréopagite, et la gloire des Gaules qui l'accueillent avec tant d'amour, sont confondues dans un même chant de triomphe. Mais maintenant que François de Harlay ne veut plus que la Grèce ait donné le jour à son saint prédécesseur, où a-t-il pris le droit de dire :

> *Exultet Ecclesia,*
> *Dum triumphat Gallia*
> *Patre Dionysio ?*

Sans doute la France, et la ville de Paris en particulier, sont quelque chose de très-grand dans le monde ; mais n'y a-t-il pas quelque prétention, quand on a, d'un trait de plume, refusé à la Grèce le droit de prendre une part spéciale à la fête de saint Denys qu'elle honore pourtant encore aujourd'hui, comme évêque d'Athènes et de Paris ; de s'en aller substituer, disons-nous, à la Grèce, d'un trait de plume aussi, l'Église universelle, comme obligée de venir s'associer expressément aux gloires de notre patrie ? *Exultet Ecclesia, dum triumphat Gallia.* Que si l'on disait que la gloire de tous les saints appartient à l'Église entière qui triomphe en chacun d'eux, nous n'aurions garde de le contester ; mais nous demanderions si l'on est bien sûr de l'assentiment de l'Église universelle à tous ces changements, quand on sait que non-seulement le Bréviaire romain, mais même les livres d'office de l'Église grecque, protestent chaque année en faveur de la qualité d'aréopagite donnée à saint Denys de Paris. Voilà bien des millions de témoignages en faveur d'une prescription auguste, et l'Église de Paris qui met tant de zèle, depuis François de Harlay, à faire prévaloir *les droits de la critique* aux dépens de sa propre gloire, fait ici un triste personnage. Il ne manque plus qu'une chose : c'est qu'il se rencontre quelque protestant qui vienne encore, de par la vraie science historique, nous faire la leçon, à nous autres gallicans, ainsi qu'il nous est déjà arrivé au sujet du grand saint Grégoire VII que nous avons chassé du bréviaire, comme il sera raconté en son lieu. On dit que certains écrivains catholiques voudraient pourtant, sur saint Denys, disputer l'initiative à ces huguenots.

Encore un trait sur la fameuse séquence ; ce sera le dernier. On y retrancha ce verset fameux :

> *Se cadaver mox erexit.*
> *Truncus truncum caput vexit,*
> *Quo ferentem hoc direxit*
> *Angelorum legio.*

Suppression de la strophe qui chante le miracle de saint Denys portant sa tête dans ses mains après son martyre.

On conçoit encore une controverse sur une question chronologique. Le sentiment des antiaréopagites s'appuie du moins sur des données historiques plus ou moins plausibles : mais si quelqu'un s'avise de contester le miracle du saint martyr portant sa tête dans ses mains, où prendra-t-il ses moyens d'attaque ? où est l'impossibilité de ce miracle ? où sont les monuments qui le nient, ou l'infirment en quoi que ce soit ? C'était donc tout simplement un sacrifice fait à l'esprit frondeur que certains écrivains ecclésiastiques avaient fait prévaloir dans la classe lettrée des fidèles. Était-il, pourtant, si nécessaire d'avertir le peuple que le moment était venu de suspendre son respect pour les anciennes croyances ?

Les traditions de l'Église sur sainte Madeleine abandonnées. — On avait trouvé aussi le moyen d'en finir avec les traditions de l'Église sur l'identité de sainte Marie-Madeleine avec la pécheresse de l'Évangile (tradition déjà ébranlée dans le bréviaire, ainsi que nous l'avons dit), en changeant totalement la messe romaine, dont l'introït : *Me expectaverunt,* l'évangile *Rogabat Jesum quidam de Pharisæis,* et la communion *Feci judicium,* étaient si gravement significatifs. Le croirait-on, si on n'en voyait encore aujourd'hui les effets ? on avait poursuivi cette tradition jusque dans la prose de la messe des morts ; on y avait changé ces mots : *Qui Mariam absolvisti,* en ceux-ci : *Peccatricem absolvisti.*

Changements arbitraires dans les messes des morts. — Puisque nous parlons de la messe des morts, nous dirons aussi que François de Harlay, tout en laissant subsister encore l'introït *Requiem æternam,* l'offertoire *Domine Jesu Christe,* et la communion *Lux æterna,* qui sont au nombre des plus magnifiques pièces de l'antiphonaire grégorien, avait donné une messe toute nouvelle pour la commémoration générale des défunts, au second jour de novembre, et que s'il consentait à garder l'antique messe pour les funérailles et anniversaires des fidèles, *c'était après avoir arbitrairement effacé le gra-*

duel et le trait grégoriens, et supprimé, dans la communion, un verset et une réclame qui formaient l'unique débris des usages de l'antiquité sur l'antienne de la communion.

Nous ne devons pas omettre non plus de signaler l'insigne audace qui avait porté les correcteurs du Missel de Harlay à supprimer toutes les épîtres que l'Église romaine a empruntées des Livres sapientiaux, pour les messes de la sainte Vierge, tant celles des fêtes proprement dites que celles de l'office votif. Déjà un pareil scandale avait eu lieu pour le bréviaire ; mais il devenait bien plus éclatant dans le missel. Par là, nous le répétons, tous les blasphèmes des protestants étaient autorisés, et en même temps une des sources de l'intelligence mystique des Écritures fermée pour longtemps. Ceux de nos lecteurs qui ne sentiraient pas l'importance de notre remarque, seront plus à même de l'apprécier quand nous en serons venu à expliquer en détail les messes du Missel romain et les traditions qui les accompagnent ; toutes choses devenues étrangères au grand nombre, depuis l'innovation gallicane.

Dans cette revue générale du Missel de Harlay, nous sommes loin d'avoir signalé toutes les témérités qui paraissaient dans cette œuvre. Elle renfermait, en outre, les plus singulières contradictions. Suivant le plan de réforme tracé dans la lettre pastorale, toutes les parties chantées du missel devaient être tirées de l'Écriture sainte; cependant les proses ou séquences qui sont bien des parties destinées à être *chantées* avaient été conservées. Bien plus, on en avait composé de nouvelles, entre autres, celle de l'Ascension, *Solemnis hæc festivitas,* celle de l'Annonciation, *Humani generis.* On ne craignait donc pas tant la parole de l'homme, pourvu qu'on en fût le maître. Étrange nécessité que subira la révolte jusqu'à la fin, de se contredire d'autant plus grossièrement qu'elle se donne pour être plus conséquente à elle-même !

I PARTIE
CHAPITRE XVII

Suppression des épîtres que l'Église romaine emprunte aux livres sapientiaux pour louer la sainte Vierge.

Les proses conservées et même multipliées en dépit du principe posé dans la lettre pastorale.

Malgré ces mutilations la Liturgie de Paris restait encore romaine et l'unité n'était pas rompue.

Quoi qu'il en soit de ces honteuses et criminelles mutilations que subit la Liturgie romaine dans les livres de Paris, comme il est certain que ces mutilations n'atteignaient pas la vingtième partie de l'antiphonaire grégorien, on put dire encore, sous l'épiscopat de François de Harlay, et sous celui du cardinal de Noailles, que la Liturgie de Paris était et demeurait la Liturgie romaine ; que l'unité établie par le concile de Trente et saint Pie V, si elle avait souffert, n'avait pas encore péri. Aussi voyons-nous le docteur Grancolas dans son *Commentaire sur le Bréviaire romain*, publié en 1727, consacrer un chapitre entier à démontrer en détail l'identité générale du Bréviaire de Paris avec le romain (1).

Les principes posés par de Harlay devaient être féconds pour un avenir prochain.

Mais les atteintes portées à l'intégrité de la Liturgie par François de Harlay, les damnables principes qui avaient prévalu dans sa réforme, tout cela devait être fécond pour un avenir prochain. On ne s'arrête pas dans une pareille voie : il faut avancer ou reculer. L'esprit d'innovation comprimé dans le Bréviaire de Paris par la nécessité de conserver la physionomie générale de la Liturgie romaine, se jeta d'un autre côté, et alla essayer sur un théâtre plus restreint l'application de ses théories, bien persuadé que la curiosité et la manie du changement si naturelles aux Français en procureraient, en temps convenable, l'avancement et le triomphe. L'abbaye de Cluny et la petite congrégation qui en dépendait alors sous le nom d'*Ordre de Cluny*, furent choisies par les novateurs pour y faire l'essai d'une réforme liturgique complète et digne de la France.

La Liturgie romaine complètement anéantie pour la première fois en France.

On se rappelle ce que nous avons dit du Bréviaire monastique en général et de celui de Paul V en particulier. L'ordre de Cluny avait alors pour abbé général le cardinal de Bouillon. Ce prélat, si malheureusement

---

(1) Tom. I, pag. 352 et suivantes.

célèbre par le relâchement de ses mœurs et par sa colossale vanité, ajouta à ses autres responsabilités devant l'Église, celle d'avoir, le premier, anéanti en France la Liturgie romaine, et d'avoir choisi pour inaugurer un corps d'offices totalement étranger aux livres grégoriens, la sainte et vénérable basilique de Cluny. Il possédait cette abbaye, non en commende, mais par l'élection du chapitre qui fut maintenu jusqu'à la suppression des ordres monastiques, dans la possession de choisir l'abbé de Cluny, pourvu que l'élu ne fût pas un moine (1). En vertu de sa qualité d'abbé régulier, son droit et son devoir était de veiller à tout ce qui concernait le service divin, et il était, de plus, susceptible de recevoir et d'exécuter à ce sujet toutes les commissions du chapitre général.

dans l'abbaye et l'ordre de Cluny par par l'autorité du cardinal de Bouillon.

L'ordre de Cluny s'était toujours maintenu dans la possession de ses antiques usages liturgiques. Le Bréviaire de Paul V qui, comme on se le rappelle, n'était point strictement obligatoire pour tous les monastères, n'avait point été formellement accepté par cette congrégation. Nous laisserons donc de côté la question de droit, tout en faisant observer que si rien ne s'opposait à la réforme des livres monastiques de l'ordre de Cluny, la destruction complète et violente de tout le corps des offices grégoriens ne pouvait être considérée comme une réforme, et n'en pouvait revendiquer le caractère et les droits.

L'ordre de Cluny, en possession de ses antiques usages liturgiques, avait droit de les réformer mais non de les changer totalement.

Ce fut, ainsi que nous l'apprenons de la lettre pastorale de l'éminentissime abbé de Cluny, ce fut dans le chapitre

La réforme du bréviaire confiée par le chapitre général de Cluny à dom Paul Rabusson et dom Claude de Vert, qui prennent les inspirations des commissaires du Bréviaire de Paris.

---

(1) Cette servitude, si honteuse et dégradante qu'elle fût, plaçait néanmoins l'abbaye de Cluny dans une situation supérieure à celles de la congrégation de Saint-Maur, qui, étant toutes soumises à la commende, demeuraient totalement étrangères à la désignation des abbés qu'il plaisait à la cour de leur nommer. Il est vrai que ces abbés simplement commendataires n'avaient aucune juridiction spirituelle sur les monastères.

> INSTITUTIONS LITURGIQUES

de l'ordre tenu en 1676, que l'on résolut la réforme du Bréviaire monastique de Cluny. On donna ce soin à D. Paul Rabusson, sous-chambrier de l'abbaye, et à D. Claude de Vert, trésorier. C'était précisément l'époque où François de Harlay faisait exécuter, en la façon que nous avons dit, la réforme du Bréviaire parisien, et comme cette réforme fut l'expression des principes qui s'agitaient alors dans l'Église de France, il était naturel de penser qu'on en retrouverait quelques applications dans le nouvau Bréviaire de Cluny. A part la connaissance que nous avons d'ailleurs de D. Claude de Vert et de ses principes liturgiques, la coopération de certains membres du clergé séculier qui avaient fait leurs preuves devrait nous éclairer suffisamment. Cette coopération est indiquée expressément dans la lettre pastorale (1), et l'on sait par un auteur contemporain que les deux moines de Cluny *eurent de grandes liaisons, pendant la durée de leur opération, avec les commissaires du nouveau Bréviaire de Paris, et qu'ils prirent dans ce dernier beaucoup de choses dont ils se firent honneur dans leur bréviaire* (2).

> Nicolas Le Tourneux, principal rédacteur du Bréviaire de Cluny.

Mais de même qu'entre tous les commissaires du Bréviaire de Harlay, il n'y en eut aucun plus suspect de vues hétérodoxes, ni plus hardi, sous ses dehors de sainteté, que Nicolas Le Tourneux, de même aussi nul autre ne peut être égalé à ce personnage pour son zèle d'innovation, et pour l'importance des travaux qu'on lui laissa exécuter. « La confiance que D. Claude de Vert et D. Paul « Rabusson avaient en lui, le rendit maître du ter-

---

(1) Qui hanc in se provinciam receperunt, non suam tantum adhibuerunt diligentiam quam maximam, sed et, ubicumque opus fuit, aliena usi sunt industria. Porro alienam cum dicimus industriam, eorum dicimus quos noverant in Scripturis sacris, in Patrum doctrina, in sæculorum traditione, in Ecclesiæ disciplina veteri, in ritibus monasticis versatissimos.

(2) Thiers. *Observations sur le nouveau Bréviaire de Cluny*, t. I, pag. 94.

« rain. Il forma son plan et l'exécuta à son aise (1). » Nous devons donc désormais nous tenir pour avertis, et nous attendre à trouver dans le Bréviaire de Cluny l'œuvre de Nicolas Le Tourneux. Les plus grands applaudissements du public de ce temps-là, préparé à tout par le Bréviaire de Harlay, accueillirent le nouveau chef-d'œuvre à son apparition, qui eut lieu en 1686. Il y eut cependant quelques réclamations fondées sur l'étrangeté de plusieurs particularités qu'on remarquait dans cette production. Mais ce qui surprit tout le monde, ce fut de voir se lever au nombre des adversaires du Bréviaire de Cluny, le trop fameux, mais docte Jean-Baptiste Thiers, qui publia deux petits volumes intitulés : *Observations sur le nouveau Bréviaire de Cluny*. Sa critique violente, quelquefois même injuste, mais le plus souvent victorieuse, aurait grandement nui, en d'autres temps, à une œuvre aussi difficile à défendre que celle de D. Paul Rabusson et de D. de Vert ; mais tel était l'engouement des nouveautés liturgiques, que le factum de Thiers qui n'avait pu trouver d'imprimeur qu'à Bruxelles, n'arrêta en rien la marche de l'innovation. On fut même presque scandalisé de voir J.-B. Thiers, *un si bon esprit*, ne pas s'extasier devant une merveille comme le Bréviaire de Cluny. Son livre, qui parut en 1707, appelait néanmoins une réfutation, et D. Claude de Vert s'était mis en devoir de la préparer, lorsque Thiers vint à mourir. D. Claude de Vert ne jugea pas à propos de le poursuivre au-delà du tombeau ; peut-être aussi trouva-t-il son compte à cette suspension d'armes : car, assurément, le curé de Vibraye n'était pas homme à laisser le dernier mot à autrui, dans la dispute.

En attendant que nous fassions connaître un autre associé de D. Claude de Vert dans la fabrication du Bré-

---

(1) Mésenguy. *Lettres sur les nouveaux bréviaires* (1735), cité par l'abbé Goujet, dans sa *Continuation de la Bibliothèque* d'Ellies Dupin, tom. III, pag. 92.

viaire de Cluny, nous allons révéler au lecteur les *progrès* liturgiques qui signalaient cette œuvre.

<small>INSTITUTIONS LITURGIQUES</small>

<small>Les pièces d'origine grégorienne rejetées à peu près en totalité et remplacées par des centons bibliques, œuvres des nouveaux réformateurs.</small>

D'abord, le principe émis dans le Bréviaire de Harlay, mais qui n'avait pas reçu alors toute son application, ce principe si cher aux antiliturgistes, de n'employer plus que l'Écriture sainte dans l'office divin, était proclamé dans la lettre pastorale et appliqué, dans toute son étendue, à tous les offices tant du Propre du Temps que du Propre des Saints et des Communs. Ainsi croulait déjà une partie notable du livre responsorial de saint Grégoire; mais afin que la destruction fût plus complète encore, les novateurs qui cherchaient si ardemment à faire prévaloir l'Écriture sainte sur la tradition, en vinrent jusqu'à sacrifier, sans égard pour l'antiquité, au risque de découvrir à tous les yeux le désir de bouleversement qui les travaillait, en vinrent, disons-nous, jusqu'à sacrifier presque en totalité les innombrables antiennes et répons que les livres grégoriens ont empruntés de l'Écriture sainte elle-même, et cela, pour les remplacer par des versets choisis par eux, et destinés à former une sorte de mosaïque de l'Ancien et du Nouveau Testament dont ils avaient trouvé le plan dans leurs cerveaux. Et ces hommes osèrent encore parler de l'antiquité, quand ils mentaient à leurs propres paroles.

<small>Suppression de toutes les légendes des saints.</small>

Après avoir donné la chasse aux traditions dans les antiennes et les répons, les commissaires du Bréviaire de Cluny, marchant toujours sur les traces de François de Harlay, mais de manière à le laisser bien loin derrière eux, trouvèrent pareillement le moyen d'en finir avec les légendes des saints. Pas une seule ne fut épargnée; on mit en leur lieu des passages des saints Pères d'une couleur plus ou moins historique, et si grande fut cette hardiesse, que, malgré le bon vouloir de plus d'un liturgiste du dix-huitième siècle, il fut reconnu impossible d'imiter, en cela, le Bréviaire de Cluny qui devait servir de modèle sous tant d'autres points.

Ce fut dans un but analogue que, après avoir supprimé la plupart des fêtes à douze leçons pour les réduire à trois, on décréta que le dimanche n'admettrait plus celles qui tombent en ce jour, si ce n'est les solennités les plus considérables, et que, sauf l'Annonciation et la fête de saint Benoît, toutes celles qui arrivent durant le carême seraient ou éteintes, ou transférées. Quignonez lui-même déclae dans la préface de son bréviaire, qu'il n'a pas osé aller jusque-là. Par suite de ces bouleversements bizarres, certaines fêtes se trouvaient dépopularisées par les translations les plus inattendues ; car, qui se serait imaginé, par exemple, d'aller chercher saint Grégoire le Grand au 3 de septembre, saint Sylvestre au 3 de janvier, saint Joseph un des jeudis de l'Avent ?

Bouleversement complet du calendrier. Toutes les fêtes tombant le dimanche ou dans le carême supprimées ou transférées.

Mais non contents de remanier ainsi le calendrier pour les fêtes des saints, les commissaires du Bréviaire de Cluny avaient porté leur main audacieuse jusque sur les grandes lignes de l'année chrétienne. Toujours fidèles au système qu'ils avaient inventé *à priori*, et auquel il fallait que soit l'antiquité, soit les usages modernes de l'Église cédassent en tous les cas, ils imaginèrent, pour abaisser les fêtes de la sainte Vierge, de créer un *quintenaire* de fêtes de Notre-Seigneur, qui dussent être placées, pour l'importance, à la tête du calendrier. S'ils se fussent bornés au *ternaire* antique de Pâques, de la Pentecôte et de Noël, ils se seraient tenus dans les bornes des traditions ecclésiastiques ; mais en voulant égaler l'Épiphanie et l'Ascension aux trois premières, et tenir ces cinq solennités dans une classe où nulle autre, pas même la fête du Saint Sacrement, ne peut trouver place, ils mirent au jour leur manie d'innovation et en même temps les plus énormes contradictions avec leurs solennelles prétentions à la connaissance de l'antiquité.

L'Épiphanie et l'Ascension égalées, malgré la tradition, à Pâques, à la Pentecôte et à Noël.

Le culte de la sainte Vierge fut réduit dans le Bréviaire de Cluny. La fête de son Assomption descendit au degré appelé par les commissaires *Festivité majeure*. L'octave de la Conception fut supprimée; l'Annonciation fut nommée, à l'instar du Bréviaire de Harlay, *Annuntiatio et Incarnatio Domini*. Mais on alla plus loin : François de Harlay avait du moins laissé à la sainte Vierge la fête de la Purification; les commissaires de Cluny, toujours inquiets pour la gloire du Sauveur dans les hommages qu'on rend à sa sainte mère, comme si l'unique fondement des honneurs déférés à Marie ne se trouvait pas dans la maternité divine, résolurent de nommer cette fête : *Præsentatio Domini et Purificatio B. Mariæ Virginis*. Parlerons-nous des hymnes, des antiennes, des répons si remplis de piété et de poésie par lesquels l'Église, dès le temps de saint Grégoire, s'était plu à exalter les grandeurs de Marie? Toutes celles de ces formules antiques et sacrées qui avaient échappé aux coups de François de Harlay, avaient impitoyablement été sacrifiées par Le Tourneux, pour faire place à de muets centons de la Bible. Certes, on peut dire qu'en cela était porté un coup bien sensible à l'ordre de Saint-Benoît, si célèbre en tous les temps pour sa dévotion à la mère de Dieu; et les commissaires, pour agir avec cette scandaleuse liberté, non-seulement avaient à combattre l'Antiphonaire et le Responsorial de saint Grégoire, mais il fallait qu'ils étouffassent aussi la voix séculaire *de la sainte église de Cluny*, comme on parlait autrefois; car elle déposait hautement de son amour pour la glorieuse Vierge et de son zèle à lui rendre ses plus doux hommages.

L'autorité du Siége apostolique qui a de si intimes rapports avec la confiance et le culte envers la mère de Dieu, avait souffert de nombreuses atteintes dans le nouveau Bréviaire de Cluny. Sans parler de la suppression des fêtes de la plupart des saints papes, ainsi que du retranchement des répons et antiennes sacrifiés déjà par le zèle de François de Harlay, on avait, à l'imitation de cet archevêque, humilié la fête du prince des apôtres jusqu'au degré de *Solennité mineure;* on avait supprimé une des fêtes de la chaire de Saint-Pierre, et cela dans la basilique de Saint-Pierre de Cluny, dans le sanctuaire même où avaient si longtemps prié pour l'exaltation du Siége apostolique, le prieur Hildebrand, depuis, saint Grégoire VII; le moine Othon de Châtillon, depuis, Urbain II; le moine Raynier, depuis, Paschal II; le moine Guy, depuis, Callixte II !

Qu'on ne nous demande donc plus pourquoi il n'est pas resté pierre sur pierre de cette antique et vénérable église, centre de la réforme monastique, et, par celle-ci, de la civilisation du monde, durant les xie et xiie siècles ; pourquoi les lieux qui formaient son enceinte colossale sont aujourd'hui coupés par des routes que traversent avec l'insouciance de l'oubli les hommes de ce siècle; pourquoi les pas des chevaux d'un haras retentissent près de l'endroit où fut l'autel majeur de la basilique et le sépulcre de saint Hugues qui l'édifia. Saint-Pierre de Cluny avait été destiné à donner abri, comme une arche de salut, dans le cataclysme de la barbarie, à ceux qui n'avaient pas désespéré des promesses du Christ. De ses murs devait sortir l'espoir de la liberté de l'Église, et bientôt la réalité de cet espoir. Or la liberté de l'Église, c'est l'affranchissement du Siége apostolique. Mais lorsque ces murs virent déprimer dans leur enceinte cette autorité sacrée qu'ils avaient été appelés à recueillir, ils avaient assez duré. Ils croulèrent donc, et afin que les hommes n'en vinssent pas à confondre cette terrible destruction avec ces démolitions innombrables que l'anarchie opéra à une époque de confusion, la Providence, avant de permettre que les ruines de Cluny couvrissent au loin la terre, voulut attendre le moment où la paix serait rétablie, les autels relevés ; où

I PARTIE
CHAPITRE XVII

La ruine de Cluny châtiment de ce mépris de l'autorité qui représente Jésus-Christ en ce monde.

INSTITUTIONS LITURGIQUES

rien ne presserait plus le marteau démolisseur ; où les cris de la fureur n'accompagneraient plus la chute de chaque pierre. C'en fut assez de la brutale ignorance, des mesquins et stupides ressentiments d'une petite ville pour renverser ce qui ne pesait plus que sur la terre. A la vue de cette inénarrable désolation, quel Jérémie oserait espérer d'égaler les lamentations à la douleur ! que le moine se recueille et prie : *Ponet in pulvere os suum, si forte sit spes* (1) !

Suppression de tous les rites empruntés au romain par le bréviaire monastique.

Le Bréviaire de Cluny, outre les graves innovations dont nous venons de parler, présentait encore de nombreuses singularités capables d'offenser le peuple catholique. Nous avons dit, au chapitre VIII, à propos de la Liturgie monastique, que l'ordre de Saint-Benoît avait de très-bonne heure adopté le Responsorial grégorien. Le Bréviaire monastique de Paul V, qui était conforme en beaucoup de choses à celui de saint Pie V, avait sanctionné de nouveau cette œuvre du génie bénédictin qui a semblé toujours porté vers les habitudes romaines. Il a dû résulter de là que plusieurs usages statués dans la règle de Saint-Benoît, pour les offices divins, ont fait place à d'autres usages plus en rapport avec les mœurs des diverses églises d'Occident. Ce n'était pas un mal que ces rares dérogations à un ordre d'office qui, dans tous les autres cas, demeurait toujours dans sa couleur propre, et les effacer n'était pas un progrès, puisqu'on ne le pouvait faire qu'en se séparant de l'Église romaine d'une part, et de l'autre en scandalisant les simples. C'est néanmoins ce que firent les commissaires en supprimant les prières de préparation à l'office, *Pater; Ave Maria; Credo;* en abolissant les suffrages de la sainte Vierge et des saints, la récitation du symbole de saint Athanase, les prières qui se disent à certains jours après la litanie, les absolu-

---

(1) Thren. III, 29.

tions et les bénédictions pour les leçons de Matines, etc. Sans doute saint Benoît n'a point parlé de tous ces rites que l'Église n'a établis que dans des siècles postérieurs à celui auquel il a vécu ; mais les rédacteurs du Bréviaire de Cluny pensaient-ils donc que ce saint patriarche revenant au monde, après mille ans, eût voulu, sous le prétexte de rendre l'office de ses moines plus conformes à celui du vi^e siècle, briser tous les liens que cet office avait, par le laps de temps, contractés avec celui de l'Église universelle ?

Mais voici quelque chose de bien plus étrange. Depuis le ixe siècle, la tradition de l'ordre de Saint-Benoît porte que, durant les trois derniers jours de la semaine sainte, l'office divin, dans les monastères, sera célébré suivant la forme gardée par l'Église romaine, afin qu'il paraisse à tous les yeux que les fils de la solitude s'associent en ces jours solennels à la tristesse de tout le peuple fidèle. La même coutume est inviolablement observée dans les autres ordres qui ont un bréviaire particulier. N'eut-on donc pas droit de crier au scandale quand on vit le Bréviaire de Cluny prescrire, à l'office de la nuit des jeudi, vendredi et samedi saints, les versets *Deus, in adjutorium ; Domine, labia mea aperies ;* un invitatoire, une hymne, douze psaumes, trois cantiques, douze leçons, douze répons ; l'usage du *Gloria Patri,* non-seulement dans ces répons, mais à la fin de chaque psaume ; à laudes, aux petites heures, à vêpres et à complies, toutes les particularités liturgiques employées par les usages bénédictins, dans le reste de l'année ? En vain D. Claude de Vert, pour soutenir son œuvre, a-t-il pris la peine de composer un dialogue fort pesant entre un certain dom Claude et un certain dom Pierre ; il n'est parvenu à démontrer qu'une seule chose, que personne d'ailleurs ne conteste, savoir, que saint Benoît, en établissant la forme de l'office pour ses moines, n'a point dérogé, dans sa règle, à cette

> Des offices propres selon la forme du rite bénédictin composés pour les jeudi, vendredi et samedi saints malgré la tradition de l'ordre qui prend en ces jours la Liturgie romaine.

> Dom Claude de Vert cherche vainement à légitimer cette innovation.

forme pour les trois derniers jours de la semaine sainte, et qu'on ne peut être contraint à embrasser les usages romains, en ces trois jours, en vertu d'une déduction logique. Tout cela est très-vrai ; mais, quoi qu'en dise D. de Vert, la coutume suffit bien pour suspendre l'effet d'une loi, et d'ailleurs, les rares exemples d'une pratique contraire qu'il voudrait produire ne détruisent point ceux, beaucoup plus nombreux, qu'on peut alléguer en faveur de la coutume actuelle.

Parlerons-nous de la singulière idée qui porta les commissaires du Bréviaire de Cluny à inventer, pour le 2 novembre, un office propre de la Commémoration des défunts, avec des hymnes, douze psaumes, trois cantiques, des capitules, des répons brefs, etc., en un mot, toutes les parties qui composent les offices réguliers du cours de l'année. Ce n'est sans doute là qu'une bizarrerie et une hardiesse de plus. Mais voici une remarque d'un autre genre. Nos doctes travailleurs se piquaient d'érudition, et comme la connaissance de la langue grecque était alors une sorte de luxe dans l'éducation, ils trouvèrent fort convenable d'afficher dans leur bréviaire quelqu'une des découvertes philologiques qu'ils avaient pu faire. Aujourd'hui leur petite vanité nous paraîtra, sans doute, quelque peu risible : alors il en était autrement. Il y avait longtemps que leurs savantes oreilles étaient choquées d'entendre prononcer dans l'Église romaine les deux mots *Kyrie, eleison*, sans qu'on parût faire la moindre attention, pensaient-ils, à la valeur de la lettre *êta*. Ils voulurent donc y remédier, et faire ainsi la leçon, non-seulement à toute l'Église latine, mais encore à l'Église grecque elle-même. Ils imprimèrent donc, dans tous les endroits où se trouva la litanie, *Kyrie, eleéson*. La science a fait un pas, ou plutôt on s'est mis tout simplement en devoir de demander la prononciation du grec aux Grecs, et aux monuments philologiques des anciens ; et *Kyrie, eleéson* est devenu simplement ridicule. Il faut convenir, cependant, que si les nombreux bréviaires du xvIIIe siècle firent de riches emprunts au Bréviaire de Cluny, tous, à l'exception de ceux des congrégations de Saint-Vannes et de Saint-Maur, laissèrent à dom de Vert son *eleéson*. Mais Érasme imposait si fortement à ce novateur, que non content d'en adopter, après François de Harlay, les sentiments audacieux sur saint Denys l'Aréopagite et sur sainte Marie-Madeleine, il se fit l'écho de ce docteur ambigu, jusque dans ses absurdes théories sur la prononciation grecque. Son zèle ne s'arrêta donc pas à la création de l'*eleéson* : il démentit la tradition que François de Harlay avait respectée sur le mot *Paraclitus*, et alla jusqu'à chanter et osa écrire en toutes lettres, *Paracletus*, en dépit de la quantité. Au reste, et ceci prouvera combien les instincts liturgiques s'étendent loin : dans la même censure où la Sorbonne, en 1526, vengeait les traditions catholiques contre Érasme, elle notait aussi, comme nouveauté intolérable, l'affectation pédantesque du *Paracletus* que, cependant, tous nos bréviaires français ont emprunté à D. de Vert. Il est curieux qu'aujourd'hui, après avoir parcouru un long cercle, la science vienne à se retrouver au point où était déjà rendue la Sorbonne au xvIe siècle, par la seule fidélité aux traditions. Dieu veuille nous délivrer, pour l'avenir, des hommes à systèmes et à idées toutes faites!

Concluons tout ceci par une appréciation générale du Bréviaire de Cluny, et disons que si cette œuvre, que nous croyons avoir démontrée intrinsèquement mauvaise, ne paraissait pas d'abord destinée à exercer une influence funeste, parce que ce corps d'offices ne devait, après tout, s'exercer que dans un petit nombre d'églises conventuelles dans lesquelles le public était accoutumé à voir pratiquer la Liturgie bénédictine, qui diffère déjà de la romaine en beaucoup de points, elle n'en devait pas moins produire les plus désastreux effets dans l'Église de France. Déjà la réforme parisienne avait retenti au loin et éveillé le goût de la nouveauté ; mais elle était insuffisante, du moment qu'on se disposait à franchir les limites posées par la tradition. Il fallait un type à tous les créateurs en Liturgie que le pays se préparait à enfanter. Il fallait un drapeau à ces champions du perfectionnement. Le Bréviaire de Cluny était tout ce qu'on pouvait désirer : tout y était nouveau. Les théories qui ne faisaient que poindre dans l'œuvre de François de Harlay rayonnaient accomplies dans celles de D. Paul Rabusson, de D. Claude de Vert et de Nicolas Le Tourneux. Aussi dirons-nous en finissant, pour la gloire du Bréviaire de Cluny, si tant est que ce soit là une gloire, que la plus grande partie de ce que renferment de meilleur (dans leur système) les nouveaux bréviaires, appartient à celui dont nous faisons l'histoire. Nous ne refuserons donc pas aux commissaires du chapitre de Cluny de 1676, mais surtout à Le Tourneux, une grande connaissance des saintes Écritures, tout en détestant l'emploi condamnable qu'ils ont fait de cette connaissance, en substituant des phrases de la Bible choisies par eux, dans leur lumière individuelle, et dès lors isolées de toute autorité, à la voix sûre, infaillible de la tradition, ou encore aux passages de l'Écriture que l'Église elle-même avait choisis dans le Saint-Esprit, *in Spiritu sancto*, pour rendre des sentiments, exprimer des mystères dont elle seule a la clef, parce qu'elle seule est dans la lumière, tandis que les hérétiques et leurs fauteurs se meuvent dans les ténèbres.

Nous n'aurions pas dit tout ce qui est essentiel sur le Bréviaire de Cluny, si nous ne faisions pas connaître son hymnographe. Déjà, nous aurions dû nommer Jean-Baptiste Santeul, chanoine régulier de Saint-Victor, à propos du Bréviaire de Harlay pour lequel il fournit plusieurs hymnes ; mais comme il en composa un bien plus grand nombre pour le Bréviaire de Cluny, qui semble être le principal monument de sa renommée, nous avons différé d'en parler jusqu'à ce moment. Cet homme dont la gloire n'a fait que s'accroître dans l'esprit des admirateurs de l'innovation liturgique, est véritablement un type : nous avons donc besoin de le considérer un peu à loisir et de caractériser son personnage et son action.

Nous dirons d'abord que nous avons toujours éprouvé une peine profonde en voyant sortir de la sainte et illustre abbaye de Saint-Victor, un des hommes qui ont le plus contribué à cette lamentable révolution qui a changé, en France, toute la face des offices divins, et déshérité le sanctuaire de ses plus vénérables traditions. Il fallait, certes, qu'à la fin du xviie siècle, le génie catholique eût bien faibli, en France, pour qu'on n'aperçût pas la contradiction flagrante qu'offraient les allures et la personne tout entière de Santeul, nous ne disons pas seulement avec les Hugues et les Richard, que le cloître mystique de Saint-Victor avait si saintement abrités au xiie siècle, ni avec ce saint réformateur de l'ordre canonial, le Père Faure, dont la mémoire était encore toute fraîche, ni avec le pieux et orthodoxe Simon Gourdan, qui vivait sous le même toit et sous le même habit que l'hymnographe de Cluny, mais avec l'illustre Adam de Saint-Victor, dont les admirables séquences furent longtemps la gloire de l'Église de Paris, et seront toujours de véritables trésors de poésie catholique.

Contradiction flagrante entre les allures de Santeul et celles des saints personnages qui avaient illustré son abbaye, en particulier d'Adam de Saint-Victor.

Nous avons cité, au chapitre xi de cette histoire liturgique, la fameuse lettre de saint Bernard à Guy, abbé de Montier-Ramey, dans laquelle le saint docteur détaille les qualités que doivent réunir et le compositeur d'une œuvre liturgique et son œuvre elle-même.

Or, voici les paroles de l'illustre abbé de Clairvaux : Dans « les solennités de l'Église, il ne convient pas de faire

Santeul condamné d'avance par saint Bernard.

INSTITUTIONS LITURGIQUES

« entendre des choses nouvelles, ou légères d'autorité ; il
« faut des paroles authentiques, anciennes, propres à
« édifier l'Église et remplies de la gravité ecclésiastique. »
Malheur donc à ceux qui ont expulsé de la Liturgie les
hymnes séculaires composées par des hommes d'autorité,
comme saint Ambroise, saint Grégoire, Prudence, etc.,
pour mettre à la place de ces *paroles authentiques*, des
paroles *légères d'autorité;* à la place de ces paroles
anciennes, des paroles *nouvelles ;* à la place de ces paroles
remplies de la gravité ecclésiastique, des réminiscences
de la muse profane ! Il faut, certes, que la préoccupation égare étrangement les esprits pour avoir pu rendre non-seulement supportable une pareille révolution,
mais pour en avoir fait l'objet du plus vif enthousiasme
à l'époque où elle s'accomplit, enthousiasme qui jette
encore aujourd'hui dans plus d'une tête ses dernières
étincelles.

L'insertion de ces hymnes nouvelles contredit formellement la prétention des novateurs, de ne rien admettre dans le bréviaire qui ne soit tiré des Livres saints.

Mais voici encore où se montre, dans tout son triste
éclat, la contradiction qui poursuivra toujours quiconque,
dans l'Église, voudra s'écarter de la voie tracée par l'autorité. Les auteurs du Bréviaire de Cluny (et nous pouvons
ajouter de tous ceux qui l'ont suivi) ont proclamé, comme
la maxime fondamentale de leur réforme liturgique, la
nécessité d'expulser des livres ecclésiastiques tout ce qui
s'y est introduit de parole humaine, pour le remplacer par
des textes tirés de l'Écriture sainte. On eût été tenté de
croire que le retranchement des hymnes vénérables que
l'Église d'Occident chante depuis tant de siècles, n'était
qu'une consciencieuse application de ce rigoureux principe ; mais, en croyant cela, on se fût trompé. La parole
humaine des saints Pères est remplacée par la parole *très-humaine* de Jean-Baptiste Santeul, et le public docile, ou
distrait, ne remarque pas, après cela, combien est contradictoire l'assertion mise en tête de tous les bréviaires,
depuis celui de Cluny : *qu'on n'y a rien laissé qui manquât*

d'autorité, rien qui ne fût puisé aux pures sources des Livres saints.

Encore, sommes-nous bien assurés de n'avoir dans les hymnes de Santeul, que la parole *humaine* du chanoine de Saint-Victor ? Si nous en croyons l'abbé Goujet et le trop fameux Mésenguy, fort instruit de tout ce qui regarde l'histoire de la fabrication des nouvelles Liturgies, Nicolas Le Tourneux donnait la matière et Santeul faisait les vers (1). Ainsi, deux hommes l'un, notoirement fauteur d'hérétiques, et auteur d'un ouvrage censuré par l'Église, et l'autre qui se faisait l'écho du premier ; voilà ce que le Bréviaire de Cluny mettait à la place de la tradition catholique de la Liturgie ; et aujourd'hui, soixante églises de France qui ont expulsé de leurs bréviaires les vieilles prières de l'âge grégorien, répètent, dans la plupart des solennités, les communs accents de Le Tourneux et de Santeul ! Un jour viendra, sans doute, où cette contradiction inexplicable frappera les hommes, et, ce jour-là, c'en sera fait de l'œuvre liturgique du xviiie siècle.

Mais écoutons encore saint Bernard sur les qualités du poëte liturgiste, et voyons jusqu'à quel point ces qualités conviennent à Santeul : « Un si haut sujet exige un « homme docte et digne d'une pareille mission, dont l'au- « torité soit compétente, le style nourri, en sorte que « l'œuvre soit à la fois noble et sainte... Que la phrase « donc, resplendissante de vérité, fasse retentir la justice, « persuade l'humilité, enseigne l'équité ; qu'elle enfante la « lumière de vérité dans les cœurs, qu'elle réforme les « mœurs, crucifie les vices, enflamme l'amour, règle les « sens (2). »

Mais peut-on dire de Santeul que *son autorité soit compétente,* que *sa phrase soit resplendissante de vérité,*

---

(1) Goujet. *Bibliothèque ecclésiastique du dix-huitième siècle*, tom. III, pag. 474. — Mésenguy. *Lettres sur les nouveaux bréviaires.*
(2) *Vid.* ci-dessus, tom. I, pag. 316.

qu'elle enfante la lumière de vérité dans les cœurs, quand on sait, par l'histoire, que la soumission de ce personnage aux décisions de l'Église fut, toute sa vie, un problème ? Qui ignore les liaisons du chanoine de Saint-Victor, non-seulement avec Le Tourneux, mais plus étroitement encore avec Arnauld ? Non content d'avoir fourni pour le portrait de ce coryphée du jansénisme des vers où sa doctrine est louée avec emphase, il osa composer cette inscription pour le monument destiné par les religieuses de Port-Royal à recevoir le cœur de leur Athanase :

> Ad SANCTAS *rediit* SEDES *ejectus et exul :*
> HOSTE TRIUMPHATO, *tot tempestatibus actus,*
> Hoc PORTU *in* PLACIDO, *hac* SACRA TELLURE *quiescit,*
> *Arnaldus* VERI DEFENSOR *et* ARBITER ÆQUI, etc.

Quel catholique aurait jamais appelé Arnauld le *défenseur de la vérité, l'arbitre de l'équité ?* Quel est ce *triomphe* dont parle le poëte ? Cet *ennemi* terrassé, serait-ce le Siége apostolique qui tant de fois a fulminé contre ses écrits incendiaires ? Cette *sainte demeure,* ce *port tranquille,* cette *terre sacrée,* c'est Port-Royal, c'est la demeure de ces filles rebelles à l'Église, plus orgueilleuses, peut-être, que les *philosophes chrétiens* qui se sont donné rendez-vous à l'ombre des murs de leur monastère. En faut-il davantage aux yeux d'une foi vraiment catholique, pour signaler Santeul comme fauteur des hérétiques ? Qu'importe l'excuse qu'on voudra tirer de sa légèreté naturelle ? l'homme léger jusque dans les choses de l'orthodoxie n'a point *l'autorité compétente* qu'exige saint Bernard dans l'hymnographe catholique ; la *lumière* et la *vérité* ne *resplendissent* point dans ses vers. En effet, y trouve-t-on un seul mot contre les erreurs de son temps, une seule improbation des dogmes impies de Jansénius sur la grâce ? Il avait pourtant mille occasions de s'expliquer, et si le zèle de l'orthodoxie l'eût animé, il eût su profiter de la popularité qu'il pouvait prévoir pour ses hymnes ; il en eût profité, disons-nous, pour y déposer l'expression énergique de la foi, la protestation du fidèle enfant de l'Église contre les théories damnables des hérétiques. A tous les âges de l'Église, en présence de chaque erreur, les saints docteurs n'ont jamais manqué d'en user ainsi, et nous verrons dans cet ouvrage qu'il ne s'est pas élevé dans l'Église une seule hérésie à laquelle ne corresponde une protestation spéciale dans la Liturgie.

Suivant le génie du parti qui avait ses plus chères sympathies, Santeul, en même temps qu'il ne manquait aucune occasion dans ses vers d'appuyer les points du dogme auxquels les disciples de l'évêque d'Ypres prétendaient rattacher tout leur système, usa d'une grande précaution pour ne pas compromettre, par une expression trop crue, les doctrines chères à la secte. C'était beaucoup pour elle de fournir aux églises de France un de ses fauteurs pour hymnographe ; une syllabe de trop eût compromis cette victoire. On peut honorer du même éloge la discrétion de Nicolas Le Tourneux dans la rédaction du Bréviaire de Cluny. Toutefois, quelques catholiques se plaignirent de certaines strophes de Santeul, mais surtout de la suivante qu'il est impossible de justifier, si on prend les termes dans leur rigueur ; elle se trouve dans une hymne de l'office des évangelistes :

> Insculpta saxo lex vetus
> Præcepta, non vires dabat,
> Inscripta cordi lex nova
> Quidquid jubet dat exequi.

Ainsi, la loi nouvelle diffère de l'ancienne en ce qu'elle donne d'exécuter ce qu'elle commande, tandis que l'ancienne imposait le précepte, mais laissait l'homme sans moyen de l'accomplir. Cette strophe fut toujours très-chère au parti ; nous verrons plus loin avec quelle sollicitude il veilla pour la maintenir dans son intégrité. Dieu seul sait combien de temps elle doit retentir encore dans nos églises : mais qu'il nous soit donné de protester ici contre une tolérance qui dure malheureusement depuis plus d'un siècle, et de dire, en passant, un solennel anathème à trois propositions de Quesnel que Clément XI et, avec lui, toute l'Église ont proscrites ; heureux que nous sommes de n'avoir point à répéter dans nos offices divins les quatre vers qui les rendent avec tant d'énergie :

<small>Clément XI dans la bulle *Unigenitus* proscrit trois propositions, qui ont absolument le même sens.</small>

Propositio VI. *Discrimen inter fœdus judaïcum et christianum est quod in illo Deus exigit fugam peccati et implementum legis a peccatore, relinquendo illum in sua impotentia : in isto vero, Deus peccatori dat quod jubet, illum sua gratia purificando.*

Propositio VII. *Quæ utilitas pro homine in veteri fœdere, in quo Deus illum reliquit ejus propriæ infirmitati, imponendo ipsi suam legem ? Quæ vero felicitas non est admitti ad fœdus, in quo Deus nobis donat quod petit a nobis !*

Propositio VIII. *Nos non pertinemus ad novum fœdus, nisi in quantum participes sumus ipsius novæ gratiæ quæ operatur in nobis id quod Deus nobis præcipit.*

Le désir d'avoir des hymnes *d'une irréprochable latinité* a fait passer, comme on le voit, sur bien des choses ; mais il nous restera toujours un problème insoluble à résoudre : c'est de savoir comment quelqu'un peut être obligé, sous peine de péché, à réciter une hymne qui contient matériellement une doctrine qu'on ne pourrait soutenir sans encourir l'excommunication. A notre avis, trois causes seulement peuvent excuser de mal l'usage de l'hymne en question : une heureuse *distinction* dans laquelle l'esprit proteste contre ce que répètent les lèvres ; une ignorance complète en matière d'orthodoxie ; enfin une de ces distractions involontaires qui s'emparent de l'esprit durant la prière.

Mais c'est assez sur l'hymnographe victorin considéré sous le point de vue de l'orthodoxie ; nous l'envisagerons maintenant sous le rapport de la gravité des mœurs si nécessaire, d'après saint Bernard, pour un si noble ministère. Or, voici le portrait que trace de Santeul un de ses admirateurs contemporains, La Bruyère : « Concevez un
« homme facile, doux, complaisant, traitable ; et tout d'un
« coup violent, colère, fougueux, capricieux. Imaginez-
« vous un homme simple, ingénu, crédule, badin, volage,
« un enfant en cheveux gris ; mais permettez-lui de se
« recueillir, ou plutôt de se livrer à un génie qui agit en
« lui, j'ose dire sans qu'il y ait part, et comme à son
« insu ; quelle verve ! quelle élévation ! quelles images !
« quelle latinité ! Parlez-vous d'une même personne ? me
« direz-vous. Oui, du même, de Théodas, et de lui seul.
« Il crie, il s'agite, il se roule à terre, il se relève ; il
« tourne, il éclate ; et du milieu de cette tempête, il sort
« une lumière qui brille et qui réjouit. Disons-le sans
« figure, il parle comme un fou, et pense comme un homme
« sage. Il dit ridiculement des choses vraies, et follement
« des choses sensées et raisonnables. On est surpris de
« voir éclore le bon sens du sein de la bouffonnerie, parmi
« les grimaces et les contorsions. Qu'ajouterai-je davan-
« tage ? Il dit, et il fait mieux qu'il ne sait. Ce sont en
« lui comme deux âmes qui ne se connaissent point,
« qui ne dépendent point l'une de l'autre, qui ont cha-
« cune leur tour, ou leurs fonctions toutes séparées.
« Il manquerait un trait à cette peinture si surpre-
« nante, si j'oubliais de dire qu'il est tout à la fois avide
« et insatiable de louange, prêt à se jeter aux yeux de
« ses critiques, et dans le fond assez docile pour profiter

<small>I PARTIE
CHAPITRE XVII

Portrait
de Santeul par
La Bruyère.</small>

« de leurs censures. Je commence à me persuader moi-
« même que j'ai fait le portrait de deux personnages
« tout différents; il ne serait pas même impossible
« d'en trouver un troisième dans Théodas, car il est bon-
« homme. »

Ce n'est pas tout à fait ainsi que l'histoire nous dépeint les hymnographes de l'Église latine, saint Ambroise, saint Grégoire, etc., ou de l'Église grecque, saint André de Crète, saint Jean Damascène, saint Joseph, etc. L'Esprit qui s'était reposé sur ces hommes divins, leur avait ôté toute ressemblance avec ces poëtes humains qu'un délire profane inspire. Un ineffable gémissement s'échappait de leur poitrine, mais si tendre, si humble et si doux, que l'Église, qui est la tourterelle de la montagne, l'a choisi pour le thème des chants qui consolent son veuvage. Nous nous délecterons, nous aussi, dans la mélodie de ces sacrés cantiques *tout resplendissants* du plus pur éclat de la foi, propres à *enflammer l'amour* et à *régler les sens*, comme le dit si admirablement le grand abbé de Clairvaux : nous en révélerons à nos lecteurs l'intarissable beauté, et ils sentiront alors que les compositeurs des nouveaux bréviaires ont eu grandement raison d'élaguer de ces livres, autant qu'ils ont pu, ces chants d'un mode si différent; car, franchement, les nouveaux n'auraient pas gagné au voisinage.

Saint Bernard veut que l'œuvre du poëte chrétien, remplie d'onction, *persuade l'humilité*, par cela même qu'elle est produite de la plénitude d'un cœur humble. Or, voyez Santeul courant les églises de Paris pour entendre chanter ses hymnes, jouissant de sa gloire, sous les voûtes de Notre-Dame, en les entendant redire ses vers à lui, homme sans autorité, de foi suspecte, comme si le sanctuaire d'une religion de dix-sept siècles fût devenu le théâtre d'une ovation académique. Voyez-le, dans sa fureur bizarre, dépeinte non-seulement par Boileau le satirique, mais racontée par les contemporains, déclamant jusque dans les carrefours de la capitale ses hymnes sacrées, au milieu des gestes et des contorsions les plus étranges, et dites-nous s'il y a rien de pareil dans les fastes de la Liturgie. Franchement, il était trop tard pour changer les habitudes de l'Église ; et nous savons qu'elle a, dans tous les âges, laissé aux théâtres mondains les écarts d'une poésie délirante, et accueilli seulement les chantres célestes qui ne troublent point du bruit de leur vanité la majestueuse harmonie de sa demeure.

Nous n'entendons pourtant pas faire ici, ni la biographie, ni la satire de Santeul. Nous dirons même que, de l'avis de tous ses contemporains, il avait de bonnes qualités et même une sorte de piété, à sa manière ; mais c'est la valeur liturgique du personnage qu'il nous faut apprécier, et les traits que nous avons recueillis mettront le lecteur en état de prononcer sur la question de savoir si l'hymnographe gallican avait, ou n'avait pas les qualités exigées par saint Bernard, pour le compositeur liturgique.

La mort de Santeul, ou plutôt la cause de cette mort n'est pas propre à donner une plus inviolable consécration à ses œuvres et à sa mémoire. On sait par le duc de Saint-Simon, qu'*il était de la plus excellente compagnie, bon convive surtout, aimant le vin et la bonne chère, mais sans débauche.* Ce fut dans un repas qu'une mauvaise plaisanterie, à laquelle on se trouva enhardi par son humeur joviale, décida de sa vie. Les détails ne sont point de la dignité de notre sujet. Le poëte de l'Église gallicane expira peu d'heures après, et, dit-on, dans de grands sentiments de piété. Dieu l'aura jugé sur sa foi et sur ses œuvres ; à lui seul le secret de sa sentence. En attendant le grand jour de la manifestation, où chacun apparaîtra tel qu'il fut, nous n'avons, pour juger Santeul, que des

INSTITUTIONS LITURGIQUES

Le latin des classiques n'est pas la langue des Pères et de l'Église.

actions extérieures; mais, encore une fois, il nous paraît que ni la gravité de ses mœurs, ni sa foi ne le rendraient digne de l'honneur qu'on lui a fait.

Maintenant, le méritait-il cet honneur, même sous le rapport simplement littéraire ? C'est là une grave question, et qui trouvera sa solution dans la partie de cet ouvrage où nous avons annoncé devoir traiter des formes du style liturgique. En attendant, voici encore ce que dit saint Bernard : « Que la phrase réforme les mœurs, crucifie « les vices, enflamme l'amour, règle les sens. » Est-ce dire que l'hymnographe chrétien doit aller emprunter, non-seulement le mètre de ses cantiques, mais le style, le tour, les expressions à ces lyriques anciens qui ne reçurent d'autres inspirations que celles d'une muse profane ou lascive ? On nous vante le beau latin, le génie antique de Santeul ; il est vrai qu'en même temps on s'apitoie sur le style dégénéré des Pères de l'Église, sur le langage barbare des mystiques et des légendaires du moyen âge ; que prouve tout cela, sinon que l'absurde controverse sur la supériorité des anciens et des modernes n'est pas encore jugée, aux yeux de plusieurs personnes ? Quant à nous, nous pensons, avec bien d'autres, que le latin de saint Ambroise, de saint Augustin, de Prudence, de saint Léon, de saint Gélase, de saint Grégoire, de saint Bernard, etc., n'est pas la même langue que le latin d'Horace, de Cicéron, de Tacite, de Pline ou de Sénèque, et que vouloir faire rétrograder la langue de l'Église jusqu'aux formes païennes de celles du siècle d'Auguste, c'est une sottise, si ce n'est pas une barbarie mêlée d'inconvenance. Les hymnes de Santeul et celles qui leur ressemblent, sont tout simplemeut un des mille faits qu'on aura à citer quand on voudra raconter la déplorable histoire de la renaissance du paganisme dans les mœurs et la littérature des sociétés chrétiennes d'Occident.

Comment se fait-il que le sentiment de l'esthétique chrétienne se soit éteint chez nous, au point qu'il ne soit pas rare de rencontrer des ecclésiastiques qui conviennent et, au besoin, démontrent comment le pastiche du Parthénon bâti à Paris pour porter le nom d'église de la Madeleine, constitue une des plus énormes insultes dont le culte chrétien puisse être l'objet chez un peuple civilisé, et qui ne sentent pas l'inconvenance bien autrement grande de parler au vrai Dieu et à ses saints, la langue profane et souillée d'Horace ? Cependant, celui qui jette le bronze dans le moule d'une statue païenne, aura beau appeler du nom le plus chrétien le personnage qui en sortira, les formes accuseront toujours l'idée première et trahiront malgré lui le sensualisme qui inspira l'artiste. Placez tant que vous voudrez, dans les églises, en trophée, les dépouilles des temples païens ; faites que les idoles rendent témoignage de leur défaite ; mais voulez-vous accroître le répertoire des chants sacrés de cette religion qui terrassa le paganisme ? n'allez pas, par une substitution sans exemple, expulser la parole et la langue des saints, pour inaugurer en triomphe, à leur place, la parole et la langue du chantre de toutes les passions.

Inconvenance d'emprunter la langue souillée d'Horace pour chanter Dieu et ses saints.

Comment ne voit-on pas que les hymnes de Santeul sont, tout simplement, le produit, ou même, si l'on veut, le chef-d'œuvre d'une école littéraire, cette école qui ne voyait le beau que dans la seule imitation des classiques anciens ? Faut-il donc que l'Église aille prendre parti dans cette querelle, et décider, jusque dans ses offices, pour le Parnasse de Boileau ? Voilà pourtant ce qu'on a fait ; mais, comme il arrive toujours, le monde littéraire a fait un pas ; la notion du véritable chef-d'œuvre a été tant soit peu déplacée. Que fera désormais la France de son Santeul, quand elle s'apercevra enfin qu'il a vieilli comme l'*Art poétique* de Despréaux ? Une telle situation littéraire sera

Les hymnes de Santeul, chefs-d'œuvre de cette école qui ne voit le beau que dans l'imitation des anciens, contrastent avec les hymnes anciennes, fractions du génie chrétien encore conservées dans les bréviaires gallicans.

pourtant réelle quelque jour, et les Français expieront alors la grande faute d'avoir sacrifié à la mode, jusque dans les prières de la Liturgie. Certes, jamais ces écarts n'arriveraient si une Liturgie universelle fondait ensemble toutes les nationalités ; le génie individuel produirait ses fruits plus ou moins beaux ; mais la voix de l'Église ne répéterait que ce qui convient à l'humanité tout entière. Voyez ces hymnes séculaires que tous les bréviaires français ont conservées : *Audi, benigne conditor; Vexilla regis;* les deux *Pange, lingua; Veni, Creator; Ave, maris stella,* etc. Pourquoi ces hymnes ont-elles trouvé grâce ? Ne forment-elles pas un contre-sens avec celles du répertoire de Santeul ? Est-ce la même langue, la même grammaire ? Non, sans doute ; elles sont aussi exclusivement chrétiennes que celles du poëte victorin sont classiques. Quel aveuglement donc que d'avoir sacrifié, de gaieté de cœur, tant d'autres pièces analogues pour le style et l'onction, et d'oser encore recueillir dans un même bréviaire ces chefs-d'œuvre de poésie catholique avec les fantaisies lyriques de Santeul ! Vous convenez donc qu'il y a un style chrétien, une littérature chrétienne : d'autre part, vous voyez que ce que vous lui avez préféré n'est pas chrétien, puisqu'il diffère en toutes choses ; jugez vous-même l'objet de vos grandes prédilections.

D'ailleurs, à le considérer simplement comme latiniste, Santeul est-il sans reproches ? Ses hymnes sont-elles aussi pures qu'on le répète tous les jours ? C'est un procès que nous ne jugerons pas par nous-même, et qui nous entraînerait dans des détails par trop étrangers à cette rapide histoire de la Liturgie. Néanmoins, pour faire plaisir à ceux de nos lecteurs qui aiment la poésie latine, nous placerons à la fin de ce volume une pièce curieuse que nous tirons d'un ouvrage fort rare, l'*Hymnodia Hispanica* du P. Faustin Arevalo. C'est une critique détaillée des hymnes du célèbre victorin, extraite du *Menagiana*, dans lequel La Monnoie, qui en est l'auteur, l'a déposée; le savant jésuite y a joint ses propres remarques, et le tout forme un ensemble fort piquant.

Mais c'est assez parler de Santeul et de son latin; nous devons dire maintenant quelques mots de la composition des chants qu'on plaça, tant sur ces hymnes d'un mètre jusqu'alors inconnu dans l'Église, que sur ces nombreux répons et antiennes qui avaient été fabriqués avec des passages de la sainte Écriture. Il nous reste aujourd'hui peu de renseignements sur les auteurs de ces différentes pièces; mais elles sont là pour attester que l'art de la composition grégorienne était à peu près perdu vers la fin du dix-septième siècle. Les antiennes, les répons, les hymnes nouvelles du Bréviaire de Harlay sont de la composition de Claude Chastelain, que nous avons déjà nommé parmi les membres de la commission formée pour la rédaction de ce bréviaire. Malgré la *sécheresse* et parfois la *légèreté* de sa composition(1), comme il était rare qu'on eût alors du plain-chant à composer, grâce à l'immobilité des usages romains, ce travail, tel quel, mit Chastelain en réputation. Plusieurs évêques qui l'avaient chargé d'exécuter des réformes dans leurs bréviaires, à l'instar de celles de François de Harlay, lui demandèrent de se charger de la composition des pièces de chant. Une petite partie du travail de Chastelain est restée dans la Liturgie actuelle de Paris; elle se compose des pièces introduites dans le Bréviaire, ou dans le Missel de Harlay, et qui n'ont pas été remplacées dans les livres de Vintimille, et nous serons assez juste pour reconnaître dans quelques-unes le caractère véritable du chant grégorien; tels sont le répons *Christus novi Testamenti* du samedi saint, l'introït de l'Assomp-

Claude Chastelain s'acquiert une réputation en composant le chant des pièces nouvelles du Bréviaire de Harlay.

---

(1) C'est le jugement de l'abbé Le Beuf, dans son *Traité historique sur le Chant ecclésiastique*, pag. 50.

tion, *Astitit Regina;* celui de la Toussaint, *Accessistis,* qui est imité avec bonheur du *Gaudeamus* romain, etc. Le chant de l'hymne *upete, gentes,* qui est bien le plus beau, et presque le seul beau qu'on ait composé sur les hymnes d'un mètre inconnu à l'antiquité liturgique(1), appartient sans doute à Chastelain, car nous croyons qu'il a été composé dans l'Église de Paris, à l'époque même où ce compositeur y travaillait. Au reste, on voit aisément qu'il s'est inspiré d'un *Salve Regina* du cinquième ton, qui se chante depuis plusieurs siècles en France et en Italie, et qui doit avoir été composé du treizième au seizième siècle.

Nous ne devons pas non plus oublier, à l'époque qui nous occupe, un habile compositeur de plain-chant dont l'œuvre a acquis en France une juste célébrité. Henri Dumont, né à Liége en 1610, organiste de Saint-Paul, à Paris, et l'un des maîtres de la musique de la chapelle du roi, se montra fidèle gardien des traditions ecclésiastiques sur la musique. Ce fut lui qui eut le courage d'objecter à Louis XIV les décrets du concile de Trente, lorsque ce prince lui ordonna de joindre désormais aux motets des accompagnements d'orchestre. L'archevêque de Paris, François de Harlay, leva bientôt les scrupules que la résistance de Dumont avait fait concevoir au roi ; mais, peu de temps après, Dumont demanda et obtint sa retraite (2). Il mourut en 1684, et laissa plusieurs messes en plain-chant, dont l'une, celle du premier ton, se chante dans toutes les Églises de France, dans les jours de

---

(1) C'est à tort que certaines personnes voudraient faire honneur au XVIIe et au XVIIIe siècle, de la composition du chant admirable sur lequel on a mis l'hymne : *O vos ætherei,* du jour de l'Assomption. L'Ordre de Cîteaux était en possession de ce chant, plusieurs siècles avant la naissance de Santeul. Il fut composé au moyen âge pour la belle hymne de saint Pierre Damien : *O quam glorifica luce coruscas !*

(2) Fétis. *Biographie des musiciens,* tom. III, pag. 235. Voyez aussi le *Dictionnaire des musiciens* de Choron et Fayolle.

solennité. A une époque où la tradition grégorienne était perdue, il était difficile de produire avec le plain-chant de plus grands effets que Dumont ne l'a fait dans cette composition qu'une popularité de cent cinquante années n'a point usée jusqu'ici.

Nous nous bornerons à ces quelques lignes sur le chant ecclésiastique dans la seconde moitié du xviie siècle, en ajoutant toutefois qu'en dehors du plain-chant dont nous nous occupons principalement, on fabriqua à cette époque un grand nombre de pièces du genre qu'on appelait *chant figuré*, ou *plain-chant musical*, genre bâtard que nous aurons encore occasion de mentionner, et qui forme la plus déplorable musique à laquelle une oreille humaine puisse être condamnée. Le musicien Nivers, entre autres, prit la peine de réduire à cette forme le Graduel et l'Antiphonaire romains, pour l'usage des religieuses bénédictines, et cet essai servit de modèle à une foule d'autres compositions du même genre.

Si de la science du chant ecclésiastique nous passons à l'architecture religieuse, nous remarquons la même déviation que nous avons signalée dans la Liturgie. A l'époque de l'unité liturgique, sous les règnes de Henri IV et de Louis XIII, la Renaissance prolongeait encore son dernier crépuscule ; dans la seconde moitié du xviie siècle, tout devient dur et froid ; si l'on excepte la coupole des Invalides qui appartient tout à fait à l'Italie, on sent la pierre dans toute cette architecture nue et morne. On bâtit des églises qui n'ont plus de nombres sacrés, ni de mystères à garder dans les particularités de leur construction. On modernise sans pitié les vieilles cathédrales ; on défonce leurs vitraux séculaires, en même temps qu'on répudie les saintes et gracieuses légendes dont ils étaient dépositaires ; d'ailleurs, comme l'observe le noble champion de l'art catholique, M. le comte de Montalembert, *il fallait bien y voir clair pour lire dans tous ces nouveaux bréviaires* remplis de choses inconnues aux siècles précédents.

<small>INSTITUTIONS LITURGIQUES</small>

<small>Les monuments du moyen âge méprisés comme barbares.</small>

Qui eût osé élever la voix en faveur de nos antiques églises et défendre leur solennel caractère, les proclamer catholiques dans leur style incompris ? Les hommes croyants de ce temps-là étaient parvenus à se créer une nature contre nature, à force de rechercher le beau là où il n'est pas. Ces mêmes édifices sacrés du moyen âge qui forcent aujourd'hui l'admiration des hommes les plus éloignés de nos croyances, le XVIIe siècle les dédaigna comme barbares et vides de toute espèce de beauté. Et non-seulement les hommes de cette époque sentaient ainsi, mais il se trouvait des écrivains pour le dire et l'écrire tout simplement; témoin Fleury, dans son cinquième discours sur l'histoire ecclésiastique, qu'il emploie tout entier à dénigrer les écoles du moyen âge, avec un zèle et une amertume dignes de faire envie à Calvin. Il dit donc, le *sage* et *judicieux* écrivain, en parlant d'Albert le Grand, de Scot et des autres docteurs des XIIe et XIIIe siècles, sans doute pour excuser leur barbarie : « Souvenons-nous que ces théologiens *vivaient dans un temps dont tous les autres monuments ne nous paraissent point estimables, du moins par rapport à la bonne antiquité;* du temps de ces vieux romans dont nous voyons des extraits dans Franchet ; *du temps de ces bâtiments gothiques si chargés de petits ornements, et si peu agréables en effet qu'aucun architecte ne voudrait les imiter.* Or, c'est une observation véritable qu'il règne en chaque siècle un certain goût qui se répand sur toutes sortes de choses. Tout ce qui nous reste de l'ancienne Grèce est solide, agréable et d'un goût exquis : les restes de leurs bâtiments, les statues, les médailles, sont du même caractère en leur genre que les écrits d'Homère, de Sophocle, de Démosthène et de Platon :

<small>Jugement de Fleury sur l'art du moyen âge.</small>

« partout règne le bon sens de l'imitation de la plus belle
« nature. *On ne voit rien de semblable dans tout ce qui
« nous reste depuis la chute de l'Empire romain, jusques
« au milieu du XV⁰ siècle, où les sciences et les beaux-
« arts ont commencé à se relever, et où se sont dissipées
« les ténèbres que les peuples du Nord avaient répandues
« dans toute l'Europe.* »

 Voilà, sans doute, quelque chose d'assez clair, et on ne dira plus maintenant que nous exagérons quand nous faisons certains hommes et certaines doctrines responsables de la déviation lamentable dont nous écrivons l'histoire. Ces hommes savaient ce qu'ils faisaient, et c'était après y avoir bien réfléchi qu'ils proclamaient leur propre religion complétement nulle en esthétique durant quinze siècles, après lesquels cette même religion, s'éclairant enfin sur sa propre nudité, s'était avisée d'aller demander à l'art grec qu'il voulût bien la voiler de ses formes. Oui, ceci fut résumé ainsi, écrit ainsi, à la fin du xvii⁰ siècle au moment où l'on commençait à mettre en lambeaux la Liturgie, cette divine esthétique de notre foi, à la veille de ce xviii⁰ siècle qui jugea qu'il fallait en finir avec l'œuvre envieillie de saint Grégoire qu'avait implantée chez nous cet empereur barbare dont le nom était Charlemagne.

 La peinture catholique expira en France avec l'unité liturgique. Le Sueur terminait, en 1648, les fresques immortelles du cloître des Chartreux ; il ne survécut que trois ans à l'achèvement de cette œuvre bien autrement liturgique que les Sacrements de Poussin, qui donnent si peu ce qu'ils promettent. Quant à la statuaire, elle déclina aussi avec l'antique poésie du culte. Les traditions perdaient du terrain, à la fois, sous tous les points. Le xvii⁰ siècle, en finissant, inaugura tardivement, à Notre-Dame, le fameux *Vœu de Louis XIII* de Nicolas Coustou, et ce fut pour proclamer le plus énorme contre-sens qu'il fût possible de commettre en pareille matière. Nous ne

88 COMMENCEMENT DE L'ART CHRÉTIEN EN FRANCE

INSTITUTIONS LITURGIQUES

parlons pas de l'ignoble maçonnerie dont on plaqua si indignement les colonnes du sanctuaire ; mais est-il une idée plus inintelligente que celle d'avoir établi en permanence, comme le centre des vœux et des hommages des fidèles, dans la basilique de Marie triomphante, la scène du Calvaire qui nous montre la Vierge éplorée, adossée à la croix, soutenant sur ses genoux le corps glacé du Christ ; en sorte qu'au jour même de Pâques, il faut que le pontife célébrant les saints mystères de la Résurrection, pendant que l'*Alleluia* retentit de toutes parts, ait encore sous les yeux, comme une protestation, la scène lugubre du vendredi saint ; et que le jour de l'Assomption, tout en exaltant la magnifique entrée de la mère de Dieu dans le royaume de son Fils, il la retrouve encore immobile et abîmée dans cette douleur à laquelle nulle autre ne peut être comparée ? Certes, les siècles précédents, illuminés de pures traditions liturgiques, auraient compris autrement le *Vœu de Louis XIII;* c'est aux pieds de Marie, reine de l'univers, le front ceint du diadème, ou encore aux pieds de Marie, mère du Sauveur des hommes, et tenant l'Enfant-Dieu entre ses bras qu'ils auraient placé l'effigie des deux rois qui représentent la nation française offrant son hommage à sa glorieuse souveraine. Nous ne citerons que ce seul trait ; mais de pareils faits se produisirent en tous lieux, à l'époque de décadence que nous avons caractérisée dans ce chapitre.

L'unité liturgique maintenue hors de France dans tout l'occident.

Si, après la France, nous considérons maintenant les autres églises de l'Occident, nous voyons qu'elles continuèrent de garder les traditions antiques sur la Liturgie, par cela seul qu'elles s'en tinrent fidèlement aux livres romains de saint Pie V. Les papes accomplirent durant cette période les différents travaux de correction, d'augmentation et de complément qu'ils jugèrent nécessaires. Pour le bréviaire et le missel, ils se bornèrent à insérer plusieurs offices de saints et de mystères sur lesquels ils jugeaient devoir porter l'attention des fidèles. Il est bien entendu que les églises de France qui avaient accompli les innovations dont nous avons fait l'histoire, ne tinrent aucun compte de l'injonction du Pontife romain et s'isolèrent de plus en plus, par ce moyen, du reste de la catholicité : mais elles étaient encore en petit nombre.

Travaux des papes sur la Liturgie durant cette époque.

Le premier pape que nous rencontrons à l'époque qui fait l'objet de notre récit, est Innocent X, successeur d'Urbain VIII. Voici les offices des saints qu'il ajouta au calendrier : sainte Françoise, dame romaine, du rite *double*, et saint Ignace de Loyola, du rite *semi-double*. La fête de sainte Claire fut établie *semi-double ad libitum*, et celles de sainte Thérèse et de saint Charles Borromée, déclarées *semi-doubles*, non plus *ad libitum*, mais d'obligation.

Innocent X institue les offices de sainte Françoise romaine et de saint Ignace de Loyola, et élève trois fêtes d'un degré supérieur.

Alexandre VII éleva saint Charles Borromée au rang des *doubles*, et saint Philippe de Néri au rang des *semi-doubles*, et introduisit au calendrier saint François de Sales dont il composa lui-même la belle collecte, saint Pierre Nolasque, et saint Bernardin de Sienne, comme *semi-doubles* d'obligation; saint André Corsini, et saint Thomas de Villeneuve, du même rite, mais seulement *ad libitum*.

Alexandre VII établit quatre fêtes nouvelles et en élève deux autres d'un dégré.

Clément IX établit l'office *double* de saint Philippe de Néri, de saint Nicolas de Tolentino, et de sainte Thérèse. Il inaugura dans le bréviaire, avec le degré de *semi-double*, sainte Monique et saint Pierre Célestin, pape, et déclara d'obligation les offices, jusqu'alors *semi-doubles ad libitum*, de saint Jean Gualbert, de saint Henri II, et des Stigmates de saint François, ayant, en outre, établi, du même rite, mais *ad libitum*, les fêtes de saint Vincent Ferrier, de saint Raymond Nonnat et de saint Remy.

Clément IX suit l'exemple de ses prédécesseurs.

Clément X, celui de tous les papes de cette époque qui donna le plus grand nombre de nouveaux offices, éleva

Clément X auteur d'une véritable révolution liturgique, par le grand nombre d'offices doubles qu'il insère au calendrier.

au degré des *doubles de seconde classe* la fête de saint Joseph, et introduisit comme *double mineure* celle de sainte Elisabeth de Hongrie. De plus, il fit *doubles*, de *semi-doubles* qu'elles étaient, les fêtes de saint François-Xavier, de saint Nicolas, évêque de Myre, de saint Pierre Nolasque, de saint Pierre, martyr, de sainte Catherine de Sienne, de saint Norbert, de saint Antoine de Padoue, de sainte Claire, de sainte Cécile, de saint Eustache et ses compagnons, martyrs, et de saint Bruno. La fête des saints Anges gardiens, qui était du rite *double*, mais simplement *ad libitum*, fut déclarée de précepte pour toute l'Église. Les offices de saint Raymond de Pennafort, de saint Venant, martyr, de sainte Marie-Magdeleine de Pazzi, de saint Gaétan de Thienne, de saint Pierre d'Alcantara, et de saint Didace ou Diégo, furent introduits comme *semi-doubles*. Clément X établit du même degré, mais simplement *ad libitum*, les fêtes de saint Canut, roi de Danemark et martyr, et de saint Wenceslas, duc de Bohême, aussi martyr. Par ces nombreuses additions au calendrier, Clément X peut être considéré comme l'auteur d'une véritable révolution liturgique. Jusqu'à lui, on n'avait admis de nouveaux *doubles* qu'avec modération, afin de sauver la prérogative du dimanche, et les *semi-doubles* mêmes n'avaient été créés qu'en petit nombre; ce pape dérogea à cette règle d'une manière si solennelle, qu'après lui la plupart des offices qu'on a établis l'ont été du rite *double;* ce qui a changé définitivement la face du calendrier romain.

Innocent X institue la fête du saint nom de Marie, et élève d'un degré celles de plusieurs saints.

Innocent XI institua la fête du saint Nom de Marie, *double majeur*, et éleva au degré *double* les fêtes jusqu'alors *semi-doubles* de saint Pierre Célestin, saint Jean Gualbert, saint Gaétan de Thienne, saint Raymond Nonnat, et saint Janvier. Il décréta, du rite *semi-double*, les fêtes de saint Étienne, roi de Hongrie, et de saint Édouard le confesseur, roi d'Angleterre.

Alexandre VIII, dans son court pontificat, établit *semi-double* l'office de saint François de Borgia, et, seulement *ad libitum*, du même degré, celui de saint Laurent Justinien.

Innocent XII institua l'octave de la Conception de la sainte Vierge et la fête de Notre-Dame de la Merci, du rite *double mineur*. Il éleva au degré *double mineur* les offices de saint François de Sales et celui de saint Félix de Valois, et inscrivit au calendrier, comme du même rite, les fêtes de saint Jean de Matha et de saint Philippe Benizzi. Enfin, il rendit *semi-doubles* d'obligation les offices de saint André Corsini, de saint Alexis et de saint Thomas de Villeneuve.

Le calendrier romain reçut, comme l'on voit, de grandes augmentations à l'époque qui nous occupe; mais toutes ces additions n'atteignaient en rien le corps même du bréviaire et du missel. Ces offices nouveaux étaient une richesse pour l'Église, et comme un surcroît de splendeur à la couronne de l'année chrétienne. En cela même, se manifestait énergiquement la différence des principes catholiques sur la Liturgie d'avec les théories humaines des liturgistes français. Ainsi, à Rome, le culte des saints prenait de nouveaux développements, en proportion des restrictions dont il était l'objet en France.

Durant la seconde moitié du XVIIe siècle, les pontifes romains n'exécutèrent aucun travail sur le pontifical, ni sur le rituel. Le cérémonial des évêques fut seul l'objet d'une réforme, qui eut lieu par les soins d'Innocent X, et qui fut promulguée dans un Bref du 30 juillet 1650, qui commence par ces mots : *Etsi alias*. Clément X, en 1672, donna une nouvelle édition du martyrologe, dans laquelle il plaça en leurs jours, avec un éloge convenable, les noms des saints canonisés par lui-même et par ses prédécesseurs immédiats.

Venons maintenant à l'imposante liste des liturgistes que produisit notre époque : on peut dire qu'aucune autre ne s'est montrée plus féconde. En tête, nous placerons Guillaume Dupeyrat, Trésorier de la sainte chapelle de Vincennes, qui mourut, il est vrai, en 1643, mais laissa un ouvrage qui fut imprimé après sa mort, sous ce titre : *Histoire ecclésiastique de la Cour, ou les Antiquités et Recherches de la chapelle et oratoire du Roi de France, depuis Clovis 1ᵉʳ*. (Paris, in-folio.)

(1650). Jean-Baptiste Casali, savant antiquaire romain, a donné plusieurs ouvrages très-estimés au point de vue liturgique. Nous citerons son livre intitulé : *De Veteri bus sacris christianorum ritibus, sive, apud Occidentales, sive Orientales, catholica in Ecclesia probatis.* (Rome 1647, in-folio.) Les autres ont pour but de recueillir les différents rites païens, tant des Égyptiens que des Romains, et ont été réunis dans une même publication faite à Francfort, en 1681 et 1684.

(1651.) Théophile Raynaud, jésuite, célèbre par le nombre de ses écrits, qui sont remarquables par une érudition aussi bizarre qu'étendue, est auteur de plusieurs ouvrages sur des matières liturgiques. On trouve, dans la grande et précieuse collection de ses ouvrages, publiée à Lyon, en vingt volumes in-folio, de 1665 à 1669, les traités suivants :

1° *Christianorum sacrum Acathistum; judicium de novo usu ingerendi cathedras assistentibus christiano sacrificio;*

2° *De prima Missa, et prærogativis christianæ Pentecostes;*

3° *O Parascevasticum septiduanis antiphonis majoribus Natale Christi antecurrentibus præfixum;*

4° *Agnus cereus pontificia benedictione consecratus;*

5° *Rosa mediana Romani pontificis benedictione conse-*

crata : Ritus sacer dominicæ quartæ Quadragesimæ enucleatus ;

6° *Natale Domini pontificia gladii et pilei initiatione solemne;*

7° *Tractatus de pileo, cæterisque capitis tegminibus, tam sacris quam profanis.*

(1651). Jean Morin, prêtre de l'Oratoire de France, travailla durant trente années à l'ouvrage intitulé : *Commentarius historicus de disciplina in administratione sacramenti Pœnitentiæ, tredecim primis sæculis in Ecclesia occidentali et huc usque in orientali observata.* (Paris, 1651.) Il le fit suivre, quatre ans après, d'un autre livre non moins savant et tout aussi hardi que le précédent, sous ce titre : *Commentarius de sacris Ecclesiæ ordinationibus, secundum antiquos et recentiores Latinos, Græcos, Syros, et Babylonicos, in quo demonstratur Orientalium ordinationes conciliis generalibus et summis Pontificibus, ab initio schismatis in hunc usque diem fuisse probatas.* (Paris, 1655, in-folio.) Le père Morin avait composé un grand traité *de Sacramento Matrimonii* qui est resté manuscrit, et dans lequel l'érudition était répandue avec profusion comme dans les précédents; mais on y remarquait le même penchant pour les opinions suspectes. On imprima après sa mort l'ouvrage suivant: *J. Morini opera posthuma de catechumenorum expiatione, de sacramento Confirmationis,* etc. (Paris, 1703, in-4°.) De savants opuscules du P. Morin sur les matières liturgiques ont été publiés à diverses reprises, et notamment dans le premier tome des *Mémoires de littérature* du P. Desmolets, les lettres latines du savant oratorien à Allatius sur les basiliques chrétiennes. Richard Simon fit imprimer à Londres, en 1682, sous le titre de *Antiquitates Ecclesiæ orientalis,* la correspondance du P. Morin avec divers savants, sur plusieurs points importants d'antiquité ecclésiastique.

Jean Morin, oratorien français.

Jacques Sirmond, jésuite.

(1651). Jacques Sirmond, l'un des plus savants hommes dont puissent s'honorer la France et la Société des jésuites, a laissé une histoire de la *Pénitence publique*, imprimée à Paris en 1651, in-8, et reproduite dans ses œuvres complètes qui ont été recueillies en cinq volumes in-folio. (Paris, 1696.)

François de Harlay, archevêque de Rouen.

(1651). François de Harlay, archevêque de Rouen, oncle de l'archevêque de Paris de même nom, mort en 1653, a laissé un volume in-8° intitulé : *La Manière de bien entendre la messe de paroisse*. Ce livre, rempli d'édification, fut réimprimé par ordre de l'archevêque de Paris, en 1685, avec une instruction pastorale pour exhorter les fidèles à y puiser leurs lectures.

Antoine Bosio, procureur de l'ordre de Malte à Rome, Jean Severano, et Paul Aringhi, prêtres de l'Oratoire, fondent la science des origines souterraines du christianisme à Rome.

(1651). Paul Aringhi, prêtre de l'Oratoire de Rome, est principalement connu par son ouvrage non moins précieux pour la science liturgique que pour l'étude des origines chrétiennes, et intitulé : *Roma subterranea novissima, in qua post Antonium Bosium, Johannem Severanum et alios antiqua Christianorum et præcipue Martyrum Cœmeteria illustrantur.* (Rome, 1651, 2 vol. in-folio.) Nous avons attendu l'article d'Aringhi pour parler d'Antoine Bosio, procureur de l'ordre de Malte en cour de Rome, à qui appartient la gloire d'avoir fondé la science des origines souterraines du christianisme à Rome, par son ouvrage, en langue italienne, intitulé : *Roma sotterranea,* qui fut publié après la mort de Bosio, avec des additions du P. Jean Severano de l'Oratoire de Rome, à qui nous devons aussi un ouvrage curieux et devenu rare qui porte ce titre : *Memorie sacre delle sette chiese di Roma.* (A Rome, 1630, in-8°.)

Jean Fronteau, chanoine régulier de Ste-Geneviève.

(1652). Jean Fronteau, chanoine régulier de Sainte-Geneviève, mérite une place parmi les écrivains liturgistes, par deux excellentes dissertations, l'une *de Diebus festivis cum nativitatis, tum mortis gentilium, hebræorum, christianorum, deque ritibus eorum;* et l'autre, *de Cultu sanctorum, et imaginum et reliquiarum, et de adoratione veterum, deque ritibus et speciebus ejus.* Elles sont placées à la fin du fameux *Kalendarium Romanum nongentis annis antiquis,* qu'il publia sur un manuscrit de l'abbaye de Sainte-Geneviève, en 1652. (Paris, in-8°.)

(1654). Barthélemi Corsetti, cérémoniaire italien, a donné un ouvrage sous ce titre : *Novissima ac compendiosa praxis sacrorum rituum ac cæremoniarum quæ in missis solemnibus, aliisque ecclesiasticis fonctionibus servari solent, ad instar Cæremonialis Episcoporum.* (Venise, 1654, in-12.)

Barthélemi Corsetti, cérémoniaire italien.

(1655). Paul-Marie Quarti, clerc régulier théatin, a laissé sur la Liturgie les ouvrages suivants: 1° *Rubricæ missalis Romani commentariis illustratæ.* (Rome, 1655, in-folio.) 2° *De Sanctis Benedictionibus.* (Naples, 1655, in-folio.) 3° *Biga ætherea, hoc est tractatus duplex de Processionibus ecclesiasticis, et Litaniis sanctorum.* (Venise, 1655, in-folio.)

Paul-Marie Quarti, théatin.

(1655). Thomas Hurtado de Mendoza, célèbre théologien de Tolède, est auteur d'un écrit intitulé : *De Coronis et tonsuris gentilitatis, synagogæ et christianismi,* qui se trouve parmi ses œuvres imprimées de son vivant, à Cologne, en 1655, in-folio.

Thomas Hurtado de Mendoza.

(1656). Joseph-Marie Suarès, évêque de Vaison, prélat rempli d'érudition, publia à Rome, en 1656, un travail liturgique sous ce titre : *Corollaria ad Panvinium de Baptismate paschali, origine et ritu consecrandi Agnos Dei.* (In-8°.) Il a donné aussi une dissertation *de Crocea veste cardinalium in conclavi.* (Rome, 1670, in-4°.) Zaccaria mentionne plusieurs autres ouvrages, comme *de Psalterio Basilicæ sancti Petri; de Ritu annuæ ablutionis aræ majoris Basilicæ sancti Petri,* etc.

Joseph-Marie Suarès, évêque de Vaison.

(1656). Jean-Jacques Olier, fondateur et premier supérieur de la communauté des prêtres et du séminaire de

Saint-Sulpice, à Paris, mérite une place distinguée dans la bibliographie liturgique de l'époque que nous traitons, par son admirable *Traité des saints ordres* (Paris, 1676, in-12), et par son *Explication des cérémonies de la grand'messe de Paroisse.* (1656, in-12.) Ce saint prêtre, l'un des derniers écrivains mystiques de la France, avait reçu d'en haut l'intelligence des mystères de la Liturgie, à un degré rare avant lui, nous dirions presque inconnu depuis. Il fut en cela le digne contemporain du cardinal Bona; mais Olier était déjà mort en 1657.

(1656). Thomas Tamburini, jésuite sicilien, a laissé, entre autres ouvrages, le suivant : *De Sacrificio missæ expedite celebrando libri tres.* (1656, in-18.)

(1657). Charles Guyet, savant jésuite français, est un des hommes qui ont le mieux mérité de la science liturgique, par l'admirable traité qu'il a donné sous ce titre : *Heortologia, sive de festis propriis locorum et Ecclesiarum.* (Lyon, 1657, in-folio, réimprimé à Urbin en 1728.) Guyet, à la fin de son livre, a inséré un grand nombre d'hymnes dont les unes sont de sa composition et les autres simplement retouchées par lui, à l'usage de plusieurs églises de France. Quelques-unes de ces hymnes ont été admises dans les nouveaux bréviaires, où elles contrastent grandement avec celles de Santeul, pour le style et le genre d'inspiration. Le P. Guyet avait composé aussi un *Ordo perpetuus divini officii.* (Paris, 1622, in-8º.)

(1657). Simon Wagnereck, jésuite bavarois, a extrait des livres d'offices des Grecs, un choix d'hymnes et autres prières en l'honneur de la sainte Vierge, et l'a publié sous ce titre : *Pietas Mariana Græcorum, ex XII tomis Menæorum, et VII reliquis Græcæ ecclesiæ voluminibus deprompta.*

(1658). Jean-Baptiste Mari, chanoine d'une collégiale de

Rome, a composé l'ouvrage suivant : *Diatriba de mystica rerum significatione quæ in sanctorum canonizatione ad missarum solemnia summo Pontifici offerri solent.* (Rome, 1658, in-8º.)

(1662). Jean du Tour ne nous est connu que par Zaccaria qui lui attribue un traité *de Amictu, veste sacerdotali, de origine, antiquitate, et sanctitate vestium sacerdotalium legis naturæ, mosaicæ et evangelicæ, et de præcepto hominibus dato orandi in Ecclesia nudo capite.* (Parisiis, 1662, in-4.)

(1664). François Van der Veken, théologien de la Pénitencerie romaine, mort en 1664, avait publié l'ouvrage suivant, qui a été depuis traduit en italien : *In Canonem sacrificii expositio brevis.* (Cologne, 1644, in-12.)

(1664). Dom Hugues Vaillant, bénédictin de la congrégation de Saint-Maur, nous semble le premier homme de son siècle pour la composition liturgique. Nous citerons, en preuve de notre assertion, l'admirable office de sainte Gertrude, qui a été adopté successivement par l'ordre de Saint-Benoît tout entier. Il a composé pareillement l'office de saint Maur, qui est aussi d'une grande beauté, mais en usage seulement chez les bénédictins français. Dom Vaillant était tellement célèbre par le rare talent que Dieu avait mis en lui, qu'ayant composé, en 1666, un office de saint François de Sales, non-seulement l'évêque d'Auxerre l'adopta pour son diocèse, mais l'archevêque de Narbonne lui-même l'établit dans les onze évêchés de sa province.

(1666). Gilbert Grimaud, chanoine de la métropole de Bordeaux, est auteur d'un ouvrage excellent, sous ce titre : *La Liturgie sacrée, où l'antiquité, les mystères et les cérémonies de la sainte Messe sont expliqués. Ensemble, diverses résolutions au sujet de la mémoire des trépassés, avec un traité de l'eau bénite, du pain bénit, des pro-*

cessions et des cloches. (Lyon, 1666, in-4°, et Paris, 1678, 3 volumes in-18.)

Du Molin, primicier d'Arles.

(1667). Du Molin, primicier de l'église métropolitaine d'Arles, est auteur d'un ouvrage de Liturgie pratique, presque oublié aujourd'hui, mais fort remarquable en son genre. Il est intitulé : *Pratique des cérémonies de l'Église, selon l'usage romain, dressée par ordre de l'Assemblée générale du Clergé de France.* Nous n'avons entre les mains que la seconde édition qui est de Paris, 1667, in-4°.

Arnaud Peyronnet, théologal de Montauban.

(1667). Arnaud Peyronnet, théologal de la cathédrale de Montauban, a composé un excellent livre, intitulé : *Manuel du bréviaire romain*, où sont exposées clairement et méthodiquement les raisons historiques et mystiques des heures canoniales. (Toulouse, 1667, 4 vol. in-8°.)

François Macedo de Saint-Augustin, franciscain portugais.

(1668). François Macedo de Saint-Augustin, franciscain portugais, a laissé : 1° *Concentus euchologicus sanctæ Matris Ecclesiæ in breviaria, et sancti Augustini in libris.* (Venise 1668, in folio.) 2° *Azymus Eucharisticus sive Joannis Bona doctrina de usu fermentati in sacrificio Missæ per mille et amplius annos a Latina ecclesia observato, examinata, expensa, refutata.* (Verone, 1673, in-8°.) 3° *De Diis tutelaribus orbis Christiani.* (Lisbonne, 1687, in-folio.) Cet auteur bizarre aurait eu besoin d'une érudition plus nourrie et d'un jugement plus sain.

Jean-Baptiste Thiers, curé de Vibraye.

(1668). Jean-Baptiste Thiers, curé de Vibraye au diocèse du Mans, homme hardi dans ses jugements et célèbre par l'originalité de ses productions, s'exerça principalement sur les matières liturgiques. Nous citerons de lui : 1° *De Festorum dierum immunitione liber pro defensione Constitutionum Urbani VIII, et Gallicanæ ecclesiæ Pontificum.* (Lyon, 1668, in-12.)

2° *Dissertatio de retinenda in ecclesiasticis libris voce* Paraclitus. (Lyon, 1669, in-12.)

3° *De Stola in archidiaconorum visitationibus gestanda a Parochis.* (Paris, 1674, in-12.)

4° *Traité de l'Exposition du Saint Sacrement de l'autel.* (Paris, 1679, 2 vol. in-12.)

5° *Dissertation sur les porches des églises.* (Orléans, 1679, in-12.)

6° *Traité des superstitions.* (Paris, 1704, 4 vol. in-12.)

7° *Dissertations ecclésiastiques sur les principaux autels, la clôture du chœur, et les jubés des églises.* (Paris, 1688, in-12.)

8° *Histoire des perruques.* (Paris, 1690, in-12.)

9° *Observations sur le nouveau Bréviaire de Cluny.* (Bruxelles, 1702, 2 vol. in-12.)

10ᵉ *Traité des cloches, et de la sainteté de l'offrande dn pain et du vin, aux messes des morts.* (Paris, 1721, in-12.)

Parmi ces divers écrits que nous venons de citer, deux ont été mis à l'*Index*, à Rome, savoir celui de la *Diminution des fêtes* et le *Traité des superstitions*. Les *Observations sur le nouveau Bréviaire de Cluny* sont devenues rares : l'ouvrage ayant été supprimé en France, par le crédit du cardinal de Bouillon qui avait publié ce bréviaire, en qualité d'abbé de Cluny.

(1669). François-Joseph Taverna, capucin, a publié un livre intitulé : *Copiosa raccolta di vaghi et varj fiori nell' ameno campo de' sacri riti.* (Palerme, 1669, in-4°.)

(1669). Dominique Macri ou Magri, chanoine théologal de l'église de Viterbe, est un des principaux liturgistes de son époque. Il a mérité ce titre par l'ouvrage suivant : *Notizia de' vocaboli ecclesiastici, con la dichiarazione delle ceremonie, dell' origine dei riti sacri, voci barbare e frazi usate da' Santi Padri, concilj e scriptori ecclesiastici.* (Messine, 1644, in-4°; Rome, 1650-1669, etc.) Cet

INSTITUTIONS LITURGIQUES

ouvrage important fut traduit en latin et imprimé deux fois en Allemagne; mais Charles Macri, ou Magri, frère de Dominique, peu satisfait de cette traduction, en fit une nouvelle et la publia sous ce titre : *Hierolexicon, sive sacrum dictionarium, in quo ecclesiasticæ voces, earumque etymologiæ, origines, symbola, cæremoniæ, dubia, barbara vocabula, atque sacræ Scripturæ et sanctorum Patrum phrases obscuræ, elucidantur.* (Rome, 1677, in-folio.) L'ouvrage réimprimé à Venise en 1765 (2 vol. in-4°), a été considérablement augmenté.

Jean de Launoy, docteur de Sorbonne.

(1670). Jean de Launoy, docteur de Sorbonne, l'un des plus audacieux critiques de son temps, soupçonné même de socinianisme, influa grandement sur les destinées de la Liturgie en France, par ses écrits contre l'Assomption de la sainte Vierge et contre les traditions relatives à saint Denys l'Aréopagite, sainte Marie-Madeleine, saint Lazare et les divers apôtres de nos églises. Il appartient à notre bibliothèque par les ouvrages suivants, que nous trouvons réunis dans la collection de ses œuvres publiées à Genève (1731), en 10 volumes in-folio : *Dissertatio de veteri more baptizandi judæos et infideles.* — *Dissertatio de priscis et solemnibus baptismi temporibus.* Nous devons mentionner aussi son livre *de Sacramento Unctionis infirmorum.* (Paris, 1673, in-8.)

Chrétien Wolf ou *Lupus*, augustin.

(1670). Chrétien Wolf, savant augustin, plus connu sous le nom de *Lupus*, appartient aussi à la liste des liturgistes du XVIIe siècle par les ouvrages suivants, qui ont été recueillis dans ses œuvres complètes, publiées à Venise (1724-1729, douze tomes in-folio). 1° *Dissertatio de sanctissimi Sacramenti publica expositione et de sacris processionibus.* 2° *De Consecratione episcoporum per Romanum pontificem.* 3° *De veteri disciplina militiæ christianæ.* 4° *De sacerdotalis benedictionis antiquitate, forma et fructu et de maledictione.* On peut encore trouver des choses très-importantes pour la science liturgique dans le grand et orthodoxe ouvrage de Lupus sur les conciles, qui porte ce titre : *Synodorum generalium et provincialium statuta et canones, cum notis et historicis dissertationibus.* (Louvain et Bruxelles, 1665-1673, 5 vol. in-4º.)

(1670). Jean Bona, abbé général des Feuillans et cardinal, peut être considéré non-seulement comme l'un des plus saints et des plus savants hommes qui aient été revêtus de la pourpre romaine, mais aussi comme l'un des plus illustres liturgistes de l'Église catholique. Ses ouvrages peu nombreux, il est vrai, sont et demeureront à jamais autant de chefs-d'œuvre. Nous entendons parler des deux principaux qui sont : 1º *Rerum liturgicarum libri duo.* (Rome, 1671, in-4º.) 2º *Psallentis Ecclesiæ harmonia.* (Rome 1653, in-4º.) Ce dernier ouvrage est intitulé : *De divina Psalmodia*, dans l'édition de Paris, 1663. Les œuvres de Jean Bona ont été recueillies plusieurs fois et sont assez faciles à rencontrer. Les lettres de ce savant cardinal, dans lesquelles il traite tantôt à fond, tantôt par occasion, de nombreuses questions liturgiques, n'ont paru que dans l'édition de Robert Sala, à Turin, 1747. Le cardinal Bona a donné des preuves de son talent pour la composition liturgique, dans les excellentes leçons et la gracieuse oraison qu'il a rédigées pour la fête de sainte Rose de Lima, au Bréviaire romain.

Le cardinal Bona.

(1670). Robbes, docteur de Sorbonne, personnage que nous ne connaissons que par son livre, est auteur d'une *Dissertation sur la manière dont on doit prononcer le canon et quelques autres parties de la messe.* (Neufchâteau, 1670, in-12.)

Robbes, docteur de Sorbonne.

(1671). En cette année, fut publié à Rome, à l'imprimerie de la Propagande, l'opuscule suivant, in-4º : *Instructio super aliquibus ritibus Græcorum ad episcopos Latinos, in quorum diœcesibus Græci, vel Albanences degunt.*

Instruction de la propagande sur certains rites des Grecs.

(1672). Charles Settala, évêque de Derton, est auteur

Charles Settala,

d'un ouvrage qui a pour titre : *Misterj, e sensi mistici delle Messa*. (Derton, 1672, in-4°.)

(1672). François-Marie Brancacci, cardinal, a publié huit dissertations à Rome, 1662, in-folio. Parmi ces dissertations, plusieurs traitent de matières liturgiques, telles sont celles : *De privilegiis quibus gaudent cardinales in propriis capellis.* — *De sacro viatico in extremo vitæ periculo certantibus exhibendo.* — *De benedictione diaconali.* — *De altarium consecratione.*

(1673). Martin Clairé, jésuite, entreprit une correction des hymnes du Bréviaire romain, qui n'a jamais été adoptée dans aucune église, mais dont il fit jouir le public sous ce titre : *Hymni ecclesiastici novo cultu adornati.* (Paris, 1673, in-4°.) Il s'en est fait depuis plusieurs éditions. Le travail du Père Clairé est précédé d'une dissertation *De vera et propria hymnorum ecclesiasticorum ratione*, et suivi de plusieurs hymnes très-bonnes en l'honneur des saints de sa compagnie.

(1673). Dom Benoît de Jumilhac, bénédictin de la congrégation de Saint-Maur, a composé sur le chant ecclésiastique un ouvrage qui peut être considéré comme un chef-d'œuvre d'érudition et de science musicales. Il est intitulé : *La science et la pratique du plain-chant, où tout ce qui appartient à la pratique est établi par les principes de la science, et confirmé par le témoignage des anciens philosophes, des Pères de l'Église, et des plus illustres musiciens, entre autres de Gui Arétin et de Jean des Murs.* (Paris, 1673, in-4°.)

(1676). Nous plaçons sous cette date les *Conférences ecclésiastiques du diocèse de La Rochelle*, ouvrage fort remarquable qui a même été traduit en langue italienne, et dans lequel un grand nombre de questions relatives à la Liturgie sont traitées avec érudition et sagacité. Notre exemplaire est de la seconde édition, 1676, à La Rochelle, in-12.

(1777). Raymond Capisucchi, dominicain, maître du sacré palais, puis cardinal, a donné sous ce titre : *Controversiæ theologicæ selectæ* (Rome, 1677, in-folio), une suite de dissertations parmi lesquelles plusieurs ont trait à la Liturgie; telles sont celles où il parle du mélange de l'eau et du vin dans le calice, de la bénédiction de l'Eucharistie, de la forme de la consécration, de la communion pour les morts, du sens de ces paroles de l'offertoire, dans la Messe des morts : *Domine Jesu Christe, rex gloriæ, libera animas omnium fidelium defunctorum de pœnis inferni,* etc., du culte des images, etc.

(1677). Étienne Baluze, l'un des plus doctes personnages de son temps, a droit d'être compté parmi les savants qui ont bien mérité de la Liturgie, par son édition du *Comes,* dit *de saint Jérôme,* qu'il publia sur un manuscrit de Beauvais et qu'il plaça dans l'appendice du deuxième tome de ses *Capitularia regum Francorum.*

(1677.) Jean de Sainte-Beuve, célèbre casuiste, a laissé aussi un traité intitulé : *Tradition de l'Église sur les bénédictions.* (Toulouse, 1679.)

(1679). Pierre Floriot, confesseur des religieuses de Port-Royal, donna en 1679, in-8°, à Paris, un livre assez remarquable, sous ce titre : *Traité de la messe de paroisse, où l'on découvre les grands mystères cachés sous le voile de la messe publique et solennelle.*

(1680). Jean Garnier, jésuite français, publia à Paris, en 1680, in-4°, le fameux *Liber diurnus Romanorum pontificum,* dont nous avons parlé ailleurs, et qui est, sous plusieurs rapports, ainsi que nous l'avons dit, une des sources de la science liturgique.

(1680). Le bienheureux Joseph-Marie Tommasi, théatin, puis cardinal, béatifié par Pie VII, est un des hommes qui

Le bienheureux Joseph-Marie Tommasi, théatin puis cardinal.

ont le plus puissamment contribué à l'avancement de la science liturgique, par les monuments qu'il a publiés et annotés, et dont la connaissance suffirait à elle seule pour donner à un homme l'intelligence la plus complète des Liturgies occidentales.

1° Il a publié : *Codices sacramentorum nongentis annis vetustiores.* (Rome, 1680, in-4°.)

2° *Psalterium juxta editionem Romanam et Gallicam, cum canticis, hymnario et orationali.* (Rome, 1683.)

3° *Responsorialia et antiphonaria Romanæ ecclesiæ a S. Gregorio magno, disposita cum appendice monumentorum veterum et scholiis.* (Rome, 1686.)

4° *Antiqui libri Missarum Romanæ ecclesiæ, id est Antiphonarium S. Gregorii.* (Rome, 1691.)

5° *Officium Dominicæ Passionis, feria VI Parasceve majoris Hebdomadæ, secundum ritum Græcorum.* (Rome, 1695.)

6° *Psalterium cum canticis et versibus primo more distinctum, argumentis et orationibus vetustis, novaque litterali explicatione brevissima dilucidatum.*

Le P. Antoine Vezzozi, théatin, donne en 1754 une édition de ses œuvres.

Joseph Bianchini, de l'Oratoire de Rome, ayant résolu de donner une édition des œuvres du B. Tommasi, il en publia le premier volume, in-folio, à Rome, en 1741 ; mais cette édition n'eut pas de suite. En 1748, le père Antoine-François Vezzozi, théatin, en entreprit une autre en sept volumes in-4°, qui fut achevée à Rome, en 1754. Il est à regretter qu'il n'y ait pas fait entrer plusieurs choses importantes que comprenait déjà le travail de Bianchini. Cette édition n'en est pas moins le plus précieux répertoire pour les amateurs des antiquités liturgiques. Les six premiers volumes contiennent les ouvrages que nous venons d'énumérer (1). Le septième

(1) Il faut excepter pourtant l'office du vendredi saint suivant le rite grec, que Vezzozi a rejeté au septième volume, parmi les opuscules du B. Tommasi.

est rempli par un grand nombre d'opuscules dont nous citerons seulement ceux qui ont rapport à notre objet.

1° *Breviculus aliquot monumentorum veteris moris quo christiani (a sæculo tertio) ad sæculum usque decimum utebantur in celebratione missarum, sive pro se, sive pro aliis vivis, vel defunctis et in ejusdem rei oneribus.*

2° *Missa ad postulandam bonam mortem, jussu Clementis XI, circa annum 1706, composita.*

3° *Orationes et antiphonæ, petendæ a repentina morte liberationi accommodatæ. Eodem anno, jussu ejusdem Pontificis.* Le Siége apostolique a, depuis, accordé des indulgences à la récitation de ces prières et de ces antiennes.

4° *Annotationes miscellaneæ ad missale Romanum.*

5° *Notulæ in dubia proponenda Congregationi sacrorum Rituum pro nova impressione missalis.*

6° *Prisci fermenti nova expositio.*

7° *De fermento quod datur sabbato ante Palmas, in consistorio Lateranensi.*

8° *De privato ecclesiasticorum officiorum breviario extra chorum.*

9° *Ordo temporis servandus in recitatione officii ecclesiastici.*

10° Trois *dubia* sur la consécration d'une église. Un *votum* sur la demande faite par les Napolitains d'ajouter les mots *Patris nostri* au nom de saint Janvier. Une note sur une supplique pour une fête *du Père Éternel.*

11° *De translatione festi et ratione illud servandi, quando incidit in majorem Hebdomadam.*

12° *Riflessioni intorno ad una nuova accademia di Liturgia.*

13° *Scrittura nella quale si prova che l'istituzione*

della Feria quarta in capite jejunii e *stata prima di S. Gregorio Magno, contro l'opinione del Menardo.*

14° *Breve istruzione del modo d'assistere fruttuosamente al S. Sacrifizio della Messa secondo lo spirito, ed intenzione della chiesa.*

<small>François Florentini, de Lucques.</small> (1680). François-Marie Florentini, de Lucques, publia en cette ville, en 1668, des notes précieuses sur le Martyrologe dit de saint Jérôme. Il fit paraître, quelques années après, un livre intitulé : *Tumultuaria disquisitio de antiquo usu fermenti panis et azimi.* (Lucques, 1680, in-4°.)

<small>Louis Thomassin, prêtre de l'Oratoire de France.</small> (1680). Louis Thomassin, prêtre de l'Oratoire de France, a porté dans l'étude de la Liturgie cette érudition intelligente qui caractérise tous ses écrits. Nous avons de lui sur cette matière : 1° *Traité des jeûnes de l'Église.* (Paris, 1680, in-8°.) 2° *Traité des fêtes de l'Église.* (Paris, 1683, in-8°.) 3° *Traité de l'office divin.* (Paris, 1686.)

<small>Guillaume de la Brunetière, évêque de Saintes.</small> (1680). Guillaume de la Brunetière, évêque de Saintes, est célèbre par les belles hymnes dont il a enrichi le Bréviaire de Paris. Ces compositions, d'une latinité pure et d'une versification correcte, contrastent, comme celles du P. Guyet, avec les odes et épodes de Jean-Baptiste Santeul. Nous citerons, entre autres, les belles hymnes du commun d'un confesseur pontife : *Christe, pastorum caput, atque princeps ;* et *Jesu, sacerdotum decus.*

<small>Claude Santeul, de Saint-Magloire.</small> (1680). Claude Santeul, du séminaire de Saint-Magloire, d'où lui vient le surnom de *Maglorianus*, est pareillement auteur de plusieurs hymnes du Bréviaire de Paris qui l'emportent sur celles de son frère le victorin, par l'onction et la simplicité. Il est inutile de les indiquer ici. Il paraît que l'hymnographie était innée dans cette <small>Claude Santeul, échevin de Paris.</small> famille, car on trouve encore un Claude Santeul, parent des deux premiers, marchand et échevin de

Paris, qui a publié aussi un recueil d'hymnes. (Paris, 1723, in-8°.)

(1680). Michel Nau, savant jésuite, missionnaire dans le Levant, est auteur d'un livre intitulé : *Ecclesiæ Romanæ Græcæque vera effigies.* (Paris, 1680, in-4°.) Ce livre renferme beaucoup de choses sur la Liturgie des deux Églises.

(1681). Charles Cartari, prélat romain, a publié un livre curieux sous ce titre : *La Rosa d'oro pontificia.* (Rome, 1681, in-4°.)

(1682). Charles-Barthélemy Piazza, de la congrégation des oblats de Milan, a donné plusieurs ouvrages curieux sur les matières liturgiques. Il est auteur des ouvrages suivants : *Iride sacra, ovvero de' colori ecclesiastici.* (Rome, 1682, in-8°.) — *Eorterologio, ovvero stazioni sacre Romane, e feste mobili, loro origine, sito e venerazione nella chiesa Romana, colle preci cotidiane.* (Rome, 1702, in-8.) — *Necrologj, o discorsi dell'uso, mistero ed antichità appresso diverse nazioni de' riti e cerimonie nell'esequie, e funerali, passati a'secoli nostri cristiani.* (Rome, 1711, in-4°.)

(1682). Claude Fleury, suffisamment connu par son *Histoire ecclésiastique* et ses autres productions dans le même esprit, appartient à notre bibliothèque liturgique par ses *Mœurs des chrétiens*, ouvrage remarquable et bien connu, qui parut pour la première fois à Paris, en 1782, in-12.

(1682). Jacques-Bénigne Bossuet, évêque de Meaux, dont les savants et éloquents écrits embrassent tant de sujets, doit aussi être compté parmi les liturgistes de son temps, pour les deux ouvrages suivants : 1° *Traité de la Communion sous les deux espèces.* (Paris, 1681, in-12.) 2° *Explication de quelques difficultés sur les Prières de la Messe.* (Paris, 1689, in-12.)

(1682). Jean-Gaspar Scheitzer, plus connu sous son

nom latinisé de Suicerus, ministre calviniste et professeur de langues à Zurich, a droit de trouver place ici pour son bel ouvrage intitulé: *Thesaurus ecclesiasticus de Patribus Græcis, ordine alphabetico exhibens quæcumque phrases, ritus, dogmata, hæreses et hujusmodi alia spectant.* (Amsterdam, 1682, deux volumes in-folio.) La seconde édition, qui est aussi d'Amsterdam, 1728, est corrigée et augmentée d'un supplément par les soins de Jean-Henri Suicerus, fils du précédent.

(1683). Nivers, organiste de la chapelle du roi, et maître de la musique de la Reine, est auteur d'une *Dissertation sur le chant grégorien*. (Paris, 1683, in-8°.) Ce livre, assez mal rédigé, est savant et annonce un amateur éclairé du chant ecclésiastique. Nous avons parlé ci-dessus des essais malheureux de Nivers sur l'Antiphonaire et le Graduel romains, à l'usage des religieuses; il a en quelque façon réparé ses torts en publiant une édition fort bonne pour le temps de l'Antiphonaire romain pur. (Paris, 1701, in-8°.)

(1685). Daniel Papebrok, jésuite, le plus illustre des successeurs de Bollandus, a inséré dans son *Propylæum ad Acta sanctorum Maii* (Anvers, 1685, in-folio), plusieurs dissertations sur des matières liturgiques. Nous citerons, entre autres, la trentième, *de Lingua Slavonica in sacris apud Bulgaros, Moravosque recepta, et Apostolicæ Sedis ea de re judicio;* la trente-cinquième, *de Solemnium Canonizationum initiis, atque progressibus;* la quarantième, *de Forma pallii, aliorumque pontificalium indumentorum, medio ævo mutata;* la quarante-troisième, *de Officio pro festo Corporis Christi, Urbani IV jussu per sanctum Thomam composito,* etc.

(1685). Emmanuel de Schelstrate, gardien de la bibliothèque du Vatican, non moins distingué par son attachement inviolable au Saint-Siége, que par sa profonde érudition, a publié un ouvrage important sur le secret des mystères, avec ce titre : *De Disciplina arcani dissertatio apologetica.* (Rome 1685, in-4°.)

(1685). Jean Cabassut, prêtre de l'Oratoire de France, dans sa *Notitia ecclesiastica historiarum et conciliorum* (Lyon, 1670, in-folio), a inséré un grand nombre de dissertations dont plusieurs ont pour objet les matières liturgiques.

(1685). Dom Jean Mabillon, bénédictin, l'éternel honneur de la congrégation de Saint-Maur, débuta dans sa carrière littéraire par une œuvre liturgique. Pendant son séjour à Corbie, il composa des hymnes en l'honneur de saint Adalhard et de sainte Bathilde, et travailla aux offices propres de cette abbaye. Le recueil de ces différentes pièces porte ce titre : *Hymni in laudem sancti Adalhardi et sanctæ Bathildis reginæ ; Officia Ecclesiæ Corbeiensi propria vel nova edita, vel vetera emendata; quæ omnia in unum collecta typis vulgata sunt ad ejusdem Ecclesiæ usum.* (Paris, 1677, in-4°.) Dom Mabillon, en publiant avec Dom Luc d'Achery les *Acta sanctorum Ordinis sancti Benedicti,* enrichit chacun des neuf volumes de cette précieuse collection d'une savante préface dans laquelle il traite avec profondeur un grand nombre de questions liturgiques. Ces préfaces ont même été recueillies à part dans un volume in-4°, publié à Rouen en 1732. En 1674, dom Mabillon donna sa *Dissertatio de pane Eucharistico azimo et fermentato* (Paris, in-8°) ; mais jusqu'alors il n'avait rien publié d'aussi important sur ces matières que son ouvrage sur la Liturgie gallicane. Il porte ce titre : *De Liturgia Gallicana libri III, in quibus veteris Missæ, quæ ante annos mille apud Gallos in usu erat forma ritusque eruuntur ex antiquis monumentis, lectionario Gallicano hactenus inedito, cum tribus missalibus Thomasianis, quæ integra referuntur; accedit disquisitio de cursu Gallicano, seu de divinorum Officiorum origine et progressu in ecclesiis Gallicanis.* (Paris, 1685, in-4°.)

La Liturgie gallicane fut bientôt suivie du *Musæum Italicum,* dont le second volume est d'une importance inappréciable pour la science liturgique, à raison du texte de quinze *Ordres romains* que dom Mabillon y a recueillis, et du savant commentaire dont il les a enrichis. Le *Musæum Italicum* parut en deux fois, savoir le premier volume, à Paris, 1687, et le second, 1689, in-4°. En 1689, dom Mabillon donna un *Traité où l'on réfute la nouvelle explication que quelques auteurs donnent aux mots de* Messe *et de* Communion *qui se trouvent dans la Règle de saint Benoît.* (Paris, 1689 in-12.) Nous devons mentionner aussi sa lettre sur le culte des saints inconnus qui fit tant de bruit et qu'il modifia de manière à satisfaire le Siége apostolique. Elle porte ce titre : *Eusebii Romani ad Theophilum Gallum Epistola de cultu sanctorum ignotorum.* (Paris, 1698, in-4°.)

(1685). Jacques de Saint-Dominique, dominicain, est auteur d'une *Dissertation historique touchant la façon prescrite par les rituels ecclésiastiques, pour administrer sans péril la très-sainte Communion.* L'ouvrage est sans indication de lieu d'impression.

(1686), Pompée Sarnelli de Bisceglia, homme d'une rare érudition, doit être mentionné ici pour son savant livre intitulé : *Antica basilicografia.* (Naples,1686.) Il est pareillement auteur des ouvrages suivants : *Commentarj intorno al rito della Messa per que'sacerdoti che privatamente la celebrano.* (Naples, 1686, in-12.) — *Il Clero secolare nel suo splendore.* — *Lettere ecclesiastiche.* (Naples, 1686.) Cette collection, publiée de nouveau à Venise, en 1718 (9 volumes in-4°), renferme de curieuses dissertations. Sarnelli y traite, entre autres matières, *della canonica chiericale corona ; della canonica tonsura o rasura della barba chiericale ; della barretta chiericale ; dell'abuso del berrettino presso i cerici dell'abito chiericale ; dell'uso dell'annello per le persone ecclesiastiche.* — *Sacra lavanda di piedi de' tredici poveri, che si celebra nel Giovedi Santo.* (Venise 1711.) — *Lume a'principianti nello studio delle materie ecclesiastiche e scritturali, aggiuntivi i commentarj sul rito della santa Messa, e una istruzione per i cappellani, che servono al Vescovo, quando celebra privatamente.* (Venise, 1635.)

(1686). Dom Bernard Bissi, bénédictin de la congrégation du Mont-Cassin, a laissé un grand ouvrage pratique sur la Liturgie, qui jouit d'une réputation méritée. Il porte ce titre: *Hierurgia, sive rei divinæ peractio. Opus absolutissimum, sacrorum et ecclesiasticarum cæremoniarum ea omnia complectens ac exactissime tradens quæ alibi sparsa reperiuntur, tam ea quæ ad sacrosanctum Missæ sacrificium privatum ac solemne celebrandum, quam ad divinum Officium rite et recte, publice ac private persolvendum; Pontificalia exercenda; Sacramenta administranda et ad cæteras omnes ecclesiasticas Functiones, ut decet complendas pertinent.* (Gênes, 1686, 2 vol. in-folio.)

Dom Bernard Bissi, bénédictin de la congrégation du Mont-Cassin.

(1688). Antoine Arnauld, docteur de Paris, digne coryphée de la secte janséniste, peut revendiquer une large part, soit comme agent, soit comme patron, dans toutes les innovations liturgiques du XVIIe siècle et des suivants. Il a été le promoteur ardent des théories sur l'emploi exclusif de l'Écriture sainte; la traduction du Missel de l'abbé de Voisin le reconnaît pour un de ses auteurs; nul docteur plus que lui n'enhardit la conscience du clergé sur le chapitre de la résistance et de l'isolement à l'égard du Saint-Siége; Nicolas Le Tourneux, Santeul et les autres furent ses adeptes passionnés. Il le leur rendit bien, lorsqu'il publia, à l'époque de la condamnation du Bréviaire romain traduit par Le Tourneux, l'ouvrage suivant : *Défense des versions de l'Écriture, des offices de l'Église et des ouvrages des Pères, et en particulier de la nouvelle traduction du Bré-*

Antoine Arnauld, docteur de Sorbonne.

viaire, contre la sentence de l'official de Paris, du 10 avril 1688. (Cologne, 1688, in-12.)

Pompée Ugonius, professeur romain.

(1688). En cette année, on publia à Rome l'ouvrage suivant, de Pompée Ugonius, professeur romain, mort en 1614 : *Istoria delle Stazioni di Roma, che si celebrano la Quaresima,* in-8°.

Jean-Justin Ciampini, prélat et archéologue romain.

(1688). Jean-Justin Ciampini, illustre prélat romain, fut trop versé dans la connaissance de l'archéologie chrétienne, pour n'avoir pas cultivé la science liturgique. Nous citerons de lui, sous ce point de vue : 1° *Conjecturæ de perpetuo azymorum usu in ecclesia Latina, vel saltem Romana.* (Rome, 1688, in-4°.)

2° *Dissertatio historica an Romanus pontifex baculo pastorali utatur.* (Rome, 1690, in-4°.)

3° *Vetera monimenta in quibus præcipue musiva opera, sacrarum, profanarumque ædium structura, ac nonnulli antiqui ritus, dissertationibus iconibusque illustrantur.* (Rome, 1690 et 1699, 2 volumes in-folio.) Ils forment les deux premières parties de cet important ouvrage : les deux dernières n'ont jamais été publiées.

4° *De sacris ædificiis a Constantino Magno constructis.* (Rome, 1663, in-folio.)

6° *De Cruce stationali, investigatio historica.* (Rome, 1694, in-4°.)

6° *Explicatio duorum sarcophagorum, sacrum Baptismatis ritum indicantium.* (Rome, 1696, in-4°.)

Dom Thierry Ruinart, bénédictin de Saint-Maur.

(1690). Dom Thierry Ruinart, illustre bénédictin de la congrégation de Saint-Maur, appartient à notre bibliothèque par son ouvrage intitulé : *Disquisitio historica de pallio archiepiscopali,* qui a été inséré dans le troisième tome des œuvres posthumes de dom Mabillon. (Paris, 1724, in-4°.)

Dom Edmond Martène, bénédictin de Saint-Maur.

(1690). Dom Edmond Martène, bénédictin de la congrégation de Saint-Maur, s'est acquis une gloire immortelle dans la science liturgique. Il se fit d'abord connaître dans cette partie par ses cinq livres : *De antiquis monachorum ritibus,* dont il avait entrepris la publication d'après le conseil de dom Mabillon, et qui parurent à Lyon en 1690, 2 volumes in-4°. Ce premier ouvrage, d'une érudition aussi intelligente que variée, fut bientôt suivi d'un autre dans le même genre, sous ce titre : *De antiquis Ecclesiæ ritibus,* publié à Rouen, 1700-1702, 3 volumes in-4°. On doit regarder comme la suite et le complément de ce traité, celui que dom Martène donna bientôt après sous ce titre : *Tractatus de antiqua Ecclesiæ disciplina in divinis celebrandis officiis.* (Lyon, 1706, in-4°.) Vers la fin de sa vie laborieuse, dom Martène prépara une nouvelle édition de ces trois ouvrages en une seule collection, et augmenta ce grand ensemble de plus d'un tiers. L'édition, sous le titre *de Antiquis Ecclesiæ ritibus,* parut à Anvers en 1736, 3 volumes in-folio. Le quatrième ne fut publié qu'en 1738, à Milan, et non pas à Anvers, comme le porte le frontispice.

(1691). Le P. Raphaël, capucin, dit de Hérisson, du lieu de sa naissance dans le Bourbonnais, a donné un livre intitulé : *Manuductio sacerdotis ad primum ejus ac præcipuum officium, sive explanatio sacrosancti Missæ sacrificii juxta missalis Romani præscriptum.* (Lyon, 1691, in-4°.)

(1692). C'est l'année en laquelle commença de se faire connaître dans le monde liturgique Jean Grancolas, docteur de Sorbonne, à qui il n'a manqué qu'une intelligence plus complète du véritable génie catholique, pour être un liturgiste accompli. La hardiesse des sentiments et le mépris pour tout ce qui ne tenait pas immédiatement aux usages de l'Église primitive, étaient une maladie trop commune dans les hommes de son temps, pour que Grancolas, qui appartient également au XVIIe et au XVIIIe siècle, eût pu entièrement lui échapper. Après avoir fait ainsi nos réserves sur l'esprit frondeur du personnage, nous donnerons ici la liste de ses remarquables productions.

1° *Traité de l'antiquité des cérémonies des sacrements.* (Paris, 1692, in-12.)

2° *De l'Intinction, ou de la coutume de tremper le pain consacré dans le vin.* (Paris, 1693, in-12.)

3° *Histoire de la communion sous une seule espèce.* (Paris, 1696, in-12.)

4° *Les anciennes Liturgies, ou la manière dont on a dit la sainte Messe dans chaque siècle, dans les églises d'Orient et dans celles d'Occident.* (Paris, 1697, in-8°.)

5° *L'ancien Sacramentaire de l'Église, où sont toutes les pratiques qui s'observaient dans l'administration des sacrements chez les Grecs et chez les Latins.* (Paris, 1690-1699, 2 vol. in-8°.)

6° *Traité de la Messe et de l'Office divin.* (Paris, 1713, in-12.)

7° *Dissertations sur les Messes quotidiennes et sur la Confession.* (Paris, 1715.)

8° *Commentaire historique sur le Bréviaire romain.* (Paris, 1727, 2 vol. in-12.) Cet important ouvrage a été traduit en latin et publié à Venise en 1734, in-4°.

(1694). Dom Claude de Vert, trésorier de Cluny, dont nous avons parlé pour ses travaux sur le Bréviaire de cet ordre, et dont nous parlerons encore au chapitre suivant, fut un homme grandement érudit, mais audacieux et ami des nouveautés, sous prétexte de zèle pour l'antiquité. Il a donné : 1° *Éclaircissements sur la réformation du Bréviaire de Cluny.* (Paris, 1690.) Cet opuscule, mal écrit et peu concluant, devait être suivi de plusieurs autres dans le même but, qui ne parurent pas. 2° *Dissertation sur les mots de Messe et Communion, avec quelques digressions sur les agapes, les eulogies, le pain bénit, l'ablution, etc.* (Paris, 1694, in-12.) Dom de Vert prétend, dans ce livre, réfuter Mabillon, dont nous avons annoncé ci-dessus un opuscule sur le même sujet. 3º Enfin le fameux et scandaleux ouvrage intitulé : *Explication simple, littérale et historique des cérémonies de l'Église.* (Paris.) Les deux premiers volumes, publiés en 1706 et 1707, furent réimprimés en 1709, avec des corrections et additions ; les deux autres ne parurent qu'en 1713.

(1700). J. Le Lorrain est, d'après Barbier, dans son *Dictionnaire des Anonymes,* l'auteur de l'ouvrage érudit et frondeur intitulé : *De l'ancienne coutume de prier et d'adorer debout, le jour du dimanche et des fêtes, et durant le temps de Pâques ; ou Abrégé historique des cérémonies anciennes et modernes.* (Liége, 1700, 2 vol. in-12.)

(1700). Joseph Solimeno, protonotaire apostolique, est auteur du grand et savant ouvrage intitulé : *Il Corteggio eucharistico, cioe trattato istorico theologico mistico sopra le regole stabilite dalla S. di N. S. Papa Innocenzo XII, per la maggiore venerazione che dove prestarsi al Santissimo Sagramento in portasi, ministrarsi e riceversi.* (Rome, 1700, in-folio.)

Nous terminons cet important chapitre par les graves considérations qui suivent :

Durant la seconde moitié du XVIIe siècle, on vit prévaloir en France sur la Liturgie des principes entièrement opposés à ceux qui avaient été professés et ont continué de l'être dans les autres provinces de l'Église catholique.

Ces principes, émis sous le prétexte de perfectionnement, se trouvent être identiques à plusieurs de ceux que nous avons signalés ci-dessus comme formant le système antiliturgiste ; et pour entrer dans le détail nous ferons remarquer que :

1º *L'éloignement pour la tradition dans les formes du culte divin* parut dans l'affectation avec laquelle on expulsa du Bréviaire et du Missel de François de Harlay, et des livres de Cluny, les anciennes pièces grégoriennes, l'ancien calendrier des fêtes et des saints, etc., sans égard pour l'antiquité.

2° L'intention de *remplacer les formules de style ecclésiastique par des lectures de l'Écriture sainte,* se manifesta pareillement chez nous dans le système suivi par les rédacteurs des livres liturgiques dont nous parlons, qui tendirent à refondre entièrement l'office divin et à le composer exclusivement de centons bibliques.

3° Les correcteurs des nouveaux bréviaires ne craignirent cependant pas *de fabriquer et d'introduire des pièces nouvelles de leur composition,* hymnes, oraisons, etc. ; par quoi

4° *Ils tombèrent en contradiction avec leurs propres principes ;* parlant d'antiquité, en faisant des choses modernes; de parole de Dieu, en donnant des paroles humaines.

5° Le caractère de cette innovation fut, pour les livres liturgiques qui en furent le théâtre, une affligeante *diminution de cet esprit de prière qu'on appelle onction, dans le catholicisme;* ainsi qu'on en peut juger par le simple aspect du Bréviaire de Cluny et des hymnes de Santeul.

6° L'affaiblissement du culte de la sainte Vierge et des Saints, est pour ainsi dire le caractère principal et comme le but avoué de la réforme liturgique du xviie siècle.

7° A la même époque, on remarque un mouvement marqué vers *les traductions de l'Écriture sainte et de la Liturgie en langue vulgaire.*

8° Les changements introduits dans la Liturgie, loin d'être favorables *à l'autorité du Pontife romain,* attestent hautement l'intention de *déprimer* cette autorité sacrée, et paraissent le résultat évident des doctrines proclamées, mais non inventées, en 1682.

9° Le Bréviaire de François de Harlay ne se montre point exempt du désir de flatter par certains retranchements et substitutions, la puissance séculière.

Enfin, et ce qui est le plus effrayant, le nouveau Bréviaire de Paris et celui de Cluny vont devenir la source principale des innovations que la France verra bientôt introduire dans la Liturgie.

Ajoutons pour complément et pour explication, que des jansénistes (des hérétiques par conséquent), ont trouvé accès dans le sanctuaire, et ont eu l'audace de souiller un rituel de leur venin; que plusieurs évêques se sont déclarés pour cette œuvre, malgré la condamnation du Saint-Siége; que des jansénistes notoires et des fauteurs des jansénistes ont fait partie des commissions pour la rédaction des Bréviaires de Paris et de Cluny. Nous rappellerons donc en finissant ces paroles du Sauveur : *Attendite a falsis prophetis,* et le reste.

Quant à l'unité liturgique, œuvre des pontifes romains Étienne II et Adrien Ier, des rois Pépin et Charlemagne, de saint Pie V et des conciles provinciaux de France, reconnue encore de fait et de droit par l'Assemblée du clergé de 1605 et 1606, le XVIIe siècle, en finissant, la voit ébranlée et chancelante, et avec elle les antiques mœurs catholiques, les arts, la poésie : toutes choses que le XVIIIe siècle ne relèvera pas.

A Rome, les souverains Pontifes maintenaient fidèlement les livres réformés par saint Pie V, et la chrétienté se montrait attentive aux décrets qu'ils rendaient pour ajouter de nouveaux offices au calendrier.

Ces nouveaux offices, dont l'adjonction dérogeait à des règles antérieurement établies, avaient pout but de mettre dans tout son jour la solennelle confiance de l'Église dans l'intercession des saints, dont le culte allait souffrir, en France, de si rudes atteintes dans les bréviaires modernisés.

NOTES DU CHAPITRE XVII

NOTE A.

ALEXANDER PAPA VII,

AD FUTURAM REI MEMORIAM.

Ad aures nostras ingenti cum animi mœrore pervenit, quod in Regno Galliæ quidam perditionis filii, in perniciem animarum novitatibus studentes et ecclesiasticas sanctiones ac praxim contemnentes, ad eam nuper vesaniam pervenerint, ut missale Romanum Latino idiomate longo tot sæculorum usu in Ecclesia probato conscriptum, ad Gallicam vulgarem linguam convertere, sicque conversum typis evulgare, et ad cujusvis ordinis et sexus personas transmittere ausi fuerint, et ita sacrosancti ritus majestatem latinis vocibus comprehensam dejicere et proterere, ac sacrorum mysteriorum dignitatem vulgo exponere, temerario conatu tentaverint. Nos quibus licet immeritis, vineæ Domini Sabaoth a Christo Salvatore nostro plantatæ, ejusque pretioso sanguine irrigatæ, cura demandata est, ut spinarum ejusmodi, quibus illa oblueretur obviemus incremento, earumque, quantum in Deo possumus, radices succidamus, quemadmodum novitatem istam perpetui Ecclesiæ decoris deformatricem, inobedientiæ, temeritatis, audaciæ, seditionis, schismatis aliorumque plurium malorum facile productricem abhorremus et detestamur, ita Missale præfatum Gallico idiomate a quocumque conscriptum, vel in posterum alias quomodolibet conscribendum et evulgandum, motu proprio, et ex certa scientia ac matura deliberatione nostris, perpetuo damnamus, reprobamus, et interdicimus, ac pro damnato, reprobato et interdicto haberi volumus, ejusque impressionem, lectionem et retentionem universis et singulis utriusque sexus Christifidelibus cujuscumque gradus, ordinis, conditionis, dignitatis, honoris et præeminentiæ, licet de illis specialis et individua mentio habenda foret, existant, sub pœna excommunicationis latæ sententiæ ipso jure incurrendæ, perpetuo prohibemus : mandantes quod statim quicumque illud habuerint, vel in futurum quomodocumque habebunt, realiter et cum effectu exhibeant, et tradant locorum Ordinariis, vel Inquisitoribus, qui, nulla interposita mora, exemplaria igne comburant, et comburi faciant, in contrarium facientibus non obstantibus quibuscumque. Datum Romæ, apud S. Mariam Majorem, sub annulo Piscatoris, die 12 Januarii 1661, Pontificatus nostri an. 6.

NOTE B.

CLEMENS PAPA IX,

AD FUTURAM REI MEMORIAM.

Creditæ nobis divinitus omnium Ecclesiarum sollicitudinis ratio exigit ut ecclesiasticæ diciplinæ, cujus custodes a Domino constituti sumus, ubique conservandæ jugiter incumbentes, omni cura atque vigilantia præcavere studeamus, ne quid in eam irrepat, quo quomodolibet turbari, aut a præscriptis ritibus aberrare, et via erroribus aperiri possit. Cum itaque (sicut nobis innotuit) anno proxime elapso typis impressus, ac in lucem Parisiis editus fuerit Gallico idiomate liber, cui titulus est : *Rituel romain du Pape Paul V, à l'usage du diocèse d'Aleth, avec les Instructions et les Rubriques en françois;* in quo non solum continentur nonnulla ab ipso rituali Romano, jussu felicis recordationis Pauli Papæ V, Prædecessoris nostri edito, aliena, sed etiam doctrinæ quædam et propositiones falsæ, singulares, in praxi periculosæ, erroneæ, et consuetudini in Ecclesia communiter receptæ, atque ecclesiasticis Constitutionibus oppositæ et repugnantes, quarum usu et lectione Christifideles in jam damnatos errores sensim induci, ac pravis opinionibus infici possent.

Nos opportunum huic malo remedium adhibere volentes, motu proprio, et ex certa scientia, ac matura deliberatione nostris, librum sub titulo Ritualis Gallico idiomate editum præfatum, auctoritate Apostolica tenore præsentium omnino damnamus, reprobamus et interdicimus, ac pro damnato, ac reprobato, et interdicto haberi volumus, ejusque impressionem, lectionem, retentionem, et usum universis et singulis utriusque sexus Christifidelibus præsertim civitatis et diœcesis Aletensis, cujuscumque gradus, conditionis, dignitatis, et præeminentiæ existant, licet de illis specialis et individua mentio habenda foret, sub pœna excommunicationis latæ sententiæ ipso facto incurrendæ, perpetuo prohibemus. Mandantes ut statim quicumque illum habuerint, vel in futurum quandocumque habebunt, locorum Ordinariis, vel Inquisitoribus, qui vero venerabili Fratri Episcopo Aletensi subsunt, Metropolitano, aut uni ex vicinioribus Episcopis, realiter et cum effectu exhibeant, tradant et consignent; qui nulla interposita mora exemplaria sibi tradita, et alia quæcumque habuerint igne comburant, et comburi faciant, in contrarium facientibus non obstantibus quibuscumque. Ut autem præsentes Litteræ ad omnium notitiam facilius deveniant, volumus et auctoritate prædicta decernimus, illas ad valvas Basilicæ Principis Apostolorum, et Cancellariæ Apostolicæ, ac in Acie campi Floræ de Urbe per aliquem ex cursoribus nostris publicari, ac illarum exempla ibidem affixa relinqui, illasque sic publicatas omnes et singulos, quos concernunt, proinde afficere et arctare, ac si illorum unicuique personaliter notificatæ et

INSTITUTIONS LITURGIQUES

intimatæ fuissent. Ipsarum vero præsentium Litterarum transumptis, seu exemplis, etiam impressis, manu alicujus Notarii publici subscriptis, et sigillo personæ in ecclesiastica dignitate constitutæ munitis, eamdem fidem in judicio, et extra illud haberi, quæ eisdem præsentibus haberetur, si forent exhibitæ, vel ostensæ. Datum Romæ, apud S. Petrum, sub annulo Piscatoris, die 9 Aprilis 1668, Pontificatus nostri anno primo.

NOTE C.

FRANCISCUS MISERATIONE DIVINA ET SANCTÆ SEDIS APOSTOLICÆ GRATIA PARISIENSIS ARCHIEPISCOPUS, DUX ET PAR FRANCIÆ, REGIORUM ORDINUM COMMENDATOR,

CLERO PARISIENSI SALUTEM IN EO QUI EST OMNIUM VERA SALUS.

Etsi nulla pars vitæ hominum a religioso vacare deberet orationis obsequio, infirmitati tamen humanæ Ecclesia prospiciens, certas dumtaxat horas, discretas ab invicem, easque tum nocturnas tum diurnas indixit, quibus christiani, ac præsertim Clerici, divinis laudibus operam darent, ut nempe septies saltem in die laudem dicerent Domino.

Et sane ante Hieronymi tempora idem ille, qui postmodum invaluit, Deo per diversas horas supplicandi ritus jam usurpabatur ; nam et ad Lætam scribens, autor est ut ejus filia vel *a teneris annis assuescat ad Orationes et Psalmos nocte consurgere, mane Hymnos canere, Tertia, Sexta, Nona hora stare in acie quasi bellatrix Christi, et accensa lucerna reddere Sacrificium Vespertinum.*

Sic nempe sejunctarum ad fundendas preces leve nobis Horarum onus injungit Ecclesia ; ut, si forte aliquo fuerimus opere detenti, ipsum nos ad Officium tempus admoneat, ut et anima quæ terrenis adhuc desideriis implicetur, ex intervallo saltem, ad divina respiret. Sic cum Psalmista *benedicimus Dominum in omni tempore ;* sic *semper laus ejus in ore nostro ;* sic et obtemperamus Apostolo præcipienti ut *sine intermissione* oretur ; sic denique illud Christi Domini effatum : *Oportet semper orare et non deficere,* a nonnullis perperam intellectum, sanissime, Augustino teste, accipitur, cum nullo die orandi tempora intermittuntur.

Atque illum quidem statutis horis Deo supplicandi ritum Parisiensis Ecclesia sacrarum institutionum fidissima custos ea religione hucusque tenuit, ut ex præcipuis orbis Christiani Ecclesiis, primævum illum media de nocte surgendi morem ad canendum Deo, constantissime sola servaverit, quo cum Psalmista dicere Deo veraciter possit : *Media nocte surgebam ad confitendum tibi super judicia justificationis tuæ.*

At vero, cum vel hominum incuria vel injuria temporum, quæ rerum est humanarum conditio, nonnihil castigatione dignum etiam in preces publicas irrepere quandoque soleat; sapientissime sancivit Ecclesia, ut omni cura ac sollicitudine in Librorum Ecclesiasticorum reformationem identidem incumbere velint Episcopi : qui et ex Conciliorum, etiam quæ Parisiis habita sunt, præscripto tenentur, missalia, breviaria, aliosque id genus libros, diligenter expendere ; quæ in illis superfflua, aut non satis pro Ecclesiæ dignitate convenientia judicaverint, continuo tollere et resecare ; quæ necessaria viderent, adjicere : ut, amputatis quæ superstitiosius fuerint invecta, ea solum quæ Ecclesiæ dignitati et priscis institutis consentanea censuerint, relinquantur.

Quibus Ecclesiæ decretis Illustrissimus Perefixius Prædecessor noster, qua erat religione, obsecutus ; pro sua pastorali vigilantia, paulo ante obitum, ad reformationem breviarii Parisiensis animum adjecit ; virosque pietate et eruditione insignes, quorum nonnulli a venerabili Ecclesiæ nostræ Capitulo nominati sunt, adhibuit ; qui diu expetitum hujusce reformationis opus, ipso adhuc in vivis degente, aggressi sunt.

Nos vero, ubi primum, divina permittente Providentia, ad hanc sedem evecti sumus, inter præcipuas pastoralis officii curas, ad Librorum ecclesiasticorum reformationem, ut par est, intenti ; eorumdem peritissimorum virorum, aliorumque, qui eorum nonnullis, ubi ac prout necesse fuit, suffecti sunt, usi sumus opera ; qui quidem, habitis inter se plurimis, idque etiam coram nobis ipsis sæpissime, sessionibus, variisque collationibus, opus illud arduum ad felicem tandem exitum perduxerunt.

Cum itaque in breviarium Parisiense postremis temporibus nonnulla irrepsissent, et ea quidem regulis ab Ecclesia constitutis non bene convenientia ; omni cura et qua oportuit prudentia effectum est, ut quæ forent Ecclesiæ splendori aut dignitati religionis minus consona, quæ in Homiliis Patrum spuria vel supposititia ; quæ in Actis Sanctorum falsa aut incerta ; in omnibus demum quæ pietati minus essent consentanea, ad legem et regulam componerentur : atque adeo necesse visum est, quædam omnino expungere, nonnulla pridem omissa adjicere, ordine convenientiori multa disponere, Hymnos meliori stylo elaboratos in rudiorum locum substituere, pleraque obsoleta nec accurata satis instaurare.

Quæ vero addita sunt, ea prorsus fuere deprompta, aut ex scriptoribus melioris notæ, atque iis plerumque vel coætaneis vel saltem supparibus rerum quæ referuntur historicis ; aut ex purissimis priscæ traditionis fontibus, genuinis nimirum atque indubitatis sanctorum Patrum, quin et antiquissimorum, operibus ; aut denique, illudque maxime, ex sanctioribus Scripturæ sacræ oraculis, cujus Libri omnes, quantum fieri potuit, in totam annui seriem distributi sunt, restitutis quorum lectio in novissimis editionibus prætermissa fuerat. Omnia vero diligenter rocognovimus, retenta Parisiensis breviarii forma, et servato veteri Ecclesiæ nostræ ritu.

Quocirca, de venerabilium Fratrum nostrorum Ecclesiæ nostræ Canonicorum consilio, omnibus nostræ diœceseos ecclesiis, monasteriis, collegiis, communitatibus, ordinibus, necnon omnibus clericis, qui ad illud tenentur, mandamus et præcipimus ut hocce Breviario nostro a nobis, ut sequitur, digesto et concinnato, nec alioquolibet, in posterum utantur; districte videlicet omnibus typographis et bibliopolis, aliisve quicumque sint, inhibentes, ne vetus Breviarium recudere; omnibus vero qui ad divinum Officium tenentur, ne aliud quam nostrum hoc recognitum emendatum, sive privatim sive publice, recitare præsumant.

Meminerint porro, quoties debitum precationis exolvunt, suo sic debere se fungi officio, ut cogitatio omnis carnalis et sæcularis abscedat: nec quicquam tunc animus quam id solum quod precatur cogitet : ut sit orantibus sermo et precatio cum disciplina, quietem continens et pudorem : ut denique mente et spiritu psallentes, quod ore proferunt, corde credant; et quod corde credunt, moribus exequantur. Datum Parisiis in Palatio nostro Archiepiscopali, Calendis Junii, anno Domini, M. DC. LXXX.

NOTE D.

FRANCISCUS MISERATIONE DIVINA ET SANCTÆ SEDIS APOSTOLICÆ GRATIA ARCHIEPISCOPUS PARISIENSIS, DUX ET PAR FRANCIÆ, REGIORUM ORDINUM COMMENDATOR, SORBONÆ ET NAVARRÆ PROVISOR :

CLERO PARISIENSI SALUTEM IN EO QUI EST OMNIUM VERA SALUS.

Sacrorum Antistites, ex divina dispositione, ex Ecclesiæ constitutione, ex Sacrificii lege, ex ministerii conditione, Sacrificiorum ritibus ordinandis invigilare oportere nemo est qui non fateatur, si modo Scripturarum oracula, si Conciliorum statuta, si Sacrificii dignitatem atque præstantiam, si Pontificii muneris amplitudinem quadantenus noverit. Cum enim nihil habeat neque vera Religio augustius, neque Christi Ecclesia sacratius, tremendo ac venerando altaris Sacramento : quin tanti mysterii majestati tuendæ, atque adeo libris qui ei rite celebrando inserviunt expendendis atque recensendis, debeant maxime Episcopi incumbere, nemini dubium esse potest. Hinc ut nuper recognito per Nos Parisiensi breviario Missale responderet, et ad convenientiorem normam restitueretur, animum adjecimus : cui instaurando ac recognoscendo Nos ipsi invigilantes una cum viris quos selegimus sacrarum Scripturarum, doctrinæ Patrum, et rerum Ecclesiæ peritos, collatis vetustissimis codicibus, necnon antiquis Missalium exemplaribus quibus Parisiensis usa est ecclesia, quædam ex usu veteri repetenda, quædam vero ad meliorem formam revocanda, judicavimus.

Quatuor porro maxime in augustissimi Mysterii ritu jam ab initio nascentis Ecclesiæ, ex Apostolo ad Timotheum scribente, adhibita fuerunt; obsecrationes, orationes, postulationes, gratiarum actiones. Quæ quidem ita fieri præcepit Apostolus, imo per Apostolum Dominus qui loquebatur in Apostolo : et hanc legem supplicationis ita omnium Sacerdotum et omnium Fidelium devotio concorditer tenet, ut nulla pars mundi sit in qua hujusmodi orationes non celebrentur a populis Christianis. Et quidem Precationes accipimus dictas quas facimus in celebratione Sacramentorum, antequam illud quod est in Domini mensa incipiat benedici ; Orationes, cum benedicitur et sanctificatur, et ad distribuendum comminuitur, quam totam petitionem fere omnis Ecclesia Dominica oratione concludit. Postulationes autem fiunt cum populus benedicitur ; tunc enim Antistites velut advocati susceptos suos per manus impositionem, misericordissimæ offerunt Potestati. Quibus peractis, et participato tanto Sacramento, Gratiarum actio cuncta concludit, quam in his etiam verbis ultimam commendavit Apostolus.

Nos itaque, juxta rerum hanc, quæ in sanctissimo Altaris Mysterio jam a primis temporibus servabantur, distinctionem ; quæcumque in ipsa Sacramenti sanctificatione ubique terrarum uniformi ratione peraguntur, quæque cum ceteris omnibus orbis Christiani partibus jam a prima sui institutione Parisiensis tenet ecclesia, inviolabili, ut par est, religione, intacta reliquimus : quæ vero pro diversitate locorum pati possunt aliquam in ritu varietatem, ex collatis inter se antiquis codicibus et variis Ecclesiarum Liturgiis, aut restituimus, aut emendavimus, aut perfecimus. Sic veterem illum usum, qui et in ecclesia Parisiensi et in aliis quamplurimis per plura sæcula obtinuit, ut Feriis quarta et sexta, qui dies Synaxeos erant, alia cum Epistolis haberentur Evangelia ab iis quæ diebus Dominicis leguntur, restituimus ; et habito singulari delectu, ut cum Dominicarum Evangeliis pleraque convenirent, effecimus ; et Missis etiam quæ aut in Mysteriorum, aut in Sanctorum memoriis Deo offeruntur, Lectiones quoad potuimus varias et congruentes assignavimus : atque ita contigit ut totum fere Novum Testamentum in Missale nostrum induceretur. Quin et ea quæ cantum attinent, ex solo Scripturarum sacrarum canone desumpsimus ; rati nihil quidquam aut convenientius, aut, ad commendandam augustissimi Sacramenti majestatem appositum magis, quam si divina res, in qua Dei Verbum secundum formam servi quam accepit, sacerdos simul est et oblatio, ipso verbo quo esse in sacris Scripturis expressit, tractaretur. Preces vero, quæ Collectæ, Secretæ et Postcommuniones dicuntur ; aut ex vetustissimis Sacramentariorum libris selegimus, aut si quas de novo dare oportuit, ex eodem quo priores exaratæ sunt, quantum Deus dedit, spiritu hausimus.

. . . . Quocirca omnibus nostræ diœceseos ecclesiis, earumque decanis, et rectoribus, ordinibus, collegiis, monasteriis, communitatibus, necnon omnibus quicumque sint presbyteris, qui de jure vel consuetudine Parisiense officium celebrare aut recitare tenentur, de venerabilium Fratrum nostrorum Ecclesiæ nostræ Canonicorum consilio, in Domino mandamus, ac præcipimus, ut hocce nostro Missali a nobis digesto et recognito, nec alio quolibet imposterum

INSTITUTIONS LITURGIQUES. utentur : districte videlicet omnibus typographis et bibliopolis, aliisve cujuscumque conditionis existant, inhibentes ne illum ex veteribus Missale recudere ; neve deinceps presbyteri ullo quolibet alio quam nostro hoc recognito, sive in solemnibus, sive in aliis Missis uti præsumant. Datum Parisiis, in Palatio nostro Archiepiscopali, Idibus Novembris, anno Domini M. DC. LXXXIV.

CHAPITRE XVIII

DE LA LITURGIE DURANT LA PREMIÈRE MOITIÉ DU XVIIIe SIÈCLE. AUDACE DE L'HÉRÉSIE JANSÉNISTE. SON CARACTÈRE ANTI-LITURGISTE PRONONCÉ DE PLUS EN PLUS. — QUESNEL. — SILENCE DU CANON DE LA MESSE ATTAQUÉ. — MISSEL DE MEAUX. — MISSEL DE TROYES. — LANGUET, SA DOCTRINE ORTHODOXE. — DOM CLAUDE DE VERT, NATURALISME DANS LES CÉRÉMONIES. — LANGUET. — LITURGIE EN LANGUE VULGAIRE. — JUBÉ, CURÉ D'ASNIÈRES.

Les atteintes portées à la Liturgie, durant la seconde moitié du xviie siècle, doivent faire pressentir au lecteur les scandales qui l'attendent dans le cours de la période que nous venons d'ouvrir. La scène se passera exclusivement en France; c'est le seul pays où l'on ait cru devoir protester contre l'unité liturgique du xvie siècle. Toutes les autres églises d'Occident sont demeurées fidèles aux traditions du culte divin, et leur voix, unanime avec celle de Rome, leur mère et maîtresse, continue de faire retentir les nobles et mélodieux chants de l'Antiphonaire et du Responsorial grégoriens. *La France, théâtre des plus grands scandales en matière de liturgie durant le xviiie siècle, lorsque les autres pays restent fidèles à l'unité.*

A l'entrée du xviiie siècle, nous apercevons, victorieux et de plus en plus menaçant, le jansénisme que ses triomphes passés ont rendu comme invincible. On a contenu, exilé même ses principaux chefs; mais il est partout, et c'est pour cela qu'on a dû ménager les innombrables membres du parti. Ils ont la science de l'antiquité ecclésiastique, la gravité des mœurs (sauf certaines exceptions); en un mot, ils séduiraient les justes, *si les justes,* *Le jansénisme triomphant et devenu comme invincible, grâce aux progrès du gallicanisme.*

comme dit le Sauveur, *pouvaient être séduits* (1). Tous les remèdes employés contre un si grand mal sont rendus inutiles par les doctrines qu'on laisse circuler, ou plutôt qu'on oblige d'enseigner dans les écoles. Écoutez le cri du Siége apostolique, dans ces fortes paroles de Clément XI aux évêques de l'Assemblée de 1705 : « Nous « voyons, vénérables Frères, et nous ne pouvons le dire « sans une intime douleur de notre cœur paternel, que, « chaque jour, des gens qui se professent catholiques pu- « blient des écrits tendant à diminuer et à renverser les « droits du Saint-Siége, et, certes, pour ne rien dire de « plus, avec une telle liberté et une telle licence que ce ne « peut être qu'un sujet de joie aux hétérodoxes ennemis « de l'Église, de scandale et de deuil pour les orthodoxes « et les âmes pieuses, sans nul avantage, ni utilité pour « personne (2). »

En effet, les constitutions d'Innocent X, d'Alexandre VII, de Clément IX, de Clément XI lui-même, n'ont rien guéri : les sectaires leur appliquent à toutes une *fin de non-recevoir* dans ce qu'ils appellent les *maximes de l'Église de France*. Et comment les évêques pourront-ils contraindre les fidèles à une adhésion antérieure d'esprit et de cœur aux jugements du Siége apostolique, quand ils enseignent eux-mêmes que les jugements du Pontife romain ne sont point irréformables par là même qu'il les a prononcés; quand ils jugent eux-mêmes après le Siége apostolique ? Que si l'on dit que le consentement des

---

(1) Matth. xxiv, 24.

(2) Videmus enim, venerabiles Fratres (quod non sine intimo paterni cordis nostri mœrore loqui compellimur), plurimos in dies ab iis qui se Catholicos profitentur, palam scribi minuendis, convellendisque hujus Sanctæ Sedis, ea profecto, ut minimum dicamus, libertate ac licentia quæ nonnisi heterodoxis Ecclesiæ hostibus gaudio, orthodoxis vero piisque scandalo ac luctui, nemini certe fructui ac utilitati esse possint. (*Epistola Clementis XI, Archiepiscopis, Episcopis et aliis ecclesiasticis Viris Conventus anni 1705.*)

pasteurs unis à leur chef forme une définition irréfragable, ceci suffira sans doute pour le catholique fidèle ; mais comment saisir, dans ses inextricables détours, l'hérésie qui fuira toujours, tant qu'on ne lui opposera pas une répression efficace ? Aujourd'hui, le jansénisme est mort; mais il faut convenir qu'on l'a laissé vivre tout ce qu'il avait de vie, et ses influences dans la longue durée de son règne ont été assez grandes et assez profondes pour laisser encore dans l'esprit et les mœurs des catholiques français des traces qui ne s'effaceront entièrement qu'après bien des années.

A l'époque de l'Assemblée du clergé de 1705, Fénelon développait ainsi l'état de la France sous le rapport du jansénisme dans un *Mémoire confidentiel*, adressé à Clément XI : « Je n'encourrai pas sans doute le soupçon de
« ressentiment, si je découvre au seul Saint-Père, avec
« franchise, en présence de Dieu et dans l'extrême péril
« de la religion, des choses qui sont publiques dans les
« rues et dans les carrefours. M. le cardinal de Noailles,
« archevêque de Paris, se trouve formellement envahi par
« certains chefs de la faction, sous couleur de piété et de
« discipline plus stricte, que, depuis dix ans, il est devenu
« impossible de le tirer des filets des jansénistes. Il n'écoute
« rien, ne voit rien, n'approuve rien que ce que lui sug-
« gèrent M. Boileau, M. Dugué, le P. de La Tour, géné-
« ral de l'Oratoire, M. Le Noir, l'abbé Renaudot, et
« plusieurs autres que tout le monde connaît pour être
« imbus du jansénisme. Bien plus, on sait généralement
« que les principaux d'entre les quarante docteurs (*signa-
« taires du fameux cas de conscience*) lui ont reproché
« publiquement de les avoir contraints à donner leur adhé-
« sion. On le croira facilement, pour peu qu'on lise le man-
« dement dans lequel l'évêque de Châlons, après s'être
« entendu avec son frère le cardinal, enseigne qu'on satis-
« fait aux constitutions par le silence respectueux. En

Tableau de l'épiscopat français tracé en 1705 par Fénelon dans son Mémoire confidentiel adressé à Clément XI.

« outre, le cardinal archevêque se déclare l'adversaire
« déclaré de tous les théologiens opposés au jansénisme, et
« les poursuit avec rigueur.

« M. le cardinal de Coislin, grand aumônier de France,
« homme bienfaisant, pieux, digne d'être aimé de
« tout le monde, se conduit avec plus de douceur et de
« précaution ; mais manquant lui-même de science, il a,
« jusqu'ici, laissé toute l'administration du diocèse aux
« seuls docteurs jansénistes, lesquels font l'objet de son
« admiration.

« Quoique M. le cardinal Le Camus ait écrit, dans une
« lettre familière à un ami, certaines choses qui diriment
« expressément la question *du fait*, néanmoins il conste
« de beaucoup d'autres arguments que la doctrine et la fac-
« tion jansénistes lui ont toujours souri. Les archevêques
« de Reims et de Rouen ne sont pas moins déclarés pour
« l'une et pour l'autre. L'un, proviseur de Sorbonne,
« l'autre, collateur d'un grand nombre de cures dans la
« ville de Paris ; tous deux riches en biens tant d'église que
« de famille, préposés à de vastes diocèses et à des pro-
« vinces considérables.

« A ces chefs se joignent un grand nombre d'évêques ;
« par exemple, en Languedoc, ceux de Rieux et de Saint-
« Pons, celui de Montpellier, frère de M. de Torcy, celui
« de Mirepoix ; dans la province de Lyon, celui de Châ-
« lon ; dans celle de Sens, celui d'Auxerre ; dans celle de
« Reims, celui de Châlons-sur-Marne ; dans celle de
« Rouen, celui de Séez ; dans celle de Tours, ceux de
« Nantes et de Rennes ; dans notre province (*de Cambrai*),
« celui de Tournay qui a donné sa démission, et auquel
« je vois avec joie qu'on a donné un successeur excellent.

« Dans notre province encore, l'évêque d'Arras est pieux, à
« la vérité, et sincèrement attaché au Siége apostolique,
« mais par le conseil et l'habileté des docteurs auxquels
« il a livré en entier et sa personne et ses affaires, il s'est

« laissé entraîner dans le parti, séduit qu'il est par le
« rigorisme.

« La plupart des autres, incertains, flottants, se préci-
« pitent aveuglément du côté vers lequel incline le
« roi ; et cela n'a rien d'étonnant. Ils ne connaissent que
« le roi, aux bontés duquel ils doivent leur dignité, leur
« autorité et leur fortune. Dans l'état présent des choses,
« ils n'ont rien à craindre ni à espérer du Siége apos-
« tolique : ils voient toute la discipline entre les mains
« du roi, et ils répètent qu'on ne peut ni établir, ni
« condamner les doctrines que d'après les influences de la
« cour.

« Il est cependant de pieux évêques qui suffiraient à
« confirmer le plus grand nombre dans la voie droite, si la
« multitude ne se trouvait entraînée dans le mauvais parti
« par ses chefs mal disposés (1). »

Telle fut l'influence de cet état de choses que l'opinion des catholiques dut nécessairement se modifier, se fausser même, en présence des contradictions sans nombre qui se montraient en tous lieux. Nous ne parlons pas ici des diocèses gouvernés par des prélats qui affichaient le Jansénisme : les catholiques devaient y être dans l'oppression; mais n'est-il pas vrai que dans les diocèses dont les évêques avaient accepté les bulles et faisaient signer le formulaire, n'est-il pas vrai que les opposants aux constitutions apostoliques étaient admis à célébrer la messe dans les églises, bien qu'on ne leur permît pas d'entendre les confessions ? N'est-il pas vrai que les ouvrages du parti censurés à Rome (2) circulaient librement entre les mains du clergé et des fidèles ? N'est-il pas vrai que les fauteurs de doctrines condamnées, s'ils avaient du talent, ou s'ils

L'opinion des catholiques inévitablement faussée par suite du crédit dont les jansénistes sont entourés partout.

---

(1) *Vid.* la note A.
(2) Outre le Missel de Voisin, le Nouveau Testament de Mons, le Rituel d'Alet, on pourrait citer plus de trente autres ouvrages du parti condamnés par brefs apostoliques, décrets du Saint-Office, ou de l'*Index*.

pouvaient être utiles, étaient favorisés, employés, considérés ; que leur influence était subie et qu'on acceptait même quelquefois les services qu'ils pouvaient rendre en leur qualité d'hommes de parti? Voici ce qu'écrivait Bossuet à son neveu, dans l'affaire du quiétisme, au sujet d'un des examinateurs de la doctrine de Fénelon : « J'ai appris qu'il y a deux nouveaux consulteurs, dont « l'un est M. l'archevêque de Chieti, et l'autre le sacriste « de Sa Sainteté. *On dit que ce dernier est habile homme* « *et fort porté au jansénisme* (1). » Il y a vingt traits semblables dans la correspondance de Bossuet. Au reste, il suffit de connaître la biographie des principaux personnages ou fauteurs de la secte (si l'on en excepte toujours les coryphées proprement dits comme Arnauld, Quesnel, Gourlin, etc.), pour voir comment ils ont été l'objet presque continuel des faveurs et de la considération. Nous avons déjà montré, au chapitre précédent, la haute distinction qu'avait accordée François de Harlay à Sainte-Beuve, Chastelain, Le Tourneux, Santeul, etc., dans la correction de la Liturgie parisienne. Nous verrons la suite de ce scandale au XVIIIe siècle, et nous nous rappellerons alors la parole du Christ : *A fructibus eorum cognoscetis eos.* Mais il est temps d'ouvrir notre récit.

Nous trouvons d'abord ce grand fait dont retentit le XVIIIe siècle tout entier : la publication des *Réflexions morales sur le Nouveau Testament*, par le P. Pasquier Quesnel de l'Oratoire. Il était impossible que ce manifeste de la secte ne renfermât pas des principes dont l'application dût rejaillir sur la Liturgie. On y retrouvait en effet les doctrines d'Antoine Arnauld sur la lecture de l'Écriture sainte, doctrines qui avaient déjà produit *directement* la traduction du Nouveau Testament dit de *Mons*, et celles du missel par de Voisin, et du bré-

---

(1) *Œuvres de Bossuet.* Tom. XLI, page 24.

AUDACE DE L'HÉRÉSIE JANSÉNISTE

viaire par Le Tourneux; et *indirectement* le projet audacieux de remplacer dans la Liturgie, par des passages de la Bible, toutes les formules traditionnelles destinées à être chantées. Voici les propositions condamnées dans la Bulle *Unigenitus* :

PROPOSITIO 79. *Utile et necessarium est omni tempore, omni loco et omni personarum generi, studere et cognoscere spiritum, pietatem et mysteria sacræ Scripturæ.*

PROPOSITIO 80. *Lectio sacræ Scripturæ est pro omnibus.*

PROPOSITIO 81. *Obscuritas sancti Verbi Dei non est laïcis ratio dispensandi seipsos ab ejus lectione.*

PROPOSITIO 82. *Dies dominicus a christianis debet sanctificari lectionibus pietatis et super omnia sanctarum Scripturarum. Damnosum est velle christianum ab hac lectione retrahere.*

PROPOSITIO 83. *Est illusio sibi persuadere quod notitia mysteriorum religionis non debeat communicari feminis lectione sacrorum librorum: Non ex feminarum simplicitate, sed ex superba virorum scientia ortus est Scripturarum abusus et natæ sunt hæreses.*

PROPOSITIO 84. *Abripere e christianorum manibus Novum Testamentum, seu eis illud clausum tenere, auferendo eis modum illud intelligendi, est illis Christi os obturare.*

PROPOSITIO 85. *Interdicere christianis lectionem sacræ Scripturæ, præsertim Evangelii, est interdicere usum luminis filiis lucis, et facere ut patiantur speciem quamdam excommunicationis.*

Il suit de ces propositions, si chères à la secte, que l'Écriture sainte étant *pour tous, et son obscurité ne devant point dispenser les laïques de la lire,* on ne saurait trop encourager les traductions de la Bible en langue vulgaire; que la Liturgie étant aussi un enseignement dogmatique, on doit la mettre, par une version, à la portée du peuple;

*I PARTIE
CHAPITRE XVIII*

Propositions de cet ouvrage concernant la Liturgie, censurées par la bulle *Unigenitus.*

Conséquence de ces propositions pour la Liturgie.

inductions justifiées par la publication du Nouveau Testament de Mons, et la traduction du Missel et du Bréviaire romains, condamnées l'une et l'autre par le Saint-Siége.

Il suit encore de ces propositions que, puisque le *dimanche doit être sanctifié par les chrétiens, au moyen de la lecture des saintes Écritures*, et que *interdire, même aux simples femmes, l'usage de cette lecture, c'est faire souffrir aux enfants de lumière une sorte d'excommunication*, il est à propos de retrancher du corps des offices divins, qui sont la principale lecture des fidèles, les jours de dimanche et de fêtes, d'en retrancher toutes ces formules composées d'une parole humaine qu'on appelle *Tradition*, et de les remplacer par des passages de l'Écriture choisis avec intention, et dont les fidèles auront l'intelligence au moyen de traductions qu'on fera à leur usage.

Mais comme ces traductions n'obtiendraient qu'imparfaitement leur but, et que le texte latin des offices divins est le seul qui puisse jusqu'ici retentir chanté dans les églises, Quesnel émet la proposition suivante :

PROPOSITIO 86. *Eripere simplici populo hoc solatium jungendi vocem suam voci totius Ecclesiæ, est usus contrarius praxi apostolicæ et intentioni Dei.*

Peut-être jusqu'ici le lecteur avait-il peine à saisir la liaison des sept propositions que nous venons de citer avec la Liturgie ; peut-être trouvait-il nos conclusions un peu forcées, et blâmait-il la sévérité par laquelle nous semblions vouloir, à tout prix, trouver un coupable. Nous aurions pu, pour le rassurer, faire appel à l'histoire et aux faits qui nous montrent le jansénisme en action dans toute l'innovation liturgique du XVIIIe siècle ; le P. Quesnel nous épargne lui-même la peine d'anticiper ainsi sur les événements. Voilà le but avoué de ses insinuations au sujet de l'Écriture sainte. Il veut demander compte à l'Église des motifs qui la portent à exclure la langue vulgaire de ses offices ; il se plaint qu'*on arrache au peuple la consolation de joindre sa voix à celle de toute l'Église*, et cela *contrairement à la pratique apostolique et à l'intention de Dieu même.*

C'est là, sans doute, un des points nombreux sur lesquels le jansénisme s'accorde avec son père le calvinisme; mais toutes les assertions de la secte n'ont pas d'autre issue. Seulement, comme cette hérésie est destinée à agir dans l'intérieur de l'Église, elle a différents degrés d'initiation, ainsi que nous l'avons dit au chapitre précédent. Les uns savent où ils vont : elle amuse les autres en flattant, soit leur amour-propre national, soit leur faible pour les nouveautés, et les destine à former, dans leur innocente docilité, les degrés où elle établira bientôt son trône. Plusieurs des évêques qui publièrent les nouveaux bréviaires et missels du xviii siècle avaient condamné l'appel de la bulle *Unigenitus;* mais les faiseurs de ces missels et de ces bréviaires, hommes à la fois prudents et passionnés, regardaient les *Réflexions morales* de Quesnel comme un livre d'or, adhéraient à sa doctrine, et dans le fond de leur cœur, et dans leur conduite. Naturellement, tout leur soin devait être de faire pénétrer dans leurs compositions tout ce qu'ils y pourraient glisser du venin de la secte. Nous verrons comment ils s'y prirent.

En attendant, la secte antiliturgiste avait imaginé un moyen assez efficace, si l'autorité des évêques orthodoxes n'en eût arrêté l'usage ; un moyen assez efficace, disons-nous, de porter les peuples à désirer l'emploi de la langue vulgaire dans les offices divins : ce moyen était de ne plus observer le secret des mystères, mais d'introduire la récitation du Canon à haute voix. Ce fait, peu grave aux yeux des gens légers et non accoutumés à voir l'importance de la Liturgie, renfermait le germe d'une révolution

I PARTIE
CHAPITRE XVIII

Les desseins de la secte janséniste imparfaitement connus d'une grande partie des hommes qui ont travaillé à la révolution liturgique.

La secte antiliturgiste réclame la récitation du Canon à haute voix pour arriver à l'emploi de la langue vulgaire dans la Liturgie.

tout entière. Si on lisait le Canon à haute voix, le peuple demanderait qu'on le lût en français ; si la Liturgie et l'Écriture sainte se lisaient en langue vulgaire, le peuple deviendrait juge de l'enseignement de la foi sur les matières controversées; si le peuple avait à prononcer entre Rome et Jansénius, les disciples de l'évêque d'Ypres comptaient bien agir en faveur de sa doctrine par leur influence, leurs prédications, leurs sophismes. Luther, Calvin et leurs premiers disciples n'avaient pas suivi une autre tactique, et l'on voit qu'elle leur avait grandement réussi sur les masses. Aussi le concile de Trente avait-il jugé à propos de prémunir les fidèles contre la séduction, par un double anathème lancé à la fois contre les partisans de la langue vulgaire dans les offices divins, et contre ceux de la récitation du Canon à haute voix (1).

Au XVIe siècle des docteurs catholiques blâment déjà l'usage de réciter le Canon à voix basse dans l'espoir d'attirer les hérétiques.

À l'époque de la réforme du XVIe siècle, il se trouva des docteurs qui, partie par amour des nouveautés, partie par cette espérance aveugle et trop commune de ramener les hérétiques en amoindrissant la doctrine ou les usages catholiques, crurent arrêter les effets de l'audace des réformateurs, en blâmant la coutume vénérable de réciter en secret le Canon de la messe. Ce furent Gérard Lorichius et George Cassander: le premier, dans son traité intitulé *de Missa publica proroganda*, publié en 1536; le second, dans son livre que nous avons cité ailleurs sous ce titre: *Liturgica de ritu et ordine Dominicæ Cœnæ* (Cologne, 1561). Ce que ces deux docteurs avaient imaginé dans un but louable, sans doute, mais peu éclairé, fut exhumé au XVIIIe siècle et choisi par la secte janséniste pour servir à la fois de moyen d'attaque

(1) Si quis dixerit Ecclesiæ Romanæ ritum quo submissa voce pars Canonis et verba consecrationis proferuntur, damnandum esse ; aut lingua tantum vulgari Missam celebrari debere, anathema sit. *Conc. Trid. Sess. XXII. Can. 9.*

extérieure contre l'autorité de la Liturgie, et de signe de ralliement entre les adeptes.

Dans le courant du xviie siècle, plusieurs savants, traitant du sacrifice de la Messe, avaient eu occasion, sans blâmer la pratique de l'Église, de faire la remarque qu'à leur avis, l'usage de réciter le Canon à voix inintelligible n'était pas de la première antiquité et ne s'était pas introduit dans l'Église avant l'an 1000. Le cardinal Bona affirme ce sentiment (1), et Bossuet l'insinue à propos du mot *secreta* qu'il cherche à expliquer dans le sens de *séparation* plutôt que dans celui d'*oraison secrète* (2). Nous avons dit plus haut que tel avait été aussi le sentiment de Nicolas Le Tourneux. Nous ne voyons pas que, dans le cours du xviie siècle, les jansénistes aient fait déjà de grandes démonstrations sur cet article; cependant il semblerait que la question pratique aurait été dès lors débattue dans un certain degré, puisque nous trouvons, sous la date du 16 mai 1698, un mandement de Mathurin Savary, évêque de Séez, qui défend, sous peine de suspense, de prononcer le Canon de la messe autrement qu'à voix basse. Nous avons cité plus haut, dans la bibliothèque liturgique du xviie siècle, un ouvrage rempli d'une certaine couleur polémique et composé par le docteur Robbes, sous ce titre : *Dissertation sur la manière dont on doit prononcer le Canon et quelques autres parties de la Messe.* (Neufchâteau, 1670.) L'auteur se prononce pour la pratique des missels.

Dès les premières années du xviiie siècle, la question revint sur le tapis et se formula promptement en question de parti. Nous retrouvons encore ici dom Claude de Vert, le grand promoteur du trop fameux Bréviaire de Cluny. Dans son livre intitulé : *Explication simple,*

---

(1) *Rerum Liturgicarum*, lib. II, cap. xiii, § 1.
(2) *Explication de quelques difficultés sur la Messe*, page 503.

I PARTIE
CHAPITRE XVIII

Cette question agitée dans le courant du xviie siècle par Bona, Bossuet, Le Tourneux, Mathurin Savary, évêque de Séez et le docteur Robbes.

Sentiment de dom Claude de Vert.

littérale et historique des cérémonies de l'Église, il se prononce en faveur de la récitation du Canon à haute voix, comme plus conforme à l'antiquité ; mais cependant, nous devons le dire, il reconnaît, quant à la pratique, que la rubrique des missels est trop claire pour qu'on puisse s'y méprendre, et trop expresse pour qu'on puisse licitement s'en écarter.

Un grand scandale ne tarda pas à éclater sur ce sujet, dans l'église de Meaux. François Lediu, chanoine de la cathédrale et autrefois secrétaire intime de Bossuet, sur lequel il a laissé des mémoires d'un grand intérêt, ayant été chargé de diriger l'impression du Nouveau Missel de Meaux, qui parut en 1709, osa, de son autorité privée, trancher la question par la plus criante des innovations. Au mépris de l'intégrité de la Liturgie, il introduisit des *Amen* précédés d'un ℞ rouge à la suite des formules de la consécration et de la communion, et plaça le même signe avant chacun des *Amen* qui se trouvaient déjà dans le Canon. Son but, comme il est aisé de le voir, était de contraindre le prêtre à réciter le Canon à voix haute, pour que le peuple, ou du moins les clercs, pussent répondre *Amen* dans les endroits désignés par ce ℞. On reconnaît à ces moyens subtils et ingénieux l'astuce du parti dont François Lediu était alors l'organe plus ou moins intelligent. Il fit en même temps paraître une *Lettre sur les* Amen *du Nouveau Missel de Meaux*.

Cependant ces *Amen* firent un bruit terrible dans toute l'Église de France; mais Dieu avait placé sur le siége de Meaux un pasteur orthodoxe qui ne tarda pas à désavouer avec éclat l'œuvre audacieuse à laquelle on avait voulu associer son nom. Henri de Thyard de Bissy, successeur immédiat de Bossuet, et qui se montra toujours ferme dans la lutte contre le jansénisme, rendit, en date du 22 janvier 1710, un mandement vigoureux dans lequel il interdisait, sous peine de suspense, l'usage du Nouveau Missel publié sous son nom, jusqu'à ce que des corrections par lui indiquées eussent fait disparaître les dernières traces des scandaleuses innovations dont ce livre avait été souillé. Il signalait ces innovations *comme contraires à l'usage immémorial, non-seulement du diocèse de Meaux et de tous ceux de la métropole* (de Paris), *mais encore de toute l'Église, et comme tendantes à favoriser la pratique de dire le Canon de la sainte Messe à voix haute et intelligible aux assistants;* et finissait par défendre la lecture de la *Lettre* de l'abbé Ledieu.

De son côté, le Chapitre de la cathédrale de Meaux s'assembla extraordinairement, et rédigea la déclaration suivante qui fut imprimée à la suite du mandement de l'évêque de Meaux : « Messieurs assemblés extraordinaire-
« ment........ déclarent par la présente que, dans les prin-
« cipaux changements rapportés et approuvés en termes
« généraux par ladite conclusion, il n'a été question que
« de quelques rites et cérémonies particulières à l'église de
« Meaux, et non point du mot *Amen*, précédé d'un ℞ rouge
« aux paroles de la consécration et de la communion du
« Prêtre, ni d'un autre ℞ rouge avant tous les *Amen* qui
« sont à la fin des oraisons de l'ordre de la Messe et du Ca-
« non ; non plus que des paroles *submissa voce* expliquées
« par celle-ci : *id est sine cantu*, dans les rubriques qui
« traitent de la Messe haute ; ledit sieur Ledieu n'en ayant
« jamais parlé au Chapitre, dont Messieurs ont marqué
« leur surprise à Monseigneur l'évêque et à leurs députés,
« aussitôt qu'ils ont eu connaissance de ces changements
« et additions par l'impression du Nouveau Missel de
« Meaux (1). »

Telle fut la fin de cette triste affaire dans le diocèse de Meaux. On dit que François Ledieu fut tellement affecté

---

(1) Le P. Le Brun. *Dissertation sur l'usage de réciter en silence une partie des prières de la Messe dans toutes les églises et dans tous les siècles*. Dans l'Avertissement, page iij et suivantes.

du déplaisir que lui causa l'humiliante issue de son entreprise, qu'il en mourut de chagrin (1).

Mais ni la mort de François Ledieu, ni l'énergique conduite de l'évêque de Meaux, ne ralentirent l'ardeur de la secte à demander la récitation du Canon à haute voix. Une polémique très-vive s'engagea entre les deux camps qui partageaient alors le clergé en France. Les droits de l'orthodoxie furent d'abord soutenus par Pierre Le Lorrain, plus connu sous le nom de l'abbé de Vallemont. Dans un ouvrage assez mal rédigé, mais toutefois remarquable par la science incontestable dont l'auteur y faisait preuve, il démontra jusqu'à l'évidence la témérité des novateurs qui voulaient faire prévaloir leur système contre une des règles les plus antiques et les plus vénérables de l'Église. Son livre, qui est intitulé: *Du secret des mystères, ou l'Apologie de la rubrique des missels* (2), fut vivement combattu par un chanoine de Laval, nommé Baudouin, qui publia des *Remarques critiques sur le livre de l'abbé de Vallemont, ou apologie de D. Claude de Vert* (3).

Le trop fameux Ellies Dupin n'avait pas non plus fait défaut dans cette grave circonstance. Il avait donné une *Lettre sur l'ancienne discipline de l'Église touchant la célébration de la Messe* (4), dans laquelle il se prononçait avec son audace ordinaire pour la prétendue antiquité, *contre la rubrique des missels*. Nous trouvons, plusieurs années après, une brochure intitulée : *L'Esprit de l'Église*

---

(1) *Mémoires pour servir à l'histoire ecclésiastique pendant le* XVIIIe *siècle.* Tome IV, page 56.

(L'affaire du Missel de Meaux a paru si importante à dom Guéranger, à cause de la participation de Bossuet, qu'il y est revenu dans une note de plusieurs pages que nous reportons du tome III à la fin de celui-ci.)

(2) Trévoux, 1710. Trois vol. in-12.

(3) Bruxelles, 1712. In-12.

(4) Paris, 1710. In-12.

dans *la célébration de ses mystères, où l'on traite cette question* : *Doit-on lire le Canon* submissa voce (1) ?

> Tous ces écrits appelaient une réfutation complète, et l'on convenait que le livre de l'abbé de Vallemont était insuffisant pour terminer la controverse. Il est vrai qu'aux yeux des fidèles enfants de l'Église elle était terminée, il y avait déjà longtemps, et par le canon du concile de Trente, et par la rubrique expresse du Missel romain ; toutefois il était à propos qu'un bon livre fût composé sur une matière aussi importante. Déjà, on connaissait le sentiment des deux plus illustres liturgistes bénédictins de l'époque, dom Mabillon et dom Martène ; on savait qu'ils flétrissaient le nouveau système de toute l'autorité de leur érudition si vaste sur la matière des rites sacrés. Le P. Le Brun, de l'Oratoire de France, personnage connu déjà par sa science liturgique et son irréprochable orthodoxie, entra dans la lice, et publia, en 1725, à la suite de son bel ouvrage sur la Messe, une dissertation de trois cents pages *sur l'usage de réciter en silence une partie des prières de la Messe dans toutes les Églises et dans tous les siècles* (2). Le docte oratorien traita la question sous toutes ses faces, examina dans le plus grand détail, et discuta de la manière la plus victorieuse les faits tirés de l'antiquité, sur lesquels on croyait pouvoir appuyer l'accusation de nouveauté intentée aux missels. Nous n'entrerons point ici dans le détail des arguments proposés de part et d'autre, puisque la question, vue dans ce détail, n'appartient point à l'histoire générale, mais bien à l'histoire spéciale de la Liturgie ; il nous suffira de dire pour le présent que l'ouvrage du P. Le Brun obtint, non-seulement le suffrage des savants, mais encore l'approbation de tout ce que l'Église de France renfermait alors de

---

(1) 1724. In-4º.
(2) Paris, 1725. In-8º.

INSTITUTIONS LITURGIQUES

Un soupçon de complicité avec les novateurs pèse sur la mémoire de Bossuet, trop faible à l'égard des jansénistes.

prêtres orthodoxes ; cependant, ni ce livre, ni le zèle de plusieurs prélats qui se joignirent aux évêques de Séez et de Meaux, pour interdire la récitation du Canon de la messe à haute voix, n'arrêtèrent l'audace des novateurs.

Parlons maintenant d'un fait capital qui se passa peu d'années après la publication du Missel de Meaux, et qui, s'il dut servir d'encouragement à l'audace des sectaires, dut aussi dévoiler aux yeux des moins prévenus la liaison intime qui réunissait dans l'esprit des jansénistes la récitation du Canon à haute voix avec les doctrines chères au parti. Nous venons de constater tout à l'heure les effets du zèle de l'ancien secrétaire et commensal de Bossuet ; maintenant, c'est le neveu du grand homme que nous allons considérer à l'œuvre. En devra-t-on conclure la complicité de l'illustre évêque de Meaux ? Le lecteur sévère et impartial considérera peut-être avec quelque attention un fait aussi étrange ; s'il a lu la correspondance de Bossuet avec son neveu, s'il y a observé les ménagements gardés envers les jansénistes comme jansénistes, il plaindra le grand homme qui a eu le malheur d'attacher son nom aux opérations des assemblées de 1682 et de 1700. Il se rappellera, peut-être, ces paroles de Benoît XIV : « Si l'on s'est abstenu de proscrire la « *Défense de la déclaration du Clergé de France*, ce n'a « point été seulement par égard pour la mémoire de « l'auteur qui, sur tant d'autres chefs, a bien mérité de « la religion, mais encore par la juste crainte d'exciter de « nouvelles dissensions (1). »

Si, au contraire, le lecteur est un de ceux qui persistent à voir dans Bossuet *un Père de l'Église*, il aura la ressource de dire que ce n'est pas la première fois que les sectaires

---

(1) Tandem conclusum fuit ut a proscriptione abstineretur, nedum ob memoriam auctoris, ex tot aliis capitibus de Religione bene meriti, sed ob justum novorum dissidiorum timorem. (Bened. XIV. *Epist. ad supremum Hispaniæ Inquisitorem. Opp.*, tome XV, pag. 117.)

ont cherché à cacher la malice de leurs innovations sous le manteau révéré des docteurs les plus orthodoxes.

Quoi qu'il en soit, Jacques-Bénigne Bossuet, évêque de Troyes, ayant annoncé à son clergé et aux fidèles de son diocèse, la publication d'un nouveau missel, par un mandement du 20 septembre 1736, le Chapitre de la cathédrale assemblé, le 10 octobre suivant, résolut, à la majorité de dix-sept voix contre cinq, d'interjeter appel comme d'abus à l'archevêque de Sens, métropolitain. Le siége de l'illustre église de Sens était alors occupé par Jean-Joseph Languet de Gergy, prélat zélé, qui s'opposa comme un mur pour la maison d'Israël, et dont le nom fera à jamais la consolation de l'Église, en dépit des calomnies et des malédictions dont les jansénistes l'ont couvert. Déjà il avait eu occasion de paraître dans la lutte pour défendre les vrais principes de la Liturgie contre les novateurs, dans l'affaire de la récitation du Canon. Un ouvrage contre dom Claude de Vert, publié en 1715, et dont nous parlerons bientôt, avait témoigné de la pureté des sentiments de Languet sur cet article. Le scandale du Missel de Troyes anima donc au plus haut degré le zèle du prélat, et, en effet, il était difficile qu'un évêque aussi orthodoxe ne fût pas révolté de l'audace des novateurs qui avaient rédigé ce livre.

Le Missel de Troyes de 1736 portait, entre autres rubriques, que le Canon de la messe devait être récité, non secrètement, *secreto, submissa voce*, suivant les missels antérieurs, mais simplement *submissiori voce*, à voix plus basse que les autres parties de la messe. On n'avait pas osé placer les ℞ qui avaient si mal réussi à Meaux ; d'autre part, il eût été trop hardi de formuler une rubrique entièrement franche. Le parti avait choisi les mots *submissiori voce*, pour *submissa voce*, et la pratique donnait l'interprétation à ceux qui n'auraient pas eu une connaissance suffisante de la grammaire pour démêler le sens de la rubrique.

On avait supprimé, dans l'administration de la communion aux fidèles, l'usage déjà si ancien de réciter le *Confiteor*, les prières *Misereatur* et *Indulgentiam*, et même ces paroles du prêtre : *Ecce Agnus Dei,* et *Domine, non sum dignus.*

Contre l'usage actuel de l'Église, observé même dans la Messe pontificale, le Missel de Troyes abrogeait la rubrique qui prescrit au prêtre qui célèbre une messe solennelle, de réciter en particulier les prières et les lectures qui se font au chœur.

Une autre rubrique du missel de Troyes, plus scandaleuse que celles que nous venons de citer, témoignait le désir de voir abolir dans les églises du diocèse l'usage de placer une croix et des chandeliers sur l'autel; on devait se borner à y mettre ce qui est requis pour le sacrifice, c'est-à-dire le calice, la patène et l'hostie.

Enfin, à l'exemple du missel de Harlay, le missel de Bossuet, évêque de Troyes, supprimait toutes les pièces chantées qui n'étaient pas tirées de l'Écriture sainte, et, ce qui lui appartient en propre, les remplaçait par des textes choisis dans un but évidemment janséniste. D'autre part, ses innovations étaient dirigées dans l'intention évidente de diminuer le culte de la sainte Vierge et la vénération due à saint Pierre et au Siége apostolique.

Tel était le Missel de Troyes, bien digne, comme l'on voit, d'enflammer le zèle d'un aussi intègre gardien de l'orthodoxie que le parut toujours l'archevêque Languet. Il reçut avec joie l'appel du Chapitre de Troyes, et lui adressa un mandement plein de science et de vigueur qui fut bientôt suivi de deux autres, adressés en général au clergé soumis à la juridiction de l'archevêque de Sens. Ces trois pièces, pour la rédaction desquelles le prélat emprunta l'aide du P. de Tournemine, savant jésuite, avec lequel il était dans une étroite liaison, sont trop importantes et résument d'une manière trop précise les divers points de la controverse catholique contre les antiliturgistes, pour que nous puissions nous dispenser d'en placer une analyse dans cette histoire de la Liturgie. On verra que si nous mettons une grande importance à certaines choses, nous n'exagérons rien, et que nous avons pour nous, dans notre lutte contre les innovations qui ont désolé nos sanctuaires, non-seulement l'autorité des pontifes romains, mais encore celle d'un des plus grands prélats que l'Église gallicane ait possédés dans les temps modernes. Les mandements originaux de l'archevêque Languet sont devenus fort difficiles à trouver aujourd'hui : heureusement qu'il eut l'idée de pourvoir à cet inconvénient en les faisant traduire en latin et les publiant, en 2 volumes in-folio, sous ce titre : *J. J. Languet, archiepiscopi Senonensis, antea episcopi Suessionensis, opera omnia pro defensione Constitutionis Unigenitus et adversus ab ea appellantes successive edita, in latinam linguam conversa a variis Doctoribus Parisiensibus, et ab auctore recognita et emendata* (1). C'est dans cette collection qui jouit d'une si grande estime que nous puiserons les paroles de l'archevêque de Sens; nous placerons dans les notes le texte latin des morceaux que nous aurons traduits.

Le prélat commence par signaler avec sagacité la double tendance des novateurs en matière de Liturgie : « Il y en « a, dit-il, et c'est une chose déplorable, qui osent intro- « duire des changements dans les rites sacrés, tantôt pour « faire revivre, disent-ils, les usages de l'antiquité, « tantôt pour donner une plus grande perfection à des « usages nouveaux (2). » En effet, toute l'innovation

Prétentions contradictoires des novateurs, qui parlent en même temps de faire revivre l'antiquité et de perfectionner la Liturgie par des innovations.

(1) Sens, 1752.
(2) Sunt tamen identidem (et hoc dolendum) qui hos sacros ritus immutare audent ; modo ut antiquitatis usus, ut aiunt, reviviscant modo ut novelli ad majorem perfectionem adducantur. (*J. J. Languet opera*, tom. II. *Mandatum et Pastoralis institutio de novo Missali Trecensi*, pag. 1218.)

INSTITUTIONS LITURGIQUES

liturgique des XVIIe et XVIIIe siècles repose sur cette double et contradictoire prétention, et c'est déjà l'avoir réfutée que de l'avoir signalée.

L'auteur du Missel n'a pas même consulté l'Église métropolitaine avant d'introduire de nouveaux rites.

Languet reproche ensuite à l'auteur du Missel d'avoir introduit de nouveaux rites sans le consentement de l'église métropolitaine, à laquelle, dit-il, d'après les conciles, toutes celles de la province doivent se conformer dans les divins offices (1). Le lecteur trouvera sans doute que le centre d'unité auquel l'archevêque rappelle son suffragant, est d'une autorité bien minime, surtout quand on se souvient que toutes les églises d'Occident ont joui des bienfaits de l'unité romaine dans la Liturgie ; mais, plût à Dieu que nos diocèses de France, partagés comme ils le sont entre tant de Liturgies diverses, s'accordassent du moins dans celle qu'ils ont choisie, avec leur église métropolitaine ! Mais on ne s'arrête pas où l'on veut.

Son intention évidente est d'introduire la récitation du Canon à haute voix, contrairement à la tradition.

Venant ensuite à la rubrique du Missel de Troyes qui favorise la récitation du Canon à haute voix, l'archevêque de Sens s'exprime ainsi : « On ne peut mettre en doute « que l'auteur du Missel n'ait eu l'intention d'introduire « la récitation, à haute voix, du Canon et des oraisons « appelées *secrètes*. S'il ne l'a pas proféré ouvertement, « il s'est efforcé d'insinuer subtilement et avec adresse « cette pratique qui, depuis environ quarante ans, semble « avoir été introduite dans nos églises par certains prêtres « sans mission et sans autorité, et qu'affectent spéciale- « ment ceux-là mêmes qui se sont montrés indociles et « désobéissants aux Constitutions apostoliques (2). » Le

---

(1) Pag. 1219 et seq.

(2) In dubium revocari non potest quin auctor Missalis recitationem Canonis et Orationes quæ *Secretæ* vocantur, alta et intelligibili voce inducere tentaverit. Si id aperte non pronuntiat, subtiliter et callide instillare conatus est praxim hanc quæ a quadraginta circiter annis in nostras Ecclesias introducta videtur a nonnullis Sacerdotibus sine missione et autoritate, et speciatim ab iis affectatur qui Constitutionibus apostolicis indociles se et inobedientes præbuerunt. (Pag. 1229.)

prélat, après avoir fait ressortir la mauvaise tendance de ces mots *submissiori voce,* et dénoncé le fait d'un grand nombre de prêtres du diocèse de Troyes qui prenaient occasion de cette rubrique pour réciter le Canon à haute voix, combat avec vigueur les principes des jansénistes sur cette matière (1) : mais nous ne devons pas nous y arrêter ici.

Il signale aussi avec zèle l'audace du Missel de Troyes dans la suppression des prières qui accompagnent l'administration de la communion aux fidèles, et la défense qui y est faite de donner la communion hors le temps de la messe. « Ainsi, dit-il, le peuple récitera désormais la « messe avec le prêtre ; il participera avec lui, et de la « même manière, au sacrifice ; il recevra la communion, « comme les calvinistes prennent la cène dans leurs « assemblées (2) ! » L'archevêque de Sens allègue ensuite tous les missels en usage aujourd'hui dans l'Église latine, et le pontifical romain lui-même qui prescrit la récitation du *Confiteor* dans l'administration de la communion à tous les ordinands, sauf les prêtres qui viennent de concélébrer avec l'évêque. Il montre que cet usage de confesser ses péchés par une formule liturgique, avant de recevoir la communion, bien qu'il ne soit pas de la première antiquité, a été suggéré, du moins quant à l'esprit, par Origène et saint Jean Chrysostome, et que, dans tous les cas, dès qu'un usage est établi et gardé universellement dans l'Église, un catholique ne saurait se dispenser de le considérer comme institué dans le Saint-Esprit (3). S'il fallait supprimer les choses de la Liturgie qui ne sont pas de la première antiquité, on devrait donc abolir la récita-

Les prières qui accompagnent l'administration de la communion, étant d'un usage universel dans l'Église, doivent être maintenues quoiqu'elles ne soient pas de la première antiquité.

---

(1) Pages 1229-1244, 1304-1317.
(2) Plebs infima missam cum sacerdote recitabit ; et cum eo, et eodem modo sacrificio participabit, communionem accipiet sicut cœna porrigitur in Calvinianorum cœtu. (Pag. 1222.)
(3) Page 1226.

tion du *Gloria in excelsis*, qui, au temps de saint Grégoire, n'était récité que par l'évêque seul ; supprimer l'usage du Symbole de Constantinople qui n'a été introduit dans l'Église romaine que sous le Pape Benoît VIII ; célébrer la messe à l'heure du souper, comme au temps des apôtres ; ramener la messe au rite que décrit saint Justin dans sa seconde Apologie, etc. (1) ?

Esprit d'innovation qui supprime l'usage de faire lire à la Messe solennelle par le célébrant les prières et lectures qui se font au chœur.

Languet passe à cette autre rubrique du Missel de Troyes qui supprime l'usage déjà ancien dans l'Église latine, par lequel le célébrant de la messe solennelle est obligé de lire à l'autel, en son particulier, les prières et lectures qui se font au chœur. Il se plaint de l'esprit d'innovation audacieuse qui a produit cette nouvelle dérogation aux usages reçus, et après avoir montré combien est futile cette prétention à retracer les *usages de l'antiquité*, quand on est si éloigné soi-même de l'esprit des temps primitifs du christianisme, il conclut ainsi : « C'est « faire illusion à un peuple simple par ce nom d'*antiquité*, « que de se borner à l'invoquer pour autoriser le prêtre « à s'abstenir de lire les choses qui sont chantées ; pour « supprimer des prières qui ont été prescrites par un « motif d'édification dans l'administration de la commu-« nion ; pour faire réciter, dans la messe, à voix haute, « des prières que l'Église ordonne de réciter secrète-« ment (2). »

La suppression de la croix et des chandeliers sur l'autel décèle les instincts calvinistes des novateurs.

Venant ensuite à la coupable entreprise du Missel de Troyes tendant à supprimer l'usage de la croix et des chandeliers sur l'autel pendant la messe, Languet dénonce

(1) Page 1227.

(2) Sub nomine antiquitatis populo simplici illuditur, cum tam venerandum nomen ad nihil aliud adhibetur, nisi ut sacerdos a legendo ea quæ cantantur, abstineat ; ut preces quæ in communione ad ædificationem præscriptæ sunt, tollantur ; ut clara voce in missa recitentur quæ secreto recitanda Ecclesia præcipit. Hæc enim sub antiquitatis nomine tentare, est ipsi venerandæ derogare, et illam contemptui exponere. (Page 1247.)

les instincts calvinistes qui se traduisent si maladroitement dans cette rubrique. « Déjà, dit-il, plusieurs églises se « sont réduites à cette rustique nudité que cherche à ins- « pirer l'auteur de l'innovation. Ce sont celles qui ont « pour pasteurs quelques-uns de ces prêtres qui sont « aujourd'hui en lutte avec le souverain Pontife pour la « constitution apostolique, et qui, en même temps qu'ils « affectent une doctrine singulière, ont entrepris de se « donner un culte singulier ; c'est là le scandale dont nous « gémissons, le péril qui nous fait craindre. Le schisme « qui doit son origine à une désobéissance aux décrets « apostoliques, se consommera par les variations du culte « extérieur (1). »

L'infatigable prélat attaque ensuite les changements faits par l'évêque de Troyes au Missel romain, la suppression des formules grégoriennes, et la substitution arbitraire ou malveillante de certains passages de l'Écriture sainte aux antiennes formées des paroles de la tradition, ou même empruntées, dès la plus haute antiquité, à l'Écriture elle-même. C'est ici que nous n'avons plus à combattre, nous seul, contre les audacieuses réformes de François de Harlay, de Nicolas Le Tourneux et de dom Claude de Vert. L'illustre archevêque descend avec nous dans la lice, et démasque l'esprit novateur qui a déjà produit en plusieurs lieux le scandaleux abandon des saints cantiques grégoriens, et qui se prépare à inonder la France de bré-viaires et de missels dressés sur le même plan. Ce ne sera

---

(1) Jam quasdam ecclesias reperies quæ ad illam rusticam nuditatem quam innovator inspirat, rediguntur. Sunt autem illæ quibus præsident sacerdotes qui hodie cum summo Pontifice de Constitutione pugnant, sibique suam fidem fingunt, et similiter suum peculiarem cultum sibi quoque fingere aggrediuntur, singularitatem in cultu sicut in doctrina affectantes. Hoc dolemus propter scandalum, hoc timemus propter periculum. Schisma quod per inobedientiam circa decretum Apostolicum oriri cœpit, per cultus exterioris diversitatem consummabitur. (Pag. 1249.)

plus seulement un pape, saint Pie V, qui protestera contre ces Liturgies particulières, fabriquées sans autorité, et qui *déchireront la communion des prières catholiques, discerpere communionem* (1); c'est un des plus grands prélats de l'Église de France dont nous ne ferons plus, pour ainsi dire, que répéter la doctrine et proclamer le jugement.

« Cette vénérable antiquité, dit-il, que l'auteur du Nou-
« veau Missel se glorifie d'imiter, il la foule aux pieds
« dans la composition des nouvelles messes qu'il substitue
« aux anciennes : ce qui prouve que cet auteur, dans les
« nouveautés qu'il a voulu introduire, a choisi l'antiquité
« pour prétexte et non pour règle. En effet, les *introït*,
« graduels, offertoires, etc., que l'on chante, depuis tant
« de siècles, dans l'Église romaine, sont tellement changés
« dans le nouveau Missel, qu'à peine en trouve-t-on un
« très-petit nombre qui appartiennent aux livres litur-
« giques de saint Grégoire, d'où ils ont passé, comme d'une
« source pure, dans le missel romain, et ont été em-
« ployés par presque toutes les églises particulières.
« Notre nouveau faiseur (*fabricator novus*) n'a pas épar-
« gné davantage les oraisons et les collectes qu'il n'avait
« fait les *introït* et les graduels. Confiant à l'excès dans
« son génie, se jugeant plus docte et plus prudent que
« l'Église entière, il a supprimé des choses qui étaient
« consacrées par une si grande antiquité et universalité,
« pour leur substituer ses inventions et ses idées, sous le
« seul et frivole prétexte qu'il n'employait que le pur
« texte de l'Écriture. Je dis avec assurance que les inno-
« vations du missel n'ont point d'autre source que *les*
« *idées et les inventions propres* de leur auteur; car c'est
« lui-même qui, dans la composition de la nouvelle
« Liturgie, employant certains textes de l'Écriture, les a

(1) *Vid.* tome I, page 502.

« adaptés aux dimanches et aux diverses fêtes, suivant
« son gré et sa volonté, et quelquefois même contre le
« sens véritable et original des Livres saints. Cette compo-
« sition, imaginée par un simple particulier, a-t-elle donc
« dû être préférée et subrogée à des formules que l'Église
« universelle a approuvées par son usage durant tant de
« siècles ? Il n'a pas même fait grâce aux fêtes les plus
« solennelles, ni à ces jours, du carême par exemple,
« dans lesquels l'office public est plus assidûment fré-
« quenté par les fidèles. Il a changé presque en totalité
« les messes de Pâques, de Noël, de l'Avent, ou du
« Carême.

« Il n'a pas compris, cet auteur, quelle confirmation
« la foi orthodoxe retire de l'antiquité et de l'universalité
« de nos Liturgies sacrées. Cependant, les Liturgies qui
« dès les premiers siècles de l'Église, même longtemps
« avant saint Grégoire, se lisent dans toute l'Église, sont
« autant de monuments précieux de la tradition qui
« étayent et confirment notre croyance. C'est leur témoi-
« gnage que la foi catholique emploie comme une arme
« contre les novateurs ; cette foi qui est une, perpétuelle
« et universelle. Si donc une église particulière supprime
« ces monuments sacrés, elle dépose les armes qui lui
« servaient à combattre les novateurs, elle les enlève des
« mains des fidèles. Que notre *faiseur* orne, tant qu'il
« voudra, ses Liturgies nouvelles de cantiques élégam-
« ment composés, de textes de l'Écriture sainte ingénieu-
« sement trouvés, habilement adaptés aux fêtes et aux
« solennités ; que sont toutes ces choses ingénieuses et
« élégantes, quelle est leur autorité, si on les compare
« aux formules qui, employées et chantées par tout
« l'univers, depuis quinze siècles au moins, sont pour les
« fidèles un enseignement de la même foi ? Le dernier
« laïque, en quelque lieu du monde que ce soit, prêtant
« l'oreille aux chants qui se font entendre dans l'église

En supprimant les plus précieux monuments de la tradition par ces changements arbitraires des formules liturgiques, l'Église déposerait les armes qui lui servent contre les novateurs.

INSTITUTIONS LITURGIQUES

« qu'il fréquente, connaît, sans aucun effort, qu'en tous
« lieux et toujours, les mêmes mystères et les mêmes
« jours de fête ont été et sont encore célébrés ; que le
« monde entier professe unanimement, et a constamment
« professé par la tradition la plus ancienne, cette même
« foi, ces vérités capitales qui sont exprimées dans les
« Liturgies. Ce qu'on voudrait introduire de nouveau,
« dans une église particulière, au mépris de l'antiquité
« et de l'universalité, ne peut avoir d'autre autorité que
« celle d'un prélat particulier, homme sujet à l'erreur, et
« d'autant plus sujet à erreur qu'il est seul, qu'il introduit
« des choses nouvelles, qu'il méprise l'antiquité et l'uni-
« versalité. Or une chose consacrée par l'usage antique
« et universel, est gardée d'erreur par les promesses
« mêmes de Jésus-Christ, est fondée sur l'autorité même
« de Jésus-Christ, qui assiste toujours son épouse et lui
« garantit la foi par sa propre vérité, et la sagesse du
« gouvernement par sa propre prudence.

Ces innovations portent atteinte à l'union avec le Siége apostolique de laquelle dépend l'unité de la foi.

« Mais voici quelque chose qui n'est pas moins grave.
« Celui qui a introduit tant d'innovations dans sa
« Liturgie, changeant et effaçant des choses qui avaient
« été imitées et empruntées de la Liturgie de l'Église
« romaine, paraît n'avoir pas du tout compris l'intention
« qu'eurent nos pères dans cette imitation de la Liturgie
« romaine. Par honneur pour le premier siége, et pour
« resserrer l'union sainte avec lui, ils crurent en devoir
« adopter les rites, après avoir renoncé à l'antique
« Liturgie nationale. Il est advenu de là que l'ancien rite
« de l'Église gallicane, le mozarabique en Espagne, l'am-
« brosien en Italie, ont presque entièrement péri. Nos
« pères savaient que l'unité dans la vraie foi dépend tota-
« lement de l'union avec le Saint-Siége et avec le vicaire
« de Jésus-Christ et que les églises qui sont d'accord avec
« l'Église romaine, mère et maîtresse de toutes les églises
« et centre commun, sont garanties de toute séduction

« d'erreur et de schisme. Or cette union se forme et
« se conserve par l'usage d'une même Liturgie, et le
« lien entre tant de nations isolées les unes des autres,
« et souvent même en guerre entre elles, paraît tou-
« jours dans l'unité des prières, des fêtes et du culte
« public (1). »

Languet rappelle la sollicitude de Pépin et de Charlemagne pour établir la Liturgie romaine en France, et le
zèle de saint Grégoire VII pour la faire prévaloir en
Espagne; après quoi il ajoute : « Alors, on mettait du
« prix à garder l'unité avec l'Église romaine, et chacun
« concourait avec joie aux moyens de la corroborer en
« toute manière ; car tous sentaient l'utilité et la néces-
« sité de cette union. On ne portait point envie à la supé-
« riorité de cette Église mère; on n'avait pas honte de lui
« être soumis et de lui obéir; que dis-je ? on s'en faisait
« gloire et on sentait que cette obéissance était le moyen
« de maintenir et de fortifier l'unité. On jugeait nécessaire
« de réunir le rameau au tronc, de ramener le ruisseau à
« la source, et comme la gloire et la solidité de l'Église
« consistent dans son unité, on pensait que cette unité
« devait être produite et confirmée par une légitime
« subordination. Ainsi pensèrent nos pères, ceux-là mêmes
« par lesquels la foi est venue jusqu'à nous. Ils ont bien
« d'autres idées, ceux qui aujourd'hui n'ont pas de honte
« d'appeler l'Église romaine *une église étrangère*, et d'af-
« firmer que l'usage des livres liturgiques de cette Église
« n'a été introduit *que par tolérance* dans le diocèse de
« Troyes. Ainsi, sous le voile d'une Liturgie plus élé-
« gante, on cache le mépris de la Liturgie romaine; ainsi
« on affaiblit la sainte et précieuse unité ; ainsi les liens
« qui nous unissaient à la Mère-Église se brisent peu à
« à peu ; ainsi on prépare de loin les peuples à la sépara-

I PARTIE
CHAPITRE XVIII

Le zèle pour la
conservation
de l'unité
avec l'Église
romaine,
commun à toute
l'antiquité,
remplacé par le
mépris de
cette Église.

(1) *Vid.* la Note B.

« tion. De la différence des rites naîtra peut-être le
« mépris, et même la haine qui finit souvent par le
« schisme. Qui ne serait saisi de crainte en considérant
« le schisme des Grecs, et en se rappelant qu'un des
« motifs de cette funeste séparation fut que l'Église
« romaine ne chantait pas *alleluia* durant le Carême : ce
« que les Grecs reprochaient comme un grand crime au
« pontife romain et aux évêques d'Occident (1). »

Le Nouveau Missel de Troyes plus téméraire que les Bréviaires de Quignonez, de Soissons et d'Orléans sévèrement censurés par la Sorbonne au XVIe siècle.

L'archevêque de Sens mentionne ensuite la condamnatton du Bréviaire du cardinal Quignonez, et de ceux de Soissons et d'Orléans, par la Sorbonne, au XVIe siècle, condamnation motivée, ainsi que nous l'avons raconté en son lieu (2), sur la nouveauté et la témérité qui paraissaient dans ces bréviaires, sur le scandale que le peuple ne manquerait pas d'y prendre, sur le schisme que pouvaient amener de semblables innovations ; puis il continue en ces termes : « Tel était le jugement qu'on portait
« autrefois sur les innovations dans la Liturgie, même
« quand elles n'avaient lieu que dans cette partie des
« offices qui, étant plus spécialement entre les mains des
« prêtres, est moins familière aux laïques. Quel jugement
« auraient porté ces graves et très-sages maîtres, s'ils
« eussent découvert des innovations importantes jusque
« dans la célébration de la messe et dans l'administration
« de la communion aux fidèles ? S'ils eussent vu les
« *introït* et les graduels de l'antique missel entièrement
« changés, la vénérable antiquité foulée aux pieds, pour
« mettre en place les idées singulières et les inventions
« d'un particulier (3) ? »

(1) *Vid.* la Note C.
(2) Tome I, chap. xv, pag. 364 et 439.
(3) Tale olim ferebatur judicium de qualibet innovatione circa Liturgiam, etiam in Officiorum parte quæ Sacerdotes spectat præcipue, quæque laïcorum manibus minus teritur. Quid judicassent graves illi et sapientissimi magistri, si majoris momenti innovationes deprehendissent in ipsius Missæ celebratione, et communione fidelibus distribuenda ? Si

Dans un autre mandement sur le Missel de Troyes, l'archevêque discute avec une grande sagacité le prétexte qu'on a mis en avant pour justifier tant d'innovations scandaleuses : « On n'a voulu, dit-on, rien admettre dans « les prières de la messe qui n'ait été emprunté, de mot « à mot, aux saintes Écritures. » « Mais d'abord, répond « Languet, cela est impossible ; autrement, il faudrait « changer toutes les oraisons, de même qu'on a changé « tous les *introït* et tous les graduels. En effet, ces anti-« ques oraisons qui, presque toutes, sont extraites du « Sacramentaire de saint Grégoire, ne sont point compo-« sées de textes de l'Écriture. D'après le même principe, « on devrait aussi changer le *Gloria in excelsis*, le *Credo*, « le *Confiteor*, et nombre d'autres prières consacrées par « leur antiquité. L'auteur du Nouveau Missel n'a pas osé « aller jusque-là ; mais cela seul aurait dû faire compren-« dre la fausseté de cette règle imaginaire qui, n'étant « appuyée sur aucun fondement solide, est tellement « impraticable qu'on est obligé de s'en écarter dans un « grand nombre d'occasions. »

Le principe de n'admettre que des paroles de l'Écriture sainte dans la Liturgie est une règle imaginaire et inapplicable.

« En second lieu, qui a prescrit cette règle ? Est-ce un « concile, ou quelque autre monument de la vénérable « antiquité ? N'est-il pas manifeste, au contraire, que la « plus respectable des prières de l'Église, le Canon de la « messe, n'a pas été tirée des paroles de l'Écriture ? » Le prélat cite ensuite le canon du quatrième concile de Tolède, en 633, que nous avons rapporté ailleurs, et montre combien cette sainte et savante assemblée, présidée par saint Isidore, mettait d'importance à con-server les formules traditionnelles de la Liturgie. Puis il continue ainsi :

Aucun concile, aucun monument de l'antiquité ne l'a formulé.

« En troisième lieu, pourquoi, au nom de cette préten-

vidissent Missalis antiqui Introitus, et Gradualia omnino immutata, atque antiquitatem venerandam conculcatam, ut eis substituerentur singulares ideæ et hominis particularis inventa. (*Ibidem*, page 1255.)

INSTITUTIONS
LITURGIQUES

« due règle, tous les anciens *introït,* graduels, etc., ont-
« ils été changés ? N'est-ce pas de l'Écriture sainte qu'a
« été tirée la plus grande partie des *introït,* des graduels
« et des autres chants de la messe contenus dans l'Anti-
« phonaire de saint Grégoire ? Pourtant on les a rem-
« placés, sous prétexte d'un plus grand bien, et ce bien
« consistait à insérer frauduleusement des nouveautés
« dans le missel.

La tradition, dont les prières antiques de la Liturgie sont le plus précieux monument, est une sorte de parole de Dieu, à laquelle on doit une révérence aussi grande qu'à l'Écriture et qui enseigne comme elle la vérité.

« En quatrième lieu, la tradition n'est-elle donc pas
« aussi une sorte de parole de Dieu, une règle de foi ?
« Mais en quel monument nous apparaît plus sûrement
« et plus efficacement cette sainte tradition, que dans ces
« prières composées dans l'antiquité la plus reculée, em-
« ployées par la coutume la plus universelle, conservées
« dans la plus constante uniformité ? Si ces prières ne
« sont pas formées des propres paroles de l'Écriture,
« les fidèles ne leur doivent-ils pas la même révérence,
« proportion gardée, qu'à l'Écriture sainte ? Il est plu-
« sieurs dogmes de notre foi dont nous ne pouvons
« prendre la connaissance distincte que dans la tradition,
« et il n'y a pas de monuments à la fois plus précis et
« plus sûrs, pour défendre ces dogmes, que les prières
« mêmes de la messe. Trouve-t-on dans les Écritures
« saintes le dogme de la perpétuelle intégrité de la sainte
« Vierge, aussi clairement que dans les prières de l'Église
« et principalement dans ces paroles que nous lisons dans
« les livres liturgiques de saint Grégoire : *Post partum,*
« *virgo, inviolata permansisti.* N'est-ce pas dans la Liturgie
« qu'on trouve la preuve de la tradition de l'Église sur la
« canonicité des livres saints, et sur un grand nombre
« d'autres points ?

Les passages tirés des Écritures par les novateurs cessent d'être la parole de Dieu, par l'usage.

« Au reste, et c'est là notre cinquième observation, ce
« sont le plus souvent les idées d'un esprit individuel qu'on
« a ainsi revêtues de l'apparence de textes de l'Écriture,
« et substituées aux antiques prières. A la vérité, les pa-

« roles sont prises dans l'Écriture sainte ; mais leur *ac-commodation* arbitraire à certaines fêtes, ou aux éloges de certains saints, est une production de l'esprit particulier. » Ici Languet cite en exemple plusieurs de ces fameux contre-sens bibliques que renfermait le Missel de Meaux, et dont regorgent avec tant de fierté nos nouveaux missels et bréviaires, et il reprend ainsi : « Quelque belles et ingénieuses que paraissent ces allusions, elles n'offrent pas le sens naturel des textes de l'Écriture, mais tout simplement le sens de l'auteur qui les a imaginées. Si cet auteur est moderne, sans nom, s'il n'a autorité que dans un seul diocèse, quelle force, quel poids pourra-t-il donner à ces productions de son propre génie ? Les prières de l'ancienne Liturgie, toutes simples et sans ornements qu'elles soient, n'auront-elles pas plus d'autorité, ne seront-elles pas plus utiles, bien qu'elles ne soient pas tirées des Écritures saintes ? »

« Ce n'est pas cependant que nous prétendions condamner ces *accommodations* et ces allusions ; l'exemple des saints Pères est là pour les défendre. Mais nous prétendons que ce n'est pas enrichir l'Église que de supprimer les chants antiques pour substituer en leur place des allusions d'une invention récente ; c'est bien plutôt la scandaliser que d'employer ces *accommodations* au moyen desquelles l'Écriture est détournée à des sens étrangers, quelquefois suspects et dangereux dans la foi. Quelqu'un ignore-t-il que, par le moyen de textes des Écritures mutilés et cités à faux, il n'est pas d'erreur qu'on ne puisse insinuer et même enseigner par les propres paroles de la Bible. Il est inutile de rapporter des exemples : chacun les trouvera aisément dans sa mémoire (1). »

Plus loin, Languet, qualifiant énergiquement la maladie

1) *Vid.* la Note D.

<small>INSTITUTIONS LITURGIQUES</small>

<small>Ces messes nouvelles n'ont ni l'autorité de l'antiquité ni celle de l'universalité.</small>

de son siècle, s'exprime ainsi : « Ces messes moder-
« nes avec leurs allusions bibliques, variées au gré
« de leurs auteurs et suivant la fécondité de leur génie,
« auront-elles le même poids, la même autorité, la même
« utilité que les anciennes ? D'abord, c'est en vain qu'on
« y cherche l'antiquité, puisqu'elles sont le produit d'une
« manie que le siècle où nous vivons a vue naître. En
« vain y cherchera-t-on aussi l'autorité que donne l'uni-
« versalité; puisque cette démangeaison de fabriquer de
« nouvelles messes n'a affecté que la France : c'est chez
« nous seulement qu'elle règne. Que dis-je? dans ce
« même royaume, les divers missels diffèrent les uns des
« autres. Chacun de ces faiseurs de messes nouvelles
« veut donner du sien, et beaucoup moins imiter ce qui
« existe déjà que de surpasser les autres par de plus heu-
« reuses allusions (1). »

<small>Nombreux passages du Missel de Troyes favorables au jansénisme.</small>

Le prélat emploie une partie de ses trois mandements sur le Missel de Troyes, à signaler un grand nombre de passages de l'Écriture qu'on a présentés dans ce livre de manière à leur donner un sens favorable à l'hérésie janséniste. Nous n'insistons pas ici sur ces passages, attendu que le missel de Troyes n'a eu, comme livre, qu'une influence locale; nous préférons proposer à l'attention du lecteur la doctrine de l'Archevêque de Sens, sur les dangers que peut courir l'orthodoxie, du moment qu'il est permis aux hérétiques de populariser à leur gré tous

---

<small>(1) An vero Missæ illæ recentiores cum allusionibus quæ in eis inseruntur, et pro uniuscujusque autoris arbitrio aut ingenii fecunditate variantur, idem pondus, eamdem autoritatem, eamdem utilitatem habebunt ? Primo quidem in illis desiderabitur antiquitas, siquidem fabricatæ sunt novo quodam instinctu quem nascentem vidit hoc seculum. Desiderabitur universalitatis autoritas ; siquidem Gallias solas afflavit hæc novarum missarum fabricandarum prurigo. Solis dominatur in Galliis. Quin etiam hoc ipso in regno unumquodque missale ab aliis discrepat; unusquisque enim novarum missarum artifex vult aliquid dare de suo, minusque quod jam inventum est imitari, quam felicioribus allusionibus alios superare cogitat. (Ibidem, 1396.)</small>

les versets de l'Ecriture qu'ils jugent propres à inculquer leurs sentiments.

Licence très-dangereuse de placer dans les mains des fidèles, sans explication, les textes mêmes dont les hérétiques se sont servis pour soutenir leurs erreurs.

« N'est-ce pas, dit-il, une licence très-dangereuse et
« digne d'être soigneusement réprimée par les premiers
« pasteurs, que de remettre aux mains des fidèles les
« armes mêmes avec lesquelles les novateurs combattent
« les dogmes catholiques ; que d'accoutumer les peuples
« à réciter et à chanter des textes qu'ils ne comprennent
« pas ou qu'ils comprennent mal, et qui peuvent devenir
« une source de disputes, ou peut-être d'erreurs ? L'Église
« s'est-elle donc conduite ainsi jusqu'à présent ? Au temps
« des ariens, eût-on affecté de placer parmi les cantiques
« de la liturgie, cette phrase de l'Évangile : *Pater major*
« *me est ?* Au temps de Bérenger, qui niait la présence
« réelle, eût-on affecté de placer parmi les chants de la
« messe cette sentence de Jésus-Christ dont tous les
« hérétiques sacramentaires ont abusé : *Verba quæ ego*
« *locutus sum vobis spiritus et vita sunt : caro non pro-*
« *dest quidquam* (1) ? On veut justifier cette conduite sus-
« pecte, et toute la justification consiste à expliquer, à
« exposer les témoignages bibliques dont nous reprochons
« l'emploi affecté. A quoi bon ce commentaire ? S'agit-il
« d'expliquer les passages en question ? Il n'est pas de
« théologien qui n'en puisse venir à bout facilement.
« Mais le peuple qui lira ces textes dans la messe, qui

(1) Nonne periculosissimæ et a primis Pastoribus sedulo refrænandæ licentiæ est, permittere fidelium manibus illa arma quibus catholica dogmata a novatoribus impugnantur ; populosque assuefacere recitandis canendisque textibus quos aut nullatenus, aut perperam intelligent, et qui ipsis disputationum ac fortasse errorum seminarium existent ? Itane ergo hactenus se gessit Ecclesia ? Quis Arianorum temporibus affectasset, inter sacræ Liturgiæ Cantica proponere hanc Evangelii sententiam : *Pater major me est ?* Quis Berengarii tempore qui præsentiam realem negabat, affectasset Missæ Canticis intertexere hanc Christi sententiam, quibus omnes hæretici Sacramentarii abusi sunt : *Verba quæ ego locutus sum vobis, spiritus et vita sunt : caro non prodest quidquam ? (Ibidem,* pag. 1373.)

« les chantera, qui les apprendra par cœur, qui bientôt
« peut-être les verra traduits en langue vulgaire, le peuple
« n'aura pas votre commentaire sous les yeux. Ce que
« ces passages renferment d'obscur et de difficile infec-
« tera l'esprit des fidèles de faux principes qui leur sem-
« bleront basés sur ces textes eux-mêmes, et lorsqu'il
« plaira à un novateur d'en abuser, pour répandre et con-
« firmer ses erreurs, il trouvera les peuples déjà préparés
« et disposés à prêter l'oreille et à ajouter foi (1). »

Languet réclame contre le Missel de Troyes les droits de la sainte Vierge Marie.

Nous avons dit que le Missel de Troyes portait aussi atteinte au culte de la sainte Vierge, et que le prélat qui avait publié ce livre s'était empressé de suivre les errements de François de Harlay, dont l'œuvre a droit d'être considérée comme l'initiative de tous ces scandales. Écoutons l'archevêque Languet réclamer contre son suffragant les droits sacrés de la Mère de Dieu : « Dès les premiers
« siècles de l'Église, dit-il, le culte de la Mère de Dieu a
« été du plus grand prix pour le peuple fidèle. On en
« trouve la preuve dans les anciennes Liturgies des di-
« verses églises qui s'accordent toutes sur ce point, et
« concourent à honorer la Mère du Christ. Celui donc
« qui a composé la nouvelle Liturgie a dû, sans doute,
« cultiver avec grand soin tout ce qui a rapport à cette
« dévotion, conformément à l'intention et aux usages de
« la sainte Église; il a dû mettre tous ses soins, non-seu-

---

(1) Respondere igitur conatur, totaque ejus responsio consistit in explicatione atque expositione testimoniorum quorum usus ipsi exprobatur : at quid ad rem facit commentarium hoc ? An igitur de expositione illorum textuum ? Enim vero sine ejus ope textus illos sensu catholico quo intelligi debent facile quisquis exposuisset Theologus. Sed populus qui eos textus in missa leget, qui cantabit, qui ediscet memoriter, qui eos cito fortasse vernaculo sermone redditos videbit, commentarium istud non habebit ob oculos. Quod in eis obscurum est et difficile, fidelium mentes inficiet falsis principiis quæ his textibus stabiliri videntur, et cum novatori libuerit iisdem textibus abuti, quo errores suos spargere ac confirmare possit, populos paratos jam et instructos reperiet, ut ipsi aures fidemque præbeant. (Pag. 1374.)

« lement à la conserver, mais à l'accroître, à la rendre,
« tout à la fois, plus fervente et plus utile. Que s'il s'est
« trouvé à propos de changer quelque chose dans les an-
« ciens cantiques, ce changement, pour être louable, a dû
« se faire au moyen d'additions plutôt que de retranche-
« ments. Celui-là dérogerait à la piété qui tenterait de di-
« minuer les louanges par lesquelles l'Église célèbre la
« maternité de Marie, ou les honneurs dont elle aime à
« l'environner (1). »

Languet parcourt ensuite le Missel de Troyes et signale les diverses innovations qu'il présente, au détriment du culte de la sainte Vierge. Dans ce livre, on n'a pas osé, il est vrai, supprimer les fêtes de la Conception, de la Nativité, de la Présentation, de la Visitation et de l'Assomption de Marie; mais sa Purification et son Annonciation, restreintes désormais à la seule qualité de fêtes de Notre-Seigneur, n'offrent plus dans les prières du Missel que quelques mots de souvenir pour la Mère de Dieu. Le nom de Marie a même été retranché du titre de la fête de l'Annonciation; ce n'est plus que *l'Annonciation du Seigneur.* En vain, l'évêque de Troyes prétend-il que l'archevêque de Sens voudrait qu'on oubliât dans cette fête l'incarnation du Verbe, pour ne parler que de la sainte Vierge. Languet répond avec énergie : « L'arche-
« vêque de Sens n'a d'autre désir que celui que lui inspire
« l'Église universelle : il ne réclame que ce que cette

---

(1) A primis Ecclesiæ seculis cultus beatæ Mariæ Virginis plebi pretiosus fuit et commendabilis. Hujus probatio eruitur ab antiquioribus Liturgiis variarum Ecclesiarum quæ in hoc omnino conveniunt, et ad honorandam Christi matrem concurrunt. Qui novam Liturgiam adornavit, debuit cultum hunc omni observantia colere secundum Ecclesiæ sanctæ intentionem et usum ; curare omni sua opera ut, si fieri potest, non modo servetur, sed et crescat, fiatque devotior et utilior : et si aliquid in antiquis Canticis immutare conveniat, laudabilius forsan fuisset addere aliquid quam aliquid detrahere. Proinde pietati derogat qui et laudes quibus Ecclesia Mariæ Maternitatem Divinam prædicat, et honores quibus illam colere solet, imminuere tentat. (Pag. 1262.)

*« même Église a établi, institué, observé depuis tant de
« siècles. Elle n'oublie point, dans la messe grégorienne,
« ni Jésus-Christ, ni son incarnation; mais elle veut que
« nous honorions la Mère avec le Fils, que nous allions
« au Fils par la Mère, de même que par la Mère le Fils
« est venu à nous. En cela, rien n'est enlevé au Fils,
« puisque ce sont seulement ses dons divins que nous
« honorons dans sa Mère. Était-ce donc à l'Église de
« Troyes de réformer l'Église universelle (1) ? »*

Languet signale successivement les divers attentats du Missel de Troyes contre le culte de la sainte Vierge. On y a changé la messe de la Circoncision qui, dans le Missel romain et les anciens sacramentaires, a pour objet non moins spécial la vénération de la Mère de Dieu. Le Missel de Troyes, dans la messe de la Visitation, parle beaucoup plus de saint Jean-Baptiste que de la sainte Vierge. Les messes de la Conception et de la Nativité sont muettes sur les louanges, et même sur le nom de cette Reine du ciel. Les messes votives *de Beata*, pareillement fabriquées de textes de l'Écriture, taisent profondément les louanges de Marie, célébrées avec tant d'amour et de poésie dans les *introït*, graduels, offertoires, etc., qu'on a supprimés. En faut-il davantage pour convaincre l'auteur du Missel de Troyes d'être entré dans la conspiration formée par un certain parti, contre le culte de la sainte Vierge si exagéré *par ses dévots indiscrets?*

---

(1) Hoc loco respondet autor documenti : Velletne D. Archiepiscopus Senonensis, ita in beata Virgine defixam fuisse compositoris cogitationem, ut Incarnationem Christi omnino oblitus videretur? Nihil aliud vult Archiepiscopus Senonensis quam, quod ipsi inspirat universa Ecclesia, quam quod fecit, quod instituit, quod tot a seculis observavit. Nec illa Christum, nec Incarnationem ejus in Missa Gregoriana obliviscitur ; sed vult ut Matrem una cum Filio honoremus, ut per Matrem eamus ad Filium, quemadmodum per Matrem ad nos venit Filius. Nihil Christo detrahitur, siquidem Divina tantum ejus dona in Maria honorantur. An vero Ecclesiæ Trecensis erat universam Ecclesiam reformare? (Pag. 1383.)

> Venant ensuite aux atteintes portées dans le Missel à l'autorité du Siége apostolique, l'archevêque de Sens déplore que dans un diocèse dont la cathédrale est sous l'invocation du Prince des apôtres, il se soit rencontré un évêque qui ait retranché dans les messes de la Chaire de saint Pierre, de la fête même de ce grand apôtre, les versets populaires et grégoriens : *Tu es Petrus et super hanc petram*, etc.; *Quodcumque ligaveris*, etc.; *Petre, diligis me*, etc., pour les remplacer par des passages de l'Écriture qui ne peuvent avoir qu'un sens accommodatice, et cela sous le prétexte affecté que ces paroles se trouvent déjà dans l'évangile de la fête. « Cependant, dit Languet,
> « saint Grégoire et les autres souverains pontifes ont jugé
> « que ces textes déjà récités dans l'évangile du jour devaient
> « encore en être extraits pour être mis en chant et pro-
> « posés au peuple de cette seconde manière, afin qu'ils se
> « gravassent plus avant dans sa mémoire. Que dans
> « l'évangile même ils aient un caractère plus authentique,
> « j'en conviens ; mais on les retiendra moins, si on ne les
> « voit que là. Au contraire, ils seront plus souvent dans
> « la bouche et dans le souvenir des fidèles, quand les
> « fidèles auront appris à les répéter parmi les chants de
> « la messe. Tel était le but de saint Grégoire, but approuvé
> « par l'Église universelle, qui pendant douze siècles a
> « observé cet usage, et l'observe encore aujourd'hui en
> « tous lieux (1).
>
> « Les fidèles du diocèse de Troyes trouveront-ils main-

Atteintes portées par le Nouveau Missel à l'autorité du Siége apostolique.

---

(1) Sed dicimus S. Gregorium aliosque summos Pontifices judicasse eos in evangelio jam recitatos in quo continebantur, ex eo mutuandos esse ut inter cantica populis proponerentur, et sic in eorum animis altius defigerentur. Magis authentici sunt in evangelio. Esto sane. At minus memoria tenebuntur, cum hic duntaxat reperientur ; sed frequentius in fidelium ore ac memoria versabuntur, cum fideles eos in canticis missæ canere ac repetere didicerint. Hoc erat quod volebat S. Gregorius, quod universa probavit Ecclesia, quod duodecim a seculis constanter observavit, et etiamnum ubique observat. (Pag. 1381.)

INSTITUTIONS LITURGIQUES.

Les textes de l'évangile contenant les promesses de N. S. Jésus-Christ à saint Pierre, remplacés par des passages de l'Écriture, qui ne peuvent pas servir aux fidèles d'armes contre les hérétiques.

« tenant dans les versets qu'on a si ingénieusement accom-
« modés à la louange du Prince des apôtres, y trouve-
« ront-ils des armes toujours prêtes pour combattre les
« hérétiques qui chercheront à les séparer de la chaire
« d'unité? Ils les trouveraient, ces armes, dans les textes
« supprimés dans les nouvelles messes, et principalement
« dans cette sentence : *Tu es Petrus et super hanc petram
« ædificabo Ecclesiam meam.* Pourra-t-on réfuter avec
« avantage et solidité un hérétique, quand, à la place de
« ce témoignage, on lui opposera en faveur du Siége
« apostolique, ce texte d'Isaïe dont on a formé l'*introït* de
« la fête de saint Pierre : *Vocabo servum meum et dabo
« ei clavem David*, et le reste; toutes choses qui s'en-
« tendent de Jésus-Christ et n'ont d'autre rapport à saint
« Pierre que celui d'un sens accommodatice, produit d'un
« génie tout humain (1).

Omission de l'oraison pour le souverain Pontife aux messes fériales.

« C'est dans le même esprit et avec une perfidie sembla-
« ble, dit ailleurs le courageux prélat, qu'on a omis aux
« messes fériales d'indiquer l'oraison d'usage pour le
« souverain Pontife. Elle est marquée au Missel romain,
« comme troisième oraison, dans les endroits convenables.
« Ce missel a aussi une messe *pro eligendo Pontifice,
« sede Romana vacante*, et cette messe se trouvait pareil-
« lement dans l'ancien Missel de Troyes. A peine ren-
« contre-t-on dans le nouveau une oraison pour le Pape,
« à savoir, parmi les oraisons communes, à la fin du

---

(1) Et sane num populus in eis versiculis ingeniose accommodatis Apostolorum principi, semper parata tela reperiet quibus debellare possit hæreticos qui eum a Cathedra unitatis divellere conarentur? Quod reperiret in illis textibus qui novis in missis neglecti sunt, ac præsertim in hac sentencia : *Tu es Petrus, et super hanc petram ædificabo Ecclesiam meam.* Nunquid belle et solide revincetur hæreticus, cum ei in hujus testimonii locum, pro Sede apostolica opponetur Isaïæ textus unde formatus est Introïtus festi S. Petri : *Vocabo servum meum, et dabo ei clavem David;* et cætera quæ ad litteram de Jesu Christo intelliguntur, et ad S. Petrum non pertinent, nisi ope accommodationis quæ humani fœtus est ingenii ? (*Ibid.* pag. 1382.)

« missel. De pareilles nouveautés serviront-elles beau-
« coup à la piété des fidèles et à l'édification des
« peuples (1) ? »

Après avoir relaté tous les scandales du Missel de Troyes, l'archevêque de Sens terminait ainsi son premier mandement : « A quoi aboutiront de pareilles nouveautés ?
« quel en sera le fruit ? C'est en tremblant pour vous,
« Nos très-chers Frères, et pour l'Église, que Nous osons
« envisager l'avenir. Déjà, parmi vous, un grand nombre
« méprise les décrets du Saint-Siége ; il est des gens qui
« vous apprennent à gémir sur les erreurs du souverain
« Pontife, et sur les ténèbres qui couvrent l'Église univer-
« selle. On nous dénonce comme livré à l'erreur le Siége
« apostolique, centre nécessaire de la communion catho-
« lique ; on vous prêche que les évêques qui concourent
« avec lui pour la publication de ses décrets s'écartent de
« la foi et la trahissent. Certes, ce n'est pas sans horreur
« que Nous avons appris par nos yeux que les livres
« liturgiques de l'Église romaine sont appelés chez vous
« des livres *étrangers*, comme si l'Église mère pouvait être
« réputée *étrangère* pour quelqu'un des chrétiens ; comme
« si le trône où siége le Père commun des fidèles pouvait
« être réputé *étranger* pour quelqu'un des enfants de son
« immense famille.

« Mais c'est en vain que Nous voulons rappeler à des
« Fils qui ignorent ou repoussent leur Père commun,
« ces célèbres promesses par lesquelles Jésus-Christ s'est
« engagé au corps des premiers Pasteurs, lui promettant

Ces nouveautés aboutissent à donner le mépris de l'autorité et des décrets du Saint-Siége.

Oubli complet et funeste des promesses de Notre-Seigneur à celui qu'il a établi Prince des pasteurs.

---

(1) Eodem animo et sane doloso omissa fuit in missis pro feriis indicari solita oratio pro summo Pontifice. Hæc indicatur in missali Romano pro oratione tertia ubi opus est. Ibidem legitur missa pro eligendo Pontifice, sede Romana vacante : hæc legebatur in antiquo missali Trecensi. Vix in novo reperitur alicubi una oratio pro summo Pontifice, in collectione scilicet orationum ad calcem Missalis. Numquid novitates illæ ad pietatem fidelium et ad populorum ædificationem possunt conferre ? (*Ibid.* pag. 1261.)

« de l'assister dans son enseignement, *tous les jours, jus-*
« *qu'à la consommation des siècles* ; c'est-à-dire, sans
« interruption et sans fin. C'est en vain que nous cher-
« chons à exciter la confiance des fidèles envers cette Église
« qui est la mère des autres, parce qu'elle les a enfantées ;
« leur maîtresse, parce qu'elle les instruit. C'est en vain
« que nous leur alléguons ce passage de l'Évangile, dans
« lequel Jésus-Christ atteste *qu'il a prié pour Pierre afin*
« *que sa foi ne défaille point,* et le précepte donné au
« même apôtre *de confirmer ses frères.* Ces paroles
« sacrées qui ont été dans tous les siècles le principe
« d'une humble et tendre confiance de la part des fidèles
« pour leurs pasteurs, et principalement pour le premier
« et le prince d'entre eux ; ces vérités ne sont plus de mise,
« et c'est à peine si on les entend. Chacun s'en tient à ses
« préjugés, et se prescrit à soi-même sa foi et sa règle
« de foi. Pendant ce temps-là, au sein même de cette
« confusion d'opinions et de disputes, on vient vous pré-
« senter des singularités, des nouveautés dans le culte
« extérieur ; singularités qui tendent à la division, et la
« rendent sensible et palpable dans les formes du service
« divin ; singularités qui offensent la piété d'un grand
« nombre de fidèles, excitent leur indignation et ouvriront
« quelque jour la porte du schisme.

« Vous isolant ainsi de l'Église mère, et vous détour-
« nant à la fois de sa Liturgie et de ses décrets, où pré-
« tendent-ils vous entraîner, ces nouveaux chefs ? Les
« protestants qui vivent encore au milieu de nous applau-
« dissent à ces nouveautés ; ils espèrent que ceux qui déjà
« professent des dogmes condamnés par l'Église et voisins
« des erreurs calvinistes se joindront bientôt à leur commu-
« nion, au moyen des changements introduits dans l'exté-
« rieur du culte. Déjà, plus d'une fois, ils ont déclaré n'avoir
« point d'autres principes, ni d'autres dogmes que les
« jansénistes sur la grâce, la liberté, le mérite des bonnes

« œuvres, la prédestination, la réprobation et les devoirs
« de la charité. Qu'arrivera-t-il, si déjà rapprochés de
« ces hérétiques par les dogmes, ils s'en rapprochent
« encore par le mépris du Saint-Siége et par les change-
« ments dans le culte extérieur ? Si, comme les protes-
« tants, ils se constituent arbitres de leur foi, soumettant
« à leur examen privé les jugements du souverain Pontife
« et des évêques, les confrontant, d'après leur propre
« lumière, avec l'Écriture et avec les prières d'une Liturgie
« nouvelle (1) ? »

I PARTIE CHAPITRE XVIII

Ainsi ce grand évêque appréciait dans toute leur étendue et signalait sans faiblesse les périls de l'orthodoxie au milieu des embûches tendues par les nouvelles liturgies ; ainsi il en dénonçait les auteurs et les intentions. Il terminait son mandement par une sentence juridique contre le Missel de Troyes, qu'il s'abstenait néanmoins, disait-il, de proscrire, par égard pour la personne de l'évêque dont ce livre portait en tête le nom, et défendait sous peine de suspense à tous les prêtres de sa juridiction d'employer les rites nouveaux du Missel de Troyes dans la célébration des saints mystères, ou même de réciter les nouvelles messes que ce livre renfermait. Le mandement et la sentence portaient la date du 20 avril 1737.

Sentence juridique de Languet contre le Missel.

Languet, avant d'effectuer la publication de son mandement, l'avait soumis à plusieurs de ses collègues dans l'épiscopat. Il en reçut les adhésions les plus expressives, et en particulier de Pierre de Tencin, archevêque d'Embrun, depuis cardinal ; de Charles de Saint-Albin, archevêque de Cambrai ; de Jean-Baptiste de Brancas, archevêque d'Aix ; de François Madot, évêque de Châlon-sur-Saône ; de Jacques-Charles-Alexandre L'Allemand, évêque de Séez, et de Hardouin de Châlons, évêque de Lescar. Nous citerons, en particulier, la lettre de l'arche-

Plusieurs archevêques et évêques adhèrent au mandement de Languet.

(1) *Vid.* la Note E.

vêque de Cambrai, dans laquelle ce digne successeur de Fénelon, en exprimant ses sympathies à Languet, atteste, non moins clairement que lui, l'existence et la nature d'une conspiration janséniste contre l'orthodoxie, au moyen des innovations liturgiques. Voici cette lettre précieuse, écrite sous la date du 15 avril 1737 :

« Monseigneur, je vous retourne votre mandement
« contre le Nouveau Missel de Troyes. J'ai lu cet ouvrage
« avec l'attention que méritait la matière, avec l'avidité
« que j'éprouve pour toutes les productions de votre
« plume. Cet ouvrage m'a plu infiniment ; car non-
« seulement il prouve, mais il démontre jusqu'à l'évidence
« que ce missel est rempli tout entier de nouveautés
« condamnables. Vos savantes recherches sur les anti-
« quités ecclésiastiques ont rendu manifeste que l'auteur
« de ce missel, sous le faux prétexte de rétablir l'antiquité,
« a abandonné et même cherché à abolir l'usage constant
« de l'Église dans la célébration des divins offices. Pour
« ce qui est du dogme catholique, vous avez dévoilé les
« artifices dont l'auteur s'est servi dans le choix, la dis-
« tribution, le rapprochement des textes de l'Écriture,
« dans un sens contraire à celui qui est reçu, et à la
« doctrine de l'Église, afin de favoriser par là les erreurs
« des novateurs de ce siècle. Le zèle qui vous anime à la
« défense de la foi, et qui, dans toutes les occasions,
« brille dans vos écrits, me semble digne de tous les
« éloges.

« Il n'est pas d'art, ni d'entreprise, qu'on emploie
« aujourd'hui pour attaquer notre sainte religion ; mais
« il n'est pas pour cet effet de moyen plus efficace que
« celui qu'a employé l'auteur du Nouveau Missel ; il n'en
« est pas de plus dangereux. Jusqu'à présent, c'est-à-dire
« depuis un siècle entier, les novateurs, méprisant l'Église
« mère et maîtresse, ont cherché à se faire des disciples,
« par leurs déclamations contre le Saint-Siége, contre les

« souverains Pontifes qui y président, contre les évêques
« unis à leur chef ; mais ils étaient en trop petit nombre
« et trop faibles pour tenter quelque chose de plus hardi.
« Dans le secret, ils préparaient les moyens d'opposer,
« dans la sainte Église, l'autel de Baal à l'autel de Jésus-
« Christ. Maintenant leur dessein éclate au grand jour
« et reçoit un commencement d'exécution. Déjà, contrai-
« rement aux lois de l'Église, au mandement de l'arche-
« vêque, ils se sont mis à honorer, à Paris, un nouveau
« saint de leur secte. Ils ont fait des miracles pour appuyer
« la sainteté d'un homme qui, à leur rapport, est mort
« dans la révolte contre le Saint-Siége. Enfin, pour
« accroître le petit troupeau des élus, ils ont fait prophé-
« tiser à des femmes fanatiques, au milieu de leurs con-
« vulsions, que les juifs sont sur le point de se convertir
« et de s'adjoindre à eux ; tandis que, dans le but de
« s'isoler de l'assemblée profane des catholiques, ils ima-
« ginent un culte nouveau, de nouveaux rites, des céré-
« monies nouvelles, au mépris des rites de l'Église romaine
« qu'ils ne craignent pas d'appeler *rites étrangers*. Ainsi,
« le peuple illettré qui, jusqu'ici, était garanti d'erreur
« par la simplicité de sa foi et par l'ignorance des disputes
« sera entraîné au parti des novateurs per ces innovations
« dans la Liturgie, et bientôt, à l'occasion d'un culte
« particulier, il ne craindra pas de prendre une nouvelle
« religion. C'est là ce qui nous oblige d'être attentifs et
« vigilants à l'égard de toutes les entreprises des nova-
« teurs. Et plût à Dieu qu'il s'agît ici de vaines ter-
« reurs ! etc. (1). »

Le mandement de l'archevêque de Sens porta coup. L'évêque de Troyes, blessé au vif, emprunta pour se défendre la plume d'un des plus zélés écrivains de la secte, un de ceux qui avaient travaillé au Missel. Nicolas Petit-

Vid. la Note F.

pied, docteur de Sorbonne, fameux par son exil dans l'affaire du *Cas de conscience*, par plusieurs mandements qu'il avait déjà fabriqués sous le nom de divers évêques favorables au jansénisme (1), mais surtout par les innovations liturgiques qu'il avait implantées dans la paroisse d'Asnières, près Paris, ainsi que nous le raconterons tout à l'heure, composa, dans le style le plus violent, trois mandements au nom de l'évêque de Troyes, sous la date du 8 septembre 1737, 28 du même mois et 1er mai 1738. L'archevêque de Sens répliqua aux *factums* de son suffragant ; plusieurs traits de cette controverse sont d'un trop haut intérêt, à notre point de vue, pour que nous les passions sous silence.

L'évêque de Troyes s'était défendu sur les chefs d'accusation élevés par Languet, et, dans sa défense, il n'avait fait pour l'ordinaire que soutenir avec audace les principes de son missel et leurs applications ; son adversaire répondit en fortifiant par de nouveaux arguments la doctrine orthodoxe dont nous avons présenté une analyse au lecteur. Voici d'autres assertions de l'évêque de Troyes qui survinrent, dans la chaleur de la dispute. Il se retrancha tout d'abord sur ce principe, que *les évêques jouissent du droit de disposer les offices et de régler les cérémonies et les rites, dans leur diocèse, de l'avis et du consentement du clergé* (2).

A cette grave sentence, l'archevêque de Sens répliqua : « Il est vrai que les évêques ont un droit incontestable « sur les rites et les cérémonies de leur diocèse, mais ce « droit est-il donc sans limites ? n'est-il soumis à aucune « mesure, à aucune règle ? Ce qu'un usage antique et

---

(1) Picot. *Mémoires pour l'Histoire ecclésiastique du XVIIIe siècle*, tome IV, pag. 207.

(2) Episcopi jure gaudent ac fruuntur officia disponendi, et ordinandi cæremonias ac ritus in sua diœcesi, ex cleri sententia atque consensu. (Pag. 1276.)

« universel, ce que la coutume de toute l'Église a approuvé,
« et, pour ainsi dire, consacré et prescrit, sera-t-il laissé
« à l'arbitraire de chaque évêque ? Chaque évêque pourra-
« t-il, à sa volonté, le changer dans son diocèse ? Pourra-
« t-il, par exemple, changer les prières du Canon de la
« messe, ou supprimer une partie considérable des offices
« publics, faire chanter vêpres le matin, et la messe à
« huit heures du soir ? Pourra-t-il abolir la loi de com-
« munier sous une seule espèce, ou celle qui prescrit
« d'être à jeun pour approcher de la sainte table ; faire
« que l'on puisse communier après souper, comme au
« temps de saint Paul ? Quel que soit, et si grand que
« soit le pouvoir d'un évêque dans son diocèse, ces usages
« sont de telle nature par leur antiquité et leur univer-
« salité, qu'ils nous semblent supérieurs à l'autorité de
« tout évêque. Or, parmi ces usages, il en est qui appar-
« tiennent à la classe des rites et des cérémonies. Main-
« tenant, si ces rites, ces cérémonies, à raison de leur
« antiquité et de leur universalité, sont au-dessus du
« pouvoir d'un évêque particulier, comment d'autres
« rites et cérémonies confirmés par une égale antiquité
« et universalité, ne seront-ils pas également sacrés et
« inviolables ?

« Et quand bien même on accorderait qu'un évêque a
« ce pouvoir, il faudrait du moins avouer que l'usage en
« devrait être tempéré par la prudence : *Omnia mihi licent*,
« disait l'apôtre, *sed non omnia expediunt*. Si un évêque,
« pour faire éclater à la fois son pouvoir et son zèle pour
« la vénérable antiquité, osait supprimer à la messe
« l'hymne angélique *Gloria in excelsis*, et le symbole ; à
« matines, l'hymne *Te Deum laudamus* ; à vêpres, le can-
« tique *Magnificat*, n'abuserait-il pas de son autorité ?
« Assurément, celui-là n'outre-passerait pas moins les
« limites de son pouvoir, et, qui plus est, de la prudence,
« qui détruirait des rites d'un usage universel, supprime-

« rait des choses dont le but est d'exciter la piété, et en
« place des prières usitées, en substituerait d'autres dont
« le sens rappellerait en quelque chose le génie des
« erreurs présentes (1). »

L'évêque de Troyes, pour asseoir son droit sur les changements dans la Liturgie, avait voulu s'appuyer sur un canon du concile de Sens, en 1528, qui prescrivait aux évêques *de corriger et réformer les bréviaires et les missels.* « Rien de plus sage que cette ordonnance, lui
« répond Languet ; la prudence doit en effet faire dispa-
« raître les abus que la licence ou l'ignorance ont intro-
« duits. Mais le concile pouvait-il supposer qu'il arrive-
« rait un jour que des choses appuyées sur l'usage le plus
« ancien et le plus universel seraient assimilées, à Troyes,
« *aux choses superflues et disconvenantes à la dignité de*
« *l'Église* (2) que le concile enjoint d'abolir ? L'intention
« du concile a-t-elle donc été que chaque évêque, sous
« prétexte d'agir plus sagement que l'Église universelle,
« dût bouleverser toutes les parties de la messe, violer
« par des nouveautés suspectes l'uniformité de la Liturgie,
« consacrée par la coutume ancienne et constante durant
« tant de siècles ? Le concile eût-il rendu cette loi, s'il eût
« prévu qu'un jour à venir, sous couleur de la réforme
« qu'il prescrivait, on en viendrait jusqu'à substituer à ces
« anciens cantiques qui remontent à l'antiquité la plus
« reculée, des textes de l'Écriture sainte mutilés, altérés,
« détournés à des sens étrangers, au grand détriment de la
« saine doctrine (3) ? »

---

(1) *Vid.* la Note G.

(2) *Superflua, aut non satis pro Ecclesiæ dignitate convenientia.* Ce sont les paroles du concile. Le lecteur se rappellera qu'elles avaient aussi servi de prétexte aux innovations de François de Harlay.

(3) Nihil ea lege sapientius, et prudentia resecare debet quæ licentia invexit, vel ignorantia. Num vero Concilium suspicari potuit eventurum esse quondam, ut quæ usu antiquissimo et universalissimo stabiliuntur, ea Trecis recenserentur inter *superflua, aut non satis pro*

Forcé dans ses retranchements, et convaincu d'attentat contre l'unité liturgique, l'évêque de Troyes avait osé soutenir, dans sa réplique, que *l'unité dans les offices divins n'avait jamais été dans l'intention de l'Église.* Écoutons l'archevêque de Sens réfuter avec sa science et son éloquence ordinaires, cette scandaleuse assertion que, plus d'une fois, nous avons nous-même entendue de nos oreilles : « Rien ne rendait le Nouveau Missel plus suspect
« que le changement affecté de presque tous les *introït,*
« les graduels et autres pièces qui depuis tant de siècles
« se chantent dans toute l'Église, aux messes solennelles.
« Connaissait-il bien l'antiquité, l'auteur du nouveau
« mandement ? Connaissait-il bien le véritable esprit de la
« sainte Église, quand, voulant défendre ce changement
« universel des cantiques de la messe, il ne craignait pas
« d'affirmer que *l'uniformité des offices divins n'a jamais*
« *été dans l'intention de l'Église ?* Le père Mabillon con-
« naissait bien autrement l'antiquité, quand il établissait
« un axiome diamétralement opposé à ce nouveau prin-
« cipe, que l'embarras d'une cause perdue a arraché à
« l'auteur du mandement. En effet, ce savant homme,
« parlant du changement arrivé sous Charlemagne dans
« la Liturgie gallicane, quand la France presque tout
« entière la quitta pour embrasser la romaine, expose
« ainsi les causes de ce changement : *Hæc semper fuerunt*
« *summorum Pontificum ardentissima studia, ut Ro-*

Ecclesiæ dignitate convenientia, quæ Synodus aboleri præcipit ? Num Synodi mens fuit ut unusquisque Episcopus, sub specie sapientius agendi quam universa Ecclesia, omnes missæ partes perturbaret, suspectisque novitatibus violaret uniformitatem Liturgiæ prisca constantique tot seculorum consuetudine consecratam ? Num legem hanc sancivisset, si fore prævidisset, quod aliquando sub obtentu præscriptæ reformationis, veteribus canticis remotissima antiquitate venerandis substituerentur sacræ Scripturæ textus mutilati, depravati, ad sensus alienos detorti, unde sana doctrina plurimum detrimenti caperet ? (Pag. 1329.)

Languet réfute par l'autorité de Mabillon l'évêque de Troyes, qui affirmait que l'unité liturgique n'avait jamais été dans l'intention de l'Église.

« *manæ ecclesiæ ritus aliis ecclesiis approbarent, ac
« persuaderent ; rati, id quod res erat, eas facilius in
« una fidei morumque concordia, atque in ecclesiæ Ro-
« manæ obsequio perstituras, si eisdem cæremoniis
« eademque sacrorum forma continerentur* (1). Le docte
« religieux n'avance point gratuitement son sentiment ; il
« l'appuie sur les plus graves autorités. »

Languet cite un nouveau passage de D. Mabillon, dans lequel le bénédictin rappelle la lettre de saint Innocent Ier à Decentius, évêque d'Eugubium, et les divers conciles des ve, vi[e], viie siècles, qui ont porté des canons pour préparer l'unité liturgique : après quoi il ajoute :

« L'auteur du mandement ignore ces choses, ou il les
« méprise. Cet homme fait peu de cas de cette concorde,
« de cette conformité avec le Saint-Siége dont nos pères
« se sont montrés si jaloux, et qui vient de recevoir tant
« d'atteintes dans le diocèse de Troyes. Pour donner
« quelque autorité au changement qu'on y a fait de
« presque toutes les pièces de chant que l'Église mère
« emploie dans la célébration des saints mystères, il ose
« attribuer à l'Église universelle un sentiment dont la
« fausseté est montrée par tant de monuments, affirmant
« avec audace que *ce n'a jamais été l'intention de l'Église
« de prescrire l'uniformité dans les offices divins.* Cette
« uniformité, l'Église l'a gardée tant qu'elle l'a pu ; de là
« est venu cet admirable accord que l'on remarque sur les
« prières du canon qui sont presque les mêmes dans
« toutes les églises, malgré leur nombre et leur diversité.
« Cette uniformité, l'Église s'en est approchée le plus
« qu'elle l'a pu ; quand elle n'a pu y parvenir, elle l'a
« désirée ardemment ; elle témoigne de ce désir dans les
« monuments les plus sacrés ; certes, elle s'est bien donné

---

(1) *De Liturgia Gallicana.* Præfat. n° 2.

« de garde de la détruire dans les points sur lesquels elle « la voyait établie.

« C'est en vain que l'auteur du mandement observe « que cette uniformité est empêchée par les différentes « Liturgies, et que chaque église a certains usages qui « lui sont propres et particuliers. Nous verrons bientôt « dans le cardinal Bona, que cet auteur cite très-infidèle-« ment, que cette variété est venue, en grande partie, de « la téméraire licence de certains évêques qui, abondant « dans leur sens, ont préféré leur sentiment individuel et « les productions de leur génie particulier, aux coutumes « gardées avec utilité dans les autres églises, et qui se « sont mis peu en peine de suivre les coutumes de cette « église principale qui, pour son excellente dignité, est « pour toutes les églises une maîtresse qui les enseigne, « une mère qui les a engendrées (1). »

Cette uniformité n'est pas empêchée par les variétés que l'on remarque dans les usages de certaines églises.

Nous avons suffisamment fait connaître l'importante discussion de l'archevêque de Sens et de l'évêque de Troyes ; le lecteur a pu voir quelle supériorité de raison, quelle orthodoxie de principes caractérise la doctrine de Languet. Mais nous manquerions à l'impartialité nécessaire à tout historien, et nous n'aurions pas mis dans tout son jour la fausse position où se trouvait, au XVIIIe siècle, l'Église gallicane, par rapport à la Liturgie, si nous ne faisions pas connaître le seul instant de cette grande controverse dans lequel Languet se trouve, à notre avis, battu par son adversaire.

L'évêque de Troyes profite contre son métropolitain de la fausse position où celui-ci se trouvait par suite de l'introduction dans son Église d'un bréviaire remanié d'après les nouveaux principes.

En effet, l'évêque de Troyes, pressant son métropolitain par un argument *ad hominem*, avait dit : « On ne « doit pas moins conserver la tradition dans les bré-« viaires que dans les missels. Cependant, que de choses « ont été changées dans le Bréviaire de Sens (2) ! » A cela, l'archevêque répond : « Ce n'est pas seulement le

Languet cherche à éluder cet argument en soutenant que des changements sont plus fâcheux dans le missel que dans le bréviaire à cause des fidèles.

(1) *Vid.* la Note H.
(2) *Deuxième Instruction Pastorale de l'Évêque de Troyes.* Pag. 6.

« Bréviaire de Sens qu'il fallait nous objecter, mais encore
« ceux de plusieurs autres églises du royaume. Sans
« prendre la peine de peser les avantages et les incon-
« vénients de ces nouveaux bréviaires, sans prétendre
« attaquer la conduite de nos frères dans l'épiscopat, il
« nous suffira, pour résoudre l'objection, d'observer qu'il
« en est autrement des bréviaires que des missels. Le bré-
« viaire est destiné principalement aux prêtres et aux
« pasteurs; ce livre ne doit pas seulement les édifier, mais
« les instruire. C'est peut-être la raison pour laquelle
« plusieurs évêques ont cru qu'en composant un bréviaire
« formé des seules paroles de l'Écriture, les prêtres, au
« moyen de l'office qu'ils récitent chaque jour, devien-
« draient plus habiles dans la science des livres saints. En
« effet, le prêtre doit apprendre la doctrine de l'Église et
« la tradition autrement que par son bréviaire; il
« n'éprouve pas le besoin, comme le peuple, d'avoir entre
« les mains tous les monuments que renferment les prières
« de l'Église. En outre, le peuple ne récite pas d'ordinaire
« l'office divin, et sans qu'il en puisse souffrir, on peut
« changer les prières des matines et des heures du jour.
« Le peuple, au contraire, assiste à la messe avec assi-
« duité; les uns la chantent, les autres la lisent tous les
« dimanches : c'est ainsi qu'ils gardent dans leur mémoire
« des vérités qu'ils ont apprises dès l'enfance, et qu'ils
« trouvent exposées et expliquées dans la messe du jour.
« Ces vérités, le peuple les croit avec une ferme confiance,
« parce qu'il sait qu'en tous lieux on les chante dans les
« mêmes cantiques, qu'on les a chantées dans tous les
« temps. Le peuple du diocèse de Troyes lira-t-il main-
« tenant avec la même confiance et la même sécurité des
« messes qu'il saura n'être pas récitées dans d'autres
« lieux (1) ? »

(1) Hic vero non solum breviarium Senonense objicere debebat, sed etiam aliarum hujus Regni Ecclesiarum nova breviaria. Verum ut

LANGUET DÉFENSEUR DE LA TRADITION 175

Nous oserons pourtant observer à l'illustre archevêque que si la tradition est l'élément principal de la Liturgie, elle doit être autant ménagée dans le bréviaire que dans le missel ; que les confessions de foi consignées par saint Grégoire, ou même ses prédécesseurs, dans les répons et les antiennes, sont d'une égale autorité, d'une utilité pareille contre les sectaires, que celles que nous avons dans les *introït*, les graduels et les offertoires ; que si les passages de l'Écriture choisis par des particuliers sont dangereux, sans autorité, dans les missels, ils ne le sont pas moins dans les bréviaires ; que le désir de transformer le bréviaire d'un diocèse particulier en un livre d'études sacerdotales ne justifie pas l'inconvénient d'altérer par là l'uniformité liturgique que l'on vient de démontrer conforme au vœu de l'Église ; que toute opération tendant à isoler les prières privées du prêtre d'avec celles du reste

I PARTIE
CHAPITRE XVIII

Faiblesse de ces raisonnements.

recentium illorum breviariorum utilitates et incommoda ponderare omittamus, nec attentemus fratrum nostrorum Episcoporum agendi rationem in ea re condemnare, ad solvendam objectionem quæ ex novis breviariis eruitur, sufficit observare, longe aliter judicari posse de breviariis quam de missalibus. Breviarium presbyteris præsertim ac pastoribus destinatur, et eos non tantum ædificare debet, sed etiam edocere, hac fortasse de causa multi episcopi fore crediderunt ut, si ipsis elaborarent breviarium quod ex solis Scripturæ textibus componerentur, in scientia SS. Librorum peritiores evaderent ope Officii quod singulis diebus recitant. Aliter enim ac per breviarium suum, doctrinam Ecclesiæ scire debet presbyter, traditionemque cognoscere quam per breviarii sui usum : nec indiget, æque ac populus, ut habeat præ manibus cuncta illa monumenta quæ nobis in Ecclesiæ precibus exhibentur. Præterea populus divinum Officium vulgo non recitat, et sine ullo populi incommodo verba et preces horarum nocturnarum et diurnarum mutari possunt. Missæ autem populus assistit assidue ; alii eam cantant, alii singulis diebus dominicis illam legunt ; sicque in memoriam suam revocant veritates quas a pueritia didicerunt, et in missa diei expositas et explicatas vident. Veritates illas firma fiducia credit populus, quas scit ipsas in omnibus locis omnibusque temporibus in iisdem canticis fuisse decantatas ; eademne fiducia, eademne securitate in diœcesi Trecensi a populo legentur missæ quas sciet nullo alio in loco recitari ? (Pag. 1334.)

de l'Église, est contraire au but des heures canoniales et a été réprouvée dans le Bréviaire de Quignonez ; qu'il n'est pas exact de dire que l'on peut impunément changer les prières des heures, pourvu qu'on laisse au peuple celles de la messe, puisque le peuple assiste et chante aux vêpres, tous les dimanches, aux Petites Heures fréquemment, et quelquefois même à matines ; qu'enfin, les changements introduits dans ces offices vraiment populaires, en révélant aux fidèles des variations dans le culte divin, leur feront la même impression fâcheuse que les altérations ou substitutions de prières dans le missel.

Tout ceci est d'une évidence si matérielle, que l'on ne s'expliquerait pas l'inconséquence dans laquelle l'évêque de Troyes a entraîné son adversaire, si l'on ne réfléchissait à la fausse position dans laquelle se trouvait Languet. Le Missel de Sens était encore le Missel romain à très-peu de choses près ; le bréviaire avait été réformé à la moderne, depuis quelques années. Languet était innocent de ces changements, mais il hésitait à les blâmer et se jetait à les justifier à tout hasard. Toutefois, il souffrait de cette fausse position, témoin ces paroles que nous trouvons plus loin : « Si cependant, dans un nouveau bréviaire, « quelqu'un affectait de composer des antiennes avec les « textes obscurs de l'Écriture dans lesquels les hérétiques « vont puiser les objections que les théologiens réfutent, « l'artisan d'un tel bréviaire ne mériterait-il pas d'être « repris ? *Et, dans ce royaume, combien de bréviaires,* « SANS EN EXCEPTER LE NÔTRE, *dans lesquels cette misérable* « *affectation s'est glissée* (1) ! » Languet pouvait-il réprouver plus fortement les nouveaux bréviaires ? ne don-

---

(1) Si tamen in novo breviario affectaret aliquis antiphonas componere obscuris Scripturæ textibus, unde hæretici depromunt objectiones quas theologi diluunt (quam multa autem in hoc regno breviaria, *ne excepto quidem nostro,* in quæ misera hæc irrepsit affectatio !), nonne breviarii illius artifex jure posset reprehendi ? (Pag. 1376.)

nait-il pas gain de cause à son adversaire? Nous le plaindrons donc; mais sa faiblesse contre un abus dont il gémissait et qu'il condamnait si sévèrement, ne donnera que plus de poids à sa doctrine liturgique, en la montrant plus désintéressée. Reprenons l'histoire du Missel de Troyes.

A la fin de son troisième mandement, l'archevêque de Sens renouvelait les prohibitions qu'on avait lues à la fin du premier. L'évêque de Troyes, de son côté, avait défendu la lecture des mandements de son métropolitain. Au milieu de cette anarchie, la cause avait été saisie, non par le primat, non par le Siége apostolique, mais par le roi, dont nous avons vu ailleurs les officiers proclamer les droits sur la Liturgie. Telles étaient les libertés de l'Église gallicane.

L'affaire du Missel de Troyes saisie par le roi.

Cependant, le Chapitre de la cathédrale de Troyes, dont dix-sept membres, sur vingt-deux présents (1), avaient déféré le Nouveau Missel au métropolitain, n'était point demeuré inébranlable dans sa courageuse résolution. A la suite d'un de ses mandements, l'évêque avait pu produire devant le public l'adhésion de vingt-deux membres de ce corps à son missel, et leur désaveu de la démarche qui avait amené l'intervention de l'archevêque de Sens dans cette affaire. Languet donne l'explication de cette variation dans une lettre à son frère, le fameux curé de Saint-Sulpice. On avait employé les menaces et les caresses pour porter plusieurs des membres à se désister de leur appel; d'autres, d'ailleurs, moitié par conscience, moitié par intérêt, s'étaient retranchés dans le silence. De plus, les chanoines commensaux de l'évêque s'étaient adjoints aux signataires de l'acte de rétractation de l'appel; en sorte que le nombre des dix-sept réclamants était tombé à douze qui supportaient toutes les conséquences

Une partie des chanoines de Troyes accepte le Nouveau Missel et rétracte son appel au métropolitain

(1 Le Chapitre de Troyes était composé de trente-sept chanoines.

de leur généreuse résistance, au moment où Languet écrivait à son frère la lettre dont nous parlons (1). Nous devons faire connaître dans cette histoire liturgique les noms de ces vénérables champions de la tradition de l'Église sur le culte divin. Nous les trouvons à la fin d'une adresse à leur métropolitain, dans laquelle ils protestent contre l'irrégularité des choses qui s'étaient passées dans la rétractation de l'appel. Cette pièce, qui est du 29 juin 1738, porte les signatures suivantes : J. Coullemier, Berthelin, Labrun, Jaillant, Angenoust, de la Rivey, Collis, Breyer, Faudrillon, H. Langlois, de la Chasse, et Doé.

La cour ordonne à l'évêque de Troyes de rétracter plusieurs dispositions de son missel.

Dieu ne permit pas que la courageuse résistance de ces dignes prêtres demeurât absolument sans effet. Quelques mois après, il intervint un ordre de la cour à l'évêque de Troyes, lui enjoignant de rétracter par acte public plusieurs des dispositions de son missel, et bientôt, sous la date du 15 octobre 1738, on vit paraître un mandement du Prélat, dont le dispositif était conçu en ces termes :

Mandement du prélat conforme à ces injonctions.

« A ces causes, et après avoir fait toutes les considérations qu'exigeait la matière ; à l'effet de montrer l'équité

(1) Variis artibus usum est ut partim terrerentur, partim allicerentur plurimi ex canonicis, ut a prima sententia desciscerent. Quidam ut conscientiæ simul et utilitati suæ consulerent, timidi silentii partes amplexi sunt. Prævaluere tandem novitatis amatores, quorum vires ac numerum auxerant Præsulis ministri ac convictores, ceu, ut aiunt, commensales ; qui ubi agitur de rebus ad Episcopum pertinentibus, juxta usum Capituli, jus dicendæ sententiæ nullum habent. Remanent nihilominus duodecim qui generose defendunt tum privilegia Capituli, tum ritus Ecclesiæ suæ antiquitate consecratos et quas inducere tentat Episcopus scandalosas novitates aversantur. Digna aureis Ecclesiæ temporibus magnitudine animi obtulerunt se omnibus molestiis ac vexationibus quas canonicis potest afferre Præsulis, collegarumque [suorum infensus animus, cujus habetur specimen in stylo quo erga Metropolitanum utuntur. (Languet. *Epist. ad D. Parochum S. Sulpitii Parisiorum.* Opp., tom. II, pag. 1412.)

« et la sincérité qui président à nos délibérations; désirant
« conserver la paix et abolir les dissensions qui sont une
« source de contention et non d'édification ; expliquant par
« les présentes les rubriques de notre missel et voulant
« suppléer à ce qui leur manque, nous statuons et ordon-
« nons ce qui suit :

« 1° Les mots *submissiori voce* employés dans lesdites
« rubriques, devront être entendus dans le sens des mots
« *submissa voce* et *secreto* employés dans les autres missels.
« Nous défendons à tout prêtre de notre diocèse de pro-
« noncer à voix haute et intelligible les paroles du
« Canon de la Messe et les oraisons appelées *secrètes*.

« 2° Nous enjoignons à tous les prêtres qui célèbrent
« des messes chantées, de lire et réciter en particulier
« l'*introït*, le *Kyrie eleison*, le *Gloria in excelsis*, l'épître,
« le graduel, l'évangile, le *Credo*, et les autres parties de
« la Messe qui se chantent au chœur.

« 3° Nous ajoutons à la rubrique qui prescrit le mode
« de distribuer la communion aux fidèles, l'injonction
« expresse de réciter le *Confiteor* et les autres prières
« d'usage avant la communion ; ce qui devra être inviola-
« blement observé dans tout le diocèse, même pour la
« communion qui se donne *intra Missam*.

« *Quæ pacis sunt sectemur, ea quæ ædificationis sunt*
« *in invicem custodiamus* (Rom. XIV). Sera notre pré-
« sent mandement lu et publié à la grand'messe, dans
« toutes les paroisses de notre diocèse; et afin que notre
« volonté soit connue de tous ceux qui célébreront la
« messe dans notre diocèse, nous ordonnons que ce
« dispositif de notre mandement soit imprimé à part
« et placé en tête de chaque exemplaire de notre
« missel (1). »

L'évêque de Troyes publia ce mandement de Paris, où

---

(1) J.-J. Languet *Oper.*, tom. II, pag. 1415.

Défense de réciter le canon de la Messe à haute voix.

Injonction aux prêtres de lire les parties de la messe qui se chantent au chœur, et les prières d'usage avant de distribuer la communion aux fidèles.

<aside>INSTITUTIONS LITURGIQUES

L'évêque de Troyes ne rétracte pas la rubrique relative à la suppression de la croix et des chandeliers sur les autels.

Aucun désaveu n'est demandé à l'évêque relativement aux messes nouvelles, introduites dans son missel en supprimant les anciennes.</aside>

il s'était rendu pour accommoder l'affaire. On doit remarquer dans cette honnête rétractation, outre l'injonction royale qui en fut la cause, que l'évêque de Troyes ne révoque pas la scandaleuse rubrique de son missel qui tend à transformer l'autel du sacrifice catholique en une simple table, par la suppression des chandeliers et de la croix; il est vrai que cette rubrique semble être plutôt directive que préceptive. Ce fut sans doute l'excuse que fit valoir son auteur pour échapper sur ce point à la rétractation.

Mais ce qui est plus grave, à raison des conséquences, c'est qu'il ne fut demandé à l'évêque aucun désaveu sur le changement des messes signalé par Languet, œuvre de séparation, insulte à la tradition dont on avait repoussé les saintes et graves formules, pour les remplacer par des phrases de l'Écriture sainte produites arbitrairement, ou dans un but hérétique. Deux raisons empêchèrent d'apercevoir toute la gravité de cette manœuvre. La première est qu'on se préoccupa trop des modifications que le Missel de Troyes établissait dans les cérémonies, parce qu'elles étaient de nature à choquer plus gravement les yeux et les oreilles du peuple, tandis qu'on ne voyait pas la même importance à la substitution d'un *introït*, ou d'un graduel. La seconde raison, c'est qu'on n'eût pu sévir sous ce prétexte contre le Missel de Troyes, sans condamner un grand nombre de prélats français qui, depuis François de Harlay jusqu'en 1738, avaient déjà remanié toute la Liturgie, suivant le même système. Cependant tout le danger était là; Languet et l'archevêque de Cambrai l'avaient signalé; nous entendrons bientôt d'autres voix rares, mais courageuses, s'unir à celles de ces deux grands prélats; mais ces voix se perdirent au milieu du fracas d'applaudissements qui accueillit, dans la plus grande partie de la France, les nouvelles théories liturgiques. Qu'importait de veiller avec tant de soin à la conservation de certaines cérémonies extérieures, quand l'âme de toute la Liturgie, la tradition, l'unité, l'antiquité, l'autorité des formules saintes s'éteignaient ; car si le fond de la Liturgie est le sentiment religieux, sa forme première est et doit être la *parole*, et si le *geste* accompagne la parole, il ne la supplée qu'imparfaitement.

La longue et instructive histoire du Missel de Troyes a causé dans notre récit une inversion chronologique que nous allons réparer maintenant. L'ordre des temps eût exigé que nous racontassions d'abord l'apparition de l'ouvrage de dom Claude de Vert, intitulé : *Explication simple, littérale et historique des cérémonies de la Messe*, et du système trop fameux sur lequel repose ce livre tout entier. Le désir de réunir les divers faits qui ont rapport au complot janséniste pour la récitation du Canon à haute voix, nous a engagé à réunir dans notre récit l'histoire du Missel de Troyes à celle du Missel de Meaux ; maintenant que nous en avons fini sur cette matière, nous allons faire connaître la nouvelle atteinte portée à la Liturgie par le célèbre promoteur et rédacteur du Bréviaire de Cluny.

C'est un principe dans toute religion que les cérémonies renferment un supplément aux formules du culte ; la religion chrétienne elle-même, qui fonde ses moyens de salut pour le peuple fidèle sur les sacrements, proclame la nécessité, l'importance des rites sacrés, comme divinement institués, renfermant la grâce qu'ils signifient. Elle voit dans la matière et la forme de ces sacrements des circonstances extérieures, non choisies arbitrairement et dans un but de commodité, mais imposées immédiatement dans le but de signifier et d'opérer tout à la fois. Dire que l'origine du baptême n'est autre que le besoin de se laver le corps par motif de propreté, ce serait tout à la fois dire une impiété et mentir à l'histoire de l'institution de ce premier des sacrements.

Néanmoins, ainsi que nous l'avons raconté ailleurs (1), rien n'a été plus violemment poursuivi par la secte antiliturgiste que ce symbolisme chrétien qui donne une valeur mystique à un geste, à un objet matériel, qui spiritualise la création visible et accomplit si magnifiquement le but de l'Incarnation, exprimé d'une manière sublime dans cette admirable phrase liturgique : *Ut dùm visibiliter Deum cognoscimus, per hunc in invisibilium amorem rapiamur* (2). Quand l'hérésie a pu agir directement, elle a écrasé le symbolisme : témoin les iconoclastes, témoin Luther et plus encore Calvin, qui, détruisant tous les sacramentaux et même les sacrements, à l'exception d'un seul, ont placé le protestantisme, nous ne dirons pas au-dessous du judaïsme qui avait ses symboles divins quoique muets, mais au-dessous du gentilisme, qui renfermait et renferme encore tant de traits empruntés à la divine religion des patriarches.

Nous avons déjà remarqué cent fois que toutes les manœuvres que l'hérésie opère hors de l'Église, se répètent sur une échelle moins vaste, mais avec une diabolique intelligence, au sein du peuple fidèle, au moyen des influences de la secte antiliturgiste qui s'est montrée de nos jours sous la forme du jansénisme. Rappelons-nous encore une fois que la secte ne nie jamais formellement le dogme qu'elle déteste ; son succès, son existence même dépendent de sa discrétion. Elle doit garder un point de contact avec l'orthodoxie, en même temps qu'elle s'entend, par-dessous terre, avec l'hérésie.

Or il était facile de prévoir que le même mouvement qui avait produit le renversement de la tradition dans les Missels et Bréviaires de Paris, de Cluny, de Troyes, qui avait failli corrompre le Canon de la messe dans le Missel de Meaux, qui poussait à la traduction de la Bible et des

---

(1) Chap. xiv, pag. 400.
(2) Préface de Noël, au Missel romain.

livres liturgiques en langue vulgaire, qui portait un grand nombre de prêtres à violer le secret des mystères dans la célébration de la messe, tendrait, dans cette |universelle *sécularisation* de la Liturgie, à matérialiser les cérémonies dont l'antique mysticisme se trouvait en contradiction trop flagrante avec tout cet ensemble de *naturalisme*. Déjà, chez les Français, peuple frivole, le protestantisme, préludant aux sarcasmes de la philosophie du xviiie siècle, avait déversé le ridicule sur un grand nombre de cérémonies, et, certes, on peut dire que ce n'avait pas été sans succès. La seule comparaison des rituels du xvie siècle avec ceux de nos diocèses d'aujourd'hui, nous montre assez combien de pieux et vénérables rites pratiquaient nos pères qui sont aujourd'hui tellement oubliés, que c'est presque de la science que de savoir les rappeler.

<small>inévitablement à matérialiser les cérémonies du culte, dont la frivolité française avait déjà ridiculisé un grand nombre.</small>

Généralement, nos docteurs se placèrent trop exclusivement sur la défensive vis-à-vis de la prétendue Réforme ; ils amoindrissaient le dogme, ils élaguaient du culte tout ce qui leur semblait difficile à défendre au point de vue de leurs adversaires. Ils voulaient ne pas choquer, contenter même, s'il eût été possible, la *raison* des protestants ; ils leur accordaient la victoire en petit, convenant ainsi tacitement que la Réforme avait eu certains griefs contre l'Église qui avait péché par exagération. Tactique imprudente que les succès n'ont jamais justifiée. Quels sont, par exemple, les protestants que la déclaration de 1682 ait réconciliés avec le Siége apostolique, réduit désormais aux proportions d'autorité qu'il plaisait aux Français de lui laisser ? Ne sait-on pas que les protestants de Hollande adressèrent des félicitations aux évêques de l'assemblée, de ce qu'enfin ils se rapprochaient d'eux ? Ne sait-on pas que la généralité des protestants convertis en notre siècle (et notre siècle est celui qui a vu le plus grand nombre d'abjurations), ne veut point connaître d'autre interprète

<small>Tendance des docteurs français à amoindrir le dogme et la liturgie pour contenter les protestants, malgré l'inutilité de ces concessions dangereuses.</small>

des prérogatives du Siége apostolique que le Siége apostolique lui-même ?

Le XVIIᵉ siècle avait fini dans cet esprit de tolérance que le XVIIIᵉ ne devait pas démentir. La réforme profitait, ainsi que de raison, de ces avances maladroites, et vers 1690, un célèbre ministre calviniste, Jurieu, écrivait *qu'un savant homme de l'Église romaine, chanoine* (1) *de Cluny, préparait un ouvrage qui ferait tomber les Durands, les Biels, les Innocents et leurs disciples, qui ont écrit touchant les mystères de la messe; et qu'il prouverait que toutes ces cérémonies sont sans mystères, et qu'elles ont été instituées uniquement par des raisons de commodité, ou par occasion* (2). Ce savant homme était dom Claude de Vert ; c'est notre trésorier de Cluny qui s'était ainsi chargé de *naturaliser* les cérémonies de la messe, et cette nouvelle avait fait tressaillir dans sa grotesque Pathmos le fanatique prophète du calvinisme.

Dom de Vert, dans un voyage qu'il avait fait à Rome, vers 1662, et dans lequel il fut témoin de la pompe des cérémonies qui se pratiquent dans cette capitale du monde chrétien, loin d'en goûter les mystères, conçut dès lors l'idée d'un ouvrage dans lequel, dédaignant d'expliquer les symboles de la Liturgie par des raisons *mystiques,* comme l'avait fait jusqu'alors toute la tradition des liturgistes de l'Église d'Orient et de celle d'Occident, il en rechercherait seulement les raisons *physiques*, à l'aide desquelles il se promettait de rendre raison de tout. Le projet de cet ouvrage, déjà fort avancé en 1690, avait percé dans le public, et la nouvelle en était parvenue jusqu'à Jurieu. D. de Vert ayant eu connaissance de l'assertion du ministre, en fut embarrassé et résolut de lui répondre sur-le-champ, sans attendre la publication de

---

(1) C'est *moine* qu'il voulait dire.
(2) Jurieu cité par D. de Vert, dans sa Lettre à ce Ministre, page 1.

son grand ouvrage. Il adressa à Jurieu une *Lettre sur les cérémonies de la messe*, qui parut à Paris, en 1690, et dans laquelle il avait pour but de détruire la mauvaise impression que les paroles du ministre auraient pu laisser contre lui dans le public, et de réfuter plusieurs sarcasmes de ce calviniste contre les rites du plus sacré et du plus profond de nos mystères.

Dom de Vert commence donc par protester de son respect pour les interprètes mystiques des cérémonies de l'Église, dont il révère, dit-il, jusqu'aux moindres explications ; mais il soutient que chaque cérémonie de l'Église a son histoire et ses raisons d'institution. « Je ne vois
« pas même, continue-t-il, pourquoi on ne pourrait pas
« dire que, comme le Saint-Esprit a dans l'intention tous
« les différents sens catholiques dont l'Écriture est capable,
« de même l'Église peut, *dans l'usage de ses cérémonies,*
« *outre les raisons d'institution,* avoir encore en vue les
« différents sens spirituels que les Pères et les auteurs
« mystiques donnent communément à ces cérémonies, et
« se proposer en cela d'aider par des choses sensibles la
« piété des fidèles, et relever même la majesté de ses
« divins offices. On ne détruit pas pour cela les raisons
« d'institution, qui sont comme le sens de la lettre au
« contraire, on le suppose, *puisque c'est dans la lettre*
« *même que se rencontre l'analogie et le fondement de ces*
« *rapports et de ces allégories.* Ce n'est point une sous-
« traction de ce sens, mais une addition à ce sens. *Pour-*
« *quoi donc rejeter ces sens spirituels et mystiques, quand*
« *ils ne ruinent point celui de la lettre, quand on les con-*
« *tient dans de justes bornes, qu'on ne les donne que pour*
« *ce qu'ils sont, c'est-à-dire pour des pensées pieuses et*
« *édifiantes, et des idées arbitraires, si vous voulez, mais*
« *où on ne laisse pas de trouver de quoi s'instruire et se*
« *nourrir ; qu'enfin, on établit et on suppose la lettre*
« *comme le fondement de tout ?* On voit, par exemple, un

Théorie de dom Claude de Vert sur les sens mystiques des cérémonies de l'Église, qui sont à ses yeux des pensées édifiantes, mais arbitraires.

« ruisseau couler, qui empêche qu'à l'occasion de ce ruis-
« seau qui coule, on ne s'applique à considérer la fragilité
« des choses humaines, et qu'on ne fasse attention que
« nos années s'écoulent sans retour comme ces eaux ?
« Cette idée ne se présente-t-elle pas d'elle-même à
« l'esprit ? Et cette pensée si nécessaire et si utile, n'est-
« elle pas fondée sur des rapports très-justes de cet effet
« physique avec ce qu'il nous représente ? Enfin l'Écriture
« ne fait-elle pas elle-même la comparaison de l'un à
« l'autre ? *Il n'y a donc qu'à en demeurer là; et pourvu
« qu'on convienne de la cause naturelle de cet effet, qu'on
« ne la perde point de vue, qu'on la suppose, qu'on la
« regarde comme une pure cause occasionnelle de nos
« réflexions qui les renferme par un simple rapport allé-
« gorique; et qu'enfin on n'aille pas jusques à dire que ces
« eaux ne coulent que pour nous représenter et nous faire
« envisager cette fragilité; tout est bon, et il est permis
« d'en tirer toute l'instruction qu'on pourra* (1). »

Cette théorie injurieuse à l'Église, qui, moins habile que la synagogue, n'aurait pas su ou n'aurait pas voulu enseigner les fidèles par les formes extérieures.

On peut dire que ces quelques lignes contiennent toute la doctrine de Dom de Vert, doctrine d'autant plus dangereuse qu'elle paraît plus innocente, au premier abord. Ainsi, l'Église, *instituant* les cérémonies, n'a point eu pour but l'instruction et l'édification des fidèles ; les raisons mystiques ne sont admissibles que dans l'*usage* de ces cérémonies et comme par surabondance. Ces raisons mystiques *ne doivent pas être rejetées,* quoique *arbitraires* en elles-mêmes ; mais l'essentiel est d'avoir dans l'esprit *la cause naturelle* de chaque rite sacré, et de se garder bien *d'aller jusqu'à dire que ces rites ne sont accomplis que pour nous représenter des pensées morales ou mystiques.* Voilà donc, encore une fois, l'Église ravalée au-dessous du judaïsme, et convaincue de ne pas savoir, ou de ne pas vouloir enseigner les fidèles par les formes

(1) Pages 3 et suiv.

extérieures qui, cependant, ont été, de tout temps, si puissantes pour opérer l'initiation aux mystères.

<small>Fausseté de la comparaison sur laquelle elle est appuyée.</small>

La comparaison tirée du ruisseau dont l'aspect rappelle des pensées graves est bien maladroite. D'abord, il est incontestable pour tout être raisonnable, éclairé des lumières de la révélation, que ce monde visible n'est qu'une forme du monde invisible, et que chaque partie de la nature sensible a reçu la mission de nous introduire à la connaissance d'un rayon des perfections divines. L'Écriture, en cent endroits, nous révèle cette vérité, et les saints Pères, les théologiens, dans l'explication de l'œuvre des six jours, et dans tout leur enseignement en général, n'ont cessé de nous l'inculquer. Nous dirons donc à dom de Vert : Oui, ce ruisseau a été créé par l'auteur de toutes choses à l'intention expresse de fournir à l'homme une occasion de s'élever, par son simple aspect, aux choses célestes. Si le firmament, par ordre de Dieu, raconte à l'homme la gloire du Créateur, pourquoi le cours d'un ruisseau ne serait-il pas aussi, par ordre de Dieu, une leçon pour l'homme de se défier des moments qui passent et ne reviennent plus, et de s'élever vers la seule chose qui dure ? Or l'Église est en possession de la divine Sagesse ; pourquoi agirait-elle matériellement dans l'institution de ses cérémonies, sans avoir la force d'agir à la fois matériellement et spirituellement ? Pourquoi ses institutions ne seraient-elles vivifiées par l'Esprit que *dans un acte second*, qui leur laisserait toute l'imperfection d'une conception grossière et charnelle ?

Mais ce n'est point ici que nous devons traiter de la symbolique en matière de Liturgie ; une des divisions de cet ouvrage est exclusivement consacrée à ce magnifique objet. Nous arrêterons donc ici ces considérations qui ne perdent rien de leur force par les minces objections de détail que D. de Vert et ses partisans voudraient y opposer, et nous reprendrons le fil de notre histoire.

Dans sa préface, D. de Vert exprime la plus grande confiance de voir son système accélérer le retour des protestants à la foi de l'Église, par ce motif que désormais les cérémonies leur paraîtront sans mystères. C'est par une raison du même genre que le clergé de France, peu d'années après avoir sollicité d'Alexandre VII une condamnation solennelle de la traduction du missel par de Voisin, répandit lui-même de nombreux exemplaires du Canon de la messe traduit littéralement en français, entre les mains des nouveaux catholiques. Sans doute, il faut reconnaître dans de telles mesures une intention du zèle pastoral ; mais la contradiction n'y est pas moins palpable. Au reste, si les huguenots du XVIIe siècle ne revenaient à la vraie Église que lorsqu'on avait pu les convaincre que les formes du culte catholique étaient sans mystères, aujourd'hui, les protestants d'Angleterre et ceux de l'Amérique du Nord y rentrent par une autre voie. Les lettres des missionnaires nous répètent sans cesse, ainsi que nous l'avons rappelé ailleurs, que rien n'est plus efficace pour ramener ces victimes de l'erreur, que de leur faire comprendre l'esprit qui vivifie chacune des actions du prêtre catholique, qui anime des détails en apparence les plus matériels du culte. Que conclure de cette différence, sinon que les nouveaux convertis du XVIIe et du XVIIIe siècle, tout en abjurant le rationalisme de la réforme, en voulaient retrouver encore quelque trace dans les mœurs de la nouvelle société qui les recevait, tandis que, dans notre temps, les âmes fatiguées de la sécheresse du protestantisme viennent, avides de foi et d'amour, demander à l'Église qu'elle veuille bien les initier aux secrets du monde invisible, caché sous les harmonies du monde extérieur ?

La *Lettre* de D. Claude de Vert à Jurieu obtint un grand succès dans l'école à laquelle appartenait ce personnage (1). Outre l'approbation de Henri-Félix de Tassy, évêque de Châlon-sur-Saône, elle est décorée de celles de plusieurs docteurs de Paris, parmi lesquels on remarque sans étonnement Lamet, curé de Saint-Eustache, l'un des commissaires du Bréviaire de François de Harlay ; Hideux, curé des Saints-Innocents, le même qui donna, en 1695, son approbation au livre du sieur Baillet *sur la dévotion à la sainte Vierge*, dont Bayle a dit *qu'il était écrit aussi raisonnablement qu'une personne de sa profession le puisse faire* ; Ellies Dupin, que l'on a toujours trouvé disposé à se mettre en avant dans toutes les occasions scandaleuses ; Phelippeaux, grand vicaire de Bossuet, si connu par sa violence contre la personne de Fénelon dans l'affaire du Quiétisme, etc. Il est remarquable, au reste, que l'approbation donnée à la *Lettre* de D. de Vert, à l'évêché de Meaux, ne porte point la signature de Bossuet. Il semble qu'il ait craint de se compromettre par une sympathie trop éclatante. Cette approbation est signée simplement de l'abbé Phelippeaux, dont nous venons de parler, et d'un chanoine de la cathédrale. Néanmoins, on sait que Bossuet portait une estime toute particulière à D. Claude de Vert, et qu'il l'encouragea dans la composition de son grand ouvrage sur les cérémonies. « Feu M. Bossuet, évêque de Meaux, dit D. de « Vert (et chacun sait quelle idée de savoir, d'éloquence, « de beauté de génie et de zèle pour l'Église, ce seul nom « nous présente), m'a souvent fait l'honneur de me presser « de vive voix et par écrit, d'expliquer et de développer

Malgré ses prudentes précautions, Bossuet compromis à cause de son estime particulière pour l'auteur.

---

(1) Nous ne pensons pas faire tort à D. de Vert en le comptant au nombre des jansénistes. Ses relations personnelles, ses œuvres, ses systèmes, tout trahit ses doctrines. Voici comme il s'exprime dans la préface du premier tome de son trop fameux ouvrage sur l'abbé de Saint-Cyran, Barcos, hérétique non moins déclaré que son oncle Duvergier de Hauranne : « Cet auteur, profond théologien d'ailleurs et très-versé « dans la science de l'Église, était en même temps grand spirituel et « grand mystique. »

« toute cette matière à fond; jusqu'à désirer que je lui
« fisse part de mes vues et de mes recherches. Ce que
« j'exécutai quelque temps avant sa mort, en deux ou trois
« conférences qu'il voulut bien m'accorder, et dans les-
« quelles il eut la bonté de se prêter tout entier à moi,
« me faisant ses objections, me donnant ses avis et me
« communiquant ses lumières sur les endroits les plus
« difficiles et les plus délicats. Et je me souviendrai tou-
« jours qu'il m'exhorta à ne point m'élever contre les au-
« teurs mystiques, ni contre leurs raisons; disant qu'il
« n'y avait qu'à poser les faits et les bien établir, et
« qu'aussitôt la vérité se ferait sentir d'elle-même (1). »

Jugement sévère de Mabillon sur dom Claude de Vert.

Au reste, si dom de Vert sut mériter des approbations semblables, il n'obtint pas du moins celle de l'illustre père Mabillon. « Lorsque M. de Vert vint me voir la première
« fois, dit dom Martène, dans une lettre au P. Le
« Brun (2), le P. Mabillon vint lui-même m'avertir qu'il
« me demandait, et m'avertit en même temps que c'était
« un homme hardi et qu'il fallait lui résister; qu'il savait
« quelque chose; mais qu'il n'était pas si savant qu'on
« s'imaginait. »

Le trésorier de Cluny publie en 1706 et 1707 son Explication des cérémonies de l'Église.

L'ouvrage tant désiré parut enfin dans les premières années du XVIIIe siècle. Les deux premiers volumes virent le jour en 1706 et 1707, sous ce titre : *Explication simple, littérale et historique des cérémonies de l'Église.* Les deux derniers tomes ne furent imprimés qu'en 1713, après la mort de l'auteur. On ne peut nier que l'ouvrage, quoique rédigé sans ordre et sans goût, ne renfermât une foule d'observations curieuses et n'annonçât dans son auteur une rare érudition; mais on doit convenir que le scandale y était porté à son comble par l'audace et le cynisme des interprétations. Le lecteur en jugera tout à l'heure.

(1) *Explication des cérémonies de l'Église*, tom. I, Préface, pag. v.
(2) *Explication de la Messe*, XVe Dissertation, tom. IV, pag. 351.

Les principes étaient les mêmes que nous venons de signaler dans la *Lettre à Jurieu*; mais du moins, dans cette *Lettre*, D. de Vert gardait encore quelque mesure. Il ne dissimulait plus rien dans son grand ouvrage. On prétendit même qu'il avait attendu la mort de Bossuet pour publier le premier volume, parce qu'il craignait que ce grand évêque, tout en partageant ses théories, ne trouvât qu'il avait outre-passé les bornes légitimes dans les applications.

Cet ouvrage plus hardi que la Lettre à Jurieu, *matérialise tout ce qu'il y a de plus élevé dans les rites sacrés.*

Quoi qu'il en soit, D. de Vert s'en allait interprétant avec son système tout l'ensemble de la Liturgie, et matérialisant par les vues les plus ignobles tout ce qu'il y a de plus spirituel et de plus relevé dans les rites du catholicisme. S'agissait-il, par exemple, d'expliquer l'usage de l'encens à l'autel, D. de Vert n'attribuait cette institution qu'à la nécessité de corriger l'insalubrité de l'air dans les assemblées souterraines de la primitive Église. Préoccupé de sa découverte, il oubliait l'encens du tabernacle mosaïque, du temple de Jérusalem, l'encens que toutes les religions ont brûlé devant la Divinité en signe de prière et d'adoration, et non pour corriger l'air corrompu des temples. Cette seule assertion suffirait sans doute pour caractériser l'ouvrage de D. de Vert. Nous irons plus loin, et nous dévoilerons sans pitié les turpitudes dans lesquelles l'amour du naturalisme dans les choses sacrées peut faire descendre une âme d'ailleurs honnête et religieuse à sa manière.

Le besoin de chasser les mauvaises odeurs, unique raison de l'emploi de l'encens dans la primitive Église, selon D. de Vert.

Nous dirons donc qu'aux yeux du trésorier de Cluny, « l'immersion du baptême prend son origine dans la cou- « tume de laver les enfants, au moment de leur naissance, « pour des raisons physiques; que les vues spirituelles et « symboliques de saint Paul, qui ont pour objet de repré- « senter l'ensevelissement du fidèle avec Jésus-Christ « comme signifié par l'immersion, ne sont point la cause « et le principe de cette immersion, ne paraissant point

La coutume de laver les enfants nouveau-nés, origine de l'immersion du baptême, d'après le même auteur.

« qu'elles soient en effet entrées dans le dessein de son ins-
« titution ; mais c'est au contraire l'immersion qui a donné
« lieu à ces idées (1). »

Si le chrétien baptisé reçoit l'onction du chrême en sortant de l'eau, D. de Vert nous dit que « cette onction
« n'était point une pratique particulière à l'Église. On sait
« que chez toutes les nations, surtout parmi les Juifs et
« les Orientaux, comme après s'être lavé et baigné, l'eau
« dessèche et ride la peau, on avait soin de frotter d'huile
« les parties qui avaient été mouillées, d'où vient que
« l'onction est presque toujours jointe aux bains dans
« l'Écriture. C'est pour ce sujet que les femmes en plusieurs
« lieux, après avoir fait la lessive, se frottent aussitôt les
« mains et les bras d'huile, pour empêcher, disent-elles,
« que la peau ne se ride (2). »

Tout le monde sait que les nouveaux baptisés étaient, pendant huit jours, revêtus de robes blanches, et qu'il est resté encore un vestige de cet usage dans les rites actuels du baptême. Voici, suivant D. de Vert, l'origine présumée de ce rite : « Il y a quelque apparence que le linge dont
« on s'enveloppait pour s'essuyer, se tourna bientôt en
« un vrai vêtement blanc (3). » Le cierge qu'on mettait et qu'on met encore dans la main du baptisé, « ne servait
« d'abord, selon toutes les apparences, qu'à éclairer les
« néophytes pour aller des fonts à l'autel (4). » Le cierge pascal lui-même n'a été établi que pour éclairer physiquement, et, « si on l'ôte enfin tout à fait à l'Ascension, c'est
« qu'il ne peut pas toujours durer, et que le mot *assump-*
« *tus,* par où finit l'évangile de ce jour, détermine à
« *enlever* alors cette lumière et à la retirer (5). »

---

(1) Tome II, page xvj.
(2) *Ibid.*, p. 386.
(3) *Ibid.*, p. 379.
(4) *Ibid.*, p. 399.
(5) *Ibid.*, p. 34.

Dom de Vert veut-il expliquer la cérémonie de l'onction dans la consécration d'un évêque, il fait dériver les formes rituelles les plus graves de la nécessité de mettre les gestes d'accord avec les paroles. « A l'endroit de ces mots :
« *Comple in sacerdote tuo ministerii tui summam et*
« *ornamentis totius glorificationis instructum, cœlestis*
« *unguenti rore sanctifica,* on fait à l'évêque élu des
« onctions sur la tête....... C'est-à-dire, suivant notre
« système et notre idée, que pour rendre encore plus
« sensible et plus palpable la signification du mot *unguenti,*
« et l'exprimer par l'action même, on aura fait *une onction*
« à l'évêque ; et on la lui aura faite *à la tête,* à l'occasion
« de ces autres paroles : *Hoc copiose in caput ejus*
« *influat.* A ces autres paroles : *Unguentum in capite quod*
« *descendit in barbam,* etc., on lui a oint les mains, vraisemblablement à cause du mot *descendit* qui aura
« déterminé à faire *descendre* et *découler* sur les mains
« l'huile d'abord répandue sur la tête (1). »

Les formes rituelles les plus importantes dans la consécration des évêques dérivent, au jugement de D. de Vert, de la nécessité de mettre les gestes d'accord avec les paroles.

Les rites sacramentels de l'extrême-onction sont soumis au même système d'explication rationaliste. « Comme en
« priant pour les malades, dit D. de Vert, on demandait
« toujours de l'adoucissement à leurs maux, aussi ne manquait-on guère d'employer en même temps des *lénitifs,*
« et *d'adoucir* en effet les parties malades par des *onctions*
« *d'huiles;* ce qui provenait de l'ancienne tradition des
« Juifs, qui souvent aussi joignaient les actions aux
« paroles. Bien plus, les prières de l'extrême-onction,
« telles qu'elles se trouvent dans les plus anciens rituels
« ou sacramentaires, tendant au soulagement du corps
« aussi bien qu'à la guérison de l'âme, *attiraient aussi par*
« *conséquent des onctions sur toutes les parties malades,*
« réduites communément dans la suite aux organes des
« cinq sens, et encore aux pieds et aux reins (2). »

Explication rationaliste des rites sacramentels de l'extrême-onction.

(1) Tome II, pag. 156-159.
(2) *Ibid.*, p. 66-68.

Mais comment notre auteur eût-il consenti à reconnaître du mystère dans l'institution primitive des rites sacramentels, quand les actions même de Jésus-Christ, les plus miraculeuses, et en même temps les plus mystiques, ne lui donnent que des idées grossières dignes des docteurs protestants d'outre-Rhin? Dom de Vert traite-t-il du miracle de la guérison du sourd-muet et de l'aveugle-né, que l'Église a toujours considérée comme un des grands symboles de l'Évangile, voici les explications *simples, littérales* et *historiques* qu'il en donne : « On sait qu'un « peu de terre détrempée avec de la salive était une « manière d'onguent ou cataplasme que les anciens « appliquaient sur les parties malades ; c'était, au rapport « de Plutarque, un de leurs cathartiques. Surtout ils « regardaient la salive comme ayant d'excellentes qualités « et une vertu spécifique, ainsi que nous l'apprend Pline, « au livre XXVIII de son *Histoire naturelle*, chap. IV. « Le Fils de Dieu se servit donc apparemment, dans la « guérison du soud-muet et de l'aveugle-né, de salive, « comme d'une espèce de médicament qui pouvait être « usité alors pour les maladies des yeux, des oreilles et « de la langue (1). »

Dom de Vert convient, cependant, que Jésus-Christ fortifia ce prétendu remède appliqué à un sourd-muet et à un aveugle-né, de la vertu de sa toute-puissance ; mais il ne lui vient même pas en pensée que ce collyre usité, il est vrai, chez les anciens, et hors de toute proportion avec les effets qu'on en attendait, pouvait bien déjà renfermer un symbole, antérieurement à l'application qu'en fit le Sauveur. Le lecteur doit sentir qu'il nous est impossible de réfuter ici ces étranges interprétations ; le développement de la doctrine des Pères sur le symbolisme demanderait trop de place, et d'ailleurs nous aurons à y

---

(1) Tome II, pag. 46 et 47.

revenir. Citons encore quelques-unes des découvertes de
l'école rationaliste, dans l'Église de France, au xviiie siècle.
Il faut avouer qu'aujourd'hui, nous catholiques français,
nous valons mieux sous ce rapport que nos pères. Si
nous ignorons beaucoup, du moins nous ne blasphémons
pas ce que nous ignorons.

L'insufflation et l'imposition des mains, ces deux rites
évangéliques qui tiennent à ce qu'il y a de plus profond
dans l'économie du christianisme, ne sont pas traités avec
plus de respect et d'intelligence par D. de Vert. « L'insuf-
« flation, dit-il, n'est qu'un pur geste déterminé par le
« terme *aspira*, ou *spiritus* ; c'est-à-dire, une action qui
« n'a d'autre effet que d'accompagner certaines paroles,
« dont la lettre est l'expression même de cette action.
« Tel est le souffle que le Fils de Dieu répandit sur ses
« disciples, en leur donnant le Saint-Esprit (1). » Quant
à l'imposition des mains, voici comment l'explique notre
auteur : « Toute prière qui se fait sur quelque créature
« présente, demande naturellement d'être accompagnée
« de l'imposition des mains, comme pour désigner et
« marquer en même temps, par ce geste et cet attouche-
« ment, de quelle personne on parle, et que c'est de celle-là
« même qu'on touche : que c'est elle qu'on a dessein de
« bénir, et pour qui, en effet, on prie, et non pour une
« autre ; en un mot, pour déterminer et fixer palpablement
« et sensiblement, et, si j'ose hasarder ce mot, individua-
« liser le sujet (2). »

Nous ne finirions pas, si nous voulions approfondir
les étranges interprétations par lesquelles le trésorier de
Cluny semble avoir pris à tâche de déshonorer les cérémonies de la religion. Nous répugnons à raconter en
détail comment il ose avancer que Jacob, consacrant avec
l'huile la pierre qui devait servir de monument de la

---

(1) Tome II, pag. 125-126.
(2) *Ibid.*, p. 130.

vision céleste dont il avait été favorisé, n'avait point d'autre intention, en accomplissant ce rite, que de reconnaître le lieu de la vision *quand il repasserait par là* (1) ; que s'il est permis de manger de la viande le jour de Noël, quelque jour que tombe cette fête, c'est par allusion à l'Incarnation du Verbe *qui s'est fait chair* (2); que si on se prosterne, durant la lecture de la Passion, à l'endroit où il est dit que le Sauveur expira, c'est qu'on *se laisse aller à terre, et on incline et baisse la tête, à la manière de ceux qui expirent et qui tombent morts* (3); que si on se met à genoux, au mot, ou plutôt, après le mot *descendit* du *Credo*, *il est aisé de s'apercevoir que cette cérémonie n'est que l'effet de l'impression du son et de la lettre du mot* descendit ; *car c'est en quelque sorte descendre que de s'agenouiller* (4); que si le prêtre, se revêtant des habits sacrés pour célébrer le saint sacrifice, croise l'étole sur sa poitrine, *c'est afin que les deux bandes, venant à se rencontrer vers le haut de la poitrine, pussent couvrir l'aube, à l'endroit où l'ouverture de la chasuble laisse un vide, et qu'ainsi tout fût de même parure* (5); que si on place le pape sur l'autel, dans la cérémonie de son exaltation, *c'est afin que ses pieds, étant ainsi à une hauteur raisonnable, se trouvent par conséquent plus à portée d'être commodément baisés par ceux qui vont à l'adoration* (6); que si, à la fin de chaque nocturne, le chœur, qui était assis pendant les leçons, se lève au *Gloria Patri* du dernier répons, ce n'est point, comme dit saint Benoît dans sa règle, *ob reverentiam sanctissimæ Trinitatis ;* mais on se lève ainsi *pour s'en aller et sortir du chœur,*

---

(1) Tome II, pag. 64.
(2) *Ibid.*, p. 11.
(3) *Ibid.*, p. 22.
(4) Tome I, p. 155.
(5) Tome II, p. 384.
(6) *Ibid.*, p. 187.

parce qu'on en sortait autrefois à la fin de chaque nocturne, etc., etc., etc.

Qu'on s'imagine l'effet que dut produire l'apparition d'un pareil ouvrage dans les premières années du siècle rationaliste. Il en fut tiré plusieurs éditions, et bien qu'il ne fût lui-même que le résultat des doctrines de l'école française du xviie siècle, il influa comme cause sur l'époque qui le vit paraître au jour. Désormais, on ne pouvait plus faire attention au symbolisme de la Liturgie, sans courir le risque de passer pour vide de science ou pour un homme attaché aux imaginations mystiques *des bas siècles.* Les livres liturgiques, refaits de toutes parts d'après un type conçu par ces hommes sans tradition ni symbolisme, n'avaient plus en effet de mystères à garder ; les cérémonies, devenues de simples usages tout humains, n'avaient bientôt plus d'autre importance dans l'Église qu'elles n'en ont dans les cours et les assemblées séculières ; l'Église catholique, se vidant peu à peu de ses mystères, tendait à ne plus devenir qu'un temple où, comme nous allons voir tout à l'heure, on n'entendrait plus une langue sacrée. En voilà plus qu'il n'en faut pour expliquer comment il advint que la France, pays où la science liturgique avait été cultivée encore avec tant d'éclat dans la seconde moitié du xviie siècle, vit cette science pâlir et s'éteindre dans le siècle suivant. Si quelques écrivains doivent encore se montrer à nous comme les dignes anneaux de la grande chaîne que nous avons déroulée jusqu'ici avec tant de complaisance, nous aurons le bonheur de pouvoir signaler en eux le zèle de la maison de Dieu, et une généreuse opposition aux scandales de leur temps. Parmi eux, nous désignerons tout d'abord comme adversaires de D. Claude de Vert et du *naturalisme* dont il fut l'apôtre, l'illustre prélat Joseph Languet, et le P. Pierre Le Brun, de l'Oratoire, dans son excellente *Explication de la messe.*

*Languet n'était point encore monté sur le siége de Sens, du haut duquel nous l'avons vu foudroyer, avec tant de zèle et de doctrine, les innovations du Missel de Troyes, lorsqu'il dénonça aux catholiques les honteuses et sacriléges tendances du système de dom de Vert. Ce fut en 1715, au moment même où il allait être appelé par Louis XIV au siége de Soissons, qu'il déposa ses réclamations en faveur des traditions liturgiques, dans un ouvrage assez court, mais substantiel, intitulé : *Du véritable esprit de l'Église dans l'usage de ses cérémonies, ou Réfutation du Traité de dom de Vert.* Ce livre est écrit avec chaleur, comme il convenait au sujet et aux périls que courait la doctrine. C'était bien là le cas de répéter ce que Bossuet avait dit avec raison dans une autre circonstance, *qu'il ne s'agissait de rien moins que de la Religion tout entière.* C'était « une de ces occasions, dit Languet, dans sa pré-
« face, où le lévite doit s'armer, sans égard, pour défendre
« le sanctuaire du Seigneur qu'on a entrepris de dépouiller
« de sa beauté, en défigurant ses mystères ! On ne pou-
« vait se borner à une réfutation froide et à des preuves
« languissantes, en écrivant contre un homme qui impose
« par son air décisif, par les applaudissements qu'il donne
« à ses frivoles conjectures, et par le ridicule qu'il semble
« vouloir répandre sur ce que nos cérémonies ont de plus
« respectable. Le monde, d'ailleurs, est plein d'esprits
« forts qui, ennemis du mystère, autant que du prodige,
« et de tout ce qui peut en quelque manière captiver la
« raison, reçoivent avec avidité les maximes qui paraissent
« favoriser leur incrédulité. Le mépris des allusions
« pieuses des rubricaires réjouit ces incrédules. Ils s'en
« autorisent dans les railleries qu'ils en font, et c'est avec
« joie qu'ils croient trouver de quoi justifier à eux-mêmes
« le peu de cas qu'ils ont coutume de faire de tout ce
« qu'on appelle mystique, ou symbole, qui ne sert qu'à
« nourrir la piété. Il faut les détromper, ou les confondre,

« Il faut arracher les armes à celui qui leur en a fourni,
« et faire sentir tout le ridicule de ses principes. Comment
« le peut-on faire sans employer cette vivacité de style,
« qu'une juste indignation inspire, et qui ne sert qu'à
« donner plus de jour et de grâce à la vérité ? Si l'auteur
« qu'on attaque est mort, son livre ne meurt point. Il vit
« entre les mains du public. Les hommes avides de la nou-
« veauté en ont déjà épuisé deux éditions. Non-seulement
« les incrédules s'en autorisent, mais les hérétiques même
« croient y trouver de quoi s'armer contre nous, et de
« quoi insulter à nos théologiens et à nos mystiques.
« Ce n'est pas avec une réfutation languissante qu'on
« vient à bout de détruire les préventions, de confondre
« les esprits forts, de désarmer les hérétiques, et de
« réveiller le zèle de ceux qui aiment la religion. »

La discussion de Languet est lumineuse et concluante ; mais l'espace nous manque pour analyser son travail. Nous nous bornerons donc à relater ici quatre points principaux auxquels il ramène toute la question, et qu'il se propose, dans sa préface, comme l'objet de toute sa démonstration, savoir :

« Premièrement, que de tout temps l'esprit de toutes
« les religions du monde, et en particulier celui de
« l'Église de Jésus-Christ, a été d'instituer des céré-
« monies par des raisons de culte et de symbole, et que
« c'est par cette vue que l'Église a institué la plupart des
« siennes.

« 2° Que si, dans l'administration des sacrements, ou
« dans la solennité des offices de l'Église, il y a quelques
« cérémonies qui ne doivent leur origine qu'à la nécessité,
« ou à la bienséance, il y en a du moins autant, et même
« encore plus, qui n'ont d'autres raisons d'institution que
« cet esprit allégorique et symbolique, que M. de Vert ne
« peut souffrir.

« 3° Que lorsque l'Église a retenu des cérémonies qui

« doivent leur première origine à la nécessité, elle ne l'a « pas fait par *hasard*, ou par pure habitude, mais parce « qu'elle a vu que les fidèles pourraient tirer du fruit des « sens figurés et instructifs qu'elle y avait attachés.

« 4° Que plusieurs de ces sens allégoriques, ou symbo- « liques, ne doivent point être regardés comme des idées « pieuses de quelques mystiques; mais qu'ils sont adoptés « par l'Église entière, par la tradition la plus ancienne, « et confirmés par le langage de tous les auteurs ecclé- « siastiques. »

Telle est la synthèse de Languet sur le symbolisme ; on peut l'étendre sans doute à de plus vastes proportions ; mais telle qu'elle est, il eût été grandement à désirer que les Français, au xviiie siècle, s'y fussent tenus. Ce n'est pas une médiocre gloire à Languet d'avoir élevé la voix dans cette circonstance, en faveur des antiques traditions de notre culte, qu'il devait bientôt défendre sur un autre terrain. Ce grand prélat vit d'un coup d'œil tous les plans de la secte janséniste, et ne se lassa jamais de dénoncer au peuple fidèle les manœuvres diverses qu'elle essaya ; que sa mémoire demeure donc à jamais en vénération à tous les vrais catholiques !

Pendant que les jansénistes de France tendaient des pièges honteux à la simplicité des fidèles et inoculaient sourdement le génie du calvinisme par des changements dans l'antique Liturgie, par le mépris déversé sur l'élément mystique des cérémonies, par la récitation du canon à haute voix, en Hollande, ils tiraient plus hardiment les conséquences de leurs principes. On doit savoir que, trahissant les intérêts de la foi et du Saint-Siége, de Néercassel, évêque de Castorie et vicaire apostolique dans les Provinces-Unies, avait semé des doctrines hétérodoxes au milieu du troupeau qui lui était confié, et jeté ainsi les premiers fondements de cette société janséniste qui est devenue depuis la petite église d'Utrecht. Étant mort en

1686, Codde, oratorien comme lui, fut choisi pour lui succéder, sous le titre d'archevêque de Sébaste, et parut tout aussitôt vouloir continuer le système de son prédécesseur. Il suffira de dire que ce prélat fut déposé par Clément XI, qui défendit aux catholiques de Hollande de prier pour lui après sa mort, arrivée en 1710. Entre autres innovations qui eurent lieu sous son gouvernement, l'une des principales fut l'emploi de la langue vulgaire dans l'administration des sacrements. Plusieurs prêtres hollandais se permirent cet énorme attentat, et toute la mission des Provinces-Unies retentit du scandale qu'il causa (1). Mais ce grand fait, qui est le couronnement des efforts de la secte, comprimé d'abord, prit bientôt de l'importance, et nous allons en marquer la suite dans cette histoire. De ce moment où nous l'enregistrons accompli, que le lecteur veuille bien le considérer comme le centre de toute l'innovation liturgique, centre désiré, cherché, rarement atteint; il aura la clef de notre histoire.

Pendant que les jansénistes de Hollande levaient ainsi le masque, en abdiquant la langue sacrée, la langue de Rome; moins libres qu'eux, mais non moins zélés pour l'avancement du calvinisme, des prêtres français, aux portes de Paris, prostituaient la Liturgie aux plus énormes innovations, sous les yeux du cardinal de Noailles, qui se gardait bien de fermer la bouche à ces prophètes d'un nouveau genre.

Le docteur Nicolas Petitpied, celui même qui devait plus tard prêter le secours de son savoir liturgique à Bossuet, évêque de Troyes, étant de retour de Hollande, où son opiniâtreté dans l'affaire du *Cas de conscience* l'avait fait exiler, vint établir son domicile dans le village d'Asnières, aux portes de Paris. Jacques Jubé, curé de cette paroisse, zélé janséniste, l'accueillit avec joie, et ils

(1) D'Avrigny. *Mémoires chronologiques et dogmatiques pour servir à l'Histoire ecclésiastique, depuis 1600 jusqu'en 1716.* Tom. IV, page 214.

concertèrent ensemble le plan d'une nouvelle Liturgie qui, tout en conservant les avantages des livres de l'édition de Harlay, quant à l'isolement à l'égard de Rome, offrît un modèle vivant de la transformation qu'on projetait. Le Missel de Troyes que Petitpied rédigea depuis, n'était, comme on va le voir, qu'une initiation, pour ce diocèse, aux mystères de la Liturgie plus parfaite que l'église d'Asnières avait vu célébrer.

Un seul autel s'élevait dans cette église, décoré du nom d'*autel dominical*, parce qu'on n'y devait célébrer que les dimanches et fêtes. Hors le temps de la messe, cet autel était tout aussitôt dépouillé, comme ils le sont tous, dans l'Église latine, le jeudi saint, après l'office du matin. Au moment d'y célébrer les saints mystères, on le couvrait d'une nappe, et alors même il n'y avait ni cierges ni croix. Seulement, en marchant à l'autel, le prêtre était précédé d'une grande croix, la même qu'on portait aux processions et la seule qui fût dans l'église. Arrivé au pied de l'autel, il disait les prières d'ouverture auxquelles le peuple répondait à voix haute. Puis il allait s'asseoir dans un fauteuil, du côté de l'épître, et là il entonnait le *Gloria in excelsis* et le *Credo*, sans les réciter ni l'un ni l'autre, pas plus que l'épître ni l'évangile. Il disait seulement la collecte ; mais, en général, il ne proférait aucune des formules que chantait le chœur. Le pain, le vin et l'eau étaient offerts au célébrant, en cérémonie ; en quoi il n'y avait rien de répréhensible, cet usage s'étant conservé jusqu'à cette époque, dans plusieurs églises de France ; mais, à cette offrande de la matière du sacrifice, on joignait celle des fruits de la saison, qu'on plaçait sur l'autel, malgré l'inconvenance de cette pratique.

Après l'offrande, on apportait de la sacristie le calice sans voile. Le diacre le tenait élevé conjointement avec le prêtre, et disait avec lui les paroles de l'offrande, suivant l'usage de Rome et de Paris ; mais ils prononçaient l'un et l'autre la formule à haute voix, pour marquer qu'ils offraient au nom du peuple. Le canon tout entier était pareillement récité à haute voix, comme on doit bien s'y attendre ; le célébrant laissait au chœur le soin de dire le *Sanctus* et l'*Agnus Dei*. Les bénédictions qui accompagnent ces paroles : *Per quem hæc omnia, Domine, semper bona creas, sanctificas*, etc., se faisaient sur les fruits et légumes placés sur l'autel, et non plus sur les dons sacrés. La communion du peuple n'était précédée d'aucune des prières ordonnées par la discipline actuelle. Le sous-diacre, bien que revêtu de la tunique, communiait avec les laïques. Toutefois, l'église d'Asnières n'avait pas jugé à propos d'inaugurer encore la langue vulgaire dans la Liturgie. Seulement, avant les vêpres, une espèce de diaconesse lisait publiquement l'évangile du jour en français (1).

Telle était la singulière parade que jouèrent les jansénistes, au milieu de la France, grâce à la tolérance d'un archevêque prévaricateur. Ainsi trahissaient-ils, aux yeux les plus pacifiques, le but de ces innovations liturgiques qui avaient commencé d'après leurs suggestions, et qui n'étaient pourtant pas encore arrivées à leur dernier développement.

Ces excentricités trahissaient le but de la secte janséniste.

Quant au curé d'Asnières, il quitta sa paroisse en 1717, pour s'en aller en Russie remplir la mission qu'il avait reçue des docteurs appelants, pour la réunion de l'Église moscovite ; car ces intrépides réformateurs avaient de grands projets. Dans le même temps, leur confrère Ellies Dupin était en pourparlers avec plusieurs docteurs anglicans, pour opérer le retour de l'Angleterre à la communion, non de l'Église romaine, mais de la Sorbonne représentée par les nombreux adeptes du jansénisme qu'elle comptait dans son sein. Dans les mémoires présentés par

Jubé quitte Asnières en 1717 pour se rendre en Russie e négocier le retour de l'Église moscovite à la communion, non de l'Église romaine, mais des docteurs appelants de Sorbonne.

---

(1) Lafitau. *Histoire de la Constitution Unigenitus*, page 423.

ces hommes sans mission comme sans probité, on se faisait un grand mérite d'avoir aplani les difficultés principales, au moyen des maximes françaises en général, et des modifications liturgiques en particulier. Ces tentatives pour rétablir l'unité, opérées par des hommes qui étaient eux-mêmes hors de l'unité, ne pouvaient avoir et n'eurent, en effet, aucun succès. Pour la Russie en particulier, Pierre le Grand, qui n'avait jamais attaché grande importance au projet des docteurs, ne jugea pas à propos de le traiter longtemps comme une idée sérieuse. Jubé fut donc bientôt obligé de s'en revenir, sans avoir rien fait ; il ne rentra pas néanmoins à Asnières. Le cardinal de Noailles n'existait plus, et son successeur n'eût pas souffert la reprise des scandales dont cette église avait été trop longtemps le théâtre.

Mais arrêtons-nous ici, pour résumer les principes que la secte antiliturgique a appliqués dans les diverses entreprises racontées dans ce chapitre.

1° *Haine de la tradition*, manifestée dans la suppression du plus grand nombre des messes de saint Grégoire, au Missel de Troyes ; dans le mépris affecté pour la doctrine des Pères sur les sens mystiques des cérémonies, par dom Claude de Vert.

2° *Substitution de passages de l'Écriture*, choisis dans la lumière individuelle et dans un but hérétique, *aux formules de style ecclésiastique ;* le Missel de Troyes présente d'innombrables applications de ce système.

3° *Fabriquer et introduire des formules nouvelles*, pleines de venin ; c'est un des reproches adressés par Languet au même missel.

4° *Tomber en contradiction avec ses propres principes ;* en effet, le Missel de Troyes, comme les Missels et Bréviaires de François de Harlay et de Cluny, ne parle que de rétablir la véritable antiquité, et regorge de nouveautés.

5º *Retrancher dans le culte toutes les cérémonies, toutes les formules qui expriment des mystères.* Dom de Vert consent, il est vrai, qu'on nous laisse nos cérémonies ; mais c'est après les avoir vidées complétement de l'élément mystique dont elles n'étaient que la forme. D'autre part, l'église de Troyes, réformée à l'instar de la paroisse d'Asnières, n'a bientôt plus qu'une *table* pour *autel.*

6º *Extinction totale de cet esprit de prière qu'on appelle onction dans le catholicisme ;* lisez plutôt l'ouvrage de dom Claude de Vert, et voyez ce qu'il vous restera d'esprit de foi et de prière dans le cœur, quand vous assisterez aux cérémonies de la messe ou des sacrements, interprétées à l'aide de son commentaire. Quant à *l'onction* des prières du Missel de Troyes (nous pourrions ajouter des autres missels et bréviaires qui doivent leur origine aux mêmes hommes et aux mêmes causes), on ne l'a point encore vantée, que nous sachions.

7º *Diminuer les marques de la dévotion à la sainte Vierge.* Nous avons vu que telle est l'intention expresse du Missel de Troyes, qui sanctionne les réductions faites au culte de la Mère de Dieu dans les livres liturgiques de François de Harlay et de Cluny.

8º *Revendiquer l'usage de la langue vulgaire dans le service divin.* Quesnel le réclame expressément. Les Missels de Meaux et de Troyes y préludent par leurs rubriques sur la récitation du Canon à voix intelligible. En Hollande, terre de liberté pour nos néo-calvinistes, ils développent toute leur pensée sur cet article. L'église d'Asnières présente aussi son essai.

9º *Atteintes portées à l'autorité du Siège apostolique.* Au Missel de Troyes, suppression des oraisons pour le pape ; mutilation de la Messe de saint Pierre.

10º *Autorité du prince temporel dans les choses de la Liturgie, reconnue par le clergé.* Languet étant impuissant à réduire son suffragant à une doctrine liturgique plus saine, le Roi intervient et contraint l'évêque de Troyes à rétracter une partie des témérités de son missel, les autres étant jugées, *par le Roi,* ne pas devoir offrir matière à désaveu.

Tels sont les principaux traits que nous avons à résumer des faits liturgiques qui font la matière du présent chapitre. Sur les douze caractères assignés à l'hérésie antiliturgiste, dix s'y rencontrent expressément : il nous eût été facile de justifier des deux autres, en étendant notre récit.

<small>La réforme liturgique coïncide avec l'accroissement du jansénisme et a pour auteurs les principaux adeptes de cette secte.</small>

On ne doit pas s'étonner de ce résultat, quand on se rappelle que la réforme liturgique coïncide précisément avec l'accroissement le plus menaçant du jansénisme, qui, résumé dans le livre des *Réflexions morales,* ne garde plus de mesure et pénètre avec autorité là même où, au XVIIe siècle, il s'infiltrait sourdement ;

Que cette hérésie, la plus souple, comme la plus ignoble de toutes, a eu la propriété de se plier à toutes les exigences des lieux, sachant à la fois lever le masque à Utrecht, et se rendre présente à Meaux et ailleurs, sous les paroles d'une antienne, d'une collecte ou d'un répons ;

Que les auteurs de la réforme liturgique continuèrent d'être pris dans les rangs des hérétiques disciples de l'évêque d'Ypres et de leurs fauteurs, en sorte que la liste sur laquelle nous avons inscrit déjà Sainte-Beuve, Le Tourneux, D. de Vert, Santeul, etc., s'accroît à la fin de ce chapitre de ceux de Ledieu, Ellies Dupin, Baudouin, Bossuet, évêque de Troyes, Petitpied et Jubé.

Pour délasser les lecteurs de la fatigue que ne peut manquer de leur causer ce dégoûtant spectacle, et aussi pour faire voir le triomphe de la lumière sur les ténèbres, de la vérité sur l'erreur, nous ne connaissons rien de plus efficace que la doctrine liturgique de l'archevêque Languet : doctrine pure et orthodoxe dont nous nous déclarons les disciples et les plus humbles champions, remerciant Dieu qui, non-seulement voulut que cette grande lumière brillât dans l'Église de France, à cette ère de confusion, mais a daigné permettre que de si beaux enseignements soient parvenus jusqu'à nous, pour nous confirmer dans la lutte que nous avons entrepris de soutenir contre les nouveautés qui ont altéré, en France, la pureté du culte divin.

NOTES DU CHAPITRE XVIII.

NOTE A.

Procul esto omnis odii suspicio, si ea ipsa quæ in triviis et compitis decantantur, candide coram Deo, solo sanctissimo Patri in extremo religionis periculo dixerim ! D. Cardinalis Noallius, Archiepiscopus Parisiensis, a quibusdam factionis ducibus, pietatis et severioris disciplinæ studio, in tantum præoccupatus est, ut jam a decennio nihil sit quod Jansenistarum laqueis eum expediat. Nihil audit, nihil videt, nihil ratum facit, nisi quod suggerunt aut D. *Boileau,* aut D. *Dugué,* aut Pater *de La Tour,* Oratoriensium præpositus generalis, aut D. *Lenoir,* aut Abbas *Renaudot,* aut nonnulli alii, quos Jansenismo imbutos esse nemo jam nescit. Quin etiam vulgo constat præcipuos inter quadraginta doctores ipsi palam exprobrasse, quod ad scribendam responsionem illos compulisset. Id autem facile credideris, si legas mandatum pastorale, quo Catalaunensis Episcopus, conscio fratre Cardinali, apertissimis verbis docuit, obsequioso silentio constitutionibus satis fieri. Insuper eos omnes theologos, qui Jansenismo infensi sunt, acerrime aversatur et increpat Cardinalis Archiepiscopus.

Mitius quidem et cautius sese gerit D. Cardinalis *de Coislin,* magnus Franciæ eleemosynarius, vir beneficus, pacificus, pius, dignus denique qui a cunctis ametur ; sed, deficiente doctrina, totam diœcesis administrationem solis doctoribus Jansenistis, quos admiratur, hactenus permisit.

D. vero Cardinalis *Le Camus,* etiamsi in familiari ad amicum epistola quædam scripserit, quibus ea, quam facti vocant, quæstio expressissime dirimitur, nihilo tamen minus ex multis aliis argumentis plane constat Jansenianam doctrinam et factionem semper ipsi arrisisse.

Utramque impensissime colunt Rhemensis et Rothomagensis Archiepiscopi. Alter quidem Sorbonæ provisor, alter vero collator multorum in urbe Parisiensi pastoratuum ; uterque tum Ecclesiæ tum familiæ fortunis abundans, vastæ diœcesi atque provinciæ præest.

His ducibus adjunguntur complures episcopi, exempli gratia, in Occitania Rivensis, et Sancti Pontii Tomeriarum, Monspessulanus D. *de Torcy* frater, et Mirapicensis ; in Lugdunensi, Cabillonensis ; in Senonensi, Altissiodorensis ; in Rhemensi, Catalaunensis ; in Rothomagensi, Sagiensi ; in Turonensi, Nannetensis et Redonensis ; in nostra autem provincia, Tornacensis, qui sponte sua loco cessit, et cui optimum suffectum esse gaudeo. Insuper et in nostra, Atrebatensis pius quidem est, et vere addictus Sedi apostolicæ, sed consilio et arte doctorum, quibus se suaque omnia commisit, et immoderata rigidioris disciplinæ studio, in hanc partem sensim abreptus est. Plerique alii incerti et fluctuantes, quoquolibet Rex se inclinaverit, cæco impetu ruunt. Neque id mirum est, siquidem Regem solum norunt, cujus beneficio dignitatem, auctoritatem, opesque nacti sunt. Neque, ut res se nunc habent, quidquam incommodi metuendum, aut præsidii sperandum ex apostolica Sede existiment. Totam disciplinæ summam penes Regem esse vident, neque ipsa dogmata aut adstrui, aut reprobari posse dictitant, nisi aspiret aulicæ potestatis aura.

Supersunt tamen pii antistites, qui cæteros plerosque in recto tramite confirmarent, nisi multitudo a ducibus male affectis in pejorem partem raperetur. (Fénelon. *Memoriale Sanctissimo D. N. clam legendum*, § IX et X. Œuvres complètes, tome XII, page 603.)

NOTE B

Quam novi Missalis autor venerandam antiquitatem imitari curasse se gloriatur, hanc omnino contemnit in expositione novarum Missarum quas antiquis substituit. Quod quidem probat autorem illum, antiquitatis imitationem pro prætextu in suis novitatibus habuisse, non pro regula. Etenim Introïtus, Gradualia, Offertoria, etc., quæ a tot seculis in ecclesia Romana cantantur, ita immutata sunt in novo Missali, ut vix paucissima reperiantur quæ ex libris liturgicis S. Gregorii extracta sint, quæque a tam puro fonte in missale Romanum fluxerant, et a fere omnibus Ecclesiis particularibus usurpata fuere. Non magis Orationibus ac Collectis pepercit fabricator novus, quam Introïtibus, Gradualibusque. De suo genio nimium præsumens, seque Ecclesia universa doctiorem prudentioremque reputans, ea quæ tanta antiquitate et universitate erant consecrata suppressit, ut inventus suos suasque ideas substitueret, sub hoc solo et frivolo prætextu quod purum Scripturæ textum adhiberet. Dico confidenter innovationes Missalis non alium habere fontem, quam ideas inventusque proprios autoris. Ille enim ipse est qui in novæ liturgiæ compositione certos Scripturæ textus adhibens, illos singulis Festis Dominicisque aptavit pro suo nutu et voluntate, imo et aliquando contra veros et nativos sensus textuum Scripturæ quos adhibebat. Porro compositio illa ab homine peculiari excogitata, debuitne iis præferri et subrogari iis quæ Ecclesia universa suo usu per tot secula approbaverat ? Nequidem ille pepercit festis solemnioribus aut diebus aliis, verbi gratia, Quadragesimæ, in quibus Officium publicum magis assidue frequentatur a fidelibus. Fere totaliter missas Paschalis, et Nativitatis Christi, aut illas quæ in usu erant temporibus Adventus aut Quadragesimæ immutavit.

Hoc autem non advertit autor ille, quantum fidem orthodoxam confirmet sacrarum nostrarum liturgiarum antiquitas universalitasque. Siquidem liturgiæ quæ a primis Ecclesiæ seculis, etiam longe ante sanctum Gregorium, quæque in tota Ecclesia unanimiter leguntur, fidem eamdem pretioso traditionis certæ monumento astruunt et confirmant. Harum testimonio contra quoslibet novatores fides catholica invincibiliter astruitur et armatur ; fides, inquam, una et ubique et semper. Si autem quædam Ecclesia particularis hæc sacra monumenta supprimit, arma quibus novatores impugnabat, deponit, et a manibus suorum fidelium removet.

Ornet ille suas novas liturgias canticis belle et eleganter conscriptis, textibus Scripturæ sacræ ingeniose inventis et concinne festis et solemnitatibus aptatis, quid sunt hæc etiam ingeniosa et elegantia, aut cujus autoritatis, si comparentur iis quæ a quindecim seculis et amplius forsan in orbe universo usurpata et decantata, fideles omnes de eadem fide edocent ? Quilibet ex laïcis qua late patet terra, audiens ea quæ cantantur in Ecclesia quam frequentat, sine labore cognoscit ubique et semper eosdem festos dies, eadem mysteria celebrata fuisse et adhuc celebrari, orbemque universum eamdem fidem et veritates præcipuas quæ in liturgiis exprimuntur, profiteri unanimiter et professum fuisse similiter traditione constanti et antiquissima.

Quod autem in Ecclesia particulari, antiquitate et universalitate spreta, de novo induceretur, non aliam sortitur autoritatem quam illam quam a Prælato suo mutuatur, errori sane obnoxio, et eo ipso obnoxio quo solus est, quo nova introducit, quo antiquitatem et universalitatem spernit. Quod autem usu antiquo et universali consecratum est, ab errore per promissa Christi servatur, atque in ipsa autoritate Christi fundatur, qui Sponsæ suæ semper assistens, ejus fidei per suam veritatem, ejus administrationi et politicæ per suam prudentiam invigilat.

Aliud adverto quod grave est. Qui tot innovationes in suam liturgiam introduxit, mutando et delendo ea quæ ex liturgia ecclesiæ Romanæ imitando mutuata erant, minime intellexisse videtur quis fuerit Patrum nostrorum animus in illa liturgiæ Romanæ imitatione. Propter primæ Sedis honorem, et ut cum illa sanctam unionem conglutinarent, illius ritus adoptandos senserunt, omisso propriæ nationis antiquo ritu. Hinc factum est ut prisci ritus ecclesiæ Gallicanæ, Mozarabicus in Hispania, Ambrosianus in Italia fere aboliti fuerint, et oblivioni traditi. Sciebant Patres nostri unitatem in vera fide, ab unione cum sancta Sede, et cum Christi vicario pendere omnino : atque illas Ecclesias ab omni erroris et schismatis seductione immunes fore, quæ cum Romana ecclesia, omnium Ecclesiarum matre et magistra centroque communi, convenirent. Hæc unio ejusdem liturgiæ usu coagmentatur servaturque, atque tot nationum diversarum loco dissitarum, sæpe bello adversarum, unio sancta manifestatur per unitatem precum, festorum, cultusque publici. (*Mandatum J. J. Languet, Archep. Senonen. de novo Missali Trecensi. Opp.*, tom. II, pag. 1251-1253.)

NOTE C

Tunc unitas cum ecclesia Romana erat in pretio, atque ad illam omnimode corroborandam omnes concurrebant libenter ; quia illius unionis utilitatem necessitatemque cognoscebant. Hujus Ecclesiæ matris eminentiæ minime invidebant, ei subjici et obedire eos non pudebat ; imo gloriabantur, et obedientia sua unitatem servari et corroborari sentiebant. Etenim necessarium judicabant ut ramus trunco cohæreret et rivus fonti ; et cum Ecclesiæ gloria et firmitas in unitate ns a consistat, unitatem hanc sua unione et subordinatione legitima coalescere et confirmari credebant. Sic censuerunt Patres nostri per quos fides ad nos derivavit. Verum aliter nunc sentire videntur qui ecclesiam Romanam nomine *Ecclesiæ peregrinæ* donare non erubuerunt, atque affirmare librorum liturgicorum illius Ecclesiæ usum nonnisi *per tolerantiam* introductum in Trecensi diœcesi.

Sic sub velo liturgiæ concinnius lucubratæ, contemptus liturgiæ Romanæ obtegitur ; sic unitas illa sancta et pretiosa infirmatur ; sic vincula quæ Ecclesiæ matri annectebant, paulatim dissolvuntur ; sic populi ad divisionem separationemque a longe præparantur. Ex diversitate enim nascetur forsan contemptus, atque etiam odium, quod schismate aliquando consummari proclive est. Quis non pertimescat, cum schisma Græcorum conspicit, atque unum ex motivis tam funestæ separationis hoc fuisse, quod ecclesia Romana *alleluia* non cantare tempore Quadragesimæ ; quem usum quasi grande piaculum Romano pontifici et episcopis Occidentalibus exprobrabant ? (*Ibidem*, pag. 1254.)

NOTE D

Nihil quidquam, inquit, in precibus Missæ adhiberi placuit, nisi quod ex sacris Scripturis de verbo ad verbum exscriptum esset.

At primo, id nullatenus fieri potest ; alioquin mutandæ essent omnes Orationes, quemadmodum Introitus ac Gradualia mutata sunt. Nam antiquæ illæ orationes quæ fere omnes ex S. Gregorii Sacramentario excerptæ sunt, ex ipsis Scripturæ textibus non componuntur. Juxta idem principium, mutari quoque deberent *Gloria in excelsis, Credo, Confiteor*, multæque aliæ preces antiquitate consecratæ. Non est ausus eo usque progredi novi Missalis autor. Sed hoc ipso intelligi debuerat falsitas aut incommoditas commentitiæ illius regulæ quæ, cum nullo solido fundamento innitatur, obnoxia est manifesto incommodo ; quod quidem tale est ut ab ea multis in occasionibus cogat recedere.

2⁰ Quis hanc regulam præscribit ? Conciliumne aliquod, aut alia venerandæ antiquitatis monumenta ? Nonne e contra manifestum est vetustissimam, maximeque omnium venerandam Ecclesiæ precem, sacrum scilicet missæ Canonem, ex ipsis Scripturæ verbis non esse

desumptam?. . . . .
. . . .

3º Cur sub obtentu hujus regulæ omnes antiqui Introitus, Gradualia, etc., mutata sunt ? Nonne ex Scriptura sacra excerpta est magna pars Introituum, Gradualium, ceterorumque Missæ canticorum in Antiphonario S. Gregorii conservatorum ? Tamen mutata sunt sub specie majoris boni ; quod bonum eo totum recidit ut Missali furtim ac fraudulenter insinuatæ novitates insererentur.

4º Nonne traditio est alia quædam verbi divini species, fideique regula ? At quo monumento nobis tutius et efficacius exhibetur sancta Traditio, quam his precibus in remotissima antiquitate compositis, universalissima consuetudine usurpatis, constantissima uniformitate conservatis ? Nonne, licet ex ipsis Scripturæ verbis desumptæ non sint illæ preces, eis ut Scripturæ sacræ, servata tamen convenienti proportione, reverentia debetur a fidelibus ? Plurima sunt fidei nostræ dogmata quæ perspicue non cognoscimus, nisi ope Traditionis. Nulla porro clariora sunt tutioraque monumenta quibus ea tueri possimus, quam Missæ preces. Reperiturne in sacris Scripturis dogma perfectæ integritatis beatæ Mariæ, ut reperitur in precibus Ecclesiæ, ac præsertim in his verbis quæ leguntur in libris liturgicis S. Gregorii : *Post partum Virgo inviolata permansisti* ? Nonne in sacra liturgia reperitur probatio Traditionis Ecclesiæ circa canonicitatem sacrorum Librorum, aliaque plurima ?

Ceterum, et hæc est quinta nostra observatio, sæpe sæpius privati ingenii commenta hac specie textuum Scripturæ vestiuntur, et antiquis illis precibus substituuntur. Verba quidem e Scriptura sacra desumpta sunt ; sed arbitraria eorum accommodatio quibusdam festis aut quorumdam sanctorum præconiis, fœtus est privati ingenii.................. Quantumlibet pulchræ et ingeniosæ videantur istæ allusiones, non exhibent naturalem sensum illorum Scripturæ textuum, sed merum sensum autoris qui eas excogitavit. Si autor ille nuperus est, si sine nomine, si nullam nisi in una diœcesi autoritatem habet ; quod pondus, quam vim ingenii sui fœtibus addere poterit ? Nonne multo plus autoritatis atque utilitatis habebunt simplices et inornatæ veteris liturgiæ preces, licet ex Scripturis sacris excerptæ non sint ?

Neque tamen nobis est animus accommodationes et allusiones illas condemnare. Ipsorum enim SS. PP. exemplo defenduntur. Sed contendimus Ecclesiam non ditari, cum antiqua cantica supprimuntur, ut in eorum locum substituantur allusiones inventi recentioris ; quin potius eam scandalizari, cum adhibentur accommodationes quibus Scriptura ad sensus alienos, et interdum suspectos, atque in fide periculosos detorquetur. Ac quis est qui nesciat, sic mutilatis falsoque translatis sacrarum Librorum textibus, quemlibet errorem ipsis Scripturæ verbis insinuari ac doceri posse ? Exempla referre supervacaneum est. Unicuique enim in mentem facile venient. (*Ibidem*, pag. 1331-1333.)

NOTE E

Etenim quo tot novitates possunt ducere ? Quis erit illarum fructus seu terminus? Non nisi timore perciti, pro vobis, pro Ecclesia a longe prospicimus. Jam apud vos et a pluribus inter vos sanctæ Sedis Decreta contemnuntur. Vobis suadetur, et fere solis in orbe, super summi Pontificis errores et super Ecclesiæ universæ tenebras ingemiscere. Sedes apostolica quæ centrum est necessarium catholicæ communionis, vobis exhibetur quasi erroribus tradita ; exhibentur episcopi qui cum ea concurrunt in eodem decreto publicando, ut a fide deficientes, et eam deserentes. Et non sine horrore legimus quod apud vos Libri ecclesiæ Romanæ liturgici nominantur Libri *exotici*, quasi si ecclesia Romana mater alicui ex Christianis posset reputari *exotica*, et thronus in quo sedet pater communis fidelium, cuilibet ex filiis amplissimæ suæ familiæ reputari posset *exoticus*.

Frustra filiis qui patrem communem aut ignorant aut respuunt, exhibemus celebres illas sponsiones quibus Christus corpori primorum Pastorum sese quasi oppignoravit, promittens *ei docenti adfuturum omnibus diebus usque ad consummationem seculi* ; ac proinde sine intermissione et sine fine. Frustra fidelium fiduciam excitamus erga communem Ecclesiam quæ ceterarum mater est quia genuit, et magistra quia edocet. Frustra illud obtrudimus ex Evangelio in quo Christus testatur *se rogasse pro Petro ut non deficeret ejus fides*, atque præceptum illi impositum *confirmandi fratres suos*. Hæ sacræ voces quæ omnibus seculis teneram et humilem fiduciam generant in corde fidelium erga Pastores suos, ac præcipue erga primum et Pastorum Pastorem ; hæ veritates obsolescunt et vix audiuntur. Quilibet suis præjudiciis inhæret ; et suam sibi fidem et fidei regulam præscribit. Interea in tanta opinionum et disputationum discordia, vobis exhibentur cultus exterioris partes singulares et novæ : cujus discrepantia ad divisionem tendit, et eam in externo cultu sensibilem et palpabilem reddet quæ denique multorum pietatem offendet, et eorum indignationem excitando, schismatis aliquando portam aperiet. Porro avellendo vos ab Ecclesia matre, et ab ejus liturgia et decretis simul avertendo; novi duces illi quo trahent vos ? Protestantes qui inter nos adhuc vivunt, his novitatibus plaudent, et facile sperabunt illos qui jam dogmata ab Ecclesia damnata et Calvinistarum erroribus vicina defendunt, per ritus exterioris immutationem propius ad illorum communionem brevi accessuros. Jam sæpius declaraverunt palam se non habere circa gratiam, libertatem, bonorum operum meritum, prædestinationem, reprobationemque, et officia charitatis, alia principia et dogmata quam ea quæ Janseniani profitentur. Quid eveniet si jam adeo per dogmata vicini, viciniores fiant, et sanctæ Sedis contemptu, et cultus exterioris immutatione ? Si ut illi, unusquisque de sua fide judicet, et judicem controversiarum spernat, sibi ipsi tribunal constituat in quo sedens Pastorum decreta judicet et contemnat ? Ergo Protestantium more unusquisque se fidei arbitrum constituet, summi Pontificis et Episcoporum judicia examini proprio subjiciet, ea cum Scriptura et liturgiæ novæ precibus comparando, quarum sibi arrogabit intelligentiam ? (*Ibidem*, pag. 1268-1269.)

NOTE F

PRÆSUL ILLUSTRISSIME,

Ad te Mandatum vestrum adversus missale novum Trecense remitto. Hoc opus legi cum illa attentione quam materia merebatur, cum illa aviditate quæ me trahit ad ea omnia scrutanda quæ e manibus tuis fluunt. Omnino mihi placuit opus; quippe quod non probet modo, sed etiam demonstret cum evidentia, Missale hoc novitatibus improbandis scatere totum. Doctis tuis indagationibus circa antiquos Ecclesiæ ritus palam fit autorem illius Missalis sub antiquitatis innovandæ falso prætextu, constantem Ecclesiæ usum in divinorum mysteriorum celebratione relinquere et abolere tentasse. Quod autem dogma catholicum spectat, ejusdem autoris artes denudasti, quibus in proponendis, distribuendis, uniendis textibus Scripturæ sacræ, etiam spreto legitimo sensu et Ecclesiæ dogmate utitur ; ut novatorum hujus seculi faveat erroribus. Zelus quo pro fide vindicanda flagras ; quique, quoties sese præbuit occasio, in tuis operibus emicuit, omni encomio dignus mihi videtur. Omni enim arte et omni modo hodie Religio sancta impugnatur ; sed nullus efficacior adhiberi potest modus illo quem Missalis autor adhibuit, ac proinde periculosior nullus. Hucusque, id est, a seculo integro novatores nostri contra sanctam Sedem, contra summos Pontifices in ea præsidentes, contra Episcopos capiti suo adhærentes, et Ecclesiam, matrem et magistram contemnentes, declamitando, discipulos sibi adscire tentaverunt. Verum pauciores erant, et infirmiores quam ut aliquid audacius tentare auderent. Sed tacite vias parabant sibi ut possent tandem altare Baal altari Christi in Ecclesia sancta opponere. Nunc propositum manifestatur, et executioni tradi incipit. Jam contra leges Ecclesiæ, contra Mandatum Archiepiscopi, novum suæ sectæ Sanctum Parisiis publice colere aggressi sunt. Tum huic miracula finxerunt ut sanctitatem assererent hominis qui, ut ipsi narrant, in ipsa contra sanctam Sedem rebellione demortuus est. Denique ut grex exiguus electorum crescat, auctus Judæorum numero quos brevi ad fidem reversuros fanaticæ mulieres in suis convulsionibus vaticinatæ sunt, utque a Catholicorum cœtu profano segregetur, cultum novum, novos ritus, cæremonias novas excogitant, spretis ritibus Romanæ ecclesiæ, quos *exoticos* vocare non verentur. Sic simplex populus qui usque nunc præ simplicitate suæ fidei et ignorantia disputationum ab errore tutabantur, novitate cultus ad novatorum cœtum trahetur, et brevi occasione cultus singularis novam induere Religionem non timebit. Hoc est quod erga omnia quæ novatores tentare aggrediuntur, nos attentos et cautos esse jubet. Utinam vanus nos incitet timor! etc. (*Ibidem*, pag. 1271-1272.)

NOTE G

Constat quidem Episcopos jus certum habere in ritus ac cæremonias in sua Diœcesi. An vero jus illud nullis terminis, nullis limitibus circumscriptum est ? nulla regula, nullo modo definitum ? An quod antiquo et universali usu, quod totius Ecclesiæ consuetudine comprobatur atque, ut ita dicam, consecratur et præcipitur, id uniuscujusque Episcopi judicio permissum est ? Idne pro arbitrio suo quivis Episcopus mutare potest in sua Diœcesi ? Potesne, verbi gratia, preces Canonis Missæ mutare, aut magnam publicorum Officiorum partem supprimere ? jubere Vesperas mane cantari ; Missam vero octava post meridiem hora ? Potestne abolere legem sub unica specie communicandi, aut eam qua vetatur ne quis nisi jejunus communicet ? et in sua Diœcesi permittere ut sub utraque specie communicetur, aut post aliquam cœnam piam, ut moris erat S. Pauli temporibus ? Quanta qualisve sit Episcopi in sua Diœcesi autoritas, tales sunt usus illi, ut nobis antiquitate sua et universalitate uniuscujusque Episcopi potestatem prorsus exsuperare videantur. Ex illis usibus quidam ad ritus cæremoniasque pertinent. Quod si tales ritus, institutionis antiquitate aut observationis universalitate, uniuscujusque Episcopi potestatem exsuperant, nonne pariter ritus et cæremoniæ quæ pari antiquitatis aut universalitatis autoritate confirmantur, sacra et inviolabilia esse debent ?

Deinde etiamsi concederetur Episcopum hanc habere potestatem, fatendum esset saltem ipsius usum prudentia moderandum esse. *Omnia mihi licent*, aiebat Apostolus, *sed non omnia expediunt.* Si quis Episcopus jus suum ac venerandæ antiquitatis æmulationem obtendens, attentaret tollere e Missa Hymnum angelicum *Gloria in excelsis*, et symbolum ; e Matutinis vero Hymnum *Te Deum Laudamus*, e Vesperis Canticum *Magnificat;* nonne autoritate sua abuteretur ? Profecto potestatis Episcopalis, atque adeo multo magis prudentiæ limites excederet qui everteret quæ usurpantur ab omnibus, qui supprimeret quæ pietatem excitant, et in locum precum earum quæ in usu sunt, substitueret preces quarum sensus præsentium errorum saporem aliquem videretur referre. (*Ibidem*, pag. 1276-1277.)

NOTE H

Nihil erat quo magis novum Missale suspectum redderetur quam hac curiose affectata mutatione omnium fere Introituum, Gradualium, ceterorumque, quæ tot a seculis tota in Ecclesia canuntur in Missis solemnibus. An antiquitatem probe noverat autor documenti pastoralis Tre-

INSTITUTIONS LITURGIQUES

censis ? An probe noverat, cum, ut defenderet generales illas mutationes canticorum Missæ, affirmare non verebatur, *nunquam fuisse sanctæ Ecclesiæ animum ut in divinis Officiis servaretur uniformitas* ? Longe aliter antiquitatem noverat P. Mabillon, cum statueret axioma e diametro oppositum huic novo principio, quod autori pastoralis hujusce documenti deperditæ causæ necessitas extorsit. Etenim vir ille doctissimus agens de mutatione quæ Caroli Magni temporibus contigit in liturgia Gallicana, cum ab ea tota fere Gallia descivit ut Romanam amplecteretur, sic loquitur de causis illius mutationis : *Hæc semper fuerunt summorum Pontificum ardentissima studia, ut Romanæ ecclesiæ ritus aliis Ecclesiis approbarent ac persuaderent ; rati, id quod res erat, eas facilius in una fidei morumque concordia atque in ecclesiæ Romanæ obsequio perstituras, si eisdem cœremoniis eademque sacrorum forma continerentur*. Nec vero hæc gratis asserit doctissimus ille Monachus. Sententiam suam gravissimis autoritatibus confirmat. Sic autem pergit : *Ea mens fuit Innocentii I in Epistola ad Decentium Eugubinum*. *Eadem etiam omnium cujusque Regni aut Provinciæ præcipuorum Antistitum, quibus hæc imprimis cura fuit, ut ad uniformem modum omnes sibi subditæ Ecclesiæ componerentur. Ita Patribus Concilii IV Toletani, Bracarensis I et Gerundensis apud Hispanos ; atque Venetici et Epaonensis apud Gallos visum est. Hanc rituum in divinis Officiis concordiam magnopere curarunt, teste Cassiano, etiam primi vitæ religiosæ Institutores* : *verentes scilicet, ne qua in quotidianis solemnitatibus inter viros ejusdem culturæ consortes dissonantia vel varietas exorta, quandoque in posterum erroris vel æmulationis seu schismatis noxium germen emitteret*, *ut ipse scribit in Libro 2° Institutionum, capite quinto.*

Hæc omnia vel ignorat, vel floccifacit auctor documenti pastoralis. Hæc cum sancta Sede concordia uniformisque consensio, cujus adeo retinentes erant majores nostri, sed quæ jam in Diœcesi Trecensi tam varie violata est, apud hominem hunc parvipenditur, quod iterum postea probabimus.

Hic ut autoritatis aliquid conciliet huic mutationi omnium fere Canticorum quibus in celebratione sanctorum mysteriorum utitur hæc ceterarum mater Ecclesia, adscribit universæ Ecclesiæ sententiam quæ tot monumentis falsi convincitur ; et audacter asserit numquam fuisse Ecclesiæ animum, ut in Officiis divinis servaretur uniformitas. Uniformitatem hanc servavit Ecclesia quoad potuit ; atque hinc est quod tam mirabilis reperiatur in precibus Canonis, quæ tot ac tam variis in Ecclesiis fere eædem sunt. Ad hanc uniformitatem, cum potuit, accessit ; ubi non potuit, ad eam ardenter anhelavit ; desiderium suum sanctissimis monumentis suis testificata est : certe pretiosam illam uniformitatem non deseruit in eis in quibus eam stabilitam videbat.

Frustra igitur observat autor documenti pastoralis, uniformitatem hanc variis in liturgiis non reperiri ; et singulas Ecclesias habere quosdam usus sibi proprios ac peculiares. Videbimus mox apud Cardinalem

Bona qui ab isto autore infidelissime citatur, varietatem illam natam esse imprimis ex temeraria quorumdam Episcoporum licentia, qui in suo sensu abundantes, propriam sententiam privatique ingenii commenta præferebant iis quæ utiliter in aliis Ecclesiis observabantur; parumque curabant sequi exemplum primariæ illius Ecclesiæ, quæ pro excellenti sua dignitate vocatur Ecclesiarum ceterarum magistra quæ illas docet, mater quæ genuit. (*Ibidem.*, pag. 1327-1329.)

CHAPITRE XIX

SUITE DE L'HISTOIRE DE LA LITURGIE, DURANT LA PREMIÈRE MOITIÉ DU XVIIIe SIÈCLE. — PROJETS DE BRÉVIAIRE *à priori*. — GRANCOLAS, FOINARD. — BRÉVIAIRES DE SENS, AUXERRE, ROUEN, ORLÉANS, LYON, ETC. — BRÉVIAIRE ET MISSEL DE PARIS, DU CARDINAL DE NOAILLES. — BRÉVIAIRE ET MISSEL DE PARIS, DE L'ARCHEVÊQUE VINTIMILLE. — AUTEURS DE CETTE LITURGIE. VIGIER. MÉSENGUY. COFFIN. — SYSTÈME SUIVI DANS LES LIVRES DE VINTIMILLE. — RÉCLAMATIONS DU CLERGÉ. — VIOLENCES DU PARLEMENT DE PARIS. — TRIOMPHE DE LA LITURGIE DE VINTIMILLE.

Les efforts des jansénistes concentrés sur la destruction de la Liturgie romaine comme sur l'entreprise la plus utile à leur parti.

Nous avons raconté, au chapitre précédent, les efforts des jansénistes pour s'emparer ouvertement de la Liturgie; leurs tendances vers l'emploi de la langue vulgaire dans les offices, vers le dépouillement des autels et les habitudes calvinistes dans le culte. Tant que la cour de France montrait la ferme volonté de soutenir les constitutions apostoliques contre Jansénius et Quesnel, la secte ne pouvait espérer qu'à de rares intervalles et dans des localités très-restreintes, ces moments de liberté dans lesquels il lui serait possible de faire, à son aise, l'essai de ses coupables théories. Il ne lui restait donc qu'une seule resssource : celle de ruiner sourdement l'unité liturgique, et de tenter pour la France entière ce qu'elle avait déjà obtenu à Paris, sous François de Harlay. Que si elle parvenait à préparer un corps de Liturgie nationale, ou tout au moins à diviser le redoutable faisceau d'orthodoxie que formaient les cent trente diocèses de l'Église de France, elle aurait lieu alors d'espérer avec fondement qu'on ne pourrait plus l'écraser à l'aide de ces formules liturgiques que, dans les grands périls de la foi, l'Église romaine impose aux églises. Déjà elle avait préparé cet isolement par des systèmes perfides sur la constitution de l'Église, sur les prérogatives de notre nation ; elle le consomma en flattant le mauvais goût littéraire du temps, en exagérant les reproches que la critique historique pouvait faire aux anciens livres ; enfin, il faut bien le dire, en faisant ressortir les avantages d'un office moins long à réciter, promettant d'abréger le temps de la prière du prêtre, à cette époque où cependant l'Église était menacée des plus grands maux.

On vit donc s'accomplir, au sein de l'Église de France, une révolution sans exemple dans aucun des siècles précédents. Déjà le Bréviaire de François de Harlay, imité lui-même en quelque chose de celui de Henri de Villars, archevêque de Vienne, avait été imité avec plus ou moins de hardiesse dans les églises de Sens, de Narbonne, etc. ; mais, dans ces divers diocèses, on se borna d'abord à réformer, suivant les idées modernes, l'ancienne Liturgie. On n'avait pas songé à régénérer le culte entier de l'Église catholique ; l'exemple inouï donné par le Bréviaire de Cluny était jusqu'alors demeuré sans imitateurs. Cependant il était naturel de penser que les envahissements de l'esprit de nouveauté pousseraient bientôt jusque-là, et d'autant plus que toute cette révolution avait été, dès son principe, un produit de l'esprit du jansénisme.

Le XVIIe siècle n'avait pas encore achevé son cours, quand parut le premier bréviaire composé sous l'impression des idées nouvelles (1). Il fut donné en 1693 à l'Église d'Orléans, par le cardinal Pierre du Cambout de Coislin.

(1) D'après une indication donnée par l'auteur lui-même dans la préface du tome IIIe, on a transposé quelques pages de ce chapitre afin d'appliquer au Bréviaire du cardinal de Coislin ce qui était dit dans la première édition de celui de l'évêque Fleuriau d'Armenonville.

INSTITUTIONS LITURGIQUES

Nous avons entendu Fénelon nous dire que ce prélat « bienfaisant, pieux, digne d'être aimé de tout le monde, « manquait malheureusement de science et laissait toute « l'administration de son diocèse aux seuls docteurs jan- « sénistes, lesquels faisaient l'objet de son admiration (1). » Cette pernicieuse influence fut prédominante dans la rédaction du nouveau bréviaire. Il eut pour auteur Jean-Baptiste Le Brun Desmarettes, fils d'un libraire de Rouen qui fut condamné aux galères pour avoir imprimé des livres en faveur de Port-Royal. Le fils élevé par les solitaires de cette maison, garda toute sa vie un grand attachement pour ses anciens maîtres et pour leur doctrine ; attachement qui l'entraîna dans certaines démarches par suite desquelles il fut renfermé à la Bastille durant cinq ans : encore n'en sortit-il qu'à la condition de signer le formulaire. Il est vrai qu'il rétracta cet acte d'orthodoxie, en 1717, et se porta appelant de la bulle *Unigenitus*. Étant tombé malade et craignant un refus des sacrements, il se traîna à l'église pour faire ses Pâques, le dimanche des Rameaux 1731, et mourut le lendemain. Il avait pris l'ordre d'acolythe et ne voulut jamais entrer dans les ordres sacrés (2). Ce fut d'un pareil homme que l'Église d'Orléans consentit à apprendre la manière de célébrer les louanges de Dieu (3). Il y avait en cela une humilité sans exemple. Dans tous les cas, c'est un chose bien curieuse, mais non pas unique, comme nous verrons bientôt, que le clergé d'Orléans pût se trouver en même temps obligé par ses devoirs de refuser les sacrements à Le Brun Desmarettes, et d'autre part contraint d'emprunter la voix du même Le Brun Desmarettes pour satisfaire à l'obligation de la prière publique.

Le Brun Desmarettes, janséniste appelant, auteur du nouveau Bréviaire d'Orléans.

---

(1) *Vid. supr.* pag. 128.
(2) *Vid. Biographie universelle*, Feller, Picot, etc.
(3) Dès 1727, Le Brun Desmarettes avait pu jouir du succès de son œuvre liturgique. Le Bréviaire de Nevers, publié cette année-là, était de sa rédaction.

BRÉVIAIRE D'ORLÉANS DU CARDINAL DE COISLIN 221

Le mandement de l'évêque d'Orléans, pour la publication du nouveau bréviaire, était fort significatif dans le sens des nouvelles théories. On y faisait ressortir principalement les grands avantages d'un bréviaire composé des paroles de l'Écriture sainte. « Dans cette réforme du « bréviaire, y était-il dit, nous nous sommes proposé de « faire choix des choses les plus propres à louer Dieu et « à l'apaiser, en même temps qu'à instruire les clercs de « leurs devoirs. Comme rien ne nous a semblé plus « capable d'atteindre ce but que l'emploi des propres « paroles des divines Écritures (*car*, dit le saint évêque et « martyr Cyprien, *c'est une prière amie et familière que* « *celle qui s'adresse à Dieu comme venant de lui*), nous « avons jugé qu'il ne fallait rien admettre dans les « antiennes, les versets et les répons qui ne fût extrait des « livres saints, en sorte que dans toutes ces pièces, ou « Dieu nous parle, ou il nous fournit les paroles que nous « lui adressons. Et cette résolution n'a point été chez nous « une témérité ; car si, suivant saint Augustin, *Dieu non-* « *seulement se loue lui-même dans les Écritures ; afin que* « *les hommes sachent comment il doit être loué, mais* « *encore s'il a préparé dans les mêmes Écritures des re-* « *mèdes nombreux propres à guérir toutes les langueurs* « *de notre âme, et qui doivent être administrés par* « *notre ministère, quand on fait les divines lectures dans* « *l'église ;* quoi de plus digne de Dieu et de plus utile « pour nous que de pouvoir emprunter aux livres sacrés, « c'est-à-dire à Dieu même, tout ce que notre bouche fait « entendre, quand nous chantons les louanges de Dieu ? « Certes, ces choses ne déplairont point à Dieu, puis-« qu'elles ont Dieu même pour auteur ; *elles détruiront* « *l'aveuglement du cœur, elles guériront l'âme, puisque* « *la parole de Dieu guérit toutes choses, ayant été écrite* « *pour illuminer les yeux et convertir les âmes* (1). »

(1) In hujus autem Breviarii recognitione hoc nobis propositum est,

I PARTIE
CHAPITRE XIX

Dans son mandement, l'évêque d'Orléans fait ressortir les avantages d'un bréviaire composé exclusivement des paroles de l'Écriture.

INSTITUTIONS LITURGIQUES

Pour répondre à cette théorie il suffit de remarquer que la Tradition n'a pas moins d'autorité que l'Écriture dans l'Église et que les centons bibliques des nouveaux bréviaires ne sont plus l'Écriture sainte.

Il était facile de répondre à ces belles paroles, d'abord, que Luther, Calvin et Quesnel se sont exprimés en des termes analogues sur la suffisance de la Bible : que la constitution *Unigenitus*, véritable palladium de la foi, au XVIIIe siècle, ne pouvait plus subsister du moment que les évêques affecteraient ainsi l'éloge et l'emploi des Écritures, sans recommander avec une égale force l'importance de la Tradition, qui est divine comme les Écritures, qui seule constate leur autorité, seule les interprète; que si les paroles de la Bible, arrangées en formules liturgiques, ne peuvent déplaire à Dieu, *auteur de l'Écriture*, il n'est pas également évident que Dieu, *auteur de la Tradition*, doive voir avec faveur qu'on efface cette Tradition, et, qui plus est, que d'innombrables passages des Écritures choisis et employés depuis tant de siècles, et en tous lieux, dans les divins offices par l'Église, seul juge et interprète de l'Écriture, cèdent la place à d'autres passages choisis aujourd'hui ou hier, pour l'usage de l'Église d'Orléans, par un hérétique ; que le Bréviaire d'Orléans,

ut ea, quæ ad Deum laudandum simul et placandum, et ad clericos officii admonendos essent magis idonea, seligerentur. Cum vero ad id assequendum nihil magis expedire videatur, quam si ipsamet divinarum Scripturarum verba adhibeantur (*amica enim et familiaris est oratio*, inquit sanctus Martyr et Episcopus Cyprianus, *Deum de suo rogare*), nihil Antiphonis, nihil Versiculis, et Responsoriis inserendum esse duximus, quod ex Scripturis Sacris non sit desumptum, ita ut his omnibus vel Deus ipse nos loquatur, vel verba suppeditet, quibus ipsum alloquamur. Nec temere ad id impulsi sumus. Nam si Deus juxta sanctum Augustinum non solum in Scripturis se ipsum laudat, *ut sciant homines, quomodo laudandus sit*, sed etiam ut curet et sanet omnem animæ languorem, *multa medicamenta de iisdem Scripturis profert, quæ per ministerium nostrum adhibenda sunt, cum lectiones divinæ in Ecclesia leguntur*. Quid Deo dignius et nobis esse potest utilius, quam si quidquid personamus, cum Dei laudes canimus, quantum fieri potest, ex libris sacris, id est, ab ipso Deo mutuemur ? Quæ Deo sine dubio non displicebunt, cum Deum autorem habent; *et cæcitatem cordis avertent, animamque sanabunt ; cum sermo Dei sanet omnia*, et ideo scriptus sit *ut illuminet oculos, et animas convertat.*

comme tous les autres, renferme une grande quantité
de passages de l'Écriture, mis en antiennes et en
répons, et dans lesquels le texte sacré n'exprime ni un
discours de Dieu à l'homme, ni une parole de l'homme à
Dieu ; que la fameuse parole de saint Cyprien, *amica et
familiaris oratio est Deum de suo rogare*, parole vraie
de tout point quand il s'agit de l'Oraison dominicale, au
sujet de laquelle il l'a dite (1), est complétement sans application quand il s'agit de la presque totalité des pièces
liturgiques empruntées à l'Écriture par le Bréviaire
d'Orléans et les autres ; outre que, Dieu étant l'auteur de
la Tradition aussi bien que de l'Écriture, on peut dire
dans un sens que c'est louer Dieu *de suo* que de lui adresser
les prières que l'Église a composées avec son assistance,
et que l'usage des siècles a sanctifiées de plus en plus ;
enfin que, comme le dit avec une grande vérité l'archevêque Languet, les centons bibliques dont sont garnis les
nouveaux bréviaires, « ne peuvent avoir d'autre autorité
« que celle d'un évêque particulier, homme sujet à erreur,
« et d'autant plus sujet à erreur qu'il est seul, qu'il
« introduit des choses nouvelles, qu'il méprise l'antiquité
« et l'universalité (2). » Nous aurons à revenir sur tout
ceci dans la partie de cet ouvrage où nous traiterons de
l'autorité de la Liturgie ; mais notre rôle d'historien dans
des matières si négligées depuis longtemps, nous oblige
parfois d'introduire dans notre récit une sorte de polémique. Nous le faisons à regret, mais la crainte de n'être
pas suffisamment compris nous contraint d'effleurer ainsi
la partie doctrinale de cet ouvrage, avant d'être arrivé à la
discussion polémique. Le lecteur voudra bien excuser ces
anticipations que nous ne nous permettons que dans
l'intérêt de plusieurs. De toutes les choses qu'on ignore
aujourd'hui, l'histoire même contemporaine de la Liturgie

---

(1) *Vid.* tom I, pag. 73.
(2) *Vid.* ci-dessus, pag. 150.

est peut-être la plus ignorée. C'est un fait dont nous recueillons de toute part l'ingénue confession.

Quelque hardi qu'eût été Le Brun Desmarettes dans la rédaction du Bréviaire d'Orléans, il devait être dépassé de bien loin par ses émules du XVIIIe siècle. Il fut aisé de juger de la distance qu'on avait franchie en quarante années, depuis la réforme liturgique de M. de Harlay, lorsqu'on vit paraître à Paris, en 1720, un ouvrage portant ce titre : *Projet d'un nouveau bréviaire, dans lequel l'office divin, sans en changer la forme ordinaire, serait particulièrement composé de l'Écriture sainte, instructif, édifiant, dans un ordre naturel, sans renvois, sans répétitions* ET TRÈS-COURT, *avec des observations sur les anciens et sur les nouveaux bréviaires*. L'auteur était Frédéric-Maurice Foinard, autrefois curé de Calais, connu d'ailleurs par plusieurs ouvrages, entre autres par une *Explication de la Genèse*, qui fut supprimée à raison des idées hasardées et singulières qu'elle se trouva contenir. Foinard ne se contenta pas d'exposer sa théorie aux yeux du public; il prit la peine de joindre l'exemple au précepte, et publia, en 1726, un bréviaire exécuté d'après son plan, où toute la Liturgie des offices divins avait été de nouveau élaborée et soumise au creuset de son génie particulier. Ne croit-on pas rêver, en lisant le récit d'une pareille témérité ? et peut-on se défendre d'un sentiment de tristesse, quand on pense que beaucoup d'Églises en France, après avoir expulsé les antiques prières, en sont réduites à emprunter dans les divins offices la voix de Foinard en la place de celle de saint Grégoire ? Car le bréviaire de cet auteur forme, en grande partie, avec celui de Cluny, le magasin où l'on a puisé la plupart des matériaux employés dans la confection des bréviaires du XVIIIe siècle. Ce livre, qui ne trouva d'imprimeur qu'à Amsterdam, était intitulé : *Breviarium ecclesiasticum, editi jam prospectus executionem exhibens, in gratiam ecclesiarum in quibus facienda erit breviariorum editio* (2 vol. in-8°).

L'année suivante, 1727, le docteur Grancolas, dans son *Commentaire du Bréviaire romain*, dont nous avons parlé ailleurs, donna aussi, dans un chapitre spécial, le *Projet d'un nouveau bréviaire* (1). Mais le système liturgique développé dans ce chapitre avait déjà vu le jour en grande partie, en 1714, dans les cinq dernières pages d'un autre ouvrage du même auteur, intitulé : *Traité de la Messe et de l'Office divin*. Nous allons exposer les principes qui devaient, suivant ces deux personnages, Foinard et Grancolas, prévaloir dans la Liturgie nouvelle ; mais, auparavant, considérons la triste situation du culte catholique, en France, livré ainsi à la merci de quelques docteurs particuliers qui osent, au grand jour, se mettre à la place de la tradition, cet élément souverain, et si indispensable dans les institutions d'une Église de dix-huit siècles.

Il fallait, certes, que l'on eût étrangement travaillé les hommes de cette époque, pour leur faire digérer une pareille anomalie. Aujourd'hui, les gens sérieux déplorent, comme le principe de toutes nos perturbations sociales, l'imprudence de ces publicistes du siècle dernier, qui s'imaginèrent être les sauveurs de la société, parce qu'il leur plaisait de formuler, sur le papier, des constitutions à l'usage des nations qui, disait-on, n'en avaient pas. Joseph de Maistre les a flétris pour jamais, ces hommes *à priori*, et l'Europe, ébranlée jusque dans ses fondements, atteste assez haut leur damnable présomption. Ici, c'est bien autre chose. Voici des hommes qui veulent persuader à l'Église catholique, dans une de ses plus grandes et de ses plus illustres provinces, qu'elle manque d'une Liturgie conforme à ses besoins, qu'elle sait moins les choses de

I PARTIE
CHAPITRE XIX

Dès 1714, le docteur Grancolas avait exposé un système liturgique, qu'il applique en 1727 dans un projet de bréviaire.

Par une étrange folie, ces hommes pensent que l'Église manque d'une Liturgie conforme à ses besoins et ils ont la prétention de lui tracer un système plus convenable pour l'ensemble de son culte.

(1) Tome I, page 346-352.

la prière que certains docteurs de Sorbonne, que sa foi manque d'une expression convenable; car la Liturgie est l'expression de la foi de l'Église. Bien plus, ces hommes présomptueux qui ont pesé l'Église, qui ont sondé ses nécessités, ne prononcent pas seulement que sa Liturgie pèche par défaut, ou par excès, dans quelques détails ; mais ils la montrent aux peuples comme dépourvue d'un système convenable dans l'ensemble de son culte. Ils se mettent à tracer un nouveau plan des offices, nouveau pour les matériaux qui doivent entrer dans sa composition, nouveau pour les lignes générales et particulières. Les voici donc à l'œuvre : les livres de saint Pie V, qui ne sont que ceux de saint Grégoire, ne valent même pas la peine d'être nommés désormais; ceux de François de Harlay, malgré de graves innovations, sont trop romains encore. Il faut que d'un cerveau particulier éclose un système complet qu'on fera imprimer, *en faveur des églises* (in gratiam ecclesiarum) *qui doivent faire une édition du bréviaire !*

Et ces hommes que cent cinquante ans plus tôt la Sorbonne eût condamnés, comme elle condamna les rédacteurs des Bréviaires de Soissons et d'Orléans, comme elle condamna le cardinal Quignonez lui-même, bien que son œuvre eût momentanément obtenu l'agrément privé de Paul III, révoqué bientôt par saint Pie V; ces hommes sans caractère, qui ne peuvent être fondés dans leurs prétentions que dans le cas où l'Église serait moins assurée qu'eux-mêmes de la voie où les fidèles doivent marcher, ces hommes ne furent point repoussés ; on les écouta, on leur livra nos sanctuaires. Encore Foinard et Grancolas valaient-ils mieux que plusieurs de ceux qui vinrent après; mais ils ont la triste gloire d'avoir les premiers intenté procès à l'Église leur mère, d'avoir fait les premiers cette sanglante critique de tous les siècles catholiques, atteints et convaincus désormais d'avoir manqué d'intelligence dans la prière, d'avoir laissé durant tant de siècles les mystères sans expression convenable. Nous ne craignons pas de le dire, lorsque les Églises de France seront revenues à l'unité, à l'universalité, à l'autorité dans les choses de la Liturgie, et Dieu leur fera quelque jour cette grâce; lorsque cette suspension des anciennes prières catholiques ne sera plus qu'un fait instructif dans l'histoire, on aura peine à se rendre compte des motifs qui purent amener une semblable révolution au sein d'une nation chrétienne. On imaginera que quelques violentes persécutions enlevèrent alors toute liberté à nos Églises, et qu'elles se séparèrent ainsi des prières du Siège apostolique et de l'antiquité, pour échapper à de plus grands dangers. Mais lorsque, éclairés sur les événements, les fidèles verront qu'aucune coaction ne fut employée pour produire un résultat si étrange, qu'au contraire on vota, de toutes parts, comme par acclamation, la refonte de la Liturgie sur un plan nouveau et tout humain, que cette œuvre fut confiée à des mains hérétiques, alors ils admireront la miséricorde divine envers l'Église de France.

Certes, c'était une chose bien lamentable de voir ainsi se rompre la communion des prières catholiques, avec Rome, avec le reste de la chrétienté, avec les siècles de la tradition ; mais ce qui n'était pas moins humiliant, ce qui n'accusait pas moins la triste déviation qui faillit ruiner pour jamais la foi catholique dans notre patrie, c'est le mesquin presbytérianisme, dont toute l'œuvre des nouvelles Liturgies demeure à jamais entachée. La plupart de ces faiseurs étaient des hérétiques, comme nous l'avons dit, et comme nous le dirons encore en temps et lieu ; mais de plus, ils étaient de simples prêtres, sans caractère pour enseigner, sans mission pour réformer l'Église, sans troupeau à gouverner en leur nom. Jusqu'ici nous avions vu la Liturgie, soit dans l'Église d'Orient, soit dans l'Église d'Occident, formulée, disposée, corrigée par les évêques;

La composition et la correction de la Liturgie, réservées jusqu'alors aux évêques, livrées à de simples prêtres et à des hérétiques.

saint Léon, saint Gélase, saint Grégoire le Grand, saint Léon II, saint Grégoire VII, Paul IV, dans l'Église de Rome; saint Ambroise, dans l'Église de Milan; saint Paulin, dans l'Église de Nole; Maximien et Johannicius, dans l'Église de Ravenne; Théodose, dans l'Église de Syracuse; saint Paulin, dans celle d'Aquilée; Voconius, dans l'Église d'Afrique ; saint Hilaire, saint Césaire d'Arles, saint Sidoine Apollinaire, saint Venantius Fortunat, saint Grégoire de Tours, saint Protadius de Besançon, saint Adelhelme de Séez, dans l'Église des Gaules ; saint Léandre, saint Isidore, Conantius, Jean de Saragosse, Eugène II de Tolède, saint Ildefonse, saint Julien de Tolède, dans l'Église gothique d'Espagne ; saint Eusthate d'Antioche, saint Basile, saint Maruthas, saint Cyrille d'Alexandrie, saint Jean Maron, saint André de Crète, Come de Maïuma, Joseph Studite, George de Nicomédie, etc., dans les Eglises d'Orient. La Liturgie est donc l'œuvre des évêques ; ils l'ont rédigée, fixée en établissant les Églises ; c'est d'eux qu'elle a tout reçu ; c'est par eux qu'elle subsiste. Les diverses réformes de la Liturgie n'ont jamais été autre chose que le rétablissement de l'œuvre liturgique des évêques dans son ancienne pureté ; de même que la réforme de la discipline n'est que le retour aux constitutions apostoliques, et aux décrets des conciles. On doit se rappeler que le soin donné par Grégoire IX aux Frères Mineurs ne regardait pas la composition de la Liturgie, mais une simple épuration, dans le genre de celle qu'accomplirent les commissions romaines nommées par saint Pie V, Clément VIII et Urbain VIII ; encore ces dernières renfermaient-elles plusieurs membres revêtus de la pourpre romaine, ou honorés du caractère épiscopal.

En France, au contraire, il ne s'agit point de corriger, de mettre dans un meilleur ordre la Liturgie romaine-française, ni de rétablir l'antique et vénérable rite gallican ; il s'agit de donner de fond en comble une Liturgie à une

Église qui n'en a pas, et aucun évêque ne couvre de la responsabilité de son travail personnel cette œuvre qui doit remplacer celle de tant d'évêques des premiers siècles, de tant de souverains pontifes. Pour opérer cette grande et inouïe révolution, les évêques français du XVIIIe siècle se constituent sous la dépendance de simples prêtres qui se sont érigés en législateurs de la Liturgie. Les plus justes réclamations sont étouffées, comme on va le voir, et il faut que saint Grégoire disparaisse avec tout l'imposant cortége de ses cantiques séculaires, pour faire place à des prêtres comme Le Tourneux, de Vert, Foinard, Petitpied, Vigier, Robinet, Jacob; bien plus, à des DIACRES, comme J.-B. Santeul; à des ACOLYTES, comme Le Brun Desmarettes et Mésenguy; à des LAIQUES, comme Coffin et Rondet !

par les compositions de simples clercs et de laïques.

Nous n'ignorons pas qu'il serait possible de montrer dans la Liturgie romaine certaines pièces, des hymnes principalement, qui ont eu pour auteurs non-seulement de simples prêtres, mais des laïques même, comme Prudence, Charlemagne, etc. C'est à Elpis, femme de Boèce, que l'Église romaine a emprunté en partie les hymnes de la fête de saint Pierre et de saint Paul. Mais d'abord, à l'Église appartient de choisir avec une souveraine autorité, parmi les œuvres de ses enfants, celles qu'elle juge dignes de servir d'expression à ses propres sentiments dans les divins offices. Ajoutons encore que ces adoptions d'hymnes ont eu rarement lieu du vivant des auteurs, mais souvent plusieurs siècles après leur mort; que l'esprit de parti et de coterie n'y a été pour rien. Enfin, quand l'Église, pour orner le texte d'un de ses offices, daigne emprunter quelque composition à un de ses enfants, elle ne déroge en rien à l'ensemble de sa Liturgie, qui n'en demeure pas moins invariable dans sa forme traditionnelle.

On ne peut alléguer en faveur de ces témérités l'usage que fait l'Église romaine de quelques hymnes qui ont des laïques pour auteurs.

L'Église, on a dû le voir dans tout ce qui a précédé, ne renouvelle donc point sa Liturgie, suivant les siècles.

L'Église ne renouvelle pas sa Liturgie suivant les siècles.

L'Église se borne à corriger et à enrichir sa Liturgie.

Elle la *corrige*, elle *l'enrichit*; mais le Missel romain est encore aujourd'hui le composé de l'Antiphonaire et du Sacramentaire de saint Grégoire, comme le Bréviaire demeure toujours le Responsorial du même pontife, qui n'avait guère fait autre chose que de mettre en meilleur ordre l'œuvre des papes ses prédécesseurs.

Ce principe suivi fidèlement dans la réforme liturgique de saint Pie V.

Nous avons raconté comment, pour la réforme du bréviaire et du missel par saint Pie V, on tint surtout à ce que les correcteurs de ces livres ne s'écartassent point des anciens bréviaires conservés dans les plus illustres églises de Rome et dans la bibliothèque Vaticane. C'est le témoignage rendu par le pontife, dans les deux bulles de publication ; témoignage dont nous sommes à même de vérifier toute l'exactitude, sur les anciens antiphonaires, responsoriaux et sacramentaires publiés par Pamelius, D. Hugues Ménard, D. Denys de Sainte-Marthe, le B. Tommasi, D. Gerbert, etc. Il en devait être ainsi dans l'Église romaine, dont la vie et la force consistent uniquement dans les traditions. Foinard et Grancolas jugèrent, dans leur sagesse, qu'il en pouvait être autrement dans l'Église de France.

Étrange idée de Foinard qui se propose au contraire de donner un bréviaire nouveau, composé particulièrement de l'Écriture sainte, instructif, édifiant, sans renvois et très-court.

Écoutons ces deux grands législateurs de nos sanctuaires ; Foinard est le plus explicite dans ses désirs. Le titre de son livre mérite tout d'abord notre attention : *Projet d'un nouveau Bréviaire ;* ainsi, le bréviaire est, parmi les institutions de l'Église catholique, la seule qui n'ait pas besoin *d'antiquité*, qui puisse être refondue, après les siècles, sur le plan donné par un simple particulier, — *d'un nouveau Bréviaire dans lequel l'Office divin, sans en changer la forme ;* — on consent donc à laisser dans ce bréviaire, les matines, les laudes, les petites heures, vêpres, complies, avec le même nombre de psaumes, d'hymnes, etc. Il y aura encore un psautier, un propre du temps, un propre et un commun des saints. — *Dans lequel l'office serait particulièrement composé de l'Écriture sainte;* — l'Église, jusqu'ici, employait sa propre voix à célébrer ses mystères; elle se croyait en droit de parler à son Époux; l'élément traditionnel lui semblait divin comme l'Écriture; or le bréviaire, avec ses antiennes, ses répons et ses versets, qu'était-ce autre chose que la tradition? Le docteur Foinard, qui sait bien qu'un simple particulier ne fait pas de la tradition, propose de farcir son œuvre de phrases bibliques qu'il choisira à son loisir et suivant les convenances. — *Instructif;* — ainsi, la tradition n'apprend rien; l'Église, dans ses œuvres, ne sait pas nous instruire, elle qui a les paroles de la vie éternelle. Il nous faut pour cela avoir recours à certains prêtres de doctrine suspecte, qui nous initieront à la doctrine. — *Édifiant;* — si l'Église *instruit* mal, elle ne peut guère *édifier*. Que ceux-là qui vont nous instruire daignent donc aussi nous édifier. — *Dans un ordre naturel, sans renvois;* — plus de ces rubriques compliquées qui obligent le prêtre à faire de l'office divin une étude sérieuse; au reste, ces rubriques sont elles-mêmes des traditions, il est trop juste qu'elles disparaissent. — *Sans répétitions;* — il est pourtant malheureux que ceux qui prient Dieu ou les hommes soient ainsi faits, qu'ils éprouvent le besoin de répéter souvent leurs demandes. — *Et* TRÈS-COURT; — voilà le grand moyen de succès! C'est peu de tenter les hommes par la belle promesse de les *éclairer* et de les *édifier;* c'est peu de les flatter par l'espérance que le livre qui contient la prière sera désormais *réduit à un ordre naturel, sans renvois,* que l'on ne perdra plus de temps à lire et étudier des rubriques; *la somme des prières sera diminuée,* et afin qu'on puisse désirer un *nouveau bréviaire* avec connaissance de cause, l'engagement de le rendre *très-court* est exprimé en toutes lettres sur le titre du livre destiné à propager en tous lieux une si merveilleuse nouvelle! On prétend donc faire rétrograder l'Église de France jusqu'au bréviaire de Quignonez (1). Saint Pie V, les conciles du XVIe siècle, l'Assemblée du clergé de 1605 et 1606, tout est oublié, méprisé. On veut un bréviaire *composé d'Écriture sainte*, et, par-dessus tout, un bréviaire *court* ; on l'aura ; il se trouvera des jansénistes, des hérétiques pour le rédiger.

<small>Inanité de la promesse de Foinard qui s'engage à ne prendre l'Écriture sainte que dans des sens autorisés.</small>

Entrons maintenant dans le détail des moyens choisis par notre improvisateur liturgique, pour réaliser le plan qu'il a daigné concevoir, et qu'il rédigera bientôt à l'usage de l'Église. D'abord, son élément constituant, c'est *l'Écriture sainte*, ainsi qu'il l'a annoncé sur le titre de son livre. Mais, dit-il, *il ne la prendra que dans des sens autorisés* (2). Rien de plus rassurant qu'une pareille déclaration ; mais si l'esprit de secte vient à s'emparer de la rédaction liturgique, au milieu de l'ébranlement général que ces brillants systèmes vont causer dans l'Église de France, quelle sera la garantie ? *Les sens autorisés*, aux yeux d'un janséniste, sont tout différents *des sens autorisés* à ceux d'un catholique. Encore, si, dans ce triomphe de l'Écriture sur la tradition, on voulait consentir à laisser dans nos bréviaires les nombreuses pièces empruntées à l'Écriture elle-même par saint Grégoire, nous n'aurions d'examen à faire que sur les nouvelles pièces substituées aux antiennes, versets et répons de style ecclésiastique.

<small>Le réformateur liturgique ne respectera pas même les formules grégoriennes tirées de l'Écriture sainte.</small>

Mais cette retenue n'est pas du goût de Foinard, ni de ses successeurs. Les parties de l'office grégorien qui sont tirées de l'Écriture sainte pourraient ne pas s'harmoniser dans le plan d'offices inventé au XVIIIe siècle. « Il ne fau-
« drait donc pas, dit notre docteur, se faire un scrupule
« de substituer certains textes de l'Écriture sainte à ceux
« qui sont employés dans les anciens bréviaires, pour
« composer des antiennes, des répons, des capitules, etc.
« Il semble, en effet, que c'est une chose très-indifférente

---

(1) Encore le Bréviaire de Quignonez était-il rempli de formules traditionnelles.

(2) *Projet d'un nouveau Bréviaire*, page 66.

« en soi-même qu'un répons ou un capitule soit pris d'un « endroit de l'Écriture sainte plutôt que d'un autre, et « que, quand un texte convient mieux qu'un autre dont « on se servait anciennement, il est fort permis de le « prendre (1). » On le voit, nous n'exagérons rien ; au reste, depuis longtemps, en France, on n'en est plus aux théories. Les bréviaires ont été produits et sont là pour attester le dédain avec lequel l'œuvre grégorienne a été traitée sous tous les points.

Foinard dispose, avec une incroyable assurance, l'échelle de la proportion qu'on devra suivre désormais entre les fêtes du christianisme. Ce qui existe à ce sujet dans l'Église n'a que l'autorité du fait; voici donc comment il entend régler pour l'avenir l'harmonie entre ces nobles parties de la Liturgie universelle. Former une classe supérieure de fêtes de Notre-Seigneur, dans laquelle on ne puisse admettre aucune fête de la sainte Vierge, ni des saints, ainsi que le pratique d'une manière si inconvenante le Bréviaire romain. Telle est l'idée de Foinard (2), celle aussi de Grancolas (3), et tous deux — le croirait-on, si on ne le lisait de ses propres yeux, si plus d'un bréviaire de France ne nous l'attestait encore ? — ils osent refuser à la fête du Saint-Sacrement une place parmi les grandes fêtes de Notre-Seigneur ! Languet a-t-il donc si grand tort de signaler les instincts calvinistes dans toute cette révolution liturgique, révolution, nous le répétons, venue d'en bas, entachée de presbytérianisme, et poussée par des hommes en rébellion contre le Siége apostolique ? Quant au refus d'admettre aucune fête de la sainte Vierge ou des saints dans la première classe, qu'est-ce autre chose, à part la leçon faite à l'Église mère et maîtresse, qu'une manière

Foinard et Grancolas proposent une nouvelle classification des fêtes, dans laquelle celles de Notre-Seigneur obtiendront seules le premier degré, à l'exclusion de celles de la sainte Vierge et même de la fête du Saint-Sacrement.

---

(1) *Projet d'un nouveau Bréviaire*, page 178.
(2) *Ibid.*, page 15.
(3) *Commentaire du Bréviaire romain*, tome I. — *Projet d'un nouveau Bréviaire*, page 347.

d'humilier la piété catholique sous le superbe prétexte de venger l'honneur de Dieu, comme si Jésus-Christ n'avait pas dit : *Qui mihi ministrat me sequatur, et ubi sum ego, illic sit et minister meus* (1) ?

Institutions liturgiques

La Fête-Dieu, l'Assomption et la fête du patron descendues au second degré, saint Jean-Baptiste et les apôtres saint Pierre et saint Paul, au troisième.

Foinard et Grancolas consentent néanmoins à ne pas faire descendre la Fête-Dieu, l'Assomption et la Fête du Patron, au-dessous de la seconde classe (2); mais, en retour, saint Jean-Baptiste, et saint Pierre et saint Paul, n'étant pas jugés dignes de s'arrêter encore à ce second degré, tombent au troisième qu'on appellera *solennel mineur* (3). Ainsi ces docteurs voulaient-ils étendre à la France entière les audacieuses réformes de Le Tourneux et de dom de Vert. N'est-ce pas une chose profondément humiliante, et non moins désolante pour la piété, que de voir qu'ils y ont réussi ?

Le principe de la supériorité du dimanche à toutes les fêtes même de la sainte Vierge posé, toujours à l'imitation du Bréviaire de Cluny.

Toujours à la suite des auteurs du Bréviaire de Cluny, nous voyons nos deux docteurs s'imposer la tâche de diminuer, d'une manière plus efficace, le culte de la sainte Vierge et des saints, au moyen de certaines mesures liturgiques qui finirent par devenir propres à tous les nouveaux bréviaires. C'est d'abord leur grand principe de la sainteté du dimanche qui ne permet pas qu'on dégrade ce jour jusqu'à le consacrer au culte d'un saint, ni même de la sainte Vierge. Il ne pourra donc céder qu'à une solennité de Notre-Seigneur. Il sera désormais *privilégié* à l'égard même de l'Assomption de la sainte Vierge, de la Toussaint, etc. (4). A plus forte raison, les *doubles majeurs* ou *mineurs*, qui diversifiaient si agréablement pour le peuple fidèle la monotonie des dimanches, en lui rappelant les amis de Dieu, leurs vertus et leur protection, devaient-ils être pour jamais renvoyés à des jours de

---

(1) Joan. XII, 26.
(2) Foinard, page 19. Grancolas, page 347.
(3) Foinard, page 20. Grancolas, *ibidem*.
(4) Foinard, page 24. Grancolas, 346.

férie dans lesquels leur fête s'écoulerait silencieuse et inaperçue ?

En outre, pour donner au temps du carême une couleur sombre et conforme, pensait-il, au génie de l'Église primitive, Foinard proposait de retrancher toutes les fêtes des saints qui tombent dans ce temps, même l'Annonciation (1). Grancolas, moins austère, daignait tolérer l'Annonciation et même saint Joseph (2), et n'admettait pas non plus l'idée qu'avait eue Foinard, de privilégier aussi contre les fêtes des saints les féries du temps pascal. Cette dernière idée n'a été admise, que nous sachions, dans aucun bréviaire : mais toutes les autres réductions du culte des saints dont nous venons de parler, sont encore à l'ordre du jour dans la plupart des Églises de France.

Foinard n'admet aucune fête dans le carême, pas même celles de l'Annonciation et de saint Joseph, que Grancolas conservait.

Une autre manière de relever la primitive Église dans le nouveau bréviaire, c'est la proposition que fait Foinard d'introduire de nouvelles fêtes de martyrs, divisées suivant les diverses persécutions. Nous allons bientôt voir cette idée en action. Pour achever ce qui a rapport au culte des saints, nous citerons cette phrase naïve de Grancolas : « On devra abréger l'office des dimanches et « des féries ; car dès que l'office de la férie ne sera pas « plus long que celui des fêtes, comme il est plus diversifié « et plus affectif que celui des saints, il n'y a personne « qui n'aime mieux le dire que celui des fêtes (3). » Quant aux fêtes des saints, voici ce qu'on en fera. Saint Jean-Baptiste, saint Pierre et saint Paul descendront, comme on l'a déjà vu, au *solennel mineur ;* les autres apôtres ne seront que *doubles,* les saints docteurs *semi-festifs,* les martyrs *simples.* « Les fêtes des confesseurs, « ajoute notre docteur, n'auraient qu'une seule mémoire « dans l'office férial, et on *renverrait* leur office, s'ils sont

Moyens employés pour réduire le nombre des offices des saints et faire en sorte que le clergé leur préfère les offices du temps.

---

(1) Page 30.
(2) Page 351.
(3) Page 347.

« évêques, dans leurs diocèses ; s'ils sont moines, dans « leur ordre ; et les autres saints et saintes, dans les lieux « où ils se sont sanctifiés ; ne faisant aucune fête d'inven- « tion ou de translation de reliques, que dans les lieux « *où l'on croit avoir* de ces reliques (1). » Le calendrier sera désormais épuré, comme l'on voit, et puisque le but avoué de Grancolas et de ses complices, est de faire que le clergé préfère l'office de la férie à celui des saints, on ne peut nier qu'il n'ait pris un excellent moyen d'assurer cette préférence, en réduisant à des bornes si étroites cet office des saints. Mais aussi, quel lamentable spectacle que de voir pénétrer dans nos églises des maximes entachées de calvinisme, et si grossièrement opposées à celles du Siége apostolique, qui n'a cessé depuis deux siècles de fortifier le calendrier de l'Église par l'accession de nouveaux protecteurs ! Nous n'avons pas besoin de dire que les idées de Foinard se rapprochent totalement de celles de Grancolas. Il déclare expressément que l'office sera de la même longueur aux féries et aux fêtes, *pour éviter l'ennui* (2), et qu'on devra diminuer autant que possible le nombre des fêtes à neuf leçons (3). Quant aux leçons des saints, nos deux docteurs s'accordent à dire qu'elles ne devront renfermer que des histoires bien approuvées (4). Nous verrons bientôt ce qu'on doit entendre par ces paroles.

Le bréviaire, ainsi réduit, n'est bientôt plus qu'un livre de lecture privée ; il perd son caractère social. C'est pourquoi, rétrogradant toujours jusqu'à Quignonez, et jaloux d'enchérir sur les traditions de François de Harlay, Foinard ne se borne plus à retrancher de la récitation privée le salut au peuple chrétien, *Dominus vobiscum*, il veut en exclure la répétition des invitatoires, des répons

(1) Page 348.
(2) Page 83.
(3) Page 187.
(4) Foinard, page 114. Grancolas, page 348.

brefs ; le *Jube, Domne, benedicere,* le *Tu autem, Domine, miserere nobis,* et même le *Benedicamus Domino,* sans doute à cause du pluriel *Benedicamus* (1). Il faut pourtant avouer que Foinard n'a pas été suivi, dans nos bréviaires, sur tous ces points : on s'est borné généralement à la suppression du *Dominus vobiscum* dans l'office récité en particulier ; après tout, c'est accorder le principe et nier la conséquence. Foinard a été plus heureux dans la proposition de supprimer les *Pater, Ave, Credo,* qui précèdent les heures de l'office. On lui a, en grande partie, octroyé sa demande, en cessant de réciter ces prières en tête des différentes heures quand on les chante, ou quand on les récite à la suite des unes des autres.

On voit dans cette dernière innovation, comme dans tout le reste, le grand désir d'abréger l'office, la crainte de n'en pas venir à ses fins, si on n'offrait pour compensation à la ruine de toutes les traditions l'appât d'un bréviaire TRÈS-COURT. C'est dans cette intention qu'un si grand enthousiaste de l'antiquité que prétend l'être Maurice Foinard, ne craint pas de proposer l'établissement d'offices *à six leçons* pour les fêtes auxquelles on voudra donner un rang médiocre. Nous ne connaissons qu'un seul bréviaire dans lequel cette étrange forme d'office ait été admise.

Maintenant, si on se demande en vertu de quel droit nos faiseurs imaginaient rendre licite un pareil bouleversement du culte divin, Foinard nous répond, et cette réponse a été souvent donnée, de nos jours, avec tout autant d'irréflexion et d'un air tout aussi triomphant, Foinard nous répond que saint Grégoire écrivit, au VIe siècle, à saint Augustin, apôtre d'Angleterre, qu'il le faisait libre d'admettre dans le service divin les coutumes, soit des Gaules, soit de toute autre église, si leur fusion avec

(1) Page 53.

Il retranche jusqu'aux *Pater, Ave* et *Credo* qui précèdent chaque heure canoniale.

Le réformateur propose l'établissement de fêtes à six leçons ; mais cette innovation n'a aucun succès.

Foinard allègue vainement pour légitimer ces bouleversements l'autorité donnée sur la Liturgie par saint Grégoire le Grand à saint Augustin, apôtre de l'Angleterre.

> INSTITUTIONS LITURGIQUES

celle de l'Église romaine pouvait faciliter et confirmer la conversion des Anglo-Saxons. C'est une bien étrange distraction que celle-là ; car, outre que, comme nous l'avons prouvé ailleurs, il ne s'agissait point de l'office divin proprement dit, qui fut toujours celui de Rome dans l'Église anglo-saxonne (1), mais simplement de certains usages et observances d'une importance secondaire, saint Grégoire donnait à saint Augustin un pouvoir légitime et spécial, non moins que personnel. En vertu de quelle extension aurait-on pu se l'attribuer en France, après tant de siècles, après la destruction du rite gallican, après l'établissement du rite romain, après le concile de Trente et la bulle de saint Pie V, après les conciles de France pour accepter cette bulle, etc. ? Est-il raisonnable, en outre, d'assimiler les usages liturgiques des Gaules, et autres anciennes Églises de fondation apostolique, à ceux dont Foinard ou ses pareils ont pris l'idée dans leur cerveau ? En un mot, de ce que saint Augustin aurait pu licitement, d'après la permission expresse de saint Grégoire le Grand, unir les rites sacrés de l'Église romaine avec quelques-uns de ceux, si vénérables, institués par les Pothin, les Irénée, les Hilaire et les Martin, s'ensuivait-il qu'on pouvait, onze siècles après, remplacer la plus grande partie des formules sacrées de l'office divin par d'autres formules improvisées par de simples prêtres ou laïques, les uns hérétiques, les autres suspects dans leurs relations et leurs tendances personnelles ? Mais en voilà plus qu'il n'en faut sur la lettre de saint Grégoire à saint Augustin : nous y reviendrons cependant une dernière fois dans la partie de cet ouvrage où nous aurons à traiter du droit de la Liturgie.

> Par un étrange renversement d'idées

Les utopies liturgiques de Grancolas et de Foinard doivent aussi être considérées sous le rapport des consé-

---

(1) Tome I, pages 174 et suiv.

quences qu'elles amenèrent. Non-seulement elles accélérèrent le remaniement des offices divins dans plusieurs diocèses, et leur complet renouvellement en d'autres ; mais, et ceci n'est pas moins grave, elles firent descendre la Liturgie au rang vulgaire des compositions du génie humain. Chacun se crut en droit de juger des convenances du bréviaire, et, pendant que de nombreux amateurs dissertaient sur ce qu'il y avait à faire pour donner enfin à l'Église une expression digne de ses mystères, des liturgistes de profession se formèrent de toutes parts. Jusque-là, on avait pensé que la Liturgie, c'était la Tradition, et que de même qu'on ne fait pas de la Tradition comme on veut, on ne fait pas non plus de la Liturgie à volonté, bien que la Tradition et la Liturgie reçoivent l'une et l'autre, par le cours des siècles, certains accroissements qui viennent se fondre dans la masse. Alors, car il faut toujours que des mots soient faits pour exprimer les idées, ou les nouvelles formes d'idées, alors on vit paraître ces expressions, *faire* un bréviaire, *l'auteur* de tel bréviaire : le bréviaire de tel diocèse *est bien fait*, cet autre est *mal fait,* celui-ci *est mieux fait*. Étrange renversement d'idées, mais qui trahissait bien les vues tout humaines, toutes nationales, toutes personnelles qui avaient présidé à cette œuvre téméraire ! On ne réfléchissait pas que s'il était encore temps, que même s'il était devenu nécessaire, après tant de siècles, de rédiger sur un nouveau plan la forme des prières et de la confession publique de l'Église, de deux choses l'une, ou le premier besoin de l'Église était demeuré si longtemps sans être satisfait et n'avait pu l'être que par quelques prêtres et laïques français, ou ces prêtres, ces laïques, en contradiction avec l'Église qui dédaignait leur œuvre, avaient assumé sur eux la plus énorme responsabilité. Or l'Église universelle n'a pas fait un pas vers ces hommes et leur œuvre. Le Siège apostolique les a laissés dans leur isole-

La foi antique subira une décadence proportionnelle aux progrès de l'innovation, parce que les nouveaux livres, dépourvus d'onction, ne donnent pas l'esprit de prière.

ment. Ils sont des hommes, ils ont fait une œuvre humaine ; elle aura le sort des œuvres humaines.

C'était donc une nouvelle branche de littérature dont Foinard et Grancolas avaient doté le pays. Les auteurs du Bréviaire de Cluny avaient du moins gardé le secret de leurs théories ; nos deux docteurs les ébruitèrent, et un grand mouvement commença dans nos sanctuaires appelés à la régénération. Toutefois, les plus zélés partisans de cette œuvre sont bien obligés de convenir que le bienfait des nouvelles Liturgies n'a pas contribué à faire refleurir l'antique foi de nos pères : il leur faut même convenir, l'histoire en main, que cette foi antique a subi une décadence proportionnelle aux progrès de l'innovation. Après tout, il eût été difficile que le mauvais arbre produisît de bons fruits, que les conceptions des jansénistes ou de leurs fauteurs donnassent parmi nous des fruits de piété et d'orthodoxie. Rien n'est plus commun et plus divertissant en même temps que d'entendre, comme on en est à même tous les jours, les partisans des nouveaux bréviaires convenir ingénument que la piété et l'onction ne forment pas le caractère de ces livres de prières qu'ils ont substitués à ceux de cette Église romaine qui, fondée inébranlablement sur la foi et la charité, mue et conduite par l'Esprit-Saint dont elle est l'épouse, soupire, dans tous les siècles, cet ineffable gémissement dont notre faible livre cherchera à faire sentir la merveilleuse douceur.

N'ayant ni diocèse ni paroisse dont il puisse donner le nom à son bréviaire, Foinard l'intitule Breviarium ecclesiasticum.

Après 1727, nous ne retrouvons plus Grancolas sur la scène liturgique. Le Commentaire du Bréviaire romain, dont le *Projet d'un nouveau Bréviaire* forme un des chapitres, est son dernier ouvrage. C'était l'année précédente, 1726, que Foinard, joignant l'exemple au précepte, avait fait imprimer son Breviarium ecclesiasticum. Le coup était hardi de la part d'un homme qui alors n'avait plus aucune juridiction, s'étant démis de sa cure de

Calais. Aussi, n'ayant ni diocèse, ni paroisse même à qui le destiner et dont il pût lui donner le nom, il jugea convenable d'en faire le Bréviaire DE L'ÉGLISE, et l'ouvrage parut sous ce titre : BREVIARIUM ECCLESIASTICUM, *editi jam prospectus executionem exhibens*. Ainsi sa Liturgie, après avoir été à l'état de *prospectus*, existait enfin en réalité.

De si grands avantages émurent plusieurs diocèses, et on remarqua bientôt un nouveau mouvement dans la Liturgie. Les bréviaires qu'on avait réformés dans les dernières années du XVIIe siècle et dans les premières du XVIIIe, tout en présentant de fâcheuses imitations de celui de François de Harlay, ne s'étaient pas cependant écartés d'une manière énorme de l'ancien fonds grégorien de l'office (1). On avait hésité à se lancer tout à fait dans la nouveauté : mais, après 1720, on osa franchir le pas et embrasser dans toute son étendue la responsabilité d'une nouvelle création liturgique. Ainsi le diocèse de Sens, qui avait reçu, en 1702, de son archevêque, Hardouin de la Hoguette, un bréviaire encore assez pur, fut obligé, dès 1725, d'en accepter un autre des mains de Denys-François Bouthillier de Chavigny. Ce second bréviaire, comme nous l'avoue Languet, successeur de Chavigny, dans sa controverse avec l'évêque de Troyes, avait eu pour rédacteur un homme de parti qui s'était appliqué à y faire entrer, à l'aide de passages de l'Écriture choisis dans un but suspect, les principes de la secte janséniste (2).

Daniel-Charles-Gabriel de Caylus, évêque d'Auxerre,

I PARTIE
CHAPITRE XIX

Sous l'action de ces nouvelles doctrines, un mouvement se produit dans la Liturgie après 1720.

Sens reçoit en 1725 un nouveau bréviaire rédigé de manière à y faire entrer les principes jansénistes.

L'évêque d'Auxerre,

---

(1) Parmi ces bréviaires nous citerons ceux de Senez (1700), de Lisieux (1704), de Narbonne (1709), de Meaux (1713), d'Angers (1716), de Troyes (1718), etc. Il y a de mauvaises intentions dans plusieurs de ces bréviaires. Généralement, celui de Cluny a trop influé sur leur rédaction ; mais ils sont loin d'être à la hauteur de ceux dont il nous reste à parler.

(2) Voyez ci-dessus, page 176.

T. II

242 MOUVEMENT NOUVEAU DANS LA LITURGIE

de Caylus, janséniste opiniâtre, dote son Église d'une nouvelle Liturgie, en 1726.

le même qui, après avoir suivi pendant douze ans la doctrine catholique contre le jansénisme, se déclara pour cette hérésie, peu de jours après la mort de Louis XIV, et en fut jusqu'à la fin l'un des plus opiniâtres champions, ne manqua pas de doter son diocèse d'une nouvelle Liturgie. Le bréviaire donné par le prélat, en 1726, eut pour principal rédacteur Jean-André Mignot, grand vicaire de Caylus, et son complice dans les mêmes doctrines.

Premiers essais liturgiques du docteur Robinet, qui donne, en 1728, un bréviaire à l'Église de Rouen.

En 1728, nous trouvons le Bréviaire de Rouen, publié par l'archevêque Louis de La Vergne de Tressan, et rédigé par le docteur Urbain Robinet, personnage de sentiments orthodoxes, il est vrai, et dont l'œuvre n'a rien qui tende, soit directement, soit indirectement, au dogme janséniste proprement dit, bien qu'elle n'en soit pas moins le produit d'un amour effréné de la nouveauté. Comme nous devons parler à loisir, dans un autre endroit, du docteur Robinet, nous nous bornerons à mentionner ici son premier essai liturgique, et nous ferons observer en même temps combien il était déplorable que l'Église de Rouen qui, dans le concile provincial de 1581 (1), avait ordonné si solennellement l'obéissance aux décrets de saint Pie V, et qui avait pris soin de s'y conformer dans les éditions de 1587, 1594 et 1626, se livrât désormais, pour la Liturgie, à la merci d'un simple particulier.

Mgr Fleuriau d'Armenonville, évêque d'Orléans, réimprime en 1731 le Bréviaire de Le Brun Desmarettes et du cardinal de Coislin, en faisant quelques

En 1731, parut un bréviaire à l'usage de l'Église d'Orléans. Le nom de l'évêque Louis-Gaston Fleuriau d'Armenonville est seul inscrit sur le frontispice de ce livre ; ce n'était cependant qu'une édition nouvelle du Bréviaire que Le Brun Desmarettes avait rédigé par l'ordre du cardinal de Coislin. M. Fleuriau d'Armenonville s'appropriait jusqu'à la lettre pastorale, par

---

(1) *Vid.* tome I, page 440.

laquelle son prédécesseur avait promulgué la nouvelle forme de l'office divin, en 1693. Pour toute différence entre les deux mandements, on ne trouve que la suppression de quelques phrases sans portée. Dans le corps du bréviaire, M. Fleuriau d'Armenonville avait renouvelé quelques hymnes, changé en plusieurs endroits les leçons tirées des Pères et fait quelques additions inspirées par l'esprit sincèrement catholique dont il était animé. Il rétablit, par exemple, la fête de la chaire de saint Pierre à Rome, supprimée dans le Bréviaire de 1693 ; mais, d'un autre côté, il faisait un nouveau pas dans la voie de l'innovation en changeant la disposition traditionnelle du Psautier, que le cardinal de Coislin avait respectée. En définitive, M. Fleuriau d'Armenonville, évêque d'une orthodoxie irréprochable, donnait un triste exemple en adoptant les théories et les œuvres liturgiques de la secte janséniste, qu'il combattait avec courage sur un autre terrain, et nous allons voir qu'il eut malheureusement des imitateurs, dont les fautes eurent les plus fatales conséquences.

changements, inspirés les uns par l'esprit catholique, les autres par les théories liturgiques des jansénistes.

L'année 1736 est à jamais fameuse dans les fastes de la Liturgie, par l'apparition du Bréviaire de Paris publié par l'archevêque Vintimille. Avant d'entamer le récit de la publication de ce livre célèbre, nous signalerons, en passant, un autre événement d'une importance majeure. En 1737, la sainte et vénérable Église de Lyon, qui jusqu'alors avait gardé religieusement la forme auguste de ses offices, dans lesquels l'ancien rite romain se mariait à de vénérables réminiscences de l'antique Liturgie gallicane, voyait porter atteinte à ce précieux dépôt. L'archevêque Charles-François de Châteauneuf de Rochebonne inaugurait un bréviaire dans lequel une chose aussi grave que la division du Psautier était sacrifiée, malgré sa forme séculaire, à de nouvelles théories d'arrangement, toujours dans le but d'abréger les offices divins. Le

L'antique Liturgie lyonnaise subit une première altération, en 1737, par la publication du Bréviaire de Mgr de Rochebonne, dans lequel la division du Psautier est changée.

nombre des formules traditionnelles était diminué, les légendes des saints soumises à une critique exagérée; enfin, si l'Église de Lyon ne se voyait pas privée dans une proportion plus considérable du trésor de ses vénérables prières, c'est que, fort heureusement, le prélat qui lui donnait le nouveau bréviaire avait été retenu par l'inconvénient qu'il y aurait eu de déroger à cet usage de Lyon, en vertu duquel on chantait encore sans livre les heures canoniales (1). Nous verrons bientôt un archevêque de Lyon que cette considération n'arrêtera pas.

L'Église de Paris et son nouveau Bréviaire vont donc nous occuper maintenant, la même Église de Paris qui, au moyen âge, communiquait à un si grand nombre d'autres les poétiques et harmonieuses richesses de sa Liturgie romaine-française*. Nous allons la voir recueillant, dans une œuvre trop fameuse, tout ce que renfermaient de nouveautés suspectes, de formes audacieuses, et le Bréviaire de François de Harlay, et celui de Cluny, et les* Projets *de Foinard et Grancolas, et les essais tentés à Sens, à Auxerre, à Rouen, à Nevers, à Orléans, etc.*

Toutefois, il y eut une transition de la Liturgie de Harlay à celle de Vintimille. Le cardinal de Noailles, le même qui, durant sa longue occupation du siége de Paris, fatigua si longtemps de sa mesquine et opiniâtre rébellion le Siége apostolique et la cour de France, ne pouvait manquer de laisser dans les livres parisiens quelques traces de son passage. Nous trouvons deux éditions du Bréviaire de Paris données par son autorité, celle de 1698

(1) Equidem prisca Ecclesiæ nostræ lege coarctatis, juxta quam sine codice Officium nocturnum, diurnumque persolvi consuevit, nova Responsoria, novasque Antiphonas plurimas ex Scriptura concinnandi nobis copia non fuit, ne tot mutationibus interturbaretur Officium, et ab ætate tenerrima choro nostro addictis fieret impossibilis sacrorum canticorum praxis inexperta.

et celle de 1714, et une du Missel en 1706. L'édition du Missel paraît avoir été dirigée par François Vivant, pénitencier de Notre-Dame et grand vicaire du cardinal, auquel on doit attribuer la plupart des proses qui s'y trouvent (1). Les lettres pastorales placées en tête du Bréviaire et du Missel portent expressément que l'on n'a voulu faire aucuns changements graves aux livres de François de Harlay dont on vante la perfection, et, en effet, il y a très-peu de différences entre les bréviaires et missels de ces deux archevêques.

Cependant, nous citerons quelques traits fortement caractéristiques. François de Harlay avait répudié les traditions de l'Église romaine et celles de l'Église de Paris, sur sainte Marie-Magdeleine, et dans l'office de cette sainte, il avait professé expressément la distinction de Marie, sœur de Lazare et de Marthe, d'avec l'illustre pécheresse, amante du Christ. Il y avait quelque chose de mieux à faire encore : c'était, en continuant de célébrer la fête de sainte Marie-Magdeleine, le 22 juillet, de consacrer un autre jour à la mémoire de Marie de Béthanie. Les fidèles ne seraient plus exposés à s'y méprendre et à retomber dans les préjugés insoutenables de l'Église romaine. Il est vrai que si, pourtant, Marie de Béthanie et Marie-Magdeleine sont une seule et même personne, l'acte souverain de Louis-Antoine de Noailles, pour les scinder en deux, ne pouvait avoir d'effet que dans le bréviaire; car Dieu même ne pourrait faire qu'une personne *unique* durant sa vie, en puisse jamais former *deux* après sa mort. Toutefois, comme le gallicanisme, qui refuse à l'Église le pouvoir sur les choses terrestres, n'a pas si généreusement renoncé à l'empire sur les choses célestes, comme nous le verrons encore ailleurs, le Bréviaire du cardinal portait, sur le calendrier, au 19 janvier, ces mots : *Mariæ Betha-*

Le cardinal de Noailles consacre officiellement la distinction entre Marie sœur de Lazare et Marie-Magdeleine, en établissant une fête spéciale de Marie de Béthanie, sœur de Lazare et de Marthe.

---

(1) Picot, dans l'article *Vivant*, en la Biographie universelle.

nidis, sororis Lazari et Marthæ, en même temps qu'au 22 juillet, ceux-ci : *Mariæ Magdalenæ.*

En si beau chemin, il était difficile de s'arrêter. François de Harlay, dans ses livres liturgiques, avait vilipendé les glorieuses traditions de l'Église de Paris sur l'Aréopagitisme de son saint apôtre ; mais il n'en était cependant pas venu jusqu'à inaugurer à un jour spécial la fête d'un saint Denys l'Aréopagite qui ne fût pas l'évêque de Paris. Le cardinal de Noailles le fit. Son calendrier portait, au 3 octobre, ces mots : *Dionysii Areopagitæ, Athenarum Episcopi et Martyris,* et plus bas, au 9 du même mois, ceux-ci : *Dionysii, primi Parisiorum Episcopi, et Sociorum ejus Martyrum.* Il n'est pas nécessaire d'être profondément versé dans les antiquités ecclésiastiques pour savoir que plusieurs anciens martyrologes portent en effet le nom de saint Denys au 3 octobre ; mais, outre que les partisans de l'Aréopagitisme de saint Denys de Paris satisfont à cette objection, était-ce au Bréviaire de Paris de rétracter et de flétrir d'une manière aussi humiliante ses propres traditions, tandis que la presque universalité des Églises, tant de l'Orient que de l'Occident, s'unit encore pour la féliciter de ce qu'elle a reçu la foi par le ministère de l'illustre disciple de saint Paul ? C'est une triste condition que celle de ces liturgies locales, et, par là même, mobiles, d'être condamnées à ressentir le contrecoup des révolutions que la mode introduit et que le retour à des idées plus saines peut anéantir. L'un des oracles de la critique moderne a dit : « L'opinion qui « identifie saint Denys l'Aréopagite avec saint Denys de « Paris, née du temps de Louis le Débonnaire, est beau- « coup moins ancienne que celle qui a rendu saint Denys « l'Aréopagite auteur de divers ouvrages qui ont com- « mencé à paraître sous son nom plus de quatre cents ans « après sa mort. Mais elle ne vivra point apparemment « plus longtemps, et l'on peut attribuer au siècle de Louis le

« Grand la gloire de les avoir ensevelis dans le même
« tombeau (1). » Ainsi parlait Adrien Baillet, en 1701 ;
mais si le xixe siècle voit ressusciter ces deux *opinions*,
qui sont du nombre des *opinions* de l'Église romaine, que
deviendra le calendrier actuel de Paris ? Quels cartons
ne faudra-t-il pas pour le Missel et le Bréviaire de cette
Église ?

    Quoique les changements faits au missel de Harlay par le cardinal de Noailles fussent assez légers, on remarqua néanmoins qu'on avait fait quelques additions. Nous en signalerons une entre autres dans la fameuse postcommunion de saint Damase, au 11 décembre, laquelle est entrée de plain-pied au Missel de Vintimille, et de là dans la presque totalité des missels français. La voici : *Nullum primum nisi Christum sequentes, et Cathedræ Petri communione consociatos, da nos, Deus, Agnum semper in ea domo comedere in qua beatus Damasus successor piscatoris et discipulus crucis meruit appellari.*

    Ceux de nos lecteurs qui connaissent la fameuse lettre de saint Jérôme au pape saint Damase reconnaîtront tout d'abord que cette postcommunion est entièrement composée de paroles tirées de cette lettre ; mais en quel sens ont-elles été détournées ! D'abord ces mots *Nullum primum nisi Christum sequentes*, séparés du reste de cette magnifique épître dans laquelle saint Jérôme célèbre si éloquemment la principauté apostolique, qu'expriment-ils, dans leur isolement du contexte, sinon que les fidèles n'ont point d'autre *Chef* que Jésus-Christ ? Certes, si saint Jérôme eût vécu au temps de Luther ou de Jansénius, il eût marqué avec son énergie ordinaire que s'il n'entendait suivre d'autre chef que Jésus-Christ, il ne voulait parler que du *chef invisible*, sans préjudice de cet autre *premier*, de ce *chef visible* qui est le Pontife romain. Et ces paroles,

---

(1) Baillet, *Vies des Saints*. Tome X, au 3 octobre, page 72.

Cathedræ Petri Communione consociatos, signifiaient-elles uniquement dans la bouche de saint Jérôme un simple lien extérieur, sans dépendance sous le double rapport de la foi et de la discipline? C'est ainsi, on le sait, que l'entendent les jansénistes, témoin les évêques de l'Église d'Utrecht et ceux de l'Église constitutionnelle de France, leurs disciples. Mais ce n'est pas là le sens de saint Jérôme qui, dans la même épître, inquiet de savoir, s'il faut *une hypostase* ou *trois hypostases*, demande au Pape de décider souverainement sur cette question : *Decernite, et non timebo tres hypostases dicere;* de saint Jérôme, disons-nous, qui ne se borne pas à dire qu'il est uni de communion à la Chaire de Pierre, mais qui entend cette communion d'un lien tellement fort, d'une union tellement intime, qu'il ne craint pas d'appliquer au Pape ces paroles que Jésus-Christ dit de lui-même : *Qui tecum non colligit, dispergit.*

La dernière partie de la postcommunion, moins importante, il est vrai, offre encore matière à observation. On voit que l'auteur profite des paroles de saint Jérôme, pour flétrir, à propos de l'humilité de saint Damase, ce que la secte appelle le *faste et l'orgueil de la cour romaine*. On y demande à Dieu la grâce *de manger l'Agneau dans cette maison où Damase a mérité d'être appelé le successeur du pêcheur et le disciple de la Croix*. Cependant on pourrait, avec vérité, faire observer à François Vivant que Clément XI fut le digne *successeur du pêcheur*, et un sincère *disciple de la Croix*, bien qu'il ait cru devoir écraser l'hydre janséniste par la Bulle *Unigenitus*, et condamner comme hérétiques ceux qui ne se soumettraient pas aux *décisions (decernite)* apostoliques, malgré qu'on les entendît crier de toutes parts qu'ils étaient et voulaient être toujours *unis de communion avec l'Église de Rome.*

Mais il ne s'agit plus maintenant de quelques altérations faites aux livres liturgiques de Paris, qui, comme nous l'avons remarqué, sont encore demeurés conformes, pour la plus grande partie, à ceux de Rome, en dépit des innovations de François de Harlay, et même de son successeur. L'Église de Paris va voir substituer en masse, aux offices grégoriens qu'elle chante depuis le viiie siècle, un corps d'offices nouveaux, inconnus, inouïs, fabriqués à neuf par de simples particuliers, un prêtre, un acolyte, un laïque, et cet événement va entraîner dans la plus grande partie de la France la ruine complète de l'œuvre de Charlemagne et des pontifes romains.

Vers l'année 1725, François-Nicolas Vigier, prêtre de l'Oratoire et successeur de Duguet en la charge de supérieur du séminaire de Saint-Magloire, s'étant livré aussi à la composition d'un bréviaire, suivant les idées nouvelles, se trouvait en mesure de faire jouir le public du fruit de ses labeurs. Ce personnage obscur devait être l'instrument de la plus grande révolution liturgique que l'Église de France ait vue depuis le viiie siècle. Il avait enfanté le Bréviaire de Paris. Cependant, ce n'était point à cette Église en particulier qu'il avait destiné son chef-d'œuvre. Le Cardinal de Noailles, qui mourut en 1728, avait refusé de l'adopter. François-Armand de Lorraine, évêque de Bayeux, avait paru mieux disposé; mais son chapitre s'était retranché dans une si courageuse opposition, que le prélat s'était vu contraint de se désister dans son entreprise.

Il n'est pas difficile de comprendre les motifs de cette résistance; c'était le sentiment de la foi qui se révoltait contre une œuvre suspecte. On savait que le P. Vigier appartenait à un corps profondément gangrené par l'hérésie janséniste, et, quant à lui-même, bien qu'il n'eût pas appelé de la bulle, sa réputation n'en était pas moins celle d'un homme rebelle dans le fond de son cœur. Au reste, il le fit bien voir lorsque, ayant été élu assistant de son général, le P. de la Valette, en 1746, il composa, pour aider à la pacification des esprits dans sa congrégation, sur le sujet des controverses du temps, un mémoire dans lequel il écartait de la bulle le caractère et la dénomination de règle de foi, la qualifiant simplement de règlement provisoire de police qui n'obligeait qu'à une soumission extérieure. Le Bréviaire du P. Vigier ne démentait pas trop, comme on va le voir, une pareille manière de penser dans son auteur : mais il fallait un patron à ce livre.

<small>Mgr de Vintimille, successeur du cardinal de Noailles, à Paris, essaye de tenir le milieu entre les appelants et les partisans de la bulle.</small>

Dieu permit, dans son impénétrable conduite, qu'il trouvât ce patron dans Charles-Gaspard de Vintimille, qui venait de succéder au cardinal de Noailles sur le siége de la capitale. Ce prélat, qui avait occupé successivement les siéges de Marseille et d'Aix, parvint à celui de Paris vers sa soixante-quinzième année. Homme de ménagements et de tolérance, il essaya de tenir le milieu entre les appelants et les partisans de la bulle. Toutefois, il fit fermer le cimetière de Saint-Médard, profané par les honteux miracles du diacre Paris; il eut même l'honneur de voir condamner, par le parlement de Paris, un mandement qu'il avait publié contre les *Nouvelles ecclésiastiques;* mais, en même temps, on savait qu'il avait écrit, sous la date du 22 mai 1731, au cardinal de Fleury, une lettre fameuse ainsi conçue : « Ma foi, Monseigneur, je perds
« la tête dans toutes ces malheureuses affaires qui affligent
« l'Église. J'en ai le cœur flétri, et je ne vois nul jour de
« soutenir cette bulle en France, que par un moyen qui
« est de nous dire, à la franquette, les uns aux autres, ce
« que nous entendons par chacune des propositions, quel
« est le sens, le bien que nous approuvons, le mal que
« nous rejetons, et après, frapper brutalement sur les uns
« et sur les autres qui ne voudront point nous suivre : et si
« Rome ne veut pas se rendre facile à ce que nous avons
« fait, lui renvoyer sa constitution. Ce projet, je l'avoue,
« que j'ai fait plus d'une fois, et que mon chagrin me

« fait faire, mérite quelque attention : mais en vérité on
« se lasse de battre l'air et l'eau inutilement (1). »

On doit convenir qu'il était difficile de gouverner un
diocèse comme celui de Paris, inondé de jansénistes, dans
la Sorbonne, dans les cures, dans les maisons religieuses,
dans le parlement, et qui, durant les trente années de
l'épiscopat du cardinal de Noailles, avait été le théâtre des
saturnales de l'hérésie triomphante. Aussi les actes par lesquels l'archevêque de Vintimille avait signalé le commencement de son gouvernement, bien qu'ils fussent compensés
par une grande douceur sur d'autres points, lui avaient
aliéné promptement les jansénistes : il eut le malheur, en
1736, de les entendre chanter ses louanges, et faire l'ardente apologie d'une de ces œuvres. Cette œuvre était
l'adoption solennelle du fameux bréviaire.

Charles de Vintimille s'était laissé persuader que l'Église
de Paris ne devait pas rester en retard des autres qui, en
si grand nombre, par toute la France, avaient convolé à
une liturgie nouvelle. Il avait entendu parler des travaux
du P. Vigier ; il y avait souri, et, décidément, cet oratorien
avait été choisi pour doter l'Église d'un nouveau corps
d'offices. On lui avait seulement associé deux hommes
dont les noms seuls rappellent les plus grands scandales
de cette époque. Le premier, François-Philippe Mésenguy,
était notoirement en révolte contre les décisions de l'Église.
Revêtu de l'ordre d'acolyte, et, à l'exemple de Le Brun
Desmarettes, n'ayant jamais voulu prendre le sous-diaconat,
il fut un des plus ardents, en 1739, à s'opposer à la révocation de l'appel par la Faculté des arts. Son *Exposition
de la doctrine chrétienne* (2), qui avait été mise à l'*Index*
dès 1757, fut condamnée par un bref solennel de Clément XIII, en date du 14 juin 1761. Ses écrits contre la

---

(1) *Biographie universelle.* Article *Vintimille.*
(2) 1744. 6 vol. in-12.

bulle et en faveur de l'appel (1) en faisaient l'un des plus célèbres champions du parti.

Le second des collaborateurs de Vigier était un simple laïque. Charles Coffin, successeur de Rollin dans l'administration du collége de Beauvais, à Paris, et appelant comme son prédécesseur, s'était chargé de composer les hymnes nécessaires pour le nouveau bréviaire. Nous mettons, certes, son mérite, comme hymnographe beaucoup au-dessus de celui de Santeul; il est d'autant plus triste pour nous d'avoir à raconter jusqu'à quel point il le prostitua. Mais si l'hymnographe du nouveau bréviaire était supérieur à Santeul pour le véritable génie de la poésie sacrée, sous le rapport de l'orthodoxie, il offrait moins de garanties encore. Le poëte Victorin, homme léger et sans conséquence, était, il est vrai, ami et fauteur d'hérétiques; Coffin, personnage grave et recueilli, était hérétique notoire. C'était donc d'un homme étranger à l'Église catholique, que l'Église de Paris, et tant d'autres après elle, allaient recevoir leurs cantiques sacrés. Les poésies d'un janséniste contumace allaient remplacer les hymnes de l'Église romaine, que François de Harlay et le cardinal de Noailles avaient du moins retenues presque en totalité.

Ce fait unique dans les fastes de l'histoire ecclésiastique, et qui témoigne d'un renversement d'idées sans exemple, est d'autant plus inexplicable que l'Église de Paris elle-même, quand son hymnographe fut sur le point de mourir, en 1749, lui refusa le baiser de sa communion. Coffin mourut sans sacrements, et le refus que fit le curé de Saint-Étienne-du-Mont de les lui administrer, fut approuvé par l'archevêque Christophe de Beaumont. Et l'Église de Paris continua de chanter et chante encore les

---

(1) *La Constitution* Unigenitus *avec des Remarques,* in-12. — *Lettre à un ami sur la Constitution* Unigenitus, in-12, etc.

hymnes de Coffin, cette même Église qui, comme toutes les autres, n'admet point dans son bréviaire une seule leçon de Tertullien, d'Origène, ou d'Eusèbe de Césarée, même tirée de leurs ouvrages orthodoxes, parce que la pureté de la foi et la sainteté des offices divins ne le pourraient souffrir, parce que tous les siècles chrétiens déposeraient contre une semblable témérité ! Quoi donc ? Charles Coffin est-il plus que Tertullien, dont presque tous les écrits sont un miroir de doctrine ; plus qu'Origène, dont les intentions paraissent avoir été toujours pures ; plus qu'Eusèbe de Césarée, dont la parole est presque toujours si lumineuse et si éloquente ? Pour nous, Dieu sait à quel prix nous désirerions, pour la gloire et pour l'entière pureté de l'Église de France qui nous a élevé, voir disparaître jusqu'au souvenir de ces désolantes traces des influences de l'hérésie la plus méprisable qui ait jamais insulté le corps mystique de Jésus-Christ. Nous nous sentons cruellement humilié, quand nous lisons, dans le journal de la secte, ces dures paroles auxquelles il nous est impossible de répondre autrement qu'en baissant la tête.

« On chante tous les jours dans l'Église de Paris la foi que
« professait M. Coffin, contenue dans des hymnes que
« feu M. de Vintimille lui-même l'avait chargé de com-
« poser. M. de Beaumont, successeur de M. de Vintimille
« dans cet archevêché, les autorise par l'usage qu'il en
« fait, et par l'approbation qu'il est censé donner au Bré-
« viaire de son diocèse. Le P. Bouettin (1) les chante lui-
« même, malgré qu'il en ait ; et les sacrements sont refusés
« à la mort à celui qui les a composées ! Le curé fait
« le refus, l'archevêque l'autorise (2) ! » Ce n'est pas tout encore. Le parlement de Paris fut saisi de cette affaire. On entendit le conseiller Angran dénoncer aux

---

(1) Génovéfain, curé de Saint-Étienne-du-Mont.
(2) *Nouvelles ecclésiastiques*, 10 juillet 1749.

chambres assemblées le refus de sacrements fait à Charles Coffin, comme *un acte de schisme*. Il partait de ce principe, que c'est un acte de schisme que de refuser la communion à ceux qui sont dans l'Église, aussi bien que de communiquer avec ceux qui en sont séparés ; d'autre part, disait-il, on ne pouvait pas raisonnablement admettre que l'Église de Paris eût été demander à un excommunié de lui composer des hymnes. C'est pourtant ce qui était arrivé ! Angran disait en outre que « les refus de sacre-
« ments étaient sagement établis à l'égard des protestants,
« des déistes, etc. ; mais que ce serait en faire un abus
« manifeste que de s'en servir à l'égard des fidèles dont
« la vertu et la catholicité sont connues de tout le monde
« et justifiées depuis si longtemps (par rapport à M. Coffin
« en particulier), par la confiance du public et par celle
« de M. de Vintimille lui-même, qui l'avait chargé de
« composer les hymnes du Bréviaire de Paris (1). » Notre devoir d'historien nous a contraint de ne pas omettre ces détails vraiment pénibles : mais si nous ne les produisions pas avec cette étendue qui, aujourd'hui, croirait à nos assertions ?

La commission désignée par Charles de Vintimille pour donner à l'Église de Paris un bréviaire digne d'elle, était donc composée de ces trois personnages, Vigier, Mésenguy et Coffin. Ce choix avait été suggéré à l'archevêque par Louis-Abraham d'Harcourt, doyen du chapitre de Notre-Dame (2) ; il doit nous éclairer sur l'esprit et les principes de cet ecclésiastique. Toutefois, nous ne passerons pas outre, sans faire remarquer au lecteur le contraste frappant qui règne entre la commission chargée par l'archevêque de Vintimille de renouveler de fond en comble la Liturgie parisienne, et celle qui avait opéré la simple correction

---

(1) *Nouvelles ecclésiastiques*, 18 septembre 1749.

(2) *L'Ami de la Religion*. Tome XXVI, page 290. Article curieux *sur la réimpression du Bréviaire de Paris*.

du bréviaire et du missel, au temps de François de Harlay. Dans cette dernière, presque tous les membres occupent un rang distingué dans l'Église de Paris. Ils sont au nombre de douze et tous revêtus du sacerdoce. La commission de Vintimille n'était plus composée que de trois membres; un seul était prêtre, des deux autres, l'un était simple acolyte, l'autre laïque. Beaucoup de conséquences ressortent de ce fait. Nous avons déjà parlé de l'envahissement du presbytérianisme et du laïcisme dans les choses capitales de la religion : nous dirons, de plus, qu'une si étrange commission pour une œuvre majeure comme la refonte universelle de la Liturgie, montre clairement que la Liturgie elle-même avait grandement baissé d'importance aux yeux du prélat qui choisit les commissaires, du clergé qui accepta le fameux bréviaire après quelques réclamations, du siècle enfin qui vit une pareille révolution, et ne l'a pas mise à la tête des plus grands événements qui signalèrent son cours. Nous le répétons, ce n'est pas ainsi que saint Pie V, Clément VIII et Urbain VIII avaient procédé pour la simple révision des livres romains.

Ainsi, l'Église de Paris attendait patiemment que nos trois commissaires eussent enfanté leur œuvre. Une année avant que cette œuvre fût en état de paraître au jour, Mésenguy, voulant pressentir l'opinion publique, fit imprimer trois *Lettres écrites de Paris à un chanoine de l'église cathédrale de ***, contenant quelques réflexions sur les nouveaux bréviaires* (1). Ce petit écrit, tout imprégné des maximes modernes sur la Liturgie, avait pour but de faire valoir le nouveau bréviaire; mais, comme l'observe judicieusement *l'Ami de la Religion,* dans l'article cité, Mésenguy aurait dû laisser à un autre le soin de louer d'avance son propre travail.

Mésenguy pressent l'opinion par la publication de trois lettres sur les nouveaux bréviaires.

---

(1) 1735. In-12 de 80 pages.

256 MOUVEMENT NOUVEAU DANS LA LITURGIE

INSTITUTIONS LITURGIQUES

Le nouveau Bréviaire de Paris, publié en 1736, porte en tête une lettre pastorale du 3 décembre 1735; de Vintimille, y recommande d'abord la nécessité de la prière et le mérite spécial de la prière publique.

Enfin, l'année 1736 vit l'apparition de la nouvelle Liturgie. Le bréviaire, qui avait été annoncé à tout le diocèse par un mandement de l'archevêque de Vintimille, portait en tête une lettre pastorale du prélat, sous la date du 3 décembre 1735 (1). Nous parcourrons avec le lecteur ce monument d'une si haute importance pour notre histoire.

L'archevêque commence par recommander la nécessité de la prière en général, et le mérite spécial de la prière publique. « L'Église, dit-il, cette chaste colombe dont les
« pieux et continuels gémissements sont toujours exaucés
« de Dieu, s'est réservé le soin de régler l'ordre des prières
« de ses ministres, et de disposer les diverses parties de
« ce très-saint ministère. Dans l'office divin qui renferme
« toute la matière du culte public, elle embrasse les plus
« augustes mystères de Dieu et de la religion, les règles
« incorruptibles de la foi et des mœurs, la doctrine de la
« tradition consignée dans les écrits des saints Pères et
« dans les décrets des conciles. Elle y propose les plus
« illustres exemples de toutes les vertus dans la vie et la
« mort des saints et des martyrs qu'elle vénère d'un culte
« public, afin de nourrir la piété des fidèles, d'éclairer leur
« foi, d'allumer leur ferveur. Elle enseigne que le culte
« de Dieu consiste dans l'esprit, c'est-à-dire dans l'obéis-
« sance religieuse de l'esprit et du cœur, et dans l'adora-
« tion; que les saints doivent être honorés, non par une
« stérile admiration, mais par une imitation fidèle des
« vertus qui ont brillé en eux. »

Contradiction entre cette doctrine et le nouveau bréviaire.

Rien de plus incontestable en soi qu'une telle doctrine; mais si l'office divin est, de la part de l'Église, l'objet d'une si juste sollicitude, si c'est à elle de le régler, il devrait être inviolable comme elle; on ne devrait point, après tant de siècles, *dans un diocèse particulier*, bouleverser, renou-

(1) *Vid.* la Note A.

veler une Liturgie fixée par l'Église dans l'antiquité, et pratiquée en tous lieux. Si l'office divin doit contenir la *doctrine de la Tradition,* il ne faudrait donc pas remplacer les formules séculaires dans lesquelles s'exprime si solennellement cette *Tradition,* par des versets de l'Écriture choisis par de simples particuliers suspects dans la foi. Si l'Église, qui nous propose dans le bréviaire les exemples des saints, a intention de nourrir la piété, d'éclairer la foi, d'allumer la ferveur, et non d'exciter en nous une stérile *admiration,* il faudrait cependant se souvenir que l'*admiration* est le principe de la *louange,* et que la *louange* est une des parties essentielles de la Liturgie. Ainsi, par exemple, en *supprimant* dans le Bréviaire de Paris jusqu'à la simple mention des stigmates de saint François, Charles de Vintimille diminue assurément la somme des motifs de l'*admiration* que nous serions tentés d'avoir pour cet ami du Christ; mais si, par cette suppression, il a l'avantage de mettre saint François plus à portée de notre *imitation,* il se sépare avec éclat, non-seulement de François de Harlay et du cardinal de Noailles, qui avaient laissé le récit des stigmates dans la Légende de saint François, mais bien plus encore de l'Église romaine, qui, non contente d'en parler dans l'office du patriarche séraphique, au 4 octobre, en a institué une fête spéciale du rite *double,* pour toute l'Église, au 17 septembre. Il est vrai que l'Église romaine a fort à cœur de nous inspirer l'*admiration* des saints; car elle trouve que déjà ce sentiment est un hommage envers Dieu, qui se glorifie d'être *admirable* dans ses serviteurs.

« Les premiers pasteurs, continue la lettre pastorale,
« ayant considéré toutes ces choses, se sont proposé
« spécialement de réunir dans l'ensemble de l'office ecclé-
« siastique les matériaux nécessaires aux prêtres pour
« instruire plus facilement dans la science du salut les
« peuples qui leur sont confiés. Tel est le service qu'ont

pour instruire les peuples.

« rendu les trois illustres prélats, nos prédécesseurs im-
« médiats ; à leur exemple, un grand nombre d'évêques
« de ce royaume ont publié de nouveaux bréviaires avec
« un succès digne d'éloges. » Ainsi les trois archevêques,
de Péréfixe, de Harlay et de Noailles, doivent être considérés comme les auteurs de la révolution liturgique.
C'est donc à Paris qu'est née cette idée de ne plus faire du
bréviaire qu'un livre d'études sacerdotales, d'ôter à ce
livre son caractère populaire, de n'y plus voir le répertoire des formules consacrées par la tradition. Jusqu'alors
on l'avait considéré comme l'ensemble des prières et des
lectures qui doivent retentir dans l'assemblée des fidèles ;
tout ce qu'il contenait était ordonné pour le culte divin ;
maintenant il ne sera plus qu'un livre de cabinet, parsemé
de psaumes et d'oraisons ; et à cette époque de controverses,
on s'en va choisir de préférence pour le rédiger des gens
naturellement disposés à l'adapter aux maximes de leur
parti, tant par ce qu'ils y inséreront de suspect, que par ce
qu'ils trouveront moyen d'en ôter.

Un semblable système est entièrement opposé à la notion traditionnelle de la Liturgie.

« Nous donc, aussitôt que, par le don de la divine Pro-
« vidence, nous avons eu pris le gouvernement de cette
« Église métropolitaine, ayant été averti par des hommes
« sages et érudits, nous avons reconnu la nécessité d'un
« nouveau bréviaire. En effet, l'ordre admirable et le goût
« excellent de solide piété et doctrine qui brille dans plu-
« sieurs des offices des dernières éditions du bréviaire,
« nous a fait désirer ardemment de voir introduire dans
« le reste des offices une dignité et une pureté semblables.
« C'est dans ce but qu'on a travaillé, pour rendre ce
« bréviaire digne de la majesté du culte divin et conforme
« à nos vœux, qui ont pour objet la sanctification de
« tous. » Le prélat ne désigne point les auteurs du bréviaire, *elaboratum est;* à moins qu'on ne veuille appliquer
à Vigier, Mésenguy et Coffin, la qualification d'hommes
sages et érudits! Il est remarquable aussi que le prélat ne

Le prélat n'ose ni nommer les auteurs du nouveau bréviaire ni convenir du renouvellement total du bréviaire.

convient pas franchement du renouvellement entier de la Liturgie opéré par la publication du nouveau bréviaire. Il n'a voulu autre chose, dit-il, que procurer dans le reste des offices le même *ordre*, le même *goût de piété et de doctrine*, la même *dignité*, la même *pureté* qui brillaient dans plusieurs de ceux du bréviaire précédent. Cependant, si l'on en excepte un très-petit nombre d'offices, celui de sainte Marie Égyptienne, par exemple, qui fut rédigé dans le Bréviaire de Harlay par Nicolas Le Tourneux, tout est nouveau dans le Bréviaire de Vintimille, soit pour le propre du temps, soit pour celui des saints, les communs, etc. Remarquons, en outre, que les parties sacrifiées formaient principalement ce vaste ensemble que le Bréviaire de Harlay avait retenu du Bréviaire romain ; ainsi le reproche indirect de manquer d'*ordre*, de *piété*, de *doctrine*, de *dignité*, d'*élégance*, s'adresse à la Liturgie de saint Grégoire et de saint Pie V.

Venant ensuite au détail des améliorations que présente le nouveau bréviaire, la lettre pastorale s'exprime ainsi : « Dans l'arrangement de cet ouvrage, à l'exception des « hymnes, des oraisons, des canons et d'un certain nombre « de leçons, nous avons cru devoir tirer de l'Écriture sainte « toutes les parties de l'office ; persuadés, avec les saints « Pères, que ces prières seront plus agréables à la majesté « divine, qui reproduisent non-seulement les pensées, « mais la parole même de Dieu. » Les saints Pères dont il est ici question se réduisent à saint Cyprien, qui, du reste, ne dit pas le moins du monde ce qu'on lui fait dire ici. Les saints Pères relèvent sans cesse l'autorité de la tradition, et l'on ne citerait pas un seul passage de leurs écrits dans lesquels ils aient dit ou insinué qu'il serait à propos d'effacer dans les offices divins les formules de style ecclésiastique, pour les remplacer par des versets de l'Écriture. Si la parole de l'Église peut légitimement trouver place dans les hymnes et les oraisons, en vertu

L'Écriture sainte seule employée dans le nouveau bréviaire, à l'exception des oraisons, des hymnes et des leçons.

de quel principe l'exclura-t-on des antiennes et des répons? Voilà le grand problème qu'on n'a jamais résolu qu'en disant : La chose doit être ainsi, parce qu'elle doit être ainsi.

<small>Rédaction des légendes et choix des leçons et des oraisons.</small>

La lettre pastorale parle ensuite du soin avec lequel les leçons des saints Pères ont été choisies et les légendes des saints rédigées. Nous en dirons bientôt quelque chose. On a retenu les collectes des bréviaires précédents, et même plusieurs hymnes anciennes. Mais voici quelque chose de capital : « Pour nous conformer au pieux désir
« d'un grand nombre de personnes, nous avons, d'après
« l'exemple donné déjà par plusieurs églises, divisé le
« Psautier, afin de pouvoir assigner des psaumes propres
« à chaque jour de la semaine et même à chaque heure

<small>Distribution nouvelle du Psautier, qui permet de le réciter en entier chaque semaine et abrége l'office.</small>

« du jour, en coupant ceux qui étaient trop longs. Par ce
« partage, nous avons fait disparaître l'inégalité des offices
« et fait en sorte de moins fatiguer l'esprit et l'attention
« de ceux qui chantent l'office. Saint Basile assure avoir
« supporté lui-même avec peine les inconvénients de cette
« trop grande prolixité. C'était afin de diminuer cette
« fatigue qu'un concile de Narbonne avait statué, dans
« l'antiquité, que les psaumes plus longs seraient divisés
« en plusieurs doxologies ; c'est ce que prescrit aussi la
« Règle de saint Benoît. On récitera les psaumes de la
« férie à toutes les fêtes, à l'exception de ceux qui sont
« consacrés aux mystères, ou à la sainte Vierge. Il résul-
« tera de là que le Psautier sera presque toujours lu en
« entier dans l'espace d'une semaine. »

<small>Cette brièveté de l'office déjà promise par Foinard et Grancolas, et en faveur de laquelle Mgr de Vintimille allègue à tort l'autorité de saint Basile</small>

C'était là une grande mesure et qui devait faire taire bien des répugnances. Foinard avait promis, en tête de son projet, que le bréviaire futur serait *très-court;* le grand moyen d'abréviation, admis aussi par Grancolas, était *de faire disparaître l'inégalité des offices.* La lettre pastorale adopte le même système. On n'y dit pas, il est vrai, comme ces docteurs, que le but est de faire qu'on ait plus de plaisir à réciter l'office de la férie que celui des saints ; mais ce sera pourtant le résultat inévitable, surtout s'il s'agit des saints dont l'office sera resté à neuf leçons. La psalmodie que saint Basile trouvait excessive, était bien autre que celle du Psautier romain ; on en peut voir le détail dans les vies des Pères des déserts d'Orient ; et si saint Benoît divise les Psaumes en plusieurs sections, il fallait dire aussi que les matines de son office se composent de douze psaumes, trois cantiques, douze leçons, douze répons, l'évangile du jour tout entier, etc. Certes, c'est un avantage réel de pouvoir parcourir le psautier chaque semaine ; mais, encore une fois, le Bréviaire de Paris n'aurait pas obtenu un si brillant succès, si cette division des psaumes ne l'eût en même temps rendu le plus court de tous.

« On a conservé au dimanche sa prérogative d'exclure « toutes sortes de fêtes, si ce n'est celles qui ont dans « l'Église le premier degré de solennité. » Nous sommes ici encore à la remorque des docteurs Foinard et Grancolas, qui avaient suivi eux-mêmes dom de Vert et Le Tourneux, dans leur Bréviaire de Cluny. Le but avoué de cette rubrique est de diminuer le culte des saints, sous le prétexte de défendre les intérêts de Dieu, auquel seul appartient le dimanche, trop souvent occupé par la commémoration de quelqu'un de ses serviteurs : il est juste de leur faire céder la place à leur Maître.

« Afin d'assigner à l'office de chaque jour un but, et « aussi pour les distinguer les uns des autres, le dimanche, « qui est le jour de la création de la lumière, de la résur- « rection de Jésus-Christ et de la promulgation de la Loi « nouvelle, on excite dans le cœur des fidèles l'amour de « Dieu et de la loi divine. Le lundi, on célèbre la charité « de Dieu et sa munificence envers les hommes. Les trois « jours suivants, on recommande l'amour du prochain, « l'espérance et la foi. Le vendredi, qui est le jour de la

---

et de saint Benoît, contribue au succès du nouveau bréviaire.

Au détriment du culte des saints le dimanche reçoit le privilége d'exclure toutes les fêtes non solennelles du premier degré.

L'idée symbolique qui a présidé d'après la lettre pastorale, à la rédaction des offices de la semaine, est anti-traditionnelle, n'a aucun fondement dans la nature des choses et est étrangère aux fidèles.

*« Passion de Jésus-Christ, l'office a rapport à la patience
« que l'on doit avoir dans les labeurs et les tribulations
« de cette vie. Enfin, le samedi, on rend grâces à Dieu
« pour les bonnes œuvres accomplies par les fidèles et
« pour la récompense qui leur est assignée. »* C'est ici le seul endroit des nouvelles Liturgies dans lequel on ait voulu faire du symbolisme ; mais pour faire du symbolisme, il faudrait autre chose que de la bonne volonté. On pourrait dire d'abord qu'il faudrait avoir vécu, il y a dix siècles, surtout s'il s'agit de symbolisme sur une matière aussi fondamentale que la signification des jours de la semaine. Il faudrait, en outre, que le fonds prêtât à ce symbolisme ; car il ne suffit pas d'attacher par ordonnance une idée à un fait ; ce fait doit être par lui-même une forme plus ou moins complète de l'idée. Certes, les fidèles du diocèse de Paris ignorent profondément que le lundi soit consacré *à la bonté de Dieu*, le mardi *à la charité fraternelle*, le mercredi *à l'espérance*, etc. On ne s'occupe guère de le leur enseigner, et s'ils veulent eux-mêmes consulter les anciens Liturgistes sur les mystères de la semaine, ils y trouveront tout autre chose. L'Église, comme nous le dirons ailleurs, a attaché aux divers jours de la semaine la commémoration de certains *faits*, parce qu'elle procède toujours par les *faits* et jamais par les *abstractions*. Nous reviendrons sur ce sujet ; continuons la lecture de la lettre pastorale.

*« Pour le rite de l'office quadragésimal, nous avons jugé
« équitable de rappeler l'ancienne coutume de l'Église, qui
« ne jugeait pas que la solennité joyeuse des fêtes s'accordât
« assez avec le jeûne et la salutaire tristesse de la pénitence.
« Beaucoup de diocèses nous avaient déjà précédé en cette
« voie ; c'est à leur exemple que nous avons ôté du carême
« toutes les fêtes, à l'exception de celles dans lesquelles on
« s'abstient d'œuvres serviles. »* Ici, nous ne ferons qu'une réflexion. Ou le Bréviaire de Paris a atteint par cette

mesure le véritable esprit de l'Église dans la célébration du carême, ou ses rédacteurs se sont trompés sur cette grave matière. Dans le premier cas, l'Église romaine, qui jusqu'ici avait la mission de corriger les autres églises, reçoit ici la leçon sur une matière importante, les convenances quadragésimales, de sa fille l'Église de Paris. Dans le second cas, y a-t-il donc si grand mal à supposer que Vigier et Mésenguy, bien qu'appuyés de Foinard et de Grancolas, enfin de Le Tourneux et D. de Vert, aient failli quelque peu dans une occasion où ils avaient contre eux l'autorité de la Liturgie romaine? Quoi qu'il en soit, Paris s'est déjà relâché quelque peu de cette sévérité, et Rome, de son côté, a jugé à propos, depuis 1736, d'ajouter encore de nouveaux saints dans la partie de son calendrier qui correspond au carême. Rendons grâces toutefois aux rédacteurs du Bréviaire de Paris de n'avoir pas suivi en tout l'idée de Foinard; ce docteur voulait transférer l'Annonciation au mois de décembre, et, franchement, c'est un peu loin du jour auquel ce grand mystère s'est accompli. Il n'est pas besoin, sans doute, de remarquer ici combien la suppression des fêtes qui tombent dans le cours du carême dut changer la physionomie de ce temps de l'année, et quelle froide monotonie en est résultée. On sait bien qu'i en était ainsi dans les premiers siècles; mais si Dieu, dans les siècles suivants, a donné de nouveaux saints à son Église, ce n'est pas, sans doute, pour que nous allions systématiquement fixer la fête à un jour autre que celui de leur mort, dans le but étrange de maintenir libres les féries qui étaient vacantes au calendrier avant qu'ils vinssent au monde.

La lettre pastorale parle ensuite des canons insérés dans l'office de prime; mesure louable, mais que le jansénisme, comme nous allons le voir, avait trouvé moyen de faire servir à ses fins. Elle dit ensuite un mot du calendrier et des rubriques, après quoi, elle proclame l'obligation ab-

La lettre pastorale déclare le nouveau Bréviaire obligatoire dans le diocèse de Paris à l'exclusion de tout autre.

solue *pour toutes les églises, monastères, colléges, communautés, ordres, et généralement tous les clercs qui sont tenus à l'office divin, d'user de ce nouveau bréviaire, à l'exclusion de tout autre, tant en public qu'en particulier.* C'est la clause que François de Harlay avait mise en tête de son bréviaire et qui se trouve répétée, presque mot pour mot, dans toutes les lettres pastorales qu'on lit dans tous les bréviaires français depuis cette époque. Nous ne connaissons qu'une seule exception ; elle se trouve dans la lettre pastorale de l'évêque Poncet de la Rivière, en tête du Bréviaire d'Angers de 1716. On y remarque ces paroles qui se trouvent aussi dans le Missel du même Prélat, *excepto romano Breviario* ou *Missali, pro reverentia primæ Sedi debita.* C'eût été bien le moins, cependant, après avoir expulsé des livres liturgiques tout l'élément romain, de laisser aux clercs, que le désir d'un bréviaire *plus court* ne séduisait pas autant, la liberté de répéter encore ces vénérables prières, auxquelles personne ne saurait enlever le caractère sacré que leur donnent l'antiquité, l'universalité ; ces prières que l'Assemblée du Clergé de 1605 regardait encore comme la Liturgie de la France.

Tel était donc le plan du nouveau bréviaire expliqué par l'archevêque de Vintimille. L'exécution ne démentait pas les promesses que nous venons de lire. Tout, ou presque tout était nouveau. Mais la nouveauté seule ne faisait pas le caractère de cette Liturgie. Elle donnait prise aux plus légitimes réclamations, et se montrait véritablement digne de ses auteurs. D'abord, toutes les hardiesses que nous avons signalées dans le Bréviaire de Harlay s'y retrouvaient fidèlement ; puis, on avait enchéri sur l'œuvre de la commission de 1680. Si les auteurs de la correction du Bréviaire de Harlay s'étaient proposé de diminuer le culte et la vénération des saints, de restreindre principalement la dévotion envers la sainte Vierge, d'affaiblir l'autorité du Pontife romain, ce plan avait été fidèlement continué dans le Bréviaire de 1736 ; mais, de plus, on avait cherché à infiltrer les erreurs du temps sur les matières de la grâce et autres questions attenantes à celles-ci. Nous avons dit que le Bréviaire de François de Harlay avait, du moins, sur ce point, résisté à l'envahissement des nouveautés, et fortifié même, en plusieurs endroits, les dogmes de l'Église attaqués à cette époque.

1° Sur les questions soulevées par Baïus, Jansénius et Quesnel, et dirimées par l'Église, le Bréviaire de 1736 insinuait souvent, en paroles couvertes, la doctrine de Vigier, de Mésenguy et de Coffin. De nombreux retranchements avaient eu également lieu dans le but de se débarrasser d'autorités importunes. *[1° Moyens par lesquels les rédacteurs du nouveau bréviaire favorisent les doctrines de Baïus, Jansénius et Quesnel.]*

Ainsi, pour infirmer le dogme de la mort de Jésus-Christ pour tous les hommes, on avait retranché de l'office du vendredi saint l'antienne tirée de saint Paul : *Proprio filio suo non pepercit Deus, sed pro nobis omnibus tradidit illum.* On avait fait disparaître d'une leçon du lundi de la Passion ces paroles : *Magnum enim facinus erat cujus consideratio illos faceret desperare, sed non debebant desperare pro quibus in Cruce pendens Dominus est dignatus orare.* *[Vigier et Mésenguy retranchent de leur bréviaire une antienne et un passage d'une leçon, qui affirmaient trop hautement le dogme de la mort de Jésus-Christ pour tous les hommes.]*

Pour favoriser le damnable système qui prétend que les commandements ne sont pas toujours possibles, et que l'on ne résiste jamais à la grâce intérieure, on avait fait disparaître de l'office de saint Jacques le Majeur une homélie de saint Jean Chrysostome, parce qu'elle contenait ces paroles : *Christus ita locutus est ut indicaret non ipsius esse solius dare, sed eorum qui decertant accipere. Nam si solius esset ipsius, omnes homines salvi fierent, et ad agnitionem veritatis venirent.*

A la fête de sainte Agathe, une autre homélie du même saint docteur avait pareillement disparu, parce qu'on y lisait ces mots : *Quod ideo dixit, ut ostenderet superiore nobis auxilio opus esse (quod quidem omnibus illud peten-* *[Suppression de trois passages des saints Pères contraires aux doctrines de la secte janséniste sur l'impuissance de l'homme à observer les commandements et l'efficacité absolue de la grâce.]*

tibus paratum est) si volumus in hac luctatione superiores evadere.

On avait retranché pareillement la deuxième leçon du lundi de la Pentecôte, qui renfermait ces paroles : *Ergo quantum in medico est sanare venit ægrotum (Christus). Ipse se interimit qui præcepta medici servare non vult. Salvari non vis ab ipso : ex te judicaberis.*

Dans la deuxième leçon de l'office de saint Léon, des paroles de ce saint docteur, qui semblaient mises là tout exprès pour commander l'acceptation du formulaire et la soumission à la Bulle, avaient été effacées. Mais aussi combien elles étaient expressives ! *Damnent (hæretici) apertis professionibus sui superbi erroris auctores, et quidquid in doctrina eorum universalis Ecclesia exhorruit detestentur; omniaque decreta synodalia quæ ad excisionem hujus hæreseos Apostolicæ Sedis confirmavit auctoritas, amplecti se et in omnibus approbare, plenis et apertis ac propria manu subscriptis protestationibus eloquantur.*

Un passage de la troisième leçon de saint Martin, pape et martyr, avait également disparu. On en devinait sans peine la raison, quand on se rappelait qu'il y était parlé de l'édit de l'empereur Constant, qui prescrivait le silence sur les questions de la foi, et de la résistance du saint pape à une mesure qui compromettait si gravement les intérêts de l'orthodoxie. Les partisans du *Silence respectueux* avaient donc retranché les paroles suivantes : *Interim Constans ut suo Typo ab omnibus subscriberetur, silentiumque in eo de quæstione Catholicos inter et Monothelitas agitata indictum observaretur, primum Olympium Exarchum Ravennatem Romam misit; tum Calliopam Olympii successorem, a quo Martinus cum edicto impio juxta Lateranense concilium resisteret, Roma vi abductus est,* etc.

C'était dans le même esprit que l'on avait supprimé, au

26 novembre, l'office de sainte Geneviève *du Miracle des Ardens*, à cause de certaines leçons tirées de saint Irénée, et dans lesquelles étaient données les règles pour discerner les miracles des hérétiques d'avec ceux de l'Église catholique ; ce qui devenait par trop embarrassant, si on en voulait faire l'application aux prodiges du Bienheureux Diacre.

Les additions et insertions faites au nouveau Bréviaire parisien, dans un but janséniste, étaient nombreuses : mais, en général, elles étaient prudentes, et les précautions avaient été prises, au moins d'une certaine façon, contre les réclamations des catholiques. C'est le propre de l'hérésie de procéder par équivoques, de se retrancher dans les sinuosités d'un langage captieux. Languet, dans sa discussion avec l'évêque de Troyes, a trop bien démasqué les artifices liturgiques du jansénisme pour que nous ayons besoin de faire ici autre chose que citer des exemples tirés du Bréviaire de Vigier et Mésenguy.

On sait que durant la première moitié du XVIIIe siècle, les jansénistes, déconcertés de leur petit nombre comparativement au reste de l'Église qui avait accepté la Bulle, imaginèrent de se faire un mérite de ce petit nombre, prétendant que la visibilité de l'Église s'était obscurcie, que la *Vérité*, c'est le nom consacré par lequel ils désignaient tout leur système, ne triompherait qu'à l'arrivée d'Élie qui était prochaine, et qui devait amener la conversion des Juifs et la régénération de l'Église, par ce renfort considérable. Les plus habiles de la secte entreprirent même de grands travaux sur l'Écriture sainte, pour appuyer ce système. Le nouveau bréviaire avait consacré tout le corps des répons du VIIe Dimanche après la Pentecôte, à célébrer de si belles espérances. Comme toutes les paroles de ces répons étaient tirées de l'Écriture sainte, on se sentait inexpugnable. Voici cette composition :

1er ℟. *Surrexit Elias Propheta quasi ignis, et verbum*

ejus quasi facula ardebat : * *Verbo Dei continuit cœlum.*
℣. *Elias homo erat similis nobis, passibilis : et oravit ut non plueret, et non pluit; et rursum oravit, et cœlum dedit pluviam.* * *Verbo Dei,* etc.

Ce répons est le début de l'œuvre tout entière : il n'y faut pas chercher d'autre intention. Voici maintenant la mission du prophète vers une veuve désolée :

2ᵉ ℟. *Factus est sermo Domini ad Eliam, dicens : Surge et vade in Sarepta Sidoniorum, et manebis ibi ; præcepi enim ibi mulieri viduæ, ut pascat te :* * *Surrexit et abiit in Sarepta.* ℣. *Multæ viduæ erant in diebus Eliæ in Israel, cum facta esset fames magna in omni terra; et ad nullam illarum missus est Elias, nisi in Sarepta Sidoniæ, ad mulierem viduam.* * *Surrexit.*

Cette grande famine qui ravageait toute la terre, est cette famine spirituelle dont la secte prétendait que l'Église était travaillée; aussi le prophète s'adressant au peuple, lui reproche-t-il de balancer entre la vraie et la fausse doctrine :

3ᵉ ℟. *Accedens Elias ad omnem populum, ait : Usquequo claudicatis in duas partes?* * *Si Dominus est Deus, sequimini eum.* ℣. *Nemo potest duobus dominis servire.* * *Si.*

Après ce prélude, viennent les répons du second nocturne, dans lesquels le but des rédacteurs, toujours cachés derrière le prophète, devient de plus en plus manifeste. C'est Israël même qui a rompu le pacte avec Dieu; Élie se plaint d'être seul resté fidèle, et encore ses jours sont menacés.

4ᵉ ℟. *Ecce vox Domini ad Eliam; et ille respondit : Zelo zelatus sum pro Domino Deo exercituum, quia dereliquerunt pactum tuum filii Israel :* * *Prophetas tuos occiderunt gladio, derelictus sum ego solus, et quærunt animam meam ut auferant eam.* ℣. *An nescitis in Elia quid dicit Scriptura, quemadmodum interpellat Deum adversum Israel?* * *Prophetas.*

Cependant Élie n'est pas seul, Israël renferme encore sept mille hommes fidèles. Le nombre n'est pas considérable, mais aujourd'hui encore, ne voit-on pas que l'*élection gratuite* opère dans la même proportion, jusqu'à ce que vienne la prédication d'Élie ?

5º ℟. *Quid dicit Eliæ divinum responsum ? Reliqui mihi septem millia virorum qui non curvaverunt genua ante Baal.* * *Sic ergo et in hoc tempore reliquiæ secundum electionem gratiæ salvæ factæ sunt.* ℣. *Antequam veniat dies Domini magnus, convertet Elias cor patrum ad filios, et cor filiorum ad patres eorum* * *Sic ergo.*

Maintenant, que fera Élie ? Il restituera les tribus de Jacob ; il rétablira toutes choses, et ces merveilles auront lieu bientôt, car le prophète est sur le point de paraître.

6º ℟. *Elia, quis potest similiter sic gloriari tibi ? Qui receptus es in turbine ignis, in curru equorum igneorum : qui scriptus es in judiciis temporum* * *Lenire iracundiam Domini, conciliare cor patris ad filium, et restituere tribus Jacob.* ℣. *Elias quidem venturus est et restituet omnia : dico autem vobis, quia Elias jam venit.* * *Lenire.*

Le langage devient plus expressif, au troisième nocturne. On y dénonce les faux prophètes. Ce sont d'abord les docteurs qui enseignent *de faux dogmes :* ceux qu'on cherche à flétrir du nom de *Molinistes.*

Les docteurs catholiques dénoncés dans les répons du troisième nocturne.

7º ℟. *Attendite a falsis prophetis, qui* * *Veniunt ad vos in vestimentis ovium, intrinsecus autem sunt lupi rapaces.* ℣. *Non misi eos, et ipsi prophetant in nomine meo mendaciter, ut pereatis.* * *Veniunt.*

En second lieu, ces faux prophètes sont les docteurs *de la morale relâchée ;* le lecteur sait quelle école on désigne ainsi dans le parti.

8º ℟. *Prophetant de corde suo :* * *Consuunt pulvillos sub omni cubito manus, et faciunt cervicalia sub capite ad capiendas animas.* ℣. *A fructibus eorum cognoscetis eos.* *Consuunt.*

En troisième lieu, ces faux prophètes sont des hommes vertueux à l'extérieur, témoin celui que les *Molinistes* appellent saint Vincent de Paul et que la secte persiste à vouloir toujours nommer *Monsieur Vincent*. Il importe donc de se prémunir contre cette troisième classe de séducteurs.

9º ℞. *Non omnis qui dicit mihi, Domine, Domine, intrabit in regnum cœlorum; sed * Qui facit voluntatem Patris mei, ipse intrabit in regnum cœlorum.* ⅴ. *Qui custodit mandatum, custodit animam suam.* * *Qui.*

Voilà un échantillon du savoir-faire de nos liturgistes. Que si quelques-uns de nos lecteurs trouvaient nos défiances exagérées ou injustes, nous leur conseillerons de lire les livres du parti, les ouvrages de Duguet, par exemple, les *Nouvelles ecclesiastiques*, etc., ils ne tarderont pas à devenir familiers à ce langage biblique de la secte. A force de rencontrer, dans les diatribes du parti contre le Pape, les évêques constitutionnaires, les jésuites, etc., les textes que nous venons de citer, ils les reconnaîtront aisément dans les répons du VIIe Dimanche après la Pentecôte, et dans plusieurs autres endroits du bréviaire.

Certes, nous ne nous donnerons pas la peine et nous ne causerons pas au lecteur l'ennui d'une complète énumération des passages scabreux du Bréviaire de Vintimille : cependant nous en signalerons encore quelques-uns. Prenons, par exemple, l'office des vêpres et des complies du dimanche, office populaire, s'il en fut jamais, et voyons comment la secte s'y était prise pour lui donner une couleur nouvelle et conforme à ses vues.

Dans la Liturgie romaine, le capitule des vêpres, lecture solennelle après la psalmodie, a pour but de recueillir la prière d'action de grâces du peuple fidèle, dans ce jour du Seigneur dont le repos est à la fois un acte religieux et une consolation. Quoi de plus touchant et de plus propre à inspirer la confiance en Dieu, que ces belles paroles de saint Paul !

Benedictus Deus et Pater Domini nostri Jesu Christi, Pater misericordiarum et Deus totius consolationis qui consolatur nos in omni tribulatione nostra!

Ne voit-on pas que le choix de ces divines paroles n'a pu être fait que par notre miséricordieuse Mère la sainte Église, qui cherche toujours à nourrir et accroître notre abandon envers notre Père céleste. Elle n'approuve pas qu'on effraye les fidèles en mettant trop souvent sous leurs yeux les terribles mystères de la prédestination et de la réprobation, mystères à l'occasion desquels plusieurs ont fait naufrage dans la foi (1). La secte janséniste, au contraire, ne voit qu'une chose dans la religion ; elle ne parle que de prédestination, d'efficacité de la grâce, de nullité de la volonté humaine, de pouvoir absolu de Dieu sur cette volonté. Voici donc comment elle a frauduleusement remplacé le sublime capitule que nous venons de lire. Remarquons que le passage qu'elle y a substitué commence à peu près de la même manière, pour atténuer, autant que possible, le fait du changement ; mais lisons jusqu'au bout :

---

(1) C'est la pratique générale de tous les temps et de tous les lieux, si on excepte l'époque du pélagianisme, dans laquelle il était nécessaire de prémunir les fidèles contre l'erreur ; encore doit-on remarquer une grande différence entre le ton de saint Augustin dans ses Lettres et ses Traités, et celui qu'il prend sur les mêmes matières dans ses Discours populaires et ses Homélies. Nous rappellerons ici les Règles que donne sur cet article saint Ignace de Loyola, à la fin du fameux livre des *Exercices*, livre dont la doctrine est formellement approuvée et garantie par le Siège apostolique : *Decima quarta Regula. Advertendum quoque et quamquam verissimum sit nemini contingere salutem nisi prædestinato; circumspecte tamen super hoc loquendum esse, ne forte gratiam seu prædestinationem Dei nimis extendentes, liberi arbitrii vires et operum bonorum merita excludere velle videamur.* A la Règle quinzième, il est dit : *Similem ob causam frequens de prædestinatione sermo habendus non est.* A la dix-septième : *De gratia ergo ipsa diffuse quidem loqui fas est, Deo aspirante, sed quatenus in gloriam ejus uberiorem redundat, idque juxta modum convenientem, nostris præsertim temporibus tam periculosis, ne et liberi arbitrii usus et operum bonorum efficacia tollatur.*

Benedictus Deus et Pater Domini nostri Jesu Christi, qui benedixit nos in omni benedictione spirituali in cœlestibus in Christo, sicut elegit nos in ipso ante mundi constitutionem, ut essemus sancti et immaculati in conspectu ejus in charitate.

Le texte de saint Paul, substitué au capitule romain, moins consolant pour les âmes.

Le chrétien qui écoute la lecture du premier de ces deux capitules, entendant dire que Dieu est *le Père des miséricordes, le Dieu de toute consolation,* si, dans ce seul jour de la semaine, où un peu de loisir lui est donné pour réfléchir sur son âme, il sent en lui-même quelques désirs d'amendement, trouvera dans ces douces paroles un motif de conversion ; il se lèvera, et, comme le prodigue, il ira à son Père. Le pécheur, au contraire, qui entend lire le second capitule et qui sent que dans ce moment il n'est ni *saint,* ni *immaculé,* où prendrait-il la force de se relever ? On lui dit que, pour parvenir au salut, il faut *avoir été élu en Jésus-Christ avant la création du monde.* Quelle garantie aura-t-il de cette élection pour lui-même ? Dans cette incertitude, il ne répondra pas aux avances que la grâce lui faisait au fond de son cœur. Il secouera le joug d'une religion qui désole, au lieu de consoler. On convient assez généralement aujourd'hui que le prédestinatianisme plus ou moins triomphant dans la chaire, et le rigorisme de la morale, ont été pour moitié dans les causes de l'irréligion, au xviiie siècle.

L'hymne de Coffin pour les vêpres du dimanche contient un vers dont l'intention est hérétique quoiqu'il semble emprunté mot à mot à saint Paul.

L'hymne de saint Grégoire, *Lucis Creator optime,* qui suit le capitule, dans l'office des vêpres du Bréviaire romain, et dans laquelle l'Église remercie avec tant de noblesse et d'onction le Créateur, pour le don sublime de la lumière physique, et lui demande la lumière des âmes, avait été supprimée. En place, on lisait une hymne de Coffin, pièce d'un langage élevé et correct, il est vrai; mais, à la dernière strophe, un vers avait été lancé à dessein. On y demandait à Dieu qu'*il veuille nous adapter à toute espèce de bien. Ad omne nos apta bonum.* Sans doute, cette expression est de saint Paul; mais il y a longtemps que saint Pierre nous a prévenus que les hérétiques détourneraient les paroles de ce grand Apôtre des Gentils à des sens pervers (1), et ce vers de l'hymne ne rappelle que trop l'affectation avec laquelle le texte dont il a été emprunté a été placé dans la bénédiction du Lecteur, à l'office de prime, en cette manière : *Deus pacis aptet nos in omni bono, ut faciamus ejus voluntatem, faciens in nobis quod placeat coram se.* Ce sont précisément ces paroles et d'autres semblables que les jansénistes nous objectent, pour établir leur système de l'irrésistibilité de la grâce. On sait bien que l'Écriture est la parole de Dieu; mais on sait aussi qu'elle est un glaive à deux tranchants qui peut défendre de la mort, ou la donner, suivant la main qui l'emploie. C'est ici le lieu de se rappeler la remarque de Languet sur des textes du même genre dans le Missel de Troyes. Si, au temps de l'hérésie arienne, quelqu'un se fût avisé de composer une antienne avec ces paroles : *Pater major me est ;* ou, au temps de la Réforme, avec celles-ci : *Spiritus est qui vivificat ; caro autem non prodest quidquam*, n'eût-on pas eu raison de considérer de pareilles antiennes comme hérétiques par suite de leur isolement du contexte sacré ? Cependant, l'Écriture sainte toute seule en eût fourni la matière.

A l'office de complies, l'Église romaine met les psaumes sur une antienne tirée de l'un d'eux, et qui est un cri du cœur vers Dieu, au milieu des ombres de la nuit. *Miserere mihi, Domine, et exaudi orationem meam !* Le nouveau bréviaire n'avait pas voulu garder cette antienne. C'était pourtant une prière, et une prière tirée de l'Écriture

---

(1) Sicut et carissimus frater noster Paulus secundum datam sibi sapientiam scripsit vobis, sicut et in omnibus Epistolis, loquens in eis de his in quibus sunt quædam difficilia intellectu, quæ indocti et instabiles depravant, sicut et cæteras Scripturas, ad suam ipsorum perditionem. (*II Pet.*, III, 15, 16.)

sainte. On avait mis en place un verset du psaume XC : *Scuto circumdabit te veritas ejus; non timebis a timore nocturno.* Qu'est-ce que cette *vérité* qui sert de bouclier au fidèle ? quelle est cette *nuit* dont il ne faut pas craindre les terreurs? Les écrits du parti ne cessent de parler de l'une et de l'autre. La *vérité,* c'est la doctrine opposée à la bulle; la *nuit,* c'est l'*obscurcissement* de l'Église.

Écoutons-les maintenant, dans le capitule qui vient bientôt après cette antienne :

Omnes vos filii lucis estis et filii diei; non sumus noctis neque tenebrarum; igitur, non dormiamus sicut et cæteri, sed vigilemus et sobrii simus.

Toujours même esprit : *Les enfants de la lumière, et les enfants des ténèbres; ne pas dormir comme les autres.* Tout cela serait parfait, en d'autres temps, et dans une autre bouche; mais que l'Église romaine a bien un autre esprit, lorsqu'au lieu de placer ici une froide exhortation, elle s'écrie avec tendresse au nom de ses enfants :

Tu autem in nobis es, Domine, et nomen sanctum tuum invocatum est super nos; ne derelinquas nos, Domine Deus noster!

Vient ensuite le ℟. *In manus tuas, Domine, commendo spiritum meum.* Le nouveau bréviaire l'avait gardé; mais voyez ici la différence de la véritable mère d'avec celle qui n'en a que le nom. L'Église romaine, afin que chaque fidèle puisse répéter avec confiance ces douces paroles : *In manus tuas commendo spiritum meum,* émet tout aussitôt le motif qui produit cette confiance dans le cœur du dernier de ses enfants. Tous ont droit d'espérer, car tous ont été rachetés : *Redemisti* NOS, *Domine, Deus veritatis.* Écoutez maintenant Vigier et Mésenguy : *Redemisti* ME, *Domine, Deus veritatis.* La rédemption, suivant eux, n'est pas une faveur générale; le Christ n'est pas mort pour tous. L'Église ne peut donc pas dire : *Redemisti nos!* Que si vous leur reprochez l'altération du répons, ils vous diront qu'ils n'ont fait que rétablir le texte sacré ; que dans l'Écriture il y a *redemisti me*. — Sans doute, et c'est pour cela même que l'Église, interprète de l'Écriture, craignant qu'on tirât de fausses conséquences, avait dit : *Redemisti nos*. Dans la Liturgie, il arrive sans cesse que des passages de l'Écriture sont interprétés, adaptés pour la nécessité du service divin. Les nouveaux livres ont eux-mêmes retenu un certain nombre de prières dans lesquelles les paroles de l'Écriture ont été modifiées par l'Église. Ils en ont même de nouveaux, composés dans le même goût.

Après le répons bref, le Bréviaire romain, toujours attentif à nourrir les fidèles de sentiments affectifs et propres à entretenir la confiance, avait ajouté cette touchante prière dans le verset :

Custodi NOS, *Domine, ut pupillam oculi; sub umbra alarum tuarum protege* NOS.

C'est la même intention que dans le *redemisti* NOS. Le nouveau bréviaire, toujours d'après le même système, individualisant la rédemption et ses conséquences, avait mis sous le même prétexte de l'intégrité du texte sacré : *Custodi* ME, *protege* ME.

Mais voici quelque chose de bien plus fort, et en quoi apparaît merveilleusement l'intention des novateurs dans tout cet ensemble. L'Église romaine, après le cantique de Siméon, mettait dans la bouche de ses enfants, prêts à se livrer au repos, une antienne composée de ces touchantes paroles : *Salva nos, Domine, vigilantes; custodi nos dormientes, ut vigilemus cum Christo et requiescamus in pace*. Le nouveau bréviaire, après avoir expulsé cette pieuse formule, la remplaçait par ce verset de la Bible : *Domine, dabis pacem nobis; omnia enim opera nostra operatus es nobis*. On en voit l'intention. Pendant toute la journée qui va finir, nous n'avons point agi ; c'est la grâce qui a fait nos œuvres. Que le Seigneur maintenant nous donne le repos, comme il nous a donné l'action. Tel était l'office

Le verset ainsi modifié pour la même raison.

L'antienne du cantique de Siméon supprimée pour faire place à un texte qui confirme l'anéantissement absolu de la volonté humaine sous l'action de la puissance divine.

des complies dans le nouveau bréviaire. Sous le masque de cette exactitude littérale au texte sacré, nos *faiseurs*, comme les appelle Languet, se sentaient inexpugnables vis-à-vis de gens qui leur avaient accordé ce principe, qu'on devait composer l'office divin avec des passages de l'Écriture : cette dangereuse opinion, ressuscitée depuis un demi-siècle, avait prévalu dans la plupart des esprits. Nous avons vu que tout le zèle de Languet n'avait pu obtenir que la rétractation de l'évêque de Troyes portât sur cet article.

Ce n'était pas seulement l'Écriture sainte que les rédacteurs du bréviaire avaient fait servir, à force de la tronquer, au plan criminel qu'ils s'étaient proposé, de faire de la Liturgie un moyen de soutenir le jansénisme. Dans leurs mains, l'antiquité chrétienne, soumise au même système de mutilation, n'était pas une arme moins dangereuse pour l'orthodoxie. Les passages des Pères placés dans les leçons, loin d'être dirigés contre les nouvelles erreurs sur la grâce, ainsi qu'on avait eu soin de le faire en plusieurs endroits du Bréviaire de Harlay, donnaient plutôt à entendre, au moyen de coupures faites à propos, des sens tout opposés à ceux de la vraie doctrine. On avait placé une suite de canons des conciles à l'office de prime, et cette innovation, que d'ailleurs nous sommes loin de blâmer en elle-même, outre qu'elle servait le système de ces docteurs qui depuis tant d'années ne cessaient de redemander l'ancienne discipline, avait été conduite de manière à ce qu'on n'y rencontrât pas une seule citation des décrétales des Pontifes romains, qui ont pourtant dans l'Église une autorité supérieure, pour le moins, à celle d'une infinité de conciles particuliers et même de synodes qu'on y voit cités. On avait trouvé moyen de placer, au mardi de la quatrième semaine de carême, quelques paroles du onzième canon du troisième concile de Tolède, en 589, qui enchérissaient sur la quatre-vingt-septième proposition de Quesnel. Voici le canon : *Secundum formam Canonum antiquorum dentur pœnitentiæ, hoc est, ut prius eum quem sui pœnitet facti, a communione suspensum faciat inter reliquos pœnitentes ad manus impositionem crebro recurrere; expleto autem satisfactionis tempore, sicuti sacerdotalis contemplatio probaverit, eum communioni restituat.* Voici maintenant la proposition de Quesnel : *Modus plenus sapientia, lumine et charitate, est dare animabus tempus portandi cum humilitate, et sentiendi statum peccati, petendi spiritum pœnitentiæ et contritionis, et incipiendi ad minus satisfacere justitiæ Dei, antequam reconcilientur.* Il y avait, certes, en tout cela, de quoi faire ouvrir les yeux aux moins clairvoyants.

I PARTIE
CHAPITRE XIX

Un canon du IIIe concile de Tolède placé à une férie de carême, enchérit sur une proposition de Quesnel.

Quant aux hymnes du nouveau bréviaire, elles étaient généralement fort discrètes sur l'article de la grâce. L'intention secrète était aisée à sentir ; mais les mots trahissaient rarement le poëte. Coffin, si supérieur à Santeul, excellait à rendre, dans ses strophes, les fortes pensées de l'Épître aux Romains ; son vers cherchait l'écueil avec audace, mais l'évitait avec une prudence infinie. Chacune de ses hymnes, prise vers par vers, était irréprochable pour ce qu'elle disait ; on ne pouvait reprocher à l'ensemble que ce qu'il ne disait pas. Mais ce *silence* était la plus complète déclaration de guerre, de la part d'une secte qui avait écrit sur son drapeau : *Silence,* et même *Silence respectueux.* Nous en avons assez dit sur l'indignité irrémédiable de Coffin à remplir, dans l'Église catholique, le rôle d'hymnographe. *Il était notoirement hors l'Église :* ceci dit tout. Il n'est donc même pas nécessaire de rappeler à son propos les notes fixées par saint Bernard, dans sa fameuse lettre à Guy, abbé de Montier-Ramey, et dont nous avons fait ci-dessus l'application à Santeul.

Au reste, ce dernier hymnographe triomphait dans le nouveau bréviaire, à côté de Coffin ; il y avait obtenu une plus large place que dans celui de Harlay. On remarquait que dans celui de Harlay. surtout son hymne des évangélistes, dans l'office de saint Marc et de saint Luc, et les jansénistes se délectaient dans la fameuse strophe citée plus haut :

> Insculpta saxo lex vetus
> Præcepta, non vires dabat :
> Inscripta cordi lex nova
> Quidquid jubet dat exequi.

Multiplication des hymnes dans le Bréviaire parisien, contraire aux principes de ses rédacteurs sur l'inconvenance de la parole humaine dans la Liturgie.

Pour en finir sur les hymnes du nouveau bréviaire, nous dirons que cette œuvre en renfermait un grand nombre; ce qui prouvait que si les rédacteurs, comme D. de Vert et Le Tourneux, craignaient *la parole humaine* dans les antiennes et les répons, comme eux aussi, ils la souffraient bien volontiers dans d'autres compositions. Au reste, on avait retenu un certain nombre d'anciennes hymnes dont plusieurs avaient été retouchées par Coffin;

Hymnographes associés à Santeul et Coffin.

d'autres enfin appartenaient à Santeul de Saint-Magloire, La Brunetière, Habert, Pétau, Commire, Le Tourneux, Besnault, curé de Saint-Maurice de Sens, etc.

II. Diminution apportée par le nouveau bréviaire au culte des saints.

2° Si maintenant nous considérons la manière dont le nouveau bréviaire avait traité le culte des saints, on dirait que les auteurs avaient pris à tâche d'enchérir sur les témérités de François de Harlay. Déjà, nous avons vu

Prédominance du dimanche sur presque toutes les fêtes occurrentes.

combien le système de la prépondérance du dimanche sur toutes les fêtes occurrentes, à moins qu'elles ne fussent du premier degré, système admis dans tous les nouveaux bréviaires et dans celui de Paris en particulier, enlevait de solennité au culte des saints ; combien, sous couleur de rétablir les usages de l'antiquité, il était en contradiction avec l'Église romaine, à qui il appartient d'instruire les autres Églises par ses usages. Encore on ne s'était pas borné à établir une règle aussi défavorable au culte des saints, le calendrier avait subi les plus graves réductions.

Nombreuses fêtes supprimées.

En janvier, on avait supprimé les octaves de saint Étienne, de saint Jean, des saints Innocents et même de sainte

Geneviève, la fête de sainte Émérentienne et l'antique Commémoration de sainte Agnès, au 28, qui est regardée comme un des plus précieux monuments liturgiques du calendrier grégorien. En février, la Chaire de saint Pierre à Antioche avait disparu. En mars, saint Aubin n'avait plus qu'une simple *mémoire*. En avril, la fête de saint Vital était retranchée, le culte de saint Georges et de saint Eutrope était réduit à une commémoration. En mai, on avait effacé les saints Alexandre, Éventien et Théodule, sainte Domitille, la Translation de saint Nicolas, saint Urbain, les saints Cantius, Cantianus et Cantianilla. En juin, on ne retrouvait plus les saints Basilide, Cyrinus, Nabor et Nazaire, les saints Modeste et Crescence, les saints Marc et Marcellien, ni les octaves de saint Jean-Baptiste et de saint Pierre et saint Paul. En juillet, étaient effacés saint Thibault, les saints Processe et Martinien, saint Alexis, sainte Marguerite, sainte Praxède, les saints Abdon et Sennen. En août, avaient disparu sainte Suzanne, saint Cassien, saint Eusèbe, saint Agapet, les saints Timothée et Apollinaire, et les saints Félix et Adaucte. Le mois de septembre ne présentait d'autre suppression que celle de saint Nicomède. Saint Marc et saint Callixte, papes, avaient été retranchés, au mois d'octobre. En novembre, on avait ôté les Quatre Couronnés, saint Théodore, l'octave de saint Martin, saint Mennas, sainte Félicité, sainte Geneviève du Miracle des Ardens; saint Martin, pape, était réduit à une simple commémoration. Décembre, enfin, avait vu disparaître sainte Barbe et l'octave de la Conception; saint Thomas de Cantorbéry était transféré au mois de juillet, et saint Sylvestre réduit à une simple mémoire.

L'Église de Paris, comme l'on voit, en acceptant le nouveau bréviaire, se privait, de gaieté de cœur, d'un grand nombre de protecteurs, et il est difficile d'exprimer quel avantage elle pouvait tirer d'une si étrange épuration du

Ces suppressions étaient autant de causes d'appauvrissement spirituel calendrier. Nous allons examiner en détail quelques-unes de ces suppressions, mais nous ne pouvons dès à présent nous empêcher de signaler comme déplorable le système d'après lequel on privait l'Église de Paris de deux fêtes de sa glorieuse patronne. En outre, parmi ces divers saints sacrifiés à l'antipathie janséniste, si la plupart, tirant leur origine du calendrier romain, rappelaient d'une manière trop expresse la source à laquelle l'Église de Paris, durant neuf siècles, avait puisé sa Liturgie, plusieurs de ces saints qui appartiennent exclusivement à la France, comme saint Aubin, saint Eutrope, saint Thibault, n'en avaient pas moins été honteusement expulsés. On remarquait aussi que le nouveau calendrier ne renfermait presque aucun des saints nouvellement canonisés, quoiqu'ils eussent bien autant de droit aux hommages de l'Église de Paris que ceux des premiers siècles. Mais cette fécondité de l'épouse du Christ qui lui fait produire en chaque siècle des fils dignes de sa jeunesse, démentait trop fortement le système de la secte sur la vieillesse de l'Église, et pouvait devenir gênante dans ses conséquences.

Un bouleversement notable avait eu lieu dans le calendrier des mois de mars et d'avril. On cherchait en vain à leurs jours propres saint Thomas d'Aquin, saint Grégoire le Grand, saint Joseph, saint Joachim, saint Benoît, sainte Marie Égyptienne, saint Léon le Grand. Le désir de donner plus de tristesse au temps du carême, avait porté nos réformateurs à les rejeter à d'autres jours, choisis presque toujours arbitrairement. Par là les églises, les corporations placées sous le patronage de ces saints, se voyaient frustrées de leurs traditions les plus chères ; les fidèles, qui ne pouvaient rien comprendre aux motifs d'une semblable mesure, se trouvaient pareillement dans l'embarras pour connaître le jour auquel ils célébreraient désormais les saints qui étaient l'objet de leur dévotion particulière. S'ils sortaient du diocèse de Paris pour aller dans un autre, ils retrouvaient leurs saints bien-aimés aux mêmes jours auxquels ils avaient eu coutume de les célébrer : comment expliqueraient-ils ces variations inouïes jusqu'alors ? Et plût à Dieu que les nouvelles Liturgies n'eussent contribué, que par ce seul endroit, à dépopulariser en France les choses de la religion !

Si maintenant nous examinons la manière dont les offices des saints en eux-mêmes avaient été traités dans le nouveau bréviaire, nous sommes bien obligé de dire qu'on avait encore enchéri sur le Bréviaire de Harlay. La censure de la Sorbonne, contre le Bréviaire d'Orléans de 1548, était applicable de mot à mot aux nouveaux offices. *Des fêtes de neuf Leçons avaient été réduites à trois, et des fêtes de trois Leçons n'avaient plus qu'une simple mémoire. La plupart du temps, on avait retranché les miracles des saints. Plusieurs traits importants pour l'édification avaient été élagués, comme le récit des jeûnes, des macérations des saints, les fondations et dotations d'églises faites par eux. On avait supprimé leurs hymnes propres, leurs antiennes, etc.* (1). Ainsi parlait l'Université de Paris, en 1548, et elle ajoutait que ces changements étaient *une chose imprudente, téméraire, scandaleuse,* et qui *donnait même quelque lieu de soupçonner l'envie de favoriser les hérétiques.*

Il faudrait un volume entier pour relever toutes les intentions qui ont présidé à la rédaction du corps des légendes des saints, dans le nouveau bréviaire. C'est là que l'art des réticences est porté à la perfection, que la nouvelle critique s'exerce dans toute son audace et aussi dans toute sa sécheresse. Nous aurons le loisir d'y revenir jour par jour, dans l'explication générale de l'office divin ; mais nous ne pouvons mieux qualifier toutes ces légendes, qu'en disant qu'elles forment, pour l'esprit et la

La censure de la Sorbonne contre le Bréviaire d'Orléans de 1548 applicable de mot à mot à la rédaction des nouveaux offices.

Les légendes des saints, expurgées par la nouvelle critique, ne sont qu'une sèche reproduction des *Vies des saints* de Mésenguy.

---

(1) *Vid.* ci-dessus. Tome I, page 438.

couleur, un abrégé exact des *Vies des saints*, malheureusement trop répandues, de l'acolyte Mésenguy, qui n'avait ainsi qu'à mettre en latin, en le rétrécissant encore, son propre ouvrage.

La lettre pastorale nous dit qu'on a évité tout ce qui pourrait nourrir, à l'égard des saints, une stérile *admiration*, et comme nous l'avons remarqué à ce propos, cette crainte a été cause que l'on a gardé le silence sur les stigmates de saint François. C'est sans doute dans une semblable intention que, dans la vie du même patriarche, on avait retranché les célèbres paroles par lesquelles il exhorte, en mourant, ses disciples à garder la pauvreté, la patience *et la foi de la sainte Église romaine*. On ne saurait croire jusqu'à quel degré cette manie d'effacer, de cacher, de dissimuler les traditions sur les saints, était parvenue. Quel homme, par exemple, en lisant ces paroles au sujet de la mère de saint Dominique, *hunc mater dum utero gestaret quædam vidisse per quietem traditur*, penserait que cette illustre femme vit un chien tenant dans sa gueule un flambeau, pour embraser le monde ? Tout ce magnifique symbolisme est rendu par nos faiseurs dans ce seul mot : *Quædam*. Nous citons ce trait entre mille. Réunissez deux clercs, dont l'un récite le Bréviaire de Vintimille et l'autre le Bréviaire romain : supposons qu'ils ne connaissent l'un et l'autre la vie des saints que par les leçons de leur bréviaire. Qu'ils aient maintenant l'un et l'autre à s'expliquer du haut de la chaire sur les actions, les vertus, les miracles, les attributs des saints. Le premier ne pourra rendre raison que d'un petit nombre de faits et de traditions ; le second sera à même de dispenser avec munificence un trésor de lumière et d'édification. Quand la foi est vive dans un pays, le culte des saints, la connaissance de leurs actions et des merveilles que Dieu a opérées en eux, y sont populaires ; quand cette dévotion diminue, la vraie piété s'éteint, le rationalisme envahit tout. Or, c'est dans les églises que le culte des saints se nourrit et se réchauffe ; c'est dans les hymnes et les antiennes séculaires qu'il se conserve. Gardée à la fois par les chants de l'autel et les vitraux du sanctuaire, la légende sacrée ne s'efface pas et protége la foi des générations. Quand donc reverrons-nous les merveilles des siècles catholiques ? Sera-ce quand nous aurons beaucoup de cathédrales rebâties dans le style du xiiie siècle, beaucoup de pastiches des arts du moyen âge ? Non, ce sera quand nous aurons réappris la vie des saints, quand nous comprendrons leurs héroïques vertus, quand nos cœurs auront retrouvé cette foi naïve qui faisait qu'on était en repos sur ses besoins spirituels et corporels, quand on avait prié devant la châsse qui renfermait les ossements de ces amis de Dieu. Ces temps doivent-ils revenir pour nous ? Nous ne savons ; mais nous tenons pour assuré que si l'antique vénération des saints doit de nouveau consoler notre patrie, les légendes du Bréviaire de Paris auront alors disparu du livre des prières du prêtre.

3° Quant à la manière dont le culte de la sainte Vierge, ce culte que les théologiens, à cause de son excellence propre, nomment *hyperdulie,* avait été traité dans le nouveau bréviaire, nous n'en pouvons parler qu'avec un profond sentiment de tristesse. On peut dire que c'est là la grande plaie des nouveaux bréviaires, et les gens les plus bienveillants, ou, si l'on veut, les mieux prévenus, sont bien obligés de convenir que les rédacteurs *ont eu l'intention expresse* de diminuer les manifestations de la piété catholique envers la Mère de Dieu. Nous avons raconté les attentats sanctionnés par François de Harlay, dans le bréviaire de 1680 ; mais du moins, dans ce livre, on avait gardé des mesures : on n'en gardait plus dans le Bréviaire de 1736. Voici d'abord comment avaient été déshonorées les hymnes les plus chères à la piété catholique. Commençons par l'*Ave, maris stella.* Cet admirable cantique

I PARTIE
CHAPITRE XIX

III. Intention expresse des rédacteurs du nouveau bréviaire de diminuer les manifestations de la piété envers la sainte Vierge.

L'hymne *Ave, maris stella*, odieuse au jansénisme parce qu'elle qui fait la joie et la consolation de l'Église, exprime avec assurance le pouvoir de Celle qui n'a besoin que de demander à son Fils pour obtenir, et qui nous sauve par sa prière, comme Lui par sa miséricorde. L'Église demande ses besoins à Marie, parce qu'elle peut les soulager, en les exposant maternellement au Sauveur :

> *Sumat per te preces*
> *Qui pro nobis natus*
> *Tulit esse tuus.*

Jaloux de ce pouvoir de recommandation accordé à une pure créature, le farouche jansénisme avait en horreur cette hymne si tendre. Chargé de la réformer, il se livre à cette œuvre avec joie ; il se gardera bien de la remplacer par une autre. Il aime mieux la *corriger*, la rendre *chrétienne*, faire la leçon à l'Église romaine et à toutes celles qui la suivent, insulter enfin l'idolâtrie papiste dans ses derniers et plus sacrés retranchements. Nous allons placer en regard la leçon catholique, et celle de Coffin, en demandant toutefois pardon à la Reine du ciel et de la terre, de donner cette publicité à un des outrages les plus sanglants et les plus froidement calculés qu'elle ait reçus. Mais nous devons dire la vérité et faire connaître les hommes qui disposaient alors de la Liturgie.

Texte de l'Église romaine, conservé par François de Harlay.	*Texte de Coffin dans le Bréviaire de Vintimille (1re édition).*
Ave, maris stella, Dei Mater alma, Atque semper Virgo, Felix cœli porta.	Ave, Maris stella, Dei Mater alma, Atque semper Virgo, Felix cœli porta.
Sumens illud ave Gabrielis ore Funda nos in pace Mutans Evæ nomen.	Virgo singularis, Veræ vitæ parens, Quæ mortem invexit Mutas Evæ nomen.

Solve vincla reis,	Cadant vincla reis,	I PARTIE
Profer lumen cæcis,	Lux reddatur cæcis,	CHAPITRE XIX
Mala nostra pelle,	Mala cuncta pelli,	
Bona cuncta posce.	Bona posce dari.	

Monstra te esse matrem,	Monstra te esse matrem,
Sumat per te preces	Sumat per te preces
Qui pro nobis natus	Qui pro nobis natus
Tulit esse tuus.	Tulit esse tuus.

Virgo singularis	*Ce Verset a totalement disparu*
Inter omnes mitis,	*dans le travail de Coffin. Il aura*
Nos culpis solutos	*sans doute désespéré d'en pouvoir*
Mites fac et castos.	*faire la parodie.*

Vitam præsta puram,	Vitam posce puram,
Iter para tutum,	Iter para tutum,
Ut videntes Jesum,	Ut videntes Jesum,
Semper collætemur,	Semper collætemur.

Sit laus Deo Patri,	Sit laus summa Patri :
Summo Christo decus,	Sit laus Nato compar
Spiritui sancto,	Cum Spiritu sancto :
Tribus honor unus.	Tribus honor unus. Amen.

On voit que, pour démentir les expressions de la piété catholique, le poëte, d'ordinaire si exact sur le mètre, n'avait pas été exigeant cette fois. Les fautes contre la quantité abondent dans ces strophes de nouvelle et janséniste fabrique. *Le correcteur peu scrupuleux sur les lois de la quantité.*

Passons maintenant à une autre hymne de la sainte Vierge, non moins maltraitée par Coffin. C'est celle où l'Église appelle Marie *la Mère de la grâce et de la miséricorde,* et demande pour ses enfants la faveur d'être reçus par Elle au moment de leur mort. *L'hymne* Memento salutis autor, *altérée par le même versificateur, pour en ôter le titre de Mère de la grâce et de la miséricorde, décerné à Marie.*

Texte de l'Église romaine conservé par François de Harlay.	*Texte de Coffin, dans le Bréviaire de Vintimille* (1re *édition*).
Memento salutis autor	Memento de Deo Deus
Quod nostri quondam corporis	Quod matre natus Virgine
Ex illibata Virgine	Nostri misertus, perditi
Nascendo formam sumpseris.	Mundi redemptor veneris.

Maria, mater gratiæ,
Mater misericordiæ,
Tu nos ab hoste protege
Et hora mortis suscipe.

Et nos Dei Virgo parens,
Vultu benigno respice :
Placabilem tua prece
Fac esse nobis filium.

La doxologie est, à peu de chose près, la même.

Ce titre de *Mère de miséricorde*, que l'amour et la reconnaissance du peuple fidèle ont donné à Marie, était encore effacé de l'hymne de complies : *Virgo, Dei Genitrix.* La troisième strophe ainsi conçue :

Te Matrem pietatis
Opem te flagitat orbis :
Subvenias famulis,
O benedicta, tuis ;

avait été totalement supprimée et remplacée par celle-ci :

Suscipe quos pia plebs
Tibi pendere certat honores :
Annue, sollicita
Quam prece poscit opem.

Si on n'avait pas osé supprimer les antiennes à la sainte Vierge : *Alma Redemptoris ;* — *Ave, Regina cœlorum ;* — *Regina cœli, lætare,* et *Salve, Regina ;* on avait du moins trouvé moyen de les priver de leurs Versets si populaires et si vénérables, *Angelus Domini ; Post Partum, Virgo ;* — *Dignare me laudare te ;* — *Gaude et lætare,* et même *Ora pro nobis, sancta Dei Genitrix.* Ces Versets avaient fait place à des phrases bibliques dont la plupart n'offraient qu'un sens accommodatice et très-froid.

Pour ce qui est des fêtes mêmes de la sainte Vierge, on était à même de voir, à leur occasion, le plan de la secte se développer sur une plus grande échelle. D'abord, l'office du jour de la Circoncision, octave de Noël, qui jusqu'alors avait été en grande partie employé à célébrer la divine Maternité de Marie, avait perdu les dernières traces de cette coutume grégorienne à laquelle le Bréviaire de Harlay lui-même si peu favorable au culte de la sainte Vierge, n'avait pas cru pouvoir déroger. Non-seulement les fameuses antiennes *O admirabile commercium — Quando natus es — Rubum quem viderat — Germinavit — Ecce Maria — Mirabile mysterium — Magnum hæreditatis mysterium,* qui sont au nombre des plus précieux monuments de la foi de l'Église au mystère de l'Incarnation, ayant été composées dans l'Église romaine à l'époque des conciles d'Éphèse et de Chalcédoine, avaient disparu jusqu'à la dernière syllabe; mais, parmi les textes des saintes Écritures qu'on avait mis à la place, rien ne rappelait la mémoire de l'antique solennité qui consacrait depuis tant de siècles le jour des Calendes de Janvier au culte de la Mère de Dieu.

L'office de la Circoncision, octave de Noël, consacré par l'antiquité presque entièrement à la Mère de Dieu, disparaît avec ses vénérables antiennes, composées à l'époque des conciles d'Éphèse et de Chalcédoine.

Le deuxième jour de février, quarantième du divin Enfantement, continuait d'être désigné sous ce nom : *Présentation du Seigneur et Purification de la sainte Vierge.* Cette hardiesse, qui avait passé du Bréviaire de Cluny dans la plupart des autres bréviaires français, de 1680 à 1736, se faisait aussi remarquer dans le nouveau calendrier. Du moins, la désignation de cette fête était encore remarquable par le nom de Marie, qui continuait toujours d'être exclu du titre de la fête de l'*Annonciation.* C'était toujours *Annunciatio Dominica,* l'*Annonciation de Notre-Seigneur,* que bientôt, dans d'autres Diocèses, on appela *l'Annonciation et l'Incarnation de Notre-Seigneur,* ou *l'Annonciation de l'Incarnation de Notre-Seigneur.* La France presque tout entière était donc destinée à perdre cette magnifique solennité de la Mère de Dieu, qui lui fut si chère à ce titre dans le passé, et que l'Église romaine regarde encore et regardera toujours comme le fondement de la gloire de Celle qui, seule, a détruit toutes les hérésies dans le monde entier. Au reste, un grand nombre de fidèles de France, ceux qui sont membres des pieuses associations que le Siége apostolique a enrichies de ses faveurs, n'ont point cessé de demeurer

Le nom de la sainte Vierge maintenu par grâce dans le titre de la fête de la Purification disparaît entièrement de celui de l'Annonciation.

La France perd ainsi la solennité, qui est le fondement de la gloire et des prérogatives de la Mère de Dieu.

en union avec les autres Églises, dans la solennité du 25 Mars. Ils sont avertis par l'annonce des indulgences et par de pieux exercices, que cette fête est une fête de Marie. Quand donc elle aura été rendue à notre patrie, cette chère solennité, ces pieuses traditions formeront la vénérable chaîne à l'aide de laquelle on pourra prouver que les vœux et les hommages offerts à la libératrice du genre humain, au jour même où le Verbe s'est fait chair, n'ont point souffert, en France, une interruption totale.

L'office de la fête de l'Assomption avait été privé de ses glorieuses antiennes si expressives : *Assumpta est Maria in cœlum — Maria Virgo assumpta est — Exaltata est sancta Dei Genitrix.* Les voûtes de Notre-Dame, qui les avaient jusqu'alors répétées, même sous l'épiscopat des Harlay et des Noailles, allaient être condamnées à les oublier pour de longues années. On n'entendrait plus lire non plus ces beaux sermons de saint Jean Damascène, déjà mutilés par François de Harlay, qui célébrait avec tant d'amour et de magnificence le triomphe de la Vierge bénie.

La Nativité de Marie avait perdu le brillant cortége de ces imposantes et mélodieuses antiennes, dans lesquelles la voix de la sainte Église retentit avec tant d'éclat pour annoncer aux peuples l'aurore du soleil de justice : *Nativitas gloriosæ — Nativitas est hodie — Regali ex progenie — Corde et animo — Christo canamus — Cum jucunditate — Nativitas tua, Dei Genitrix Virgo*, etc., etc. Des textes de l'Écriture, amenés la plupart dans un sens accommodatice et vides du nom de Marie, avaient remplacé tout cet ensemble de chants séculaires.

Et la fête de la Conception, quel soin n'avait-on pas pris de la dégrader ? D'abord, on l'avait maintenue au rang de *solennel mineur,* auquel l'avait abaissée François de Harlay ; mais, de plus, on avait osé supprimer l'octave de cette grande fête ; cette octave que Louis XIV avait demandée, pour la France, à Clément IX, que, depuis, Innocent XII avait étendue au monde entier, l'Église de Paris ne la célébrerait plus, et elle entraînerait dans cette lamentable défection le plus grand nombre des Églises du royaume !

4° Il nous semble que nous en avons dit assez pour dévoiler l'intention expresse qu'avaient eue les auteurs du nouveau bréviaire de diminuer le culte de la sainte Vierge. Montrons maintenant ce qu'ils avaient fait contre l'autorité du Siége apostolique. D'abord, jusqu'à la publication du nouveau bréviaire, l'Église de Paris avait célébré, avec toute l'Église, au 18 janvier, la Chaire de saint Pierre à Rome, et au 22 février, la Chaire du même apôtre à Antioche, pour honorer le souverain Pontificat qui avait eu son siége successivement dans ces deux villes. C'était trop pour Vigier et Mésenguy, d'employer deux jours de l'année à la confession d'un dogme aussi odieux à la secte que l'est celui de la principauté papale. Ils avaient donc réuni les deux Chaires en un même jour, et brisé encore sur ce point avec Rome et toutes les Églises qui la suivent. L'invitatoire des matines était aussi fort remarquable. En place de l'ancien qui était ainsi conçu : *Tu es Pastor ovium, Princeps Apostolorum, tibi tradidit Deus claves regni cœlorum*, on avait substitué celui-ci : *Caput corporis EcclesiæDominum, venite adoremus.* Certes, un calviniste n'aurait garde de se scandaliser d'un tel invitatoire. Mais il faut avouer qu'il est par trop fort d'avoir été choisir le jour de la Chaire de saint Pierre, chef de l'Église, pour s'en venir taire dans l'invitatoire l'objet de la fête, ou plutôt pour donner le change sur cet objet. On reconnaît là le même génie qui a créé la fameuse oraison de saint Damase : *Nullum primum nisi Christum sequentes*, etc.

Au reste, cet office de la Chaire de saint Pierre était remarquable par une hymne de Coffin, dont une strophe donnait prise à une juste critique et excita des réclamations. La voici ; le poëte s'adresse à saint Pierre :

Cœlestis intus te Pater addocet,
Hinc voce certa progenitum Deo
Parente Christum *confiteris*
Ingenito similem parenti.

Il est évident, par l'Évangile, que saint Pierre n'a point parlé de la sorte. Il n'a point dit que Jésus-Christ fût simplement *semblable à son Père;* les ariens le voulaient ainsi, mais le concile de Nicée condamna cette manière de parler et obligea les fidèles à confesser explicitement l'unité de substance dans le Père et le Fils. On conçoit que le Principal du Collége de Beauvais, quoique fort zélé pour la *Délectation relativement victorieuse,* ne fût pas un très-fort théologien. Rien ne l'obligeait à cela : mais on n'était pas obligé non plus de l'aller chercher pour composer dans le Bréviaire de Paris les hymnes destinées à remplacer celles que la tradition et l'autorité de tant d'Églises, jointes au Siége apostolique, ont consacrées. Sur ce point, comme sur tous les autres, nous sommes en droit d'exiger, des nouvelles Liturgies, une doctrine plus pure, une autorité plus grande, un caractère plus élevé ; autrement, toute cette levée de boucliers contre la Mère Église est un scandale, et rien de plus.

On avait procédé aussi par suppression pour affaiblir la dignité du Saint-Siége. C'était peu que François de Harlay eût fait descendre la fête de saint Pierre au degré de *solennel mineur;* le nouveau bréviaire, enchérissant sur cette témérité, la dépouillait de son octave. Le beau sermon de saint Léon, au second nocturne, l'homélie de saint Jérôme, au troisième, avaient été sacrifiés. On cherchait en vain une autre homélie de saint Léon, sur la dignité du Prince des Apôtres, qui se trouvait au samedi des Quatre-Temps du carême. L'évangile même auquel se rapportait cette homélie avait disparu. Dans la légende de l'office de saint Grégoire le Grand, on avait retranché les paroles dans lesquelles ce grand pape se plaint de l'outrage fait à saint Pierre par Jean le Jeûneur, patriarche de Constantinople, qui s'arrogeait le titre d'évêque œcuménique. On a vu plus haut que plusieurs saints papes avaient été effacés du calendrier, ou réduits à une mémoire. Au reste, la secte, en cela, ne faisait rien d'extraordinaire : on sait quelle haine elle porta dans tous les temps au Siége apostolique.

Si, après avoir reconnu quelques-unes des nombreuses preuves du système suivi au nouveau bréviaire, dans le but de comprimer la piété catholique et de favoriser les erreurs du temps, le lecteur vient à jeter un coup d'œil sur l'ensemble de cette Liturgie, il ne saurait manquer d'être choqué par les nouveautés les plus étranges qui s'y rencontrent de toutes parts. Le Psautier n'est plus distribué suivant l'antique division, qui datait pourtant du ive siècle. On voit que l'amour de l'antiquité qui transporte tous nos modernes liturgistes, ne les a pas laissés insensibles aux avantages d'un bréviaire rendu plus court par une distribution moins pénible du Psautier. Nous le répétons, nous sommes loin de blâmer l'intention si louable de procurer la récitation hebdomadaire du Psautier ; mais les rédacteurs du nouveau bréviaire avaient-ils réussi à donner une solution convenable de ce grand problème liturgique ? Il nous semble qu'un travail si grave appartenait, avant tout, à des mains catholiques ; il intéresse de trop près l'esprit de prière que les hérétiques ne peuvent connaître. En outre, ne devait-on pas, même en s'écartant de l'antiquité dans ce nouveau partage des cantiques du roi-prophète, suivre le génie de l'ancienne division et en conserver les mystères ? Dans ce cas, on n'eût point imaginé, par exemple, de dire les psaumes de matines en nombre impair, dans les jours de férie ; ce qui est contraire aux traditions de l'Église tout entière. Était-il donc nécessaire de supprimer en masse les belles hymnes du Psautier romain, qui sont toutes des premiers siècles de l'Église et si remplies d'onction et de lumière ? Il va sans dire que Coffin avait fait les frais de toutes les nouvelles, et quant à la division du Psautier lui-même, elle était, à peu de chose près, celle de Foinard, dans son *Breviarium Ecclesiasticum*. Au IVe siècle, saint Damase et saint Jérôme s'étaient unis pour déterminer la division liturgique du Psautier. L'Église de Paris, quatorze siècles après, voulant donner une nouvelle face à cette grande œuvre, se recommandait à Vigier, à Mésenguy, à Coffin, lesquels, pour toute tradition, consultaient le docteur Foinard !

Parlerons-nous des absolutions et des bénédictions qu'on avait empruntées à l'Écriture sainte, et dont la longueur, la phrase obscure contrastaient si fortement avec les anciennes qui étaient de style ecclésiastique, cadencées et si propres au chant ? Nous avons cité plus haut celle de prime, comme un monument des intentions des rédacteurs. Le défaut de clarté que nous signalons se faisait remarquer principalement dans la bénédiction des complies. Dans la Liturgie romaine, elle est ainsi conçue : *Benedicat et custodiat nos omnipotens et misericors Dominus, Pater, et Filius, et Spiritus Sanctus*. Rien de plus simple et de plus touchant que ce souhait de paix sur l'assemblée des fidèles : *Que Dieu nous bénisse, qu'il nous garde durant cette nuit : Dieu puissant qui nous gardera, Dieu miséricordieux qui nous bénira, le Père, le Fils, le Saint-Esprit !* Écoutons maintenant Vigier et Mésenguy : *Gratia Domini nostri Jesu Christi, et caritas Dei et communicatio Sancti Spiritus sit cum omnibus vobis !* On voit tout de suite l'intention des Docteurs. D'abord la *Grâce* ; toujours la *Grâce* ; puis un texte de *l'Écriture sainte*, un texte qui renferme les trois personnes de la sainte Trinité. Voilà leur pensée, l'objet de leur triomphe. Nous dirons d'abord qu'il faut avoir une terrible peur de la tradition ou une bien violente antipathie contre elle, pour la poursuivre, à coups d'Écriture sainte, jusque dans une bénédiction de deux lignes. Ensuite, le texte biblique qui remplace la formule romaine est-il donc si propre à remplir le but qu'on se propose ? Un théologien trouvera sans doute le mystère de la Trinité dans cette phrase de l'apôtre ; mais les simples fidèles, accoutumés à faire le signe de la croix pendant que le prêtre prononçait ces mots : *Pater, et Filius, et Spiritus Sanctus*, comment feront-ils désormais ? Voici une formule dans laquelle on commence par nommer *Jésus-Christ*, sans la dénomination de *Fils ;* vient ensuite le nom de *Dieu*, sans la qualité de *Père*, et placé d'ailleurs au second rang, après le Fils ; enfin le *Saint-Esprit*, avec le mot *communication* qui n'est pas des plus clairs. Il nous semble que l'Église romaine, quoiqu'elle ne parle pas si souvent de la *Grâce*, s'entend mieux encore à instruire et à édifier le peuple fidèle. Ce procédé d'examen auquel nous venons de soumettre la bénédiction parisienne des complies, peut être appliqué avec facilité, et presque toujours avec un résultat aussi favorable à la Liturgie romaine, dans les nombreuses occasions où les nouveaux livres ont remplacé les formules grégoriennes.

Le propre du temps, dans le nouveau bréviaire, ne présentait pas un seul office qui n'eût été refait, et même, la plupart du temps, en entier. Les fêtes de Noël(1), de Pâques, de la Pentecôte, n'étaient plus célébrées par les mêmes chants. L'avent, le carême, le temps pascal, avaient vu sacrifier leurs innombrables répons, antiennes, versets, leçons ; à peine une centième partie avait été conservée. Mais ce qui était le plus grave et en même temps le plus affligeant pour la piété catholique, c'est que l'office des trois derniers jours de la semaine sainte avait été entièrement refondu et présentait, dans sa presque totalité, un aspect différent de cet imposant corps de psalmodie et de

---

(1) Si on excepte quelques antiennes et un répons.

chants qui remontait aux premiers siècles, et auquel se conforment chaque année les diverses églises et monastères qui ont le privilége d'user, le reste du temps, d'une Liturgie particulière. N'avait-on pas aussi le droit de regarder comme un attentat contre le divin Sacrement de l'Eucharistie, la suppression de cet admirable office du Saint-Sacrement, dont la composition forme une des principales gloires du Docteur angélique ? Ne serait-il pas humiliant pour l'Église de Paris de répudier saint Thomas d'Aquin, pour accepter en place Vigier et Mésenguy ? Par grâce singulière, on avait pourtant gardé les hymnes.

Le propre des saints également refait et mutilé.

Le propre des saints, comme on doit déjà le conclure de ce que nous avons dit, présentait un aspect non moins affligeant. Les réductions faites au calendrier l'avaient appauvri dans la même proportion. Les légendes, dépouillées d'une partie de leurs miracles et de leurs récits pieux ; les anciens offices propres de la sainte Croix, de la Toussaint, de saint André, sainte Lucie, sainte Agnès, sainte Agathe, saint Laurent, saint Martin, sainte Cécile, saint Clément, etc., supprimés malgré leur ineffable mélodie ; et les octaves, non-seulement de saint Pierre et de saint Paul, mais de saint Jean-Baptiste et de saint Martin, anéanties ; la plupart des offices réduits à trois leçons, afin de rendre l'office *plus court :* voilà quelques-unes des graves innovations qui choquaient tout d'abord la vue dans le nouveau propre des saints.

Les communs entièrement renouvelés.

Les communs n'étaient pas moins modernisés. Dans l'ancien bréviaire, cependant, ils étaient presque entièrement formés des paroles de l'Écriture sainte, et c'était à cette même source que François de Harlay avait été chercher les antiennes et les répons dont il avait jugé à propos de les augmenter. Dans l'œuvre de Vigier et Mésenguy, tout avait été renouvelé, antiennes, répons, versets, hymnes, capitules, etc. ; à peine avait-on fait grâce à deux ou trois textes qui, encore, avaient été changés de place.

De nouveaux communs avaient été ajoutés ; ce que nous ne voulons pourtant pas blâmer en soi ; mais une grave et déplorable mesure était la suppression du titre de *confesseur*, qui, cependant, occupe une si grande place dans le partage des différents communs.

L'office *de Beata in Sabbato,* le petit office de la sainte Vierge lui-même, déjà défigurés par François de Harlay, avaient reçu le dernier coup dans [le nouveau bréviaire. Hors les psaumes qu'on avait conservés, c'était à peine s'ils conservaient quelque rapport avec les mêmes offices tels que le peuple chrétien a coutume de les réciter et de les chanter.

Les prières de la recommandation de l'âme avaient été tronquées, et les parties considérables qu'on avait fait disparaître et qui étaient remarquables par une si merveilleuse onction et par un langage tout céleste, avaient été remplacées, suivant l'usage, par des versets et des lectures de la Bible.

L'office des morts, si ancien, si primitif, se montrait refait sur un nouveau plan. La plupart des antiennes avaient disparu ; les sublimes répons de matines, à l'exception d'un seul, ne se trouvaient plus. Ce nouveau Bréviaire de Paris n'avait pas même fait grâce à ces répons attribués à Maurice de Sully, que l'Église de Paris avait eu, disait-on, la gloire de donner à l'Église romaine. On avait été jusqu'à faire un nouveau *Libera* avec des morceaux du Psaume LXVIII. L'office de laudes avait été abrégé d'un tiers. Cependant, les morts qui ne sont plus en voie de profiter des avantages d'une prière *plus courte*, les morts qui sont si vite oubliés, auraient bien eu droit qu'on fît pour eux quelque exception dans cette mesure générale d'abréviation liturgique.

Enfin, dans le nouveau bréviaire tout entier, il n'y avait que deux articles sur lesquels eût été conservée fidèlement l'ancienne forme. C'étaient la *Bénédiction de la Table* et l'*Itinéraire*. On avait été tolérant jusqu'à laisser, dans la première, les paroles *Mensæ cœlestis participes,* etc., et *Ad Cœnam perpetuæ vitæ*, etc. ; et, dans le second, l'antienne tout aussi peu biblique *In viam pacis*. Était-ce oubli, ou préméditation ? Nous ne saurions le dire ; mais nous avons dû faire cette remarque pour compléter ce coup d'œil général sur l'œuvre de Vigier et de Mésenguy.

Le nouveau bréviaire étant tel que nous venons de le décrire, son apparition ne pouvait manquer d'exciter un soulèvement dans la portion du clergé qui s'était formellement déclarée contre les nouvelles erreurs. Le séminaire de Saint-Sulpice qui, dès 1680, n'avait renoncé au Bréviaire romain pour accepter celui de François de Harlay, qu'après une résistance consciencieuse et sur l'injonction expresse de cet archevêque, protestait contre la nouvelle Liturgie avec une franchise digne de l'inviolable orthodoxie qu'il avait toujours fait paraître. Le séminaire de Saint-Nicolas-du-Chardonnet témoignait les mêmes répugnances ; plusieurs curés, entre autres Parquet, curé de Saint-Nicolas-des-Champs, manifestaient hautement leur indignation. Le conseil même de l'archevêque était divisé. Les abbés Robinet et Regnauld, grands vicaires du prélat, n'avaient qu'un même langage contre le bréviaire avec le docteur Gaillande, filleul de Tournely et l'un des plus ardents adversaires du jansénisme.

Tout à coup, on vit paraître un écrit énergique intitulé : *Lettre sur le nouveau bréviaire*, brochure de onze pages in-4°, datée du 25 mars 1736, dans laquelle étaient résumés avec précision et vigueur les motifs de cette opposition dans laquelle se réunissaient les corps et les personnes que Paris et la France entière connaissaient pour être les plus intègres dans la défense des décisions de l'Église contre le jansénisme. Les *Nouvelles ecclésiastiques* attribuèrent cet écrit à Gaillande ; mais, suivant *l'Ami de la Religion*, il avait pour auteur le P. Claude-René Hongnant, jésuite, un des rédacteurs des *Mémoires de Trévoux* (1).

(1) *L'Ami de la Religion*, tome XXVI, page 292.

Quoi qu'il en soit, le scandale monta bientôt à son comble, pour le triomphe de la secte, et aussi, par la permission divine, pour l'instruction des catholiques. Pendant que l'archevêché se taisait dans un moment aussi solennel que celui où un prêtre orthodoxe signalait les perfides manœuvres de l'hérésie jusque dans un livre pour lequel on avait surpris l'approbation d'un prélat cassé de vieillesse ; les gens du roi, par suite de leurs vieilles prétentions de juges en matière de Liturgie, prenaient fait et cause pour le nouveau bréviaire, et un arrêt du Parlement de Paris, rendu le 8 juin, sur le réquisitoire de l'avocat général Gilbert de Voisins, condamnait la *Lettre sur le nouveau bréviaire* à être lacérée et brûlée, au pied du Grand-Escalier, par la main du bourreau. C'était sous de pareils auspices que s'annonçait la nouvelle Liturgie.

Le parlement condamne cet écrit à être lacéré et brûlé par la main du bourreau.

Cependant une réaction se préparait à l'archevêché. Charles de Vintimille, inquiété par les réclamations des deux grands vicaires, mû aussi par les remontrances du cardinal de Fleury, résolut de faire droit, au moins en quelque chose, aux plaintes qui arrivaient de tous côtés de la part des prêtres les plus vénérables et d'ailleurs les plus attachés à sa personne. Rejeter avec éclat un bréviaire qu'on avait annoncé au diocèse avec tant de solennité, était un parti bien fort et qu'on ne pouvait guère espérer d'un vieillard qui, d'ailleurs, eût trouvé sur ce point une vive opposition dans la majorité de son conseil. Dans le courant du mois de juillet, le prélat réunit une commission composée de l'abbé d'Harcourt, doyen de Notre-Dame, le même qui avait fait choix de Vigier pour la rédaction du bréviaire ; l'abbé Couet, autrefois grand vicaire du cardinal de Noailles, et connu pour ses liaisons avec la secte à laquelle avait si longtemps appartenu cet archevêque ; les abbés de Romigny, Joly de Fleury, de La Chasse, et enfin le Père Vigier lui-même. On n'avait pas, sans doute, osé inviter Mésenguy : les deux grands

Conseil tenu, en juillet, à l'archevêché, dans lequel Mgr de Vintimille prend la résolution de faire des cartons au bréviaire pour désarmer une opposition menaçante.

vicaires, Robinet et Regnauld, n'avaient pas non plus été convoqués. Dans cette réunion, l'archevêque proposa la question de savoir ce qu'il pouvait y avoir à faire dans la conjoncture délicate où l'on se trouvait. Les abbés d'Harcourt et Joly de Fleury, et avec eux le P. Vigier, étaient d'avis qu'on passât outre, sans se préoccuper des plaintes qui s'étaient élevées. Les abbés de La Chasse et de Romigny se retranchèrent dans le silence sur l'objet de la délibération. Enfin, l'abbé Couet, qui, si l'on en croit les *Nouvelles ecclésiastiques*, pensait au fond comme l'abbé d'Harcourt et les deux autres, étant effrayé des suites de cette affaire, conseilla à l'archevêque une demi-mesure qui consisterait à maintenir le bréviaire, en plaçant des cartons dans les endroits qui avaient le plus révolté les partisans de la bulle. Cet avis fut adopté (1).

On commença donc de suite une nouvelle édition du bréviaire, toujours sous la même date de 1736, et on prit des mesures pour arrêter le débit de la première dont les exemplaires, par suite de cette mesure, sont devenus extrêmement rares. Au reste, on ne fit que cinquante cartons environ, et les corrections ne furent pas très-nombreuses. La plus remarquable fut la suppression de l'*Ave, maris stella*, arrangé par Coffin, et le rétablissement de cette hymne dans son ancienne forme. On rétablit l'homélie de saint Jean Chrysostome, qui avait été supprimée dans l'office de saint Jacques le Majeur. On fit disparaître le canon du troisième concile de Tolède, placé à prime du Mardi de la quatrième semaine de carême, etc.

Il était aisé de voir que ces légers changements, par lesquels on voulait donner quelque satisfaction aux catholiques, n'atteignaient point le fond du bréviaire lui-même, et laissaient même sans correction plusieurs des passages qui avaient excité des réclamations spéciales. Il fut im-

(1) *Nouvelles ecclésiastiques*, 28 juillet 1736. *Ami de la Religion. Ibidem.*

possible d'obtenir davantage. Mais aussi de quelle défaveur devait être marquée, aux yeux de la postérité, une œuvre liturgique composée pour une grande Église, promulguée par le premier pasteur, et qui, après cette promulgation, était soumise à l'humiliante insertion de cartons jugés nécessaires pour apaiser le scandale qu'elle produisait dans le peuple fidèle. Que ceux qui nous ont suivi dans toute cette longue histoire des formes du culte divin, disent s'ils ont jusqu'ici rencontré rien de semblable !

Défaveur jetée sur la nouvelle composition liturgique par la nécessité de ces cartons.

Le courageux auteur de la *Lettre sur le nouveau bréviaire*, ne jugeant pas que la censure du parlement eût, pour sa conscience de prêtre et de religieux, une valeur réelle, et espérant encore ouvrir les yeux du prélat qui venait d'attester si hautement que sa religion avait été surprise, crut devoir lui adresser une *Remontrance* pleine de respect, qui était en même temps une *Seconde Lettre sur le nouveau bréviaire*. Cette brochure, de douze pages in-4°, éprouva, de la part des magistrats du parlement, toujours fidèles à leur rôle d'arbitres de la Liturgie, le même sort que la précédente (1). Nous croyons faire plaisir à nos lecteurs en donnant ici cette pièce en entier. Ils y admireront le zèle de la foi et la liberté sacerdotale admirablement conciliés avec les souverains égards dus à un personnage tel que Charles de Vintimille.

Le P. Hongnant adresse à l'archevêque une Remontrance, que le parlement condamne encore au feu, le 20 août 1736.

« MONSEIGNEUR,

« Ce n'est point ici le langage de l'indocilité et de l'or-
« gueilleuse révolte que vous allez entendre. Enfant res-
« pectueux de l'Église qui demande pour première vertu
« la soumission, je ne sus jamais qu'obéir ; j'eus toujours
« pour elle et pour les oints du Seigneur, nos pères et
« nos maîtres, ce tendre respect et cette docilité entière
« qui caractérisent le vrai fidèle, et jamais je ne tremperai

L'auteur n'est point inspiré par l'orgueil et l'esprit de révolte.

(1) Elle fut condamnée au feu par arrêt du 20 août 1736.

INSTITUTIONS LITURGIQUES

L'intérêt de la religion et de la gloire du prélat le porte seul à parler.

« ma plume dans le fiel amer que présente l'erreur ou la
« séduction.

« Si j'ose aujourd'hui vous faire d'humbles représen-
« tations et me plaindre de vous-même à vous-même,
« c'est l'intérêt de votre gloire qui m'inspire, c'est le zèle
« de cette religion que vous aimez, que vous soutenez,
« que vous avez toujours si glorieusement défendue. Dai-
« gnez un moment jeter les yeux sur ces réflexions simples
« et naïves. Que le titre ordinairement odieux de *Remon-*
« *trance,* sous lequel je l'annonce, ne me ferme point,
« chez Votre Grandeur, une entrée qui ne fut jamais
« refusée à personne.

La publication du bréviaire, seule démarche de la vie du prélat qui n'ait pas obtenu l'approbation publique.

« Il en est de différentes espèces, selon la différence des
« motifs qui font agir, d'intérêt ou de fanatisme. Quoi
« qu'il en soit, daignez lire celle-ci avec cette bonté ordi-
« naire qui nous charme. Si par hasard elle n'est appuyée
« sur aucun fondement solide, qu'importe à votre gloire !
« Regardez-la avec ce noble mépris dont on doit payer
« un téméraire délire ; tout le public se joindra bientôt à
« vous. Mais si je suis assez heureux pour parler le lan-
« gage de la raison et de l'équité, de la religion et de la
« piété, il est de votre droiture et de votre grandeur d'âme
« de ne pas fermer les yeux à la lumière que j'ose prendre
« la liberté de vous présenter. Vous prévenez peut-être
« déjà ma pensée. Dans tout le cours d'une longue car-
« rière, il n'est qu'une seule démarche qui n'ait pas
« obtenu le suffrage de l'approbation publique dont je
« vois toutes les autres marquées. Sans doute qu'elle seule
« peut arracher nos plaintes et suspendre pour un mo-
« ment les justes éloges que vous doivent tous ceux qui
« savent discerner le vrai mérite. Cependant, quand il
« faut m'expliquer, je sens qu'il me faut faire un violent
« effort. Au nom seul de bréviaire, je crains de vous con-
« trister, et l'idée de votre peine suffit pour m'accabler
« moi-même de douleur. Mais enfin c'est un crime de se

« taire dans ces circonstances, et peut-être un jour me
« saurez-vous gré de la liberté que je prends. Il faut lever
« ce voile qu'on tâche de vous mettre sur les yeux, pour
« vous empêcher de voir ce que tout le monde aperçoit.

« Apprenez donc de moi ce que pense tout le public
« catholique ; j'ose protester devant Dieu que tous vos
« bons diocésains s'expliquent ici par ma plume, et qu'en
« lisant ce qu'elle vous trace, vous lisez les sentiments de
« leurs cœurs.

« Oui, Monseigneur, le bréviaire que vous leur avez
« mis entre les mains ne convient ni à leur religion, ni à
« la vôtre. Il détruit ce que vous leur enseignez et ce qu'ils
« croient. Et que faut-il donc enfin pour vous le persua-
« der? Tout parle contre lui : son histoire abrégée suffira
« pour la conviction la plus sensible et la plus palpable.

« Le père de cet ouvrage informe est un prêtre de l'Ora-
« toire, zélé par goût autant que par état pour un parti
« qu'il aurait autrement défendu que par la composition
« d'un bréviaire, s'il avait eu plus de lumières et de
« talents. Il s'est associé depuis, pour la composition des
« hymnes, un prétendu poëte plus connu par son appel
« au futur concile que par ses poésies, plus occupé à
« fomenter les nouvelles erreurs dans son collége, qu'à y
« faire fleurir les bonnes mœurs et les belles-lettres.

« Il y a plus de quinze ans que ce fruit conçu dans les
« ténèbres était en état de paraître ; mais il fallait trouver
« un protecteur à l'ombre duquel il pût impunément
« braver le grand jour, et quels efforts n'a-t-on pas mis
« en œuvre pour la réussite de ce projet ? L'ouvrage était
« à peine achevé, qu'on s'adresse à feu Monseigneur le
« Cardinal de Noailles pour le lui faire adopter ; mais
« nous savons que ce prélat le rejeta avec mécontente-
« ment, et qu'il ne voulut point souffrir qu'on lui en par-
« lât. Feu Monseigneur de Lorraine, évêque de Bayeux,
« se montra plus favorable au bréviaire ; il désira d'en

I PARTIE
CHAPITRE XIX

Le prélat
doit voir dans
cette lettre
l'expression des
sentiments
des catholiques
de son diocèse.

Le bréviaire
nouveau détruit
ce que
l'archevêque
leur enseigne et
ce qu'ils croient.

L'auteur et
l'hymnographe
du nouveau
bréviaire sont
deux jansénistes
notoires.

Ce fruit,
conçu depuis
plus de
quinze ans dans
les ténèbres,
ne pouvait voir
le jour faute
d'un protecteur.

INSTITUTIONS LITURGIQUES

Le cardinal de Noailles et Mgr de Lorraine, évêque, de Bayeux le repoussent l'un après l'autre.

Les événements qui ont précédé et suivi l'édition changent en preuve le soupçon inspiré par la qualité des auteurs.

Opposition que le nouveau bréviaire a rencontrée de la part d'une partie des examinateurs.

« introduire l'usage dans son Église, mais le soulèvement
« de tout son chapitre et de tout son diocèse contre lui,
« l'empêcha de tenter l'entreprise, et Son Altesse ne crut
« pas que son nom ni sa dignité pussent mettre l'ouvrage
« à couvert de la censure publique. Se serait-on persuadé
« (et qu'on juge par ce seul trait des intrigues du parti)
« qu'un bréviaire ainsi proscrit dût être un jour à l'abri
« d'un nom aussi respectable et aussi cher à l'Église que
« l'est celui de Vintimille ?

« Voilà, dis-je, un violent préjugé fondé sur la qualité
« des auteurs et capable de jeter sur cette production un
« soupçon plus que légitime, soupçon qui se tourne en
« preuve convaincante par les événements qui précédèrent
« et qui ont suivi l'édition.

« Accuser indifféremment tous les examinateurs, c'est
« ce que l'équité ne nous permet pas. Il y avait parmi eux
« des catholiques, et des catholiques décidés. En quel
« nombre ? Monseigneur, vous le savez ; mais enfin la
« conduite qu'ils ont tenue, ou que l'on a tenue à leur
« égard, montre ce qu'ils ont pensé. Vous le savez, Mon-
« seigneur, la crainte de contrister V. G. m'empêche de
« la lui remettre devant les yeux. En vain voudrait-on
« rendre garants de cet ouvrage ces hommes respectables
« et si dignes de votre confiance. Le public sait que tous
« (je ne comprends point parmi eux feu M. Couet, dont
« toute la fonction a été d'encenser en toute occasion
« et le nouveau bréviaire et son auteur, et dont le
« suffrage devait rendre l'ouvrage suspect) ont fait plu-
« sieurs fois, quoique inutilement, de très-importantes
« représentations, tant sur les auteurs que sur le fond
« et la forme de ce bréviaire. Tout Paris sait qu'on
« n'eut presque aucun égard à leurs réflexions ; de sorte
« qu'à proprement parler, on peut dire que tous les appro-
« bateurs du bréviaire ont été ou les auteurs mêmes,
« ou des hommes connus pour être partisans de l'erreur.

« Combien d'autres représentations Votre Grandeur
« n'a-t-elle pas reçues de tous les côtés ? Elle a plusieurs
« fois témoigné qu'elle en était fatiguée ; tristes, mais trop
« sûrs garants du bruit que devait faire l'édition, et des
« alarmes qu'elle causerait. Elles sont parvenues jusqu'à
« vous, Monseigneur, et ce sont des faits que vous ne pou-
« vez dissimuler. Vous n'ignorez pas que l'acceptation du
« bréviaire par vos bons diocésains, est un sacrifice forcé
« de leur soumission au poids de votre autorité. Le sémi-
« naire de Saint-Nicolas-du-Chardonnet n'a point caché
« ses justes répugnances ; mais le curé ayant voulu abso-
« lument qu'il fût chanté dans son église, il n'a pas été
« possible de lui résister.

« Les prélats qui vous avaient promis de se joindre à
« vous commencèrent à se dégager d'une parole que leur
« conscience ne leur permettait pas de garder. M. l'Évêque
« de Valence comptait d'adopter le nouveau bréviaire ; il a
« changé de résolution et s'en est assez nettement déclaré.
« Le chapitre de Lodève était près de l'accepter de la main
« de son évêque ; aujourd'hui il est déterminé à ne jamais
« souffrir que le diocèse en soit infecté, et ce changement
« est le fruit de la lecture que quelques-uns d'entre eux
« en ont fait.

« M. l'Évêque de La Rochelle a avancé dix mille livres ;
« mais on ne doute point qu'il ne les sacrifie généreuse-
« ment, plutôt que de faire un présent si funeste à ses
« diocésains.

« Tandis que les catholiques, par des plaintes et des
« démarches publiques, montrent l'idée qu'ils ont conçue
« du nouveau bréviaire, les sectateurs des nouvelles opi-
« nions triomphent publiquement. M. de Montpellier s'en
« est déclaré le protecteur ; il met tout en œuvre pour le
« faire recevoir par son chapitre très-orthodoxe, qui n'en
« veut pas.

« Les plaintes des uns, le triomphe des autres, font un

« argument dont un magistrat éclairé a senti toute la force.
« Voici comment il s'en est expliqué :

« Si Monseigneur l'Archevêque, disait-il, me parlait de
« son bréviaire, je lui demanderais : Quels sont ceux qui
« réclament contre ce nouveau bréviaire ? Ce sont tous les
« bons catholiques, tous ceux qui sont connus par leur
« soumission à l'Église, par leur attachement sincère à
« votre personne et à votre autorité, et qui, depuis votre
« arrivée à Paris, n'ont cessé de la défendre contre les
« novateurs. Qui sont maintenant ceux qui en prennent
« la défense, qui sont empressés à le faire chanter, qui
« disent que c'est un coup du ciel que ce bréviaire paraisse
« sous votre nom ? Ce sont ceux qui sont révoltés contre
« l'Église et ses décisions, ceux qui n'ont cessé de vous
« déchirer dans leurs libelles, ceux qui ont tout mis en
« œuvre pour noircir votre réputation et déshonorer votre
« épiscopat, ceux, en un mot, que vous avez toujours paru
« regarder comme hérétiques. Il ne vous convient pas de
« vous déclarer ni contre les premiers, ni en faveur des
« derniers; et cependant c'est ce que vous paraissez faire,
« lorsque vous soutenez le bréviaire et que vous vous
« engagez à le soutenir toujours ; vous donnez lieu aux
« Appelants de dire, comme ils le disent en effet, que
« vous tournez de leur côté.

« Telles étaient, Monseigneur, les réflexions de ce ma-
« gistrat dont vous estimez la religion, la droiture et les
« lumières.

« Voilà, ce me semble, pour toutes les personnes non
« prévenues, des preuves assez solides ; mais on n'aurait
« pas absolument besoin de tous ces arguments étrangers,
« puisque l'ouvrage dont il s'agit porte dans lui-même sa
« condamnation, pour quiconque se donne la peine de
« l'examiner. L'auteur de la *Lettre sur le bréviaire* dé-
« montre qu'il ne peut être que l'ouvrage du parti, et
« qu'à ce seul titre, il nous doit être odieux. Persuadera-

RÉCLAMATIONS DU CLERGÉ

« t-on jamais, en effet, que des catholiques aient pu faire
« les indignes retranchements qu'il cite des passages for-
« mels et décisifs contre les nouvelles erreurs ? Il est vrai
« qu'il ne parle que de peu de substitutions perverses où
« le dogme soit directement attaqué. Quelles que puissent
« être les raisons qui l'ont empêché d'entrer dans un plus
« long détail, ce n'est pas la faute du bréviaire qui s'en
« trouve rempli.

« Vous-même, oui, Monseigneur, V. G. elle-même s'est
« déclarée contre cet ouvrage d'une manière non équi-
« voque. Les mouvements qu'elle se donne pour le cor-
« riger, s'il était possible, ces cartons qu'elle fait apposer
« de toutes parts et qui se multiplient par la recherche
« des erreurs, sont autant de témoins irréprochables, qui
« justifient nos plaintes et condamnent hautement le bré-
« viaire.

L'archevêque le condamne lui-même en y faisant mettre des cartons.

« Réunissons à présent toutes ces preuves : n'en
« résulte-t-il pas, dans les esprits les plus prévenus, que
« tout parle effectivement contre le bréviaire ? La qualité
« des auteurs justement suspects, la difficulté qu'ils ont
« eue à lui trouver un patron, la division des examina-
« teurs, la multitude des représentations, les plaintes des
« catholiques et l'approbation de leurs adversaires, la
« lecture du bréviaire lui-même et votre propre conduite,
« en faut-il davantage pour me faire dire avec justice qu'il
« ne convient ni à vous, ni à vos diocésains ? et peut-il
« y avoir des préjugés assez forts qui ne tombent à la
« vue de preuves si lumineuses ?

De toutes ces preuves il résulte avec évidence que le bréviaire n'est digne ni de l'archevêque ni de ses diocésains.

Je ne vois rien qui semble parler en sa faveur que
« l'arrêt du parlement par lequel on a prétendu flétrir la
« *Lettre* qui l'attaque ; mais j'ose ici vous le demander à
« vous-même, Monseigneur, et m'en rapporter aux secrets
« sentiments de votre cœur ; si l'opposition que vous trou-
« vez au bréviaire doit vous causer quelques inquiétudes,
« cet arrêt sera-t-il capable de les apaiser ?

L'arrêt du parlement, que l'on peut seul invoquer en faveur de cet ouvrage, ne peut rassurer la conscience d'un évêque.

T. II. 20

« Combien de réflexions judicieuses qu'il ne m'est pas
« permis de mettre ici dans leur jour, doivent se présenter
« à votre esprit pour balancer l'autorité d'un pareil juge-
« ment ! N'a-t-on pas vu souvent ?..... Mais je m'arrête,
« j'oubliais que le respect doit conduire ma plume, et qu'il
« est des vérités sur lesquelles il ne m'appartient pas de
« m'expliquer. Au moins, n'avez-vous pas sans doute
« oublié que l'avocat général qui paraît aujourd'hui
« prendre votre défense, est le même qui, plus d'une fois,
« éleva la voix dans le parlement pour flétrir vos ouvrages
« et les couvrir, s'il était possible, d'une éternelle ignomi-
« nie ? Si les coups qu'il porte contre la *Lettre* ont quel-
« que poids, ils eurent le même effet contre vos mande-
« ments, et approuver aujourd'hui son ministère, c'est
« souscrire à votre condamnation. Non, son plaidoyer, ni
« l'arrêt qui le suit, ne calmeront point les inquiétudes
« d'un prélat véritablement orthodoxe qui ne reconnaît
« que l'Église seule pour juge en matière de foi et de
« religion.

« J'ajoute, qu'à ne consulter que l'arrêt lui-même, le
« bréviaire n'est jamais justifié. J'ai en main le réquisitoire
« de M. Gilbert de Voisins. Que dit-il ? et que condamne-
« t-il ? Entre-t-il dans le fond des matières ? examine-t-il
« les preuves sur lesquelles la *Lettre* forme ses accusa-
« tions ? Il n'avait garde. Le brillant obscur dont il a cou-
« tume d'envelopper ses tortueuses périodes, n'aurait pu
« répandre aucuns nuages sur l'évidence des preuves et
« des raisons de l'auteur de la *Lettre*.

« Il s'arrête précisément au détail minutieux de quelques
« phrases un peu fortes qu'il accable d'épithètes plus fortes
« encore, mais qui, dans le vrai, ne signifient rien, puis-
« qu'enfin, avant que de condamner ces expressions pré-
« tendues trop fortes, il faut prouver qu'elles portent à
« faux ; *ce qu'il ne fait pas*. Le principal motif qu'il
« apporte pour le condamner, est l'affectation singulière

« des qualités d'hérétiques et de catholiques appliquées à
« ceux qui vivent dans le sein d'une même Église; c'est-
« à-dire, Monseigneur, qu'il en veut autant à V. G. qu'à
« l'auteur de la *Lettre*, puisque vous avez fait la même
« distinction dans vos mandements, c'est-à-dire qu'en fei-
« gnant de vous défendre, il vous attaque véritablement ;
« c'est-à-dire qu'il flétrit de nouveau vos mandements avec
« la *Lettre* ; c'est-à-dire, en un mot, que son réquisitoire
« vous est aussi injurieux qu'il pourrait l'être à l'auteur
« inconnu.

« Il est donc incontestable qu'en recueillant les voix
« différentes, il s'élève un espèce de cri général contre le
« nouveau bréviaire; vouloir se cacher cette vérité, c'est
« se mettre sur les yeux un bandeau volontaire, pour ne
« pas apercevoir un objet réel qui blesse la vue. Or, dans
« de telles circonstances généralement avouées, comment
« convient-il à V. G. de se comporter ? C'est ce qui doit
« faire l'objet de ses plus sérieuses réflexions, et je m'en
« rapporterai volontiers à la décision de sa piété rendue à
« elle-même et débarrassée des conseils de la molle con-
« descendance. C'est à ce tribunal que j'en appelle, et je
« m'assure du triomphe de ma cause. Il n'y a que deux
« partis à prendre : l'un, de corriger le bréviaire et d'en
« retrancher tout ce qui peut blesser la délicatesse catho-
« lique ; l'autre, de le repousser absolument et de le tenir
« comme non avenu.

« Il paraît que c'est au premier parti que V. G. s'en est
« tenue (car on n'est pas venu à bout de lui cacher tout
« l'artifice de ce mystère d'iniquité); mais ce qu'il y a de
« personnes autorisées dans votre diocèse vous proteste
« ici, par mon ministère, que vous tentez une chose im-
« possible. Malgré la déclamation non prouvée de l'avocat
« général, il demeure constant parmi eux que tout le bré-
« viaire est une masse d'un levain corrompu, de laquelle
« on n'exprimera jamais un suc salutaire dont les catho-

INSTITUTIONS LITURGIQUES

« liques veuillent se nourrir. Comment, en effet, rétablir
« tous les retranchements des fêtes, des octaves, des prières
« à la sainte Vierge et de cette immensité de textes de
« l'Écriture et des SS. Pères, que les auteurs ont sacrifiés
« aux mânes de Jansénius et de Quesnel ? Comment effacer
« des hymnes, des leçons, des capitules, des répons, des
« oraisons, cette multitude de phrases captieuses, équi-
« voques, mal sonnantes, pour ne pas dire hétérodoxes,
« sous lesquelles on a eu l'adresse d'insinuer des erreurs
« si souvent condamnées ? Il faudrait absolument repétrir,
« refondre toute cette masse impure, c'est-à-dire, qu'il n'en
« coûterait pas davantage pour refaire un nouveau bré-
« viaire.

Les catholiques ne pourront jamais dire avec goût un bréviaire composé par des ennemis de l'Église, et craindront toujours de prononcer des blasphèmes en récitant des paroles tirées cependant des saintes Écritures.

« La chose fût-elle possible, ce qui n'est pas, croyez-
« vous, Monseigneur, que les vrais catholiques trouve-
« ront jamais du goût à réciter un bréviaire composé par
« des ennemis de l'Église leur Mère ? Non, nous ne vou-
« lons point de leurs présents ; nos lèvres ne souffriront
« qu'avec peine des prières dont les auteurs ne furent pas
« nos défenseurs ; et le triste souvenir que nous les tenons
« d'appelants et de fauteurs d'hérésie, sera capable de
« troubler la dévotion de nos temples et de répandre
« l'amertume sur la sainte gaieté de nos plus belles fêtes.
« Le dirai-je, Monseigneur ? nous craignons de pronon-
« cer des blasphèmes, en ne récitant que des paroles res-
« pectables et uniquement tirées de nos saintes Écritures.

Exemples de 'abus fait de la parole de Dieu par la secte janséniste et les auteurs du nouveau bréviaire.

« Un passage isolé, détaché de ce qui le précède et de ce
« qui le suit, souvent ne présente par lui-même aucun
« sens ; mais l'union artificieuse de plusieurs de ces pas-
« sages leur donne souvent un sens tout à fait étranger,
« et c'est ainsi que la parole de Dieu dans la bouche des
« hérétiques devient le langage de l'erreur. Par exemple,
« comparer l'état présent de l'Église à l'état d'Israël
« séduit par Jéroboam, faire entendre qu'il ne la faut
« plus chercher que dans un petit nombre d'élus que la

« Grâce du Seigneur s'est réservé, n'est-ce pas le langage
« familier de tous les hérétiques ? Attendre que le pro-
« phète Élie vienne soutenir la foi du petit troupeau per-
« sécuté, n'est-ce pas le fanatisme dominant de nos jours ?
« Des paroles tirées des saints Livres présentent toutes
« ces horreurs dans plusieurs répons et plusieurs versets
« de l'office du VIIe Dimanche après la Pentecôte. Dira-
« t-on que ce n'est pas là le sens naturel des paroles citées
« dans le bréviaire ? Qu'importe, si les catholiques ne
« peuvent douter que ce ne soit là le sens qu'on a voulu
« leur présenter ? Les traits de cette nature sont sans
« nombre.

« Reste donc, Monseigneur (ici je sens qu'il faut me
« faire une nouvelle violence ; c'est avec peine que
« l'amour de la vérité l'emporte sur le respect), reste
« donc, puisqu'il faut le dire, de reconnaître généreuse-
« ment que vous avez été trompé, et de proscrire haute-
« ment un ouvrage qu'une confiance bien excusable dans
« un prélat accablé de tant d'occupations vous a fait
« adopter.

Mgr de Vintimille do confesser qu'il a été trompé.

« S'il n'y avait que ce premier pas à faire, je crois aisé-
« ment que V. G. n'y trouverait point de difficulté ; une
« âme élevée comme la vôtre est au-dessus de cette fai-
« blesse orgueilleuse qu'un glorieux aveu fait rougir.
« Vous savez qu'il n'appartient qu'à l'élévation d'un noble
« génie de se croire sujet à l'erreur, et que ce qui sépare
« le grand homme d'avec l'homme faible n'est pas de ne
« commettre aucune faute, mais de savoir l'avouer et
« la réparer. L'immortel archevêque de Cambrai ne
« s'est jamais tant distingué par la sublime beauté de ses
« ouvrages, que par l'humble aveu qu'il a fait en chaire
« de s'être trompé. Et son nom ne serait pas si glorieux
« dans les fastes de l'Église, s'il avait toujours été à cou-
« vert de tout reproche.

L'aveu d'une erreur ne coûte pas à un noble génie et est un signe de sa grandeur, témoin l'archevêque de Cambrai.

« Le second doit vous coûter beaucoup plus, sans

310 BRÉVIAIRE PARISIEN DE VINTIMILLE

INSTITUTIONS LITURGIQUES

Les intérêts purement humains engagés dans cette affaire ne peuvent empêcher une solution réclamée par la conscience.

« doute, parce qu'il entraîne après lui de fâcheux em-
« barras. Les frais sont faits ; la dépense est énorme ; où
« trouver des fonds pour rembourser le libraire et l'in-
« demniser de ses avances ? Je conviens que cet article
« souffre difficulté. Il faudra se donner des mouvements,
« lever bien des obstacles et de différentes espèces ; mais
« enfin la chose doit-elle être regardée comme impos-
« sible ? Les fonds de charité, d'honneur et de bienséance,
« sont-ils donc épuisés dans la plus riche capitale du
« monde ? ou n'y a-t-il aucune voie à quelque accommo-
« dement ? Je conviens encore que, malgré les ressources
« du zèle et de l'ingénieuse piété, différents particuliers
« pourront souffrir quelque perte ; mais fût-elle fort au-
« dessus de ce qu'elle pourrait être en effet, des intérêts
« purement humains peuvent-ils arrêter ou suspendre une
« démarche prouvée nécessaire à la religion ?

La publication de ce bréviaire, seul trait qui ne soit pas à l'abri de la critique dans la longue vie de M{sup}gr{/sup} de Vintimille.

« Rendez-vous donc, Monseigneur, à ce qu'elle vous
« demande aujourd'hui. Toujours vous vous fîtes un de-
« voir capital d'être docile à sa voix et de vous conduire
« selon la sainteté de ses maximes. Il n'est qu'un seul
« trait dans une longue suite d'années qui ne soit pas à
« couvert de la critique ; trait cependant qui sera marqué
« dans les fastes de l'Église, trait qui pourra défigurer le
« glorieux portrait qu'on y fera de votre personne : hâtez-
« vous de l'effacer. Vous avez toujours été un de ces murs
« d'airain, une de ces colonnes inébranlables que la re-
« ligion oppose à l'hérésie. Vous êtes encore aujourd'hui
« son ornement et son appui ; c'est un éloge que la mali-
« gnité et l'envie ne peuvent vous refuser, et auquel je
« suis le premier à souscrire. Vous soutiendrez jusqu'à
« la fin ce noble caractère : vous vous souviendrez de ces
« beaux sentiments tracés avec tant d'énergie dans la
« lettre que vous écriviez au roi, quelque temps après que
« vous eûtes pris le gouvernement de cette Église : *Je ferai*
« *mon devoir* (disiez-vous), *je le ferai avec le zèle et la*

« *fermeté d'un évêque, qui, après avoir vieilli dans*
« *l'épiscopat, n'est pas venu dans la capitale pour trahir*
« *son ministère et pour le déshonorer à la fin de ses*
« *jours;* jours précieux, Monseigneur, pour lesquels je
« me trouverais heureux de sacrifier les miens inutiles
« au monde, et qui s'avancent, hélas ! pour notre malheur,
« à pas trop précipités. Il faudra paraître devant ce Juge
« redoutable qui trouve des iniquités jusque dans ses
« Saints. Vous porterez à son tribunal des œuvres de
« salut et des vertus dignes d'un zélé ministre du Dieu
« vivant dont vous avez soutenu les autels, mais vous y
« rendrez compte aussi de ce qui fait le sujet de cette
« humble *Remontrance.* Au nom du Dieu que nous
« servons, au nom de cette religion que nous suivons,
« examinez sérieusement et pesez dès à présent, au poids
« sacré du sanctuaire, ce que vous voudriez avoir fait
« dans ce moment terrible et décisif, où la vérité pure
« brillera sans nuage et débarrassée de toutes les préven-
« tions humaines. »

Il était plus aisé de condamner au feu la pièce qu'on vient de lire que de la réfuter. On ne pouvait refuser à son auteur le zèle de la foi, la connaissance de la matière ; on était obligé de convenir que c'était un homme dévoué à son archevêque, attaché à la hiérarchie, un digne compagnon de Languet dans la guerre contre les antiliturgistes. Nonobstant toutes ces raisons, l'archevêque résolut de maintenir le bréviaire avec les corrections ; on pensa que le temps calmerait cette agitation. Cependant on eut la prudence de ne rien faire contre les deux *Lettres* et la *Remontrance.* Il n'eût pas été facile, en effet, de rédiger une censure contre ces pièces vraiment orthodoxes, et d'ailleurs, c'eût été accroître la déconsidération du bréviaire, en provoquant une réplique ; peut-être même le Siége apostolique eût-il été contraint d'intervenir dans cette question épineuse. Quant à l'opposition des séminaires de Saint-Sulpice et de Saint-Nicolas, elle dut céder enfin devant l'injonction expresse de la Lettre pastorale, surtout depuis les cartons mis au bréviaire qui, tout en attestant l'impure origine de ce livre, donnaient à l'autorité diocésaine une raison de plus de presser l'acceptation de la nouvelle Liturgie. Ainsi l'œuvre de Vigier, Mésenguy et Coffin, s'implanta pour de longues années dans l'Église de Paris, et par suite dans une grande partie du royaume. Les jansénistes, quoique mortifiés par les cartons, se rangèrent autour du bréviaire, et trouvèrent des éloges pour l'archevêque Vintimille qui demeurait, malgré tout, le patron de leur œuvre. Rien n'est plus curieux que le langage des *Nouvelles ecclésiastiques* sur ce prélat : tour à tour la feuille janséniste gémit de son aveuglement et exalte son zèle providentiel dans la publication du bréviaire.

Cependant, si on n'osait censurer, à l'archevêché, les *Lettres sur le nouveau bréviaire,* ce bréviaire ne demeura pas néanmoins tout à fait sans apologie. Le P. Vigier entreprit une défense de son travail, sous le point de vue de l'orthodoxie. Son intention était de prouver que le bréviaire renfermait un nombre suffisant de textes favorables au dogme catholique de la mort de Jésus-Christ pour tous les hommes, au culte de la sainte Vierge et à la primauté du Siége apostolique. Quand il en eût été ainsi, cette démonstration n'eût pas infirmé les reproches des catholiques sur la suppression de tant de choses respectables, sur la frauduleuse insertion d'un si grand nombre de particularités suspectes, reproches d'autant plus fondés, que les cartons étaient là pour attester l'existence du mal. Il n'en demeurait pas moins évident que le bréviaire était une œuvre janséniste, par ses auteurs, son esprit et son exécution ; que les cartons n'avaient atteint, après tout, qu'une faible portion des choses répréhensibles, soit comme exprimant des ambiguïtés sur le dogme, soit comme renversant, en tant d'endroits, les plus sacrées des traditions liturgiques. D'ailleurs, pour qui connaît l'histoire du jansénisme, rien n'est moins étonnant que ce soin qu'avaient eu les rédacteurs du bréviaire, d'insérer dans leur œuvre un certain nombre de textes qu'on aurait à faire valoir, en cas d'attaque. Vigier était placé tout à son aise pour remplir ce personnage : il n'avait point appelé de la bulle comme Mésenguy et Coffin ; mais, d'un autre côté, il ne la regardait que comme simple *règle de police*. Dans cette heureuse situation, sa conscience ne lui défendait point de glisser dans son bréviaire ses sympathies janséniennes ; et du moment que des réclamations s'élèveraient, il pouvait, sans contradiction, en présence du public, revoir son œuvre, la bulle *Unigenitus* en main, et soutenir la thèse de la non-contrariété du bréviaire avec cette bulle.

La situation de Vigier, qui avait reçu la bulle comme simple règle de police, lui facilitait sa tâche d'apologiste.

Cependant, le parti ne s'accommodait pas trop de cette condescendance de Vigier. Les *Nouvelles ecclésiastiques* expriment hautement leur mécontentement sur l'Apologie : « Tout ce que nous pouvons dire de cet écrit, dit le « gazetier, c'est que, malgré la protection dont M. l'ar- « chevêque a jugé à propos de l'honorer, le public (1) ne « lui a pas fait un accueil bien favorable. Il se sent par- « tout de l'étrange contrainte où l'on est, lorsqu'en rece- « vant la constitution *Unigenitus*, on se trouve obligé de « défendre les Vérités que cette même constitution con- « damne, et cette malheureuse nécessité y a répandu d'un « bout à l'autre une teinture de molinisme qui a fait dire « à plus d'un lecteur que cette apologie fait peu d'hon- « neur au bréviaire, *qui n'en avait pas besoin et qui se* « *défend assez par lui-même.* En un mot, on sait que « *ceux qui ont eu le plus de part à la composition du* « *nouveau Bréviaire de Paris,* n'ont point goûté cette

Les Nouvelles ecclésiastiques critiquent amèrement l'Apologie du bréviaire que Mésenguy et Coffin, appelants déclarés, ne goûtaient pas.

(1) Ce *public* est principalement celui du Journal.

« première *Lettre* (1). » Ces collègues de Vigier, qui furent mécontents de l'apologie du bréviaire, n'étaient autres que Mésenguy (2) et Coffin, auxquels leur caractère officiel d'appelants interdisait toute rétractation même apparente. Vigier était donc comme l'intermédiaire entre le nouveau bréviaire et les catholiques. L'Apologie qu'il avait publiée consistait en trois *Lettres de M. l'abbé** à un de ses amis, en réponse aux libelles qui ont paru contre le nouveau Bréviaire de Paris*. Ces trois *Lettres*, qui forment ensemble cinquante-quatre pages in-4°, sont datées des 1er et 15 octobre, et du 30 décembre 1736, et parurent avec approbation et privilége du roi.

Le courageux Père Hongnant avait publié, vers la fin de la même année, une *troisième Lettre sur le nouveau Bréviaire*, dans laquelle il s'efforçait de renverser les subterfuges de Vigier et de faire voir que l'Apologie, pas plus que les cartons, ne parviendrait à faire du bréviaire une œuvre catholique. Nous ignorons si cette *troisième Lettre* obtint, comme les deux précédentes, les honneurs d'une condamnation au Parlement de Paris (3). Quoi qu'il en soit, la controverse demeura close pour le moment et le bréviaire resta, comme sont restées beaucoup d'autres choses, que le XVIIe et le XVIIIe siècle ont vues naître, et que le nôtre, peut-être, ne transmettra pas à ceux qui doivent le suivre.

Le bréviaire étant inauguré, il devenait nécessaire de donner un nouveau missel qui reproduisît le même système. On sent que le Missel de Harlay, revu par le cardinal de Noailles, était encore trop conforme à la Liturgie romaine pour se plier au calendrier et aux autres inno-

---

(1) *Nouvelles ecclésiastiques.* 24 novembre 1736.
(2) *Ami de la Religion, Ibidem,* page 293.
(3) *L'Ami de la Religion* parle de Remarques manuscrites sur le nouveau bréviaire, en 14 pages in-4° qui, dit-il, roulent sur les mêmes griefs que les Lettres d'Hongnant; mais elles sont plus modérées.

vations du moderne bréviaire ; or il fallait un rédacteur au nouveau missel. L'acolyte Mésenguy fut choisi pour ce grand travail, sans doute par la protection de l'abbé d'Harcourt, qui disposait totalement de la confiance de l'archevêque, dans tout ce qui tenait à la Liturgie. Ce fut, au reste, une étrange influence que celle de Mésenguy dans toute cette opération. Il était auteur en partie du nouveau bréviaire, et, quand on forma la commission pour juger des réclamations que ce livre avait excitées, on ne lui avait pas fait l'honneur de le convoquer. Sans doute, sa qualité d'appelant et d'hérétique notoire avait exigé qu'on rendît du moins cet hommage à la pudeur publique. Maintenant qu'il s'agit d'un livre plus important, plus sacré encore que le bréviaire, du missel, du *Sacramentaire* de l'Église de Paris, on vient chercher cet homme, cet hérétique, étranger même au caractère de prêtre; ce sera lui qui déterminera, pour cette Église, les prières, les rites, les mystères avec lesquels les prêtres, désormais, auront à célébrer le grand sacrifice. Au reste, cette confiance inouïe donnée à un hérétique par un prélat catholique, Mésenguy continua d'en jouir pendant toute la durée de l'épiscopat de Charles de Vintimille ; car, en 1745, peu avant la mort de l'archevêque, il présida à la nouvelle édition du bréviaire et aux changements, d'ailleurs assez légers, qui y furent faits (1).

Il paraît que Mésenguy avait, depuis plusieurs années, commencé le travail du missel, car ce livre fut en état de paraître dès 1738, et fut annoncé par une Lettre pastorale de l'archevêque, en date du 11 mars. Nous allons parcourir cette pièce importante, qui fut placée en tête du missel lui-même (2).

Elle commence par des réflexions sur la dignité du

---

(1) *L'Ami de la Religion. Ibidem.*
(2) *Vid.* la Note B.

sacrifice de la messe, considéré sous ses différents rapports, et arrive bientôt à parler des efforts tentés dans plusieurs diocèses de France pour la correction et le perfectionnement des missels. On rappelle ensuite les travaux des archevêques de Harlay et de Noailles, qui ont cependant encore laissé beaucoup à désirer pour l'entière perfection de ce livre ; mais le nouveau missel est rédigé d'après des principes totalement conformes à ceux que suivirent ces deux prélats dans leur réforme liturgique : c'était assez dire que la partie romaine avait presque entièrement disparu.

La Lettre pastorale déclare ensuite que le nouveau bréviaire ayant rendu nécessaire un nouveau missel, l'archevêque s'est fait aider dans ce travail par plusieurs chanoines de la métropole. A leur tête naturellement le doyen, l'abbé d'Harcourt, qui ne travaillait pas par lui-même, mais par son protégé, Mésenguy. Nous ignorons quels sont les autres chanoines désignés ici, et la mesure de leur influence dans la composition du missel.

Venant au détail des modifications introduites dans ce livre, l'archevêque parle ainsi : « On ne trouvera presque « aucun changement dans les évangiles et les épîtres des « dimanches et des fériés, non plus que dans ceux des « fêtes chômées par le peuple. On a fait davantage de « changements dans les pièces chantées aux messes du « propre du temps; en sorte, toutefois, que nous avons « retenu ce qu'il y avait de meilleur en ce genre dans le « missel précédent, nous réservant quelquefois de le pla- « cer plus à propos. »

Charles de Vintimille confesse ici, sans scrupule, une des plus graves infractions faites à la Liturgie, sous le point de vue de la popularité du culte divin. Sans parler ici des graduels, versets alléluiatiques, offertoires et communions, choisis par saint Grégoire et ses prédécesseurs, et qu'il eût pourtant été fort à propos de ne pas perdre, à une époque surtout où l'on se piquait si fort d'un zèle éclairé pour l'antiquité, n'était-ce pas une grande faute d'oser violemment changer, dans un grand nombre de messes, les *introït* eux-mêmes, qui, de toute antiquité, servaient à distinguer entre eux les divers dimanches de l'année? Comment désormais lire et comprendre nos chroniques nationales, les chartes et les diplômes de nos ancêtres, dans lesquels les dimanches sont sans cesse désignés par les premières paroles de cette solennelle antienne? Il faudra donc, *et c'est à quoi on est réduit aujourd'hui*, que le prêtre lui-même ne puisse plus expliquer ces monuments, s'il ne s'est muni d'un Missel romain, à l'effet de comprendre des choses que le peuple lui-même savait autrefois? Qu'il est pourtant triste de voir l'ardeur avec laquelle, à cette époque, on se ruait sur tout ce qui pouvait creuser un abîme entre le présent et le passé! Au reste, sous ce rapport, comme sous les autres, on était tombé dans toutes les contradictions où entraîne d'ordinaire une conduite arbitraire. Ainsi, on avait daigné conserver les *introït* : *Ad te levavi*, du premier dimanche de l'Avent; *Dominus dixit ad me*, de Noël, à la messe de minuit; *Invocabit, Reminiscere, Oculi, Lœtare*, des quatre dimanches de carême; *Judica me*, de la Passion ; *Domine, ne longe*, du dimanche des Rameaux; *Quasi modo*, de l'octave de Pâques, et quelques autres encore des dimanches après la Pentecôte. On avait retranché *Populus Sion*, du second dimanche de l'Avent; le fameux *Gaudete*, du troisième dimanche ; *Rorate*, qui est au quatrième; *Dum medium*, au dimanche dans l'octave de Noël ; *In excelso throno*, au dimanche dans l'octave de l'Épiphanie ; *Omnis terra*, au deuxième dimanche après cette fête; *Adorate Dominum*, au troisième et suivants ; *Resurrexi*, au jour même de Pâques; *Misericordia*, au second dimanche après Pâques; *Jubilate*, au troisième; *Exaudi, Domine*, au dimanche dans l'octave de l'Ascension ; *Factus est Do-*

INSTITUTIONS LITURGIQUES.

minus, au second dimanche après la Pentecôte ; *Exaudi, Domine*, au cinquième ; *Omnes gentes*, au septième ; *Suscepimus, Deus*, au huitième ; *Ecce Deus adjuvat me*, au neuvième ; *Deus in loco*, au onzième ; *Deus in adjutorium*, au douzième ; *Protector noster*, au quatorzième ; *Inclina*, au quinzième ; *Justus es*, au dix-septième ; *Da pacem*, au dix-huitième ; *Salus populi*, au dix-neuvième ; *Omnia quæ fecisti*, au vingtième ; *Si iniquitates*, au vingt-deuxième ; *Dicit Dominus*, aux vingt-troisième et vingt-quatrième. Outre ces suppressions, plusieurs des *introït* conservés avaient été transposés d'un dimanche à l'autre; ce qui n'était propre qu'à accroître la confusion et à rendre de plus en plus impraticable l'étude des chroniques et des diplômes. Ainsi, le *Gaudete* du troisième dimanche de l'Avent, se trouvait transplanté au vingt-quatrième après la Pentecôte, le *Vocem jucunditatis*, du cinquième dimanche après Pâques, était anticipé au troisième, etc.

Changement de l'évangile de la fête des SS. apôtres Pierre et Paul.

Nous ne parlons pas des *introït* du propre des saints ; comme ils ne sont pas employés ordinairement dans le style de l'Europe du moyen âge, leur suppression n'offensait que les convenances liturgiques. Quant à ce que disait la Lettre pastorale, qu'on avait conservé les épîtres et les évangiles des fêtes chômées par le peuple, il eût fallu dire : moins l'évangile de la fête de saint Pierre et saint Paul. Cet évangile avait disparu, avec son fameux texte : *Tu es Petrus, et super hanc petram ædificabo Ecclesiam meam*, pour faire place au passage du XXIe chapitre de saint Jean, où Jésus-Christ dit à saint Pierre : *Pasce oves meas ;* texte important, sans doute, pour l'autorité du Saint-Siége, mais moins clair, moins populaire, moins étendu que *Tu es Petrus*, qu'on avait lu pendant mille ans, ce jour-là, à Paris comme à Rome.

Système qui a présidé à la rédaction des pièces

La lettre pastorale continue : « Nous avons choisi les « passages de l'Écriture qui nous ont semblé les plus pro- « pres à exciter la piété, les plus faciles à mettre en chant

« et les plus en rapport avec les lectures sacrées qui se
« font à la messe. Cependant, nous ne nous sommes point
« tellement enchaînés à une méthode quelconque que nous
« ne nous soyons proposés, par-dessus tout, de recher-
« cher ce qui pouvait élever le cœur à Dieu et l'aider à
« concevoir le feu sacré de la foi, de l'espérance et de la
« charité. » Saint Grégoire s'était bien aussi proposé la même fin dans le choix des pièces de son antiphonaire, et passait même pour y avoir réussi. Il est étonnant que le xviiie siècle ait eu cette surabondance d'onction et d'esprit de prière, et qu'un janséniste, comme l'acolyte Mésenguy, ait été appelé à devenir ainsi, pour l'Église de Paris, l'organe de l'Esprit-Saint. Nous devons seulement remarquer ici que, dans ce nouveau missel, on avait conservé généralement un plus grand nombre de formes romaines que dans le bréviaire, par exemple, la presque totalité des épîtres et des évangiles, et que si on avait suivi le système de mettre les parties chantées en rapport avec ces lectures, en substituant de nouveaux *introït*, graduels, etc., quand les anciens ne s'harmonisaient pas, on n'avait pas cependant pressé, avec la dernière exagération, l'application de cette méthode. Nous aurons bientôt à signaler d'autres missels fabriqués sur un plan bien plus rigoureux. Reprenons la lettre pastorale.

« La même raison nous a portés à ajouter plusieurs pré-
« faces propres qui manquaient, savoir, pour l'Avent et
« certaines solennités plus considérables, comme la Fête-
« Dieu, la Dédicace, la Toussaint et autres. Ainsi, nous
« sommes-nous efforcés de nous rapprocher, autant que
« nous avons pu, de l'ancienne coutume de l'Église
« romaine, qui avait autrefois presque autant de préfaces
« propres que de messes, comme cela est encore d'usage
« aujourd'hui dans les Églises du rite ambrosien. »

Pourquoi donc n'avoir pas pris dans les anciens sacramentaires les préfaces de l'Avent, de la Dédicace, de la

<small>INSTITUTIONS LITURGIQUES</small>

<small>tout différent de celui de saint Léon et de saint Gélase par des docteurs de Sorbonne.</small>

Toussaint, de saint Denys même ? Pourquoi en faire rédiger de si longues, de si lourdes, par des docteurs de Sorbonne dont le style a si peu de rapport avec la phrase châtiée et cadencée de saint Léon et de saint Gélase ? Pourquoi, surtout, admettre à l'honneur de composer des prières d'un usage si sacré, un hérétique comme le docteur Laurent-François Boursier, expulsé de la Sorbonne en 1720, pour avoir écrit contre le concile d'Embrun ? C'est à un pareil homme que l'Église de Paris doit la préface de la Toussaint, qui se chante aussi à la fête du patron. Dans cette préface, Boursier dit à Dieu qu'en

<small>La préface de la Toussaint, œuvre du docteur Boursier, janséniste et appelant, mort dans l'hérésie.</small>

couronnant les mérites des Saints, il couronne ses propres dons, *eorum coronando merita, coronas dona tua;* expression très-catholique dans un sens, et très-janséniste dans un autre. Nous manquerions à notre devoir d'historien liturgiste, si nous ne disions ici que Boursier mourut le 17 février 1749, sur la paroisse de Saint-Nicolas-du-Chardonnet, sans avoir rétracté son appel. Le curé de cette paroisse, quoique opposé à l'appel, s'étant montré moins ferme sur la foi que ne le fut plus tard, à l'égard de Coffin, celui de Saint-Étienne-du-Mont, et ayant cru pouvoir administrer les sacrements à Boursier, fut exilé à Senlis, en punition de cet acte de schisme, par l'archevêque de Beaumont. Et on a continué depuis à chanter la préface de Boursier !

<small>Les oraisons des anciens sacramentaires, conservées pour la plupart, afin de retenir les formules de prières de l'antiquité et les témoignages de sa foi.</small>

« Nous avons apporté le même soin, continue la Lettre
« pastorale, aux oraisons qui sont propres à chaque messe,
« et qui tiennent un rang considérable dans la Liturgie ;
« nous voulons parler des collectes, secrètes et poscom-
« munions. Nous avons tiré des anciens sacramentaires la
« plupart de ces oraisons si remplies de l'onction de la
« piété. Nous en avons inséré quelques nouvelles, en très-
« petit nombre, composées autant que possible sur le mo-
« dèle des anciennes, et formées en grande partie des
« paroles mêmes des sacramentaires. En effet, si, comme

MISSEL PARISIEN DE VINTIMILLE

« nous en avertit saint Célestin, *la règle de la foi dérive* « *de celle de la prière*, avec quelle pieuse et affectueuse « vénération ne devons-nous pas embrasser ces formules « de prières que nous ont laissées, par tradition, ces « antiques témoins de la doctrine chrétienne, ces docteurs « excellents de la vénérable antiquité ! Nous voulons par- « ler de ces hommes saints, dans lesquels habitait l'Esprit « d'intelligence et de prière, les Léon, les Gélase, les « Grégoire, les Hilaire, les Ambroise, les Salvien, les « Léandre, les Isidore. Quelle imposante et sainte nuée « de témoins ! C'est par leur autorité qu'il nous conste « que, dans ces anciens temps, on avait la même foi que « nous professons aujourd'hui ; que les mêmes vérités « catholiques ont été, depuis les siècles les plus reculés, « crues et défendues à Rome, à Milan, dans les Gaules, en « Espagne, en un mot dans tout l'Occident. » Cette doctrine liturgique de la lettre pastorale est, il est vrai, celle de tous les siècles chrétiens ; mais pourquoi faut-il qu'elle ne soit ici qu'une contradiction de plus ? En effet, *si l'on doit embrasser avec une pieuse et affectueuse vénération ces formules de prières que nous ont laissées par tradition ces antiques témoins de la doctrine chrétienne, ces docteurs excellents de la vénérable antiquité*, comment justifier le missel en tête duquel on lit ces belles paroles, puisqu'il est clair comme le jour qu'un nombre considérable de formules de ce genre sont abolies par le seul fait de sa publication ? Si saint Célestin doit être loué d'avoir dit que *la règle de la foi dérive de celle de la prière*, pourquoi cette règle de la foi ne dérive-t-elle pas tout aussi pure des paroles d'une prière appelée *introït* ou *graduel*, que de celles d'une prière appelée *collecte* ou *postcommunion* ? Bien plus, ces *introït*, ces *graduels*, étant destinés à être chantés par le chœur des prêtres, auquel s'unit la voix du peuple, n'aideront-ils pas plus puissamment encore à la perpétuité du dogme ? ne rendront-ils pas plus solen-

I PARTIE
CHAPITRE XIX

Contradiction de ce principe avec le système suivi dans la rédaction du missel presque tout entier.

nel et plus éclatant le témoignage des siècles, que ces oraisons que la seule voix de l'officiant fait retentir au fond du sanctuaire ? Si l'on reconnaît que l'Esprit d'intelligence et de prière a animé les Pères de la Liturgie, les Grégoire et les Ambroise, par exemple, comment se justifiera-t-on d'avoir expulsé leurs hymnes du bréviaire? Si les traditions liturgiques de l'Église de Milan et de celle d'Espagne sont dignes de notre respect, n'est-ce pas, après cela, se condamner soi-même que de rejeter les formules chantées de style ecclésiastique, quand on sait (et on doit le savoir) que les bréviaires et les missels de ces Églises gardent avec honneur la plupart de ces mêmes pièces de la Liturgie romaine que François de Harlay, Le Tourneux, de Vert, Vigier et Mésenguy ont si lestement effacées ? Est-il permis de parler de la Liturgie de l'Église des Léandre et des Isidore, et d'oublier le fameux canon du quatrième concile de Tolède, que nous avons cité ailleurs, et dans lequel sont si expressément condamnés ceux qui veulent chasser des offices divins les formules de composition humaine, pour ne chanter que des paroles de l'Écriture (1) ?

Le verset alléluiatique de la messe de la Pentecôte, seule formule de style ecclésiastique conservée en dehors des oraisons.

Au reste, le nouveau missel n'avait pas su se défendre d'une contradiction éclatante avec les principes mêmes de sa rédaction. Dans la messe du jour de la Pentecôte, on n'avait pas osé remplacer, par un texte biblique, l'antique verset alléluiatique, bien qu'il ne fût que *d'une simple composition humaine*. Soit défaut d'audace, soit respect invincible, soit injonction de l'autorité supérieure, Mésenguy avait conservé ces grandes et touchantes paroles : *Alleluia. Veni, sancte Spiritus, reple tuorum corda fidelium, et tui amoris in eis ignem accende!*

Cette seule exception met les rédacteurs du missel dans l'impossibilité

Avec cette seule exception, nous sommes en mesure de réclamer, ligne par ligne, tout l'Antiphonaire de saint Grégoire. Y a-t-il, par hasard, moins de piété ou d'autorité

---

(1) *Vid.* ci-dessus, tome I, page 204.

dans les autres formules si arbitrairement sacrifiées ? Il nous semble que si, dans la Liturgie régénérée, on peut encore chanter sans inconvenance : *Alleluia. Veni, sancte Spiritus, reple tuorum corda*, etc., on pourrait bien aussi chanter, pour honorer la Mère de Dieu, l'*introït* suivant :

de justifier la suppression de nombreuses formules du même genre.

Salve, sancta Parens, enixa puerpera Regem qui cœlum terramque regit in sæcula sæculorum !

Et le graduel :

Benedicta et venerabilis es, Virgo Maria, quæ sine tactu pudoris inventa es Mater Salvatoris.

Et l'*alleluia* :

Assumpta est Maria in cœlum : gaudet exercitus Angelorum.

Et le trait :

Gaude, Maria Virgo, cunctas hæreses sola interemisti, quæ Gabrielis Archangeli dictis credidisti, etc.

Et cet autre *alleluia* :

Virga Jesse floruit ; Virgo Deum et hominem genuit : pacem Deus reddidit, in se reconcilians ima summis.

Et l'offertoire :

Felix namque es, sacra Virgo Maria, et omni laude dignissima : quia ex te ortus est sol justitiæ, Christus Deus noster.

Et la communion :

Beata viscera Mariæ Virginis quæ portaverunt æterni Patris Filium !

Mais, qu'est-il besoin d'insister sur la contradiction d'avoir conservé le verset alléluiatique de la Pentecôte, quand nous avons si ample matière à un argument *ad hominem*, bien autrement embarrassant ? Le nouveau missel était rempli de proses nouvelles, pour toutes les fêtes possibles. Ces compositions n'étaient pourtant ni tirées de l'Écriture sainte, ni empruntées aux anciennes Liturgies. Elles étaient à la fois une parole humaine et une parole

Contradiction plus flagrante encore dans l'insertion de nombreuses proses, qui étaient à la fois parole humaine et parole nouvelle.

La prose des morts, mutilée pour y supprimer l'allusion au témoignage de la sibylle, annonçant le jugement dernier, et le nom de sainte Marie-Madeleine.

nouvelle. Bien plus, on ne s'était pas contenté de faire des proses nouvelles ; une des anciennes avait été retouchée d'après les idées modernes. Ainsi on ne lisait plus la première strophe de la prose des morts, comme autrefois :

> *Dies iræ, dies illa,*
> *Solvet seclum in favilla,*
> *Teste David cum sibylla :*

Mais bien :

> *Dies iræ, dies illa,*
> *Crucis expandens vexilla,*
> *Solvet seclum in favilla.*

Après la fameuse censure de la Sorbonne contre les jésuites auteurs des *Mémoires de la Chine,* Mésenguy ne pouvait plus souffrir qu'on chantât, dans l'Église de Paris, un verset de séquence dans lequel était invoqué le témoignage d'une sibylle des gentils à côté des oracles du peuple juif. Il est, en effet, bien étonnant que l'Église romaine et le reste de l'Occident s'obstinent à chanter toujours cette strophe, même après le jugement souverain de la Sorbonne !

Mésenguy avait trouvé l'occasion de faire une autre justice dans le *Dies iræ.* On y confondait encore, en dépit des progrès de la critique, sainte Marie-Madeleine avec Marie, sœur de Lazare :

> *Qui Mariam absolvisti;*

Mésenguy voulut que l'on chantât et l'on a chanté depuis :

> *Peccatricem absolvisti !*

Un grand nombre de prières

Mais revenons à la lettre pastorale. « C'est donc à ces « sources si pures, et principalement dans les sacramen-

« taires de l'Église romaine qui est la Mère et la Maîtresse
« des autres, que nous avons puisé les oraisons de notre
« missel. On peut même dire que ce n'est pas sans une
« conduite de la divine Providence qu'a eu lieu, pour
« notre grande consolation et celle de notre troupeau, la
« découverte récente du plus ancien de tous les sacramen-
« taires de l'Église romaine, qui avait été inconnu depuis
« plusieurs siècles. Ce livre d'or, écrit sur un manuscrit
« en parchemin de plus de mille ans, a été publié à l'im-
« primerie Vaticane, sous les auspices du Souverain Pon-
« tife Clément XII, qui conduit aujourd'hui, avec non
« moins de sainteté que de sagesse, la barque de saint
« Pierre. C'est à ce monument considérable que nous
« avons emprunté un grand nombre de prières qui res-
« pirent une piété excellente et rappellent, pour le style
« et la doctrine, saint Léon le Grand, à qui on les attri-
« bue comme à leur auteur très-certain. » Nous avons
déjà dit un mot de ce prétendu Sacramentaire de saint
Léon, qui parut en 1735, à la tête du quatrième tome de
l'édition du *Liber pontificalis*, dit d'Anastase, par Bianchini. Nous y reviendrons dans notre prochain volume.
Mais ce manuscrit eût-il été réellement le Sacramentaire
de saint Léon, était-ce, pour l'Église de Paris, une manière bien efficace de témoigner de son accord parfait avec
la Mère et la Maîtresse des Églises, que de répudier le
missel qu'elle promulgue et garantit de son autorité, pour
s'en fabriquer un nouveau, dans la composition duquel
on ferait entrer quelques lambeaux d'un ancien sacramentaire qui a été l'objet d'une réforme il y a tant de siècles ?
Ce n'est pas que nous désapprouvions dans une Église
qui, comme celle de Paris, se trouve en droit de réformer
sa liturgie, qu'on prenne dans les anciens sacramentaires
certaines prières bien approuvées, pour enrichir encore le
romain d'aujourd'hui ; mais cette conduite est toute différente de celle qu'on a tenue. On s'est débarrassé du mis-

empruntées au Sacramentaire, dit Léonien, récemment publié, sous prétexte de témoigner de l'accord parfait de l'Église de Paris avec l'Église romaine.

Étrangeté d'une pareille raison, alléguée par un prélat qui rejetait presque en totalité l'Antiphonaire et le Sacramentaire de l'Église romaine.

sel romain, qui est le Sacramentaire et l'Antiphonaire grégoriens combinés, et ensuite, parmi les pièces anciennes que l'on a consenti à recevoir de nouveau, on a daigné remonter jusqu'au prétendu Sacramentaire léonien, conservant même la plupart des oraisons de saint Gélase et de saint Grégoire, parce qu'on le jugeait ainsi à propos. C'est une manière de procéder fort large ; mais il ne faudrait pas lui donner la couleur d'un zèle pour la liturgie romaine. Clément XII, en faisant les frais du quatrième tome de l'Anastase de Bianchini, comme ses prédécesseurs avaient fait les frais des trois premiers, n'avait pas, assurément, la pensée que le sacramentaire tel quel, publié parmi plusieurs autres monuments dans ce volume, dût fournir à l'Église de Paris un prétexte de se débarrasser du Missel romain que les Harlay et les Noailles avaient encore respecté.

Fréquente discordance entre les oraisons de l'office et celles de la messe, signe de la précipitation avec laquelle le missel a été rédigé.

« Nous avons largement distribué dans tout notre missel ces richesses liturgiques ; d'où il est arrivé qu'en plusieurs endroits de ce missel, on trouvera des collectes différentes des oraisons qu'on aura récitées dans le bréviaire ; inconvénient léger et même nul en soi. Il nous eût semblé plus fâcheux de priver notre Église de tant d'excellentes prières des anciens Pères. » On dira ce qu'on voudra, mais ce n'en est pas moins une chose inouïe dans la Liturgie, que la discordance de l'oraison des heures avec la collecte de la messe, dans un même office. Ce défaut d'harmonie qu'on voudrait excuser ici ne montre que trop la précipitation avec laquelle les nouveaux livres furent fabriqués. Jamais cette Liturgie romaine dont on s'est défait si cavalièrement ne fournit d'exemple de ces anomalies, parce que les choses du culte divin sont toujours disposées à Rome avec le sérieux, la gravité, la lenteur, qui seuls peuvent faire éviter de pareilles fautes.

En terminant sa lettre pastorale

La lettre pastorale contient ensuite ces paroles remarquables : « Cependant, nous voulons vous avertir que,

« dans plusieurs oraisons des anciens sacramentaires, il a
« été fait certains changements, soit dans le but de les
« abréger, soit dans celui d'ôter l'obscurité et d'aplanir le
« style, soit enfin pour les accommoder à la forme spé-
« ciale des collectes, secrètes et postcommunions. Cet
« exemple nous était donné par toutes les églises de tous
« les temps, dans les livres desquelles on rencontre beau-
« coup de prières transférées d'une Liturgie dans une
« autre, et qui ont subi quelques légers changements dans
« les paroles, tout en conservant le même sens. Nous
« avons pensé que la même chose nous était permise, à
« la même condition, à savoir, que le changement ne tom-
« berait pas sur le fond des choses, mais seulement sur
« les expressions. *Nous pouvons affirmer* que les vérités
« du dogme catholique, exprimées dans ces prières, ont
« été religieusement conservées par nous dans toute leur
« intégrité et inviolabilité. » Voilà donc un évêque catholique réduit à *affirmer* solennellement à son clergé, en
tête d'un missel, qu'il n'a pas altéré frauduleusement le
dépôt de la tradition sur les vérités catholiques ! Que
s'était-il donc passé qui nécessitât cette humiliante déclaration ? quel événement avait excité à un si haut point les
susceptibilités du clergé orthodoxe, que le pasteur fût ainsi
obligé de courir au-devant, sans nul souci des convenances les plus sacrées ? Cette déclaration sans exemple
avait pour but de prévenir de nouvelles réclamations dans
le genre de celles qui s'étaient élevées sur le bréviaire,
et, dans le fait, l'on doit convenir que le missel était généralement plus pur que le bréviaire, bien qu'il renfermât
encore une somme immense de nouveautés. On a dû remarquer plus haut que l'archevêque, en parlant de la
commission pour le missel, ne s'était pas borné, comme
dans la lettre pastorale du bréviaire, à désigner en termes
généraux les hommes *sages et érudits* auxquels il avait
confié cette délicate opération, mais qu'il avoue simple-

l'archevêque se porte garant de l'orthodoxie de son missel, plus pur à ce point de vue que le bréviaire.

ment le concours de plusieurs chanoines de la métropole. C'était mettre totalement hors de cause la coopération de Mésenguy, de Boursier et leurs semblables.

On trouvait encore, dans les clauses de la promulgation du missel, une particularité qui faisait voir que le prélat avait eu en vue de ménager sur plus d'un point les susceptibilités catholiques. Le lecteur doit se rappeler que la lettre pastorale sur le bréviaire déclarait ce livre obligatoire *pour toutes les églises, monastères, colléges, communautés, ordres, enfin pour tous les clercs astreints à l'office divin,* sans exception aucune ; la lettre pastorale du missel, beaucoup moins absolue, n'exigeait cette soumission que de ceux *qui, par le droit et la coutume, sont tenus de célébrer et réciter l'office parisien* (1).

Nous ne nous appesantirons pas davantage, pour le moment, sur les particularités de ce nouveau missel ; il nous suffira ici d'en avoir exposé le plan, d'après la lettre pastorale qui lui sert comme de préface. Au reste, nous le répétons, ce livre était en soi moins répréhensible que le bréviaire. Les réclamations des catholiques avaient du moins eu l'avantage de réprimer l'audace de la secte qui s'était vue à la veille de triompher par la Liturgie. Toutefois, soit lassitude, soit découragement, les répugnances se calmèrent peu à peu : le Bréviaire et le Missel de Vintimille s'implantèrent profondément, et c'en fut fait de la Liturgie romaine dans l'Église de Paris.

Bien plus, cette Église que Dieu, dans ses conseils impénétrables, avait ainsi soumise à la dure humiliation de voir des mains hérétiques élaborer les offices divins qu'elle aurait désormais à célébrer, eut le triste honneur d'entraîner grand nombre d'autres Églises du royaume, dans la malheureuse voie où on l'avait poussée. Déjà l'exemple qu'elle avait donné au temps de François de

---

(1) Qui de jure vel consuetudine Parisiense officium celebrare aut recitare tenentur.

Harlay avait été contagieux ; celui qu'elle offrit au temps de Charles de Vintimille eut bien d'autres conséquences. Trente ans après l'apparition du Bréviaire de 1736, la Liturgie romaine avait disparu des trois quarts de nos cathédrales, et, sur ce nombre, cinquante et plus s'étaient déclarées pour l'œuvre des Vigier et des Mésenguy. La sainte Église de Lyon était de ce nombre. Quel événement donc que l'apparition des livres de Vintimille ! Comment n'a-t-il pas laissé plus de place dans l'histoire ? C'est que l'indifférence, le mépris, l'oubli même du passé était la grande maladie qui travaillait les hommes du xviiie siècle ; et cependant, quand les jansénistes et les philosophes eurent totalement miné la société religieuse et civile, beaucoup d'honnêtes gens s'étonnèrent de voir crouler pêle-mêle, en un instant, tant d'institutions que les mœurs ne soutenaient plus. Le récit de cette catastrophe n'est pas de notre sujet : nous avons seulement à raconter comment une des formes principales de la civilisation religieuse du moyen âge, la forme liturgique, a péri en France : poursuivons notre histoire.

> *la France, n'a laissé presque aucune trace dans l'histoire, grâce au mépris du passé qui travaillait la société au xviiie siècle et préparait la révolution.*

Il serait par trop minutieux d'enregistrer ici successivement les divers diocèses qui acceptèrent tour à tour les nouveaux livres parisiens. Il suffira de dire que partout où cette adoption eut lieu, on fondit le calendrier et le propre diocésains avec ceux de Paris, et qu'on mit en tête du bréviaire et du missel le titre diocésain, le nom de l'évêque qui faisait cette adoption, et une lettre pastorale composée d'ordinaire sur le modèle de celle de Vintimille. Les premières Églises qui entrèrent dans cette voie, furent celles de Blois, d'Évreux et de Séez. On fit dans ces diocèses quelques légères rectifications au bréviaire, et même les *Nouvelles ecclésiastiques* se plaignent amèrement qu'à Évreux on ait osé changer quelque chose dans la fameuse strophe de l'hymne de Santeul, pour l'office des évangélistes. Elle avait été mise ainsi :

> *Blois, Évreux et Séez donnent l'exemple à plus de cinquante diocèses, qui adoptent la Liturgie parisienne, avec quelques légères modifications.*

*Insculpta saxo lex vetus
Præcepta, non vires dabat;
Inscripta cordi lex nova
Dat posse quidquid præcipit.*

On avait donc adouci le dernier vers :

Quidquid jubet dat exequi;

mais les trois premiers exprimaient encore les propositions de Quesnel, 6, 7 et 8.

Le nouveau Bréviaire de Paris fut aussi adopté, en 1764, par les chanoines réguliers de Sainte-Geneviève, dits de la congrégation de France. Nous ne ferions que mentionner simplement ce fait, si une des circonstances de son accomplissement n'offrait matière à une observation très-grave. Le P. Charles-François de Lorme, abbé de Sainte-Geneviève et général de la congrégation, avait placé en tête du bréviaire, suivant l'usage, une lettre pastorale adressée à tous les abbés, prieurs, curés et chanoines de sa juridiction, et, dans cette pièce, il rendait compte des motifs qui avaient présidé à la rédaction de ce nouveau Bréviaire de Paris, qui allait devenir désormais celui des chanoines réguliers de la congrégation de France. Après avoir parlé de la correction du Bréviaire romain par saint Pie V, et du mérite de cette œuvre pour le temps où elle fut accomplie, l'abbé de Sainte-Geneviève en venait au détail des inconvénients qui avaient porté plusieurs évêques de France à renoncer à ce bréviaire :

« Autant il était vrai, dit la Lettre pastorale, que le
« Bréviaire romain l'emporte sur tous les autres, autant
« on devait regretter que cette œuvre n'eût pas atteint sa
« perfection, moins par la faute de ses auteurs que par le
« malheur des temps. Il y était resté beaucoup de choses
« qui, soumises depuis à un examen sévère, ont été trou-

« vées incertaines et même fausses. *Il s'y était introduit
« plusieurs choses* CONTRAIRES AUX MAXIMES DE NOTRE
« ÉGLISE GALLICANE (1). » La voilà donc révélée par un
témoin grave et contemporain, l'intention qu'on a eue en
se défaisant du Bréviaire romain, d'aider à l'établissement
du gallicanisme. Certes, un pareil aveu n'était plus nécessaire après les faits que nous avons rapportés : mais
il ne laisse pas que de réjouir grandement, surtout à cause
de la naïveté avec laquelle il est produit.

Tandis que le désir de consolider *les maximes de notre
Église gallicane* portait une grande partie du clergé du
royaume à rejeter le Bréviaire romain, l'esprit catholique,
dont nous avons vu les résistances à Paris, se révoltait
dans d'autres diocèses. Nous avons malheureusement peu
de faits à citer ; mais c'est une raison de plus de les arracher à l'oubli. Nous dirons donc qu'à Marseille, l'héroïque
évêque Henri de Belzunce adressa un mandement à son
peuple, pour l'engager à redoubler de zèle dans le culte
de la sainte Vierge et des saints, qui était menacé par de
téméraires innovations. Des considérations de haute convenance l'empêchèrent d'expliquer plus clairement les
attentats qu'il avait en vue ; mais des curés, tels que ceux
des Accoules et de Saint-Martin, crurent pouvoir annoncer en chaire, à leurs peuples, que le prélat avait voulu
signaler le récent Bréviaire de Paris, et l'on ne tarda pas
à entendre retentir, dans les *Nouvelles ecclésiastiques*,
tous les sifflets du parti contre l'illustre prélat à qui la
secte n'a jamais pardonné son zèle ardent contre les
dogmes jansénistes.

---

(1) At quam verum erat cæteris omnibus præstare Romanum Offici¡
divini Ordinem, tam dolendum erat opus numeris suis omnibus, vitio
seculi potiusquam auctorum, non fuisse absolutum. Supererant plurima, quæ incerta, quæ falsa postmodum, adhibito severiori examine,
deprehensa sunt; exciderunt nonnulla nostræ Gallicanæ Ecclesiæ placitis
adversa.

Ceci se passait quelques mois après l'apparition du Bréviaire de Vintimille. En 1752, un fait du même genre consola les amis des saines doctrines liturgiques. Jean-Georges de Souillac, évêque de Lodève, augustinien zélé, avait été du nombre des prélats qui les premiers adoptèrent le nouveau parisien. Il eut pour successeur, en 1750, un évêque célèbre pour la pureté de sa doctrine, et dont nous aurons prochainement occasion de parler. Ce prélat était Félix-Henri de Fumel. Un des premiers actes de son autorité fut de rétablir le Bréviaire romain et de supprimer le parisien qu'il avait trouvé en vigueur. Cet acte de courage lui attira, comme à Belzunce, les injures du parti ; mais de pareils outrages de la part des hérétiques sont la plus noble récompense que puisse ambitionner un évêque.

Tirons maintenant les conclusions qui résultent, pour la doctrine liturgique, des faits exposés dans ce chapitre.

D'abord, sur les douze caractères que nous avons signalés dans les œuvres de la secte antiliturgique, dix sont visibles dans les divers produits de la grande révolution que nous venons de raconter.

1° *Eloignement pour les formules traditionnelles.* Foinard, Grancolas, dans leurs *Projets ;* les Bréviaire et Missel de Paris de 1736, etc. Partout, on crie qu'il faut prier Dieu avec ses propres paroles : *Deum de suo rogare.*

2° En conséquence, *remplacement des formules de style ecclésiastique par des passages de la Bible.* C'est l'intention expressément avouée et mise à exécution. C'est le génie de l'œuvre tout entière.

3° *Fabrication de formules nouvelles.* Les hymnes de Coffin, dont nous avons relevé quelques traits. La Préface de la Toussaint, par Boursier. Une immense quantité de proses nouvelles.

4° *Contradiction des principes avec les faits*, rendue patente dans ces milliers de nouveautés introduites par des gens qui ne parlent que de rétablir la vénérable antiquité, et qui non-seulement fabriquent de nouvelles hymnes, de nouvelles proses, de nouvelles oraisons, de nouvelles préfaces, mais, de plus, débarrassent le Bréviaire et le Missel d'une immense quantité de pièces grégoriennes non-seulement anciennes, mais empruntées à l'Écriture sainte elle-même.

5° *Affaiblissement de cet esprit de prière appelé Onction dans le catholicisme.* Tout le monde convient que les nouveaux bréviaires, avec tout leur art, ne valent pas, pour la piété, les anciens livres. Continuelle attention, de la part de Vigier et Mésenguy, à introduire dans leur œuvre des phrases bibliques à double sens, comme autant de mots d'ordre pour le parti : ce serait un grand miracle qu'il fût demeuré beaucoup d'onction dans tout cela.

6° *Diminution du culte de la sainte Vierge et des saints.* Il suffit de jeter un coup d'œil sur les *Projets* de Foinard et de Grancolas, qui sont réalisés dans le *Calendrier* et le *Propre des Saints* du nouveau parisien, pour se convaincre que telle a été l'intention. Les résultats sont venus ensuite, et on ne doit pas s'en étonner.

7° *Abréviation de l'office et diminution de la prière publique.* On a vu avec quelle impudeur Foinard l'avait affiché jusque sur le titre de son livre. Dans les nouveaux bréviaires, rien n'a été épargné pour cela.

8° *Atteintes portées à l'autorité du Saint-Siége.* Qu'on se rappelle la collecte de saint Damase, la réunion des deux chaires de saint Pierre en une seule, l'extinction de l'octave de la fête même du prince des apôtres, etc.

9° *Développement du presbytérianisme* dans l'innovation liturgique, œuvre de simples prêtres, à laquelle ont pris part notable de simples acolytes, des laïques même : sujet de grande déconsidération pour la hiérarchie, et bientôt pour tout l'ordre ecclésiastique.

10° *Intervention de la puissance séculière* dans l'affaire

du nouveau Bréviaire de Paris. Sentences contre un prêtre dont les sentiments n'étaient que catholiques. Nulle réclamation de l'autorité compétente contre un si énorme scandale.

C'est donc une déplorable forme liturgique que celle à laquelle sont devenues applicables, et en si grand nombre, les notes auxquelles on reconnaît la secte antiliturgiste. En outre, c'est une chose bien étrange que le remaniement total de la Liturgie ait eu pour auteurs et promoteurs des hérétiques jansénistes, séparés de la communion, même extérieure, de l'Église, tels que Le Brun Desmarettes, Coffin et Boursier, et d'autres non moins déclarés, appelants des jugements de l'Église, et, malgré cela, par une inexplicable contradiction, honorés de la confiance des prélats qui avaient promulgué ces mêmes jugements.

C'est aussi un fait bien instructif que celui d'un archevêque de Paris obligé d'admettre de nombreux cartons dans un bréviaire dont il a garanti l'excellence dans une lettre pastorale, et réduit à protester, deux ans après, en tête d'un missel, qu'il y a maintenu la foi dans sa pureté, et qu'en retouchant le style de certaines oraisons, il n'a point altéré la doctrine catholique qu'elles renfermaient.

C'est une chose bien humiliante, qu'en donnant la liste des réformateurs de la Liturgie, il nous faille ajouter, aux noms de Sainte-Beuve, Le Tourneux, de Vert, Santeul, Ledieu, Ellies Dupin, Beaudoin, Bossuet, évêque de Troyes, Petitpied et Jubé, tous jansénistes, ou fauteurs de cette hérésie, ceux de Caylus, évêque d'Auxerre, Le Brun Desmarettes, Vigier, Mésenguy, Coffin et Boursier, tous fameux à divers degrés pour leur zèle et leur indulgence envers la secte. Nous serions injuste de ne pas leur adjoindre l'intrépide champion du nouveau Bréviaire parisien, l'avocat général Gilbert de Voisins, dont nous signalerons encore, au chapitre suivant, le zèle pour les maximes françaises sur la Liturgie. Notre impartialité nous oblige, tout en laissant les docteurs Foinard et Grancolas au rang des hommes les plus téméraires qui aient jamais écrit sur les rites sacrés, à ne pas les faire figurer expressément sur la liste des partisans ou fauteurs du jansénisme. Il est prouvé que Grancolas, du moins, avait accepté sans arrière-pensée les jugements de l'Église.

Sur la liste si peu nombreuse des réclamants contre la destruction de toutes les traditions liturgiques, nous inscrirons à la fin de ce chapitre, à côté de Languet et de Saint-Albin, Belzunce, évêque de Marseille ; de Fumel, évêque de Lodève ; les séminaires de Saint-Sulpice et de Saint-Nicolas-du-Chardonnet ; les abbés Regnault et Gaillande, et surtout ce courageux jésuite, le P. Hongnant, qui confessa, malgré la rage du parlement, ces pures traditions romaines dont sa société, toujours fidèle aux enseignements de saint Ignace, ne s'est jamais départie. Nous ne parlons point de Robinet, qui a eu trop de part à l'innovation, à Rouen et ailleurs, pour être recevable à la condamner à Paris.

Petit nombre des hommes d'Église qui ont réclamé contre la destruction de toutes les traditions liturgiques.

NOTES DU CHAPITRE XIX

NOTE A

CAROLUS GASPAR GUILLELMUS DE VINTIMILLE, E COMITIBUS MASSILIÆ DU LUC, MISERATIONE DIVINA, ET SANCTÆ SEDIS APOSTOLICÆ GRATIA, PARISIENSIS ARCHIEPISCOPUS,

CLERO PARISIENSI, SALUTEM IN CHRISTO JESU.

Est assidua precatio ita homini Christiano necessaria, ut sine ea non magis vigere pietas possit, quam sine ducto spiritu corporis vita servari. *Oportet semper orare et non deficere.* Ita quippe et supremum in nos Dei jus ac dominium, et humanæ conditionis infirmitatem inopiamque agnoscimus ac profitemur..
....
Ecclesia, castissima illa columba, cujus pios perpetuosque gemitus semper exaudit Deus, id in se muneris recipit, ut ministrorum suorum preces dirigat, et singulas sanctissimi ministerii partes ordinet atque disponat. Illa in Officio divino, quo quidem tota publici cultus materia continetur, complexa est augustissima Dei ac Religionis mysteria, incorruptas fidei morumque regulas, doctrinam traditionis, sanctorum Patrum scriptis, et Conciliorum decretis consignatam. Ibidem clarissima virtutum omnium exempla proponit in vita et morte Sanctorum ac Martyrum, quos publico cultu veneratur; ea scilicet mente ut fidelium pietatem alat, erudiat fidem, fervorem accendat. Docet eadem Dei cultum spiritu, id est, religioso animi cordisque obsequio, et adoratione constare; Sanctosque non sterili admiratione, sed fideli virtutum, quibus enituerunt, imitatione honorari. Quæ cum generatim spectarunt primi Ecclesiæ Pastores, tum illud etiam præcipue intenderunt, ut in Officii ecclesiastici serie, ordine, dispositione parata essent sacerdotibus subsidia, quibus populos sibi commissos scientia salutis facilius possint instruere. Illustrissimorum Antistitum, qui nobis proxime tres decesserunt, felix fuit hac in parte opera et probatus labor : quorum exemplo hujus regni Præsules non pauci cum successu ac laude nova ediderunt breviaria.

Nos vero, statim ut divinæ Providentiæ dono ad hujus Metropolitanæ Ecclesiæ gubernaculum accessimus, novi breviarii necessitatem, a viris eruditis et sapientibus admoniti cognovimus. Nam cum in pluribus proxime præcedentium breviariorum Officiis mirus quidam ordo' et eximius solidæ pietatis ac doctrinæ gustus eluceat; ut cæteris Officiis eadem dignitas, idem nitor accederet, vehementer concupivimus. Quo in opere sic elaboratum est, ut illud tandem et divini cultus majestati, et nostris, quæ communem omnium sanctificationem spectant, votis responderet.

In hujus porro operis ordinatione id servandum esse duximus, ut, si excipiantur Hymni, Orationes, Canones, et Lectiones nonnullæ, singulæ Officii partes e Scriptura sacra depromerentur ; rati videlicet cum sanctis Patribus, acceptiores fore Divinæ Majestati preces, quæ Dei ipsius, non sensus modo, sed ipsas etiam voces repræsentarent. Lectiones autem e Patrum scriptis et vita Sanctorum excerptæ, cavimus ut cum delectu fierent, et Officiis in quibus usurparentur, apprime congruerent ; postremo, ut omnia incorruptis rerum gestarum monumentis niterentur.

Superiorum Breviariorum, veterumque Sacramentariorum Collectas, seu Orationes, quod licuit, retinuimus, imo veteribus Hymnis locus datus est, nisi quibus ob sententiarum vim, elegantiam verborum, et teneriores pietatis sensus, recentes anteponi satius visum est.

Multorum piæ voluntati obsequentes, Psalterium ita divisimus (quod quidem pluribus jam in Ecclesiis obtinuit), ut sui singulis hebdomadæ diebus, imo etiam Horis, proprii addicerentur Psalmi ; prolixiores vero secarentur. Ejusmodi partitione, Officiorum inæqualitatem sustulimus; fecimusque ut canentium spiritus et attentio minus jam gravarentur. Hoc nimiæ prolixitatis incommodum ægre se olim tulisse affirmat sanctus Basilius. Quæ molestia ut levaretur, sanxerat jam antiquitus Narbonense concilium, ut longior quisque Psalmus in plures Doxologias divideretur; quod item sancti Benedicti Regula præscribit.

In omnibus Festis, Feriarum Psalmi recitabuntur, in tantum diebus exceptis, qui vel Mysteriis, vel Virgini Deiparæ sacri erunt. Inde fiet ut omnes fere semper intra unius hebdomadæ spatium Psalmi perlegantur.

Servata est sua die Dominicæ prærogativa, ut nempe festa quælibet excludat, nisi quæ principem in Ecclesia honoris ac celebritatis gradum obtinent.

Ut autem cujusque diei suus quidam scopus, certumque discrimen assignetur ; die Dominica, quæ creatæ lucis, resurgentis Christi, et promulgatæ novæ legis est dies, excitatur in fidelium animis Dei et divinæ legis amor. Feria secunda, benigna Dei erga homines caritas ac beneficentia celebratur. Tribus proxime sequentibus Feriis, amor proximi, spes et fides commendantur. Feriæ Sextæ, quæ dies est passionis Christi, Officium ad patientiam in hujus vitæ laboribus et ærumnis refertur. Sabbato denique, propter bona fidelium opera, iisque repensam mercedem, grates Deo persolvuntur.

In ritu Quadragesimalis Officii, æquum censuimus ut vetus Ecclesiæ mos revocaretur, quo dierum festorum læta celebritas cum jejunio et cum salutari pœnitentiæ tristitia non satis congruere videbatur. Multæ jam Diœceses nobis hac in re præiverunt, quarum exemplo a Quadragesimali tempore dies festos, nisi quibus ab opere servili abstinetur, amovimus.

Vulgavimus ad totam Diœcesim usum Metropolitanæ nostræ, ut in Officio Primæ legantur Canones; sicque provisum, ut Clerici omnes perutili Ecclesiasticæ disciplinæ notitia imbuti, ad illius normam mores componere studeant. In Calendario et Rubricis perlevis est facta mutatio; quam ideo tantum admissam esse intelligetis, ut Officiorum dignitati consuleretur.

Quocirca, de Venerabilium Fratrum nostrorum Ecclesiæ nostræ Canonicorum consilio, omnibus nostræ Diœceseos Ecclesiis, Monasteriis, Collegiis, Communitatibus, Ordinibus, necnon omnibus Clericis qui ad illud tenentur, mandamus et præcipimus ut hocce Breviario nostro a nobis, ut sequitur, digesto et concinnato, nec alio quolibet in posterum utantur; districte videlicet omnibus Typographis et Bibliopolis, aliisve, quicumque sint, inhibentes, ne vetus Breviarium recudere, omnibus vero qui ad Officium tenentur, ne aliud quam hoc nostrum, sive privatim, sive publice recitare præsumant.

De cetero hortamus vos, Fratres carissimi, ut spiritu et mente psallatis. *Si orat Psalmus,* inquit S. Augustinus, *orare; si gemit, gemite; si gratulatur, gaudete; si sperat, sperate;* ut quod lingua promit, moribus exprimatis : postremo ut dum pias ad Deum pacis fundetis preces, ab omni *contentionis et œmulationis* spiritu abstineatis. Neque enim illud orationis vectigal, doctrinæ et ingenii ostentatione, sed simplicitate, fide, intimo paupertatis nostræ sensu persolvimus. Ita precantes, Fratres carissimi, hostiam laudis, et, ut ait Propheta, *vitulos labiorum* offeretis Deo; quod quidem pro vobis a Patre misericordiarum per viscera charitatis Christi enixe flagitamus.

Datum Parisiis, in Palatio nostro Archiepiscopali, tertio nonas Decembris anni millesimi septingentesimi trigesimi quinti.

NOTE B.

CAROLUS GASPAR GUILLELMUS DE VINTIMILLE, E COMITIBUS MASSILIÆ DU LUC, MISERATIONE DIVINA, ET SANCTÆ SEDIS APOSTOLICÆ GRATIA PARISIENSIS ARCHIEPISCOPUS.

CLERO PARISIENSI SALUTEM IN EO QUI EST OMNIUM VERA SALUS.

Supremo Numini, rerum omnium Creatori et Domino, a quo sumus e nihilo educti, cujus ex ore hausimus hunc vitæ spiritum quo vivimus et homines sumus, debemus interiorem cultum, hoc est plane obsequentis, seseque ad eum, et sincero amore referentis animi sacrificium..........
....

NOTES DU CHAPITRE XIX

In hujus tam augusti Sacrificii celebrationem Episcopi diligentem semper curam intenderunt, caveruntque sedulo, tum ne quid in sacram liturgiam irreperet, quod tanti Mysterii majestatem quodam modo deformaret, tum etiam ut ei omnem illum decorem conciliarent, qui aptior videretur, et ad illius excellentiam apud fideles commendandam, et ad solidioris pietatis sensus in eorum cordibus excitandos. Hinc est quod ad mentem Conciliorum quæ novissimis temporibus habita sunt, nonnullæ Galliarum Ecclesiæ certatim alaboraverunt (illæso tamen eo qui multis jam a sæculis apud omnem Ecclesiam Latinam viget, sacræ Liturgiæ ritu et ordine) ut Missalia sua emendarent, ac perficerent.

Atque in tam laudabili consilio, Parisiensis Ecclesia nostra cæteris omnibus facem prætulit, edito ab illustrissimo decessore nostro Francisco Harlæo, Missali : quo quidem nihil adhuc prodierat eo in genere perfectius; adeo ut in tota Gallia ab omnibus doctis piisque viris unanimi plausu et admiratione exceptum fuerit, sive quis intueretur accurate lecta et apte dispensata sacræ Scripturæ loca; sive excellentiam precationum, quibus exornatum locupletatumque fuerat, partim ex antiquis Sacramentariorum libris depromptarum, partim recenti quidem exaratarum stylo, sed quæ antiqui coloris sinceritatem apprime retinerent.

In illo tamen quamvis eximio opere, quod et decessor noster Eminentissimus Noallius augendum expoliendumque curaverat, erant adhuc nonnulla, quibus nondum ultima manus imposita videbatur. Fecit ipsa quarumdam partium, quæ diligentissime emendatæ erant, præstantia, ut et nos veniremus in partem laboris residui, daremusque operam, ut et ea quæ intacta remanserant, ad eamdem formam, eumdemque emendationis gustum exigerentur; unde exurgeret omnibus numeris, si fieri posset, absolutum opus, et sibi ubique constans.

Ad id autem satis fuit duces eos qui nobis præiverant sequi, et monstratam ab illustrissimis Decessoribus nostris viam insistere.

Accedebat, ut ad id quam primum accingeremur, quædam necessitas. Vulgato enim non ita pridem a nobis novo Breviario, mancum quodammodo videbatur opus, nisi adjungeretur et Missale novum, quod Breviarii nostri Officiis congrueret. Igitur, adjuti nonnullorum Ecclesiæ nostræ Metropolitanæ Canonicorum studio et industria, manum operi admovere statuimus : atque hæc fuit consilii nostri ratio.

In Evangeliis et Epistolis Dominicarum et Feriarum, quemadmodum et in iis quæ leguntur diebus festivatis a populo, nihil fere immutatum reperietur. Quæ vero in Missis de Proprio temporis ad cantum pertinent, in iis facta quidem frequentior mutatio est; ita tamen ut quidquid era eximii saporis in Missali præcedenti, in nostro retineremus, sed interdum aptius collocaretur. Selegimus loca Scripturarum, quæ magis idonea visa sunt ad pietatem commovendam ; quæ facilius modulationem admitterent, et quæ sacris Missarum Lectionibus accuratius responderent. Nulli tamen ita serviendum esse methodo duximus, ut non eam præcipue legem intueremur, cui alias omnes cedere oportet, ut nempe mens sursum ad Deum erigatur, et ad sacrum fidei, spei et caritatis ignem concipiendum adjuvetur.

Eadem adducti ratione quasdam Præfationes addidimus ubi propriæ deerant, nempe pro tempore Adventus, et quibusdam celebrioribus anni Solemnitatibus, videlicet Corporis Christi, Dedicationis, Sanctorum omnium, et aliis nonnullis. Sic conati sumus ad morem antiquum Romanæ Ecclesiæ, qua licuit, accedere, apud quam, ut et nunc in iis Ecclesiis quæ ritu Ambrosiano utuntur, singulis prope Missis singulæ Prefationes attributæ sunt.

Neque minorem curam adhibuimus circa eas Orationes quæ in singulis Missis recitantur, quæ quidem non ultimum in sacra Liturgia locum tenent; Collectas intelligimus, Secretas et Postcommuniones. Earum plerasque ex antiquis Sacramentorum libris excerpsimus, pietatis unctione plenissimas. Novas inseruimus quam paucissimas, easque ad vetustarum exemplar, quantum fieri potuit, elaboratas, et sæpius ex ipsis Sacramentariorum verbis magnam partem expressas. Etenim cum *Legem credendi*, ut monet Cœlestinus, *lex statuat supplicandi* : quam pio venerationis affectu amplecti debemus eas precum formulas, quas nobis tradiderunt prisci illi doctrinæ Christianæ testes, et verendæ antiquitatis præcones eximii ! Sanctos illos homines dicimus, in quibus habitabat Spiritus intelligentiæ et precum, Leonem, Gelasium, Gregorium, Hilarium, Ambrosium, Salvianum, Leandrum, Isidorum. Quantam et quam sanctam nubem testium ! quorum auctoritate constat priscis illis temporibus, eamdem quam et nos hodie profitemur, viguisse fidem ; easdem Catholici dogmatis veritates, Romæ, Mediolani, in Galliis, in Hispania, uno verbo per totum Occidentem, a tot retro seculis testatas fuisse, creditas, ac propugnatas.

His e fontibus limpidissimis, maximo vero ex Sacramentariis Romanæ Ecclesiæ, quæ cæterarum mater est et magistra, Orationes Missalis nostri deprompsimus. Quin etiam non sine divinæ Providentiæ nutû ac gubernatione contigit, ad nostrum gregisque nostri grande solatium, ut non ita pridem repertum fuerit omnium Sacramentariorum Ecclesiæ omanæ vetustissimum, quod a pluribus seculis ignotum latitabat. Opus illud aureum, prout erat exaratum in membranis manuscriptis ætatis annorum supra mille, prodiit in lucem typis Vaticanis, sub auspiciis summi Pontificis Clementis duodecimi, qui non minus sancte quam sapienter Beati Petri navem moderatur. Ex illo igitur spectabili monumento mutuati sumus preces plurimas, eximiam spirantes pietatem, Magnique Leonis, cui tanquam certissimo auctori tribuuntur, stylum et doctrinam referentes.

Has, quæ nobis abunde suppetebant divitias, passim per Missale nostrum larga manu distribuimus : unde factum est ut aliæ interdum in hoc Missali Collectæ legantur, quam quæ in Breviario recitantur Orationes, parvo sane aut nullo incommodo. Hæc nobis multo futura major jactura visa est, si tot egregiis veterum Patrum precibus Ecclesia nostra caruisset.

Illud tamen vos admonitos volumus in nonnullis Sacramentariorum veterum Orationibus aliquando factas esse quasdam immutationes, sive ut consuleretur brevitati, tolleretur obscuritas, leniorique fluerent stylo ; sive etiam ut ad formam Collectarum, Secretarum, vel Postcommunionum accommodarentur. Id nobis exemplum tradidere omnes omnium temporum Ecclesiæ, apud quas multæ occurrunt precationes, quæ dum ex alia in aliam Liturgiam transferuntur, levem aliquam mutationem in verbis, eodem sensu servato, receperunt. Idem et nobis quoque licere duximus, eadem adhibita cautione, ut, si qua fieret mutatio, illa non in res, sed in verba vocesque tantum caderet. Veritates Catholici dogmatis, quas precationes illæ præferebant, affirmare possumus illæsas a nobis inviolatasque magna esse religione servatas...............................
....

Quocirca omnibus nostræ Diœceseos Ecclesiis, earumque Decanis et Rectoribus, Ordinibus, Collegiis, Monasteriis, Communitatibus, necnon omnibus, quicumque sint, Presbyteris, qui de jure vel consuetudine Parisiense Officium celebrare aut recitare tenentur, de Venerabilium Fratrum nostrorum Ecclesiæ nostræ Canonicorum consilio, in Domino mandamus ac præcipimus, ut hocce nostro Missali a nobis digesto, nec alio quolibet imposterum utentur : districte videlicet omnibus Typographis et Bibliopolis, aliisve, cujuscumque conditionis existant, inhibentes ne ullum ex veteribus Missale recudere; neve deinceps Presbyteri ullo quolibet alio quam nostro recognito, sive in solemnibus, sive in aliis Missis uti præsumant : aliosve inter celebrandum ritus inducant, alias preces aut ceremonias, quam quæ a nobis præscribuntur, et volumus ab omnibus observari.

Datum Parisiis, quinto Idus Martii, anno Domini millesimo septingentesimo trigesimo octavo.

CHAPITRE XX

SUITE DE L'HISTOIRE DE LA LITURGIE, DURANT LA PREMIÈRE MOITIÉ DU XVIIIe SIÈCLE. — RÉACTION CONTRE L'ESPRIT JANSÉNISTE DES NOUVELLES LITURGIES. — BRÉVIAIRE D'AMIENS. — ROBINET. — BRÉVIAIRE DU MANS. — CARACTÈRE GÉNÉRAL DE L'INNOVATION LITURGIQUE SOUS LE RAPPORT DE LA POÉSIE, DU CHANT ET DE L'ESTHÉTIQUE EN GÉNÉRAL. — JUGEMENTS CONTEMPORAINS SUR CETTE GRAVE RÉVOLUTION ET SES PRODUITS.

Les manifestations de l'esprit catholique contre les innovations liturgiques, n'arrêtent pas leurs progrès, parce qu'elles étaient le résultat d'une déviation universelle dans les doctrines.

Le lecteur a vu, sans doute avec satisfaction, dans le chapitre précédent, les manifestations de l'esprit catholique, en France, à l'occasion des nouveautés qui se produisaient de toutes parts dans la Liturgie. Toutefois, une chose doit étonner, c'est que de pareilles réclamations, inspirées par des intentions si droites et revêtues de toute l'énergie nécessaire, n'aient fait tout au plus que ralentir la marche de l'innovation, sans la suspendre. Pour se rendre compte de ce fait, il ne faut que se rappeler les considérations dont nous avons fait précéder notre chapitre XVII. La déviation était universelle dans les doctrines admises par la plupart des catholiques français, et l'innovation liturgique, destinée à devenir un si puissant moyen d'accroître cette déviation, n'en était d'autre part que le résultat. Ainsi, tandis que certains jansénistes donnaient plus ou moins ouvertement la main aux calvinistes, il y avait des fauteurs de la même secte qui n'embrassaient que partiellement ses doctrines, et plusieurs même qui ne sympathisaient expressément avec elle que sur des points relatifs aux institutions ecclésiastiques, lesquels n'avaient encore fourni matière à aucune condamnation de la part du Saint-Siége. Ces derniers vivaient assez en paix avec les catholiques sincères qui adhéraient aux bulles et formulaires, quoique ceux-ci se crussent en droit de leur reprocher une certaine hardiesse de sentiment dans des choses qu'ils regardaient pourtant comme libres. Mais les uns comme les autres gardaient au fond de leur esprit une conviction, savoir : que l'Église des premiers siècles avait joui d'une perfection qui a manqué aux suivants ; que les institutions ecclésiastiques du moyen âge étaient le résultat de principes moins purs que celles de l'âge primitif ; qu'il y avait quelque chose à faire pour mettre les habitudes religieuses plus en harmonie avec les besoins de la société ; enfin, tranchons le mot, que Rome, qui doit être suivie pourtant, était en arrière du mouvement que la France du xviiie siècle avait conçu et préparé. Ces idées, nous les trouvons traduites avec plus ou moins de ménagements dans toutes les œuvres de l'autorité ecclésiastique, depuis la moitié du xviie siècle, jusqu'à la veille de la grande catastrophe qui signala la fin du xviiie siècle et ouvrit les yeux d'un si grand nombre de personnes. Cette liberté de juger les institutions actuelles de l'Église, liberté d'autant plus inquiétante qu'elle avait pour base les trop fameuses maximes qui nous isolaient sur plusieurs points du reste de la catholicité, affaiblissait dans l'opinion non-seulement l'autorité du Saint-Siége, mais même celle de l'Église dispersée qui avait jugé avec Rome dans l'affaire de Jansénius et de Quesnel ; et c'est ce qui nous explique comment des évêques non jansénistes, tels que François de Harlay et Charles de Vintimille, employaient publiquement des jansénistes à des missions de haute confiance, comme le remaniement de la Liturgie, et toléraient les autres à la communion *in divinis*, pourvu qu'ils fussent

I PARTIE
CHAPITRE XX

Conviction générale que Rome était en arrière du mouvement commencé par les savants français pour ramener les institutions de l'Église à la pureté des premiers âges.

simplement réfractaires aux bulles, mais non pas séditieux. Il est vrai que l'Église de France renfermait des évêques plus francs dans leur orthodoxie, plus jaloux d'imiter, quant à la fuite des hérétiques, cette antiquité dont on parlait tant : mais parmi ceux-là il s'en trouvait qui, tout en protestant que jamais un hérétique ne recevrait d'eux la commission de travailler sur la Liturgie, tout en fermant leur diocèse au bréviaire de Paris, songeaient néanmoins à remettre à neuf la Liturgie, sans se demander à eux-mêmes si ce n'était pas donner une atteinte au principe traditionnel qui fait la seule force de l'Église, et briser un des derniers liens extérieurs qui rattachaient l'Église de France au Siége apostolique. Il va sans dire que les bréviaires renouvelés par des prélats animés d'un zèle sincère pour la doctrine de la bulle, devaient renfermer une confession énergique des dogmes attaqués par les nouvelles erreurs, et, par là, contraster grandement avec les nouveaux livres parisiens ; mais, encore une fois, quelle étrange contradiction que celle de rompre avec la tradition sur tant de points, pour la faire triompher sur un seul !

Le premier bréviaire qui se distingue par cette bizarrerie est celui d'Amiens, publié en 1746 par l'évêque Louis-François d'Orléans de La Motte. Ce vénérable prélat, qui se montra toujours si zélé pour la pureté de la foi dans son diocèse, auquel il donna d'ailleurs l'exemple de toutes les vertus, avait sacrifié aussi à cet amour universel des nouveautés liturgiques qui transportait son siècle. Pendant que les jansénistes s'attachaient à faire disparaître les formes romaines de la Liturgie, parce qu'ils les trouvaient incompatibles avec leurs maximes, il crut apercevoir du danger dans un certain nombre de formules du Bréviaire romain, à raison des erreurs du moment, et, sans prendre l'avis du Saint-Siége, ou plutôt oubliant que les formules qui reposent sur la tradition sont inviolables, et que quand on parviendrait à les supprimer dans un diocèse particulier, l'Église, en tous lieux, ne cesserait pas pour cela de leur prêter son universelle autorité, il osa, dans son zèle, supprimer une grande partie des collectes des dimanches après la Pentecôte. Cette proscription tomba sur celles dans lesquelles il est parlé de la puissance de la grâce. Le prélat craignait qu'on n'en abusât auprès de son peuple : mais, malgré ses intentions toujours droites, il n'en donnait pas moins une leçon indirecte à l'Église romaine, leçon dont elle pouvait d'autant moins profiter qu'elle est inviolablement attachée à ces belles prières composées par les Léon et les Gélase, sanctionnées par une tradition solennelle, et dont, après tout, les hérétiques n'abuseront ni plus ni moins qu'ils n'abusent des Écritures. Une entreprise aussi hardie prêtait le flanc aux jansénistes, et ils ne manquèrent pas de la signaler dans les *Nouvelles Ecclésiastiques* (1). Au reste, c'était la première fois que, dans l'Église, la vérité se défendait par un moyen analogue à ceux que les sectaires ont si souvent employés pour la combattre : mais tel était le jugement de Dieu sur l'innovation liturgique du xviiie siècle, qu'elle devait être tantôt exploitée par des hérétiques, tantôt favorisée par des catholiques, et toujours au détriment du respect dû au langage de l'Église.

Il y supprime une partie des collectes des dimanches après la Pentecôte, dans la crainte qu'elles ne servissent à appuyer les doctrines jansénistes sur la grâce.

Dans les nouveaux livres d'Amiens, on avait cherché à dissimuler les intentions qui avaient amené la suppression des collectes dont nous parlons, en rédigeant le missel sur un nouveau plan. On avait pris pour base de chaque messe des dimanches, la leçon de l'évangile au missel romain, et, pour le reste, on avait cherché à mettre toutes les autres formules en rapport avec cette leçon qui devenait ainsi le centre obligé de chaque messe. Les *introït*, graduels, offertoires, communions, épîtres même, tout

Étrange système par lequel l'évangile de chaque dimanche devient la base de la messe entière de ce jour.

---

(1) 13 Février 1758.

avait été bouleversé, renouvelé, suivant le besoin. Par suite de cet arrangement, on conçoit tout de suite que les collectes avaient pu aisément être sacrifiées, et sans qu'on eût trop le droit de s'en plaindre, pour peu qu'on accordât le principe (1). Mais ce principe, inouï jusqu'alors, était en lui-même si contraire à toute tradition, que le Missel de Vintimille lui-même était là pour réclamer contre, ainsi que nous l'avons remarqué au chapitre précédent. Nous retrouverons ailleurs encore en action le système du Missel amiénois ; mais le lecteur ne pourra sans doute s'empêcher de trouver bizarre ce privilége accordé à la leçon de l'évangile des dimanches, aux dépens des autres leçons choisies par la même autorité et dans une antiquité non moins reculée. Bien plus, n'est-ce pas une chose triste de voir de ses yeux que le pieux Louis de La Motte, en remuant ainsi arbitrairement la Liturgie de son Église, plaçait sous un rapport son missel au-dessous même de celui de l'Église anglicane, qui a jugé à propos de conserver dans la Liturgie des dimanches, non-seulement les évangiles du missel romain, mais aussi les épîtres et surtout les collectes. *Et nunc intelligite !*

Quant à l'aspect général des nouveaux livres d'Amiens, il était semblable en tout à celui du nouveau parisien. La réforme du psautier avait été faite dans le même sens. Le calendrier, le propre du temps, le propre des saints, les communs, tout, en un mot, présentait les mêmes analogies à la surface ; si l'on pénétrait plus avant, on trouvait, il est vrai, de nombreuses marques des intentions catholiques qui avaient présidé au choix ou à la rédaction des différentes pièces. Enfin, ces livres étaient aussi bons qu'ils

---

(1) Quelques-unes de ces collectes avaient été simplement transposées d'un dimanche à l'autre ; mais un grand nombre, et des plus belles, avaient été entièrement biffées. On peut voir entre autres les messes des dimanches 5e, 6e, 7e, 14e, 15e, 16e, 17e, 18e, 19e, 20e, 21e, 22e, 24e, après la Pentecôte.

pouvaient l'être, pourvu qu'on passât condamnation sur le fait de leur existence et sur les résultats déplorables qu'ils étaient appelés à produire, tout aussi bien que les autres, en aidant à la destruction des traditions dans le culte divin, et, par là, à la ruine des anciennes mœurs catholiques.

Le docteur Robinet publie en 1744 un Breviarium ecclesiasticum, rédigé d'après les principes de composition liturgique à la mode, mais avec des intentions catholiques.

L'année 1744, qui précéda de deux ans celle de la publication du nouveau Bréviaire d'Amiens, avait été remarquable dans les fastes de la Liturgie française, par un fait du même genre que celui que nous venons de raconter, et qui eut des suites plus étendues encore. Ce fut en cette année que le docteur Urbain Robinet publia son *Breviarium ecclesiasticum*. Les intentions qui le portèrent à marcher ainsi sur les traces de Foinard, étaient pures, sans aucun doute. Il voulait opposer un corps de Liturgie, rédigé dans un sens tout catholique, au Bréviaire de Vigier et Mésenguy, contre lequel nous avons dit qu'il avait énergiquement réclamé. Au reste, sur les principes généraux de l'innovation liturgique, c'était toujours la même doctrine ; toujours la manie de refaire le langage de l'Église à la mesure d'un siècle en particulier et des idées d'un simple docteur ; l'Écriture sainte admise comme matière unique des antiennes, versets et répons ; la réduction du bréviaire à une forme plus abrégée. Sous ces divers aspects, nous livrons Robinet au jugement sévère de la postérité, avec tous les autres faiseurs de l'époque. Mais, ces réserves une fois faites, il faut reconnaître dans ce docteur un de ces honnêtes catholiques qui subissaient la loi que le siècle leur avait faite, et qui, tout en voyant clairement qu'on devait embrasser avec soumission les jugements du Saint-Siège sur les nouvelles erreurs, ne comprenaient pas également que c'était un mal de se séparer de l'unité et de l'universalité, dans une chose qui tient de si près aux entrailles du catholicisme que la Liturgie.

INSTITUTIONS LITURGIQUES

Robinet publie son *Breviarum ecclesiasticum* dans l'espoir d'arrêter les progrès de la Liturgie parisienne.

La carrière de Robinet, comme compositeur liturgiste, avait commencé de bonne heure. Nous l'avons vu, dès 1728, rédiger le Bréviaire de Rouen, le même qui est encore aujourd'hui en usage dans cette métropole. Les *Nouvelles ecclésiastiques* insinuent que ce docteur n'aurait marqué une si vive opposition au Bréviaire de Vigier et de Mésenguy, que par dépit de n'avoir pas été choisi pour composer la nouvelle Liturgie parisienne. C'est une pure calomnie. Robinet, sans doute, n'eût pas été fâché de se voir chargé d'une mission aussi honorable, mais son zèle bien connu pour la pureté de la foi suffit pour expliquer l'ardeur avec laquelle il joignit ses réclamations à celles qui se firent entendre, lors de l'invasion du jansénisme dans les nouveaux livres de Paris. Quoi qu'il en soit, Robinet, jugeant qu'il y avait quelque chose à faire pour arrêter les progrès du Bréviaire de Vigier et Mésenguy, et voulant aussi donner au public ses idées sur un plan de liturgie, fit paraître son *Breviarium ecclesiasticum*. On trouvait dans ce livre une partie des choses que contenait le Bréviaire de Rouen de 1728, avec un grand nombre d'additions et quelques variétés dans le plan général. Les hymnes qui étaient de la composition de Robinet lui-même dans le Bréviaire de Rouen, avaient été avantageusement retouchées, et on en remarquait plusieurs nouvelles (1). Le Psautier était divisé en la manière du nouveau Bré-

---

(1) Nous ne faisons aucune difficulté de placer Robinet à côté de Coffin, en qualité d'hymnographe, avec cette différence que le docteur, à notre avis, l'emporte sur le principal du collége de Beauvais, sous le rapport de l'onction, autant que sous celui de l'orthodoxie. Les plus belles hymnes de Robinet sont celles de Noël : *Jam terra mutetur polo, et Umbra sepultis lux oritur nova;* de l'Ascension : *Christe, quem sedes revocant paternæ;* de saint Pierre : *Petre, bisseni caput es senatus;* des Saints de l'Ancien Testament : *Antiqui canimus lumina fœderis;* de la Présentation de la Sainte Vierge : *Quam pulchre graditur filia principis*. En faisant ainsi l'éloge des hymnes de Robinet, nous n'entendons nullement approuver l'usage qu'on en a fait en les introduisant dans l'office en place de celles que toute l'Église chantait depuis tant de siècles.

viaire de Paris. Les antiennes et les répons étaient toujours tirés de l'Écriture sainte. Le choix des leçons, qui montrait d'ailleurs une rare connaissance de l'Écriture dans l'auteur, était empreint d'une bizarrerie dont on n'avait point encore vu de preuve. Le célèbre canon de saint Grégoire VII, qui détermine l'ordre dans lequel on lira les livres de l'Écriture dans l'office, et qu'on avait respecté, même dans le nouveau Bréviaire de Paris, était violé de la manière la plus étrange. Ainsi, pour ne citer qu'un exemple, dans le cours des six semaines après l'Épiphanie, Robinet avait placé Tobie, les Actes des Apôtres et Job. Dans l'office de la plupart des dimanches, le second nocturne, au lieu d'être rempli par un sermon de quelque saint Père, suivant l'usage de tous les bréviaires (à part celui de Rouen), offrait un ou plusieurs passages de la Bible plus ou moins parallèles aux leçons de l'Écriture occurrente qu'on venait de lire au premier nocturne. Le troisième nocturne présentait encore le même sujet développé d'une manière plus ou moins complète, dans les épîtres des Apôtres. On ne trouvait d'homélie des saints Pères que dans la neuvième leçon. Les offices du Propre des saints, que Robinet laissait à neuf leçons, étaient proportionnellement soumis à la même règle. La septième et la huitième leçon étaient de l'Écriture sainte, et la neuvième seulement renfermait l'homélie, à moins que l'office ne fût du nombre de ceux auxquels on lit un sermon en place de la vie du saint. Enfin, les *doubles mineurs* étaient réduits à six leçons ; c'était l'idée de Foinard, et, certes, une des plus étranges qui pût tomber dans l'esprit de ce novateur.

Ce n'étaient pas là les seules singularités que présentait le Bréviaire de Robinet, sous le rapport des leçons. Le Docteur avait trouvé moyen de faire lire, même dans l'office férial, plusieurs livres de l'Écriture à la fois. Ainsi, dans l'Avent, le temps pascal, etc., la troisième leçon

---

Ce bréviaire conçu d'après les mêmes principes liturgiques que celui de Paris, mais dans un esprit vraiment orthodoxe, propose des innovations bizarres dans les lectures de l'office divin.

Les leçons des Pères réduites à un petit nombre par Robinet et empruntées quelquefois à l'arien Eusèbe ou au juif Josèphe.

INSTITUTIONS LITURGIQUES

était tirée d'un autre livre que les deux premières, dans le but fort louable, sans doute, de faire sentir au prêtre la connexité des divers livres des Écritures, et leur accord sur les même mystères. Quant aux leçons tirées des ouvrages des Pères, jamais aucun bréviaire n'en avait offert un si petit nombre ; mais, en revanche, on y en rencontrait plusieurs que Robinet avait empruntées à l'arien Eusèbe de Césarée. Encore, parmi celles-ci, s'en trouvait-il que l'historien Josèphe aurait pu revendiquer, attendu qu'elles n'avaient d'autre but que d'amener certains passages des *Antiquités judaïques*. C'étaient là autant de nouveaux produits de l'esprit individuel, au milieu de cette anarchie liturgique. Le calendrier, sans être aussi hardi dans ses suppressions que celui du nouveau parisien, avait avec lui plus d'un rapport. Les fêtes de la Purification et de l'Annonciation de la sainte Vierge avaient souffert les mêmes altérations dans leur titre. Les deux Chaires de saint Pierre étaient réduites à une seule ; toutefois l'octave de saint Pierre et saint Paul, et celle de saint Jean, étaient conservées. Les légendes avaient été rédigées plus ou moins suivant le goût du Bréviaire de Paris. Les communs, l'office de la sainte Vierge, celui des Morts, n'offraient qu'un amas de nouveautés.

Les intentions excellentes et les qualités relatives de l'œuvre de Robinet ne peuvent racheter ces défauts essentiels.

Tant de défauts ne pouvaient être rachetés par les excellentes intentions de Robinet, par ses hymnes pieuses et orthodoxes, son choix d'antiennes et de répons totalement exempts de jansénisme, ses passages de l'Écriture et des Pères recueillis avec intelligence et bonne foi : car, après tout, un bréviaire n'est pas simplement un recueil de prières et de lectures ; c'est le livre de l'Église, et si jamais il pouvait être permis à un particulier de le compiler, ce devrait être d'abord à la condition de faire cette compilation en harmonie avec des règles fixes et anciennes. Mais telle était sans cesse la préoccupation de ces nouveaux liturgistes, qu'ils ne voyaient que leur système, leur siècle, leur pays.

> *I PARTIE CHAPITRE XX*

Un seul trait du Bréviaire de Robinet fera voir clairement l'étrange distraction dans laquelle l'auteur était plongé. Dans l'office de saint Louis, roi de France, il s'était avisé de composer des répons et des antiennes dans lesquels il supposait que la famille de ce saint Roi demeurerait toujours et gouvernerait à jamais la France. — *Domus servi tui, Deus Israel, erit stabilita coram Domino.* — *Nunc ergo, Domine Deus, benedic domui servi tui ut sit in sempiternum coram te.* — *Benedictione tua benedicetur domus servi tui.* — *Domine Deus, verbum quod locutus es super servum tuum et super domum ejus suscita in sempiternum, ut magnificetur nomen tuum.* Que signifiait tout ceci ? Dans le cas que la race de saint Louis eût reçu du ciel la promesse solennelle de durer autant que l'Église, ces prières auraient, il est vrai, un sens très-beau et très-légitime ; mais dans le cas contraire, dont il faut bien admettre au moins la possibilité, les inspirations tout humaines, toutes mortelles qui avaient produit l'innovation liturgique, pouvaient-elles se trahir d'une manière plus naïve ? C'était, certes, la première fois que les prières de l'Église la laissaient voir inféodée à une dynastie humaine, et si étroitement que, cette dynastie venant à s'éteindre, il deviendrait nécessaire de retoucher le bréviaire. Il est vrai que jusqu'alors de simples particuliers ne s'étaient pas avisés encore de rédiger des prières *à l'usage de l'Église.*

> Étrange distraction de l'auteur qui, dans l'office de saint Louis, semble supposer que la race de ce pieux roi a une promesse divine de perpétuité sur le trône de France.

Nous ne signalons ici que quelques particularités du Bréviaire de Robinet ; nous aurons le temps de le considérer en détail dans l'étude générale de l'office divin. Il nous reste maintenant à raconter sa destinée. Elle fut loin d'atteindre à l'éclat de celle du Bréviaire de Vigier et Mésenguy. Ce dernier était une œuvre du parti, et d'ailleurs, apparaissant aux yeux du public comme le bré-

> Le Bréviaire de Robinet plus orthodoxe, mais moins bien rédigé que celui de Paris, n'est admis que par le Mans, Cahors et Carcassonne.

viaire de l'Église de Paris, il semblait appelé à conquérir une plus grande considération. Quant à la valeur respective de ces deux bréviaires, puisqu'il faut juger du mérite d'un travail de ce genre comme d'une œuvre individuelle, nous pensons que s'il y avait une meilleure doctrine et une science plus variée dans le Bréviaire de Robinet, il y avait aussi moins de formes étranges, plus d'harmonie, plus de goût dans celui de Vigier et Mésenguy. Le *Breviarium ecclesiasticum* ne devait donc faire qu'une fortune médiocre. Les seuls diocèses du Mans, de Cahors et de Carcassonne l'adoptèrent ; encore ne fut-il reçu au Mans qu'à certaines conditions qui sont trop remarquables pour ne pas trouver place dans notre récit.

Cette église était alors gouvernée par un prélat zélé contre le jansénisme, et dont la mémoire est demeurée précieuse devant Dieu et devant les hommes (1). Charles-Louis de Froullay, bien qu'il eût subi, comme l'évêque d'Amiens, l'influence de son siècle sur les choses de la Liturgie, plus heureux que ce prélat, avait goûté les

(1) Nous nous tenons d'autant plus obligé à rendre ce trop juste témoignage à la mémoire de ce prélat, que nous habitons un monastère à l'égard duquel il donna l'exemple d'une piété et d'une générosité qu'on peut considérer comme un véritable prodige, à l'époque où il le fit paraître. Il tenait en commende l'abbaye de Saint-Pierre de la Couture du Mans, et avait droit en cette qualité de pourvoir d'un titulaire le prieuré de Solesmes, qui était la principale dépendance de la Couture. La congrégation de Saint-Maur, introduite à Solesmes en 1663, avait en vain cherché à obtenir la réunion de la mense priorale à la mense conventuelle ; tout ce qu'elle avait pu faire avait été de procurer de temps en temps la collation du prieuré à quelques religieux. Mais, à chaque vacance, la commende était toujours sur le point d'envahir de nouveau le monastère. Charles de Froullay voulant user de son autorité pour traiter favorablement le prieuré de Solesmes, sur la requête des moines, envoya au Roi des lettres de consentement à l'extinction du titre prioral et à sa réunion à la mense conventuelle. Louis XV fit expédier, sous la date du 9 février 1753, un brevet que le prieuré, aujourd'hui abbaye de Solesmes, possède encore dans ses archives, et qui autorise le prieur et les moines à poursuivre ladite extinction.

saintes maximes de l'archevêque Languet sur l'inimitable valeur de la tradition dans les prières de la Liturgie, et sur le danger qu'il y aurait à considérer l'Écriture sainte comme l'unique élément des sacrés cantiques. Au milieu de la défection générale, il eut le courage de faire entendre sa voix en faveur des antiques formules grégoriennes, et il déposa, dans la lettre pastorale même par laquelle il annonçait à son diocèse le nouveau bréviaire, un témoignage solennel en faveur de la tradition liturgique. Dans cette pièce, qui est du 25 mars 1748, après avoir dit qu'on avait puisé la matière des antiennes et des répons dans les passages des Écritures qui avaient semblé les plus convenables pour rendre les sentiments de la piété, Charles de Froullay ajoutait ces paroles remarquables : « Mais « comme l'Église emploie de temps en temps sa propre « voix, pour parler à son époux céleste, nous avons « retenu certaines antiennes qui n'ont pas été extraites « des livres sacrés, mais qu'une piété docte a enfantées « et qu'une tradition sans tache a consacrées. Par leur « secours, les dogmes catholiques cessent de paraître « nouveaux ; les fidèles les sucent avec le lait, et se les « approprient par un usage journalier. Insérés dans des « formules de prières, ces dogmes s'attachent plus fortement au cœur du chrétien, et se transmettent aux générations futures à l'aide de la récitation et du chant (1). »

Voilà bien la doctrine du concile de Tolède, la doctrine des livres grégoriens, la doctrine de Languet contre l'évêque de Troyes. On conserva donc dans le nouveau Bréviaire manceau quelques traces de l'ancienne Liturgie,

Quelques traces de l'ancienne Liturgie conservées dans le nouveau Bréviaire du Mans.

---

(1) Cum autem Ecclesia specialem aliquando adhibeat vocem qua sponsum supernum alloquatur, retentæ sunt quædam Antiphonæ quas e sacris codicibus licet non deductas, pietas docta parturiit, et consecravit illibata traditio. Illarum subsidio dogmata Catholica videntur non esse peregrina, sed accepta cum lacte et usu quotidiano recepta ; inseruntur enim precibus, ut animo Christiano fortius inhæreant, et futuris generationibus recitatione et cantu transmittantur.

et ces traces, si rares qu'elles fussent, plaçaient ce bréviaire dans une classe à part, et demeurèrent comme une réclamation en faveur des usages de l'antiquité, dont la suppression ne serait peut-être pas sans retour. Seul entre tous les nouveaux bréviaires de France, celui de Froullay garda donc plusieurs des magnifiques antiennes de Noël, de la Circoncision, de l'Ascension, de la Trinité, du Saint Sacrement, de l'Assomption, de la Nativité de la sainte Vierge ; les absolutions et bénédictions romaines, etc.

On y remarquait aussi avec étonnement et édification que, dans cette époque de licence liturgique, lorsque tant de mesures avaient été prises pour diminuer le culte de la sainte Vierge et des Saints, principalement au moyen du privilège affecté au dimanche de ne céder désormais qu'aux fêtes de Notre-Seigneur, ou tout au plus qu'à celles du degré *solennel*, les rubriques du nouveau Bréviaire manceau portaient que le dimanche céderait à toutes les fêtes du rite *double majeur* (les seules après tout, qu'on eût conservées à neuf leçons), ce qui maintenait la célébration populaire, non-seulement des fêtes moins solennelles de la sainte Vierge, mais de celles des apôtres, de la Sainte-Croix, de plusieurs saints, etc. Il y avait, sous ce rapport, un siècle entier de distance entre le Bréviaire de Froullay et ceux qu'on introduisait journellement dans la plupart des diocèses de France.

Sous le point de vue de l'orthodoxie dans les matières de la grâce, le travail de Robinet non-seulement était irréprochable, mais en plusieurs endroits le zélé docteur avait su amener des protestations dans le sens des récentes décisions de l'Église. Charles de Froullay avait conservé tous ces détails ; ce qui fut cause que son bréviaire fut violemment attaqué dans les *Nouvelles ecclésiastiques* (1). Les jansénistes reprochaient surtout certaines strophes

---

(1) 27 février 1751.

des hymnes du psautier, qui sont toutes de la composition du docteur Robinet, et, dans ces strophes, les vers suivants :

> *Vires ministras arduis*
> *Non impares laboribus.*

Et encore ceux-ci :

> *Donis secundans gratiæ*
> *Quem lege justus obligas.*

Mais la manière dont la trop fameuse strophe de Santeul, dans l'hymne des évangélistes, avait été retouchée, causait plus de chagrin encore aux sectaires. Au Mans, on ne s'était pas contenté de la correction d'Évreux ; on avait mis :

> *Insculpta saxo lex vetus*
> *Præcepta, non vires dabat ;*
> *Inscripta cordi lex nova*
> *Præcepta dat cum viribus.*

Notre but n'étant point, dans ce coup d'œil sur l'histoire liturgique, de réunir tous les détails du sujet qui nous occupe, nous nous bornerons à cette brève excursion sur les Bréviaires d'Amiens et du Mans. Elle suffira pour constater le fait d'une réaction courageuse, mais impuissante, contre les efforts de la secte janséniste sur les principes de la Liturgie : malheureusement, comme on le voit, cette réaction n'eut pour théâtre que d'étroites localités, et se paralysa elle-même, parce que ceux qui la dirigeaient convenaient sur la plupart des principes avec leurs adversaires.

Cette réaction courageuse contre l'hérésie reste sans extension et impuissante, par suite de l'accord existant sur beaucoup de principes entre ses auteurs et les jansénistes.

Suspendons maintenant le récit des événements de la réforme liturgique, et livrons-nous à quelques considérations sur le caractère de cette révolution dans ses rap-

Considérations sur le caractère de la révolution liturgique.

La révolution liturgique dans ses rapports avec le goût, la poésie et l'esthétique en général.

ports avec le goût, la poésie et l'esthétique en général. Chez tous les peuples, et principalement dans la religion chrétienne, les choses du culte divin ont toujours eu une relation intime avec la poésie et les arts : toute révolution qui les concerne a dû par conséquent offrir des phénomènes importants à étudier sous le point de vue de la forme. Tout est poésie dans la Liturgie, aussi procède-t-elle presque toujours avec le secours du chant. Si le mètre ne distingue pas toutes ses formules, le nombre, la cadence, la rime même le supplée, et toujours l'enthousiasme lyrique domine l'œuvre tout entière. C'est cet enthousiasme qui éclate dans les répons, après que le chœur a écouté en silence la lecture des leçons, dans les antiennes qui suivent les psaumes et les cantiques, et réunissent dans un chant à l'unisson les voix jusqu'alors divisées dans un chant alternatif. Ces hommes donc qui s'imposaient la rude tâche de refaire en masse le répertoire des chants chrétiens à l'usage des églises de France, devaient être doués d'un miraculeux don de poésie et d'une abondance que rien ne pourrait épuiser. C'était là, certes, l'acte d'un grand courage, que de se dévouer à remplacer l'œuvre successive des peuples chrétiens par les simples ressources d'une inspiration unique et individuelle. Leur cœur, comme celui du Prophète, avait sans doute conçu avec plénitude la parole toute-puissante, et ils sentaient, dans un sacré délire, que leur diction allait s'élancer rapide comme la plume de l'écrivain le plus exercé (1). On ne devait pas moins attendre d'eux, et la gloire du xviiie siècle était à jamais fondée au-dessus de tout ce que l'on vit jamais de plus éclatant. Il en fut néanmoins autrement. Des hommes impuissants à toute poésie, étrangers par tempérament, par éducation, par système, à ce *mens divinior* qui nous ravit non seule-

Pour refaire à neuf les chants des Églises de France, il aurait fallu des hommes doués d'un don miraculeux de poésie, et les compilateurs des nouvelles Liturgies étaient frappés d'une impuissance radicale de ce côté.

(1) Psalm. XLIV, 2.

ment dans les écrivains sacrés, mais dans les Pères de l'Église, s'étaient imposé la tâche dont nous parlons, et se mirent à refaire la Liturgie de fond en comble, sans s'être jamais doutés que c'était sur la plus haute poésie qu'ils s'exerçaient.

Voyons-les à l'œuvre, mais entendons d'abord leurs jugements sur les monuments de l'ancienne Liturgie. La Providence a permis que quelque chose de leurs théories nous ait été conservé dans le fameux *Commentaire* de Grancolas *sur le Bréviaire romain*, ouvrage d'où nous avons déjà extrait son *Projet de bréviaire*. Voici donc quelques-uns des oracles rendus par ce grave docteur, sur un certain nombre de morceaux caractéristiques de la Liturgie romaine.

Grancolas donne l'idée des théories de ces novateurs et de leur manière de juger et de sentir.

Dans les matines du jour de Noël, l'Église chante les répons suivants en manière d'intermèdes, à la lecture des prophètes :

Répons des matines de Noël au Bréviaire romain, composés sur un ton d'inspiration tendre et de majestueuse jubilation.

Hodie nobis cœlorum Rex de Virgine nasci dignatus est, ut hominem perditum ad cœlestia regna revocaret : * Gaudet exercitus angelorum quia salus æterna humano generi apparuit.* ℣. *Gloria in excelsis Deo, et in terra pax hominibus bonæ voluntatis.* * Gaudet.

Hodie nobis de cœlo pax vera descendit : * Hodie per totum mundum mellifui facti sunt cœli.* ℣. *Hodie illuxit nobis dies redemptionis novæ, reparationis antiquæ, felicitatis æternæ.* * Hodie.

O magnum mysterium et admirabile sacramentum ut animalia viderent Dominum natum, jacentem in præcepio : * Beata Virgo cujus viscera meruerunt portare Dominum Christum.*

Les autres répons sont tous sur ce ton d'inspiration tendre et de majestueuse jubilation. Voyons maintenant comment le docteur Grancolas les apprécie. « Ces répons, « dit-il, sont de pieux mouvements *de l'Église* en consi-« dérant la naissance de Jésus-Christ. » Ainsi, Grancolas

Jugement de Grancolas sur ces pièces admirables.

reconnaît que ces répons sont la parole *de l'Église ;* c'est la parole de l'Église même qu'il s'agit de juger sous le rapport du bon goût. Il continue donc : « Tantôt elle y « loue Dieu qui nous donne son Fils dans sa naissance : « quelquefois elle s'adresse à la sainte Vierge qui l'a mis « au monde. *Il aurait été à souhaiter que ces répons et* « *les antiennes des laudes eussent tous été tirés de l'Écri-* « *ture,* comme le sont les antiennes des matines et des « vêpres. *On voit que ceux qui ont composé cet office se* « *sont abandonnés aux pieux mouvements que leur inspi-* « *rait ce mystère.* » Ceux-là, Grancolas vient d'en con- venir, sont pourtant *l'Église ;* c'est elle qui a ressenti, en présence du mystère, ces *mouvements d'inspiration* qui paraissent si déplacés au grave sorboniste. Sa critique descend ensuite dans le détail. « On pourrait, dit-il, retou- « cher le second répons : *Melliflui facti sunt cœli,* pour « exprimer les biens que le ciel procure au monde en « donnant Jésus-Christ. » (Grancolas a peur que les fidèles ne se croient à la veille d'être inondés d'un déluge de miel); « aussi bien que le Verset *Dies redemp-* « *tionis novæ, reparationis antiquæ.* N'est-ce pas la faute « qui est *ancienne,* qui demandait à être *réparée ?* et « cette réparation s'est faite par la Rédemption. » On voit que le Docteur persiste à ne pas vouloir appliquer les règles du style poétique aux prières de la Liturgie, sans doute parce qu'il ne saurait s'imaginer que ce qui n'est pas en vers proprement dits, peut cependant être de la poésie.

« Dans le quatrième répons, l'auteur (c'est probable- ment *l'Église* qu'il veut dire) avait sans doute en but le « bœuf et l'âne, avec lesquels on peint ordinairement la « naissance de Jésus-Christ, *ut animalia viderent Domi-* « *num natum jacentem in præsepio.* C'est une *imagina-* « *tion* qui n'a point d'autre fondement qu'un passage « d'Isaïe, qui n'a aucun rapport à la naissance de Jésus-

« Christ. L'Évangile, *ni les anciens* n'ont rien dit de ces
« deux animaux à la crèche ; ce n'est que *vers le V*^{e} *siècle*
« qu'on trouve cette application au lieu où Jésus-Christ
« est né (1). » Ici Grancolas fait défaut non seulement au
sens poétique, mais, qui pis est, à la science de l'antiquité.
Saint Grégoire de Nazianze, saint Grégoire de Nysse,
saint Jérôme, le poëte Prudence, sont comptés parmi les
anciens et sont des Pères du *IV*^{e} *siècle ;* cependant, ils
rendent témoignage sur la tradition du bœuf et de l'âne
à la crèche du Messie.

I. PARTIE
CHAPITRE XX

Nous citerons ici trois des antiennes de l'octave de
Noël, *in Circumcisione Domini ;* on jugera mieux de
l'ingénieuse critique de Grancolas. Elles ont été composées dans l'Église romaine, au temps des hérésies de
Nestorius et d'Eutychès, pour confirmer la créance des
fidèles, et elles ont été environnées de la plus profonde
vénération dans tous les âges. Voici la première :

Critique
des antiennes
de l'octave de
Noël
par Grancolas.

*O admirabile commercium ! Creator generis humani
animatum corpus sumens de Virgine nasci dignatus est,
et procedens homo sine semine largitus est nobis suam
Deitatem.*

« Les Pères de l'Oratoire, dit Grancolas qui les
« approuve en cela, changent la fin de l'antienne *O admi-*
« *rabile,* et au lieu de *procedens homo sine semine,* ils
« disent *nostræ factus mortalitatis particeps,* qui est une
« expression PLUS CHATIÉE. » Admirez l'extrême pudeur
de Grancolas et des Pères de l'Oratoire. Le siècle de
Louis XV était bien choisi pour une semblable expurgation du langage de *l'Église !*

Le Docteur attaque ensuite en homme de goût les deux
antiennes suivantes :

Ecce Maria genuit nobis Salvatorem quem Joannes

---

(1) Grancolas. *Commentaire historique sur le Bréviaire omain,*
tome II, pag. 71, 72.

videns exclamavit dicens : Ecce Agnus Dei, ecce qui tollit peccata mundi !

Rubum quem viderat Moyses incombustum, conservatam agnovimus tuam laudabilem ; Dei Genitrix, intercede pro nobis.

« Cette Antienne *Ecce Maria... quem Joannes......* « Cela est bien distant l'un de l'autre, la naissance de « Jésus-Christ par Marie, et sa manifestation par saint « Jean *dans la même antienne;* comme aussi *rubum,* « l'allégorie entre le buisson et la virginité *dans une* « *antienne !* » Ainsi, dix-huit siècles après l'accomplissement, on ne peut, sans un anachronisme qui révolte le docteur, rappeler, en présence du berceau de l'Enfant Jésus, sa touchante qualité d'Agneau de Dieu, ni les rapports qu'il aura avec saint Jean. Grancolas ne se doute pas qu'il attaque ici l'iconographie chrétienne de tous les siècles ; car la peinture catholique n'est qu'un reflet de la Liturgie. Quant à sa répugnance à voir le rapport du buisson qui brûle sans se consumer, avec la virginité de Marie que sa maternité n'altère pas, on ne peut que plaindre de pareils hommes et déplorer le sort de la poésie catholique, livrée à la merci de leur brutalité.

Écoutons pourtant encore notre critique : rien ne saurait être plus instructif. C'est à propos de ce beau répons des matines de la Circoncision :

*Confirmatum est cor Virginis in quo divina mysteria Angelo nuntiante concepit : tunc speciosum formæ præ filiis hominum castis suscepit visceribus * et benedicta in æternum Deum nobis protulit et hominem.*

Grancolas se croit obligé de prévenir qu'il ne faut pas conclure de ces paroles, *cor virginis in quo concepit,* que Marie aurait conçu le Sauveur *dans son cœur* et non *dans ses entrailles,* et il a le courage d'en appeler aux paroles de l'Ange : *Concipies in utero* (1).

---

(1) *Commentaire historique,* etc., page 121.

Mais voici quelque chose de plus pitoyable encore. Le huitième répons du même office est formé de ces gracieuses et nobles paroles :

Nesciens Mater Virgo virum peperit sine dolore Salvatorem sæculorum : ipsum Regem Angelorum sola Virgo lactabat ubere de cœlo pleno.

Qui jamais se serait imaginé qu'il fût besoin d'avertir ceux qui chantent ce répons, que l'allaitement du divin Enfant n'avait pas lieu au moyen d'un canal de communication par lequel le lait serait descendu du ciel au sein de la Vierge ? C'est pourtant contre cette interprétation burlesque et indécente que Grancolas cherche gravement à prévenir son lecteur (1). Ces délicatesses de poésie et de piété le dégoûtent et le font soupirer sans cesse après le jour où tous ces *pieux mouvements* seront remplacés par des phrases de la Bible.

Notre réformateur liturgique ne montre pas plus d'indulgence pour les inspirations de l'Église sur le mystère de la croix, qu'il n'en a fait paraître sur celui de la naissance du Sauveur. Il dénonce la célèbre strophe : *O Crux, ave, spes unica !* « Cette expression, dit-il, paraît *un peu forte;* on pourrait *l'adoucir*, en disant :

« *O Christe, nostræ victima*
« *Salutis, et spes unica :*
« *Serva pios, per hanc Crucem*
« *Reisque dele crimina* (2). »

C'est tout à fait le système de Coffin, quand il *adoucissait* l'*Ave maris stella.* Heureusement, la strophe de Grancolas n'a été adoptée nulle part. Le sentiment qu'il exprime dans ces vers ne rappelle que trop le mot de Luther dans sa Liturgie : *Nous avons en horreur les fêtes*

---

(1) *Commentaire historique*, etc., page 124.
(2) *Ibid.*, page 224.

de la Croix (1). Voici encore des paroles de Grancolas qui témoignent de son opposition au culte des instruments de la Passion du Sauveur : « Ne serait-il pas à propos « de recommander *un silence perpétuel* sur la couronne « d'épines, les clous, le suaire et autres instruments de la « Passion ; choses inconnues *dans la belle antiquité*, « et dont on n'a presque point ouï parler avant le « XIIe siècle (2) ? » Ici, au mauvais goût se joint encore l'ignorance, car les monuments les plus graves et les plus anciens déposent en faveur de l'existence et de l'authenticité de la sainte couronne d'épines, des clous, etc. Pour être juste, nous devons dire que Grancolas ajoute : « On « peut honorer le saint sépulcre et la vraie croix (3). »

Parmi les nombreux monuments de l'inspiration liturgique, la chrétienté admire avec transport le beau chant connu sous le nom de *Præconium paschale,* et qui, commençant par ces mots : *Exultet jam angelica turba cœlorum,* éclate avec une si ineffable jubilation, à l'office du Samedi saint. Voici l'avis de Grancolas sur cette magnifique pièce, qui n'a pas, il est vrai, le mérite d'être composée de versets de la Bible : « Cette prière est fort « obscure et très-difficile à expliquer pour lui donner un « bon sens (4). »

S'agit-il de l'immortel office du Saint Sacrement, l'œuvre du Docteur angélique, notre critique nous dit avec un imperturbable sang-froid : « Quand on voudra examiner « de près cet office, on ne trouvera point qu'il mérite de « si grands éloges ; car, outre qu'il ne serait pas difficile « d'en faire un *plus exact,* c'est que l'hymne *Pange, lingua,* « est *très-plate*. On y voit Jésus-Christ appelé *fructus*

---

(1) Le Brun. *Explication de la Messe,* tome IV. *Liturgie luthérienne,* page 14.
(2) *Commentaire historique,* etc., t. II, page 286.
(3) *Ibidem.*
(4) *Ibidem,* page 294.

« *ventris generosi !* Le *Sacris solemniis* est celle où il y
« a le plus de feu et d'élévation. Ces hymnes n'ont ni
« pieds, ni cadence, et ne sont qu'une pure rime ou
» rimaille ! La prose *Lauda, Sion,* serait plus com-
« plète, si on en retranchait plusieurs des premières
» strophes (1) ! » Nous espérons qu'on nous dispensera
d'un commentaire sur ces monstruosités non moins
énormes, en fait de poésie, que scandaleuses en fait de
Liturgie.

Encore un trait : c'est le jugement de Grancolas sur les antiennes à la sainte Vierge, *Alma Redemptoris, Ave Regina cœli, Salve Regina.* « Ces antiennes, dit-il, faites « par des moines et ajoutées à leur office, ne méritaient « guère d'entrer dans nos bréviaires, tant pour leurs « expressions *assez peu mesurées,* que pour leur com- « position, *qui était des plus plates* (2). »

Les antiennes à la sainte Vierge que l'on chante après complies condamnées par Grancolas.

Telle était la critique littéraire sur la Liturgie, au XVIIIe siècle, non sous la plume de Voltaire, mais sous celle d'un savant docteur de Sorbonne, d'un auteur qui a exercé une influence considérable sur la révolution que nous racontons, d'un auteur dont le livre, fort remarquable d'ailleurs, a obtenu, au siècle dernier, les honneurs d'une traduction latine, en Italie. Nous ne pouvions, ce nous semble, prouver par des faits plus expressifs que sous le point de vue de l'appréciation de la Liturgie antérieure, le sens poétique avait totalement manqué aux auteurs de l'innovation. Montrons maintenant qu'ils en ont été tout aussi dépourvus dans leurs propres compositions.

Ces exemples démontrent l'absence totale du sens poétique dans les liturgistes du XVIIIe siècle, quand ils apprécient les œuvres du passé.

Dans les offices, non-seulement de l'Église romaine, mais des Églises ambrosienne, gothique, orientale, les différents chants forment un ensemble lyrique et, par

Ils n'en sont pas moins dépourvus dans leurs propres compositions.

---

(1) *Commentaire historique,* etc., t. II, page 394.
(2) *Ibidem,* tome I, page 265.

conséquent, éloigné de toute progression calculée. Dans les diverses solennités, ces offices ont pour but de célébrer des événements accomplis, et jamais saint Grégoire, ni les autres liturgistes anciens, n'eurent l'intention de les disposer de manière qu'une partie de l'office préparât à l'autre. La plupart du temps, l'objet principal de la solennité éclate dès le début par quelque forte aspiration et vient tout d'abord ouvrir passage à l'enthousiasme que les fidèles gardaient dans leur cœur. Nos graves sorbonistes ne se doutèrent jamais que cette apparence de désordre fût tout simplement la nature même, et une de leurs plus chères préoccupations fut celle de rétablir l'harmonie dans les offices divins, et d'en disposer les diverses parties avec un aussi exact enchaînement que les syllogismes d'une argumentation théologique. Tous les nouveaux bréviaires déposent de cette naïve intention des *très-sages Maîtres* : voyons maintenant leurs théories.

L'enchaînement exact de toutes les parties des offices exclut l'inspiration lyrique, qui éclate dans le désordre apparent des compositions de l'antiquité.

Foinard s'est donné la peine de les exposer de sang-froid dans son *Projet d'un nouveau Bréviaire*, et voici la méthode suivant laquelle il entend à l'avenir faire procéder l'Église. D'abord, dit-il, *que tout soit bien lié et se rapporte* dans le corps entier de chacun des nouveaux offices (1). Que l'enthousiasme, l'inspiration n'aient rien à y faire. Tout s'enchaînera, sans qu'il y ait le plus petit intervalle à franchir entre les antiennes, les capitules et les répons ; rien ne sera plus tranquille qu'une pareille marche. Malheureusement pour le système de Foinard, non-seulement tous les liturgistes ont procédé autrement, mais David et les Prophètes qui avaient pourtant l'Esprit de Dieu, n'ont guère tenu compte de cette allure compassée.

Foinard formule les règles de ce nouveau genre de littérature.

Il faut d'abord que tout soit bien lié dans le corps entier de chacun des nouveaux offices.

Pour en venir à l'application du principe, le curé de Calais déclare que, dans un office en particulier, *les*

Progression qui doit être suivie dans le développement du mystère de chaque fête.

(1) Foinard. *Projet d'un nouveau Bréviaire,* page 75.

antiennes des premières vêpres devront être formées de versets tirés des prophéties sur le mystère, et suivies d'un capitule conçu en forme d'instruction préparatoire. Les matines et les laudes offriront le développement du fait ; enfin, *les antiennes des secondes vêpres seront composées de réflexions sur la fête* (1). Et comme tout doit être chanté dans l'Église, on chantera des *réflexions ;* ce qui sera tout aussi propre à l'enthousiasme musical, que le bel ensemble que nous promet Foinard sera conforme aux habitudes lyriques. Aussi, faut-il voir comment le grotesque docteur, transformé en poète, sans le savoir, fait bon marché de l'Église romaine qui, dans la fête de l'Ascension, s'écrie étourdiment dès le début des premières vêpres : *Viri Galilæi, quid aspicitis in cœlum : hic Jesus qui assumptus est a vobis in cœlum sic veniet, alleluia !* et dans la solennité de l'Assomption : *Assumpta est Maria in cœlum, gaudent Angeli, laudantes benedicunt Dominum ;* et dans la fête de saint André : *Salve, Crux pretiosa ! suscipe discipulum ejus qui pependit in te, magister meus Christus* (2). Doit-on s'étonner, après cela, que le siècle qui vit mettre au jour et s'établir d'aussi plates théories, soit devenu le siècle du rationalisme et ait cherché, en finissant, à étouffer pour jamais l'esprit sous la matière ?

C'est avec la même ingénuité que Foinard demande qu'on ne fasse plus lire dans les offices divins des passages de l'Écriture qui renferment les imprécations des Juifs contre le Sauveur. Il signale principalement, dans le Bréviaire romain, le capitule des laudes, dans l'office de la férie, au temps de la Passion :

Venite mittamus lignum in panem ejus, et eradamus eum de terra viventium, et nomen ejus non memoretur amplius.

(1) *Projet d'un nouveau Bréviaire,* page 93.
(2) *Ibidem.*

Foinard fait bon marché de l'Église romaine, qui viole sans cesse cette loi dans ses offices.

Il ne veut pas qu'on emploie dans les offices les imprécations des juifs contre le Sauveur, comme l'a fait parfois l'Église au temps de la Passion.

366 CARACTÈRE DE L'INNOVATION LITURGIQUE

INSTITUTIONS LITURGIQUES

Le docteur trouve de l'inconvenance à mettre ces paroles dans la bouche de l'officiant. Il a peur sans doute qu'on ne le prenne au mot, et que le peuple fidèle ne le confonde avec ces prêtres juifs qui criaient : *Tolle, crucifige* (1).

Robinet s'interdit dans ses compositions liturgiques tous les passages de l'Écriture que celui qui récite ne peut pas s'appliquer à lui-même.

C'est avec une aussi rare intelligence des nécessités de la poésie lyrique, dans les offices divins, que le docteur Robinet, dans la composition de son bréviaire, crut devoir s'interdire tous les passages de l'Écriture que celui qui récite ne pourrait s'appliquer à lui-même. Son but, tel qu'il l'expose dans une brochure intitulée : *Lettre d'un Ecclésiastique à un Curé sur le plan d'un nouveau Bréviaire*, est de *choisir pour antiennes et pour répons des textes qui, prononcés par ceux qui récitent l'Office, deviennent des mouvements de leur cœur vers Dieu* (2). *Un texte ne convient qu'autant qu'il s'accommode aux expressions d'un homme qui croit, qui craint, qui espère ; d'un homme, en un mot,* QUI EXPRIME SES PROPRES SENTIMENTS *et qui, en qualité de suppliant, remplit les devoirs essentiels de la prière* (3).

Ce principe renferme un oubli manifeste du génie des livres saints et du caractère de la prière liturgique, qui ne peut être la prière personnelle d'un homme.

Remarquons ici l'aveu précieux du docteur. Le bréviaire est une œuvre si individuelle, qu'on a tout fait pour sa perfection, quand on l'a mis en état de servir d'expression aux sentiments, à la prière personnelle d'un homme. De plus, quel oubli du génie des livres saints, du psautier lui-même, dans lequel on entend tour à tour la voix majestueuse du Père céleste, les soupirs et les chants de triomphe de l'Homme-Dieu, les blasphèmes et les complots des méchants ! Tel est pourtant le système du docteur Robinet, et il en est si content, que, dans son outrecuidance, il ose dire, en parlant de son propre bré-

---

(1) *Projet d'un nouveau Bréviaire*, page 61.
(2) Robinet. *Lettre d'un Ecclésiastique à un Curé sur le plan d'un nouveau Bréviaire*, page 2.
(3) *Ibid.*, page 4.

viaire : « Il a fallu pour réussir autant de patience que
« d'application. Le travail a été adouci par l'espérance que
« j'ai conçue DE RAMENER NOTRE SIÈCLE au but que l'Église
« se propose dans ses offices (1). » Voilà bien, encore,
un de ces traits qui prouvent mieux que tout ce que nous
pourrions dire, les intentions expresses des réformateurs
de la Liturgie ; *habemus confitentem reum.* Ils ne se proposent ni plus ni moins que de RAMENER LEUR SIÈCLE *au
but que l'Église se propose* dans la Liturgie. Mais qu'est-
ce que leur *siècle*, si ce n'est *l'Église* de leur temps,
puisque ces nouveaux bréviaires qu'ils veulent établir
diffèrent totalement, non seulement du Bréviaire romain,
mais de tous ceux qui ont été suivis jusqu'alors dans la
chrétienté ?

    Robinet, s'apercevant pourtant que son système de
n'employer que des textes formés de prières, appauvrirait
par trop son bréviaire, et qu'il lui serait difficile d'en
remplir le cadre, eut recours à un expédient ingénieux,
mais peu sincère. Il imagina d'assimiler aux textes renfermant des supplications, ceux qui sont en *style narratif*,
et, par là, il décupla ses ressources, puisque tous les
livres historiques de la Bible et les passages narratifs des
autres livres se trouvaient ainsi à sa disposition. Mais quel
étrange prosaïsme que de s'interdire, à plaisir, les grands
effets liturgiques que produisent au Bréviaire romain, et
même dans le parisien moderne, les antiennes et les répons
formés soit des paroles de Jésus-Christ enseignant, souf-
frant, ou triomphant, soit des sublimes monologues de la
divine Sagesse dans l'Ancien Testament ! L'œuvre de
Robinet était le produit du génie particulier qui, non
content d'avoir jugé la Liturgie de l'Église et de l'avoir
trouvée au-dessous d'elle-même, voulait la réhabiliter à
lui tout seul, et parler en son nom jusque dans la moindre

---

(1) *Lettre d'un Ecclésiastique à un Curé*, etc., page 6.

parcelle de son œuvre humaine et nouvelle. Robinet fut vivement attaqué sur son étrange système, par un anonyme qui composa une brochure sous ce titre : *Lettre d'un ancien bénificier de l'église de Saint-Germain-l'Auxerrois, à un chanoine de l'église cathédrale d'Agen, sur le nouveau Bréviaire du Mans* (1).

Si donc l'on considère les principes généraux de la composition liturgique des modernes successeurs de saint Grégoire, on voit que le sens poétique leur a manqué complètement. Sur les détails, ils y ont paru tout aussi étrangers : car nous ne saurions considérer comme un mérite le style classique et païen d'un grand nombre d'hymnes de Santeul. Ces pastiches d'Horace sont hors de leur place dans un bréviaire. Nous conviendrons toutefois qu'un nombre considérable des nouveaux répons et des nouvelles antiennes présente des accidents d'une haute poésie ; mais on doit l'attribuer à la divine magnificence des Livres saints, dont les fragments, si mutilés qu'ils soient, gardent souvent encore une partie de leur éclat. C'est donc à l'inspiration de l'écrivain sacré qu'il faut en faire honneur, et non au goût de nos docteurs, qui en est demeuré totalement innocent.

Leur grand principe de composition était, comme on sait, de tirer de l'Écriture sainte tous les matériaux des nouveaux répons et antiennes ; mais, pour cela, il eût été bon de sentir la différence des styles de l'Écriture. Ainsi, il ne pouvait pas être égal de tirer un Répons de Salomon, d'Isaïe, des Psaumes, etc., ou de l'emprunter, par exemple, aux endroits familiers des Épîtres des Apôtres dans lesquels le style s'embarrasse de conjonctions, d'adverbes, d'inversions qui le rendent difficile même pour la simple lecture. La pensée que tous ces centons ne seraient utiles qu'autant qu'on les pourrait mettre en chant, et qu'on ne

---

(1) 34 pages in-12, 1752, sans lieu d'impression.

les plierait aux règles de la musique qu'autant qu'ils en seraient susceptibles, ne leur vint même jamais dans l'esprit (1). Foinard ne trouvait-il pas tout naturel de faire changer des *réflexions* en antiennes ? Comment aurait-il été frappé des différences du style poétique et musical, avec le style d'une conversation familière ? Comment se serait-il aperçu que toutes les pièces de l'Antiphonaire grégorien ont été choisies suivant les règles dont nous parlons (2), et que le texte même de l'Écriture a souvent été remanié pour être adapté plus aisément aux nécessités musicales ? Mais le sens avec lequel on juge ces sortes de choses manquait entièrement à ces hommes aussi obtus que profondément pédants.

Jamais donc ils ne se doutèrent du prosaïsme de leur compilation, ni de l'impuissance de tous les musiciens du monde à revêtir d'un chant passable ces bouts de versets qu'ils entassaient avec tant de triomphe. Les exemples à citer seraient innombrables ; mais ce n'est pas ici le lieu de nous y appesantir. Nous citerons cependant comme échantillon du nouveau parisien, les antiennes des secondes vêpres de la fête de saint Pierre et de saint Paul. Il est difficile de choisir, dans toute l'Écriture, des passages moins faits pour être chantés, tant pour le ton qui y règne que pour la facture du style. Quand on pense que Vigier et Mésenguy avaient toute l'Écriture à leur disposition, on ne peut s'empêcher de reconnaître leur mauvaise

---

(1) Le lecteur a vu, dans la lettre pastorale du missel de Vintimille, qu'on avait fini par s'apercevoir de cette distraction des rédacteurs du bréviaire. Les musiciens avaient sans doute réclamé sur leur impuissance à noter certains répons et antiennes.

(2) Foinard et ses successeurs auraient bien dû se demander pourquoi saint Grégoire qui, dans son responsorial, garde inviolablement la coutume d'extraire les répons de matines des livres de l'Écriture occurrente, a dérogé à cet usage durant les semaines après l'Épiphanie où on lit les Épîtres de saint Paul. Mais tous ces grands hommes qui rejetaient si loin l'office romain, comme au-dessous des besoins de l'Église, s'étaient bien gardés d'y comprendre quelque chose.

T. II. 24

---

marginalia:

I PARTIE
CHAPITRE XX

Discernement exquis avec lequel l'Église romaine emploie l'Écriture sainte dans ses offices, de manière à plier ses compositions aux règles du chant sacré.

Impossibilité de revêtir d'un chant passable les centons bibliques du nouveau parisien.

Antiennes des secondes vêpres de saint Pierre et de saint Paul, échantillon du nouveau style des compositions liturgiques.

intention, d'aller chercher dans une seule épître la matière de ces cinq antiennes, eux qui savent si bien fouiller la Bible tout entière pour fournir aux diverses parties des nouveaux offices. On voit que, non contents d'avoir supprimé l'antique octave de la fête de saint Pierre, ils ont à cœur de retrancher de son office tout ce qui pourrait exalter l'enthousiasme des fidèles. Voyez plutôt :

1. *Justum arbitror quandiu sum in hoc tabernaculo, suscitare vos in commonitione.*
2. *Velox est depositio tabernaculi mei, secundum quod et Dominus noster Jesus Christus significavit mihi.*
3. *Dabo operam et frequenter habere vos post obitum meum, ut horum memoriam faciatis.*
4. *Properantes in adventum diei Domini, satagite immaculati et inviolati ei inveniri in pace.*
5. *Domini nostri longanimitatem salutem arbitremini; sicut et carissimus frater noster Paulus, secundum datam sibi sapientiam scripsit vobis.*

Certes, le ton de ces cinq antiennes n'a rien qui ne soit parfaitement d'accord avec le style de ces *réflexions* que Foinard voulait placer aux secondes vêpres : mais assurément saint Grégoire lui-même se fût reconnu impuissant à mettre en chant : *Justum arbitror — quandiu sum in hoc — secundum quod et — et frequenter habere vos post — immaculati et inviolati ei inveniri in,* etc.

Un trait choisi entre mille dans le Bréviaire de Robinet, ne sera pas moins propre à réjouir le lecteur. C'est l'antienne solennelle des Laudes du jour même de Noël : *Pastores videntes cognoverunt de verbo quod dictum erat illis de puero* HOC.

Après ce *puero hoc*, il nous semble que nous n'avons plus rien à ajouter pour le moment.

Voyons maintenant si, sur le fond, nos modernes liturgistes ont été plus heureux que sur la forme. On sait que leur prétention était de faire que, désormais, on n'eût plus à prier Dieu qu'avec la parole de Dieu même : *Deum de suo rogare*. Cela voulait dire que répons, antiennes, versets, tout serait désormais tiré de la Bible. Sur les mystères dont l'accomplissement est rapporté dans les saintes Écritures, on conçoit encore qu'on pourrait trouver, tant bien que mal, un nombre suffisant de textes pour remplir les divers cadres, en bannissant les magnifiques pièces de style ecclésiastique qui exprimaient les mystères d'une manière bien plus précise, ayant souvent été composées contre les hérétiques. Mais quand il s'agirait de l'office des Saints, la Bible pourrait-elle fournir aussi abondamment ? ne serait-elle pas muette souvent dans ces occasions, en sorte qu'il n'y aurait plus d'autre ressource que le *sens accommodatice* ? Mais ce sens, qui n'est que dans les mots, est-il *la parole de Dieu* ? Est-ce là *Deum de suo rogare* ?

Ainsi le système croule de lui-même dans toutes les occasions où il s'agit de composer l'office et même le commun de la plupart des saints, à moins que l'on ne veuille étaler de simples maximes générales de morale qui ne sont employées qu'improprement à la louange de ces amis de Dieu. Nos faiseurs sentirent cette indigence de leur système et se mirent à bâtir des offices avec des textes qui semblaient faire allusion aux faits qu'ils vouaient célébrer, mais qui, en réalité, n'y avaient aucun rapport. En cela, ils allaient contre leurs engagements, et bien souvent encore l'irrévérence commise contre la parole sainte rejaillissait sur les saints eux-mêmes, qu'ils avaient prétendu louer mieux que l'Église romaine. Citons quelques exemples ; nous les tirerons du Bréviaire de Robinet qui est suivi, comme nous l'avons dit, dans trois églises de France.

Au jour de l'Assomption de la sainte Vierge, l'antienne des premières vêpres est ainsi conçue : *Magna eris et nomen tuum nominabitur in universa terra*. Ce prétexte

I PARTIE
CHAPITRE XX

la parole de Dieu même absolument irréalisable.

Les compositeurs liturgistes entraînés par ce système à abuser de l'Écriture d'une manière souvent irrévérencieuse pour les saints eux-mêmes.

Une parole d'Holopherne à Judith employée par Robinet

paraît fort beau, et on est tenté d'aller le chercher dans la source d'où il est tiré, pour en admirer de plus près le merveilleux à-propos. Qu'on aille donc consulter le livre de Judith, chapitre xi, verset 21, suivant l'indication que Robinet en donne lui-même : qu'y trouvera-t-on ? Sont-ce les éloges des anciens de Béthulie à la libératrice de cette ville ? Non ; c'est Holopherne qui parle et qui dit à la pieuse veuve, pour la récompenser de ce qu'il estime être sa trahison : Tu in domo Nabuchodonosor *magna eris, et nomen tuum nominabitur in universa terra.* Certes, si l'application de ces paroles à la sainte Vierge n'est pas un blasphème, il faut dire alors que la *parole* d'Holopherne est la *parole de Dieu*, et la maison de Nabuchodonosor le royaume des cieux. Que les admirateurs des nouvelles Liturgies nous expliquent ce qu'il faut en croire.

Au commun d'un abbé ou d'un moine, le capitule de tierce est ainsi conçu : *Descenderunt multi quærentes judicium et justitiam in desertum, et sederunt ibi,* avec l'indication suivante : *I Machab.*, ii, 29, Voilà un beau texte : c'est évidemment une prophétie sur l'état monastique. Cependant, si nous cherchons au lieu indiqué, nous voyons tout d'abord que Robinet n'a pas été plus sincère en cet endroit qu'en celui du livre de Judith ; car nous lisons : *Et sederunt ibi* ipsi, et filii eorum, et mulieres eorum et pecora eorum. Voilà d'étranges moines avec *leurs enfants*, *leurs femmes* et *leurs bestiaux !* Encore une fois, ce n'est pas là de l'*Écriture sainte* sur l'état monastique ; c'est une supercherie déplacée et rien autre chose.

Voici quelque chose de pis encore ; car Robinet lance une grosse hérésie, sans s'en apercevoir. Du moins, on ne dira pas qu'en cela il abonde dans le sens du gallicanisme. C'est dans l'office de saint Pierre et de saint Paul au cinquième répons.

℟ *Urbs fortitudinis nostræ Sion ; Salvator ponetur in ea* * *Murus et antemurale.* ℣ *Tu es Petrus et super hanc petram* * *Murus et antemurale.*

Ainsi, Sion est la cité de notre force, le Sauveur en est *la muraille et le rempart ;* saint Pierre est la pierre, et sur cette pierre est *la muraille et le rempart.* Jésus-Christ est donc appuyé sur saint Pierre, et non saint Pierre sur Jésus-Christ. Si le répons n'a pas ce sens, il n'en a aucun. Et tout cela s'appelle : *Deum de suo rogare !*

Disons plutôt que ces hommes, en refaisant ainsi la Liturgie à la mesure de leur propre génie, bien qu'ils n'aient pas senti tout le mal qu'ils nous faisaient, à raison de leur complète ignorance dans les choses du goût, ont fait ce qu'ils ont pu, en France, pour l'extinction totale de la poésie catholique, en y abolissant les antiques chants de la chrétienté et nous jetant en place le décousu prétentieux de leurs antiennes et de leurs répons bibliques. Nous n'étendrons pas davantage ces considérations sur l'innovation liturgique sous le rapport littéraire, puisque nous devons traiter de la langue et du style de la Liturgie, dans une des divisions de cet ouvrage. Passons aux influences de la révolution liturgique sur le chant.

C'est encore ici une des plaies les plus profondes que nous ayons à signaler. On peut envisager la question sous le rapport purement esthétique de l'art, et sous celui bien autrement grave du sentiment catholique. Nous dénoncerons d'abord les barbares antiliturgistes du dix-huitième siècle, comme ayant privé notre patrie d'une des plus admirables gloires de la catholicité. On a vu ailleurs comment le dernier débris des richesses de la musique antique avait été déposé par les pontifes romains, et principalement par saint Grégoire, dans le double répertoire connu sous le nom d'*Antiphonaire* et de *Responsorial romain.* Ce recueil, formé de plusieurs milliers de

Les compositeurs liturgiques du XVIIIe siècle ont travaillé à l'extinction totale de la poésie catholique en France.

L'innovation liturgique fait disparaître l'antiphonaire et le responsorial grégoriens, qui avaient recueilli et épuré les inspirations de la musique des anciens.

pièces, la plupart d'un caractère fort et mélodieux, avait accompagné tous les siècles chrétiens dans la manifestation de leurs joies et de leurs douleurs ; de lui étaient sortis les inspirations de Palestrina et des autres grands artistes catholiques ; enfin, c'était un sublime spectacle pour la postérité, que ce génie de conservation inné dans l'Église catholique, au moyen duquel la fameuse musique des Grecs, l'harmonie des temps antiques, arrivait ainsi épurée, corrigée, devenue chrétienne, aux barbares oreilles des Occidentaux qu'elle avait tant contribué à adoucir et à civiliser.

Or, de la publication des nouveaux bréviaires et missels dans lesquels les anciennes formules étaient presque en totalité remplacées par d'autres toutes nouvelles, devait matériellement s'ensuivre la suppression de toutes ces antiques mélodies, la perte, par conséquent, de plusieurs milliers de morceaux antiques, dont un grand nombre était remarquable par un caractère noble et original. Voilà, certes, un acte de vandalisme s'il en fut jamais, et qu'on ne s'est pas encore avisé de reprocher à ce dix-huitième siècle qui avait la rage de tout détruire. Et quelle excuse donnait-on pour justifier une si monstrueuse destruction ? D'un côté, les faiseurs liturgistes, comme Foinard, disaient que rien ne serait plus aisé que de *transporter* les motifs des anciens répons, antiennes, etc. (1) sur les nouvelles formules, et nous avons vu comment ils s'entendaient à préparer le thème du compositeur. D'autre part, il y avait des forgeurs de plain-chant qui croyaient bonnement qu'en ne sortant point matériellement du caractère des huit modes grégoriens dans la composition de nouveaux chants, on suffirait à tout ; comme si ce n'était rien que de perdre une immense quantité de pièces des cinquième et sixième siècles, vraies

---

(1) *Projet d'un nouveau Bréviaire*, page 189.

réminiscences des airs antiques; comme si, pour être parfaitement dans les règles de la tonalité grégorienne, on était assuré de l'inspiration; car, encore une fois, il fallait faire mieux que les Romains, ou ne pas s'en mêler.

Ce fut, certes, une grande pitié de voir successivement nos cathédrales oublier les vénérables cantiques dont la beauté avait si fort ravi l'oreille de Charlemagne, qu'il en avait fait, de concert avec les pontifes romains, un des plus puissants instruments de civilisation pour son vaste empire, et d'entendre résonner à grand bruit un torrent de nouvelles pièces sans mélodie, sans originalité, aussi prosaïques, pour l'ordinaire, que les paroles qu'elles recouvraient. On avait calqué, il est vrai, un certain nombre de morceaux grégoriens, et plusieurs même assez heureusement ; quelques pièces nouvelles avaient de l'invention ; mais la masse était d'une brutalité effrayante, et la meilleure preuve, c'est qu'il était impossible de retenir par cœur ces chants nouveaux, tandis que la mémoire du peuple était le répertoire vivant du plus grand nombre des chants romains. Assurément, pour faire passer ces assommantes mélodies, ce n'était pas trop des serpents, des basses et du contrepoint, sous le bruit desquels disparaissait presque entièrement le fond ; tandis que le récit grégorien, vif, animé, souvent syllabique, étant déclamé avec sentiment, même à l'unisson, produisait de si grands effets et se gravait si avant, avec les pensées qu'il exprimait, dans l'âme des fidèles.

Mais la suppression des livres de saint Grégoire n'était pas seulement une perte pour l'art, c'était une calamité pour la foi des peuples. Une seule considération le fera comprendre et dévoilera en même temps la responsabilité de ceux qui osèrent un tel attentat. Les offices divins ne sont utiles au peuple qu'autant qu'ils l'intéressent. Si le peuple chante avec les prêtres, on peut dire qu'il assiste

*I PARTIE
CHAPITRE XX*

Malgré l'habileté de certaines imitations des mélodies grégoriennes, la masse des nouveaux chants est d'une telle lourdeur que le peuple ne peut plus les retenir.

La suppression des livres grégoriens était une calamité pour le peuple, qui, ne pouvant plus mêler sa voix à celle du clergé, cessa peu à peu de fréquenter les offices.

avec plaisir au service divin. Mais, si le peuple a chanté dans les offices, et qu'il vienne tout d'un coup à garder le silence, à laisser la voix du prêtre retentir seule, on peut dire aussi que la religion a grandement perdu de son attrait sur ce peuple. C'est pourtant là ce qu'on a fait dans la plus grande partie de la France ; aussi le peuple a-t-il, peu à peu, déserté les églises désormais muettes pour lui, du jour où il ne pouvait plus joindre sa voix à celle du prêtre. Et cela est si vrai, que si, dans nos églises toutes retentissantes des chants modernes, le peuple paraît quelquefois disposé à joindre sa voix à celle du clergé, c'est dans les moments où l'on exécute, et souvent encore en les défigurant, quelques-unes des anciennes pièces romaines, comme *Victimæ Paschali — Lauda, Sion — Dies iræ*, etc. ; certains répons ou antiennes du saint Sacrement, etc. Mais, pour les répons nouveaux, les *introït*, les offertoires, etc., il les écoute sans les remarquer, ou plutôt il les subit passivement, sans y attacher une idée, ni un sentiment quelconque. Allez, au contraire, dans quelqu'une de ces dernières paroisses de la Bretagne qui ont encore, au chœur, l'usage du chant romain, vous entendrez le peuple entier chanter du commencement des offices jusqu'à la fin. Il sait par cœur les faciles mélodies du graduel et de l'antiphonaire. Ce sont là ses grandes jouissances du dimanche, et, durant la semaine, on les lui entend souvent répéter dans ses travaux. Oui, certes, ce sera quelque chose de bien grave que de les lui enlever ; car ce sera diminuer grandement l'intérêt qu'il prend aux offices de l'Église.

Si, de ces réflexions affligeantes, nous passons à l'histoire de la révolution opérée dans le chant de nos églises au dix-huitième siècle, nous dirons des choses lamentables. Qu'on se représente l'effroyable tâche qui fut imposée aux compositeurs de plain-chant, du moment que du cerveau de nos docteurs furent éclos des nouveaux bréviaires et missels, et que la typographie, encombrée comme elle ne l'avait jamais été en matière de ce genre, les eut enfin lancés au grand jour. On ne pouvait inaugurer ces chefs-d'œuvre, sans prendre en même temps les mesures nécessaires pour que tout ce corps de pièces nouvelles pût être chanté dans le chœur des églises cathédrales, collégiales et paroissiales. C'étaient donc des milliers de morceaux qu'il fallait improviser. Qu'on se rappelle maintenant ce que c'est que l'Antiphonaire grégorien. Un résumé de la musique antique, un corps de réminiscences d'airs populaires graves et religieux, une œuvre qui remonte au moins à saint Célestin, recueillie, rectifiée par saint Grégoire, puis par saint Léon II, enrichie encore dans la suite à chaque siècle, présentant une variété merveilleuse de chants, depuis les motifs sévères de la Grèce, jusqu'aux tendres et rêveuses complaintes du moyen âge. Pour remplacer tout cela, qu'avait le dix-huitième siècle ? D'abord, c'était déjà, on ne saurait trop le répéter, une perte immense que celle de tant de morceaux remarquables, populaires et souvent historiques ; mais passons outre. Combien de centaines de musiciens emploiera-t-on pour ce grand œuvre ? Où prendra-t-on des hommes, au siècle de Louis XV, pour suppléer saint Grégoire ? Suffira-t-il de cinquante années pour une pareille tâche ? Hélas ! tant d'hypothèses sont inutiles. En deux ou trois années, tout sera prêt, composé, imprimé, publié, chanté, avec grand tapage de serpents, de basses, de grosses voix. Et veut-on savoir comment on s'y prit, dans plusieurs diocèses, pour couvrir de grosses notes les antiennes *à réflexions*, les *inviolati inveniri in*, etc. ? On fit appel aux gens de bonne volonté. Ceux qui conduisaient en grand l'opération, étant, comme on l'a vu, étrangers à tout instinct d'art et de poésie, ne pouvaient être difficiles ni exigeants sur l'article de la mélodie. Laissons parler un savant auteur de plain-chant du dix-huitième siècle,

INSTITUTIONS LITURGIQUES

Témoignage de Poisson, curé de Marsangis, sur la précipitation et la maladresse des compositeurs des nouveaux chants; plusieurs étaient de simples maîtres d'école, étrangers à la connaissance de la langue latine.

Poisson, Curé de Marsangis, dans son *Traité historique et pratique du Plain-chant appele Grégorien* :

« De toutes les églises qui ont donné des bréviaires, les
« unes, à la vérité, se sont pressées davantage d'en faire
« composer les chants, et les autres moins : mais chacune
« d'elles aspirait à voir finir cet ouvrage, à quelque prix
« que ce fût, et cherchait de toutes parts les moyens de
« satisfaire l'empressement qu'elle avait de faire usage des
« nouveaux bréviaires. De là cette foule de gens qui se
« sont offerts pour la composition du chant. Tout le
« monde a prétendu en composer et s'en est cru capable.
« On a vu jusqu'à des maîtres d'école qui n'ont pas craint
« d'entrer en lice. Parce que leur profession les entretient
« dans l'exercice du chant, et qu'en effet ils savent ordi-
« nairement mieux chanter que les autres, ils se sont
« mêlés aussi de composer. N'est-il pas étonnant que les
« pièces de pareils auteurs aient été adoptées par des
« personnes qui, sans doute, n'étaient pas si ignorantes
« qu'eux ? Car, pour savoir bien chanter, ces maîtres
« n'en ignoraient pas moins la langue latine qui est celle
« de l'Église ? et, dès là, chacun voit combien de bévues
« un tel inconvénient entraîne nécessairement après
« lui....

« On a donc choisi, pour composer les chants nou-
« veaux, ceux que l'on a crus les plus habiles, et l'on s'est
« reposé entièrement sur eux de l'exécution de ce grand
« ouvrage. Une entreprise de si longue haleine demandait
« un temps qui lui fût proportionné, et on les pressait.
« Pour répondre à l'empressement de ceux qui les avaient
« choisis, ils ont hâté leurs travaux. Leurs pièces, à peine
« sorties de leurs mains, ont été presque aussitôt chan-
« tées que composées. Tout a été reçu sans examen, ou
« avec un examen très-superficiel ? et ce n'a été qu'après
« l'impression sans en avoir fait l'essai, et qu'après les
« avoir autorisées par un usage public, qu'on s'est aperçu

« de leurs défauts, mais trop tard, et lorsqu'il n'était plus
« temps d'y remédier.

« On vit alors avec regret, ou qu'on s'était trompé dans
« le choix des compositeurs de chant, ou qu'on les avait
« trop pressés. On ne peut se dissimuler les défauts, sans
« nombre et souvent grossiers, d'ouvrages qui naturel-
« lement devaient plaire par l'agrément de leur nou-
« veauté, et qui n'avaient pas même ce médiocre avan-
« tage.

« Qui pourrait tenir, en effet, contre des fautes aussi
« lourdes et aussi révoltantes que celles dont ils sont rem-
« plis pour la plupart ? Je veux dire des fautes de quan-
« tité, surtout dans le chant des hymnes ; des phrases
« confondues par la teneur et la liaison du chant, qui
« auraient dû être distinguées, et qui le sont par le sens
« naturel du texte ; d'autres mal à propos coupées ;
« d'autres aussi mal à propos suspendues ; des chants
« absolument contraires à l'esprit des paroles ;
« graves, où les paroles demandaient une mélodie légère ;
« élevés, où il aurait fallu descendre ; et tant d'autres
« irrégularités, presque toutes causées par le défaut d'at-
« tention au texte.

« Qui ne serait encore dégoûté d'entendre si souvent
« les mêmes chants, beaux à la vérité par eux-mêmes,
« mais trop de fois imités, presque toujours estropiés, et
« pour l'ordinaire aux dépens du sens exprimé dans
« le texte, aux dépens des liaisons et de l'énergie du
« chant primitif, tels que ceux de tant de Répons,
« Graduels et d'Alléluias ?

« Que dire encore des expressions outrées et négligées,
« des tons forcés, du peu de discernement dans le choix
« des modes, sans égard à la lettre ; de l'affectation puérile
« de les arranger par nombres suivis, en mettant du pre-
« mier mode la première antienne et le premier répons
« d'un office ; la seconde antienne et le second répons du

I PARTIE
CHAPITRE XX

Fautes
grossières
résultant de leur
ignorance.

*« second mode, comme si tout mode était propre à toutes
« paroles et à tout sentiment (1). »*

Ainsi est jugée l'innovation liturgique sous le rapport du chant, par un homme habile dans la composition, nourri des meilleures traditions, et, d'autre part, plein d'enthousiasme pour la lettre des nouveaux bréviaires. C'est donc un témoin irrécusable que nous produisons ici.

Nous n'ajouterons qu'un mot sur les nouvelles compositions de chant, c'est que si l'on était inexcusable de livrer à la merci de la multitude la fabrication des nouveaux chants dans certains diocèses, il n'était pas moins déplorable d'imposer à un seul homme la mission colossale de couvrir de notes de plain-chant trois énormes volumes in-folio. C'est cependant ce qui eut lieu pour le nouveau parisien. On chargea de ce travail herculéen l'abbé Lebeuf, chanoine et sous-chantre de la cathédrale d'Auxerre, homme érudit, laborieux, profond même sur les théories du chant ecclésiastique et versé dans la connaissance des antiquités de ce genre. C'était quelque chose ; mais l'étincelle du génie qui était en lui eût-elle été plus vive encore, devait être étouffée de bonne heure sous les milliers de pièces qu'il lui fallut mettre en état d'être chantées, en dépit de leur nombre et de leur étrange facture. Au reste, il s'acquitta de sa tâche avec bonne foi, et comme il goûtait les anciens chants, il s'efforça d'en introduire les motifs sur plusieurs des nouvelles pièces. « Je n'ai pas toujours eu intention,
« dit-il, de donner du neuf. Je me suis proposé de cen-
« toniser, comme avait fait saint Grégoire. J'ai déjà dit
« que centoniser était puiser de tous côtés et faire un
« recueil choisi de tout ce qu'on a ramassé. Tous ceux qui
« avaient travaillé avant moi à de semblables ouvrages,
« s'ils n'avaient compilé, avaient du moins essayé de paro-
« dier ; j'ai eu intention de faire tantôt l'un, tantôt l'autre.

(1) Poisson. *Traité théorique et pratique du plain-chant appelé Grégorien*, pages 4 et 5.

« Le gros et le fond de l'antiphonier de Paris est dans le
« goût de l'antiphonier précédent, dont je m'étais rempli
« dès les années 1703, 1704 et suivantes : mais comme Pa-
« ris est habité par des ecclésiastiques de tout le royaume,
« plusieurs s'apercevaient qu'il y avait quelquefois trop
« de légèreté ou de sécheresse dans l'antiphonier de
« M. de Harlay. J'ai donc rendu plus communes ou plus
« fréquentes les mélodies de nos symphoniastes français
« des neuvième, dixième et onzième siècles, surtout dans
« les répons (1). »

Ces intentions étaient louables et méritent qu'on leur rende justice ; mais les résultats n'ont pas répondu aux intentions. A part du bien petit nombre de morceaux dont une partie encore appartient à l'abbé Chastelain, il faut bien avouer que le Graduel et l'Antiphonaire parisiens sont complètement vides d'intérêt pour le peuple, que les morceaux qui les composent ne sont pas de nature à s'empreindre dans la mémoire, que l'on a grande peine à saisir une mélodie d'ensemble dans les nouveaux répons, *introït*, offertoires, etc. Les imitations, les fit-on note pour note (ce qui ne saurait être) sont pour l'ordinaire impuissantes à reproduire l'effet des morceaux originaux qui, étant dépourvus de rythme, n'ont dû leur caractère qu'aux sentiments exprimés dans les paroles, aux paroles elles-mêmes, au son des voyelles qui s'y trouvent employées. Ajoutez encore que les syllabes n'étant pas mesurées, il est comme impossible de trouver deux pièces parfaitement semblables pour le nombre du style : il faut donc retrancher, ou ajouter des notes, et par là même sacrifier l'expression entière de la pièce. Nous avons parlé ailleurs de l'*introït* de la Toussaint, *Accessistis*, si heureusement imité par Chastelain, du *Gaudeamus* romain : Lebeuf a bien rarement approché de ce modèle dans ses

---

(1) Lebeuf. *Traité historique et pratique sur le Chant ecclésiastique,* pages 49 et 50.

INSTITUTIONS LITURGIQUES

imitations, et quant aux morceaux de son invention, on le trouve presque partout pauvre, froid, dépourvu de mélodie. Les nombreux chants d'hymnes qu'il lui fallut composer sont aussi d'une tristesse et d'une monotonie qui montrent qu'il n'avait rien de cette puissance qui suggéra à Chastelain le chant du *Stupete gentes*. Enfin, Lebeuf ne sut pas affranchir le chant parisien de ces horribles crochets appelés *périélèses*, qui achèvent de défigurer les rares beautés qui se montrent, parfois, dans sa composition. Peut-on se rappeler sans indignation que le verset alleluia *Veni, sancte spiritus*, cette tendre et douce mélodie grégorienne qui a été sauvée comme par miracle dans le Missel de Vintimille, est déchirée jusqu'à sept fois par ces crochets ; on eût dit que Lebeuf craignait que cette pièce, si on la laissait à sa propre mélodie, ne fît un contraste par trop énergique avec cet amas de morceaux nouveaux et insignifiants dont elle est encombrée.

Lebeuf, chargé en 1749 de noter les livres du Mans, s'acquitte en trois ans de cette tâche, mais plus maladroitement encore que de la première.

La fécondité de Lebeuf lui fit une réputation. En 1749, étant plus que sexagénaire, il accepta l'offre qu'on lui fit de mettre en chant la nouvelle Liturgie du diocèse du Mans, et vint à bout, dans l'espace de trois ans, de noter les trois énormes volumes dont elle se compose. Ainsi, le même compositeur était en état de fournir un contingent de six volumes in-folio de plain-chant à l'innovation liturgique ! On remarqua, toutefois, que la dernière œuvre de Lebeuf était encore au-dessous de la première. La lassitude l'avait pris à la peine ; mais on ne dit pas qu'il ait jamais ressenti de remords pour la part si active qu'il prit au vandalisme de son siècle.

Pour achever la ruine de toutes les traditions du chant ecclésiastique, le plain-chant figuré prend une vogue nouvelle.

C'est assez parler des nouveaux livres de chant par lesquels furent remplacées les mélodies grégoriennes ; nous n'ajouterons plus qu'un mot au sujet du trop fameux *plain-chant figuré*, que nous avons signalé ailleurs à l'animadversion de nos lecteurs, et qui prit une nouvelle vogue à cette époque de débâcle universelle des anciennes

traditions sur le chant. On vit éclore une immense quantité de compositions en ce genre ; d'abord des centaines de proses nouvelles, fades pour la plupart, quand elles n'étaient pas de pures chansonnettes, à la façon de la Régence. Cette époque produisit aussi l'insipide recueil connu sous le nom de *la Feillée*, qui est encore regardé comme le type du beau musical dans plusieurs de nos séminaires de province. Nous nous bornerons à insérer ici le jugement de Rousseau sur cette ignoble et bâtarde musique dont le charme malencontreux a si tristement contribué à distraire les chantres français de la perte désolante du répertoire grégorien : « Les modes du plain-
« chant, tels qu'ils nous ont été transmis dans les anciens
« chants ecclésiastiques, y conservent une beauté de
« caractère et une variété d'affections bien sensibles aux
« connaisseurs non prévenus, et qui ont conservé quelque
« jugement d'oreille pour les systèmes mélodieux établis
« sur des principes différents des nôtres : mais on peut
« dire qu'il n'y a rien de plus ridicule et de plus plat
« que ces *plains-chants* accommodés à la moderne, pretin-
« taillés des ornements de notre musique, et modulés sur
« les cordes de nos modes : comme si l'on pouvait jamais
« marier notre système harmonique avec celui des modes
« anciens, qui est établi sur des principes différents. On
« doit savoir gré aux évêques, prévôts et chantres qui
« s'opposent à ce barbare mélange, et désirer, pour le pro-
« grès et la perfection d'un art qui n'est pas, à beaucoup
« près, au point où on croit l'avoir mis, que ces précieux
« restes de l'antiquité soient fidèlement transmis à ceux
« qui auront assez de talent et d'autorité pour en enrichir
« le système moderne (1). »

Nous avons dit ailleurs que tous les arts sont tributaires de la Liturgie, et qu'ils prêtent à l'envi leur secours à ses

(1) J.-J. Rousseau. *Dictionnaire de Musique*, tome II, page 96.

pompes sublimes. On vient de voir ce que l'innovation du dix-huitième siècle sut faire du chant ecclésiastique ; les autres arts suivirent la Liturgie dans sa dégradation. Déjà nous avons signalé une décadence dans la dernière moitié du dix-septième siècle ; elle fut plus profonde et plus humiliante encore quand les églises de France, en si grand nombre, eurent abjuré les traditions antiques de la Liturgie, pour se créer des formes dans le goût du siècle. La peinture religieuse, que le dix-septième siècle avait vue descendre de Le Sueur à Poussin et à Mignard, s'abrita sous les ateliers de Boucher et de son école, et on vit les mêmes pinceaux qui décoraient le boudoir des Pompadour et des Dubarri, au temps des petits vers de l'abbé de Bernis, dégrader, par les grimaces de l'afféterie et la mollesse des poses, la sévère majesté et le suave mysticisme des sujets catholiques. La statuaire, non moins appauvrie et tout aussi matérialisée, n'avait plus, pour représenter Marie, que les attitudes niaises de la Vierge de Bouchardon, ou la grasse et forte prestance que Bridan a su donner à la Reine des Anges jusque dans sa céleste Assomption.

Mais comment de pareilles œuvres (et nous citons ici, par pudeur, ce que cette époque produisit de moins grossier), comment de pareilles œuvres pouvaient-elles être acceptées pour l'ornement des églises, par les graves personnages qui se délectaient dans ces nouveaux bréviaires si sévèrement expurgés de toutes les licences *charnelles* du *Bréviaire romain* ? C'est ici qu'il faut admirer les jugements de Dieu. Il est écrit que quiconque s'élève indiscrètement par l'esprit tombera dans la chair ; c'est la loi universelle. Seulement, comme les partisans de l'innovation ne sentirent pas toute l'étendue de leur faute, à raison de leur complète impuissance sur les choses de la poésie, Dieu, en permettant que le sens du beau s'éteignît en eux, et les livrant à la merci des artistes dégradés du siècle de Louis XV, ne permit pas qu'ils eussent la conscience des profanations qu'ils leur laissèrent accomplir. Ils se livrèrent si complètement et avec une telle abnégation à ces artistes de chair, que le Bréviaire parisien de 1736 lui-même montra sur son frontispice d'ignobles courtisanes affublées des attributs de la Religion. On avait même trouvé moyen de les varier à chacun des quatre volumes, comme pour montrer la richesse du pinceau abruti de ce temps-là. Le Missel de 1738 offrait aussi à son frontispice une *virago* lourdement assise sur des nuages et chargée pareillement de représenter la Religion. La collection de ces diverses gravures deviendra précieuse un jour, et comme monument de l'horrible familiarité avec laquelle les artistes d'alors traitaient les sujets religieux, et comme preuve de l'indifférence du clergé pour tout ce qui tenait aux arts dans leurs rapports mêmes avec le culte divin. Mais nous devons signaler, comme le dernier effort du scandale, le frontispice du Missel de Chartres de 1782, dans lequel la Vierge immaculée, qui fait la gloire de cette ville et de son ineffable cathédrale, a été outragée avec une impudeur qui nous interdit toute description.

Cette indifférence pour la forme, dont nous venons de signaler quelques-uns des désolants effets, entraîna aussi, dans les missels et bréviaires nouveaux, la suppression de ces riches et nombreuses gravures qui ornaient jusque-là ces livres, à l'endroit de l'office des fêtes solennelles. L'usage s'en était conservé jusqu'au dix-huitième siècle, comme un souvenir des riches miniatures qui animaient les anciens missels et antiphonaires. Le nouveau Missel parisien de 1738 avait encore les images des fêtes, mais composées de nouveau par les artistes du temps. Dans la seconde moitié du dix-huitième siècle, les missels du reste de la France gardèrent à grande peine un frontispice gravé, et la plupart se bornèrent au Crucifix, dont

T. II. 25

on n'osa pourtant déshériter la première page du Canon ; heureux encore quand on ne s'avisa pas, comme au parisien de 1738, de rapprocher les bras de Jésus-Christ au-dessus de sa tête, pour l'empêcher d'embrasser tous les hommes. On sait que c'était un symbole cher aux jansénistes, et quelle influence ce parti exerçait, en France, sur le culte divin à cette époque.

Pour l'architecture, le plus divin des arts liturgiques, on s'imagine bien quel dut être son sort, dans ce malheureux âge. Il déchut encore de ce qu'il avait été à la fin du dix-septième siècle. On n'éleva plus de dômes comme celui des Invalides ; car l'église italienne, avec le luxe de ses peintures et de ses marbres, bien que déplacée sous notre climat froid et brumeux, est toujours, quoi qu'on en dise, une église chrétienne. Saint-Sulpice si muet, si nu, si dépourvu d'âme et de mystères, se trouva bientôt trop mystique. Louis XV posa la première pierre de deux nouvelles églises. L'une, Sainte-Geneviève, dut recevoir une coupole ; mais à condition que le portique du Panthéon d'Agrippa, bâti devant la porte, donnerait le change aux passants, en leur annonçant un temple païen. L'autre, qu'on doit ouvrir incessamment, semble préparée pour Minerve ; Louis XV avait entendu la dédier à sainte Marie-Magdeleine ; il est vrai cependant que le plan primitif était totalement différent de celui qu'on a adopté de nos jours. Qu'est-il besoin de parler de Saint-Philippe-du-Roule, qu'on bâtit un peu plus tard, sur le modèle parfait d'un temple antique, et de tant d'autres églises qui n'ont ni le caractère païen ni le caractère chrétien ? Mais tel était l'oubli des traditions sacrées, que pas une voix ne s'éleva, pas une réclamation n'eut lieu ; tant la religion, telle que la comprenaient les Français, était devenue étrangère à la forme ; tant était profonde la scission qu'on avait faite avec les siècles de foi !

De là vint aussi cette dégradation des habits sacerdo-

DANS SES RAPPORTS AVEC LA POÉSIE ET LE GOUT 387

taux, mais surtout du surplis, dont les manches, déjà fendues et renvoyées par derrière, vers le milieu du dix-septième siècle, s'allongèrent et se séparèrent entièrement du corps du surplis lui-même, au dix-huitième siècle, et prirent le nom d'*ailes*, en attendant que le dix-neuvième s'amusât à les plisser de cette façon ridicule et incommode qu'elles ont de nos jours. Quant au bonnet de chœur qui, au commencement du règne de Louis XIII, était encore tel en France que dans les autres églises de la catholicité, le dix-septième siècle, en finissant, avait effacé la saillie de la partie supérieure, et l'avait allongé d'un tiers ; en attendant que le dix-huitième siècle, appointissant cette partie supérieure et allongeant encore le corps du bonnet, préparât cette coiffure ridicule et gênante qui, de nos jours, affectant la forme d'un éteignoir, compromet la gravité des fonctions sacerdotales, et fournit gratuitement aux esprits forts l'occasion de déclamer contre le mauvais goût de l'Église catholique.

Cet oubli de l'esthétique religieuse de la part du clergé, devait aussi être attribué à l'esprit rationaliste dont Claude de Vert, organe de son siècle, s'était fait l'apôtre. Aux yeux d'une religion spiritualiste, il n'y a qu'une seule chose qui puisse relever la forme, c'est le mysticisme. Mais quand on a ôté aux cérémonies leur objet propre, qui est de sanctifier la nature visible en la faisant servir à signifier expressément les mystères du monde visible, il est facile de concevoir comment le clergé, privé d'ailleurs de l'élément poétique de l'ancienne Liturgie, peut en venir à l'indifférence sur l'art dans ses rapports avec le culte. C'est la raison inverse de ce qui arrivait au moyen âge, alors que le catholicisme spiritualisait la nature matérielle, comme il divinisait la science par le contact de la théologie, et sanctifiait le gouvernement de la société par les conséquences de la royauté du Christ.

Nous pourrions étendre beaucoup ces considérations ;

I PARTIE
CHAPITRE XX

sacerdotaux, et en particulier du bonnet de chœur et du surplis.

Cet oubli de l'esthétique religieuse, conséquence de l'esprit rationaliste dont Claude de Vert s'était fait l'apôtre.

mais l'occasion se présentera d'y revenir. Maintenant, nous allons recueillir quelques jugements contemporains sur les nouvelles liturgies françaises, et montrer que les illustres prélats, Languet, de Saint-Albin, de Belzunce, de Fumel, etc., ne furent pas les seuls, au dix-huitième siècle, à réclamer en faveur des traditions et à juger avec sévérité l'œuvre des réformateurs.

Le premier que nous avons à produire est, le croirait-on ? Foinard lui-même : il sera d'autant moins suspect. Dans son *Projet d'un nouveau Bréviaire*, ayant à s'expliquer sur les nouveaux essais liturgiques tentés avant 1720, il les flétrit par ces observations qui ne s'appliquent pas moins aux bréviaires des années suivantes.

« Il ne paraît pas, dit-il, que ce soit l'onction qui
« domine dans les nouveaux bréviaires. On y a, à la
« vérité, travaillé beaucoup pour l'esprit, mais il semble
« qu'on n'y a pas autant travaillé pour le cœur (1). »
Plus loin, il ajoute ces paroles remarquables : « Ne
« pourrait-on pas dire que l'on a fait la plupart des
« antiennes dans les nouveaux bréviaires, seulement
« pour être lues des yeux par curiosité et hors l'office (2). »

Écoutons maintenant l'abbé Robinet, auteur des Bréviaires de Rouen, du Mans, Carcassonne et Cahors. Voici un aveu qui n'est pas sans prix : « Ceux qui ont composé
« le Bréviaire romain, dit-il, ont mieux connu qu'on ne
« fait de nos jours le goût de la prière et les paroles qui
« y conviennent (3). »

Le témoignage qui vient après celui de Robinet, dans l'ordre des temps, est celui de Collet, dans son *Traité de l'Office divin*, dont la première édition est de 1763. Par-

---

(1) Foinard. *Projet d'un nouveau Bréviaire*, page 64.
(2) Page 93.
(3) Robinet. *Lettre d'un Ecclésiastique à son Curé sur le plan d'un nouveau Bréviaire*, page 2.

lant de certains ecclésiastiques qui se faisaient autoriser par leurs évêques à dire d'autres bréviaires que celui qu'on suivait dans leur diocèse, sous le prétexte que les nouveaux bréviaires étaient *mieux faits*, il montre la futilité de ces sortes de caprices : « L'Écriture, dit-il, les
« psaumes, la plupart des homélies, sont les mêmes dans
« tous les bréviaires. Si, pour nourrir sa dévotion, on a
« besoin des légendes, ou de quelques autres semblables
« morceaux, d'un bréviaire étranger, on peut s'en faire
« une lecture spirituelle. Mais combien d'antiennes pa-
« raissent la plus belle chose du monde, quand elles sont
« détachées ; et la plus pitoyable, quand on les rapproche
« de la source (1) ! »

Plus loin, il ajoute ces paroles pleines de sens et de franchise : « Un jeune prêtre dira tout haut qu'il récite
« avec plus de piété le Bréviaire de Paris que celui de son
« diocèse : mais il dira tout bas que celui de son diocèse
« est beaucoup plus long que celui de Paris, et que, quoi-
« qu'on ne changeât ni versets, ni répons, il retournerait
« au sien, si on le rendait beaucoup *plus court* que celui
« où il trouve tant de matière à sa dévotion. Après tout,
« et nous l'avons déjà dit, la vraie piété ne méconnaît
« point l'ordre. Une pensée commune lui sert d'aliment :
« moins elle frappe l'esprit, plus elle touche le cœur. Les
« antiennes de l'office de saint Martin ne sont, je crois,
« tirées que de Sulpice Sévère. En est-il une seule qui ne
« puisse servir de méditation pendant une année? Quelle
« force de sentiment dans ces paroles : *Oculis ac mani-*
« *bus in cœlum semper intentus, invictum ab oratione*
« *spiritum non relaxabat.... Domine, si adhuc populo*
« *tuo sum necessarius, non recuso laborem.... O virum*
« *ineffabilem, nec labore victum, nec morte vincendum;*
« *qui nec mori timuit, nec vivere recusavit*, etc. (2). »

(1) Collet. *Traité de l'Office divin*, page 92.
(2) *Ibidem*, page 106.

> INSTITUTIONS LITURGIQUES.
>
> Bertrand de la Tour, doyen du chapitre de Montauban, adversaire déclaré des nouvelles Liturgies.

L'*Ami de la Religion*, dans son vingt-sixième tome déjà cité par nous plusieurs fois, et la *Biographie universelle*, mentionnent un doyen du chapitre de la cathédrale de Montauban, nommé Bertrand de la Tour, homme *fort attaché au Saint-Siége et zélé pour le bien de l'Église* (1), qui lors de la publication du Bréviaire de Montauban par l'évêque Anne-François de Breteuil, en 1772, attaqua l'innovation liturgique et publia, *sur les nouveaux bréviaires*, un recueil en XXI articles, formant en tout 397 pages in-4°. L'auteur y traite spécialement des Bréviaires de Paris, de Montauban et de Cahors (2). Nos recherches pour nous procurer ce recueil ont été jusqu'ici infructueuses ; nous nous bornerons donc à insérer ici le jugement de l'*Ami de la Religion*, qui nous dit que *l'Abbé de la Tour n'est pas généralement favorable aux nouveaux bréviaires, et regrette qu'on s'écarte de la simplicité du romain* (3).

> Les étrangers, ignorant d'ordinaire les innovations liturgiques de la France, les ont rarement condamnées.

Nous n'avons pas d'autres témoignages d'auteurs français du dix-huitième siècle à produire contre les nouveautés dont nous faisons l'histoire ; mais ces quelques lignes prouveront du moins que la révolution ne s'accomplit pas sans réclamations de la part de plusieurs personnes zélées qui unirent leurs voix à celles des illustres prélats dont nous venons de rappeler les noms. Les aveux de Foinard et de Robinet ne laissent pas non plus d'avoir leur mérite. Si, d'un autre côté, nous voulons rechercher quels jugements on porta, dans les pays étrangers, sur les graves changements que le dix-huitième siècle vit s'introduire dans le culte divin, chez les Français, nous avons

---

(1) L'*Ami de la Religion*, tome XXVI. *Sur la réimpression du Bréviaire de Paris*, page 294.

(2) On se rappelle que le Bréviaire de Cahors est celui de Robinet, suivi aussi à Carcassonne et au Mans.

(3) L'*Ami de la Religion. Ibidem.* — Les mémoires canoniques et liturgiques de l'abbé de la Tour ont été publiés en 1855 dans le septième volume de ses œuvres, réimprimées par l'abbé Migne. *(Note de l'édit.)*

peine à rassembler quelques témoignoges exprimant ce jugement. La raison en est claire ; d'abord, parce que les étrangers ne sont pas obligés d'être au fait de toutes les fantaisies qui nous passent dans l'esprit ; ensuite, parce que, entendant parler d'usages liturgiques particuliers à la France, et n'ayant, la plupart, jamais eu entre les mains les nouveaux livres, ils s'imaginent, ainsi que nous avons été à portée de le voir nous-mêmes chez plusieurs personnes d'un haut mérite, et à Rome même, que ces usages sont, non seulement antérieurs à la Bulle de saint Pie V, mais remontent à l'antiquité la plus reculée. Néanmoins, nous sommes en mesure de produire l'avis de trois savants étrangers, deux italiens et un espagnol.

Le premier est l'immortel Lambertini, depuis pape sous le nom de Benoît XIV. Dans son grand ouvrage de la *Canonisation des Saints* (1), il juge les nouveaux bréviaires sous le rapport de la compétence des évêques qui les ont promulgués, et reprend sévèrement Percin de Montgaillard, évêque de Saint-Pons, Grancolas et Pontas, d'avoir soutenu d'une manière absolue qu'il est au pouvoir des évêques de changer et de réformer le bréviaire, sans distinction des diocèses où le Bréviaire romain a été suivi et de ceux dans lesquels la Bulle de saint Pie V n'a point été reçue. Cette question ayant rapport principalement au droit de la Liturgie, nous réservons l'explication et le développement de ce passage de Benoît XIV, pour la partie de notre ouvrage où nous devons traiter spécialement cette matière.

Catalani, dans son savant commentaire pontifical romain, publié en 1736, s'exprime avec une sévérité que nous ne saurions traduire, au sujet des évêques qui eurent le malheur de donner leur confiance à des hérétiques,

---

(1) *De Servorum Dei Beatificatione et Beatorum Canonizatione*, lib. IV, part. II, cap. XIII.

pour rédiger le bréviaire de leurs églises : *Jam præ-sertim pro auctoritate breviarii Romani plura possent afferri testimonia quibus abunde ostendi posset, quanta fuerit nuper quorumdam episcoporum insignis audacia atque insolentia, dum illud, inconsulto Romano pontifice, non modo immutarunt, sed et fœdarunt, hœreticisque ansam dederunt constabiliendi suas pravas sententias* (1).

Le jésuite Arevalo déclare que les meilleures parties des nouveaux bréviaires sont empruntées ou imitées du romain.

Enfin, l'illustre jésuite espagnol, Faustin Arevalo, dans la curieuse dissertation *de Hymnis ecclesiasticis* qu'il a placée en tête de son *Hymnodia Hispanica*, après avoir rapporté la doctrine de Benoît XIV sur le droit des évêques en matière de Liturgie, ajoute : « J'ai feuilleté plu-
« sieurs de ces nouveaux bréviaires français, et j'y ai trouvé
« beaucoup de choses qui m'ont semblé dignes d'appro-
« bation et de louanges ; cependant ces choses ne m'ont
« point fait prendre en dégoût le Bréviaire romain ; j'ai
« même commencé à l'en estimer davantage, depuis que
« j'ai parcouru plusieurs de ces divers bréviaires, et je
« ne sais comment il se fait que les parties les plus excel-
« lentes dans ces derniers sont tirés du Bréviaire romain
« lui-même, ou composées sur son modèle (2). »

Autre témoignage du même écrivain.

Le langage d'Arevalo est un peu moins doux sur les nouveaux bréviaires, dans cette critique des hymnes de Santeul que nous avons placée à la fin du présent volume.

« Il a paru en France, dit-il, dans le cours de ce siècle,
« tant de nouveaux bréviaires, et on indique dans le
« *Mercure de France*, dans le *Journal* de Dinouart et

---

(1) Catalani. *Commentarius in Pontificale Romanum*, tome I, p. 189.

(2) Nonnulla ego istiusmodi breviaria pervolutavi, ac multa reperi in eis, quæ approbatione, et laude digna mihi visa sunt ; non idcirco tamen breviarii Romani me tædet, imo pluris hoc habere cœpi, ex quo diversa alia perlegi, ac nescio quo pacto partes illæ, quæ in ceteris potissimum eminent, aut ex breviario Romano desumptæ sunt, aut ad hujus similitudinem effictæ. (Arevalo, *Hymnodia Hispan.*, page 211. *Dissert. de Hymnis eccles.*, § XXXII.)

« dans la *Bibliotheca ritualis* de Zaccaria, un si grand
« nombre d'opuscules et de dissertations sur des offices
« particuliers, des formes d'heures canoniales, des litanies
« et des hymnes récentes à la Vierge, qu'on serait tenté
« de craindre qu'en France, de même que les femmes in-
« ventent sans cesse de nouvelles modes pour leurs habits,
« ainsi les prêtres inventent chaque année de nouveaux
« bréviaires qui leur plaisent par le seul attrait de la nou-
« veauté. (1) »

Mais il est temps de mettre fin à ce chapitre par les conclusions suivantes :

1° Tel fut donc le bouleversement des idées au dix-huitième siècle, qu'on vit des prélats combattre des hérétiques, et en même temps, par un zèle inexplicable, porter atteinte à la tradition dans les prières sacrées du missel; confesser que l'Église a une voix qui lui est propre, et faire taire cette voix pour donner la parole à quelque docteur sans autorité.

2° Telle fut la naïve outrecuidance des nouveaux liturgistes, qu'ils ne se proposèrent rien moins, et ils en convenaient, que de *ramener l'Église de leur temps* au véritable esprit de la prière ; que de purger la Liturgie des choses *peu châtiées, peu exactes, peu mesurées, plates, difficiles à prendre dans un bon sens,* que *l'Église,* dans les *pieux mouvements de son inspiration,* avait malencontreusement fabriquées ou adoptées.

3° Telle fut, par le plus juste de tous les jugements, la barbarie dans laquelle tombèrent les Français sur les choses du culte divin, l'harmonie liturgique étant détruite,

Conclusions.

1° Contradiction dans la conduite des prélats, qui combattaient les hérétiques et portaient atteinte en même temps au plus vénérable monument de la tradition.

2° Outrecuidance des nouveaux liturgistes, qui ont la prétention de ramener l'Église au véritable esprit de la prière.

3° Tous les arts suivent la Liturgie dans sa décadence.

---

(1) Tot nova Breviaria hoc seculo in Gallia prodierunt, tot opuscula, et dissertationes de officiis singularibus, de precibus horariis universe, de litaniis, hymnisque recentibus Deiparæ in *Mercurio Gallico,* in *Diario* Dinouartii, in *Bibliotheca rituali* Zachariæ indicantur, ut possit aliquis subvereri ne in Galliis, ut feminæ novas vestium formas, ita sacerdotes nova breviaria quotannis inveniant, in quibus vel sola novitas placeat.

que la musique, la peinture, la sculpture, l'architecture, qui sont les arts tributaires de la Liturgie, la suivirent dans une décadence qui n'a fait que s'accroître avec les années.

4º Telle fut la situation fausse dans laquelle les novateurs placèrent la Liturgie en France, qu'on les entendit eux-mêmes rendre témoignage contre leur œuvre, et s'unir aux partisans de l'antiquité qui regrettaient la perte des livres grégoriens.

CHAPITRE XXI

SUITE DE L'HISTOIRE DE LA LITURGIE, DURANT LA PREMIÈRE MOITIÉ DU DIX-HUITIÈME SIÈCLE. — AFFAIRE DE LA LÉGENDE DE SAINT GRÉGOIRE VII.

Nous plaçons ici un épisode liturgique du plus haut intérêt pour l'histoire que nous écrivons. L'affaire de la légende de saint Grégoire VII est tout aussi ignorée aujourd'hui que la plupart des faits qu'on a lus dans les précédents chapitres, et nous ne donnerions au lecteur qu'une connaissance imparfaite du siècle que nous avons à faire connaître sous le rapport liturgique, si nous passions sous silence un fait d'une si haute portée. Cet épisode étant d'une dimension considérable, nous l'avons entièrement détaché du récit principal, qu'il eût entravé d'une manière gênante ; nous ne doutons pas cependant que la grande scène que nous allons dérouler n'intéresse ceux qui auront eu le courage de nous suivre jusqu'ici.

L'affaire de la légende de saint Grégoire VII exige des détails particuliers et est un fait caractéristique du xviiie siècle.

Un des noms les plus glorieux de l'histoire est sans contredit aujourd'hui le nom du grand pontife saint Grégoire VII. Une justice tardive, mais éclatante, a été rendue à ce héros de l'Église et de l'humanité, et l'on peut même dire que sa gloire croît encore tous les jours. Pour aider à mettre dans toute son évidence ce phénomène providentiel, nous avons voulu, dans le présent chapitre, raconter une faible partie des outrages que ce grand homme, que cet admirable saint a essuyés, non de la part des protestants et des philosophes du dernier siècle (ceci serait moins instructif), mais de la part de plusieurs qui,

Saint Grégoire VII, un des plus grands hommes et des plus grands saints dont le nom soit enregistré dans l'histoire, reçoit enfin de nos jours une justice éclatante.

prétendant appartenir toujours à l'Église romaine, n'ont pas craint de récuser, *comme intéressé*, l'auguste jugement par lequel elle inscrivait au rang des saints et proposait à la vénération universelle, ce pontife véritablement apostolique. Il est bon que certains faits caractéristiques d'une époque, et propres à montrer en action certains principes, soient impartialement enregistrés et publiés, dans la crainte que ces mêmes faits, venant à se perdre, les leçons importantes qu'on en peut tirer ne soient en même temps perdues. Que si quelque défaveur devait, de nos jours encore, poursuivre celui qui ose plaider une pareille cause, nous l'acceptons d'office, tout indigne que nous en sommes, et nous nous levons sans crainte pour venger celui qui, avec son auguste prédécesseur saint Grégoire Ier, est et demeurera le plus grand des Papes que l'ordre bénédictin ait fournis à l'Église (1).

Nous ne donnerons point ici l'histoire de saint Grégoire VII. Elle est écrite partout ; dans ses admirables lettres conservées en si grand nombre par les soins d'une Providence toute particulière ; dans ses œuvres généreuses qui ont sauvé l'Église, et sur lesquelles elle s'appuie encore aujourd'hui ; dans les récits pleins d'admiration et,

(1) Nous oserons dire ici quelque chose des motifs personnels qui nous obligent à défendre et à honorer la mémoire de saint Grégoire VII. Si nos lecteurs se souviennent que ce grand Pontife, moine de Saint-Pierre-de-Cluny, est une des gloires de la France bénédictine, qu'avant de monter sur la Chaire de saint Pierre, il occupa le siège abbatial de l'insigne monastère de Saint-Paul *extra mœnia Urbis*, ils comprendront la nature des sentiments que nous dûmes éprouver lorsqu'en 1837, appelé, malgré notre indignité, par le souverain Pontife Grégoire XVI, successeur de Grégoire VII et enfant de saint Benoît, à recueillir la succession des abbés de Cluny, nous émettions notre profession solennelle entre les mains de l'abbé de Saint-Paul, successeur, lui aussi, de l'héroïque Hildebrand. Puisse le glorieux Pontife, devenu si particulièrement notre père, allumer dans notre faible cœur quelques étincelles de son ardent amour pour l'Église de Jésus-Christ, et nous donner quelque part à cette complète abnégation avec laquelle il la servit toujours !

certes, aussi de désintéressement que lui consacrent aujourd'hui tant d'écrivains non suspects. Tout le monde la sait aujourd'hui cette histoire. Nous nous proposons donc seulement ici de traiter la question liturgique de saint Grégoire VII, c'est-à-dire, le culte décerné par l'Église à cet illustre pontife, et les divers incidents qui se sont rencontrés dans son établissement et dans son progrès.

L'idée de la haute sainteté de Grégoire VII était déjà répandue en son vivant, et ne fit que s'accroître après sa mort. En vain les schismatiques fauteurs de l'empereur Henri IV, ayant à leur tête le fougueux Bennon, archiprêtre cardinal de l'antipape Guibert, s'efforcèrent de flétrir sa mémoire : en vain, pour expliquer la supériorité de son génie, ils l'accusèrent d'avoir commerce avec Satan, au point, disaient-ils, que lorsqu'il agitait ses manches, des étincelles de feu tombaient avec abondance ; en vain, ils le traitèrent de faux prophète et l'accusèrent de n'avoir point assez ménagé l'empereur ; le silence qu'ils gardent sur ses mœurs n'en atteste que plus énergiquement, suivant la remarque de Fleury lui-même (1), l'intégrité morale du saint pape et la haute estime qu'on faisait de sa vertu.

Du reste, le témoignage des hommes pieux qui l'avaient connu ne manqua point à sa défense. Le courageux saint Anselme de Lucques, son ami fidèle, vengea sa mémoire dans le livre qu'il a dirigé contre l'anti pape Guibert (2). Saint Pierre Damien, qui l'avait connu durant de longues années, le qualifie *un homme très-pur et très-saint dans ses conseils* (3). Saint Alphane, archevêque de Salerne, dans une Ode remplie de la plus mâle poésie, le compare

I PARTIE
CHAPITRE XXI

Ses plus fougueux ennemis ne réussissent pas à ternir sa réputation de son vivant, même par les plus odieuses calomnies.

Tous les saints de son temps attestent sa sainteté par des éloges, qui réfutent d'avance les blasphèmes proférés plus tard contre sa mémoire.

---

(1) *Hist. ecclés.*, livre 63, XXIV.
(2) Roccaberti. *Bibliotheca Pontificia*, tom. IV. — Margarin de la Bigne. *Bibliotheca maxima Patrum*, tom. XVIII.
(3) Sanctissimi ac purissimi consilii virum. *S. Petri Damian. Epist. VII*, lib. I.

aux saints Apôtres (1). Le B. Victor III qui, après avoir professé comme lui la règle de saint Benoît, fut son successeur sur la Chaire de saint Pierre, atteste qu'*il illustra l'Église du Christ autant par ses exemples que par ses vertus* (2). Saint Anselme, archevêque de Cantorbéry ; saint Gébehard, archevêque de Salzbourg, et un autre saint Gébehard, évêque de Constance, tous personnages contemporains, s'unissent à ceux que nous venons de nommer avec un accord admirable ; en sorte que l'on trouverait difficilement un saint dont la sainteté soit attestée par un si grand nombre de saints contemporains (3). Il semble que la sagesse divine, prévoyant les outrages dont il devait être l'objet, se soit plu à entourer son nom des plus augustes témoignages, préparant ainsi à l'avance la meilleure de toutes les réponses aux blasphèmes qui devaient plus tard être proférés.

Consultons maintenant les historiens contemporains de Grégoire VII, et recueillons les expressions par lesquelles ils terminent le récit de ses travaux et de ses tribulations. Le premier que nous citerons est Paul, chanoine de Bernried, qui écrivit, vers 1131, la vie du saint pape.

« Ainsi, dit-il, rempli de la grâce septiforme, l'esprit du
« septième Grégoire qui avait repris le monde et ses
« princes sur le péché, l'injustice et le jugement, fortifié
« de la nourriture divine qu'il venait de recevoir, s'élan-
« çant dans la voie céleste, et porté, comme Élie, sur le
« char de feu à cause de son zèle pour les intérêts divins,
« dans le jour même consacré à la mémoire d'Urbain,
« son prédécesseur, augmenta d'une manière excellente
« l'allégresse de ce saint pontife et celle de tous les Bien-

---

(1) Nous donnons à la fin du présent chapitre (note A) cette pièce peu connue, et remarquable comme toutes les poésies de saint Alphane, par une élégance et une richesse de style surprenantes.

(2) Verbis simul et exemplis illustrasse. Mabillon, *Acta SS. Ord. S. Benedicti* sæc. VI, part. II.

3) Vid. Papebrock, *Acta SS.* Maii, die XXV.

AFFAIRE DE LA LÉGENDE DE SAINT GRÉGOIRE VII

« heureux qui, avec le Christ, se réjouissent dans la gloire
« du ciel ; en même temps qu'il laissait abîmée, dans une
« douleur profonde, l'Église qui poursuit sur la terre
« son pèlerinage (1). »

I PARTIE
CHAPITRE XXI

« A la mort de Grégoire, dit Bertold, également con-
« temporain, dans sa chronique, les fidèles des deux
« sexes furent dans le deuil, mais principalement les
« pauvres ; car il était le très-zélé docteur de la religion
« catholique, et le défenseur le plus intrépide de la liberté
« ecclésiastique. Il ne voulut pas que l'ordre du clergé
« restât avili aux mains des laïques, mais qu'il occupât,
« au contraire, le premier rang, par la sainteté des mœurs
« comme par sa dignité sacrée (2). »

Le chroniqueur Bertold.

« Cependant, dit le poète Domnizone, témoin de
« l'événement, des cris de douleur se font entendre ; ils
« sont causés par le trépas du pontife Grégoire, que le
« Seigneur Christ vient d'enlever aux cieux, sept jours
« avant la fin de mai. Les moines le pleurent, parce qu'il
« était moine lui-même ; les clercs sont dans les larmes,
« et plongés dans le deuil sont aussi les laïques dont la
« foi est pure de tout contact avec les schismatiques (3). »

Le poète Domnizone.

(1) Itaque septiformi gratia plenus septimi Gregorii spiritus, qui mundum et principes ejus arguebat de peccato et de injustitia et de judicio, in fortitudine cœlestis cibi nuper accepti cœlestem viam arripiens, meritoque divini zeli, velut igneo curru, instar Eliæ subvectus, Urbani prædecessoris sui, cujus ea die festivitas exstitit, omniumque beatorum lætitiam in cœlesti gloria cum Christo gaudentium excellenter ampliavit ; in terris vero peregrinantem ecclesiam discessu suo non parvo mœrore consternavit. (Pauli Bernrieden S. Gregorii VII vita, cap. XII, 102.)

(2) De cujus obitu omnes religiosi utriusque sexus, et maximè pauperes, doluerunt : erat enim Catholicæ religionis ferventissimus institutor, et Ecclesiasticæ libertatis strenuissimus defensor. Noluit sane ut Ecclesiasticus ordo manibus laïcorum subjaceret, sed eisdem et morum sanctitate, et ordinis dignitate præemineret. (Bertholdi Chronic. ad annum 1085.)

(3)   Interea planctus de præsule nascitur altus
         Gregorio, gestat Dominus quem Christus ad æthra,

400 AFFAIRE DE LA LÉGENDE DE SAINT GRÉGOIRE VII

INSTITUTIONS LITURGIQUES

Hugues de Flavigny.

Hugues de Flavigny, dans sa précieuse Chronique, termine ainsi l'histoire de notre grand pontife, qui l'avait honoré de son amitié : « Ainsi, martyr et confesseur, « l'an de l'Incarnation du Seigneur mil quatre-vingt-cinq, « il rendit son âme au Créateur (1). »

La vénération publique devait nécessairement lui décerner un culte.

Tel apparaît le jugement des contemporains de Grégoire dans les diverses relations qu'ils nous ont laissées de sa vie et de ses actes. Il est clair, d'après cela, que la vénération publique ne devait pas tarder à se manifester envers lui, et à préparer les bases de ce culte immémorial que plus tard le Siège apostolique devait reconnaître et sanctionner.

Miracles opérés par le saint pontife après sa mort.

Au reste, les prodiges qui, plus d'une fois pendant sa vie, avaient rehaussé la grandeur de ses actions, éclataient encore à son tombeau. Paul de Bernried les rapporte avec toute l'autorité et aussi la simplicité d'un témoin oculaire (2). Lambert de Schafnabourg, qui ne conduit sa chronique que jusqu'à la quatrième année de Grégoire, atteste l'existence de faits miraculeux qui servaient, dit-il, puissamment à confondre les ennemis du saint pontife (3). Orderic Vital, dans son *Histoire ecclésiastique,* parle, comme d'un fait avéré, de la guérison de plusieurs lépreux au moyen de l'eau qui avait touché le corps de Grégoire(4).

> Ante dies septem Madii quam finis adesset.
> Hunc Monachi deflent, Monachus quia noscitur esse,
> Hunc clerici flebant, valde laïcique dolebant,
> Pura fides quorum procul est a schismaticorum.
> DOMINIZON. *Vita Mathildis.*

(1) Sic spiritum Creatori tradens, anno ab Incarnatione Domini MLXXXV obiit, martyr et confessor. (*Chronicon Virdunense Hugonis Flaviniacensis, in Biblioth. nova Mss. Labbei,* tom. I.)

(2) *Vita Gregorii VII,* cap. 1. 2. 3. 13.

(3) Signa etiam et prodigia, quæ per orationes Papæ frequentius fiebant, et zelus ejus ferventissimus pro Deo et pro ecclesiasticis legibus, satis eum contra venenatas detractorum linguas communiebant (*Ad annum* 1077. *Scriptores rerum Germanicarum,* tom. I.)

(4) Leprosi de aqua, unde corpus ejus ablutum fuerat, petierunt, qua consecuta fideliter loti sunt, et opitulante Deo, protinus mundati sunt. (Part. II, lib. VIII, pag. 677.)

Enfin, on peut voir sur cet article la discussion assez brève, mais lumineuse, de Benoît XIV, en son traité de la *Canonisation des Saints* (1).

Légèreté avec laquelle certains catholiques ont tiré scandale des épreuves, auxquelles Grégoire a été soumis pour assurer le triomphe de l'Église.

Mais croirait-on que des écrivains catholiques aient pu se rencontrer, dans ce siècle même, qui ont tiré scandale des épreuves par lesquelles la divine justice purifia l'âme de son serviteur, et dont la foi vacillante n'a pas vu toute la portée de ces adversités précieuses qui, en sauvant la sainte cause de la liberté de l'Église, assuraient au pontife expirant la récompense et la mémoire des martyrs. *J'ai aimé la justice et j'ai haï l'iniquité; c'est pourquoi je meurs dans l'exil!* disait Grégoire sur son lit de mort. Mais le Sauveur lui-même, qui avait passé en faisant le bien, et guérissant toute langueur et toute infirmité, ne s'est-il pas senti abandonné de son Père, au point qu'il criait : *Mon Dieu! mon Dieu! pourquoi m'avez-vous délaissé?* Cependant ses ennemis, témoins de son agonie, disaient en branlant la tête : *S'il est le Fils de Dieu, qu'il descende de la Croix.* Ils croyaient peut-être que le salut du monde pouvait s'opérer sans l'immolation de la Victime. Ceux dont nous parlons ne savaient pas non plus apparemment que la liberté ecclésiastique ne pouvait être sauvée sans qu'il en coûtât la vie et l'honneur de son défenseur. Grégoire devait succomber pour le salut de plusieurs ; son nom devait donc être maudit ; car *le disciple n'est point au-dessus du maître* (2).

Baronius répond à ces pauvres raisonnements en énumérant les services que saint Grégoire VII a rendus à l'Église.

Qu'on ne nous dise donc plus : La cause de Grégoire VII n'était pas celle de Dieu ; car ses entreprises hardies ne reçurent point la consécration du succès. Nous, nous répondrons par ces paroles du grand Baronius, qui terminent le récit de la mort sublime de notre héros : « Ainsi, c'est par des persécutions sans fin, des angoisses « de tout genre, souvent même par le meurtre de ses

(1) Lib. I, cap. XLI, § X, 16.
(2) Matth., x, 24.

T. II. 26

INSTITUTIONS
LITURGIQUES

« prêtres, que l'Église reçoit une heureuse paix, que la
« liberté ecclésiastique s'acquiert et se consolide, que le
« salut des âmes est opéré. Ainsi, le Christ a instruit ses
« pontifes à combattre et à vaincre, lui dont les souf-
« frances et les infirmités font la force et le courage des
« fidèles, lui dont la mort est leur vie. Je me trompe, ou
« l'expérience des siècles a démontré jusqu'au temps pré-
« sent que c'est aux travaux de Grégoire qu'il faut rappor-
« ter et les investitures des églises arrachées aux mains
« des Princes, et la libre élection des pontifes romains
« restituée, et la discipline ecclésiastique relevée de ses
« ruines, et tant d'autres avantages innombrables assurés
« à l'Église (1). »

Grégoire, mourant dans l'exil, remporte cependant la victoire sur les ennemis de l'Église et donne l'exemple à tous les défenseurs de la sainte cause, pour laquelle il a sacrifié sa vie.

Oui, certes, Grégoire a été vaincu suivant la chair ; comme le Fils de l'Homme, il s'est vu n'ayant pas où reposer sa tête ; il s'est éteint dans l'humiliation, tellement que les hommes *l'ont réputé frappé de la main de Dieu* (2) ; mais pour lui aussi, la mort, d'abord victorieuse, est demeurée ensevelie dans son triomphe. Son nom, sa gloire, ses mérites ont inspiré, ont soutenu dans la défense laborieuse des libertés ecclésiastiques, non-seulement l'incomparable Thomas de Cantorbéry, dans sa lutte contre un roi d'Angleterre, mais tant d'illustres papes qui ont su se poser comme un rempart pour la maison d'Israël ; Pascal II contre l'empereur Henri V ; Innocent IV contre

(1) Ita plane persecutionibus indesinentibus, diversi generis ærumnis atque sæpe cœdibus sacerdotum multo felicius paritur Ecclesiæ pax, libertas acquiritur atque confirmatur ecclesiastica, et salus quæritur animarum. Sic sacerdotes suos pugnare et vincere Christus docuit, cujus passionibus et infirmitatibus robur ac fortitudo, ac morte denique vita est fidelibus comparata. Mentiar nisi ista jam experimento rerum præsentium monstrari possint, per Gregorium nempe vindicatas e manibus principum Ecclesiarum investituras, liberam electionem Romanorum pontificum post liminio restitutam, disciplinam ecclesiasticam collapsam penitus reparatam, et alia immunera bona parta. (*Ad annum* 1085, n° 13.)

(2) Isaias, LIII.

Frédéric II; Boniface VIII contre Philippe le Bel ; Grégoire XIII, Sixte-Quint, Grégoire XIV et Clément VIII, contre Henri de Bourbon; Innocent XI contre Louis XIV; Clément XIII contre les cours de Madrid, de Lisbonne, de Naples, de Parme ; Pie VII contre Napoléon ; Grégoire XVI contre Frédéric-Guillaume.

Nous venons d'entendre le témoignage des historiens contemporains, sur l'opinion de sainteté qui environnait Grégoire VII durant sa vie, et après sa mort ; suivons maintenant à travers les siècles les différentes manifestations de cette persuasion qui, plus tard, devaient motiver le jugement infaillible du Saint-Siège.

Soixante-dix ans s'étaient à peine écoulés depuis le jour où le glorieux athlète de l'Église expirait dans l'exil, que déjà un de ses successeurs qui a laissé une mémoire vénérable, Anastase IV, plaçait son image parmi celles des Saints, sur la mosaïque de la chapelle de Saint-Nicolas, au palais patriarcal de Latran (1). Le corps de Grégoire avait été enseveli par les soins de Robert Guiscart, ou de Roger, son fils (2), dans un tombeau de marbre, et placé dans la cathédrale de Salerne, déjà célèbre comme possédant les reliques de l'apôtre et évangéliste saint Matthieu. Orderic Vital, historien du xie siècle, que nous avons cité plus haut, parle de l'affluence des pèlerins au tombeau du saint pape, et des grâces de santé que l'on y recevait (3). Une chronique, rédigée par ordre de Cencius Savelli, camérier apostolique, qui fut pape en 1216, sous le nom d'Honorius III, atteste pour son temps la continuation du culte de saint Grégoire VII et des prodiges

I PARTIE
CHAPITRE XXI

L'opinion des contemporains sur la sainteté de Grégoire VII se perpétue à travers les âges.

Témoignages du xiie et du xiiie siècle.

---

(1) Papebrock. *Acta SS.* Maii, tom. VI. Conatus. *Histor. de Rom. Pont.*, part I. Appendix, pag. 208. Bened. XIV, *de Canonizat*, lib. I, cap. 41.
(2) Papebrock. *Ibidem.*
(3) Meritis ejus, fidei petentium miraculorum copia divinitus ostensa est. (*Hist. ecclesiast.*, part. II, lib. VIII, *ibid.*)

Institutions liturgiques. — opérés par son intercession (1) ; et lorsque, vers la fin du même siècle, Jean de Procida dota et fit décorer avec magnificence la chapelle dite de Saint-Michel, dans la cathédrale de Salerne, il est naturel de penser, avec Papebrock, qu'il avait en vue de manifester sa dévotion envers le pontife qui reposait dans cette même chapelle, où il était l'objet du culte des peuples attirés par le bruit des merveilles qui s'y opéraient (2).

Ouverture du tombeau de Grégoire VII par le cardinal Colonna, archevêque de Salerne, en 1574. — Le corps de saint Grégoire VII continuait toujours d'être l'objet de la vénération des habitants de Salerne, sans pourtant que cette vénération se répandît beaucoup au dehors de la province du royaume de Naples où est située cette ville, lorsqu'en 1574, le cardinal Marc-Antoine Marsile Colonna monta sur le siège qu'avait occupé saint Alphane, l'ami de notre saint pontife. La Providence avait dessein de se servir de lui pour accroître encore le culte jusque-là décerné au serviteur de Dieu, et pour en préparer les développements. Le prélat fit l'ouverture du tombeau, et il y trouva les précieux restes du saint pontife conservés presque en entier, avec les ornements pontificaux dont on l'avait revêtu lors de sa sépulture. C'est ce qu'il atteste par une inscription qui se lit encore dans la cathédrale de Salerne, et qui est conçue en ces termes :

Inscription qui perpétue la mémoire de cet événement dans la cathédrale de Salerne.

Gregorio VII Soanensi P. O. M. Ecclesiasticæ libertatis vindici acerrimo, assertori constantissimo : qui dum Rom. Pontificis auctoritatem, adversus Henrici perfidiam strenue tuetur, Salerni sancte decubuit, anno Domini MLXXXV, VIII Kal. Junii. Marcus Antonius Columna Marsilius, Bononiensis, Archiepiscopus Salernitanus, cum illius corpus, post quingentos circiter

---

(1) Ad cujus utique corpus, in B. Matthæi Basilica honorifice tumulatum, mirabilis Deus miracula operari dignatus est. (*Ex libro Mss. censuali Centii Camerar. in Gregorium VII, ad finem.*)

(2) Papebrock. *Ibidem.*

annos, sacris amictum et fere integrum reperisset, ne tanti Pontificis sepulchrum memoria diutius careret. Gregorio XIII Bononiense sedente. Anno Domini M D LXXVIII. Pridie Kalendas Quintilis (1).

Le pieux cardinal mourut en 1582, et n'eut pas la consolation de voir consommée l'œuvre de la canonisation du saint pontife. Elle eut lieu deux ans après, par l'autorité de Grégoire XIII, qui inséra le nom de Grégoire VII au Martyrologe romain, avec cet éloge : *Salerni, Depositio B. Gregorii Papæ septimi qui Alexandro secundo succedens, ecclesiasticam Libertatem a superbia principum suo tempore vindicavit, et viriliter Pontificia auctoritate defendit.*

<small>Grégoire XIII canonise saint Grégoire VII en 1584 par l'insertion de son nom au Martyrologe romain.</small>

Cette sorte de canonisation, sans procès préalable, est distincte de la canonisation appelée *formelle,* et est désignée sous le nom d'*équipollente*. Elle a lieu lorsque le souverain Pontife décerne le culte public à un personnage déjà en possession d'honneurs religieux que lui rend la piété des fidèles, en même temps que l'héroïsme de ses vertus et la vérité de ses œuvres miraculeuses sont certifiés par le témoignage d'historiens dignes de foi. Cette canonisation a la même autorité que la canonisation *formelle,* et outre que le culte de presque tous les saints qui ont vécu dans l'Église avant l'institution des procédures aujourd'hui en usage, ne repose que sur un jugement du même genre, il est un grand nombre de saints parmi ceux qui ont fleuri dans l'Église, depuis que le Siège apostolique s'est réservé les causes de canonisation, qui n'ont cependant été inscrits au catalogue des saints que de cette manière *équipollente;* tels sont, par exemple, saint Romuald, saint Norbert, saint Bruno, saint Pierre Nolasque, saint Raymond Nonnat, saint Ferdinand III, saint Jean de Matha, sainte Marguerite d'Écosse, saint Étienne de Hon-

<small>Cette canonisation équipollente a la même valeur que la canonisation formelle.</small>

<small>Le culte du plus grand nombre des saints repose uniquement sur un jugement de cette nature.</small>

---

(1) Ciacconi. *Vitæ et res gestæ Pontificum Romanorum*, tom. I, page 853.

grie, etc. L'ignorance des règles de l'Église romaine a donc pu seule faire dire à certains auteurs jansénistes et non jansénistes, que saint Grégoire VII était honoré par l'Église, sans avoir été canonisé, puisque l'on en devrait dire autant des illustres saints que nous venons de nommer : conséquence à laquelle, sans doute, ces auteurs se refuseraient.

Cette canonisation de saint Grégoire VII n'a pas été un acte d'hostilité contre Henri de Bourbon, alors héritier présomptif du trône de France et depuis devenu le roi Henri IV.

Quant à ce que l'on a prétendu, que Grégoire XIII avait voulu diriger l'effet de cette canonisation contre Henri de Bourbon, qui poursuivait alors la couronne de France, recommandant ainsi la mémoire d'un pontife qui avait foulé sous ses pieds un autre Henri, aussi quatrième du nom, il semble qu'il n'est pas besoin de recourir à cette explication. La translation du corps de saint Grégoire VII, par l'archevêque de Salerne, dans un moment où Grégoire XIII s'occupait de l'édition du martyrologe, était suffisante, avec la possession du culte antérieur, pour engager ce dernier pape à définir enfin la sainteté du glorieux confesseur de Salerne.

Sixte-Quint modifie la formule d'éloge adoptée par Grégoire XIII pour le martyrologe.

Sixte-Quint, successeur de Grégoire XIII, fit quelque changement à la formule consacrée par son prédécesseur à notre saint pape, dans le martyrologe ; il adopta cette phrase qui est restée dans l'édition de Benoît XIV, et les suivantes : *Salerni, Depositio B. Gregorii Papæ septimi, ecclesiasticæ libertatis propugnatoris ac defensoris acerrimi.*

Translation du corps de saint Grégoire VII en 1595.

Bientôt après, sous Clément VIII, en 1595, le corps de saint Grégoire VII fut tiré du sépulcre que lui avait consacré le cardinal Colonna, et placé sous un autel, toujours dans la même chapelle de Saint-Michel. Il paraît même que ce fut alors, Mario Bolognini étant archevêque, que le chef fut séparé du reste du corps pour être renfermé dans un reliquaire spécial (1).

---

(1) Papebrock. *Ibidem.*

AFFAIRE DE LA LÉGENDE DE SAINT GRÉGOIRE VII 407

Sous le pontificat du même Clément VIII, Baronius fit paraître le onzième tome de ses *Annales*, où il célébra et vengea tout à la fois, avec son éloquente érudition, la mémoire de saint Grégoire VII. Un peu avant lui, Bellarmin, dans ses controverses, et spécialement au livre quatrième, *de Romano Pontifice*, avait eu pareillement l'occasion de faire cette grande justice. Ainsi, les deux plus illustres écrivains du catholicisme, à cette époque de géants, se montraient préoccupés de la gloire du saint pontife : mais jusque-là les hérétiques seuls s'étaient levés pour la flétrir.

Du moment où le nom de saint Grégoire VII fut inséré au martyrologe, le chapitre de la cathédrale de Salerne, que le saint pape avait autrefois comblé de priviléges, accordant à ses membres la chape rouge et la mitre, fut autorisé à célébrer solennellement son office. Mais d'abord il ne fut récité que suivant le rite commun des confesseurs pontifes, jusqu'à ce qu'en 1609, à la prière du même chapitre et de l'archevêque Jean Beltramini, Paul V, par un bref qui commence ainsi : *Domini Jesu Christi*, accorda un office propre dont les Leçons se retrouvent en grande partie dans celles qui furent publiées, en 1728, par Benoît XIII, et dont nous allons bientôt parler.

L'archevêque Beltramini fit, vers le même temps, ériger une statue remarquable du saint pape dans la cathédrale de Salerne, et, ayant été transféré à un autre siège, il eut pour successeur le cardinal Lucius San Severino, non moins zélé que lui pour la garde du saint dépôt confié à son Église. Il en donna une preuve solennelle en 1614, faisant construire un nouvel autel à saint Grégoire VII, et y plaçant solennellement son corps ; ce que l'on doit compter pour la troisième translation de ces précieuses reliques (1). Ce fut peut-être à cette occasion,

I PARTIE
CHAPITRE XXI

Baronius et Bellarmin vengent le saint Pontife des accusations lancées contre lui.

Le chapitre de Salerne autorisé à célébrer la fête de saint Grégoire VII, avec des leçons propres qui sont approuvées en 1728.

Piété des archevêques Beltramini et du cardinal San Severino envers saint Grégoire VII

(1) La première par le cardinal Marsile Colonna ; la seconde par Mario Bolognini ; enfin, celle dont nous parlons ici, accomplie par le cardinal

ou du moins peu auparavant (1), qu'un bras du saint pape fut distrait pour être donné à la ville de Soana, en Toscane, patrie de saint Grégoire VII, laquelle avait député deux ambassadeurs vers le chapitre de la cathédrale de Salerne, avec les lettres de recommandation du Grand-Duc, qui joignait ses instances à celles de la ville.

Vers la même époque, le savant jésuite Jacques Gretser, dont les immenses travaux ne sont point assez appréciés aujourd'hui, publia une docte apologie des actions et de la personne de saint Grégoire VII. Dans cette importante discussion, il n'allègue pas moins de cinquante écrivains à l'appui des éloges qu'il donne au Pontife, et le venge d'une manière victorieuse des imputations qu'avaient lancées contre lui et les schismatiques du xie siècle, et les hérétiques du xvie.

Vers le milieu du xviie siècle, Alexandre VII établit l'office de saint Grégoire VII dans les basiliques de Rome, sans cependant l'insérer encore au Bréviaire de l'Église romaine (2). Mais ce siècle devait être fameux par les attaques portées au saint pontife, non plus seulement de la part des protestants, mais de la part des juristes, et surtout des théologiens et canonistes gallicans. Nous nous contenterons de rappeler le trop fameux Edmond Richer, dans son livre *de Ecclesiastica et politica potestate*; Ellies Dupin, dans son *Traité de la puissance ecclésiastique*, et Bossuet, dans sa *Défense de la déclaration*

San Severino, laquelle est attestée par une inscription conçue en ces termes, qu'il fit placer dans la cathédrale de Salerne :

Ego Lucius Sanseverinus, Archiepiscopus Salernitanus, altare hoc in honorem B. Gregorii Papæ VII consecravi ; ejusque sacrum corpus in eo inclusi ; præsentibus, annum unum, anniversaria deinceps consecrationis die, ipsum pie visitantibus, quadraginta dies veræ indulgentiæ de Ecclesiæ more, concessi. A. D. MDCXIV, die IV mensis Maii.

(1) Papebrock. *Ibidem.*
(2) Gretseri. *Opera,* tom. VI.

de *1682*, ouvrage dont le grave et impartial Benoît XIV a dit : « Il serait impossible de trouver un livre *qui soit* « *plus opposé à la doctrine reçue en tous lieux, excepté en* « *France*, sur l'infaillibilité du Souverain Pontife, défi-« nissant *ex Cathedra*, sur sa supériorité à l'égard de « tout concile œcuménique, sur le domaine indirect « qu'il a sur les droits temporels des souverains, « quand l'avantage de la Religion et de l'Église le « demande (1). »

Cependant, de tous les auteurs gallicans du dix-septième siècle qui écrivirent contre saint Grégoire VII, celui dont la hardiesse fit le plus d'éclat à raison du châtiment qui lui fut infligé par le Saint-Siège, est le P. Noël Alexandre. Il avait publié les dix premiers siècles de son *Histoire ecclésiastique,* et mérité jusque-là les éloges du pape Innocent XI, qui occupait alors la Chaire de saint Pierre, et qui avait daigné lui faire parvenir le témoignage le plus flatteur de sa satisfaction pour l'érudition et l'orthodoxie qui, jusqu'alors, avait présidé à cette œuvre (2). Arrivé aux événements du xie siècle, Noël Alexandre consacra deux dissertations à faire ressortir les torts qu'avait eus, selon lui, un pontife déjà placé sur les autels. Innocent XI, celui qui n'avait pas fléchi devant le grand roi, crut devoir manifester énergiquement l'indignation que lui inspirait une semblable conduite de la part d'un religieux. Il rendit un décret, en date du 13 juillet 1684, par lequel il condamnait le volume qui renfermait ces

I PARTIE
CHAPITRE XXI

Noël Alexandre insulte saint Grégoire VII dans son *Histoire ecclésiastique* et est puni d'une manière éclatante par le vénérable Innocent XI.

---

(1) Difficile profecto est aliud opus reperire quod æque adversetur doctrinæ extra Galliam ubique receptæ de summi Pontificis ex Cathedra definientis infallibilitate, de ejus excellentia supra quodcumque Concilium œcumenicum, de ejus jure indirecto, si potissimum Religionis et Ecclesiæ commodum id exigat, super juribus temporalibus principum supremorum. (*Epist. pro Card. H. Norisio apologet. ad suprem. Hispan. Inquisitorem. Inter opusc. Bened. XIV*, pag. 117.)

(2) Touron. *Hist. des Hommes illustres de l'Ordre de Saint-Dominique*, tome V, pag. 814.

INSTITUTIONS LITURGIQUES

dissertations, et, afin de témoigner plus énergiquement encore le déplaisir que le Saint-Siège avait ressenti, tous les écrits du même auteur furent proscrits, avec défense de les lire, retenir, où imprimer, sous peine d'excommunication (1). Ce fut ainsi qu'un Pontife, déclaré *Vénérable* par la congrégation des Rites, à cause de ses grandes vertus, se montra jaloux de l'honneur de son saint prédécesseur, dont la mémoire allait bientôt être en butte à de nouveaux outrages, en attendant les honneurs que lui réservait le xixe siècle.

Noël Alexandre réfuté par François d'Enghiel, dominicain comme lui.

Au reste, Noël Alexandre n'attendit pas longtemps la réfutation de ses thèses gallicanes ; un religieux, dominicain comme lui, François d'Enghiel, publia peu après un livre très-solide, au jugement de Benoît XIV (2), et intitulé : *Auctoritas Sedis Apostolicæ pro Gregorio Papa VII vindicata, adversus Natalem Alexandrum Ordinis Prædicatorum Doctorem Theologum.*

Dom Mabillon publie la vie de saint Grégoire VII dans ses Acta sanctorum ordinis sancti Benedicti.

Dom Mabillon, dans la publication des *Acta sanctorum Ordinis sancti Benedicti*, eut aussi à produire la vie et les actes de notre saint pape. Le deuxième tome du vi^e siècle bénédictin parut en 1701 ; mais l'illustre éditeur sut franchir ce pas devenu difficile, sans manquer ni à la prudence ni à la fidélité de l'historien catholique.

L'office de saint Grégoire VII concédé par Clément XI à l'ordre de Cîteaux, et ensuite à l'ordre bénédictin entier, étendu en 1728 par Benoît XIII à l'Église universelle.

Cependant Clément XI, à la prière du cardinal Gabrielli, dont la conduite avait été si ferme dans l'affaire de la Régale, accorda, en 1705, à l'ordre de Cîteaux le privilège de faire l'office de saint Grégoire VII, et cinq ans après, le même pontife concéda la même grâce à l'ordre de Saint-Benoît, sur les instances du procureur général de la congrégation du Mont-Cassin. Ces différentes concessions

---

(1) Touron. *Ibidem.* Benoît XIV. *De Canonizat. Sanctorum,* lib. I, cap. xli. Papebrock. *Ad diem XXV Maii.*

(2) Bened. XIV. *Ibidem.*

d'office ne firent aucun bruit ; mais lorsque, par un décret du 25 septembre 1728, Benoît XIII eut ordonné d'insérer la fête de saint Grégoire VII au missel et au bréviaire, et enjoint à toutes les églises du monde de la célébrer, un grand orage s'éleva dans plusieurs États de l'Europe, et particulièrement en France.

Il est évident, sans doute, que dans l'établissement de cette fête et la promulgation universelle de la *Légende* si remarquable qui devait se lire dans l'office, Rome se proposait un but ; nous n'avons garde d'en disconvenir. Mais nous dirons, en premier lieu, que c'est un assez beau spectacle pour nous, hommes de ce siècle, de voir, au moment où d'absurdes préjugés commençaient à éclipser toute vérité historique sur le moyen âge, où une philosophie menteuse et sans intelligence foulait aux pieds les plus salutaires enseignements du passé ; de voir, disons-nous, Rome arracher par un acte courageux à ce naufrage universel, le nom vénérable d'un héros de l'humanité, en qui le siècle suivant devait saluer, avec enthousiasme, le vengeur de la civilisation et le conservateur des libertés publiques, aussi bien que des libertés ecclésiastiques. C'était là, certes, un *progrès*, et d'autant plus méritoire que le Pontife qui s'en portait l'auteur ne pouvait ignorer que l'autorité du Saint-Siège, déjà si affaiblie, allait encore devenir à cette occasion même l'objet de nouvelles attaques.

Nous dirons en second lieu, et sans détour, que Rome avait bien, par cet acte, quelque intention de pourvoir à son honneur outragé dans la fameuse Déclaration de l'Assemblée du Clergé de 1682, et dans tout ce qui s'en était suivi en France, de la part des deux autorités. Le roi Louis XIV avait, il est vrai, promis de révoquer son édit pour l'enseignement des quatre Articles, et, tant qu'il avait vécu, on avait tenu à l'exécution de cet engagement, qui, joint à la lettre de réparation des évêques de l'assem-

En glorifiant saint Grégoire VII, Benoît XIII jetait le défi à tous les préjugés de son siècle et devançait le jugement que la science devait prononcer de nos jours.

Par cet acte courageux, Rome opposait un obstacle aux envahissements du gallicanisme, qui, secondé par le jansénisme, restreignait de plus en plus, le pouvoir de l'Église pour accroître démesurément celui de l'État.

blée du pape, avait été la condition nécessaire de l'institution canonique des prélats nommés depuis plus de dix ans aux siéges vacants. Mais déjà les promesses n'étaient plus exécutées ; les universités faisaient chaque jour soutenir dans leur sein des thèses dans lesquelles les doctrines romaines étaient attaquées, l'autorité apostolique circonscrite dans des bornes arbitraires, la conduite des plus saints papes taxée de violence aveugle, et signalée comme contraire au droit naturel et divin. Il était temps que la grande voix du Siège apostolique se fît entendre, et qu'elle protestât du moins contre l'audace sans cesse croissante de ces docteurs toujours prêts à restreindre les limites du pouvoir spirituel, en même temps qu'ils enseignaient avec tant de complaisance l'inamissibilité du pouvoir royal.

Heureusement, l'Église a eu de tout temps, dans sa Liturgie, un moyen de répression contre les entreprises téméraires qu'on a osées sur sa doctrine ou contre son honneur. Ce qu'elle confesse dans la prière universelle, devient règle pour ses enfants, et comme nous l'avons fait voir dans cette histoire, si quelques-uns ont cherché à s'isoler des formules qu'elle consacre, c'est qu'ils sentaient avec quelle irréfragable autorité elle impose, dans ce bréviaire, dans ce missel si odieux, ses jugements sur les doctrines, sur les personnes et sur les institutions. Benoît XIII eut donc intention, en étendant à l'Église universelle l'office de saint Grégoire VII, de faire un contrepoids aux envahissements du gallicanisme qui, de jour en jour, augmentaient de danger et d'importance, à raison surtout des efforts d'une secte puissante et opiniâtre qui menaçait de plus en plus l'existence de la foi catholique au sein du royaume de France. Si Rome laissait flétrir plus longtemps la mémoire des plus saints pontifes des siècles passés, elle donnait gain de cause à ces hommes audacieux qui criaient sur les toits qu'elle avait renouvelé ses prévarications, et qu'Innocent X, Alexandre VII, Clément XI, n'étaient ni plus ni moins coupables que Grégoire VII, Innocent III et tant d'autres. Écoutez plutôt un des fidèles organes de la secte :

« Au premier coup d'œil, on saisit la connexité de doc-
« trine entre les brefs d'Innocent XI et d'Alexandre VIII,
« contre l'assemblée de 1682 ; la Proposition quatre-vingt-
« onze, concernant l'excommunication, censurée par la
« Bulle *Unigenitus*, et cette *légende contraire aux vérités*
« *révélées* qui enjoignent aux papes comme aux autres
« individus de la société, la soumission à l'autorité
« civile (1). »

Mais il est temps de révéler au lecteur cette *monstrueuse* légende qui mettait ainsi en péril *les vérités révélées*. Les pages que l'on va lire sont belles sans doute, pleines de noblesse et d'une éloquente simplicité : elles sont pourtant moins énergiques dans les éloges qu'elles donnent au pontife, que certaines pages qu'on peut lire tous les jours dans les écrits de plusieurs historiens, ou publicistes protestants. Voici la légende en son entier.

I PARTIE
CHAPITRE XXI

Sentiment de l'abbé Grégoire à ce sujet.

La légende de saint Grégoire VII moins énergique dans l'éloge du glorieux pontife que certaines pages des historiens protestants.

IN FESTO S. GREGORII VII. PAPÆ ET
CONFESSORIS.

IN SECUNDO NOCTURNO.

LECTIO IV.

« Gregorius Papa septimus antea Hildebrandus, Soanæ
« in Etruria natus, doctrina, sanctitate omnique virtutum
« genere cum primis nobilis, mirifice universam Dei
« illustravit Ecclesiam. Cum parvulus ad fabri ligna edo-
« lantis pedes, jam litterarum inscius, luderet, ex rejectis

Légende de saint GrégoireVII au Bréviaire romain.

(1) Grégoire. *Essai historique sur les Libertés de l'Église gallicane*, page 98.

« tamen segmentis illa Davidici elementa oraculi : *Domi-*
« *nabitur a mari usque ad mare,* casu formasse narratur,
« manum pueri ductante Numine, quo significaretur
« ejus fore amplissimam in mundo auctoritatem. Romam
« deinde profectus, sub protectione sancti Petri educatus
« est. Juvenis Ecclesiæ libertatem a laïcis oppressam ac
« depravatos Ecclesiasticorum mores vehementius dolens,
« in Cluniacensi Monasterio, ubi sub Regula sancti Bene-
« dicti austerioris vitæ observantia eo tempore maxime
« vigebat, Monachi habitum induens, tanto pietatis ardore
« divinæ Majestati deserviebat, ut a sanctis ejusdem
« Cœnobii Patribus Prior sit electus. Sed divina Provi-
« dentia majora de eo disponente in salutem plurimorum,
« Cluniaco eductus Hildebrandus, Abbas primum Monas-
« terii sancti Pauli extra muros Urbis electus, ac postmo-
« dum Romanæ Ecclesiæ Cardinalis creatus, sub summis
« Pontificibus, Leone nono, Victore secundo, Stephano
« nono, Nicolao secundo, et Alexandro secundo, præcipuis
« muneribus, et legationibus perfunctus est, *sanctissimi,*
« *et purissimi consilii vir* a Beato Petro Damiani nuncu-
« patus. A Victore Papa secundo Legatus a latere in
« Galliam missus, Lugduni Episcopum simoniaca labe
« infectum ad sui criminis confessionem miraculo adegit.
« Berengarium in concilio Turonensi ad iteratam hæresis
« adjurationem compulit. Cadolai quoque schisma sua
« virtute compressit. »

LECTIO V.

« Mortuo Alexandro secundo, invitus, et mœrens una-
« nimi omnium consensu, decimo Kalendas Maii, anno

« Christi millesimo septuagesimo tertio, summus Pontifex
« electus, sicut sol effulsit in Domo Dei ; nam potens
« opere et sermone, Ecclesiasticæ disciplinæ reparandæ,
« fidei propagandæ, libertati Ecclesiæ restituendæ, extirpan-
« dis erroribus et corruptelis, tanto studio incubuit, ut ex
« apostolorum ætate nullus Pontificum fuisse tradatur qui
« majores pro Ecclesia Dei labores, molestiasque pertule-
« rit, aut qui pro ejus libertate acrius pugnaverit. Aliquot
« Provincias a simoniaca labe expurgavit. Contra Henrici
« Imperatoris impios conatus fortis per omnia athleta impa-
« vidus permansit, seque pro muro domui Israel ponere
« non timuit, ac eumdem Henricum in profundum malo-
« rum prolapsum, fidelium communione, regnoque pri-
« vavit, atque subditos populos fide ei data liberavit. »

LECTIO VI.

« Dum Missarum solemnia perageret, visa est viris piis
« columba e cœlo delapsa, humero ejus dextro insidens,
« alis extensis caput ejus velare, quo significatum est, Spi-
« ritus Sancti afflatu, non humanæ prudentiæ rationibus
« ipsum duci in Ecclesiæ regimine. Cum ab iniqui Hen-
« rici exercitu Romæ gravi obsidione premeretur, excita-
« tum ab hostibus incendium signo crucis extinxit. De
« ejus manu tandem a Roberto Guiscardo Duce Nor-
« thamno ereptus, Casinum se contulit ; atque inde Saler-
« num ad dedicandam Ecclesiam sancti Matthæi Apostoli
« contendit. Cum aliquando in ea civitate sermonem
« habuisset ad populum, ærumnis confectus, in morbum
« incidit quo se interiturum præscivit. Postrema morientis
« Gregorii verba fuere : *Dilexi justitiam, et odivi iniqui-*

tatem : propterea morior in exilio. Innumerabilia sunt
« quæ vel fortiter sustinuit, vel multis coactis in Urbe
« Synodis sapienter constituit vir vere sanctus, criminum
« vindex, et acerrimus Ecclesiæ defensor. Exactis itaque
« in Pontificatu annis duodecim, migravit in cœlum,
« anno salutis millesimo octogesimo quinto, pluribus in
« vita, et post mortem miraculis clarus, ejusque sacrum
« corpus in Cathedrali Basilica Salernitana est honorifice
« conditum. »

L'oraison qui complète et résume l'office de saint Grégoire VII, au missel et au bréviaire, est ainsi conçue :

Deus in te sperantium fortitudo, qui Beatum Gregorium Confessorem tuum atque Pontificem, pro tuenda Ecclesiæ libertate virtute constantiæ roborasti ; da nobis, ejus exemplo et intercessione, omnia adversantia fortiter superare.

Maintenant que nous avons mis sous les yeux du lecteur cette pièce si fameuse, avant d'entrer dans le récit des événements qui suivirent sa promulgation, nous nous permettrons quelques réflexions sur la portée de ce manifeste pontifical.

Que suit-il du récit que nous venons de lire des actes et des vertus d'un pape du xie siècle? Cela veut-il dire que Rome se prépare à fondre, comme l'aigle, sur les États européens, a disposer arbitrairement de la couronne des princes qui les gouvernent, en un mot, à ébranler le monde entier du bruit de ses foudres? Nous qui vivons un siècle après l'apparition de cette redoutable légende, trouvons-nous beaucoup d'exemples depuis lors de cette omnipotence temporelle des pontifes du moyen âge, exercée par Benoît XIII, ou ses successeurs? Nous semble-t-il que la couronne de France, pays où la *légende* a été proscrite, ait été l'objet de moins d'attaques que celle des souverains dans les États desquels elle a été admise par le clergé? Et si par hasard, chez nous, depuis cette époque, les rois ont souffert la mort, l'exil, ou l'humiliation, est-ce Rome qui s'est montrée envers eux si impitoyable? Ne perdons pas ce point de vue dans les diverses parties du récit qui va commencer. Beaucoup de gens vont jeter les hauts cris, comme si la puissance royale était au moment d'expirer dans l'univers entier, par le seul fait de la *légende*. La haine de Rome les aveugle : et Dieu les a donnés en spectacle à notre siècle, qui sait enfin que Rome n'en veut pas à la puissance des monarques ; qui semble même comprendre que si, dans les âges catholiques, elle exerça effectivement une influence temporelle sur la société, elle fut alors l'unique sauvegarde de la liberté des peuples, comme le plus solide appui de l'autorité dont elle réprimait les excès. La *légende* est donc tout simplement le bouclier sous lequel Rome met à couvert son honneur compromis par tant de sophismes et de déclamations. Par ce manifeste solennel, elle neutralise le mouvement aveugle qui entraîne certaines écoles sur les pas de ces auteurs hétérodoxes qui n'ont souci de l'honneur des pontifes romains, mais ont, au contraire, tout à gagner, s'ils les peuvent faire considérer comme des violateurs des lois divines et de l'ordre naturel de la société.

L'office de saint Grégoire VII parvint en France, peu après sa publication à Rome, comme il arrive encore aujourd'hui, quand le souverain Pontife impose de nouveaux offices ; seulement à cette époque où l'usage de la Liturgie romaine était encore presque universel en France, les décrets de ce genre devaient occuper davantage et les ecclésiastiques et les fidèles qu'il n'arrive maintenant. Comme aujourd'hui, l'office était imprimé sur une feuille volante destinée à être jointe au bréviaire, en attendant son insertion en sa place dans la prochaine édition de celui-ci. Les *Nouvelles ecclésiastiques*, journal du Jansénisme, signalent la librairie Coignard fils, à l'enseigne du *Livre d'or*, comme ayant eu l'audace de tenir en vente, à Paris, le feuillet in-8° qui recélait la *légende*.

« Dès que parut cette légende, dit le républicain Grégoire, elle excita l'HORREUR de tous les hommes attachés « aux libertés gallicanes (1). »

A peine le parlement de Paris, juge souverain en matières liturgiques, eut-il connaissance de cette séditieuse manifestation des prétentions romaines, qu'il se réunit pour rendre, le 20 juillet 1729, sur les conclusions de l'avocat général Gilbert de Voisins, le même qui devait, sept ans plus tard, prendre sous sa protection le Bréviaire parisien de Vigier et Mésenguy, un arrêt portant suppression de la feuille contenant l'office de saint Grégoire VII, avec défense d'en faire aucun usage public, sous peine de saisie du temporel. Nous citerons seulement quelques phrases du réquisitoire ; elles suffiront pour constater l'esprit de la première magistrature du royaume, dans cette circonstance mémorable. L'avocat général, déguisant mal la haine dont lui et son corps étaient animés contre Rome, veut faire croire que, par le seul fait de la publication de l'office de saint Grégoire VII, la nation française est à la veille de secouer le joug de ses anciens rois. Il est vrai que ceci est arrivé avant même la fin du siècle dans lequel parlait l'honorable magistrat ; mais il est fort douteux que la *légende* y ait été pour quelque chose.

« On savait assez, dit l'avocat général, que Grégoire VII
« si célèbre par ses différends avec l'empereur Henri, est
« celui qu'on a vu porter le plus loin ses prétentions ambi-
« tieuses, inouïes dans les premiers siècles de l'Église, qui

---

(1) *Essai sur les libertés de l'Église gallicane*, page 99.

« causèrent de si longs troubles, et allumèrent des guerres
« si cruelles de son temps.

« Mais, qu'il soit permis de le dire, ajoute-t-il, on
« n'avait pas lieu de s'attendre de voir entrer dans son
« éloge, *et célébrer dans un office ecclésiastique*, l'excès
« où le conduisirent enfin des principes si dangereux.
« Est-ce donc le chef-d'œuvre de son zèle, d'avoir entre-
« pris de priver un Roi de sa couronne et de délier ses
« sujets du serment de fidélité ? Et pouvons-nous voir
« sans douleur, qu'on appuie sur un fait si digne d'être
« enseveli dans l'oubli, les titres qu'on lui donne de
« *défenseur de l'Église, de restaurateur de sa liberté*, de
« *rempart de la Maison d'Israël* ?

« Pourquoi faut-il que les vestiges d'une entreprise,
« dont le temps semblait affaiblir la mémoire, reparais-
« sent aujourd'hui jusque sous nos yeux, qu'ils viennent
« encore exciter notre devoir et notre zèle ? Souffririons-
« nous qu'à la faveur de ce prétendu supplément du Bré-
« viaire romain, on mît dans les mains des fidèles, dans la
« bouche des ministres de la religion, jusqu'au milieu
« de nos saints temples et de la solennité du culte divin,
« ce qui tend à ébranler les principes inviolables et sacrés
« de l'attachement des sujets à leur souverain (1) ? »

Le 24 du même mois de juillet, Daniel-Charles-Gabriel

I PARTIE
CHAPITRE XXI

A la faveur de ce prétendu supplément du Bréviaire romain, le respect des sujets pour l'autorité royale serait ébranlé.

Caylus, évêque d'Auxerre, publie un mandement contre la légende.

---

(1) Nous avons puisé une partie des pièces que nous devons citer en ce chapitre, dans un recueil publié en 1743 sur toute cette affaire. Il est intitulé : *L'Avocat du Diable, ou Mémoires historiques et critiques sur la vie et sur la légende du Pape Grégoire VII, avec des Mémoires du même goût sur la bulle de canonisation de Vincent de Paul, instituteur des Pères de la Mission et des Filles de la charité* (trois volumes in-12). L'auteur est Adam, curé de Saint-Barthélemi de Paris, appelant fameux. Il est remarquable que les jansénistes poursuivaient de la même haine saint Vincent de Paul et saint Grégoire VII ; comme pour faire mieux comprendre aux gens distraits que la même Église romaine, qui produit des Vincent de Paul pour le soulagement des misères corporelles de l'humanité, est aussi celle qui produit, suivant le besoin, des Grégoire VII pour remettre la société chrétienne sur ses véritables bases.

de Caylus, évêque d'Auxerre, qui venait de donner, en 1726, le nouveau bréviaire dont nous avons parlé, fidèle à l'impulsion de la magistrature, signala son zèle contre la *légende*, dans un mandement épiscopal adressé au clergé et aux fidèles de son diocèse. Appelant de la constitution *Unigenitus*, il s'était déjà essayé dans la résistance au Saint-Siège : il saisit donc avec empressement l'occasion d'outrager cette Rome, dont il ne portait le joug qu'en frémissant. Du reste, aussi zélé pour le pouvoir absolu et inamissible du prince temporel, que haineux envers l'autorité Apostolique, il donna, comme tous ceux de ses confrères dont nous citerons ci-dessous des extraits de mandement, le plus solennel démenti à certains écrivains de notre temps, qui s'obstinent à voir dans la secte de Port-Royal la première manifestation des idées soi-disant *libérales*.

« Ce n'est qu'avec peine, dit le Prélat, que nous rappe-
« lons ici le souvenir des entreprises de Grégoire VII. Il
« serait à souhaiter que ses successeurs eussent fait
« connaître, par leur conduite, qu'ils étaient très-éloignés
« de les approuver, et encore plus de les renouveler.....
« Nous serions dispensés par là de prendre de nouvelles
« *précautions pour nous y opposer* et en démontrer l'in-
« justice. Nous les regarderions comme une tache effacée,
« et nous n'aurions garde d'aller rechercher dans l'histoire
« ecclésiastique des faits qui ne sont propres qu'à désho-
« norer leurs auteurs, et que la sainte Église désavouera
« toujours (1). »

« Mais nous ne pouvons nous taire, continue M. d'Auxerre;
« ce que nous devons à l'Église universelle, au roi très-
« chrétien, à l'État, aux fidèles de notre diocèse et à nous-
« même, nous force de parler à l'occasion de l'office de
« Grégoire VII.

(1) Admirez cette profonde intelligence de l'histoire des institutions du moyen âge !

« Ne nous arrêtons pas à remarquer ici *que la sainteté*
« *de Grégoire VII n'est point reconnue dans l'Église ;*
« qu'il ne paraît pas qu'on ait fait pour lui, à Rome, ce qui
« s'observe dans la canonisation des saints, et que l'histoire
« de son pontificat est *difficile à accorder* avec l'idée d'une
« sainteté formée sur l'esprit et sur les règles de l'Évangile,
« et digne de la vénération et du culte public des fidèles.

« Tenons-nous donc, poursuit le Prélat, inviolablement
« attachés à la doctrine de la sainte antiquité, qui apprend
« aux sujets que personne ne peut les dispenser de la
« fidélité qu'ils doivent à leurs légitimes souverains, et
« qu'il n'y a ni crainte, ni menace qui doive les empêcher
« de remplir ce devoir, que la loi de Dieu leur impose ;
« et aux papes comme aux évêques, qu'ils n'ont pas le
« pouvoir de donner ni d'ôter les royaumes, et que, quant
« au temporel, les rois ne leur sont point soumis et ne
« dépendent pas d'eux, mais de Dieu seul. »

Assurément, c'est un grand avantage pour les souverains de ne dépendre ni du pape ni des évêques ; mais quand l'évêque d'Auxerre leur garantit qu'ils ne dépendent ici-bas que de Dieu, il exprime son désir, sans doute, mais non ce qui existe réellement ; car il n'est point d'homme ici-bas qui ne se soit rencontré, et souvent même, face à face avec son supérieur. Si les rois d'aujourd'hui n'ont plus à craindre la puissance du pape (et cependant voyez comme plusieurs la redoutent encore, cette Rome désarmée), ils ont, en revanche, de dures querelles et contestations à vider avec les peuples, qui à coup sûr sont moins justes et plus intéressés dans l'affaire que ne le seraient les pontifes romains.

Quoi qu'il en soit, M. d'Auxerre termine son mandement en déclarant *que, pour remplir toute justice, en donnant au roi de nouvelles preuves de sa fidélité et de son zèle pour la sûreté de sa personne sacrée, et pour la tranquillité de son royaume, qui pourraient être encore*

I PARTIE
CHAPITRE XXI

La sainteté
de Grégoire VII
n'est point
reconnue dans
l'Église.

Il faut s'en
tenir
à la doctrine de
l'antiquité sur
l'indépendance
des rois quant
au temporel.

Cette doctrine
de Caylus
contraire à la
nature même
des choses.

Caylus
défendant
l'usage de l'office
de saint
Grégoire VII
dans son
diocèse.

exposés aux derniers malheurs, si les maximes autorisées par *l'office du pape Grégoire VII trouvaient créance dans les esprits*, il défend à toutes les communautés et personnes séculières et régulières de l'un et de l'autre sexe de son diocèse, *se disant exemptes ou non exemptes*, qui se servent du Bréviaire romain, ou qui reçoivent les offices des nouveaux saints qu'on insère dans ce bréviaire, de réciter soit en public, soit en particulier, l'office imprimé, etc.

Cette résistance d'un évêque aux injonctions du Pape contraire à la notion du droit.

Ainsi, le Pape enjoint à toute l'Église de réciter l'office de saint Grégoire VII, et il se trouve un évêque qui défend à ses diocésains de se soumettre à cette injonction. Évidemment, l'un des deux est dans son tort ; car autrement que deviendrait une société qui renfermerait dans son sein des pouvoirs contradictoires, et néanmoins toujours légitimes, dans tous les cas ?

Colbert, évêque de Montpellier, janséniste appelant, condamne à son tour avec les plus dures qualifications l'office de saint Grégoire VII.

Le mandement de l'évêque d'Auxerre fut incontinent suivi d'un autre, publié le 31 juillet, par Charles-Joachim Colbert, évêque de Montpellier, si fameux par le catéchisme auquel il a donné son nom, et par son obstination dans les principes des appelants. On se rappelle, sans doute, son zèle à faire adopter dans son diocèse le nouveau Bréviaire de Paris, et la courageuse opposition du chapitre à cette mesure. Nous ne fatiguerons point le lecteur de toutes les déclamations que ce mandement renferme contre les prétentions romaines ; nous extrairons seulement les qualifications qu'il applique à un acte du souverain Pontife. La *Légende* de saint Grégoire VII est condamnée comme « renfermant une doctrine *séditieuse,* « *contraire à la parole de Dieu, tendante au schisme,* « *dérogeante à l'autorité souveraine des rois, et capable* « *d'empêcher la conversion des princes infidèles et héré-* « *tiques* (1). » Il en défend l'usage, sous les peines de

---

(1) Rien n'est beau comme ce zèle d'un évêque hérétique pour la propagation de la foi chez les infidèles et les hérétiques. Il est évident que le Pape et sa Propagande n'y entendent rien.

droit; ordonne, sous les mêmes peines, qu'on en porte les exemplaires à son secrétariat, et il exhorte son clergé à demeurer inviolablement attaché à la doctrine des quatre articles de l'assemblée de 1682.

Ce n'était pas assez encore. Le 16 août, parut le mandement publié sur la même matière par Henri-Charles de Coislin, évêque de Metz, connu aussi par son attachement aux principes de la secte qui troublait alors l'Église de France, et qui avait mis sa plus chère espérance dans les doctrines de la Déclaration de 1682.

Coislin, évêque de Metz, publie un mandement contre le nouvel office.

Après un sombre tableau des malheurs qui ne manquèrent pas d'ensanglanter le monde, chaque fois qu'il arriva à un souverain Pontife de faire usage de l'autorité spirituelle, pour venger certains grands crimes sociaux, tableau qu'on pourrait comparer, avec assez d'avantage, à ceux qu'on rencontre de temps en temps dans l'*Essai sur les Mœurs*, de Voltaire; même intelligence de l'histoire, même équité envers l'Église : l'évêque de Metz ajoute, avec une gravité solennelle :

Cette pièce fait le tableau des malheurs que les souverains Pontifes ont attirés sur le monde en abusant de leur autorité.

« L'expérience de tant d'événements funestes, qui
« avaient pris leur source dans les entreprises de Gré-
« goire VII, semblait avoir depuis longtemps arrêté le
« cours de cet embrasement : mais il en a paru depuis une
« étincelle qui serait capable de le rallumer, si chacun de
« ceux que le Père céleste a mis à la garde de sa maison
« n'accourait, pour en prévenir la communication dans la
« portion du troupeau qui lui a été confiée. »

La publication de l'office de saint Grégoire VII est une étincelle qui peut rallumer l'incendie.

Ainsi, il est bien démontré que c'est le pape qui met le feu à l'Église, tandis que Messieurs d'Auxerre, de Montpellier, de Metz, et plus tard Messieurs de Verdun, de Troyes, de Castres, et d'autres encore, font tout ce qu'ils peuvent pour l'éteindre.

« Il vient de se répandre, dit encore l'évêque de Metz,
« une feuille imprimée pour servir de supplément au Bré-
« viaire romain, et dans cette feuille qui contient un office

Jugement de l'évêque de Metz sur la légende de saint Grégoire VII.

424   AFFAIRE DE LA LÉGENDE DE SAINT GRÉGOIRE VII

INSTITUTIONS
LITURGIQUES

« consacré à la mémoire de Grégoire VII, les prélats et les
« premiers magistrats du royaume ont aperçu ce qu'il y a
« de plus capable d'inspirer l'excès des prétentions ultra-
« montaines. On lit dans la cinquième leçon de cet office,
« que ce pape *résista courageusement,* etc.

Elle présente comme une preuve de la sainteté de ce pontife ce qui ne devait servir qu'à condamner son gouvernement.

« La connaissance que nous avons, nos très chers frères,
« de votre zèle pour la personne du Roi, et de votre fidèle
« attachement au service de Sa Majesté, et à l'obéissance
« que vous devez à vos souverains, ne nous laisse aucun
« lieu de douter que vous ne soyez touchés aussi sensi-
« blement que nous l'avons été, en voyant dans ce peu
« de paroles un dessein ferme de proposer au clergé et aux
« peuples, comme un éloge destiné à rendre *croyable* la
« sainteté d'un pape, ce qui, suivant les principes de la foi
« et les lumières de la raison, ne devrait servir qu'à la
« condamnation de son gouvernement. Votre piété, sans
« doute, s'est sentie d'autant plus blessée, que cet éton-
« nant office a été rendu public, sous les apparences d'une
« autorité empruntée de celle du Saint-Siège. Mais cette
« vue ne doit point alarmer votre vénération pour ce

Le Pape n'a eu certainement nulle part à la composition de cette pièce, que l'on répand frauduleusement sous le couvert de son autorité.

« premier siège de l'Église. Le saint pontife, que la Pro-
« vidence a placé sur la Chaire de saint Pierre, n'a eu
« nulle part à la composition, encore moins à la publi-
« cation de cet artificieux ouvrage. Il a appris, dans
« l'école de ce chef des Apôtres, le respect et l'obéissance
« qui est due aux souverains. Il préfère à cet égard les
« instructions et l'exemple de saint Grégoire le Grand,
« à la conduite et aux entreprises de Grégoire VII.
« L'humilité du serviteur des serviteurs de Dieu éloigne
« de son cœur les pensées de maître des sceptres et des
« couronnes ; et sa sagesse est trop éclairée, pour ne pas
« voir qu'une prétention si mal fondée n'est capable que
« d'aigrir les princes et d'indisposer les peuples. »

Insolence et pernicieux effets d'un pareil

On ne disconviendra pas que ces leçons données au chef de l'Église, par un simple évêque, ne dussent produire un très-grand effet sur les peuples auxquels était adressé le mandement; quant à Benoît XIII lui-même, que M. de Metz appelle *un saint pontife*, jugement que l'histoire a du moins confirmé, il ne parut pas fort disposé à laisser croire que les actes les plus importants de son gouvernement s'accomplissaient à son insu. Nous verrons bientôt l'énergique réponse qu'il fit à ces insolentes provocations.

langage dans la bouche d'un évêque.

En attendant, le prélat déclare que, *voulant, dans une occasion aussi importante, donner au roi des preuves de la fidélité qu'il lui a vouée; à l'empereur, à S. A. R. de Lorraine et aux autres souverains qui ont quelque portion de leurs États dans son diocèse, de l'attention qu'il aura toujours pour ce qui les intéressera, et* POUR PRÉSERVER LES AMES COMMISES A SA CHARGE DES ILLUSIONS QUE LE PRÉTEXTE D'UNE PIÉTÉ MAL ENTENDUE POURRAIT LEUR FAIRE, il a défendu et défend à toutes les communautés et à toutes les personnes de l'un et l'autre sexe de son diocèse......, de réciter, soit en public, soit en particulier, l'office de Grégoire VII. Il défend pareillement à tous les imprimeurs, etc., de publier le même office. Il ordonne, de plus, que les exemplaires en seront rapportés au greffe de sa chambre épiscopale. Le tout, sous les peines de droit.

Coislin termine par la défense de publier et de réciter cet office, motivée par des considérants scandaleux.

Les réflexions seraient ici superflues : nous continuerons donc notre récit. Encouragé par le zèle des trois prélats, le Parlement de Bretagne s'empressa de suivre les traces de celui de Paris. Le 17 août, il rendit un arrêt pour supprimer la *légende*. On remarquait les phrases suivantes dans le réquisitoire du procureur général :

Le parlement de Bretagne supprime la légende de saint Grégoire VII, le 17 août 1729.

« Permettez-moi de vous rappeler, Messieurs, que
« Grégoire VII est le premier de tous les papes qui ait
« osé faire éclater ses prétentions sur le temporel des rois,
« en s'attribuant ouvertement le droit imaginaire de pou-
« voir les déposer, et délier leurs sujets du serment de
« fidélité. Imagination fatale, qui ne s'est que trop perpé-

Le réquisitoire du procureur général plein d'invectives contre saint Grégoire VII, sa légende et le droit que les souverains pontifes

INSTITUTIONS LITURGIQUES s'arrogent sur le temporel des rois.

« tuée au-delà des monts, parmi des esprits *à qui l'igno-*
« *rance et une soumission aveugle tiennent presque tou-*
« *jours lieu de savoir.*

« C'est cette chimère contre laquelle on ne peut être
« trop en garde dans ce royaume, qu'on veut réaliser
« aujourd'hui, en insinuant aux peuples qu'elle a servi de
« degré à ce pape pour parvenir à la sainteté : moyen
« inconnu avant lui. Et vous ne verrez, sans doute,
« qu'avec indignation, que ces paroles séditieuses : *Contra*
« *Henrici Imperatoris*, etc., marchent sur la même ligne
« que les paroles de vie et de paix qui sont sorties de la
« bouche de Jésus-Christ même.

Le procureur général déclare qu'il faut prévenir l'abus que le clergé pourrait faire de cette légende dans ses instructions.

« Quel assemblage, et que peut-on penser de cet éloge
« monstrueux ? si ce n'est qu'on a cru, en l'insérant dans
« un livre de prières, qu'il aurait plus d'effet, et ferait
« respecter comme permises, ces foudres que les papes
« se croient en droit de lancer contre les monarques ;
« puisque, dira-t-on, si c'était un crime, ou que cela
« passât leur pouvoir, on n'eût pas relevé une pareille
« action dont les ministres de nos autels ne peuvent que
« trop abuser dans leurs instructions. »

Les magistrats, comme les évêques, amenés par le jansénisme et le gallicanisme à désirer la rupture du lien liturgique avec Rome dans l'intérêt de leurs mauvaises doctrines.

Comme l'on voit, les magistrats, fidèles d'ailleurs à leur omnipotence liturgique, ne se dissimulaient pas plus que les évêques d'Auxerre, de Montpellier et de Metz, la valeur et l'autorité d'une pièce insérée au Bréviaire romain. Il était aisé de prévoir que le jour n'était pas loin où l'on chercherait à rompre le lien liturgique avec Rome pour s'affranchir, ainsi qu'on l'a vu précédemment, *de plusieurs choses contraires aux maximes de notre Église gallicane* (1). Le jansénisme, sans doute, était pour beaucoup dans les scandales que nous racontons ; mais le simple gallicanisme y avait bien aussi sa part. On le vit clairement, lorsque le 21 août parut le mandement de Charles-

L'évêque de Verdun, Charles-François d'Hallencourt,

---

(1) Vid. ci-dessus, page 331.

François d'Hallencourt, évêque de Verdun. Ce prélat avait adhéré à la bulle *Unigenitus*, et dans le mandement même que nous citons, il disait expressément que *l'obéissance au pape et aux évêques, dans ce qui concerne la religion, est la seule voie sûre pour le salut*. Écoutons maintenant ce que la doctrine de 1682 lui inspirait au sujet de la légende :

« Non, Nos très-chers Frères, quelles que puissent être
« les fautes de l'empereur Henri quatrième, le pape n'était
« pas en droit de lui enlever sa couronne, ni de délier
« les nœuds sacrés qui attachaient ses sujets à son service.
« Ce fait dans lequel ce pape a si injustement excédé son
« pouvoir, *ce fait qu'il est à présumer qu'il expia par la
« pénitence*, ne peut être un des motifs de sa canonisation ;
« et, si l'on ne le regarde que comme un fait historique,
« ce n'est pas dans une légende de saint, ni au milieu
« d'un office divin, qu'il doit être cité. »

Voilà bien la naïveté de certains honnêtes gallicans, qui seraient tout aussi éloignés d'admettre les conséquences du système à la manière des parlements, que de ménager les *prétentions ultramontaines*. L'évêque de Verdun, plus catholique que celui de Montpellier, consent donc à reconnaître Grégoire VII pour *saint;* mais, pour se rendre compte à lui-même de la valeur de sa canonisation, il suppose ingénument que ce grand pape a fait pénitence de la déposition de Henri IV. Toutefois, cette distinction ne l'empêche pas de conclure son mandement par la même prohibition que ses trois collègues : « Dans la crainte, dit-
« il, que cette légende ne fasse illusion à quelques esprits
« faibles, et les évêques ne pouvant veiller de trop près à
« la sûreté des rois; *pour ensevelir autant qu'il est en
« nous, dans un éternel oubli, cette entreprise du pape
« Grégoire VII*, nous avons défendu et défendons par
« ces présentes de réciter, soit en public, soit en particu-
« lier, l'office contenu dans ladite feuille, le tout sous les
« peines de droit. »

<small>I PARTIE
CHAPITRE XXI

catholique, mais gallican, publie lui-même un mandement contre l'office de saint Grégoire VII.
Il y blâme la déposition de l'empereur Henri IV comme un excès injuste de pouvoir.

L'évêque de Verdun n'ose pas contester la sainteté de Grégoire VII, comme les jansénistes, mais il suppose que le pontife a fait pénitence de son péché.

Il défend néanmoins l'usage de l'office.</small>

428   AFFAIRE DE LA LÉGENDE DE SAINT GRÉGOIRE VII

INSTITUTIONS LITURGIQUES

Les parlements de Metz et de Bordeaux prohibent à leur tour l'office de saint Grégoire VII.

Après cela, on ne dut pas être étonné d'entendre publier un arrêt du parlement de Metz, en date du 1ᵉʳ septembre, qui condamnait la *légende* comme l'avaient condamnée les parlements de Paris et de Bretagne. Celui de Bordeaux ne tarda pas non plus à se déclarer par un arrêt, sous la date du 12 du même mois, et on entendit même l'avocat général Dudon demander à la cour, dans son réquisitoire, *qu'il lui plût de prendre certaines précautions qui pourvoient à l'avenir à ce qu'il ne se glisse rien dans les livres destinés au service divin, et autres livres de piété, qui puisse blesser les droits du roi et troubler la tranquillité de l'État.*

Certains curés de Paris présentent requête à l'archevêque de Vintimille pour le supplier de joindre en cette rencontre son autorité spirituelle à celle du parlement et de veiller en particulier à ce que la déclaration de 1682 soit enseignée dans toutes les communautés du diocèse.

L'affaire était bien loin d'être terminée par ces scandaleux arrêts : de nouveaux troubles se manifestèrent encore en plusieurs lieux. A Paris, un certain nombre de curés de la ville, faubourgs et banlieue, présentèrent requête à l'archevêque Vintimille, le 14 septembre, et lui dénoncèrent la *légende*. Nous ne citerons rien de cette pièce, analogue pour le fond et les termes aux mandements et arrêts que nous avons cités. Les curés concluent à supplier l'archevêque de joindre son autorité spirituelle à celle du parlement pour ordonner « ce que la religion, la justice, « la fidélité au roi, et *l'amour de la patrie*, ne peuvent « manquer d'inspirer à l'évêque de la capitale du royaume, « en pareilles occasions, et singulièrement de prescrire « que la Déclaration du Clergé de France, de 1682, soit « inviolablement maintenue et exactement observée dans « les communautés séculières et régulières, et dans toute « l'étendue de ce diocèse, conformément aux lois si nécessaires qu'a établies le feu roi : que, par une action si « glorieuse, il rendra un service essentiel à l'Église et à « l'État. »

L'archevêque blâme, dit-on, verbalement la conduite du Saint-Siège

L'archevêque, qui sentait que les jansénistes n'excitaient tout ce bruit que pour déconsidérer, s'il eût été possible, le siège apostolique, dont les prérogatives leur étaient d'autant plus odieuses qu'ils en avaient éprouvé les effets, eut la prudence de ne faire aucune démonstration publique contre la *légende*, et affecta de la passer sous silence dans une instruction pastorale qu'il publia, le 29 du même mois de septembre, sur les querelles religieuses du temps.

mais arrête par les menaces les plus sévères l'entreprise des curés.

Les curés signataires de la requête dont nous avons parlé, présentèrent à l'archevêque un nouveau mémoire, dans lequel ils se plaignaient amèrement de la rigueur du prélat envers le parti, et revenaient encore sur la légende. Ce fut alors que l'archevêque, si l'on en croit les *Nouvelles Ecclésiastiques*, leur dit avec sévérité : « Je con-
« damne ce qu'on a fait à Rome, et je suis aussi bon
« serviteur du roi que vous; mais puisque le roi l'a fait
« condamner par son Parlement, il était inutile d'en
« parler. Si quelqu'un remue sur cela, M. l'official fera son
« devoir, et, s'il le faut, on abrégera les procédures en
« envoyant à la Grève, » ce que le Prélat répéta deux fois.
MM. les Curés se levèrent, disant « qu'ils n'avaient point
« dessein de lui faire de la peine, mais de lui représenter
« l'état de leurs paroisses, et le scandale que cause la
« légende qui est entre les mains *de plus de la moitié des*
« *prêtres du diocèse, qui récitent le Bréviaire romain* (1). »

Pendant que ces choses se passaient en France, Rome outragée dans ce qu'elle a de plus cher, l'honneur des saints qu'elle invoque, et sa propre dignité qui n'étant pas de ce monde (*non est de hoc mundo*), ne doit pas être sacrifiée aux considérations humaines et personnelles, Rome se mit en devoir de se défendre par les armes que le Roi des rois a déposées entre ses mains. En vain, les mandements que nous avons cités, les arrêts des parlements eux-mêmes, en condamnant la *légende*, avaient fait leur réserve sur la complicité de Benoît XIII, prétendant qu'il avait ignoré cet attentat, qu'il était trop vertueux,

Benoit XIII venge l'honneur de l'Église romaine outragé par tous ces mandements et ces arrêts et donne un solennel démenti aux réserves faites sur sa participation personnelle à la publication de la légende.

(1) 7 octobre 1729.

trop animé de l'esprit apostolique des premiers siècles de l'Église, pour s'être permis de contrarier si violemment les maximes françaises ; le saint Pontife eut à cœur de donner un solennel démenti à ces réserves infamantes. Dès le 17 septembre, on affichait dans la ville sainte un bref énergique qui commençait par ces mots :

<small>Un bref publié le 17 septembre condamne le mandement de l'évêque d'Auxerre.</small>

« Comme il est parvenu à la connaissance de Notre
« Apostolat qu'il s'était répandu dans le vulgaire certains
« feuillets en langue française, avec ce titre : *Mande-*
« *ment de Monseigneur l'évêque d'Auxerre, qui défend*
« *de réciter l'office imprimé sur une feuille volante qui*
« *commence par ces mots :* Die 25 Maii. In Festo sancti
« Gregorii VII, Papæ et Confessoris. *Donné à Auxerre,*
« *le vingt-quatre du mois de juillet mil sept cent vingt-*
« *neuf;* Nous avons choisi pour faire l'examen de ces
« feuillets plusieurs de Nos vénérables frères les cardinaux
« de la sainte Église romaine, et d'autres docteurs de la
« sacrée Théologie, lesquels, après une mûre discussion,
« Nous ont rapporté ce qu'il leur semblait sur cette affaire.

« Ayant donc entendu les avis desdits cardinaux et
« docteurs, Nous déclarons de la plénitude de l'autorité
« apostolique, les injonctions contenues dans les susdits
« feuillets, nulles, vaines, invalides, sans effet, atten-
« tatoires, et de nulle force pour le présent et pour
« l'avenir.

« Et néanmoins, pour plus grande précaution et en
« tant que besoin est, Nous les révoquons, cassons, irri-
« tons, annulons, destituons entièrement de toutes forces
« et effet, voulant et ordonnant qu'elles soient à jamais
« regardées comme révoquées, cassées, irritées, nulles,
« invalides et abolies. Défendons en outre, par la teneur
« des présentes, de lire ou retenir lesdits feuillets, tant
« imprimés que manuscrits, et en interdisons l'impres-
« sion, transcription, lecture, rétention et usage, à tous et
« chacun des fidèles chrétiens, même dignes d'une men-

« tion spéciale et individuelle, sous peine d'excommuni-
« cation encourue *ipso facto* par les contrevenants, et de
« laquelle nul d'entre eux ne pourra être absous que par
« Nous, ou par le pontife romain pour lors existant, si ce
« n'est à l'article de la mort. Voulant et mandant d'autorité
« apostolique, que ceux qui auraient ces feuillets en leur
« possession, aussitôt que les présentes lettres parvien-
« dront à leur connaissance, les livrent et consignent aux
« ordinaires des lieux, ou aux inquisiteurs de l'hérétique
« perversité, lesquels auront soin de les livrer incontinent
« aux flammes (1). »

I PARTIE CHAPITRE XXI

Telle fut la première sentence du Siège apostolique contre les oppositions françaises à la *légende* de saint Grégoire VII. Rome faisait voir assez, sans doute, qu'elle n'avait pas lancé à la légère cet éloge d'un si illustre pontife, et qu'elle ne reculerait pas dans la ligne qu'elle avait adoptée. Le gallicanisme n'avait cependant pas encore atteint la mesure de son audace, en France. Le 30 septembre vit paraître un mandement colossal de Jacques-Benigne Bossuet, évêque de Troyes, qui venait se joindre à ses collègues d'Auxerre, de Montpellier et de Metz, et affronter les redoutables hasards d'une lutte avec l'Église romaine. Ce mandement, qui était tout un gros livre, avait été facile à rédiger. L'auteur s'y était tout simplement proposé d'établir la doctrine du premier article de la Déclaration de 1682, et pour cela, il avait cru suffisant de traduire en français assez lourd, plusieurs des pages que son oncle a consacrées à cette matière, dans la *Défense* encore inédite *de la Déclaration du Clergé de France*. Nous ne citerons que quelques lignes de cet énorme *factum* tout rempli d'injures brutales contre les souverains Pontifes :

Bossuet, évêque de Troyes, publie un très-long mandement contre l'office de saint Grégoire VII, et pour établir la doctrine de l'indépendance absolue des rois, il y traduit une partie de la Défense de la déclaration de 1682, œuvre encore inédite de son oncle l'évêque de Meaux.

« Vous sentez, mes chers frères, à ce simple exposé, dit

Réflexions scandaleuses

(1) Vid. la Note B.

432 AFFAIRE DE LA LÉGENDE DE SAINT GRÉGOIRE VII

INSTITUTIONS LITURGIQUES

ce prélat sur la portée de l'institution de la fête et de l'office de saint Grégoire VII.

« le Prélat, tout le *poison* dont cette feuille est remplie ;
« vous en comprenez tout le danger, vous apercevez sans
« peine les maximes qu'on voudrait vous inspirer, en vous
« proposant de célébrer dans vos jours de fête *des actions*
« *qui auraient dû demeurer ensevelies dans un éternel*
« *oubli, et qui ne peuvent que déshonorer leurs auteurs ;*
« de consacrer par un culte public la mémoire d'une san-
« glante tragédie, et de canoniser dans les offices de l'Église
« comme inspirée par le Saint-Esprit, une conduite
« entièrement opposée à l'Évangile, à l'esprit de Jésus-
« Christ et de la sainte Église. »

Il défend l'usage de la légende pour donner au roi une preuve nouvelle de son dévouement et pour préserver les fidèles des illusions d'une fausse piété.

L'évêque de Troyes finissait par défendre, dans tout son diocèse, l'usage de la *légende, pour donner au roi de nouvelles preuves de son attachement à sa personne sacrée, de son zèle pour la défense des droits de sa couronne et pour le maintien de la tranquillité de son royaume; enfin, pour préserver le troupeau de Jésus-Christ des illusions d'une fausse piété.*

Benoît XIII condamne par un bref du 8 octobre le mandement de l'évêque de Metz.

Rome ne pouvait demeurer impassible à ces nouveaux outrages. Un second bref, portant condamnation du mandement de l'évêque de Metz, et conçu dans les mêmes termes que celui qui avait été lancé contre l'évêque d'Auxerre, fut solennellement publié et affiché dans Rome, le 8 octobre.

L'évêque de Castres, Quiquerand de Beaujeu, prohibe la légende de saint Grégoire VII, par un mandement du 11 novembre 1729.

En France, ces actes apostoliques ne ralentissaient pas le zèle des ennemis de Rome. Le scandale d'un nouveau mandement contre la légende éclatait à grand bruit. Voici en quels termes Honorat de Quiquerand de Beaujeu, évêque de Castres, s'exprimait sur la *légende*, dans une lettre pastorale du 11 novembre 1729 : « Je ne puis me
« résoudre de traduire ici des paroles plus propres à
« scandaliser les bons Français, qu'à édifier les bons catho-
« liques. » Nous ne le suivrons pas dans le cours de ses banales déclamations, au milieu desquelles il cherche à insinuer que des motifs humains pourraient bien avoir

dicté seuls la canonisation de Grégoire VII, et nous nous hâtons d'arriver à la conclusion, dans laquelle le prélat déclare que, *pour prévenir autant qu'il dépend de lui les impressions qu'une fausse maxime pourrait faire sur les esprits de toutes les personnes qui, avec beaucoup de piété, manquent de lumières, il défend de réciter le nouvel office, soit en public, soit en particulier, ordonnant que les exemplaires en soient rapportés au greffe de son officialité : le tout sous les peines de droit.*

Quelques semaines après, le 6 décembre, Rome, pour la troisième fois, répondait à ces grossières insultes par un bref qui flétrissait avec énergie le mandement de l'évêque de Montpellier, et ce bref ne tarda pas à être suivi d'un quatrième, par lequel Benoît XIII, sous la date du 19 du même mois, infligeait enfin, par son autorité apostolique, aux parlements de Paris et de Bordeaux, le châtiment qu'ils avaient mérité par leurs arrêts attentatoires à l'autorité du Saint-Siège et à l'honneur d'un glorieux serviteur de Dieu. Dans ce bref remarquable, le pape ne se contentait pas de déclarer abusifs et nuls pour la conscience, les arrêts et injonctions de ces parlements, mais il les cassait et annulait de sa propre autorité, en la manière que dans les jours mêmes où nous écrivons ces lignes, Grégoire XVI vient de casser et d'annuler tous les actes de la Régence d'Espagne qui sont contraires aux droits et à la liberté de l'Église.

« Comme il est parvenu à nos oreilles, disait Benoît XIII,
« que plusieurs magistrats, officiers et ministres séculiers
« se sont élevés, dans des édits, arrêts, résolutions,
« ordonnances, mandats et autres règlements et provi-
« sions, sous quelque nom que ce soit, contre le décret
« récemment publié par nous pour l'extension de l'office
« de saint Grégoire VII à toute l'Église ; office qui, en
« vertu des indults de Paul V, Clément X, Alexandre VIII
« et Clément XI, nos prédécesseurs d'heureuse mémoire,

« se célébrait déjà publiquement et solennellement dans
« beaucoup d'églises du monde chrétien, et que nous
« avons rendu obligatoire pour tous ceux qui sont tenus
« aux heures canoniales, à l'effet d'accroître le culte de ce
« saint pontife et confesseur qui a travaillé avec un cou-
« rage si infatigable au rétablissement et au renouvelle-
« ment de la discipline ecclésiastique, et à la réforme des
« mœurs;

« Voulant, conformément au devoir de la charge pasto-
« rale que la divine miséricorde a confiée à Notre bassesse,
« et qui est si fort au-dessus de Nos mérites et de Nos forces,
« défendre et conserver sans diminution et sans tache Notre
« autorité et celle de l'Église, attaquées dans les perni-
« cieuses entreprises de ces laïques, et ayant présente à
« Notre esprit toute la suite de toutes et chacune des
« choses qui se sont passées.....; du conseil de plusieurs
« de Nos vénérables frères les cardinaux de la sainte
« Église romaine, par l'autorité apostolique, de la teneur
« des présentes, nous déclarons les édits, arrêts, résolu-
« tions, décrets, ordonnances, promulgués par les magis-
« trats même suprêmes, et tous officiers ou ministres
« séculiers de quelque puissance laïque que ce soit, contre
« Notre susdit décret d'extension de l'office de saint Gré-
« goire VII......, nuls, vains, invalides, dépourvus à per-
« pétuité de toute force, ni valeur, ainsi que toutes les
« choses qui en sont suivies ou suivraient;

« Et de plus, pour plus grande sûreté, et en tant que
« besoin est, par les présentes, Nous les révoquons, cassons,
« irritons, annulons et abolissons à perpétuité, les privant
« de toute force et effet, et voulons qu'ils soient à jamais
« tenus pour révoqués, cassés, irrités, annulés, inva-
« lidés, abolis, et privés entièrement de toute force et
« effet, etc. (1). »

(1) Vid. la note C.

La nouvelle de ce bref arriva bientôt en France et ne tarda pas d'exciter la fureur des suppôts du gallicanisme. Le parlement de Paris rendit en date du 23 février 1730, un arrêt contre la publication, distribution et exécution de ce bref, ainsi que de ceux qui avaient été lancés contre les évêques. Cette cour exhalait son indignation par le ministère de son fidèle organe, Gilbert de Voisins, qui s'exprimait ainsi dans le début de son réquisitoire :

*I PARTIE
CHAPITRE XXI*

Le parlement de Paris prohibe par un arrêt du 23 février 1730 la publication du bref de Benoît XIII.

« Après l'arrêt solennel que la cour rendit, au mois de
« juillet dernier, sur nos conclusions, à l'occasion de
« l'office de Grégoire VII, nous avions lieu de croire que
« nous n'aurions plus d'autre devoir à remplir sur cet
« objet, et que la cour de Rome nous en laisserait insensi-
« blement perdre la mémoire.

Réquisitoire du procureur général Gilbert de Voisins, qui dénonce le bref comme mettant en pratique la doctrine contenue dans l'office de saint Grégoire VII.

« Mais nous reconnaissons, avec douleur, combien nos
« espérances ont été trompées, à la vue d'un bref de
« Rome, que nous avons entre les mains, *et dont on peut*
« *dire qu'il réduit en pratique la doctrine répandue dans*
« *l'office de Grégoire VII*, en cassant, par l'autorité pon-
« tificale, tous édits, arrêts, ordonnances, et autres actes
« émanés à ce sujet des puissances séculières, même sou-
« veraines. Ce bref entreprend de soumettre au sacerdoce
« l'empire temporel des souverains. Il exerce une autorité
« suprême sur des actes revêtus du caractère de leur
« pouvoir. Il attaque leur indépendance jusque dans
« ses fondements, et tend à leur ôter la voie de la
« défendre. »

Toutefois, l'arrêt du 23 février 1730, quoique rendu dans les formes et imprimé, ne fut pas publié : défense expresse en fut intimée au parlement de la part du cardinal de Fleury. Déjà, dès les premiers jours du mois de décembre 1729, le chancelier avait écrit aux gens du roi de tous les parlements, de ne faire aucun réquisitoire concernant les libertés de l'Église gallicane, sans avoir auparavant consulté la cour; il avait même déclaré en

La publication de cet arrêt défendue par le cardinal de Fleury.

termes exprès à l'avocat général du conseil supérieur de Roussillon, qu'il fallait *aller doucement et qu'on n'était pas en position de soutenir cette affaire.*

Cette conduite du gouvernement, opposée au vœu de la magistrature, s'expliquera facilement, si l'on se rappelle la situation du pouvoir royal à cette époque. Sans doute, les maximes qui avaient prévalu depuis longtemps à la cour de Versailles, ne permettaient pas qu'on tolérât dans les églises du royaume l'usage de la légende de saint Grégoire VII ; mais, d'autre part, un éclat contre Rome eût ameuté le parti janséniste, qui ne demandait qu'à se ruer contre cette autorité sacrée que la couronne de France trouvait encore bonne à conserver. Les pamphlets jansénistes du temps retentissaient des accents de jubilation du parti qui se croyait à la veille de voir rapporter, par le fait de la suppression de la légende, l'odieuse condamnation de la proposition XCI de Quesnel ; mais la cour avait besoin de la bulle *Unigenitus* pour contenir la séditieuse phalange des nouveaux calvinistes, tandis que, d'autre part, les quatre articles de 1682, en vain révoqués par Louis XIV, lui semblaient le palladium de l'autorité royale. Ce n'était donc ni des mandements déclamatoires, ni des arrêts fanatiques qu'il lui fallait, mais tout simplement une résolution prise à l'amiable par le clergé, de supprimer sans bruit la légende (1). Ainsi la cour l'entendit ; ainsi fut-elle docilement comprise dans toute l'Église de France ; en sorte que jusqu'à la destruction de

(1) L'archevêque de Vintimille était trop prudent pour s'être mis en avant d'une manière éclatante dans cette affaire. Le 6 février 1730, il écrivait au pape pour le prier *de fermer les yeux sur ce qu'il croirait être son affaire dans la question de la Légende*, et le priait de considérer combien il lui avait fallu de courage pour ne la pas prohiber, comme d'autres, par un mandement. (*Nouvelles ecclésiastiques*, 1er mai 1731.) Dans le fait, pour les prélats attachés à la doctrine de 1682, la position était bien difficile. Leur réserve dans une occasion si délicate ne tarda pas à leur attirer le reproche de contradiction, de la part des jansénistes.

l'ancienne société, en 1789, pas une église séculière ou régulière n'avait pu inaugurer le culte du grand pontife Grégoire VII. Donnons encore quelques traits de cette déplorable histoire.

L'évêque d'Auxerre, toujours ardent à la défense de la double cause gallicane et janséniste, sentant aussi la fausse position de la cour et de l'épiscopat dans leur résolution d'ensevelir la légende sans éclat, s'agitait en désespéré pour accroître le bruit. Il présentait requête au parlement de Paris contre le bref qui avait flétri son mandement, ayant préalablement pris l'avis d'un conseil auquel ne siégeaient pas moins de cent avocats. Peu de jours après, le 11 février 1730, il adressait ses doléances au roi, dans une longue lettre où il cherche à exciter le zèle du monarque contre les entreprises de la cour de Rome (1). Il n'obtint cependant pas l'éclat qu'il désirait ; car, le 18 février, le cardinal de Fleury écrivit aux gens du roi la lettre suivante, qui montra que la politique du moment était de s'en tenir à la paix :

« Je n'ai rien à ajouter, Messieurs, à ce que j'écris à
« M. le premier président; et je m'en remets aussi aux
« ordres du roi, que M. le Chancelier vous communi-
« quera. Il suffit, dans les conjonctures présentes, que
« l'essentiel, c'est-à-dire les maximes du royaume, soient
« à couvert : et la prudence demande qu'on ne cherche pas
« à irriter le mal, plutôt que de le guérir. Le roi veut,
« surtout, qu'il ne soit fait aucune mention de la requête,
« ni du mandement de M. l'évêque d'Auxerre. Il devait
« savoir qu'avant de le publier, il convenait qu'il sût les
« intentions de S. M. sur une matière aussi délicate, et

L'évêque d'Auxerre présente au parlement requête contre le bref qui avait proscrit son mandement et adresse au roi des doléances.

Lettre du cardinal de Fleury aux gens du roi pour défendre de faire mention de la requête et du mandement de M. d'Auxerre.

---

(1) Dès le 31 décembre précédent, l'Évêque de Montpellier avait écrit une première épître au Roi, pour lui dénoncer le danger que courait sa personne, et pour le supplier de faire faire à la prochaine Assemblée du Clergé une nouvelle Déclaration des quatre articles de 1682, et de pourvoir à ce qu'elle fût lue désormais tous les ans dans l'Église.

438 AFFAIRE DE LA LÉGENDE DE SAINT GRÉGOIRE VII

INSTITUTIONS LITURGIQUES

« concerter la manière dont il s'expliquerait ; et il est
« encore plus indécent qu'il fasse signer sa requête par
« une foule d'avocats. Ce procédé tient beaucoup plus
« d'une cabale que d'un véritable zèle. »

L'Assemblée du clergé commence à Paris, le 25 mai 1730, fête de saint Grégoire VII.

Or l'année 1730 devait voir réunie l'Assemblée générale du clergé, et chacun pensait en soi-même combien alors serait embarrassante la situation des prélats dans cette conjoncture délicate. S'élèveraient-ils contre la légende ? la passeraient-ils entièrement sous silence ? Tel était le problème difficile qui restait à résoudre. En attendant, soit hasard, soit intention, l'Assemblée s'ouvrit à Paris le 25 mai,

Le cardinal de Fleury vient le 22 juin à l'Assemblée, et annonce que les jansénistes accusent les évêques soumis à la bulle *Unigenitus* de favoriser des opinions contraires à l'indépendance de la couronne ; il invite l'Assemblée à s'expliquer sur cette calomnie.

jour même de la fête de saint Grégoire VII. Le 22 juin suivant, le cardinal de Fleury s'étant présenté à l'Assemblée, et ayant pris la place du président, Son Éminence, dans un discours sur la situation des affaires ecclésiastiques dit, entre autres choses, « que personne n'ignorait
« avec quel artifice et quelle mauvaise foi les novateurs
« cherchaient à répandre d'injustes soupçons contre le
« clergé de France, comme si, en se déclarant aussi
« solennellement qu'il a fait en faveur de la Bulle *Unige-*
« *nitus*, il eût eu intention secrète de favoriser des opinions
« aussi injurieuses à l'indépendance du pouvoir temporel
« de nos rois, qu'opposées aux anciennes maximes que les
« évêques de France avaient, dans tous les siècles, si
« constamment défendues ; que, quoique cette indigne
« accusation ne fût pas revêtue de la plus légère ombre
« de vraisemblance, il lui paraissait cependant que, pour
« ôter à leurs ennemis le dernier retranchement qu'ils
« avaient imaginé pour affaiblir l'autorité des jugements
« prononcés contre eux, il était de l'honneur du clergé
« de s'expliquer sur cette calomnie d'une manière à leur
« fermer la bouche et à découvrir toute leur mali-
« gnité (1). »

(1) *Procès-verbaux du clergé*. Tome VII, page 892.

L'archevêque de Paris, Charles de Vintimille, dans sa réplique au cardinal, répondit en ces termes sur l'article en question :

« A l'égard de nos maximes sur le temporel de nos
« rois et la fidélité que nous leur devons, qui est-ce qui
« les a plus à cœur et qui les annonce avec plus de zèle
« que le clergé de France ? Vous savez, Monseigneur, et
« j'avais eu l'honneur de vous le dire en particulier, ce
« que pensent tous ceux qui composent cette illustre
« Assemblée, qui avait résolu de ne point se séparer sans
« s'expliquer d'une manière à fermer la bouche à un parti
« opiniâtre qui, dans le temps qu'il méconnaît l'autorité
« de l'Église et celle du roi, ose se couvrir d'un prétendu
« zèle pour ces mêmes maximes (1). »

Nous ne tarderons pas à voir comment l'Assemblée se tira de ce pas difficile : mais, en attendant la décision, un incident remarquable la força de prendre position sur le fait même de la légende. L'évêque d'Auxerre avait imaginé d'adresser une lettre à l'Assemblée, pour lui remontrer l'obligation où elle était de sévir contre la scandaleuse entreprise de Rome, et ramenait dans l'affaire la condamnation de la proposition XCI de Quesnel. L'Assemblée, ayant refusé d'entendre la lecture de la lettre, prit les résolutions suivantes que nous empruntons à son procès-verbal :

« La Compagnie a unanimement témoigné qu'elle avait
« un juste sujet de se plaindre de la conduite de monsei-
« gneur l'évêque d'Auxerre, qui croyait devoir exciter le
« zèle de l'Assemblée pour le maintien des droits sacrés
« attachés à l'autorité royale, comme si elle méritait
« d'être soupçonnée d'en manquer.

« Que cette conduite de monseigneur l'évêque d'Auxerre
« était d'autant moins convenable, que ce prélat s'ingé-

(1) *Procès-verbaux du clergé*. Tome VII, page 894.

*rait à faire des exhortations à une assemblée qui n'en avait pas besoin, et dont il ne pouvait ignorer les sentiments ; tandis qu'il était lui-même dans une désobéissance ouverte à l'autorité de l'Église, dont il rejetait les décisions ; qu'il se trouvait par là réfractaire aux ordres du roi, qui, comme protecteur de l'Église, employait son autorité à en faire exécuter les lois.

« Que l'Assemblée comprenait, sans peine, que le motif qui avait porté monseigneur l'évêque d'Auxerre à lui écrire, n'était que pour se donner la liberté de s'élever contre la constitution *Unigenitus;* mais que ce n'était pas sans indignation que l'Assemblée voyait à quels excès il s'était ci-devant porté contre un jugement dogmatique de l'Église universelle, auquel tout évêque, comme tout fidèle, doit adhérer de cœur et d'esprit.

« Que l'Assemblée, au surplus, était justement scandalisée de ce que ce prélat prétend qu'il y a une liaison entre la constitution *Unigenitus* et l'opinion qui combat l'indépendance de nos rois et de leur couronne, en ce qui concerne le temporel : enfin que, par toutes ces raisons, l'Assemblée ne devait point permettre qu'on lût la lettre que monseigneur l'évêque d'Auxerre lui avait adressée (1). »

Peu de jours après, l'Assemblée eut à s'occuper de la lettre que l'évêque de Montpellier avait écrite au roi, le 31 décembre 1729, au sujet de la légende, et dans laquelle il cherchait à jeter des nuages sur les intentions des prélats qui n'avaient pas jugé à propos de prohiber, par mandements, le culte de saint Grégoire VII. Jalouse de se justifier du soupçon d'indifférence pour les droits de Sa Majesté, l'Assemblée arrêta le plan d'une adresse à Louis XV, qui fut rédigée et signée sous la date du

---

(1) *Procès-verbaux du clergé.* Tome VII, page 1062.

11 septembre. Les prélats s'y plaignaient amèrement des insinuations de l'évêque de Montpellier contre leur fidélité, et disaient entre autres ces paroles remarquables :

« C'est par de vaines déclamations et par des imputa-
« tions calomnieuses, que M. l'évêque de Montpellier
« croit pouvoir faire oublier ses excès, et couvrir, à l'ombre
« d'un zèle amer et déplacé, les erreurs qu'il débite, et le
« scandale qu'il cause dans l'Église. Cet artifice n'est pas
« nouveau ; tous les sectaires l'ont mis en usage ; les
« ennemis de l'unité s'en servent aujourd'hui, et leur des-
« sein est aisé à pénétrer. Occupés depuis seize ans à
« soulever les magistrats et les peuples contre l'autorité
« de la constitution, et à rendre méprisables ceux qui
« l'ont reçue, ils ont saisi l'occasion de la LÉGENDE DE GRÉ-
« GOIRE VII ; *légende qui n'a été adoptée dans votre*
« *royaume par aucun évêque, et dont l'usage n'a été et*
« *ne sera permis dans aucun de nos diocèses :* ils ont cru
« pouvoir, par des reflexions malignes et captieuses, rompre
« l'union et le concert qui règnent entre les deux puis-
« sances, et, à la faveur des divisions qu'ils tentent d'exci-
« ter, se mettre à couvert de l'une et de l'autre ; ils ont
« voulu, par une diversion sur les contestations qu'ils
« s'efforcent de réveiller, faire perdre de vue l'intérêt
« commun de l'Église et de l'État, qui consiste à conserver
« l'unité de la foi, et à ramener ou à soumettre ceux qui
« la violent.

« On affecte, Sire, de mettre une indifférence entre la
« puissance de Louis XIV et la vôtre : c'est un trait éga-
« lement injurieux à Votre Majesté et à votre auguste
« bisaïeul : héritier de son trône et de ses vertus, devenu
« l'amour de vos peuples en naissant, sans avoir jamais
« éprouvé aucune contradiction, ni domestique, ni étran-
« gère, *que pourrait-il manquer à Votre Majesté, pour*
« *soutenir ses droits, comme il soutenait les siens ?* Mais,

I PARTIE
CHAPITRE XXI

Plaintes amères contre M. de Montpellier, rebelle depuis seize ans à l'Église.

Les jansénistes, pour avancer leurs affaires, saisissent le prétexte de la légende de saint Grégoire VII, qui ne peut inquiéter personne, puisqu'elle ne sera jamais reçue dans aucun diocèse du royaume.

Les droits du roi sont égaux à ceux de Louis XIV, et il a les mêmes moyens à sa disposition pour les soutenir.

*« en les soutenant, ce grand roi n'oublia JAMAIS les
« sages ménagements que la religion inspire (1). »*

Voilà sans doute quelque chose de positif. Point de mandements contre la légende de saint Grégoire VII, que l'Église gallicane appelle ici simplement *Grégoire VII*, dans une occasion *où il s'agit précisément du culte décerné à ce saint pontife*, protestant ainsi contre le martyrologe et contre l'autorité qui promulgue le calendrier catholique; point de mandements individuels et passionnés; mais la résolution prise, en corps, froidement et d'autorité, par l'assemblée, d'étouffer ce *culte*, d'arrêter l'effet des volontés apostoliques; de se mettre, par une désobéissance flagrante au Saint-Siège, dans une situation analogue à celle de l'évêque d'Auxerre, dont on signalait l'esprit de révolte. Sans doute cette désobéissance de l'Assemblée aux ordres du pape, n'avait lieu que sur un point de simple discipline; mais croyait-on pouvoir conserver longtemps dans le clergé les liens de la subordination, quand on les brisait si aisément à l'égard du pontife qui, d'après la doctrine même de 1682, rend les décrets qui obligent toutes les Églises ? Rome dissimula l'outrage; mais elle maintint courageusement la légende. Un siècle s'est écoulé depuis, et voilà qu'une auréole de gloire environne le nom de ce Grégoire VII que l'assemblée refusa d'appeler *saint*, et la voix publique salue avec acclamation celui dont les prélats de 1730 se faisaient honneur d'avoir banni la mémoire de leurs diocèses (2). Certes, si la patience de Dieu

---

(1) *Procès-verbaux du clergé.* Tome VII, page 1074.

(2) Et remarquez qu'en condamnant simplement à l'oubli la mémoire de saint Grégoire VII, l'Assemblée prêtait le flanc à ses adversaires les jansénistes, qui étaient en droit de lui reprocher de ne prendre que des mesures négatives à l'égard d'une entreprise romaine contre laquelle elle croyait pourtant devoir réclamer. Le parlement de Paris prépara donc un arrêt contre l'adresse et l'on vit paraître peu après une brochure sanglante intitulée : *La cause de l'État abandonnée par le clergé de France, ou Réflexions sur la Lettre de l'Assemblée du clergé au Roi, du 11 septembre 1730.* In-4º, de 68 pages.

est d'autant plus imposante qu'il en puise le motif dans son éternité, combien est sublime celle de sa noble épouse, notre mère, la sainte Église romaine, dont le temps vengea toujours l'injure !

Cette adresse déplorable était signée de quatorze archevêques et évêques de l'Assemblée, et de dix-neuf députés du second ordre. Un seul nom y manquait. C'était celui de Jean-César de La Parisière, évêque de Nîmes. Ce prélat, zélé contre le jansénisme et honoré de la haine de la secte, fut un de ceux qui osèrent maintenir le Bréviaire romain dans leurs églises, au milieu de l'innovation liturgique. Dans l'Assemblée de 1730, il vit de bonne heure tout ce que la conduite de ses collègues contre la légende de saint Grégoire VII renfermait de contraire à l'honneur du Siége apostolique, et malgré tout l'éloignement qu'il professait pour la personne et les doctrines de l'évêque de Montpellier, il osa refuser de prendre part à la délibération qu'on tint au sujet de la lettre de ce prélat au roi, et dans laquelle on concerta l'adresse dont nous venons de parler. Son isolement à l'égard de tout ce qui se passa dans cette affaire est expressément attesté dans le procès-verbal de l'Assemblée (1).

Nous ignorons comment il se put faire que ce prélat, qui avait refusé de partager avec ses collègues la responsabilité de l'adresse qu'ils présentèrent à Louis XV pour l'assurer de la fidélité qu'ils lui garderaient aux dépens même de l'obéissance jurée au Saint-Siége, fut néanmoins choisi pour rédiger et prononcer la harangue au roi, par laquelle se terminaient d'ordinaire les Assemblées du clergé. Quoi qu'il en soit, cette harangue courageuse et indépendante roulait uniquement sur les maux de l'Église. L'évêque de Nîmes y signalait avec une éloquence apostolique les entreprises des magistrats contre la liberté

---

(1) Page 1073.

ecclésiastique et l'insolence de la secte janséniste, enhardie par une telle protection; et, rappelant l'obligation pour un roi chrétien de défendre le clergé, il disait ces belles paroles :

Il proteste noblement dans sa harangue en faveur de la liberté et des immunités de l'Église, de plus en plus menacées par les magistrats.

« C'est pour cela, Sire, que votre trône, qui, depuis
« qu'un saint Pontife le consacra, en arrachant le grand
« Clovis au paganisme, n'a jamais été profané par l'erreur,
« est une ressource si sûre et si nécessaire pour nous, et
« que le droit qu'il vous a donné de nous protéger est
« le plus auguste de tous vos titres. Nous venons à vous
« pour maintenir l'ouvrage de Jésus-Christ même, et
« pour nous conserver la liberté d'un ministère dont
« l'usurpation et la violence peuvent bien arrêter
« l'exercice, mais qu'on ne saurait essentiellement nous
« ravir.

« Tout ce qui n'est qu'humain peut être à la merci des
« hommes ; mais pour le dépôt de la foi, et notre juri-
« diction qui en est une suite nécessaire, c'est notre tré-
« sor, notre gloire, notre engagement : nous ne pouvons
« jamais consentir qu'on nous l'enlève ; nous en sommes
« redevables à Dieu, à l'Église, aux peuples, à Votre
« Majesté, DONT LE RÈGNE EST FONDÉ SUR LA CATHOLICITÉ,
« et doit toujours se soutenir sur les mêmes prin-
« cipes (1). »

Ce discours dernier soupir de l'antique liberté du clergé de France.

C'était le dernier soupir de l'antique liberté qui s'exhalait dans ces fortes paroles : *Votre Majesté, dont le règne est fondé sur la catholicité.* Jamais plus un seul mot dans les actes du clergé français ne rappela cet axiome de l'ancien droit de la chrétienté, qu'*une nation catholique ne pouvait être gouvernée que par un prince catholique.*

Avant la fin du siècle, l'attentat commis en cette circonstance

Ce mot si court, si simple, mais si profond que l'évêque de Nîmes avait jeté dans sa harangue, était d'ailleurs la seule allusion qu'elle renfermât à l'affaire de la légende de

(1) *Procès-verbaux*, page 1220.

saint Grégoire VII; mais on ne pouvait désavouer avec plus de délicatesse tout ce qui s'était fait contre l'héroïque pontife qu'en rappelant, en présence du roi même, qu'il y avait encore quelque chose au-dessus de sa couronne : *l'intérêt de la catholicité.* Certes, la harangue ferait oublier l'adresse, si on n'était contraint de voir dans la harangue le fait d'un seul évêque, et dans l'adresse la résolution prise et observée, jusqu'à la fin, par les représentants du clergé d'alors, d'anéantir le culte de saint Grégoire VII. Or ceci se passait en 1730 ; et avant la fin du même siècle, cette royauté qui avait voulu être *inamissible*, était déclarée abolie à jamais. Le successeur de Louis XV, atteint du vertige dont Dieu semblait avoir frappé ceux de sa race, après s'être vu entraîné à sanctionner des actes qui anéantissaient l'Église, montait sur un échafaud, sans que sa loyauté, sa vertu, ni son repentir, fussent capables de sauver les principes monarchiques éclipsés pour de longues années encore, tandis que, ramené en triomphe, saint Grégoire VII reparaît avec une majesté inouïe et partagera désormais avec Charlemagne le titre sublime de fondateur de la société européenne.

<small>I PARTIE
CHAPITRE XXI
par la royauté et le clergé était puni par l'abolition de la dignité royale.</small>

<small>La mémoire de saint Grégoire VII est au contraire réhabilitée.</small>

Il nous tarde de finir le honteux récit des outrages qu'eut à subir en France, au XVIIIe siècle, la mémoire de l'incomparable pontife. Hâtons-nous donc de dire que l'évêque de Montpellier, dans son courroux contre l'Assemblée qui avait refusé de s'associer à ses fureurs, attaqua violemment son collègue l'évêque de Nîmes, dans une lettre pastorale, en date du 30 novembre 1730, où il s'efforce de montrer la contradiction, *évidente en effet,* entre la harangue du prélat et l'adresse de l'Assemblée au roi. « Dans la harangue, dit-il, on donne pour
« maxime que *le règne de Sa Majesté est fondé sur la*
« *catholicité,* et qu'*il doit toujours se soutenir sur les*
« *mêmes principes;* d'où il est aisé de conclure que si un

<small>L'évêque de Montpellier publie une lettre pastorale contre la harangue de l'évêque de Nîmes.</small>

446 AFFAIRE DE LA LÉGENDE DE SAINT GRÉGOIRE VII

<small>INSTITUTIONS LITURGIQUES</small>

<small>Le parlement de Paris, prêt à procéder contre la harangue est arrêté par le cardinal de Fleury.</small>

« prince avait le malheur de tomber dans l'hérésie, le « pape serait en droit de le déposer, et les peuples seraient « dispensés de lui obéir ! » D'un autre côté, le parlement de Paris, soulevé d'indignation, préparait une procédure contre la harangue, et faisait faire, par son président, des remontrances au roi sur les principes attentoires à la majesté royale que l'orateur y avait professés : tout faisait présager un orage. L'esprit pacifique du cardinal de Fleury parvint, cette fois encore, à l'apaiser, et le roi s'en tint à déclarer au parlement qu'il évoquait l'affaire à son con-

<small>En résumé, la France demeure en dehors de la catholicité, quant au culte d'un saint pape.</small>

seil. Tout se termina là (1); les vagues tombèrent peu à peu ; mais la France demeura en dehors de la catholicité, quant au culte d'un saint pape. On put voir alors tout le chemin qu'on avait fait depuis 1682.

<small>Histoire de la légende de saint Grégoire VII hors de France.</small>

Si nous recherchons maintenant ce qui se passait dans plusieurs autres contrées de l'Europe, au sujet de la Légende, nous rencontrons des faits singulièrement humiliants pour nous autres Français; il est triste, en effet, de voir les adversaires de l'Église et les hérétiques eux-mêmes s'unir à nous pour anéantir le culte d'un saint.

Naples avait eu la gloire de porter le premier coup au

<small>Ridicules clameurs des jansénistes à propos d'un tableau placé par le cardinal de Bissy dans sa cathédrale de Meaux.</small>

<small>(1) Nous ne pensons pas devoir ennuyer le lecteur du récit des clameurs que poussèrent les jansénistes au sujet d'un tableau que le cardinal de Bissy avait placé dans sa cathédrale de Meaux, représentant un pape assis sur son trône, revêtu pontificalement et remettant un globe à un empereur découvert et incliné. Ce pape était Benoît VIII, et cet empereur saint Henri II, patron du cardinal de Bissy. L'évêque de Montpellier, qui revient sans cesse sur ce sujet dans sa volumineuse correspondance, voulait voir dans ce pape saint Grégoire VII, et dans cet empereur Henri IV. On ne saurait s'imaginer toutes les extravagances que cette idée lui fait dire, et que le parti répéta sur tous les tons. Quand enfin ils eurent reconnu que ces clameurs étaient ridicules, attendu qu'il n'est dans toute la vie de saint Grégoire VII aucune circonstance à laquelle le tableau pût faire allusion, on se retrancha dans l'accusation de *mauvais citoyen*, contre le prélat qui osait mettre sous les yeux du peuple un tableau où la majesté royale était ainsi abaissée devant un pape.</small>

Siège apostolique dans cette déplorable circonstance. Cette ville et son État appartenaient alors à l'empereur, qui y entretenait un vice-roi. Ce personnage; nommé le comte de Harrach, ayant eu connaissance de l'entrée de la légende dans ce royaume, s'empressa d'en dénoncer la publication au tribunal napolitain dit *du Collatéral*, où on ne manqua pas de la traiter comme un délit, et le vice-roi, le 3 mars 1729, adressait à son souverain un long rapport, dans lequel, après avoir discuté longuement les graves dangers qui s'ensuivaient tout naturellement pour la couronne impériale du seul fait de la légende, il s'exprimait en ces termes :

« De tous ces *grands et insupportables préjudices*, qui
« naissent en général de la publication des susdites leçons
« contre l'indépendance de la souveraineté, et en parti-
« culier contre les droits royaux de Votre Majesté, comme
« empereur, il nous paraissait s'ensuivre naturellement
« qu'il était du devoir de notre charge qu'imitant la cou-
« tume et l'adresse de la cour romaine, nous eussions
« défendu ces leçons, ordonnant aux évêques de ne les
« point insérer dans les bréviaires. Mais ayant fait ré-
« flexion que nonobstant cette défense, *les ecclésiastiques*
« *auraient continué de les réciter,* et que la prohibition
« d'un office *aurait causé du scandale à ce peuple trop*
« *superstitieux,* et que la cour de Rome, profitant de ce
« mécontentement, aurait suscité d'autres inconvénients
« qui nous auraient après obligés à prendre de plus grands
« engagements, le tribunal du Collatéral fut d'avis de ne
« point défendre de réciter les leçons, et qu'il était même
« plus à propos de ne faire paraître aucun ressentiment,
« pour ne pas faire connaître aux simples et aux ignorants
« le venin caché qu'elles renferment, et qu'*il suffirait*
« *d'ordonner que les imprimeurs fussent emprisonnés* et
« tous les exemplaires fussent supprimés ; et cela, sur le
« seul motif qu'on avait introduit, réimprimé, vendu

448   AFFAIRE DE LA LÉGENDE DE SAINT GRÉGOIRE VII

INSTITUTIONS
LITURGIQUES

« ces leçons sans ma permission, et celle du Collatéral,
« contre la Pragmatique de ce royaume, d'autant plus
« qu'elles étaient imprimées avec la permission des
« supérieurs ecclésiastiques, quoiqu'on n'eût pas permis
« de la donner. »

L'archevêque janséniste d'Utrecht proscrit la légende par un mandement du 12 mai 1730, encore plus scandaleux que ceux des évêques d'Auxerre, de Montpellier et de Troyes.

Après la prohibition de la légende de saint Grégoire VII, par le vice-roi de Naples, vient celle que fit, peu de jours après, l'hérétique archevêque d'Utrecht, Corneille-Jean Barchman, par un mandement en date du 12 mai 1730. Il tient dans cette pièce scandaleuse le même langage que nous avons remarqué dans les mandements des évêques d'Auxerre, de Montpellier, de Troyes. Ce sont les mêmes injures grossières contre le chef de l'Église, le même mépris de ses ordonnances. « Si la *loi de la prière*, dit Barchman, *doit établir celle de la foi*, les évêques sont
« obligés de veiller pour empêcher que rien ne se glisse
« dans les *prières publiques* qui puisse corrompre insen-
« siblement la *loi de la foi*. Si on lit dans l'Église l'his-
« toire des saints, afin qu'en considérant la fin de la vie de
« ceux qui nous ont annoncé la parole de Dieu, nous imi-
« tions leur foi et nous suivions leurs exemples, d'autant
« plus dignes d'être imités, que la piété y paraît d'une
« manière plus excellente; il faut prendre garde de ne
« rien louer dans les divins offices, que nous ne devions
« approuver et imiter même, lorsque l'occasion s'en pré-
« sentera. »

Cette condamnation motivée par le désir de donner aux États généraux des provinces unies une preuve de fidélité.

Le mandement se termine par ces paroles : « A ces
« causes, pour défendre la doctrine de l'Église catholique
« par rapport à la distinction des deux puissances; pour
« conserver autant qu'il est en nous, à la puissance civile,
« son indépendance de la puissance spirituelle : pour
« donner à nos seigneurs les États généraux, suprêmes
« modérateurs de notre république, des preuves de la
« fidélité que nous leur devons, sans affaiblir en rien le
« respect que nous devons au Saint-Siège apostolique,

« nous défendons de réciter l'office de saint Grégoire VII,
« tant publiquement dans les églises qu'en particulier, à
« tous ceux qui sont obligés aux heures canoniales.
« La grâce de Dieu soit avec vous tous. Ainsi soit-il. ».

Lorsqu'un prélat qui se prétendait catholique, malgré l'Église, se livrait à de pareils excès, il n'y a plus lieu de s'étonner qu'un gouvernement protestant ne voulût pas demeurer en retard et se ruât avec violence contre la mémoire du saint pape. Ce n'est donc pas là ce qui doit nous surprendre; mais ce qui est humiliant, c'est d'être forcé de reconnaître que ce gouvernement protestant, dans ses mesures hostiles *à notre foi et aux objets de notre vénération*, ne se montre pas plus hostile que *diverses puissances de la communion romaine.* Voici l'arrêt que les États généraux des Provinces-Unies firent publier et afficher, dans toutes les villes de la confédération. Il est daté du 20 septembre 1730.

Le gouvernement des Provinces-Unies suit l'exemple des princes catholiques et défend la légende.

« Les États de Hollande et de West-Frise, à tous ceux
« qui ces présentes verront, salut.

Édit des États de Hollande et de West-Fris à ce sujet.

« Comme nous avons appris qu'on abuse de notre
« indulgence à conniver l'exercice du service divin des
« catholiques romains, sans faire exécuter à divers égards
« les placards émanés ci-devant contre cet exercice, jus-
« qu'au point qu'on imprime publiquement, dans notre
« pays de Hollande et de West-Frise, pour l'usage des
« églises romaines, soit séparément, soit avec ou à la fin
« de ce qu'on appelle *Directorium* ou bréviaire, l'office
« ainsi nommé du pape Grégoire VII, arrêté à Rome par
« l'autorité papale, le 25 septembre 1728; quoique ledit
« office exalte comme une action louable l'entreprise de ce
« pape, pour avoir excommunié un empereur des Romains,
« privé ce prince de son royaume et absous ses sujets de
« la fidélité qu'ils lui avaient promise, et qu'on ne puisse
« ignorer que *diverses puissances de la communion*
« *romaine* regardent cette entreprise de Grégoire VII

450   AFFAIRE DE LA LÉGENDE DE SAINT GRÉGOIRE VII

INSTITUTIONS LITURGIQUES

« comme si séditieuse, si contraire à la tranquillité
« publique, et d'une suite si dangereuse, qu'elles ne per-
« mettent pas qu'on en fasse aucun usage dans leurs
« royaumes et États.

« A ces causes, après une mûre délibération, nous
« avons jugé à propos, pour la conservation de la tran-
« quillité commune, et pour la sûreté de la régence et de
« la véritable religion réformée, de statuer et d'ordonner
« contre les entreprises et les machinations des adhérents
« du Siège de Rome, comme nous statuons et ordonnons
« par la présente :

Défense d'user de cet office même en particulier.

« Premièrement, qu'on ne pourra faire le moindre
« usage dans notre pays de Hollande et de West-Frise,
« soit en public, soit en particulier, dudit office du pape
« Grégoire VII, sous peine que les prêtres catholiques
« romains qui y contreviendront, seront punis sans aucune
« rémission comme perturbateurs du repos public,
« et que les églises de la religion romaine, cha-
« pelles ou autres assemblées dans lesquelles on fera à
« l'avenir usage dudit office, seront fermées pendant six
« mois.

Défense de réimprimer cet office.

« En second lieu, qu'on ne pourra réimprimer dans
« notredit pays, ou y apporter du dehors ledit office,
« pour y être débité ou vendu, soit séparément, ou tel
« qu'il est imprimé à la fin dudit *Directorium* de la Messe
« et autres cérémonies de l'Église romaine, et qu'on ne
« pourra faire aucune mention dudit office dans les édi-
« tions suivantes dudit *Directorium* ; le tout sous peine
« d'une amende de mille florins contre celui qui y con-
« treviendra, dont la moitié appartiendra à l'officier,
« et l'autre au dénonciateur, et d'être privé de son
« trafic.

« Chargeant et ordonnant à tous officiers, juges et jus-
« ticiers de notredit pays, d'exécuter et de faire exécuter
« notre présent placard et commandement, et de procéder

AFFAIRE DE LA LÉGENDE DE SAINT GRÉGOIRE VII   451

« et de faire procéder sans aucune grâce, faveur ou dissi-
« mulation, contre ceux qui y contreviendront ; nous vou-
« lons qu'il soit publié et affiché partout où besoin sera.
« Fait à La Haye, le 20 septembre 1730 (1). »

Nous trouvons, en 1750, une circulaire partie du cabinet impérial, et adressée aux évêques des Pays-Bas, leur enjoignant de supprimer au bréviaire l'office de saint Grégoire VII. Le clergé de Belgique, déjà mécontent du joug autrichien, ne paraît pas avoir mis une grande importance à cette prohibition, puisque, suivant l'abbé Grégoire (2), le gouvernement de Vienne fut obligé de renouveler la proscription de la légende, en 1774. Il est inutile, sans doute, de faire observer que Joseph II se montra impitoyable contre le culte du *fougueux Hildebrand* ; au reste, saint Grégoire VII ne fut pas le seul saint pontife qu'il poursuivit au bréviaire. On cite, sous la date de 1787, une ordonnance de la régence de la basse Autriche, supprimant, au Bréviaire des chanoines réguliers, divers passages de l'office de plusieurs saints papes, entre autres celui-ci dans la cinquième leçon de saint Zacharie, au 15 mars : *Consultus a Francis, regnum illud a Chilperico viro stupido et ignavo, ad Pipinum pietate et fortitudine præstantem auctoritate Apostolica transtulit*. Cet office de saint Zacharie n'est pas au Bréviaire romain proprement dit, mais fait simplement partie des offices *propres* du clergé de la ville de Rome.

Pour en revenir à la légende de saint Grégoire VII, elle a fini néanmoins par triompher, en Autriche, du mauvais vouloir des gouvernants, à la condition toutefois de subir, de par la police, une ridicule formalité. Nous ignorons à quelle époque précise a été statuée cette condition ; mais tous les bréviaires romains imprimés dans les États de

I PARTIE
CHAPITRE XXI

La légende de saint Grégoire VII proscrite dans les Pays-Bas autrichiens en 1750 et 1774.

En 1787, suppression de certains passages du Bréviaire des chanoines réguliers de Saint-Augustin.

La légende de saint Grégoire VII finit par triompher en Autriche, mais après avoir subi des mutilations.

---

(1) *Gazette de Hollande*, 3 octobre 1730.
(2) *Essai sur les Libertés de l'Église gallicane*, page 110.

l'Autriche depuis le commencement de ce siècle, qui nous sont tombés entre les mains, sont remarquables par une mutilation très-curieuse. Elle consiste d'abord dans la suppression de ces paroles qui terminent la cinquième leçon : *Contra Henrici Imperatoris impios conatus, fortis per omnia athleta impavidus permansit, seque pro muro domui Israel ponere non timuit, ac eumdem Henricum in profundum malorum prolapsum, fidelium communione, regnoque privavit, atque subditos populos fide ei data liberavit.*

Enfin, la censure impériale, franchissant toutes mesures, non contente d'avoir à jamais assuré la couronne des Césars contre les entreprises de la papauté, et garanti ainsi l'inamissibilité du trône de tout envahissement de la liturgie ; la censure, disons-nous, a décrété en même temps *l'impeccabilité impériale* ; ce qui a bien aussi son mérite pour ce monde et surtout pour l'autre. La sixième leçon est donc maintenue dans son entier, *sauf un seul mot :* l'épithète *iniqui* appliquée à Henri de Germanie ! Rome et toutes les églises qui obéissent à ses décrets sur la Liturgie, lisent *cum ab* INIQUI *Henrici exercitu Romæ gravi obsidione premeretur ;* dans les États d'Autriche, il faut imprimer et lire simplement : *Cum ab Henrici exercitu Romæ,* etc. Ceci ne rappelle-t-il pas tout naturellement ce qui se passa à Milan, il y a quelques années, quand on vit un mandement du cardinal-archevêque, à l'occasion de la mort de l'empereur François II, repris par la censure, parce que le prélat y exhortait les fidèles à prier pour un souverain bien-aimé qui, malgré toutes ses vertus, pouvait néanmoins avoir contracté quelques *taches* de l'humaine faiblesse ?

Nous voyons encore, au XVIIIe siècle, la mémoire de saint Grégoire VII outragée dans un État catholique, en Portugal. Il ne paraît pas cependant qu'on y ait proscrit la légende ; mais un homme plus téméraire, Antoine

Pereira de Figueiredo, entre les nombreux écrits qu'il publia contre les droits de l'Église et du Saint-Siège, consacra une dissertation spéciale à combattre la personne et les écrits de notre saint pontife, sous ce titre : *De Gestis et scriptis Gregorii VII*. C'était, assurément, un outrage parti de bien bas, que celui qui provenait d'un homme auquel son attachement à la cause du Saint-Siège avait d'abord valu la disgrâce de Pombal, et qui devenu, sans transition, l'enthousiaste prôneur de ce ministre, l'un des plus infâmes persécuteurs de l'Église, se montra l'ignoble flatteur d'un aussi pauvre souverain que le fut Joseph Ier. Non ; le caractère apostolique de saint Grégoire VII n'avait rien de commun avec l'ex-oratorien qui applaudit à l'atroce supplice de Malagrida, et dont la plume vénale écrivit les fades pamphlets intitulés : *Parallèle d'Auguste César et de Don Joseph, roi magnanime de Portugal*, et *Vœux de la nation portugaise à l'ange gardien du Marquis de Pombal* (1).

Le XIXe siècle a bien fourni aussi quelques insultes à la mémoire du saint pontife. Sans parler des blasphèmes qui plus d'une fois, au parlement anglais, sont partis des bancs des Pairs ecclésiastiques, contre la personne du *fougueux Hildebrand*, il en est dont les pays catholiques ont été le théâtre. Commençons par l'Italie.

Jusqu'en 1810, l'office de saint Grégoire VII n'avait cessé d'être célébré dans les églises des divers diocèses dont se composait le royaume d'Italie. L'excommunication encourue par Napoléon, en 1809, le rendit inquiet à l'excès, et l'on sait en général combien de mesures persécutrices pesèrent sur le clergé à cette époque. Mais ce que l'on sait moins, c'est que le grand empereur, en même temps qu'il élevait sa main contre Pie VII, osa

---

(1) Lisbonne, 1775.

défier aussi la majesté d'un pontife, autrefois, comme Pie VII, assiégé et captif, mais depuis et à jamais couronné par Celui qui le premier *a bu l'eau du torrent, avant d'élever la tête* (1). Une lettre du ministre des cultes, Bigot de Préameneu, écrite en février 1810, enjoignait aux évêques d'Italie d'imiter le silence de l'Église gallicane sur le nom et les actes d'Hildebrand. Nous ne saurions dire les noms des prélats italiens (il y en eut plusieurs) qui préférèrent obéir à César plutôt qu'à l'Église ; mais nous avons entre les mains, et nous gardons comme un monument, la lettre autographe dans laquelle Hyacinthe de La Tour, archevêque de Turin, envoie au ministre *le mandement qu'il s'est fait un devoir de donner* pour interdire l'office de saint Grégoire VII, et dont il déclare *que copie est affichée dans toutes les sacristies des églises de son diocèse*. La lettre est du 1er mars 1810.

A peine échappé aux violences de l'aigle redoutable qui étreignait l'Europe, mais toujours debout à la même place, l'héroïque Hildebrand tomba en proie à ces anarchistes dont les désirs sont aussi des désirs de tyrannie. En France, on vit le régicide Grégoire, dans son *Essai historique sur les libertés de l'Église gallicane*, publié en 1818, accumuler contre le saint pape et sa *légende* tous les blasphèmes des protestants et des jansénistes. En Espagne, au mois de mars 1822, *on faisait aux Cortès la proposition de supprimer une partie de l'office de Grégoire VII*, COMME ATTENTATOIRE AUX DROITS DES NATIONS (2) ! Certes, c'était là une bien amère dérision de ces rois et de ces évêques courtisans, occupés depuis si longtemps à poursuivre le culte du saint Pontife, et qui l'avaient noté comme coupable de lèse-majesté royale ! Elle fut donc bien droite, bien pure, la politique de ce grand homme ; Dieu avait donc placé en lui une notion bien haute du

(1) Psalm. CIX.
(2) *L'Ami de la Religion*, 13 avril 1822. Tome XXXI.

droit public, si tous les hommes à excès se sont donné le mot pour faire de son nom et de sa mémoire l'objet de leurs attaques. Jouissez de cette gloire, saint Pontife : jusqu'ici nul mortel ne l'a partagée avec vous.

Encore un outrage : ce sera le dernier. Au commencement de l'année 1828, une nouvelle édition du Bréviaire romain paraissait à Paris chez le libraire Rusand. L'éditeur avait cru pouvoir y insérer l'office de saint Grégoire VII : encore ne l'avait-il placé qu'à la fin du volume, ne se sentant pas pleinement rassuré par la promesse de cette liberté religieuse garantie à tous par la Charte de 1814. Peu de jours après la publication du bréviaire, certaines feuilles se disant *libérales*, et fraternisant en toutes choses avec les Cortès espagnoles de 1822, se prirent à crier à l'ultramontanisme qui débordait chez nous, jusque-là, disaient-ils, qu'on osait, en 1828, imprimer et mettre en vente la légende de Grégoire VII. Leurs clameurs furent entendues, et on vit, à Paris, en 1828, la légende de saint Grégoire VII, soumise, par ordre de l'archevêché, aux mutilations que lui inflige l'Autriche dans ses États, sans oublier la suppression charitable de l'épithète *iniqui*, si justement assignée à Henri IV par l'Église (1) ! Depuis dix ans, plusieurs éditions du Bréviaire romain ont été données, tant à Lyon qu'à Paris ; l'office de saint Grégoire VII s'y lit à sa place et dans son entier, et l'édition parisienne de 1828 va s'épuisant de jour en jour, gardant jusqu'ici la trace de cette

---

(1) « Certains journaux reprochent à un prélat illustre une édition du bréviaire romain, où se trouve une légende de Grégoire VII ; mais l'accusateur n'ajoute pas que ce n'est point M. l'Archevêque qui a fait faire cette édition du Bréviaire romain, qu'il a seulement autorisé la réimpression avant qu'elle se fît, qu'il n'a ni dirigé, ni surveillé l'exécution de cette entreprise, et qu'étant averti qu'il s'était glissé dans la légende de Grégoire VII une phrase en opposition avec nos maximes, il a exigé qu'on fît en cet endroit un carton ; ce qui a eu lieu. » *L'Ami de la Religion*. Tome LVI, page 87, 31 mai 1828.

dernière faiblesse que nous n'aurions pu taire sans partialité.

Hâtons-nous de franchir quelques années difficiles ; l'heure de la réhabilitation a sonné. Le Dieu qui est admirable dans ses saints, a résolu enfin de venger son serviteur Grégoire. Ce n'est plus la voix des Leibnitz, des Jean de Muller, des Voigt, etc., qui va retentir; ce n'est plus même celle de Joseph de Maistre, prophète du passé, annonçant à l'Europe que le moment est venu d'adorer ce qu'elle a brûlé, de brûler ce qu'elle avait adoré. Toutes les barrières sont tombées ; c'est maintenant l'Église de France qui proclamera saint Grégoire VII sauveur de la société, restaurateur de la science, de la vertu et de la justice ; et l'organe de l'Église de France, dans l'accomplissement de ce devoir sacré, sera ce pieux et savant évêque, fils, par l'intelligence autant que par le sang, du grand philosophe catholique à qui Dieu donna d'approfondir la législation primitive des sociétés, et de comprendre dans toute son étendue le rôle sublime du législateur pontife. Or ce fut le 4 mars 1838, que fut donnée au Puy, par monseigneur Louis-Jacques-Maurice de Bonald, aujourd'hui cardinal de la sainte Église romaine, archevêque de Lyon, Primat des Gaules, cette magnifique et courageuse lettre pastorale sur *le chef visible de l'Église*, qui restera dans les annales de l'Église de France, comme un des événements les plus graves qu'ait vus notre siècle, qui en a vu un si grand nombre. C'est en ce jour mémorable qu'on entendit professer, avec non moins d'éloquence que de doctrine, du haut de la chaire épiscopale, la foi dans l'infaillibilité du pontife romain parlant aux églises, et proclamer la haute mission imposée par la Providence à saint Grégoire VII, et si dignement accomplie par sa grande âme.

« L'irruption des barbares, disait le prélat, n'était que
« l'image d'une invasion plus dangereuse pour l'Église et

« pour le monde civilisé; ce n'était que la figure de cette
« triple coalition de l'ignorance, du vice et de la cupidité,
« ligués pour éteindre toute lumière, flétrir toute vertu et
« étouffer toute justice. Le moyen âge vit cet abîme
« dilater ses entrailles pour engloutir la société tout
« entière. Et la société, où ira-t-elle se réfugier dans sa
« détresse ? Encore aux pieds de la chaire de saint Pierre.
« Là elle trouvera son appui et son salut, dans un pauvre
« moine élevé au souverain pontificat, mais qui cachait,
« sous le vêtement grossier du cloître, une âme dont l'élé-
« vation n'a pas été comprise, et qui le serait difficilement
« dans nos jours de spéculation et d'indifférence. Hildé-
« brand mesure la profondeur de la plaie du corps social.
« A tout autre, les obstacles pour la guérir paraîtraient
« insurmontables; pour Grégoire VII, c'est dans ces obs-
« tacles mêmes qu'il puise un nouveau courage, et va
« ranimer l'énergie de son caractère. Armé d'une force
« inébranlable et d'une rectitude inflexible de volonté ;
« cédant aussi aux maximes de ses contemporains et à
« l'esprit de son temps, il entreprend une lutte terrible
« contre son siècle et toutes les puissances de son siècle.
« La science a déserté le sanctuaire ; il l'y ramènera. La
« vertu semble être bannie de tous les cœurs ; il la réta-
« blira dans ses droits. La justice est foulée aux pieds ; il
« la fera triompher. Il se croit envoyé pour opposer un
« front d'airain au vice, qu'il le trouve à l'autel ou sur le
« trône. Toujours inaccessible à la crainte, toujours
« au-dessus des considérations mondaines, Grégoire ne
« donnera point de repos à son zèle, jusqu'à ce qu'il ait
« réformé le palais des grands, le sanctuaire de la justice,
« le cloître des cénobites, et la maison de Dieu ; jusqu'à ce
« qu'il ait rallumé le flambeau du savoir, les flammes
« célestes de la piété ; fait passer dans les cœurs des sou-
« verains et des prêtres, cet amour de la justice, cette
« haine de l'iniquité qui, de son âme, où ces vertus sur-

INSTITUTIONS LITURGIQUES

« abondent, se répandent avec une sainte profusion dans
« ses écrits, dans ses actions, dans ses paroles, dans tout
« son pontificat. Peu lui importent les calomnies, les per-
« sécutions et la mort, pourvu qu'il abaisse toute hauteur
« et fasse fléchir le genou devant les lois éternelles de la
« justice et de la vérité. Dans ses démêlés avec les princes
« de la terre, on n'a voulu voir que des empiétements
« injustes ; on a appelé comme d'abus des saintes entre-
« prises de ce grand pape. Que pouvait-il faire, quand
« les peuples, broyés sous le pressoir du despotisme
« insensé de leurs maîtres, venaient réclamer à genoux,
« comme un dernier secours et un extrême remède à leurs
« maux, l'exercice sévère de sa juridiction et les foudres
« de ses sentences spirituelles ? Ce qui nous étonne et
« presque nous scandalise, n'était aux yeux du moyen
« âge que l'exercice d'un juste droit et l'accomplissement
« nécessaire d'une mission divine. Or, combattre pour
« établir partout le règne de la justice, de la science et de
« la vertu, qu'est-ce autre chose que de combattre
« pour civiliser le monde ? Ce furent là les combats
« de Grégoire VII, et le sujet pour lui d'une gloire im-
« mortelle. »

Par ce mandement la bataille est gagnée ; le culte de saint Grégoire VII sera nécessairement rétabli en France.

En lisant ces lignes si calmes, si épiscopales, dans lesquelles est béni avec tant d'amour le nom de ce Grégoire que nous avons vu poursuivi avec tant d'acharnement dans les pages qui précèdent, ne semble-t-il pas au lecteur catholique qu'il se repose avec suavité dans une paix qui ne sera plus troublée ? Après ce mandement, on peut le dire, la bataille est gagnée; *il n'y a plus d'Alpes;* Rome et la France sont unanimes à célébrer la gloire et les vertus de Grégoire, père de la chrétienté. Tout est oublié, renouvelé; le Christ est glorifié dans son serviteur. Mais espérons que bientôt la louange de Grégoire ne retentira plus seulement dans des discours et des instructions pastorales ; que bientôt des autels s'élèveront à sa gloire dans cette France qu'il aima et qui le méconnut trop longtemps; qu'enfin, le jour viendra où nous chanterons tous à l'honneur de Grégoire ce bel éloge que Rome et toutes les autres églises latines entonnent dans la solennité de ces saints pontifes qui, pour leur fidélité, ont mérité d'échanger la tiare contre la couronne de l'immortalité ; *Dum esset summus Pontifex terrena non metuit ; sed ad cœlestia regna gloriosus migravit.*

Si maintenant, selon notre usage, nous en venons à tirer les conséquences des faits consignés au présent chapitre, elles se présentent en telle abondance, qu'il nous faudrait consacrer un chapitre entier à les recueillir ; mais nous nous bornerons à celles qui rentrent directement dans notre sujet.

La première, que nous offrons à ceux de nos lecteurs qui ne comprendraient pas encore toute l'importance de la science liturgique, est que néanmoins, ainsi qu'ils ont pu le voir, un seul fait liturgique a suffi pour mettre en mouvement la plus grande partie de l'Europe et pour occuper la plupart des gouvernements, au dix-huitième siècle ; en sorte que, pour raconter de la manière la plus succincte, l'histoire d'une page du Bréviaire romain, il nous a fallu ajouter soixante pages à cette histoire, déjà si abrégée, de la Liturgie.

En second lieu, on a pu remarquer avec quel soin la divine Providence s'est servie de la liturgie comme du seul moyen qui restât au Saint-Siège de sauver l'honneur d'un de ses plus grands pontifes, à une époque où tout autre moyen que la rédaction officielle de sa légende eût été impuissant à prévenir la prescription contre sa gloire.

En troisième lieu, on a été à même de voir comment un clergé, isolé de Rome, même dans des choses d'une importance secondaire, porte toujours la peine de cet isolement par les contradictions en lesquelles il se précipite, victime de la position fausse où il s'est placé.

I PARTIE
CHAPITRE XXI

Conclusions.

1º Un seul fait liturgique a suffi pour mettre en mouvement la plus grande partie de l'Europe au xviiie siècle.

2º La Liturgie restée au Saint-Siège comme l'unique moyen de sauver l'honneur d'un de ses plus grands pontifes.

3º Un clergé isolé de Rome, même dans les choses secondaires, en porte toujours la peine.

INSTITUTIONS LITURGIQUES

4° Les magistrats usurpent sur la liturgie le pouvoir qu'ils refusent à Rome; apprécient l'importance de l'enseignement d'une doctrine par les livres de l'Église romaine.

En quatrième lieu, c'est un spectacle instructif de voir les magistrats séculiers s'arroger tout naturellement, sur les choses de la Liturgie, le pouvoir qu'ils refusent à Rome sur ce point, et raisonner d'ailleurs avec justesse sur l'autorité que donne immanquablement à un fait et à une maxime, son insertion dans les livres liturgiques de l'Église romaine.

NOTES DU CHAPITRE XXI

NOTE A

Quanta gloria publicam
Rem tuentibus indita
Sæpe jam fuerit, tuam
Hildebrande scientiam
Nec latere putavimus,

Et putamus. Idem sacra
Et Latina refert via,
Illud et Capitolii
Culmen eximium, thronus
Pollens Imperii docet.

Sed quid istius ardui
Te laboris, et invidiæ
Fraudis aut piget, aut pudet ?
Id bonis etenim viris
Plus peste subita nocet.

Virus invidiæ latens
Rebus in miseris suam
Ponit invaletudinem,
Hisque non aliis necem
Et pericula confert.

Sed ut invidearis, et
Non ut invideas, decet.
Te peritia quem probi
Et boni fecit unice
Compotem meriti sui.

Omne judicio tuo
Jus favet, sine quo mihi
Nemo propositi mei
Vel favoris inediam
Præmiumve potest dare.

Cordis eximius vigor
Vitæ nobilis optimas
Res secuta probant quidem
Juris ingenium modo
Cujus artibus uteris.

Ex quibus Caput urbium
Roma justior, et prope
Totus Orbis eas timet
Sæva barbaries adhuc
Clara stemmate regio.

His et Archiapostoli
Fervido gladio Petri
Frange robur, et impetus
Illius, vetus ut jugum
Usque sentiat ultimum.

Quanta vis anathematis ?
Quicquid et Marius prius
Quodque Julius egerant
Maxima nece militum
Voce tu modica facis.

Roma quid Scipionibus
Ceterisque Quiritibus
Debuit magis, quam tibi
Cujus est studiis suæ
Nacta via potentiæ.

Qui probe quoniam satis
Multa contulerant bona
Patriæ, prohibentur et
Pace perpetua fruî
Lucis et regionibus.

Te quidem potioribus
Præditum meritis manet
Gloriosa perenniter
Vita, civibus ut tuis
Compareris Apostolis.

S. Alphani Carmina. (Italia Sacra. Anecdota Ughelliana.
Tom. X. *Edit.* 1722, pag. 77.)

NOTE B

BENEDICTUS PAPA XIII

AD PERPETUAM REI MEMORIAM

Cum ad Apostolatus nostri notitiam pervenerint quædam folia Gallico idiomate typis impressa sub titulo : *Mandement de Monseigneur l'Évêque d'Auxerre, qui défend de réciter l'Office imprimé sur une feuille volante, qui commence par ces mots* : DIE 25 MAII, IN FESTO SANCTI GREGORII VII PAPÆ ET CONFESS..... *Donné à Auxerre, le vingt-quatrième de juillet mil sept cent vingt-neuf*. — Nos quamplures ex Venerabilibus Fratribus nostris sanctæ Romanæ Ecclesiæ Cardinalibus, aliosque in sacra Theologia Magistros ad illorum examen delegimus, qui post maturam eorumdem foliorum discussionem, quid sibi ea super re videretur, Nobis retulerunt. Auditis itaque memoratorum Cardinalium, et in sacra Theologia Magistrorum sententiis, de Apostolicæ potestatis plenitudine, Ordinationes in præfatis foliis contentas, nullas, inanes, invalidas, irritas, attentatas, nulliusque omnino roboris et momenti esse, et perpetuo fore, tenore præsentium declaramus.

Et nihilominus ad majorem cautelam, et quatenus opus sit harum serie revocamus, cassamus, irritamus, annulamus, viribusque, et effectu penitus, et omnino vacuamus, ac pro revocatis, cassatis, irritis, nullis, invalidis, et abolitis, viribusque, et effectu penitus omnino vacuis semper haberi volumus, et mandamus ; folia vero prædicta tam impressa, quam etiam manu scripta legi, seu retineri tenore pariter præsentium prohibemus, illorumque impressionem, descriptionem, lectionem, retentionem, et usum omnibus, et singulis Christifidelibus, etiam specifica et individua mentione, et expressione dignis, sub pœna excommunicationis per contrafacientes ipso facto absque alia declaratione incurrenda, a quo nemo a quoquam, præterquam a Nobis, seu Romano Pontifice pro tempore existente, nisi in mortis articulo constitutus, absolutionis beneficium valeat obtinere, omnino quoque interdicimus. Volentes, et auctoritate Apostolica mandantes, ut quicumque folia hujusmodi penes se habuerint, illo statim, atque præsentes litteræ eis innotuerint, locorum Ordinariis, vel hæreticæ pravitatis Inquisitoribus tradere, atque consignare teneantur ; hi vero ea sibi sic tradita illico flammis aboleri curent : in contrarium facientibus non obstantibus quibuscumque.

Ut autem eædem præsentes litteræ ad omnium notitiam facilius perveniant, nec quisquam illarum ignorantiam allegare possit, volumus etiam, et auctoritate præfata decernimus, ut illæ ad valvas Basilicæ Principis Apostolorum, ac Cancellariæ Apostolicæ, Curiæque generalis in Monte Citatorio, et in Acie Campi Floræ de Urbe per aliquem ex Cursoribus nostris, ut moris est, publicentur, illarumque exempla ibidem affixa relinquantur, et sic publicatæ omnes, et singulos quos concernunt, perinde afficiant, ac si unicuique illorum personaliter notificatæ, et intimatæ fuissent.

Utque ipsarum præsentium litterarum transumptis, seu exemplis etiam impressis, manu alicujus notarii publici subscriptis, et sigillo personæ in Ecclesia dignitate constitutæ munitis, eadem prorsus fides tam in Judicio, quam extra illud ubique locorum habeatur, quæ eisdem præsentibus haberetur, si forent exhibitæ, vel ostensæ.

Datum Romæ apud Sanctum Petrum, sub annulo Piscatoris, die XVII Septemb. M DCC XXIX. Pontificatus nostri Anno sexto.

NOTE C

BENEDICTUS PAPA XIII

AD PERPETUAM REI MEMORIAM

Cum ad aures nostras pervenerit, nonnullos Magistratus, seu Officiales, et Ministros seculares, quibusdam Edictis, Decretis, Senatusconsultis, Præceptis, Mandatis, aut id genus, aliisve quocumque nomine nuncupatis ordinationibus, seu Provisionibus adversus decretum extensionis ad universos Christi fideles, qui ad Horas Canonicas tenentur, Officii S. Gregorii Papæ VII, quod prius ex Indultis fel. rec. Pauli V, Clementis X, Alexandri VIII, et Clementis XI, Romanorum Pontificum Prædecessorum nostrorum, in pluribus jam Christiani Orbis Ecclesiis passim recitabatur, atque publice, et solemniter celebrabatur, a Nobis, ad augendum cultum *S. Pontificis et Confessoris,* qui in extirpandis erroribus, Ecclesiastica disciplina restituenda et instauranda, corruptisque moribus reformandis strenue, ac indefesse elaboravit, novissime editum, insurrexisse :

Hinc est, quod nos ex debito Pastoralis officii, quod humilitati nostræ, meritis licet et viribus longe impari, commisit divina dignatio, nostram, et Ecclesiasticam auctoritatem a perniciosis hujusmodi laicorum conatibus illæsam, et illibatam tueri et conservare volentes necnon omnium, et singulorum, quæ in præmissis, seu eorum occasione quovis modo, acta, et gesta fuerunt, seriem, aliave quæcumque etiam specificam, et individuam mentionem, et expressionem requirentia, præsentibus pro plene et sufficienter expressis, et exacte specificatis habentes, de quamplurium venerabilium fratrum nostrorum, S. R. E. Cardinalium consilio, Edicta, Decreta, Senatusconsulta, Præcepta, Mandata, et quasvis alias quocumque nomine nuncupatas ordinationes, sive provisiones per Magistratus, etiam supremos, seu officiales, et Ministros seculares aut alias a quacumque laicali potestate, ejusque nomine adversus Decretum extensionis Officii ejusdem S. Gregorii Papæ VII, per Nos, sicut præmittitur, editum, quomodocumque, et ubicumque, promulgata, et promulganda, ac quævis alia in præmissis, seu eorum occasione quomodolibet acta, gesta, et ordinata, cum omnibus, et singulis inde secutis, et quandocumque secuturis, penitus et omnino nulla, inania, invalida, irrita, et de facto præsumpta, nulliusque prorsus roboris, et momenti esse, et perpetuo fore, Apostolica auctoritate tenore præsentium declaramus.

Et nihilominus ad majorem cautelam, et quatenus opus sit, illa omnia, et singula harum serie itidem perpetuo revocamus, cassamus, irritamus, annulamus, et abolemus, viribusque, et effectu penitus, et omnino vacuamus, ac pro revocatis, cassatis, irritis, nullis, invalidis, et abolitis, viribusque, et effectu penitus, et omnino vacuis semper haberi volumus : sicque et non aliter in præmissis per quoscumque Judices ordinarios, et delegatos, etiam causarum Palatii Apostolici Auditores, ac S. R. E. præfatæ Cardinales, etiam de Latere Legatos, aliosve quoslibet quacumque præeminentia, et potestate fungentes, et functuros, sublata eis, et eorum cuilibet quavis aliter judicandi, et interpretandi facultate et auctoritate, judicari, et definiri debere ; ac irritum, et inane si secus super his a quoquam quavis autoritate scienter, vel ignoranter contigerit attentari, decernimus, in contrarium facientibus non obstantibus quibuscumque.

Ut autem eædem præsentes litteræ ad omnium notitiam facilius deveniant, nec quisquam illarum ignorantiam allegare possit, volumus, ac pariter decernimus, ut illæ ad valvas Basilicæ Principis Apostolorum, ac Cancellariæ Apostolicæ, Curiæque generalis in Monte Citatorio, et in Acie Campi Floræ de Urbe per aliquem ex cursoribus nostris, ut moris est publicentur, illarumque exempla ibidem affixa relinquantur, et sic publicatæ omnes, et singulos quos concernunt perinde afficiant, ac si unicuique illorum personaliter notificatæ, et intimatæ fuissent.

Utque ipsarum præsentium litterarum transumptis, seu exemplis, etiam impressis manu alicujus Notarii publici subscriptis, et sigillo personæ in Ecclesiastica dignitate constitutæ munitis, eadem prorsus fides tam in Judicio, quam extra illud, ubique locorum habeatur, quæ eisdem præsentibus haberetur, si forent exhibitæ, vel ostensæ.

Datum Romæ apud S. Petrum, sub Annulo Piscatoris, die XIX Decemb. MDCCXXIX. Pontificatus nostri Anno sexto.

CHAPITRE XXII

FIN DE L'HISTOIRE DE LA LITURGIE DURANT LA PREMIÈRE MOITIÉ DU XVIIIe SIÈCLE. — TRAVAUX DES SOUVERAINS PONTIFES SUR LA LITURGIE ROMAINE. — AUTEURS LITURGISTES DE CETTE ÉPOQUE.

Dans le cours des quatre chapitres que nous venons de consacrer à l'histoire de la Liturgie, dans la première moitié du XVIIIe siècle, nous n'avons eu à nous occuper que de la France. Ce pays tout seul a été le théâtre de la triste révolution dont nous avons eu à retracer le désolant tableau. Le reste de la catholicité demeurait fidèle aux traditions antiques, à l'unité romaine de la Liturgie. Le siège apostolique y réglait toujours les formes du culte ; ses décrets y étaient reçus avec obéissance, et les livres grégoriens continuaient d'y servir d'expression à la piété du clergé et des fidèles.

Pendant que la France est soumise à une véritable révolution liturgique, le reste de la catholicité demeure fidèle à la tradition grégorienne.

Mais, durant les cinquante années de ce demi-siècle, la Liturgie romaine ne fut pas sans recevoir de précieux accroissements. Pendant que l'Église gallicane procédait par voie de destruction, les Pontifes romains, si jaloux de conserver l'antique dépôt de saint Grégoire, l'enrichissaient de nouveaux offices et de nouvelles fêtes.

La liturgie romaine s'enrichit de nouveaux offices.

Le grand et pieux Clément XI, dans sa sollicitude pour les besoins temporels du peuple chrétien, remplit une lacune importante dans les livres de la liturgie. Parmi les prières que l'Église adresse à Dieu dans les diverses calamités, les siècles précédents n'en avaient point offert pour détourner le redoutable fléau des tremblements de terre.

Clément XI insère dans les livres liturgiques des prières spéciales pour détourner les tremblements de terre.

T. II. 30

En l'année 1703, l'Italie ayant été désolée par de nombreuses catastrophes de ce genre, Clément XI composa et plaça dans le missel les trois magnifiques oraisons qui portent en tête cette rubrique : *Tempore terræ motus*. Au bréviaire, dans les litanies, il prescrivit désormais cette invocation : *A flagello terræ motus, libera nos, Domine*.

Ce fut le même pape qui étendit à l'Église universelle la solennité du *très-saint Rosaire*, du rite *double majeur*, en commémoration de la victoire de Lépante. Il donna un nouvel office de saint Joseph, établit *doubles* la fête de saint Anselme avec le titre de *docteur*, et celle de saint Pierre d'Alcantara ; et *semi-doubles* celles de saint Pie V, de saint Jean de Dieu et de sainte Hedwige. Il créa *semi-doubles* d'obligation les fêtes de saint Vincent Ferrier, de saint Antonin et de saint Ubalde, dont l'office était précédemment *ad libitum*. Enfin, il établit la commémoration de saint Liboire, évêque du Mans, au 23 juillet, en reconnaissance du soulagement qu'il avait éprouvé par l'intercession de ce saint dans une infirmité pour laquelle on l'invoque dans toute l'Église.

Innocent XIII institua la fête du *très-saint Nom de Jésus*, du degré *double de seconde classe*, et celle de saint Isidore de Séville, *double mineur* avec le titre de *docteur*. Il éleva au même rang de *double mineur*, de *semi-doubles* qu'ils étaient, les offices de saint Paul, ermite, et de saint Jean de Dieu, et créa *semi-double* d'obligation celui de sainte Elisabeth de Portugal, qui auparavant était *ad libitum*.

Benoît XIII, outre la fête de saint Grégoire VII dont nous avons parlé, institua celle *des Sept Douleurs de la sainte Vierge*, et celle de *Notre-Dame du Mont-Carmel*, du rite *double majeur*, et éleva celle de Notre-Dame de la Merci au même degré. Il établit du rite *double mineur* les fêtes de saint Pierre Chrysologue, avec le titre de

Docteur; de sainte Scholastique, de saint Jean de Sahagun, et de sainte Rose de Lima. Il éleva au même degré les offices de saint Vincent Ferrier, des saints Jean et Paul, et de sainte Brigitte, qui n'étaient que *semi-doubles* auparavant. Saint Eusèbe de Verceil et saint André d'Avellino, furent admis au bréviaire avec le degré *semi-double* par le même pontife, qui créa *semi-double* d'obligation la fête de saint Wenceslas, qui jusque-là jouissait de ce degré seulement *ad libitum*.

Ces travaux sur le Bréviaire romain ne sont pas les seuls mérites de Benoît XIII à l'égard de la Liturgie. Le *Cérémonial des Évêques* fut, de sa part, l'objet d'une revision minutieuse et obtint d'importants accroissements, par les soins personnels du pontife et de la commission qu'il institua à cet effet. Le cérémonial, ainsi réformé, fut annoncé à l'Église catholique et promulgué par un bref du 7 mars 1727.

Aucun pape n'a surpassé Benoît XIII, et bien peu l'ont égalé dans son zèle pour les fonctions saintes. On compte par centaines les autels qu'il dédia solennellement, soit à Bénévent, pendant qu'il en était archevêque, soit à Rome, dans le cours de son pontificat : la seule basilique de Saint-Pierre en renferme douze consacrés par lui. Le nombre des églises qu'il dédia n'est pas moins étonnant. On le vit, entre autres, durant son pontificat, se transporter au Mont-Cassin, pour y faire la dédicace de la nouvelle et magnifique église de Saint-Benoît, qu'il érigea en basilique. Désirant honorer la mémoire de Gavanti, il créa pour l'ordre des barnabites, à perpétuité, une charge de consulteur de la congrégation des Rites.

Clément XII éleva au rite *double majeur* la fête de sainte Anne, mère de la sainte Vierge, et transféra celle de saint Joachim au dimanche dans l'Octave de l'Assomption. Il éleva au rite *double mineur*, les offices de saint André Corsini, à la famille duquel il appartenait, de saint

Stanislas de Cracovie et de sainte Monique ; et institua avec le même degré ceux de saint Vincent de Paul et de sainte Gertrude. Il établit *semi-doubles* les fêtes de saint Jean de la Croix et de sainte Julienne de Falconiéri.

Enfin, Benoît XIV monta sur le Siège apostolique. Il dut nécessairement s'occuper du culte divin, lui qui ne fut étranger à aucune des nécessités de l'Église, et que ses doctes écrits ont placé à la tête des liturgistes de son temps. Versé profondément dans la connaissance des usages de l'antiquité, ce pontife ne vit pas avec indifférence la modification grave qu'avait subie le calendrier du Bréviaire romain, depuis l'époque de saint Pie V. Les féries se trouvaient diminuées dans une proportion énorme, par l'accession de plus de cent offices nouveaux ; le rang de *doubles*, assigné à la plupart de ces offices, entraînait de fait la suppression d'une grande partie des dimanches. Il était bien clair que l'antiquité n'avait pas procédé ainsi. D'autre part, cet inconvénient de la multiplicité des fêtes des saints avait été exploité par les novateurs français : devait-on continuer à laisser subsister un prétexte à l'aide duquel ils avaient rendu tolérable à bien des gens leur divorce avec les livres romains ?

Le pontife commença par prendre une résolution à laquelle il se montra fidèle dans tout le cours de son Pontificat de dix-huit ans ; ce fut de n'ajouter aucun nouvel office au Bréviaire (1). Seulement, il attribua à saint Léon le Grand le titre de *docteur*, par une bulle solennelle ; mais ce saint Pape était déjà au calendrier romain depuis de longs siècles. On aime à voir cette réclamation en faveur des usages antiques, cette répugnance à entrer dans les voies nouvelles qui caractérise les opérations du Saint-Siège

(1) Emmanuel de Azevedo, *De Divino Officio exercitationes selectæ* Pars. I, pag. 45.

Mais la Providence ne tarda pas à manifester ses volontés sur cette grande question, par l'organe des successeurs de Benoît XIV, qui reprirent tout aussitôt l'usage d'insérer, à chaque pontificat, de nouveaux saints au bréviaire.

Benoît XIV ne chercha pas seulement à garantir l'office du dimanche et celui de la férie contre l'invasion des fêtes nouvelles; il projeta même une réforme du bréviaire. Il croyait, en effet, que si, dans le Bréviaire romain, la partie grégorienne devait être réputée inviolable, la partie mobile, à savoir les leçons introduites par saint Pie V, pouvait être susceptible d'une revision. L'œuvre du seizième siècle était, sans doute, un chef-d'œuvre pour son temps; mais deux siècles après, n'était-il pas possible de remplacer certaines homélies des saints Pères que la science moderne avait démontrées apocryphes? de retoucher quelques légendes, bien qu'en très-petit nombre (1) qui avaient besoin d'être mises en harmonie avec les exigences d'une critique plus sévère ? En conséquence, il chargea le P. Fabio Danzetta, jésuite, de faire un travail sur cet objet. L'ensemble des notes de Danzetta sur la correction du Bréviaire romain, ne formait pas moins de quatre volumes in-4º (2). Nous avons cherché en vain ce

---

(1) Il ne s'agit ici que de quelques traits seulement ; car on doit savoir que le docte Benoît XIV était bien loin de mépriser l'autorité des Légendes du Bréviaire romain. Il dit même expressément, dans son traité de la Canonisation des Saints, qu'il n'en est pas une qui ne soit susceptible d'être défendue d'après les principes de la science ecclésiastique. Il était donc bien loin d'abonder dans le sens de nos modernes liturgistes, qui ont sacrifié en masse les traditions catholiques sur la plupart des Saints du Calendrier. Nous aurons ailleurs occasion de juger leur travail, jour par jour ; comme aussi, nous traiterons spécialement de l'autorité des Légendes du Bréviaire romain, en général et en particulier.

(2) Albergotti, Évêque d'Arezzo, *La Divina Salmodia*, page 231. — *Il Breviario Romano difeso e giustificato*. Anonyme. 1790, page 82. — Zaccaria, *Bibliotheca ritualis*. Tome III, page cccxxxviij.

Après examen du rapport qui lui est présenté, le savant pontife ne donne pas suite à cette entreprise.

curieux manuscrit, durant notre séjour à Rome. Zaccaria atteste en avoir vu un exemplaire entre les mains du prélat, depuis cardinal Gabrielli. Quoi qu'il en soit, le travail de Danzetta resta à l'état de *Remarques sur le Bréviaire romain*, et Benoît XIV, après avoir considéré attentivement les difficultés de plus d'un genre qui s'opposaient à cette réforme du bréviaire, finit par renoncer à son projet ; sans doute, le temps n'était pas venu encore de tenter ce grand œuvre, peut-être parce que les inconvénients qu'on voulait éviter n'étaient pas réels, ou encore que les principes qui auraient présidé à ce travail n'étaient pas de nature à l'amener à une fin heureuse et convenable (1).

Benoît XIV publie une édition du Martyrologe romain en 1748.

Au reste, Benoît XIV, s'il n'opéra pas la réforme du Bréviaire romain, n'en porta pas moins sa sollicitude efficace sur un grand nombre de matières liturgiques qui la réclamaient impérieusement. Le *Martyrologe romain* dont nous avons raconté ailleurs la réforme par Grégoire XIII, et auquel les pontifes romains avaient successivement ajouté les noms des saints nouvellement canonisés, fut spécialement l'objet des travaux de Benoît XIV.

Bref adressé au roi Jean V de Portugal, exposant les raisons des principaux changements apportés par cette édition au texte du Martyrologe.

Il en prépara une édition qui parut à Rome, par son autorité, en 1748. Plus tard, il adressa à Jean V, roi de

---

(1) Nous n'avons rien voulu changer en cet endroit au texte de la première édition ; mais nous devons prévenir le lecteur que, dans son troisième voyage à Rome, en 1852, Dom Guéranger retrouva à la bibliothèque Corsini de précieux manuscrits qui contenaient les travaux d'une congrégation spéciale, nommée par Benoît XIV pour la correction du Bréviaire romain. En étudiant ces manuscrits, le savant liturgiste se convainquit qu'il avait conjecturé juste en disant que Benoît XIV avait peut-être renoncé à son projet de réforme du bréviaire, « parce que « les principes qui avaient présidé à ce travail n'étaient pas de nature « à l'amener à une fin heureuse et convenable. Nous ne savons si le travail du P. Danzetta, dont il est question ci-dessus, est distinct de celui de cette congrégation, ou si ce savant jésuite a été simplement le rapporteur, chargé de résumer les études des consulteurs.

NOTE DE L'ÉDITEUR.

Portugal, des lettres apostoliques dans lesquelles il rend compte, avec moins de dignité peut-être que d'érudition, des motifs qu'il a eus d'admettre ou de n'admettre pas certains personnages dans ce martyrologe. Cet immense bref est du 1ᵉʳ juillet 1748.

Le Pontife s'occupa aussi du *Cérémonial des Évêques*, sur lequel Benoît XIII avait déjà travaillé, ainsi que nous venons de le dire. La publication définitive de ce livre, dans la forme qu'il garde encore aujourd'hui, fut faite par un bref du 25 mars 1752.

Le bullaire de Benoît XIV présente de nombreuses preuves du zèle qui l'animait pour la conservation des rites sacrés, et nous aurons occasion d'y revenir souvent dans le cours de cet ouvrage. Nous indiquerons seulement ici en passant les nombreuses constitutions et règlements sur les rites des Grecs et des autres Orientaux unis; les bulles et brefs sur la célébration de l'octave des saints Apôtres, à Rome; sur la défense faite aux évêques de jamais obéir aux princes qui leur enjoignent des prières publiques; contre les images superstitieuses; sur la bénédiction des *palliums*; pour accorder à tous les prêtres des royaumes d'Espagne et de Portugal la faculté de célébrer trois messes le jour de la Commémoration des Morts; contre la musique profane dans les églises; sur la rose d'or; contre l'abus des chapelles privées; pour l'érection de l'église de Saint-François, à Assise, en basilique patriarcale, etc.

Le même pontife, jaloux d'imiter la conduite de Benoît XIII, qui avait voulu, comme nous l'avons rapporté ci-dessus, honorer la mémoire de Gavanti, créa aussi, pour l'ordre des Théatins, à perpétuité, une charge de consulteur dans la congrégation des Rites, en reconnaissance des services rendus à la science liturgique par le B. Joseph-Marie Tommasi et par le savant Gaétan Merati. Peu de temps après, il fit la même chose en faveur de la

Compagnie de Jésus, et nomma consulteur l'illustre P. Emmanuel Azevedo. On trouvera ci-dessous la notice des travaux de Merati et d'Azevedo.

Enfin Benoît XIV, voulant procurer plus efficacement encore l'avancement de la science liturgique, érigea dans le Collège romain, qui est en même temps une université tenue par les Pères de la Compagnie de Jésus, une école spéciale *des Rites sacrés*, qui a été depuis transférée au Séminaire romain. On ne tarda pas à ouvrir dans différentes villes d'Italie des écoles de liturgie sur le modèle de celle de Rome. Nous croyons faire plaisir à ceux de nos lecteurs qui s'intéressent au progrès de la science ecclésiastique, en insérant, dans une note, à la fin de ce chapitre, les règlements de l'école romaine. Qui sait si quelque jour il ne nous prendra pas fantaisie, à nous autres Français, de nous livrer enfin à l'étude raisonnée des rites sacrés (1) ?

Tels furent les travaux des pontifes romains sur la Liturgie, durant la première moitié du xviiie siècle. Il n'est pas rare d'entendre des personnes, graves d'ailleurs, témoigner leur étonnement de ce que ces mêmes pontifes, si zélés pour le dépôt des traditions liturgiques, n'aient pas fulminé contre les nouveautés dont les églises de France étaient le théâtre à cette époque. Nous avons même été à portée de nous apercevoir que plusieurs semblaient disposés à regarder ce silence comme une sorte d'approbation.

Cependant, si ces personnes voulaient se donner la peine de parcourir les collections imprimées des décrets des congrégations du concile de Trente et des Rites, elles y trouveraient des preuves multipliées des intentions persévérantes du Saint-Siège sur l'observation des constitutions de saint Pie V, pour le Bréviaire et le

1) *Vid.* la note A.

Missel romains. Toutes questions adressées sur ce sujet, à Rome, ont été et seront toujours résolues dans ce sens.

Maintenant, est-il nécessaire que le Siège apostolique entreprenne de faire le procès à toutes les églises qui, n'étant pas dans le cas d'exception admis par saint Pie V, ont, nonobstant ce, abjuré les usages romains ? D'abord, pour cela, il faudrait qu'on eût gardé à Rome une statistique de la Liturgie des Églises d'après les règles fixées dans la bulle *Quod à nobis*, afin d'être en mesure de poursuivre celles qui se seraient écartées de leur devoir. Mais cet état, quand a-t-il été dressé ? par qui l'a-t-il été ? Il est visible qu'avant de lancer sa constitution, le saint pape n'avait même pas un rapport exact de la situation des églises, quant à la Liturgie romaine, puisqu'il était contraint d'adopter la *moyenne* de deux cents ans de possession. De plus, il n'exigeait même pas que les églises instruisissent le Saint-Siège du parti qu'elles auraient pris ; il s'en rapportait, comme on l'a vu, à la conscience des évêques et des chapitres. Les archives pontificales ne possèdent donc aucun titre de conviction contre les églises qui auraient violé la bulle. Il est vrai que le défaut de ce titre de conviction ne saurait faire que ce qui, au XVIe siècle, eût constitué un grave délit, soit devenu légitime au XVIIIe.

Rome ne possédait dans ses archives aucun titre de conviction contre les églises qui violaient ces constitutions.

Il y a longtemps que les novateurs ont prétendu s'autoriser du silence du Saint-Siège dans leurs sentiments, ou leurs pratiques audacieuses. On leur a toujours répondu que le silence du Saint-Siège ne devait plus être invoqué par eux comme une approbation, qu'il ne devait non plus être regardé comme la confirmation de certaines sentences rendues dans d'étroites localités. Le Pontife romain a reçu la mission d'enseigner ; il est le docteur de tous les chrétiens. Quand il a parlé, la cause est finie. Tant qu'il n'a pas parlé, on doit s'abstenir d'arguer quelque chose

Le silence du Saint-Siège ne doit jamais être invoqué comme une approbation.

de son silence. Admettons donc, d'une part, qu'il ne s'est pas expliqué sur les nouvelles liturgies françaises ; mais convenons, d'autre part, qu'il n'a pas manqué une occasion pour déclarer que les églises astreintes au Bréviaire et au missel de saint Pie V n'ont point la liberté de se donner un autre bréviaire et un autre missel.

Rome a gardé une prudente réserve afin de ne pas éteindre la mèche qui fume encore, et de ne pas achever le roseau à demi brisé.

Que si nous voulons chercher les raisons de la grande réserve que le Saint-Siège a gardée dans l'affaire des nouvelles liturgies, il nous suffira de nous rappeler la maxime fondamentale du gouvernement ecclésiastique, maxime suggérée par le Dieu fort et miséricordieux : *Il n'éteindra pas la mèche qui fume encore ; il n'achèvera pas de rompre le roseau déjà brisé* (1). Est-ce à dire pour cela que Rome doit approuver l'affaiblissement de la lumière dans cette lampe qui devait toujours luire avec splendeur, ou qu'elle devra se réjouir des fractures imprudentes qui ont compromis la solidité du roseau ? Autant vaudrait dire que Dieu, *qui dissimule les péchés des hommes à cause de la pénitence qu'ils en feront* (2), est de connivence avec ces mêmes péchés. Et pour ne parler que des matières contenues dans ce volume, quand Benoît XIV nous dit, en parlant de la *Défense de la Déclaration de* 1682, par Bossuet (3), qu'il serait difficile de trouver un ouvrage *aussi opposé à la doctrine reçue partout sur les droits du Pontife romain,* et que cependant on s'est abstenu, à Rome, de le censurer ; quels motifs donne le pontife pour expliquer cette tolérance ? Il met sans doute en avant les égards dus à la mémoire du grand évêque de Meaux qui à tant d'autres chefs a si bien mérité de la religion, *ex tot aliis capitibus de religione bene meriti ;* mais la raison décisive a été l'espérance d'éviter de nouvelles discordes : *Sed ob justum novorum dissidiorum timorem.* Quand les parle-

---

(1) Is. XLIII, 3. — Matth. XII, 20.
(2) *Sap.* XI, 24.
(3) *Vid.* ci-dessus, page 140 et 409.

ments français et l'assemblée du clergé de 1730 s'entendaient, chacun à sa façon, pour supprimer le culte de saint Grégoire VII, dira-t-on que le silence que garda Benoît XIII signifiait qu'il renonçait à son décret universel pour le culte de ce saint pontife ? qu'il tenait pour abrogés les cinq brefs qu'il avait rendus contre les opposants à ce décret ? Il faut bien convenir qu'il n'en est pas ainsi, puisque la fameuse légende a été maintenue au Bréviaire romain, comme de précepte strict, pour le 25 mai, *sub pœna non satisfaciendi* (1). Apprenons donc à connaître la raison sublime de cette patience du Siège apostolique, et souvenons-nous que ce n'est pas la sagesse humaine, mais la divine et éternelle sagesse qui a donné ce conseil à ceux qu'elle envoyait au milieu des hommes : *Soyez prudents comme le serpent : Estote prudentes sicut serpentes* (2).

Il est temps enfin de mettre sous les yeux du lecteur la bibliothèque des auteurs liturgiques de la période que nous avons parcourue.

(1701). Notre liste s'ouvre par Lazare-André Bocquillot, chanoine d'Avallon, qui a laissé un ouvrage assez curieux, mais écrit avec les préjugés de son temps, intitulé : *Traité historique de la Liturgie sacrée, ou de la Messe*. Paris, 1701, in-8°. Il rédigea aussi le rituel du diocèse d'Autun.

(1701). Alain, chanoine de Saint-Brieuc, a donné un volume in-12, rare et curieux, sous ce titre : *Devoirs et Fonctions des aumôniers des évêques*.

---

(1) Nous pouvons même attester, *de science certaine*, que l'évêque de New-York, en 1830, ayant demandé à Rome s'il pouvait, dans son diocèse, omettre l'office de saint Grégoire VII, par ce seul motif de ne pas fournir un prétexte de plus aux continuelles déclamations contre l'Église romaine, dont les journaux protestants des États-Unis retentissent trop souvent, il lui fut répondu qu'*il ne devait rien innover*, mais célébrer, comme par le passé, la fête du saint pontife.
(2) Matth. x, 16.

INSTITUTIONS LITURGIQUES

Prosper Tinti. (1701). Prosper Tinti, personnage que nous ne connaissons que par Zaccaria, est éditeur du volume intitulé : *Series sacrorum Rituum in aperitione portæ Basilicæ Patriarchalis sancti Pauli.* Rome, in-4°.

François-Antoine Phœbeus. (1702). François-Antoine Phœbeus publia cette année, à Rome, trois dissertations : *De sacris Liturgiæ Ritibus.* 1702, in-8°.

Jean-Christophe Battelli et Antoine-Dominique Norcia. (1702). Jean-Christophe Battelli, bénéficier de la basilique vaticane, et plus tard archevêque d'Amasie, a laissé un savant traité sous ce titre : *Ritus annuæ ablutionis altaris majoris Basilicæ Vaticanæ in die Cœnæ Domini, explicatus ac illustratus.* Rome, 1702 et 1707, in-8°. Il a laissé aussi : *Brevis enarratio sacrorum Rituum servatorum in aperiendo et claudendo portam sanctam Patriarchalis Basilicæ Liberianæ.* Cet ouvrage, continué par Antoine-Dominique Norcia, chanoine de Saint-Laurent in Damaso, parut à Rome, in-f°, en 1736.

Adrien Baillet. (1703). Adrien Baillet, critique scandaleux et téméraire, a complété ses Vies des Saints par une *Histoire des Fêtes mobiles.* Paris, 1703, in-8°.

R. Vatar. (1705). R. Vatar, auteur du livre intitulé : *Des Processions de l'Église, de leurs antiquités, utilités et des manières d'y bien assister* (Paris, 1705, in-8°), ne nous est connu que par son livre.

Jean Prastricio. (1706). Jean Prastricio, professeur de théologie polémique au collège de la Propagande, a publié une dissertation sous ce titre : *Patænæ argenteæ mysticæ, quæ Foro-Cornelii in Cathedrali Ecclesia colitur descriptio et explicatio.* Rome, 1706, in-4°.

Dom Benoît Bacchini, bénédictin de la congrégation du Mont-Cassin. (1708). Dom Benoît Bacchini, abbé bénédictin de la congrégation du Mont-Cassin, mérite une place distinguée parmi les liturgistes de son temps, pour les savantes notes dont il a enrichi son édition du *Liber Pontificalis, sive vitæ Pontificum Ravennatum.* Modène, 1708, 2 vol. in-4°.

(1708). Joseph Bingham, docteur de l'université d'Oxford et curé anglican, ne saurait être oublié ici sans injustice, ayant si bien mérité de la science des antiquités ecclésiastiques et liturgiques en particulier par le bel ouvrage dont il publia le premier volume à Londres, en 1708, sous ce titre : *Origines Ecclesiasticæ, or the antiquities of the Christian Church*. Cet ouvrage, grandement utile, malgré les innombrables erreurs protestantes dont il est souillé, a été traduit en latin par J. H. Grichow, et publié à Hall, en onze volumes in-4°, 1724-1738.

(1709). Antoine Baldassari, jésuite italien, a publié les ouvrages suivants : 1° *Il Sacerdote sacrificante a Dio nell' Altare, con la norma delle Rubriche, cioè il Sacerdote reso esperto nelle Cerimonie della Messa.* Pistoie, 1699. — 2° *La sacra Liturgia dilucidata.* Forli et Urbin, 1697-1698, 3 vol. in-12. — 3° *I Pontificii* Agnus Dei *dilucidati.* Rome, 1700, in-12. — 4° *La Rosa d'oro, che si benedice nella quarta Domenica di Quaresima dal sommo Pontefice.* Venise, 1709, in-8°. — 5° *Il Pallio Apostolico dilucidato.* Venise, 1719, in-8°.

(1709). Dom Thierry Ruinart, savant bénédictin de la congrégation de Saint-Maur, a laissé manuscrit l'ouvrage intitulé : *Disquisitio historica de Pallio Archiepiscopali*, qui a été publié parmi les ouvrages posthumes de Dom Mabillon. 1724, in-4°.

(1710). François Orlendis, dominicain, a laissé un savant traité : *De duplici lavacro in Cœna Domini*. Florence, 1710, in-4°.

(1710). Jean-Baptiste Frescobaldi, personnage qui ne nous est connu que par Zaccaria, a laissé : *Pedilavium sive de numero pauperum quibus lavandi sunt pedes, in feria V Cœnæ Domini*. Lucques, 1710, in-4°.

(1713). C'est l'année en laquelle mourut Jean-François de Percin de Montgaillard, évêque de Saint-Pons, prélat qui a reçu les plus grands éloges de la part des jansénistes et qui les méritait. Nous avons déjà eu l'occasion de mentionner son zèle pour les maximes françaises sur la Liturgie. Il publia un traité *du droit et du pouvoir des évêques de régler les offices divins dans leurs diocèses.* 1686, in-8°. Benoît XIV flétrit ce livre avec énergie et désapprouve hautement la doctrine qu'il contient, dans son *Traité de la Canonisation des Saints,* à l'article où il parle du Bréviaire romain.

(1714). Dom Simon Mopinot, bénédictin de la congrégation de Saint-Maur, a composé des hymnes remarquables ; on admire surtout celles d'un office de l'Enfant Jésus.

(1715). D. J. Grandet, curé de Sainte-Croix d'Angers, a donné le curieux livre intitulé : *Dissertation apologétique sur l'apparition miraculeuse de N.-S. J.-C.*, arrivée au Saint Sacrement, en la paroisse des Ulmes de Saint-Florent, près de Saumur, le 2 juin de l'année 1668. Château-Gontier, 1715, in-12. On trouve dans cet ouvrage les plus précieux détails sur la fameuse procession de la Fête-Dieu, dite *le Sacre d'Angers.*

(1715). Christophe Matthieu Pfaff, chancelier de l'Université de Tubingue, entre plusieurs dissertations qu'il a laissées sur des matières liturgiques, et dans lesquelles il a répandu une érudition qui fait regretter qu'un homme aussi distingué ait dépensé, hors de la vraie Église, les trésors de sa science, a composé celle que nous avons citée ailleurs sous ce titre : *Disquisitio de Liturgiis, Missalibus, Agendis,* etc. Tubingue, 1721.

(1716). Philippe Buonarotti, sénateur de Florence, illustre archéologue, est connu par un ouvrage célèbre, indispensable à ceux qui se livrent à l'étude des antiquités chrétiennes, et intitulé : *Osservazioni sopra alcuni frammenti di vasi antichi, ornati di figure, trovati nei Cimiterj di Roma.* Florence, 1716, in-4°.

(1716). Eusèbe Renaudot, un des plus savants ecclésiastiques de son temps, appartient à notre bibliothèque liturgique par le magnifique ouvrage qu'il publia sous le titre de : *Liturgiarum Orientalium collectio.* Paris, 1716, 2 vol. in-4°.

(1717). Jean-Baptiste Halden, jésuite, a laissé cet ouvrage pratique : *Ephemerologion Ecclesiastico-Rubricisticum novum.* Brescia, 1717, in-4°.

(1717). Honoré de Sainte-Marie, carme déchaussé, dans son célèbre traité *sur l'Usage et les Règles de la Critique*, tomes II et III, traite un grand nombre de questions d'antiquité liturgique.

(1718). Le Brun Desmarettes, acolyte, auteur des bréviaires d'Orléans et de Nevers, a laissé, sous le pseudonyme de *Sieur de Moléon*, d'intéressants *Voyages liturgiques de France, ou Recherches faites en diverses villes du royaume.* Paris, 1718, in-8°. C'est à cet auteur janséniste que nous devons la dernière édition du livre *de Officiis Ecclesiasticis*, de Jean d'Avranches.

(1718). Dom Jacques Bouillart, bénédictin de la congrégation de Saint-Maur, fit paraître, cette année, une édition du Martyrologe d'Usuard, sur le manuscrit original de cet auteur, qui fut moine de Saint-Germain-des-Prés. Le volume est intitulé : *Usuardi San-Germanensis Monachi Martyrologium sincerum, ad autographi, in San-Germanensi Abbatia servati, fidem editum, et ab observationibus R. P. Sollerii Societatis Jesu vindicatum.* Paris, in-4°.

(1719). Sébastien Paulli, clerc régulier des Écoles pies, a laissé une dissertation curieuse : *De Ritu Ecclesiæ Neritinæ exorcisandi aquam in Epiphania.* Naples, 1719, in-4°. Il a traité aussi de la fameuse patène de saint Pierre Chrysologue, sous ce titre : *De Patena argentea Foro-Corneliensi.* Naples, 1745, in-8°. Il laissa, en manuscrit, deux ouvrages fort importants : 1° *Lexicon sacrorum*

INSTITUTIONS LITURGIQUES

Rituum Ecclesiæ Græcæ et Latinæ. Libri duo, in quibus Ritus utriusque Ecclesiæ exponuntur et elucidantur; nec non plura ad eos spectantia, sacra vasa, vestes, libri cantus, festivitates, munera ecclesiastica, officia, sacrorum ordinum collationes, Monachorum antiquorum consuetudines, vestes, et quidquid sacram Liturgiam spectat, ex probatissimis Auctoribus recensentur. 2 vol. in-fol. — 2° *Collectio quarumdam precum, quas in sacris Liturgiis, aliisque Ecclesiasticis Officiis quondam adhibitis, partim ex Mss., partim ex editis vetustis Codicibus eruit, notis illustravit Sebastianus Paulli.* 2 vol. in-fol.

Joseph-Simon Assemani, maronite, archevêque de Tyr.

(1719). Joseph-Simon Assemani, maronite, archevêque de Tyr, a rendu un éminent service aux amateurs de la Liturgie orientale, par la publication de sa fameuse *Bibliotheca Orientalis*, où il mentionne un grand nombre de pièces concernant les offices divins. Elle parut à Rome, de 1719 à 1728. Son édition de saint Éphrem est aussi d'un grand prix, pour les nombreuses hymnes de ce saint moine, qui jusqu'alors étaient demeurées inédites, au moins pour la plupart. Enfin Joseph-Simon Assemani a publié les six premiers volumes d'un grand ouvrage, malheureusement resté imparfait, comme tant d'autres, et qui porte ce titre : *Kalendaria Ecclesiæ universæ*. Rome, 1755-1757, 6 vol. in-4°.

Philippe Bonanni, jésuite.

(1720). Philippe Bonanni, jésuite, est auteur du livre intitulé : *La Gerarchia Ecclesiastica considerata nelle vesti sacre e civili, usate da quelli quali la compongono, espresse, e spiegate con le immagini di ciascun grado della medesima*. Rome, 1720, in-4°.

Thomas Brett, docteur anglican.

(1720). Thomas Brett, docteur anglican, fit paraître en cette année, à Londres, une *Collection des principales Liturgies de l'Église chrétienne usitées dans la célébration de la sainte Eucharistie*. Cette collection, en langue anglaise, se compose : 1° de la Liturgie tirée des constitutions apostoliques; 2° de celle de saint Jacques; 3° de celle de saint Marc; 4° de celle de saint Jean-Chrysostome; 5° de celle de saint Basile; 6° de la Liturgie de l'Église éthiopienne; 7° de celle de Nestorius; 8° de celle de Sévère; 9° des fragments du Missel gothique de D. Mabillon; 10° des fragments du Missel gallican, du même; 11° de certaines parties du missel mozarabe; 12° du Missel romain, édition de Rome, 1747; 13° de la Liturgie d'Édouard VI et du Livre de prières communes, édition de Londres, 1749; 14° de la formule de communion de l'Église anglicane; 15° du fragment de la première Apologie de saint Justin, sur l'Eucharistie; 16° de la Catéchèse cinquième de saint Cyrille de Jérusalem.

(1720). François Oudin, jésuite, est connu par des hymnes en l'honneur de saint François-Xavier, qui le mirent en telle réputation, qu'il fut prié d'en composer d'autres pour le Bréviaire d'Autun.

(1720). Le comte Ortensio Zago, de Vicence, l'un de ces savants italiens que l'on voit cultiver les sciences ecclésiastiques conjointement avec les sciences profanes, a laissé deux dissertations, savoir : *De veterum Christianorum inscriptionibus* et *de Liturgiarum in rebus theologicis usu*. Padoue, 1720, in-4°.

(1720). Marc-Antoine Boldetti, chanoine de Sainte-Marie *Trans Tiberim*, et custode des sacrés cimetières, occupe une place distinguée parmi les investigateurs de Rome souterraine, par son bel ouvrage qui enrichit de nouvelles découvertes les mémoires si précieux de Bosio et Aringhi. Il est intitulé : *Osservazioni sopra i cimiterj de' Sancti Martiri, ed antichi Cristiani di Roma*. Rome, 1720, in-fol.

(1721). Joseph-André Zaluski, évêque de Kiew, fondateur de la fameuse bibliothèque de Varsovie, et l'un des plus généreux défenseurs de la nationalité polonaise, est auteur d'un livre intéressant, intitulé : *Analecta historica de sacra, in die Natali Domini, a Romanis Pontificibus*

INSTITUTIONS LITURGIQUES — *quotannis usitata ceremonia ensem et pileum benedicendi, eaque munera principibus Christianis mittendi.* Varsovie, 1721, in-4°.

Le cardinal Quirini, évêque de Brescia et moine bénédictin de la congrégation du Mont-Cassin. (1721). Dom Ange-Marie Quirini, bénédictin de la congrégation du Mont-Cassin, évêque de Brescia et cardinal, ne fut pas moins versé dans la science liturgique que dans les autres branches de l'antiquité ecclésiastique. Il a laissé, entre autres : *Officium Quadragesimale Græcorum, recognitum et castigatum, ad fidem præstantissimi codicis Barberini in latinum sermonem conversum, atque diatribis illustratum.* Rome, 1721, in-4°. Les dissertations que renferme ce volume, qui n'a pas été suivi du second que l'auteur avait promis, roulent sur les objets suivants : 1° *De origine et antiquitate sacræ Græcorum Synaxeos* ; 2° *De authoribus Officii Quadragesimalis Græcorum* ; 3° *De Dominicis, hebdomadibus Quadragesimalibus Græcorum* ; 4° *De erroribus quibus edita Officii proprii Quadragesimalis Græcorum exemplaria conspurcantur, quibusque omnino vacant veteres codices MSS.* ; 5° *De Triodicis et Theotociis Quadragesimalibus* ; 6° *De veteri Quadragesimali Græcorum Typico.*

Correspondance entre Quirini et les bénédictins de Saint-Maur au sujet des hymnographes de l'Église grecque. En 1743, le même cardinal adressa une lettre de cinquante-deux pages in-folio à Dom Laneau, supérieur général de la congrégation de Saint-Maur, *De priscis hymnographis Græcæ Ecclesiæ* (Brescia), à l'occasion des travaux que Dom Toustain et Dom Tassin avaient entrepris sur saint Théodore Studite. Les deux bénédictins français répondirent par une lettre de cinquante-deux pages in-4°, en date du 19 avril 1744 (Paris), dans laquelle ils proposent des difficultés au savant cardinal sur quelques points de sa dissertation.

Quirini combat sur plusieurs points la dissertation en forme de bref placée par Benoît XIV. Parmi les lettres latines du cardinal Quirini, publiées à Rome, il en est une où il combat sur plusieurs points la célèbre dissertation, en forme de bref, que Benoît XIV a mise en tête de son édition du Martyrologe romain. Dans le catalogue que le cardinal a dressé lui-même de ses ouvrages, il mentionne une dissertation : *De nulla Ecclesiæ N. consecratione ex non rite facta duodecim crucum unctione*. Il a donné aussi, sous le titre d'*Enchiridion Græcorum* (Bénévent, 1725, in-8°), une collection des décrets des pontifes romains sur les dogmes et les rites des Grecs, depuis le schisme.

(1721). Dom Dominique Fournier, bénédictin de la congrégation de Saint-Maur, est auteur des offices de saint Germain d'Auxerre, saint Anselme, saint Laumer de Blois, saint Phalier et sainte Scholastique, imprimés à Rouen, en 1721. Les hymnes de l'office de sainte Scholastique sont de la composition de D. Gabriel Guérin, confrère de Fournier.

(1721). Pierre Moretti, chanoine de Sainte-Marie *Trans Tiberim*, a composé les traités suivants, dans lesquels il a fait preuve du plus rare savoir : 1° *De ritu ostensionis sacrarum reliquiarum, dissertatio historico-ritualis*. Rome, 1721, in-4°; — 2° *De ritu variandi chorale indumentum in solemnitate Paschali*. Rome, 1722. Cet ouvrage renferme un supplément à la Dissertation sur l'ostension des reliques ; — 3° *Ritus dandi Presbyterium Papæ, Cardinalibus et Clericis nonnullarum Ecclesiarum Urbis, nunc primum investigatus et explanatus*. Rome, 1741, in-4°; — 4° *Parergon ad lucubrationem de ritu dandi Presbyterium*, etc., *Sive de festo in honorem Principis Apostolorum Romæ ad diem XXV Aprilis instituto enarratio*. Rome, 1742, in-4°.

(1722). François-Marie Galluzi, jésuite, a laissé un ouvrage précieux sous ce titre : *Il rito di consecrare le Chiese con la sua antichità, significato, convenienza, prerogative*. Rome, 1722.

(1722). L'illustre prélat romain, François Bianchini, n'est pas une des moindres gloires de la science liturgique au dix-huitième siècle. Nous citerons ses deux savantes dissertations : *De Kalendario et cyclo Cæsaris ac de Paschali Canone Sancti Hippoliti Martyris* (Rome, 1703, in-folio); mais surtout la magnifique édition du *Liber pontificalis* attribué à Anastase le Bibliothécaire, dont il publia trois volumes en 1718, 1723 et 1728; ouvrage dont les préfaces, les dissertations et les notes sont du plus haut intérêt pour les amateurs de la science des rites sacrés.

(1722). Michel Amati, prêtre napolitain, est auteur d'une dissertation : *De opobalsami specie ad sacrum Chrisma conficiendum requisita.* Naples, 1722.

(1723). Jean-Frédéric Bernard, savant libraire d'Amsterdam, n'est point un personnage assez sérieux sous le rapport liturgique pour avoir droit à une place dans cette bibliothèque : nous l'y admettons cependant à raison de l'importance que les gravures de Bernard Picart ont donnée à son ouvrage sur *les Cérémonies et coutumes religieuses de tous les peuples du monde*. Ce grand ouvrage, dans la composition duquel il fut aidé par Bruzen de la Martinière, et dont l'esprit protestant et superficiel n'a pas entièrement disparu dans l'édition postérieure qu'en ont donnée les abbés Banier et Le Mascrier, se compose de huit tomes, en neuf volumes in-folio, dans la première édition de Jean-Frédéric Bernard (Amsterdam, 1723-1743); elle en a onze dans celle de 1739-1743 (Amsterdam). L'édition française est de 1741, et n'a que sept volumes in-fol. La fortune surprenante de cet ouvrage n'est due qu'aux dessins du célèbre graveur, et nous avons eu plus d'une fois l'occasion de nous affliger en voyant l'importance que lui attribuaient des personnes graves d'ailleurs.

(1724). C'est l'année où Benoît XIII monta sur le Siège apostolique : nous y rattacherons aussi ses divers travaux liturgiques. Étant archevêque de Bénévent, il rédigea le *Memoriale Rituum majoris hebdomadæ pro functionibus persolvendis, Archiepiscopo celebrante vel assistente, ad usum Beneventanæ Ecclesiæ*. Bénévent, 1706, in-8°. Après la mort du pontife, on fit paraître à Rome, 1736, in-4°, sous le titre d'*Opera Liturgica*, plusieurs opuscules qu'il avait laissés inédits.

(1724). Eusèbe du Très-Saint-Sacrement, Espagnol, de l'ordre des Trinitaires déchaussés, est auteur d'un livre : *De pertinentibus ad celebrationem jejunii Ecclesiastici Quatuor anni Temporum scilicet Quadragesimæ, Pentecostes, Septembris et Decembris* (Rome, 1724, in-4°), dans lequel il explique avec beaucoup d'étendue l'office de l'Église pour les jours des Quatre-Temps.

Eusèbe du T.-S. sacrement, trinitaire déchaussé.

(1724). Jacques de la Baune, jésuite, paraît être l'auteur d'un ouvrage contre les innovations du fameux curé Jubé : Il est intitulé : *Réflexions sur la nouvelle Liturgie d'Asnières*, 1724, in-12.

Jacques de la Baune, jésuite.

(1725). Nicolas Antonelli, cardinal, a laissé sur les matières qui nous occupent les ouvrages suivants, qui méritent leur réputation : 1° *De Titulis quos S. Evaristus Presbyteris Romanis distribuit*. Rome, 1725, in-8°. — 2° *Vetus Missale Romanum Monasticum Lateranense cum Præfationibus, notis et Appendice*. Rome, 1752, in-4°.

Le cardinal Nicolas Antonelli.

(1726). Pierre Lebrun, oratorien, dont nous avons déjà cité plusieurs fois le bel ouvrage sur la Messe, est un des derniers écrivains liturgistes vraiment dignes de ce nom que la France ait produits. Son savoir égala son orthodoxie. L'*Explication littérale, historique et dogmatique des prières et cérémonies de la Messe* est en quatre volumes in-8°, publiés à Paris, de 1716 à 1726. Cet ouvrage a été traduit en italien, et a paru à Vérone, en 1752, in-4°. Nous avons encore du P. Lebrun : 1° *Une lettre touchant la part qu'ont les fidèles à la célébration de la Messe*. 1718, in-8°. — 2° *Manuel pour assister à la Messe et aux autres Offices de l'Église*. 1718, in-16. — 3° *Dé-*

Pierre Lebrun, oratorien.

fense de l'ancien sentiment sur la forme de la Consécration de l'Eucharistie. 1727, in-8°. — 4° *Lettre qui découvre l'illusion des journalistes de Trévoux dans le jugement de la Défense de l'ancien sentiment sur la forme de la Consécration de l'Eucharistie.* 1728, in-8°. Ces deux derniers écrits sont une réponse à la critique que le P. Bougeant, jésuite, avait faite d'une des dissertations de l'explication de la Messe. Cette controverse qui tient aussi à la théologie sera touchée ailleurs dans cet ouvrage.

(1726). Dom Pierre-Marie Giustiniani, bénédictin de la congrégation du Mont-Cassin, et successivement évêque de Sagone, en Corse, et de Vintimille, a laissé, au rapport d'Armellini, une dissertation : *De variis Gentilium ritibus quos Christiana Ecclesia sanctificavit, atque in suum usum convertit.*

(1726). Jean-Baptiste Memmi, jésuite, est auteur du livre intitulé : *Il rito di canonizare i santi spiegato.* Rome, 1726, in-8°.

(1727). Juste Fontanini, savant prélat romain, a laissé : 1° *Discus argenteus votivus veterum Christianorum Perusiæ repertus, et commentario illustratus.* Rome, 1727, in-4°. 2° *Codex Constitutionum quas summi Pontifices ediderunt in solemni Canonizatione sanctorum a Joanne XV, ad Benedictum XIII.* Rome, 1727, in-folio. 3° *Note sopra la Corona Chericale degli Ordini Monastici e de' Vescovi.* 4° *De vera forma Consecrationis Corporis et Sanguinis Domini Nostri Jesu Christi.* Ces deux opuscules se trouvent dans les mémoires sur la vie de Fontanini, publiés à Venise en 1736.

(1727). Jacques-Joseph Duguet, prêtre de l'Oratoire, dont il sortit plus tard, écrivain janséniste fameux, a composé une *Dissertation théologique et dogmatique sur les Exorcismes et autres Cérémonies du Baptême.* Paris, 1727, in-12.

(1727). Guillaume-Hyacinthe Bougeant, jésuite, est connu dans la science liturgique par les deux ouvrages suivants : 1° *Réfutation de la Dissertation du P. Lebrun sur la forme de la Consécration Eucharistique.* Paris, 1727. — 2° *Traité théologique de la forme de l'Eucharistie.* Lyon, 1729.

(1729). On publia cette année, à Venise, sous le titre de *Bibliotheca selecta de ritu Azymi ac Fermentati,* les dissertations de Bona, Macedo, Ciampini et Mabillon, sur la question des Azymes, réunies en deux vol. in-8°. La même compilation fut réimprimée à Bologne, en 1750.

(1731). Jerôme Baruffaldi, archiprêtre d'une collégiale d'Italie, s'est rendu célèbre par ses *Commentaria ad Rituale Romanum,* imprimés pour la première fois à Venise, en 1731, in-fol.

(1731). Joseph-Augustin Orsi, dominicain, puis cardinal, célèbre par son Histoire ecclésiastique, doit être admis dans cette Bibliothèque pour les trois ouvrages suivants : 1° *Dissertatio historica, qua ostenditur Catholicam Ecclesiam tribus prioribus sæculis capitalium criminum reis pacem et absolutionem neutiquam denegasse, et plures aliæ incidentes quæstiones ad eorumdem temporum Chronologiam ecclesiasticam pertinentes quibusdam digressionibus data opera examinantur.* Milan, 1730, in-8. — 2° *Dissertatio theologica de invocatione Spiritus Sancti in Liturgiis Græcorum et Orientalium.* Milan, 1731, in-4°. — 3° *Dissertatio historico-theologica de Chrismate confirmatorio.* Milan, 1734, in-4°.

(1731). Dominique Georgi, l'un des chapelains de Benoît XIV, est auteur du rare et précieux traité : *De Liturgia Romani Pontificis in solemni celebratione Missarum.* Rome, trois volumes in-4°, 1731, 1743, 1744. Il a laissé aussi : *Gli abiti sacri del Romano Pontefice paonazzi e neri in alcune solenni Funzioni della Chiesa giustificati.* Rome, 1724, in-4°. Enfin, nous avons de lui une magnifique édition du martyrologe d'Adon. Rome, 1745, in-folio.

(1729). Jean Pinius, l'un des continuateurs de Bollandus, a donné, en tête du sixième tome de juillet des *Acta Sanctorum*, l'importante dissertation *de Liturgia Mozarabica*, que nous avons citée ailleurs. Nous profiterons de l'occasion pour mentionner les divers travaux liturgiques des jésuites d'Anvers. D'abord, leur magnifique compilation, si importante sous tant de rapports, est avant tout une œuvre liturgique. De plus, il n'est pas rare de rencontrer, en tête des divers volumes, des dissertations spéciales sur les choses du culte divin. Le deuxième tome de mars est remarquable par un traité sur le martyrologe de Bède. Le premier tome de mai offre, sous le titre de : *Ephemerides Græcorum et Moscorum*, un curieux travail sur le calendrier de l'Église grecque, par le P. Papebrok. Le deuxième tome de juin est accompagné d'une dissertation non moins utile du P. Nicolas Rayæus : *De Acoluthia Officii Canonici Græcorum*. Les tomes VI et VII de juin renferment la célèbre édition du martyrologe d'Usuard, suivie d'un grand nombre d'autres inédits, par le P. du Sollier. Le premier tome de septembre présente une excellente dissertation *de Diaconissis*, par le Père Pinius, etc.

(1729). Simon Gourdan, chanoine régulier de l'abbaye de Saint-Victor, personnage de grande piété et sincère orthodoxie, qui mourut cette année, a composé des hymnes et des proses, dont plusieurs sont employées dans les livres parisiens actuels. Nous regrettons que le défaut de renseignements sur ce point ne nous permette pas de les désigner autrement à nos lecteurs.

(1733). Remy Breyer, chanoine de la cathédrale de Troyes, l'un des auteurs du bréviaire de ce diocèse, a laissé une *Nouvelle dissertation sur les paroles de la Consécration*. Troyes, 1733, in-8, dans laquelle il combat le sentiment du P. Le Brun. Le lecteur se rappelle sans doute d'avoir vu le nom de Breyer parmi ceux des chanoines opposants au missel de Troyes.

(1734). Le Journal des Savants de 1734, page 641, donne l'analyse d'un ouvrage du P. de Boncrueil, intitulé: *L'Esprit de l'Église dans la récitation de cette partie de l'Office qu'on appelle Complies.* Imprimé à Paris, la même année, in-12.

(1735). Joseph Bianchini, neveu de François Bianchini, de l'Oratoire de Rome, a rendu de grands services à la science liturgique, en publiant le *Sacramentaire* dit *Léonien*, qu'il fit paraître d'après un manuscrit de Vérone, en tête du quatrième tome de la superbe édition d'Anastase, commencée par son oncle, et dont le cinquième et dernier volume n'a pas paru. *La Préface de l'Ordre Romain* publié par François Bianchini, dans son troisième volume d'Anastase, appartient pareillement à Joseph. Nous avons parlé, à l'article du B. Cardinal Tommasi, de l'édition des œuvres de cet illustre Liturgiste, que Joseph Bianchini avait entreprise et qu'il n'acheva pas. Il importe de détailler ici les matières contenues dans le seul tome qui parut de cette collection, à Rome, 1741, en deux parties. Après une préface remplie d'érudition, Bianchini produit les matières suivantes : 1° *Johannis Pinii tractatus de Liturgia Hispanica.* 2° *Notitia Breviarii Mozarabici.* 3° *Ordo divini Officii Gothici Mozarabici.* 4° *Libellus orationum Ecclesiasticorum Officiorum Gothico-Hispanus, nunc primum in lucem editus ex incomparabili et plusquam millenario MS. codice. in-fol. majoris formæ, amplissimi Capituli Veronensis.* Nous mentionnerons ici, comme tenant à notre sujet, la belle publication projetée par François Bianchini et commencée par son neveu, sous le titre de : *Demonstratio Historiæ Ecclesiasticæ quadripartitæ, monumentis ad fidem temporum et gestorum.* Rome, 1752, grand in-folio.

INSTITUTIONS LITURGIQUES

Joseph Catalani, prêtre de l'oratoire.

(1736). Joseph Catalani, de Rome, est un des plus importants liturgistes des temps modernes. Ses divers ouvrages sur les Rites sacrés sont : 1° *De Codice Sancti Evangelii atque servatis in ejus lectione et usu variis ritibus.* Rome, 1733, in-4°. — 2° *Commentaria in Pontificale Romanum.* Rome, 1736, trois volumes in-fol. — 3° *Cæremoniale Episcoporum commentariis illustratum.* Rome, 1744, deux volumes in-fol. — 4° *Sacrarum Cæremoniarum sive Rituum Ecclesiasticorum S. R. E. libri tres ab Augustino Patricio ordinati et a Marcello Corcyrensi Archiepiscopo primum editi, commentariis aucti.* Rome, 1750, deux volumes in-fol. — 5° *Rituale Romanum Benedicti Papæ XIV jussu editum et auctum, perpetuis commentariis exornatum.* Rome, 1757, deux volumes in-fol.

Jean de Johanne, chanoine de Palerme.

(1736). Jean de Johanne, chanoine de la cathédrale de Palerme, a travaillé sur la Liturgie des Églises de Sicile, antérieure au Bréviaire de S. Pie V, et qui n'était autre que la Liturgie *romaine-française*, introduite en Sicile par les ducs d'Anjou. Son livre est intitulé : *De Divinis Siculorum Officiis.* Palerme, 1736, in-4°.

Gaëtan Merati, théatin.

(1736). Gaëtan-Marie Merati, théatin, est fameux par ses nouvelles observations et additions au *Thesaurus sacrorum Rituum* de Gavanti. Elles parurent d'abord en quatre volumes in-4°, à Rome, en 1736, 1737, 1738, et sont dans les mains de tous ceux qui s'occupent de Liturgie sous le point de vue pratique. Merati entreprit son travail à la sollicitation du cardinal Lambertini, qui, devenu Pape, témoigna la plus grande estime pour les travaux et la personne de ce liturgiste, au point qu'il alla lui rendre visite dans sa dernière maladie. Merati préparait une collection des liturgies occidentales, dont il avait concerté le plan avec le B. Tommasi, son confrère. Il mourut en 1745, laissant une bibliothèque considérable en livres liturgiques, dont Benoît XIV voulut enrichir la sienne.

(1737). C'est l'année où mourut le P. Antoine-Marie Lupi, auteur de la célèbre Dissertation sur l'épitaphe de sainte Sévère, et de tant d'autres travaux archéologiques. Il a traité savamment des baptistères anciens et de plusieurs autres matières liturgiques. Ces divers mémoires ont été recueillis par Zaccaria, sous le titre de : *Dissertazioni, lettere ed altre opperette, con giunte ed annotazioni.* Faenza, 1755, in-4° en deux parties.

(1737). Agnello Onorato, chanoine d'Aversa, fit paraître à Lucques, en 1737, in-4°, neuf dissertations sur diverses thèses de l'antiquité ecclésiastique, dont plusieurs ont trait à la science liturgique. Nous citerons en particulier la quatrième qui est intitulée : *Dell' estrema unzione : dell' antico osia lodevol rito di santa Chiesa n'ell' amministrare agl'infermi la sacra unzione prima di dar loro il viatico.*

(1737). Dom Léger Mayer, bénédictin de l'abbaye de Muri, en Suisse, est connu par son *Explicatio compendiosa litteralis historica cæremoniarum, earum præcipue quæ ad S. Liturgiam spectant.* Tugii, 1757, in-12.

(1737). Jean Bottari, prélat romain, a complété la série des ouvrages qui traitent des monuments de Rome Souterraine, si importants pour la science liturgique, par son beau travail intitulé : *Sculture e pitture sacre estratte da cimeteri di Roma, publicate gia dagli Autori della Roma sotterranea nuovamente date in luce colle spiegazioni.* Rome, 3 volumes in-folio, 1737, 1746 et 1754.

(1739). Dom Germain Cartier, bénédictin d'Ettenheimunster, au diocèse de Strasbourg, a composé un ouvrage très-utile à ceux que leur vocation appelle à célébrer l'office divin ; il est intitulé : *Psalmodiæ Ecclesiasticæ Elucidatio.* Strasbourg, 1739, in-8°.

(1741). Jean Lebeuf, sous-chantre de la cathédrale d'Auxerre, personnage grandement érudit, mais qui eut le malheur de fabriquer durant sa vie une trop grande masse de plain-chant, a laissé un *Traité historique et pratique sur le Chant ecclésiastique.* Paris, 1741, in-8°. Il est auteur du *Martyrologium Autisiodorense.*

(1740). Jean-Chrysostome Trombelli, chanoine régulier, l'un des hommes les plus versés dans la science liturgique qu'ait eus l'Italie au xviii° siècle, a laissé, entre autres ouvrages, trois magnifiques traités : *De Cultu sanctorum dissertationes decem quibus accessit appendix de Cruce.* Bologne, 1740. Cinq volumes in-4° et six avec les *Vindiciæ.*
— *Mariæ Sanctissimæ Vita ac gesta, cultusque illi adhibitus per dissertationes descripta.* Bologne, 1761. Six volumes in-4°. — *Tractatus de Sacramentis per polemicas et Liturgicas dissertationes dispositi.* Bologne, 1775. Douze volumes in-4°. Cet illustre liturgiste a donné une édition de l'*Ordo Officiorum Ecclesiæ Senensis ab Oderico ejusdem Ecclesiæ Canonico compositus,* ouvrage inédit, et dont Muratori avait indiqué l'existence au tome V° de ses *Antiquitates Italicæ.* L'édition de Trombelli est de Bologne, in-4°.

(1743). Jacques Merlin, jésuite, a composé un *Traité historique et dogmatique sur les paroles ou les formes des sept Sacrements de l'Église.* Paris, 1745, in-12.

(1743). Joseph-Michel Cavalieri, augustin, est célèbre parmi les auteurs pratiques sur la Liturgie, par ses savants commentaires sur les décrets de la Congrégation des Rites, dont la meilleure édition parut après la mort de l'auteur, en 1758, Venise, cinq tomes in-folio, sous ce titre : *Cavalieri opera omnia Liturgica, seu commentaria in authentica S. R. C. Decreta.* Cavalieri se montre, en beaucoup d'endroits, hostile à Merati, et le combat avec affectation ; ce qui lui attira une réplique assez énergique de la part d'un certain Charles de Ponivalle, qui publia des Mémoires en italien sur la vie et les écrits de Merati, à Venise, 1755, in-4°.

(1743). Dom Bennon Lobel, bénédictin allemand, abbé

de Sainte-Marguerite de Prague, a composé une savante dissertation sur la fameuse médaille de saint Benoît, qui a été l'objet des sarcasmes de J.-B. Thiers, comme aussi des naïvetés de plusieurs personnes contemporaines. Elle est intitulée : *Disquisitio sacra numismatica de origine, quidditate, virtute, pioque usu Numismatum, seu Crucillarum Sancti Benedicti Abbatis, per SS. D. N. Benedictum XIV. P. M. instaurato.* Vienne, 1743, in-8°.

(1744). Jean Marangoni, adjoint à Boldetti dans la garde des sacrés cimetières, a laissé un ouvrage d'une valeur inappréciable pour l'archéologue et le liturgiste. Il porte ce titre : *Delle cose gentilesche e profane transportate ad uso e ad ornamento delle chiese.* Rome, 1744, in-4°. Il y a aussi des choses très-importantes pour la science liturgique, dans le savant ouvrage du même auteur sur la chronologie des Papes, intitulé : *Chronologia Romanorum Pontificum superstes in pariete australi Basilicæ S. Pauli viæ Ostiensis.* Rome, 1751, in-folio.

(1744). Dom Charles-François Toustain et Dom René-Prosper Tassin, bénédictins de la congrégation de Saint-Maur, auteurs du *Nouveau Traité de Diplomatique*, appartiennent à notre bibliothèque, non seulement par la lettre au Cardinal Quirini dont nous avons parlé plus haut, mais aussi par leurs grands travaux, malheureusement restés manuscrits, pour l'édition de saint Théodore Studite, l'un des principaux hymnographes de l'Église grecque. Dans la Lettre au cardinal Quirini, ils démontrent qu'il y a une véritable poésie imitée des anciens poètes dramatiques, dans les tropaires, stichères, odes et cantiques du saint abbé de Stude. Il est fâcheux qu'ils n'aient pas étendu cette observation aux autres monuments du même genre, tant de l'Église grecque que de l'Église latine. Dom Toustain a laissé manuscrit un ouvrage intitulé : *Recherches sur la manière de prononcer les paroles de la Liturgie chez les Grecs et les Orien-*

taux, où l'on prétend réfuter la dissertation du P. Le Brun sur le même sujet. Nous n'avons pas besoin de signaler l'esprit qui a présidé à la composition de cet ouvrage.

(1745). Antoine Martinetti a laissé un livre important sous ce titre : *De Psalterio Romano.* Rome, 1745, in-folio.

(1745). Dom Charles Chardon, bénédictin de la Congrégation de Saint-Vannes, est connu avantageusement par un ouvrage plein de recherches, intitulé : *Histoire des Sacrements, ou de la manière dont ils ont été célébrés et administrés dans l'Église, et de l'usage qu'on en a fait depuis le temps des Apôtres jusqu'à présent.* Paris, 1745. Six volumes in-12. Cette histoire a été traduite en italien.

(1746). Jean-Baptiste Gattico, chanoine régulier de Latran, est connu par les ouvrages suivants : 1° *De Oratoriis domesticis et de usu Altaris portatilis, juxta veterem ac recentem Ecclesiæ disciplinam.* Rome, 1746, in-fol. — 2° *Epistola Apologetica ad amicum*, dans laquelle l'auteur défend ce qu'il a avancé au chapitre XXIX du précédent ouvrage, au sujet de l'administration du sacrement de l'Eucharistie dans les oratoires privés. Bergame, 1751. —3° *Acta selecta Cæremonialia sanctæ romanæ Ecclesiæ ex variis MSS. Codicibus et Diariis sæculi XV. XVI. XVII.* Rome, 1753, in-folio; un volume et demi, l'impression du second n'ayant point été achevée. Cet ouvrage renferme des détails du plus grand prix pour l'histoire domestique de la Cour de Rome, autant que pour la Liturgie.

(1747). C'est l'année où parurent à Rome, en douze volumes in-folio, les œuvres du grand Pontife Benoît XIV, dont le nom seul rappelle la plus vaste science liturgique dont jamais un homme ait été orné. Il suffira sans doute de désigner ici en abrégé les divers ouvrages de ce grand homme, puisqu'ils sont entre les mains de tout le monde.

1° *De servorum Dei Beatificatione et de Beatorum Canonizatione*. — 2° *De Sacrosancto Missæ Sacrificio*. — 3° *De Festis D. N. J. C. et B. M. V.* Le Bullaire et les *Institutiones Ecclesiasticæ* renferment une infinité de questions liturgiques que l'illustre auteur discute et approfondit toujours. Nous avons parlé de son édition du Martyrologe.

(1747). Robert Sala, cistercien de la congrégation des Feuillans d'Italie, personnage dont nous avons déjà parlé à propos du cardinal Bona, son confrère, a enrichi de notes précieuses les deux livres *Rerum Liturgicarum* du pieux et docte cardinal. Cette édition, dédiée à Benoît XIV, est en trois volumes in-folio. Turin, 1747. Ils ont été suivis d'un quatrième, contenant les lettres de Bona.

(1748). L'illustre Louis-Antoine Muratori, dont le nom seul rappelle les prodiges de la science la plus colossale, ne dédaigna pas les études liturgiques, et s'est acquis le droit de figurer dans notre bibliothèque par sa *Liturgia Romana vetus tria Sacramentaria complectens*. Venise, 1748. Deux volumes in-folio. On dit cependant que le fond de ce travail appartient au savant Dom Benoît Bacchini, bénédictin de la congrégation du Mont-Cassin.

(1749). Thomas-Marie Mamachi, dominicain fameux, mérite aussi une place dans ce catalogue, pour le magnifique ouvrage qu'il voulut opposer aux *Origines Christianæ* de Bingham. Il est intitulé : *Originum et Antiquitatum Christianarum libri viginti*. Rome, 1749-1755, cinq volumes in-4°. Malheureusement, cet ouvrage, quelque peu gâté par certains traits échappés à un esprit de corps injuste, est resté incomplet. Nous citerons encore, parmi les écrits de Mamachi : *De' costumi de' primitivi Cristiani*. Rome, 1753-1757, trois volumes in-8°.

(1749). Léonard Cecconi, évêque de Montalte, est connu par sa *Dissertazione sopra l'origine, significato, uso e morali ammaestramenti per la divota recita dell' Alleluia.* Velletri, 1749, in-8°.

(1749). Joseph-Aloyse Assemani, neveu de Joseph-Simon, est à jamais illustre par sa magnifique collection liturgique, intitulée : *Codex Liturgicus Ecclesiæ universæ in XV Libros distributus, in quo continentur Libri Rituales, Missales, Pontificales, Officia, Diptycha, etc., Ecclesiarum Occidentis et Orientis.* Le premier volume parut à Rome, en 1749, in-4°. Cette œuvre, comme tant d'autres, est demeurée inachevée, neuf volumes seulement ayant paru. Vingt auraient à peine suffi à remplir le plan de l'auteur. Il a laissé, en outre, une dissertation *De Sacris Ritibus.* Rome, 1757, in-4°; et un Traité *De Ecclesiis, earum reverentia et asylo.* Rome, 1756, in-fol.

(1749). Cousin de Contamine, séculier, employé dans les fermes royales, fit paraître, sous le voile de l'anonyme, une brochure intitulée : *Traité critique du plain-chant usité aujourd'hui dans l'Église, contenant les principes qui en montrent les défauts et qui peuvent conduire à le rendre meilleur.* Paris, 1749, in-12 de 69 pages. On remarque, en tête du volume, une vignette sur laquelle est représenté un bœuf piqué par un cousin ; ce qui signifie assez que l'auteur, en faisant allusion à son propre nom, a eu en vue d'attaquer l'abbé Lebeuf.

(1750). Poisson, curé de Marchangis, a laissé, sur le chant ecclésiastique, un intéressant ouvrage dont nous avons cité quelque chose ailleurs, et qui porte ce titre : *Traité théorique et pratique du Plain-chant appelé Grégorien.* Paris, 1750, in-8°. Il est également auteur d'un livre sur les *Règles de la composition du Plain-chant*, que nous n'avons pu nous procurer. La brochure de Cousin, dont il est question au précédent article, est adressée à Poisson.

(1750). Dominique-Marie Manni, célèbre imprimeur de Florence, a publié : 1° *L'Istoria degli anni santi dal loro principio sino al presente del MDCCL.* Florence. — 2ᵉ *Della disciplina del Canto Ecclesiastico antico ragionamento.* Florence, 1756, in-4°.

(1750). Paul-Marie Paciaudi, théatin, antiquaire distingué, a laissé sur les matières liturgiques les ouvrages suivants : 1° *De sacris Christianorum Balneis.* Venise, 1750, in-4°. — 2° *De cultu S. Joannis Baptistæ.* Rome, 1755, in-4°.

(1750). Antoine-François Gori, prévôt du baptistère de Florence, antiquaire non moins illustre, appartient à notre bibliothèque par une grande partie de ses travaux archéologiques. Nous citerons en première ligne le *Thesaurus veterum Diptycorum Consularium et Ecclesiasticorum* que la mort l'empêcha d'achever, et qui ne parut qu'en 1759 par les soins de J.-B. Passeri. Florence, 1759, trois vol. in-fol. On trouve plusieurs dissertations curieuses sur les matières liturgiques dans un recueil d'opuscules de divers auteurs que Gori fit paraître en 1748 à Florence et à Rome, sous le titre de *Symbolæ Literariæ*. On a encore de Gori une dissertation *de Antiquis Codicibus Mss. quatuor Evangeliorum, deque internis externisque eorumdem Codicum ornamentis.* Ce savant homme, lorsqu'il fut atteint par la mort, préparait des travaux importants sur les matières suivantes : 1° *De antiquis Ecclesiarum Hierothesis* ; 2° *Vetusti Ambonis Ecclesiæ Florentinæ Sancti Petri sacra emblemata nunc primum prolata et illustrata;* 3° *Liturgia antiqua Sanctæ Ecclesiæ Florentinæ cum observationibus* ; 4° *De forma, cultu, ornatuque veterum Baptisteriorum apud Christianos* ; 5° *Vetusta monumenta Liturgica, ad Basilicam reconciliandam;* 6° *De Ritu attollendi faces in sacris Ecclesiæ Mysteriis.*

(1750). Emmanuel de Azevedo, jésuite portugais, ami particulier de Benoît XIV, dont il publia les œuvres, sur lesquelles il exécuta des travaux analytiques du plus haut mérite, fut pendant plusieurs années professeur à l'école liturgique du Collège romain. C'est au zèle d'Azevedo à remplir les fonctions de sa charge, que nous sommes redevables de ses précieuses *Exercitationes Liturgicæ de Divino Officio et Sacrosancto Missæ Sacrificio*, dont quelques-unes parurent à Rome, en 1750, in-4°, et qui ont toutes été recueillies dans l'édition de Venise, in-folio en deux parties, 1783. Cette dernière édition renferme aussi un ouvrage inédit du même auteur, intitulé : *De Catholicæ Ecclesiæ pietate erga animas in Purgatorio retentas*. Azevedo avait projeté la publication d'une collection liturgique, dont il lança le *Prospectus* dans le public, en 1749. Elle devait être intitulée : *Thesaurus Liturgicus*, et atteindre au moins le nombre de douze volumes, bien qu'Azevedo n'eût dessein d'y renfermer que les livres liturgiques de l'Église latine.

Notre bibliothèque liturgique, tout incomplète qu'elle est, le serait encore davantage si nous omettions de mentionner ici, en terminant cette période, divers recueils qui renferment un grand nombre de mémoires sur les matières liturgiques, mais d'une dimension trop restreinte pour qu'on ait pu songer à les imprimer à part. Nous conseillerons donc à nos lecteurs de feuilleter le *Journal des Savants*, les *Mémoires de Trévoux* et surtout le *Mercure de France*. Ils y trouveront de véritables richesses, et souvent des éclaircissements précieux sur les questions les plus difficiles et les plus inattendues. Ils feront bien aussi de consulter les diverses publications de ce genre qui ont paru en Italie, et, en particulier, l'immense collection du P. Ange Calogera, camaldule, dans laquelle ce savant a recueilli sous le titre de *Raccolta d'opuscoli scientifici e filologici* (cinquante-un volumes in-12, 1729 et années suivantes) une grande quantité de dissertations des savants italiens sur les questions les plus curieuses de l'archéologie liturgique. Calogera commença en 1755, une

Nuova Raccolta qui fut continuée après sa mort par le P. Fortuné Mandelli, camaldule.

Passons maintenant aux conclusions des faits contenus dans ce chapitre.

La marche de la Liturgie romaine continue de s'opérer avec majesté. En même temps que l'antique fonds de saint Grégoire est maintenu, le culte des Saints continue de prendre de nouveaux accroissements.

Si, un moment, Benoît XIV semble hésiter, comme préoccupé du désir d'arrêter un développement inconnu aux siècles précédents, la lenteur avec laquelle il procède, les précautions dont il s'entoure, la résolution de ne traiter qu'avec toute sorte d'égards l'œuvre séculaire de la liturgie, tout, jusqu'à l'abandon de ce projet de réforme, atteste avec quelle gravité l'Église entend procéder dans les améliorations de ce qui touche au culte divin.

Pourtant, cette Italie, si lente à prendre un parti dans l'amélioration du bréviaire, ne fut jamais plus richement pourvue d'hommes versés dans l'érudition liturgique. Une seule période de cinquante ans nous donne, entre autres, Buonarotti, Boldetti, Bottari, les Assemani, Quirini, Moretti, Georgi, les Bianchini, Benoît XIV, Catalani, Merati, Cavalieri, Trombelli, Marangoni, Gattico, Sala, Muratori, Mamachi, Paciaudi, Gori, Azevedo, etc.

En France, si l'on excepte Renaudot et Le Brun, les noms que nous avons cités n'appartiennent, pour la plupart, qu'à des liturgistes du second ou du troisième ordre, et encore nous a-t-il fallu un zèle tout patriotique pour les découvrir. Cependant, à cette époque, de toutes parts en France, on voyait éclore bréviaires et missels, sur un plan perfectionné : comment, au milieu d'une si prodigieuse fécondité, la science liturgique se montrait-elle ainsi aux abois ? Par une raison toute simple : c'est que la science liturgique, comme toutes les branches de la science ecclésiastique, est avant tout une science de tradi-

I PARTIE
CHAPITRE XXII

Conclusions.

La Liturgie romaine conserve son fonds ancien, et cependant se développe toujours, spécialement par l'accroissement du culte des saints.

Benoît XIV, préoccupé d'une réforme liturgique, en abandonne le projet, tant la matière lui paraît grave.

Grâce à cette stabilité dans la tradition, l'Italie est abondamment pourvue de savants liturgistes.

En France, où chaque année voit naître de nouveaux bréviaires, la science liturgique est en pleine décadence.

tion ; d'où il suit que nous avons encore huit ou neuf cents ans à patienter, d'ici que les Bréviaires et Missels de Vigier, Mésenguy, Le Brun des Marettes, Robinet et les autres, soient de nature à devenir l'objet d'une science véritablement liturgique.

NOTE DU CHAPITRE XXII

METHODUS IN SCHOLA SACRORUM RITUUM SERVANDA

I. Singulis annis typis edetur volumen ducentas ad minimum complectens paginas, in quo sequentia contineantur : nimirum 1. Titulus materiæ, de qua agendum eo anno erit et ipsius operis dedicatio. 2. Syllabus Auditorum, qui Scholæ nomen dederint usque ad Kalendas Januarias. 3. Materia eo anno proposita, et viginti aliæ questiones, vel de eodem argumento, vel potius de aliis in Sacra Rituum Congregatione agitari solitis. 4. Epistola Summo Pontifici quotannis exhibenda. 5. Demum, duplex libellus pro totidem publicis disputationibus.

II. Quoniam vero volumen hoc ducentas circiter paginas complectens in Auditorum præsertim utilitatem cedere debet, hinc plura illius edentur exemplaria, quæ divisa per folia, ita dispertientur, ut exacto annuo Scholæ curriculo, ducenti ex Auditoribus, qui Scholæ assidui interfuerint, totum singuli volumen gratis obtineant.

III. Porro ex 200 iis paginis satis erit, si Professor 100 quot annis repleat lucubrationibus a se de novo elaboratis ; reliquas vero vel suis, vel aliorum iterum curis, prout utilius judicaverit, supplere poterit ; imo Auditorum laboribus uti, si qui fortasse sui ingenii, atque studii specimen præbere meruerint.

IV. Quotannis igitur duas exhibebit disputationes publicas ; quarum altera versetur circa materiam, de qua illo anno actum in Schola fuerit, vel totam comprehendendo, vel aliquam illius partem elucidando, altera vero circa materiam aliquam ex iis quæ in Sacra Rituum Congregatione agitari solent, quæ plerumque ex 20 ultimis Exercitationibus primo anno propositis desumetur. Et huic duplici materiæ duplex respondebit libellus, quem supra innuimus.

V. Si quando occasio tulerit, ut inter privatas Scholæ exercitationes agendum sit de peculiari aliqua re, ut ita dicam, extra ordinem ; non id fiet, nisi aliquot diebus ante Auditores præmoneantur, ut nempe tractari pro dignitate possit.

VI. Viginti illæ quæstiones, sive exercitationes, quas addendas duximus aliis octoginta circa materiam in titulo quotannis propositam discutiendis, tractabuntur privatim, cum iis scilicet Auditoribus, quibus major erit sui progressus cura, quibus etiam folia in ordinaria Sacrorum Rituum Congregatione imprimi solita communicabuntur, et negotia ibidem contenta, atque Sacræ Congregationis decreta.

VII. Tempus integrum octoginta propositis quæstionibus tribuendum

INSTITUTIONS LITURGIQUES

totidem dies complectitur, numerandos a festo Præsentationis beatissimæ Virginis ; usque ad festum S. Aloysii Gonzagæ.

VIII. Scholæ vero exercitium incipit hora 22 cum dimidio, usque ad 23, in primo quadrante fiet explicatio, in secundo unus ex Auditoribus aliquid ex proposita quæstione deducet, et argumenta ab alio Auditore objecta confutabit ; ex qualitate vero quæstionum decade una pro disputatione semipublica, sive, ut aiunt, menstrua seligetur, quam aliquis ex Auditoribus in primo quadrante elucidabit, et in secundo objectionibus tum Præceptoris, tum alicujus Auditoris satisfaciet.

IX. Ante S. Aloysii Gonzagæ festum, ut supra innuimus, Epistola Summo Pontifici exhibebitur, in qua Scholæ ratio reddatur, designeturque, quos eo anno progressus fecerint Auditores.

X. Denique Sacrorum Rituum Professor, in rebus ad Scholam pertinentibus, non tam propriæ eruditionis et doctrinæ laudem, quam Auditorum utilitatem præ oculis habebit. Cum præsertim in Thesauri Liturgici collectione, quam curare debet, magnam sit habiturus materiam, in qua ingenium tum suum, tum amicorum exerceatur ; si qui forte erunt, qui operi utilissimo adjutrices manus præstare velint.

XI. Materia singulis annis discutienda : 1. *De Sacrosancto Missæ Sacrificio.* 2. *De Divino Officio.* 3. *De Sacramentorum administratione.* 4. *De Benedictionibus, et Precibus ;* vel potius, *de Missali Romano : de Breviario Romano : de Rituali Romano : de Pontificali Romano.* In primis duobus argumentis non solum Missale et Breviarium, sed etiam Cœremoniale Episcoporum, et Martyrologium Romanum elucidari possunt ; siquidem præfixus Scholæ finis est, virum Ecclesiasticum optime instructum reddere in intelligentia librorum Liturgicorum, quibus Ecclesia Romana nunc utitur. Hujusmodi vero argumenta *Exercitationes nostræ Liturgicæ* pertractant, ad quas magno præsidio nobis sunt Opera Benedicti XIV, in quibus de Missa, de Festis, et de omnibus fere rebus ad Ecclesiasticam disciplinam pertinentibus fuse disseritur. Pro viginti tamen Exercitationibus de rebus in Congregatione S. Rituum agitari solitis, peculiares Scholæ nostræ facimus octo tomos *De Canonizatione Sanctorum,* quos unico volumine in synopsim redactos complexi sumus.

XII. Thesaurus Liturgicus, et peculiares in eo Dissertationes de rebus, quas Ecclesiastica, vel profana historia, Conciliaresque Sanctiones ad Sacrorum Rituum illustrationem suppeditabunt, non ad Scholæ exercitium, neque ad ejusdem Auditores spectant, sed eas peculiari titulo dedicamus *Sacrorum Rituum Academicis* dignitate et scientia clarissimis, quorum plurimos vel Codices et Dissertationes nobis transmittendo, vel protectione sua studia nostra provehendo, benevolentissimos nobis magno litterariæ reipublicæ bono experti sumus.

CHAPITRE XXIII

DE LA LITURGIE DURANT LA SECONDE MOITIÉ DU XVIIIe SIÈCLE. DERNIERS EFFORTS POUR LA DESTRUCTION DES USAGES ROMAINS EN FRANCE. — RONDET ET SES TRAVAUX. — BRÉVIAIRE DE POITIERS. JACOB. — BRÉVIAIRE DE TOULOUSE. LOMÉNIE DE BRIENNE. — BRÉVIAIRE DE LYON. MONTAZET. — REVISION DU PARISIEN. SYMON DE DONCOURT. — ASSEMBLÉE DES ÉVÊQUES DE LA PROVINCE DE TOURS. — BRÉVIAIRE DE CHARTRES. SIEYÈS. — MISSEL DE SENS. MONTEAU. — DÉSORGANISATION DE LA LITURGIE DANS PLUSIEURS ORDRES RELIGIEUX EN FRANCE. — SITUATION DE L'ÉGLISE DE FRANCE, SOUS LE RAPPORT LITURGIQUE, AU MOMENT DE LA PERSÉCUTION. — ENTREPRISES ANTILITURGIQUES DE JOSEPH II, EN ALLEMAGNE ET EN BELGIQUE ; DE LÉOPOLD, EN TOSCANE. — RICCI. SYNODE DE PISTOIE. — CONSPIRATION GÉNÉRALE DE LA SECTE ANTILITURGISTE CONTRE LE CULTE ET L'USAGE DE L'EUCHARISTIE. — RÉACTION CATHOLIQUE PAR LE CULTE DU SACRÉ-CŒUR DE JÉSUS. — TENTATIVES ANTILITURGISTES DE LA SECTE CONSTITUTIONNELLE EN FRANCE, APRÈS LA PERSÉCUTION. — TRAVAUX DES PAPES SUR LA LITURGIE ROMAINE, DURANT LA DERNIÈRE MOITIÉ DU XVIIIe SIÈCLE. BULLE *AUCTOREM FIDEI.* — AUTEURS LITURGISTES DE CETTE ÉPOQUE.

Rentrons en France pour y être témoins des efforts désorganisateurs des ennemis de la Liturgie romaine. Encore quarante ans, et les débris de l'ancienne société française seront épars sur le sol. Le vertige est dans toutes les têtes ; ceux-là mêmes qui veulent conserver quelque

Les derniers efforts sont tentés en France pour achever la destruction de la Liturgie romaine.

chose de ce qui fut, sacrifient d'autre part à la manie du jour. L'école des nouveaux liturgistes, recrutée principalement jusqu'ici dans les rangs du jansénisme, se renforce de philosophes et d'incroyants. La Liturgie romaine est menacée dans toute la France, et comme la foi elle-même s'en va, on se met peu en peine que ses antiques manifestations disparaissent avec elle. Traçons le rapide, mais lamentable tableau de cette effrayante dissolution.

Nous avons fait voir ailleurs comment l'innovation liturgique avait été une œuvre presbytérienne dans ses instigateurs et ses agents, et comment même de simples acolytes se trouvèrent appelés à y prendre une part majeure. En attendant le jour où des laïques présenteraient à l'Assemblée constituante la *Constitution civile du clergé*, voici qu'un autre laïque, un disciple de Jansénius, un dévot du diacre Paris, un visionnaire apocalyptique, Laurent-Etienne Rondet, en un mot, se trouve placé à la tête du mouvement liturgique. Ce personnage est appelé, dans dix diocèses différents, pour diriger l'édition des nouveaux livres qu'on veut se donner. Les Bréviaires de Laon, du Mans, de Carcassonne, de Cahors, de Poitiers, de Noyon et de Toulouse ont l'honneur de passer sous sa direction. Les Missels de Soissons, du Mans, de Poitiers, de Noyon, de Toulouse et de Reims, le proclament leur infatigable patron; le Rituel de Soissons l'avoue pour son rédacteur; les Processionnaux de Poitiers et de Reims lui ont les plus grandes obligations, etc. (1). En un mot, cet homme est partout; les églises l'appellent à leur secours comme celui en qui s'est reposé l'esprit qui anima les Le Tourneux, les Le Brun des Marettes, et les Mésenguy. Les pasteurs des peuples à qui il appartient d'enseigner par la Liturgie, après avoir renoncé à l'antique tradition grégorienne,

---

(1) Feller et *Biographie universelle*, Article Rondet. *Ami de la Religion*. Tome XXVI.

s'inclinent devant un séculier, sectateur avoué de dogmes qu'ils réprouvent, et livrent plus ou moins à sa censure les prières de l'autel. Non, certes, il ne se vit jamais rien de pareil, et nous ne le croirions pas, s'il n'était attesté par des témoins oculaires et, du reste, pleins d'enthousiasme.

Dirons-nous un mot des influences de Rondet sur les livres dont nous parlons ? Les détails n'appartiennent pas à cette rapide histoire liturgique ; ils viendront assez tôt ailleurs. Toutefois, observons que tous les bréviaires et missels à la publication desquels Rondet prit part, présentent deux caractères particuliers qui les distinguent des livres parisiens de Vigier et Mésenguy. Le premier est l'affectation d'employer l'Écriture sainte d'après la Vulgate actuelle, en faisant disparaître les phrases, les mots, les syllabes même qui, provenant de l'Ancienne Italique, rappellent encore, quoique bien rarement, dans le parisien actuel, l'origine grégorienne de quelques répons ou antiennes. On sait que Rondet se piquait d'érudition biblique ; mais il est fâcheux qu'il ait cru devoir en faire un usage si barbare. Au reste, la question de savoir si l'on devait conserver dans la Liturgie les paroles de l'Ancienne Italique, avait été agitée à Rome, dès le XVIe siècle. Mais de bonne heure, Clément VIII fixa toutes les incertitudes, en déclarant qu'on devait maintenir l'ancienne version dans toutes les pièces chantées. Le pontife censura même avec énergie la *témérité* et *l'audace* des novateurs, ne voulant pas qu'on pût dire qu'une atteinte, si légère qu'elle fût, aurait été portée à la tradition par les pontifes romains (1). On doit, après tout, savoir gré à

Le premier caractère des livres liturgiques publiés par Rondet est la substitution radicale de la Vulgate nouvelle à l'Ancienne Italique même pour les pièces chantées, contrairement à la décision de Clément VIII.

---

(1) Progressu temporis, sive typographorum, sive aliorum temeritas et audacia effecit ut multi in ea quæ in his proximis annis excusa sunt Missalia errores irrepserint, quibus vetustissima illa sacrorum Bibliorum versio quæ etiam ante S. Hieronymi tempora celebris habita est in Ecclesia, et ex qua omnes fere Missarum Introïtus et quæ dicuntur Gradualia et Offertoria accepta sunt, omnino sublata est. *Clément VIII. Bref du 7 juillet 1604, pour la revision du Missel romain.*

INSTITUTIONS LITURGIQUES

Rondet, qui n'avait pas les mêmes intérêts que l'Église romaine au maintien des traditions, de n'être pas allé jusqu'à remplacer le *Venite exultemus* du psautier italique, par celui du psautier gallican.

Le second caractère des Liturgies publiées par Rondet est l'introduction d'un Commun des prêtres, déjà inauguré à Rouen et chez les chanoines réguliers de Sainte-Geneviève.

Le second caractère des livres liturgiques sortis de ses mains, est d'avoir un *Commun des prêtres*. Nous discuterons ailleurs les motifs et les avantages de cette nouvelle création. Il faut dire cependant que les livres publiés par Rondet ne sont pas les premiers qui la présentent ; mais, quoiqu'on l'eût déjà inaugurée au Bréviaire de Rouen, dès 1726, Vigier et Mésenguy n'avaient pas cru devoir imiter cet exemple. La congrégation des chanoines réguliers de Sainte-Geneviève, en adoptant leur bréviaire, y introduisit tout d'abord le nouveau *Commun* qui bientôt devait être accueilli en tous lieux, par acclamation, à cette époque où les *pouvoirs du second ordre* étaient proclamés si haut. La révolution était donc partout, et d'autant plus voisine de son explosion, que ceux-là mêmes qu'on avait trouvé moyen d'y intéresser, étaient ceux qu'elle devait atteindre les premiers. Quoi qu'il en soit, le nouveau partage des *communs* produisit encore un déplorable renversement des traditions liturgiques, dans les bréviaires modernes, savoir, la suppression absolue du titre de *confesseur*, sans lequel il est impossible cependant de rien entendre au système hagiologique de l'Église catholique. Aussi n'est-il pas rare de rencontrer des prêtres instruits d'ailleurs, qui ne donnent au titre de *confesseur* d'autre acception que de signifier un personnage qui a souffert l'exil, la prison, ou les tourments, pour la Foi.

Cette nouveauté indice de l'esprit de presbytérianisme de l'époque, fait abandonner et oublier le titre de confesseur, donné par l'Église à tous les saints non martyrs.

En 1765 le lazariste Jacob dote l'Église de Poitiers d'une Liturgie qui dépasse par ses nouveautés étranges tout ce qui avait été fait précédemment.

L'année 1765 vit paraître un bréviaire, et l'année 1766 un missel, qui dépassaient peut-être encore tout ce qu'on avait vu jusqu'alors. Ces deux livres, destinés au diocèse de Poitiers, avaient été rédigés par un lazariste nommé Jacob, et portaient en tête le nom et l'approbation de Martial-Louis de Beaupoil de Saint-Aulaire. D'abord, tout ce que nous avons énuméré jusqu'ici de nouveautés étranges dans les livres de Paris et autres, s'y trouvait reproduit fidèlement ; mais avec quelle incroyable recherche l'auteur avait enchéri sur tant de singularités ! Nous ne parlerons pas de l'usage inouï de placer, à certains jours, une légende de saint dans l'office des Laudes ; mais peut-on voir quelque chose de plus étrange que de consacrer le dimanche, ce premier jour de l'opération divine, ce jour de la création de la lumière, de la résurrection du Christ, de la promulgation de la loi évangélique, de le consacrer, disons-nous, à célébrer *le repos de Dieu achevant l'œuvre de la création* (1) ? Pouvait-on démentir d'une manière plus énorme tous les siècles chrétiens, qui n'ont qu'une voix sur les mystères de la semaine, et qui jamais ne confondirent le jour de la lumière avec le *Sabbat* du Seigneur ? A l'effet d'étayer ce beau système, Jacob n'avait eu rien de plus pressé que de débarrasser les vêpres du dimanche de ces belles et populaires antiennes, conservées cependant à Paris et partout ailleurs : *Dixit Dominus — Fidelia*, etc., pour amener, comme dans tout le reste de son psautier, de nouvelles antiennes plus ou moins décousues et tirées des divers livres de la Bible ; en quoi il avait rompu non seulement avec Rome, Milan, l'ancienne Église gallicane, l'Église gothique d'Espagne, mais même avec tous les nouveaux bréviaires, dont aucun n'avait encore été puiser hors des psaumes eux-mêmes les antiennes du psautier. Dans la voie des nouveautés, quand on a franchi un certain degré, on ne s'arrête plus. Nous nous bornerons, pour le moment, à ces traits du bréviaire de Jacob, en signalant toutefois les indignes gravures dont on avait prétendu l'orner.

Exemples de ces bizarreries : une légende de saint est placée aux laudes, et, dans l'office du dimanche consacré à célébrer le repos du Seigneur, les antiennes du psautier ne sont plus tirées des psaumes eux-mêmes.

---

(1) Dies Dominica *Dei complentis opus creationis requiem celebrat, Christi resurgentis commemorat triumphum, varia describit pietatis officia quibus obligantur fideles, et æternæ requiei desiderium excitat et accendit.*

Le Missel pictavien était digne du bréviaire auquel il correspondait. La place nous manque pour une analyse qui sera suppléée ailleurs. Disons seulement que la rage de sacrifier les formules grégoriennes, au profit d'un misérable système individuel, avait amené la suppression de la plupart de ces *introïts* dont les premiers mots étaient pour nos pères le flambeau de l'année ecclésiastique et civile, et dont une partie, du moins, avait survécu aux violences de Vigier et Mésenguy. De tous ces *introït*, un surtout était resté dans la mémoire du peuple, celui de l'octave de Pâques : *Quasi modo geniti*. Jacob le biffa comme les autres, pour mettre en place *Beata gens*, etc., paroles du psaume XXXII ; car Jacob, qui, dans le psautier, ne souffrait pas d'antiennes tirées des psaumes, se fit une loi d'emprunter exclusivement au psautier les *introït* de son missel, à la condition, toutefois, d'expulser sans façon la plupart de ceux que saint Grégoire avait puisés à la même source. Aveugle novateur, qui ne savait probablement pas qu'aujourd'hui encore, dans l'Allemagne protestante, le peuple, après trois siècles de Luthéranisme, après trois siècles de langue vulgaire dans les offices, n'a encore oublié ni le dimanche *Quasimodo,* ni le dimanche *Jubilate,* ni le dimanche *Vocem Jucunditatis,* etc. Certes, si un jour l'Église de saint Hilaire qui, plus qu'une autre, devrait être jalouse des traditions saintes, vient à replacer sur ses antiques autels les livres de saint Grégoire, et à reléguer sur les rayons des bibliothèques humaines les œuvres du lazariste Jacob, nous doutons qu'après trois siècles, la mémoire des Poitevins garde un souvenir aussi fidèle du dimanche *Beata gens.*

L'Église de Toulouse, en 1761, vint aussi abjurer les traditions romaines. Elle avait alors le malheur d'être gouvernée par son trop fameux archevêque Étienne-Charles de Loménie de Brienne, qui croyait en Dieu, peut-être, mais non en la révélation de Jésus-Christ. Il

mérita du moins, pour sa réforme liturgique, les éloges du gazetier janséniste : « On sait, dit-il, que M. l'arche-
« vêque de Toulouse et MM. les évêques de Montauban,
« Lombez, Saint-Papoul, Aleth, Bazas et Comminges,
« ont donné l'année dernière à leurs diocèses respectifs
« un nouveau bréviaire qui est le même que celui de
« Paris, à quelques changements près, qui n'intéressent
« point le fond de cet OUVRAGE IMMORTEL (1). » En effet, ce n'était pas un médiocre triomphe pour le parti, de voir un si grand nombre d'Églises venir chercher, sur la tombe de Vigier et de Mésenguy, les livres destinés à remplacer désormais, pour elles, les usages surannés de l'Église romaine. Il faut dire pourtant qu'à Toulouse on avait cherché, au moyen d'un très mauvais vers, à rendre catholique la fameuse strophe de Santeul, déjà remaniée diversement, comme on l'a vu, à Evreux et au Mans. Le bréviaire de Loménie disait donc :

Insculpta saxo lex vetus
NIL VIRIUM PER SE DABAT ;
Inscripta cordi lex nova
Quidquid jubet dat exequi.

C'était du moins avouer une fois de plus, que l'orthodoxie de l'hymnographe gallican et de ses œuvres n'avait rien de trop rassurant.

Mais les innovations dont nous venons de parler n'offraient rien d'aussi lamentable que celle qui, en 1776, désola la sainte Église de Lyon, premier siège des Gaules. Depuis lors, on peut dire qu'elle a perdu son antique beauté, veuve à la fois des cantiques apostoliques de son Irénée et des mélodies grégoriennes que Charlemagne lui imposa ; n'ayant plus rien à montrer au pèlerin qu'attire

(1) *Nouvelles ecclésiastiques*, 16 avril 1772.

encore le souvenir de sa gloire, hors le spectacle toujours imposant des rites célèbres qu'elle pratique dans la solennité du sacrifice. La splendeur orientale de ces rites suffirait, sans doute encore, à ravir le voyageur catholique, si, par le plus cruel contraste, il ne se trouvait tout à coup arraché à l'illusion par le bruit de ces paroles nouvelles, par le fracas de ces chants modernes, et inconnus aux voûtes de l'auguste primatiale des Gaules, jusqu'au jour où elle vit Antoine Malvin de Montazet s'asseoir, et avec lui l'hérésie, au centre de son abside. Le chapitre insigne de la primatiale, qui avait souffert, sans réclamation, que Charles de Rochebonne, en 1737, portât la main sur l'antique bréviaire, accepta, par acte capitulaire du 13 novembre 1776, la substitution de la Liturgie parisienne à celle de Lyon, dernier débris de nos saintes traditions gallicanes. Il humilia ainsi l'église de Lyon devant celle de Paris, comme celle de Paris s'était humiliée devant Vigier et Mésenguy. Les cérémonies restèrent, nous en convenons, mais la parole avait disparu, la parole qui devait rester, quand bien même les rites extérieurs eussent subi quelques altérations. Donc, les yeux du peuple n'y perdirent rien ; mais les chanoines y gagnèrent de réciter désormais un bréviaire *plus court ;* les chantres ne furent pas contraints d'exécuter par cœur des mélodies séculaires ; tous leurs efforts tendirent désormais à déchiffrer les nouveaux chants, si pauvres, si vides d'expression. Ainsi fut changé la face de cette église qui se glorifiait autrefois *de ne pas connaître les nouveautés.* Mais il était écrit que la déviation serait universelle, parce que de toutes parts on avait dédaigné la règle de tradition.

Cependant, comme toujours, une opposition courageuse, quoique faible, se manifesta. Une minorité dans le chapitre primatial fit entendre ses réclamations. On vit même paraître un écrit intitulé : *Motifs de ne point admettre la nouvelle Liturgie de M. l'Archevêque de*

Lyon (1). Mais bientôt le Parlement de Paris, fier de ses succès dans l'affaire du Bréviaire de Vigier et Mésenguy, condamna le livre au feu, par un arrêt du 7 février 1777 (2), et après la sentence de ce tribunal laïque, mais juge en dernier ressort sur les questions liturgiques dans l'Église de France, le silence se fit partout. On accepta sans réplique les bréviaires et missels de l'archevêque Montazet, lequel, pour compléter son œuvre, faisait élaborer, à l'usage de son séminaire, une théologie qui est restée au nombre des plus dangereuses productions de l'hérésie du xviiie siècle.

Ce n'est point dans ce rapide coup d'œil sur l'histoire générale des formes de l'office divin, que nous pouvons nous arrêter en détail sur ce que les nouveaux livres lyonnais présentaient d'offensant pour les traditions de la Liturgie catholique et de la Liturgie lyonnaise en particulier. L'occasion ne s'en présentera que trop souvent ailleurs. Nous ne citerons donc ici qu'un seul fait : c'est la suppression d'un des plus magnifiques cantiques de l'Église gallicane, d'un cantique qui ne se trouvait plus que dans la Liturgie lyonnaise, et que Montazet en a chassé, pour le remplacer par un fade mélange de textes bibliques. Or, voici les paroles pleines de suavité et de majesté par lesquelles l'antique Église des Gaules conviait les fidèles au festin de l'Agneau, dans sa solennité de Pâques, paroles revêtues d'un chant dont la sublimité avait frappé l'abbé Lebeuf (3). Cette antienne se chantait pendant la communion du peuple (4), et semblait la grande voix de l'hiérophante appelant les élus à venir se plonger dans les profondeurs du mystère.

---

(1) In-12 de 136 pages.
(2) L'*Ami de la Religion*. Tome XXII, page 168.
(3) Lebeuf. *Traité historique du Chant ecclés.*, pag. 40.
(4) Il ne faut pas confondre cette pièce avec l'antienne dite *communion*, que l'on chantait ensuite, comme dans les autres Églises latines.

Venite, populi, ad sacrum et immortale mysterium, et libamen agendum cum timore et fide.

*Accedamus manibus mundis,
Pœnitentiæ munus communicemus;*

Quoniam Agnus Dei propter nos Patri Sacrificium propositum est.

*Ipsum solum adoremus,
Ipsum glorificemus,
Cum angelis clamantes :
Alleluia.*

<small>Centon de l'Écriture qui remplace cette antienne.</small>

Voici maintenant ce que l'Église de Lyon chante aujourd'hui :

Gustate et videte quoniam suavis est Dominus ; properate et comedite, et vivet anima vestra : hic est panis qui de cœlo descendit, et dat vitam mundo : confortetur cor vestrum, omnes qui speratis in Domino : cantate ei canticum novum : bene psallite ei in vociferatione, alleluia.
Ps. XXXIII. Is. LIV. JOAN. VI. Ps. XXX. Ps. XXXII.

<small>Parallèle des deux pièces.</small>

Nous transcrivons fidèlement, y compris les indications des sources à l'aide desquelles les faiseurs au service de Montazet ont bâti ce centon décousu. Voilà ce qu'on faisait alors de la tradition et de la poésie ; voilà le zèle avec lequel ces soi-disant *gallicans* traitaient les débris de la Liturgie de saint Irénée et de saint Hilaire. On voit, au reste, qu'ils ont eu quelque velléité d'imiter l'ancien cantique, ne serait-ce qu'en cherchant un rapprochement quelconque entre les dernières paroles de l'hymne gallicane : *Cum Angelis clamantes : Alleluia*, et ces mots *Bene psallite ei in vociferatione, alleluia.* Voilà assurément de la mélodie janséniste : *Psallite ei in ;* et le *voci feratione* n'est-il pas ici d'un grand effet, et surtout d'une grande justesse ?

A Paris, en 1775, les libraires associés pour la publication des usages du diocèse, ayant donné une édition du missel remplie de fautes, l'archevêque Christophe de Beaumont leur enjoignit de ne rien imprimer dans la suite qui n'eût été revu par MM. de Saint-Sulpice. Ainsi, cette compagnie respectable qui s'était distinguée en 1736 par son opposition à l'œuvre de Vigier et Mésenguy, l'avait ensuite acceptée si cordialement, que l'autorité diocésaine n'avait rien de mieux à faire que de la préposer à la garde de ce dépôt. Les abbés Joubert et Symon de Doncourt furent spécialement chargés de diriger l'édition du Missel de 1777, et celle du bréviaire de 1778. Ils introduisirent quelques améliorations légères ; par exemple, en faisant disparaître la divergence des oraisons de la messe et de l'office, dans une même fête ; inconvénient qui rappelait la précipitation avec laquelle on avait procédé, au temps de l'archevêque Vintimille. Malheureusement, toutes les *améliorations* introduites par Joubert et Symon de Doncourt n'étaient pas aussi dépourvues d'esprit de parti ; autrement, on ne s'expliquerait pas la faveur inouïe qu'obtint le travail des deux sulpiciens de la part des jansénistes, qui jusqu'alors n'avaient jamais manqué une occasion de s'exprimer contre leur compagnie dans les termes les plus grossiers et les plus méprisants. Ce fut donc merveille de voir successivement trois feuilles des *Nouvelles ecclésiastiques* (1) consacrées, presque en entier, à reproduire avec une faveur complète le mémoire dans lequel Joubert et Symon de Doncourt rendaient compte de leur opération au public.

Une des raisons de cette haute faveur apparaît en particulier dans une des *améliorations* de l'édition du Missel de 1777, signalée par Symon de Doncourt lui-même avec la plus naïve complaisance, dans une lettre de cet ecclé-

(1) 20 août, 29 octobre et 5 novembre 1784.

T. II.

siastique insérée au *Journal ecclésiastique* du janséniste Dinouart (1). Le correcteur du missel se félicite d'avoir été à portée de rectifier une grave erreur qui s'était glissée dans la fameuse oraison de saint Pierre : *Deus qui beato Petro apostolo tuo, collatis clavibus regni cœlestis* ANIMAS *ligandi atque solvendi pontificium tradidisti.* La cour de Rome, suivant l'auteur de la lettre, aurait, dans les temps postérieurs, retranché à dessein le mot *animas*, comme faisant obstacle à ses prétentions sur le temporel des rois (2). Malheureusement pour Symon de Doncourt, les jansénistes et les constitutionnels ont tant rebattu depuis lors cette anecdote liturgique (3), qu'il serait difficile aujourd'hui de la réfuter sans dégoût. Disons donc seulement que si les missels romains actuels ne portent pas le mot *animas*, les divers manuscrits du Sacramentaire de saint Grégoire, publiés par Pamélius et D. Hugues Ménard, ne le portent pas non plus. Est-ce donc une honte pour l'Église romaine de s'en tenir à la leçon de saint Grégoire ? Quant à l'honorable intention de fermer l'entrée du Missel de Paris aux doctrines ultramontaines, en exprimant fortement cette maxime, que le pouvoir de lier et délier donné à saint Pierre s'exerce sur les *âmes* (*animas*), cela est bien puéril. Qui ne sait, en effet, que la puissance *spirituelle* est *spirituelle* de sa nature, en sorte que si elle atteint les choses *temporelles,* elle ne les peut atteindre que par les *âmes*, par les intérêts *spirituels,* par la *conscience* ? D'autre part, Symon de Doncourt, ainsi que l'abbé Grégoire et consorts, prétendrait-il que l'Église n'a de pouvoir à exercer que sur les *âmes ?* Mais comment

---

(1) Tome LXVI, page 266.

(2) Page 269.

(3) Voyez les *Annales de la Religion,* journal de l'Église constitutionnelle ; la *Chronique religieuse* dirigée par Grégoire ; les ouvrages de Grégoire lui-même ; Tabaraud, etc. Il n'est peut-être pas d'histoire qui y soit plus souvent ressassée que cette prétendue supercherie romaine.

demeurer catholique avec une pareille doctrine qui renverse d'un seul coup toutes les obligations *extérieures*, les seules que l'Église puisse prescrire par des lois *positives* ? Mais c'est assez ; il nous en coûterait trop de prolonger cette apologie de l'Église romaine, et nous voulons croire pieusement que Symon de Doncourt, s'il vivait aujourd'hui, serait le premier à réfuter sa propre découverte, dont le résultat final n'a profité jusqu'ici qu'à des hérétiques et des schismatiques.

Les influences de Saint-Sulpice sur la Liturgie parisienne eurent du moins cet avantage, de procurer l'insertion d'un office et d'une messe du Sacré-Cœur de Jésus, dans les nouveaux bréviaire et missel : cet office et cette messe étaient de la composition de Joubert et de Doncourt. Ainsi, une solennelle réclamation contre l'esprit janséniste qui avait inspiré l'œuvre de Vigier et Mésenguy, venait s'implanter au milieu de cette œuvre elle-même. Quelques années auparavant, en 1770, Christophe de Beaumont avait approuvé un office du saint Rosaire qui n'était pas, il est vrai, destiné à être inséré au bréviaire, mais qui pourtant était aussi une réclamation contre cet isolement dans lequel on tenait les catholiques français à l'égard de Rome et de la chrétienté, en leur interdisant la commémoration d'une des plus magnifiques victoires que le nom chrétien, sous les auspices de Marie, et par les efforts du Pontife romain, ait jamais remportée sur le Croissant.

Antoine-Eléonor Leclerc de Juigné, qui siégeait saintement et glorieusement dans l'Église de Paris, quand la tempête si longuement et si complaisamment préparée s'en vint mugir avec tant de rage contre les institutions de notre foi, avait senti pareillement la portée des outrages faits à la piété catholique par la Liturgie janséniste. Dans l'édition du Bréviaire de Paris qu'il préparait, mais qui n'eut pas lieu, il songeait à introduire l'office de Notre-Dame du Mont-Carmel ; mais les temps n'étaient pas

I PARTIE
CHAPITRE XXIII

Les correcteurs sulpiciens de la Liturgie parisienne y ajoutent un office et une messe du Sacré-Cœur.

En 1770, Christophe de Beaumont avait déjà approuvé un office du saint Rosaire.

Mgr de Juigné, dernier archevêque de Paris avant la Révolution, prépare une nouvelle édition de la Liturgie parisienne et projette d'introduire l'office de Notre-Dame du Mont-Carmel.

accomplis. La route n'était pas parcourue dans son entier; l'heure n'était donc pas venue de revenir sur ses pas. On le vit bien d'ailleurs, quand le même prélat, ayant besoin de huit hymnes nouvelles (1) pour rendre plus parfaite l'édition de son bréviaire, trouva tout simple de les commander à des littérateurs, comme on ferait d'un discours académique. Lisez plutôt : « D'après les intentions de « l'Archevêque, le Recteur de l'Université (c'était alors « Dumouchel) indiqua un concours pour travailler à ces « hymnes, et adressa, le 2 décembre 1786, un mandement « latin aux professeurs et aux amis de la poésie latine, « pour les engager à s'occuper de cet objet. On dit que « Luce de Lancival, alors professeur de rhétorique au « Collège de Navarre, concourut et obtint le prix pour les « hymnes de sainte Clotilde (2). » Cependant, si nous nous en souvenons bien, il nous semble que saint Bernard exige tout autre chose de l'hymnographe chrétien, que la qualité de *professeur* ou d'*ami de la poésie latine*. La persécution qui renversa les autels suspendit l'édition du bréviaire projeté; mais n'eût-il pas été bien déplorable de voir réunis dans le même livre des prières cléricales, les psaumes de David, les cantiques des prophètes et les fantaisies latines d'un personnage érotique qui, après avoir cultivé en auteur du troisième ordre le tragique et le comique du Théâtre-Français, mourut à quarante-quatre ans d'une maladie honteuse (3)? Et pourtant, mieux vaut encore pour hymnographe un libertin qu'un hérétique.

L'archevêque de Juigné, s'il ne renouvela ni le missel,

---

(1) Trois pour le commun des prêtres, deux pour le patron, et trois pour sainte Clotilde.

(2) L'*Ami de la Religion*. Tome XXVI, page 296.

(3) Le nouveau bréviaire de Paris de 1822 renferme trois hymnes de sainte Clotilde, *sans nom d'auteur*. Ne seraient-elles point celles de Luce de Lancival? Que d'autres nous le disent. Jusque-là nous nous abstenons

ni le bréviaire, accomplit néanmoins une œuvre liturgique bien grave dans le diocèse de Paris : ce fut la publication d'un nouveau rituel. Nous ne parlerons pas ici du *Pastoral*, ou recueil dogmatique et moral qui ne concerne que la pratique du saint ministère. Le *Rituel* proprement dit doit nous occuper uniquement. On remarqua dans la nouvelle édition de ce livre une hardiesse qui dépassait, sous un rapport, tout ce qu'on avait vu jusqu'alors. Sans doute, les jansénistes, auteur des nouveaux livres, s'étaient exercés à mettre du nouveau dans tout l'ensemble de la Liturgie, mais du moins ils ne s'étaient pas avisés de retoucher pour le style les pièces de l'antiquité qu'ils avaient jugé à propos de conserver. Les prières pour l'administration des sacrements n'avaient souffert aucune variation ; et, jusque-là, le xviiie siècle ne s'était pas cru en droit de donner des leçons de langue latine à saint Léon et à saint Gélase. Dans le Rituel parisien de 1786, le clergé s'aperçut que l'ensemble de ces vénérables formules avait été soumis à une nouvelle rédaction, sous le prétexte d'y introduire une plus grande élégance! Ainsi, ce n'étaient plus les hymnes, les antiennes, les répons qui manquaient de dignité et qu'il fallait refaire, au risque de sacrifier la Tradition *qui ne se refait pas ;* c'était l'enseignement dogmatique des premiers siècles, le plus pur, le plus grave, le plus universel, qui devait disparaître pour faire place aux périodes plus ou moins ronflantes de Louis-François Revers, chanoine de Saint-Honoré; d'un abbé Plunkett, docteur de Sorbonne; et enfin d'un abbé Charlier, secrétaire de l'archevêque. Encore un pas, et le Canon de la Messe aurait eu son tour, et on l'aurait vu disparaître pour faire place à des phrases nouvelles, et débarrasser enfin les protestants de l'invincible poids de son témoignage séculaire. Encore un pas, et la raison de ne pas admettre la langue vulgaire dans la Liturgie, tirée de l'immobilité nécessaire des formules mystérieuses, aurait disparu pour

*I PARTIE
CHAPITRE XXIII*

L'archevêque de Juigné publie le *Pastoral* et le *Rituel* de Paris (1786).

Ce dernier livre dépasse en hardiesse tout ce que les jansénistes avaient fait jusqu'alors en matière de Liturgie.

Noms des rédacteurs de ce rituel.

En marchant dans cette voie, on devait arriver à réformer le canon de la messe et à adopter la langue vulgaire dans la Liturgie.

518   ASSEMBLÉE DES ÉVÊQUES DE LA PROVINCE DE TOURS

INSTITUTIONS LITURGIQUES

jamais. Il fallait des faits semblables pour constater l'étrange déviation que les antiliturgistes avaient opérée de longue main dans l'esprit des catholiques français. Cinquante ans et plus ont dû s'écouler avant que l'on ait songé sérieusement à restituer, dans le Rituel parisien, les formes antiques de la tradition.

Assemblée des évêques de la province de Tours en 1780, qui décrète la suppression de plusieurs fêtes chômées et fait corroborer sa décision par des lettres patentes du roi, sans s'occuper du Pape.

Les évêques de la province ecclésiastique de Tours se réunirent dans cette ville, en 1780, sous la présidence de l'archevêque François de Conzié. Dans cette assemblée provinciale qui n'eut cependant pas la forme de concile, on décréta la suppression de plusieurs fêtes dont l'observance était générale dans l'Église ; le mardi de la Pentecôte, entre autres. Pour corroborer cette mesure, des lettres patentes du roi furent sollicitées et obtenues. C'était peu cependant pour autoriser une dérogation à la discipline générale, dont les lois ne peuvent être relâchées que par le pouvoir apostolique, le seul qui ait droit de dispenser des canons reçus universellement. En 1801, Bonaparte fut mieux conseillé. Quoi qu'il en soit, dans le mandement qu'ils publièrent en nom collectif, sous la date du 8 mai 1780, pour annoncer aux fidèles les motifs de cette suppression des fêtes, les prélats, faisant allusion à certaines fêtes locales qu'ils avaient cru devoir abolir, proclamaient en ces termes les principes de tous les siècles sur l'unité

Le mandement de l'assemblée relatif à cette suppression des fêtes parle le même langage que les canons du concile de Vannes de 461, relativement à l'uniformité du culte public.

liturgique : « Les fêtes seront, à l'avenir, uniformément « célébrées dans nos différents diocèses. On ne verra plus « les travaux permis dans un lieu et interdits dans un « autre. Une sainte uniformité, l'image de l'unité de « l'Église et l'un des plus beaux ornements du culte « public, va se rétablir dans toutes les parties de cette « vaste province. »

Les Pères du concile de Vannes, rassemblés en 461 sous la présidence de saint Perpetuus, évêque de Tours, n'avaient pas tenu un autre langage : « Il nous a semblé « bon, disaient-ils, que dans notre province il n'y eût

« qu'une seule coutume pour les cérémonies saintes et la
« psalmodie ; en sorte que de même que nous n'avons
« qu'une seule foi, par la confession de la Trinité, nous
« n'ayons aussi qu'une même règle pour les offices : dans
« la crainte que la variété d'observances en quelque chose
« ne donne lieu de croire que notre dévotion présente
« aussi des différences (1). »

Pour l'établir, l'archevêque invite ses suffragants à adopter la nouvelle Liturgie de Tours.

Il était naturel que, dans une conjoncture pareille, après avoir parlé *de l'uniformité du culte public, image de l'unité de l'Église*, l'assemblée de 1780 s'occupât des moyens de faire cesser la discordance de la Liturgie dans la province. L'archevêque convia ses collègues à embrasser le nouveau Bréviaire de Tours, qui n'était, pour le fond, que le parisien de Vigier et Mésenguy ; mais il était difficile qu'après s'être affranchi des règlements du concile de Tours de 1583, qui prescrivaient l'usage du Bréviaire romain de saint Pie V, on consentît à reconnaître l'autorité liturgique du métropolitain. Les évêques du Mans et d'Angers déclarèrent donc s'en tenir à leurs livres ; l'évêque de Nantes se décida pour la liturgie poitevine, du lazariste Jacob ; les évêques de Vannes et de Saint-Brieuc conservèrent leur parisien pur et simple.

Inutilité de ces efforts.

L'évêque de Rennes fut le seul qui se sentit touché du désir d'embrasser les nouveaux usages de la métropole ; encore ne voulut-il recevoir les livres de Tours que dans sa cathédrale, déclarant la Liturgie romaine obligatoire dans le reste du diocèse, comme par le passé. Quant aux évêques de Dol, de Saint-Malo, de Tréguier, de Quimper et de Saint-Pol-de-Léon, ils protestèrent être dans l'intention de maintenir dans leurs églises l'usage de la Liturgie romaine. Nous ajouterons même, sur l'autorité d'un témoin respectable, que les évêques de Saint-Malo et de Saint-Pol-de-Léon, qui n'avaient assisté à l'assemblée

---

(1) Voyez ci-dessus, tome I, page 125.

que par procureur, écrivirent à l'archevêque : *Nous ne tenons à Rome que par un fil : il ne nous convient pas de le rompre.* Honneur donc à ces pontifes dont le cœur épiscopal ne fléchit pas alors que tout cédait à l'entraînement de la nouveauté !

En 1782, on imprimait pour l'usage de l'église de Chartres un missel, et en 1783 un bréviaire, et quelques années après, le processionnal du diocèse et celui de la cathédrale. Ces livres, dont le fond était emprunté du nouveau parisien, paraissaient par l'autorité de l'évêque Jean-Baptiste-Joseph de Lubersac. A partir de cette réforme liturgique, le Bréviaire de l'église des Yves et des Fulbert dissimula comme par honte les saintes et patriotiques traditions sur la Vierge des Druides, et l'on cessa de chanter, sous les voûtes mêmes de Notre-Dame de Chartres, ces doux et gracieux répons dont Fulbert composait les paroles, et dont Robert le Pieux créait la mélodie. Quelques années plus tard, l'auguste cathédrale vit s'accomplir, sous son ombre sacrée, le plus hideux de tous les sacrilèges, quand l'image de la Vierge encore debout sur l'autel profané, transformée en déesse de la Liberté ou de la Raison, parut la tête couverte du bonnet ignoble dont l'abbé Sieyès et ses pareils avaient fait pour la France un symbole de terreur. C'est par degrés sans doute et non tout à coup que de semblables excès deviennent possibles chez un peuple.

Nous avons parlé ailleurs du Bréviaire de Sens dont les intentions jansénistes sont dénoncées par l'archevêque Languet. Ce bréviaire reçut son complément en 1785, dans la publication d'un nouveau missel, promulgué par l'autorité du cardinal de Luynes, archevêque de cette métropole. L'auteur de ce missel fut l'abbé Monteau, lazariste, supérieur du séminaire ; son travail est célèbre par la multiplicité des traits d'esprit qui scintillent de toutes parts dans les collectes, secrètes et postcommunions, en sorte qu'on les croirait taillées à facettes. L'abbé Monteau avait cela de particulier, qu'on le jugeait plutôt philosophe que janséniste. Quoi qu'il en soit, il prêta le serment à la constitution civile du clergé, et, ce qui est le plus déplorable, il entraîna dans le schisme, par l'autorité de son exemple, la plus grande partie du clergé du diocèse (1).

Nous ne prolongerons pas davantage cette revue fort incomplète des variations liturgiques de nos églises (2). Au milieu de tant d'innovations, il nous a suffi de choisir quelques traits propres à initier le lecteur aux principes qui les ont toutes produites, et de montrer quelle espèce d'hommes en ont été les promoteurs et les exécutants. C'est donc à dessein que nous nous sommes abstenu, pour le moment, de faire mention des Bréviaires de Reims, Bourges, Besançon, Toul, Clermont, Troyes, Beauvais,

L'auteur néglige une douzaine de Liturgies particulières.

---

(1) Il se rétracta cependant après la Révolution.

(2) Le besoin d'en finir avec cette histoire générale de la Liturgie, nous oblige à réserver, pour une autre occasion, les détails que nous avions rassemblés sur les rapports de la Liturgie avec l'art, en France, durant la seconde moitié du xviiie siècle. Il suffira de dire que la dégradation alla toujours en croissant jusqu'à la catastrophe qui vit crouler, en si grand nombre, nos églises modernisées, et engloutit leurs tableaux, leurs statues et leur ameublement dégénérés. L'abbé Lebeuf est encore une merveille, en comparaison des compositeurs de plain-chant que la fin du siècle produisit. Si la première condition, pour exécuter la plupart de ses pièces, est d'être muni d'une vigoureuse paire de poumons, il y a du moins quelque apparence de variété dans ses motifs; il a *centonisé*, comme il le dit lui-même. Il en est tout autrement, par exemple, de Jean-Baptiste Fleury, chanoine de la collégiale de Sainte-Magdeleine de Besançon, qui se chargea de composer les chants du nouveau graduel et antiphonaire de ce diocèse. Sa phrase ne manque pas d'une certaine mélodie; mais elle revient sans cesse, molle et commune jusqu'à la nausée. Les mélodies de ses proses portent le même caractère. Il y eut des diocèses où les compositeurs s'exercèrent à refaire, d'après eux-mêmes, les rares pièces de la Liturgie romaine qu'on avait conservées. Ainsi à Amiens, on refit à neuf le *Lauda Sion* ; à Toul, on refit jusqu'aux grandes antiennes de l'Avent, etc., et Dieu sait quels pitoyables chants on substitua.

Décadence générale de l'art religieux en France.

Outrecuidance et faiblesse des compositeurs de plain-chant de cette époque.

Langres, Bayeux, Limoges, qui, avec ceux dont nous avons parlé, savoir, de Vienne, Senez, Lisieux, Narbonne, Meaux, Angers, Sens, Auxerre, Rouen, Orléans, Le Mans, et Amiens, forment à peu près la totalité de ceux que produisit en France la fécondité du xviiie siècle.

Les ordres religieux gagnés par la contagion. Disons cependant un mot des ordres religieux, bien qu'il nous en coûte d'aborder ce sujet sur lequel nous voudrions n'avoir à produire que des faits conformes au génie traditionnel du catholicisme, dont ces nobles familles ont été constituées les gardiennes. Mais, hélas ! on dut se rappeler cette antique sentence : *Optimi pessima corruptio*, en voyant les tristes fruits de l'innovation liturgique dans le cloître. Nous avons parlé de l'ordre de Cluny et signalé la malheureuse influence de son trop fameux bréviaire.

La congrégation de Saint-Vannes se donne un nouveau bréviaire (1777), l'ordre de Prémontré (1782) et les bénédictins de Saint-Maur en 1787. La congrégation de Saint-Vannes, en 1777, se donna à son tour un bréviaire et un missel dans le goût du nouveau parisien. Ils avaient pour auteur dom Anselme Berthod, bibliothécaire de Saint-Vincent de Besançon et ensuite grand prieur de Luxeuil (1). L'ordre de Prémontré renonça, en 1782, à son beau bréviaire *romain-français*, pour en prendre un nouveau publié par l'autorité de Lécuy, dernier abbé général de cette grande famille religieuse, et rédigé, ainsi que le nouveau missel, par Rémacle Lissoir, prémontré, abbé de la Val-Dieu, personnage qui avait publié un abrégé en français du livre de Fébronius, et qui, ayant prêté le serment à la constitution civile du clergé, fut curé de Charleville et siégea au conciliabule de Paris, en 1797 (2). Enfin, la congrégation de Saint-Maur eut aussi son bréviaire particulier, publié en 1787, ouvrage beaucoup trop vanté et qui eut pour auteur principal dom Nicolas Foulon, convulsionniste

---

(1) Dom Berthod fut associé en 1784 à la continuation des *Acta sanctorum* des jésuites bollandistes. Il a travaillé au sixième volume d'octobre, v. *Acta SS.*, Octobre, t. VII, p. 15.

(2) *Biographie ardennaise* par l'abbé Boulliot, tome II, page 106.

passionné, qui se maria en 1792 et mourut en 1813, après avoir été successivement huissier au conseil des Cinq-Cents, au tribunat et au sénat de l'Empire (1) !

Ainsi donc, sur cent trente églises, la France, en 1791, en comptait au delà de quatre-vingts qui avaient abjuré la Liturgie romaine. Elle s'était conservée seulement dans quelques diocèses des provinces d'Albi, d'Aix, d'Arles, d'Auch, de Bordeaux, de Bourges, de Cambray, d'Embrun, de Narbonne, de Tours et de Vienne. Strasbourg, qui était de la province de Mayence, l'avait gardée. Aucune province, si ce n'est celle d'Avignon, ne s'était montrée unanime à la retenir, et elle avait entièrement péri dans les métropoles de Besançon, de Lyon, de Paris, de Reims, de Sens et de Toulouse. De tous les diocèses qui, à l'époque de la bulle de saint Pie V, n'avaient pas pris le Bréviaire romain, mais avaient simplement réformé, à l'instar de ce bréviaire, leur *romain-français*, pas un n'avait retenu cette magnifique forme liturgique. Les novateurs avaient donc poursuivi l'élément français dans la Liturgie, avec la même rigueur qu'ils avaient déployée contre l'élément romain, parce que tous deux étaient traditionnels. Il n'y eut que l'insigne collégiale de Saint-Martin de Tours qui, donnant en cela la leçon à nos cathédrales les plus fameuses, osa réimprimer, en 1748, son beau bréviaire romain-français, et qui, seule au jour du désastre, succomba avec la gloire de n'avoir pas renié ses traditions. Nous rendons ici, avec effusion de cœur, cet hommage à cette sainte et vénérable église, et à son illustre chapitre.

Mais c'est assez rappeler de tristes souvenirs : puisse du moins l'innovation liturgique du XVIIIe siècle, apparaissant telle qu'elle est, dans ses motifs, dans ses auteurs,

---

(1) L'*Ami de la Religion,* tome LV. Notice sur Dom Foulon et ses ouvrages, pages, 305-311.

dans ses agents, être jugée de nos jours, comme elle le sera par-devant tout tribunal qui voudra juger les institutions du catholicisme d'après le génie même du catholicisme ! L'Église de France est donc arrivée à la veille d'une effroyable persécution ; ses temples vont être fermés par les impies, ses fêtes ont cessé de réunir les peuples, et les nouveaux chants qu'elle a inaugurés, à la veille d'un si grand désastre, n'ont pas eu le temps de remplacer dans la mémoire des fidèles ceux qui retentirent dans les âges de foi. Naguère, cette Église n'avait qu'une voix dans ses temples, et cette voix était celle de toutes les églises de la langue latine ; aujourd'hui, la confusion est survenue ; vingt dialectes, plus discordants les uns que les autres, divisent cette voix et en affaiblissent la force. Prête à descendre aux catacombes, l'Église gallicane a perdu le droit de citer désormais aux peuples la parole des livres de l'autel et du chœur, comme l'oracle de l'antiquité, de la tradition, de l'autorité. En alléguant le texte des nouveaux missels et bréviaires, on ne peut donc plus dire désormais : *L'Église dit ceci ;* et ce coup fatal, ce n'est point la main d'un ennemi qui l'a porté. Les hommes de nouveautés et de destruction ont trouvé le moyen de faire mouvoir en leur faveur le bras qui ne devait que les foudroyer. Or, voilà ces jurisconsultes, ces mêmes gens du palais qui décrétèrent l'abolition du Bréviaire romain et firent brûler, par la main du bourreau, les remontrances ou réclamations que le zèle de la tradition catholique, aussi bien que de l'unité de confession, dictait à quelques prêtres courageux ; les voilà qui s'apprêtent à mettre au jour la constitution *nationale*, et *non romaine*, qu'ils ont préparée au clergé de France. Dans leur attente sacrilège, ils comptent sur les peuples qui, dans beaucoup de provinces, ont déjà commencé à perdre le respect envers leurs pasteurs, à l'occasion des changements introduits dans les formes du culte. Déjà dans de nombreuses paroisses, la dîme a été refusée aux curés qu'une injonction supérieure contraignait de supprimer les anciens livres et d'inaugurer les nouveaux. Mais avant d'étudier les doctrines liturgiques des nouveaux évêques et des nouveaux prêtres de cette monstrueuse agrégation qu'on appela l'Église constitutionnelle, arrêtons-nous à considérer les attaques dont les saines doctrines liturgiques se trouvent être l'objet dans plusieurs pays catholiques.

Nous avons tracé ailleurs la théorie d'après laquelle l'hérésie antiliturgiste, c'est-à-dire ennemie de la forme religieuse, a procédé depuis les premiers siècles, et les faits que nous avons produits dans tout le cours de cette histoire ont dû mettre dans un jour complet les intentions des sectateurs de cette doctrine maudite. On a dû remarquer que son caractère principal est de procéder avec astuce, et de ne jamais reculer devant les contradictions dans lesquelles ce système doit souvent l'entraîner. Destinée par sa propre nature à s'attacher comme le chancre à la religion des peuples, elle sait produire ou dissimuler ses progrès en proportion des risques qu'elle pourrait courir d'être extirpée par la main des fidèles et de leurs pasteurs. Souvent, il lui suffira d'exister à l'état de virus caché, et d'attendre la chance d'une éruption ; dans d'autres lieux, au contraire, elle osera tout à coup éclater sans ménagement. Ainsi, en France, elle se glissa sous couleur d'un perfectionnement des prières du culte, d'un plus juste hommage à rendre à l'Écriture sainte dans le service divin, d'une plus parfaite appréciation des droits de la critique ; elle sut flatter l'amour-propre national, les prétentions diocésaines, et au bout d'un siècle, elle avait trouvé moyen de détruire la communion des prières romaines dans les trois quarts de la France, d'anéantir l'œuvre de Charlemagne et de saint Pie V, d'infiltrer de mauvaises doctrines dans les livres de l'autel, enfin de faire agréer, pour rédacteurs de la prière publique, des

I PARTIE
CHAPITRE XXIII

Attaques dont les saines doctrines liturgiques sont l'objet hors de France.

Le caractère principal de l'hérésie antiliturgiste est l'astuce, qui ne recule devant aucune contradiction.

En France elle se glisse sous couleur d'un perfectionnement des prières du culte et d'un retour à l'antiquité.

Institutions liturgiques

Cette tactique nécessaire pour prévenir la résistance du peuple.

hommes dont les maximes étaient flétries comme hérétiques par l'Église universelle.

C'étaient là sans doute de grands résultats ; mais on n'avait pu y parvenir que par degrés, et sous prétexte de perfectionnement autant littéraire que religieux. Il avait fallu dissimuler le but auquel on tendait, parler beaucoup d'antiquité tout en la violant, et surtout éviter de s'adresser au peuple par des changements trop extérieurs dans les objets visibles ; car la nation, en France, a été et sera toujours catholique avant toutes choses, et plus elle se sentira refoulée à une époque sous le rapport des manifestations religieuses, plus elle y reviendra avec impétuosité, du moment que l'obstacle sera levé.

La secte antiliturgiste, plus libre en Allemagne, où le protestantisme lui avait préparé le terrain, s'attaque directement aux formes mêmes du catholicisme.

Il en était tout autrement en Allemagne. La réforme de Luther avait été accueillie par acclamation, au xvie siècle, dans une grande partie des États de cette vaste région, comme l'affranchissement du corps à l'égard des pratiques extérieures et gênantes qu'imposait le catholicisme. Dans les pays demeurés catholiques, le zèle des antiliturgistes du xviiie siècle s'inspira de ces favorables commencements, et quand il voulut tenter une explosion, il se garda bien d'aller perdre un temps précieux à falsifier des bréviaires et des missels. Il appliqua tout franchement et tout directement sur les formes, pour ainsi dire, plastiques du culte catholique ses perfides essais de réforme. Il savait le rationalisme allemand moins subtil que l'esprit français, et vit tout d'abord que l'on pouvait bien laisser le Bréviaire romain intact entre les mains d'un clergé qu'on saurait amener peu à peu à ne plus vouloir réciter aucun bréviaire. Les premières atteintes de cet esprit antiliturgiste, au sein même des catholiques, avaient déjà percé dans les canons de ce fameux concile de Cologne de 1536, dont nous avons parlé ailleurs (1). Mais ce fut bien autre

(1) Tome I, page 411.

chose, vers la fin du xviiie siècle, quand Joseph II s'en vint étayer de l'autorité impériale les plans antiliturgistes que lui suggérait la triple coalition des forces du protestantisme, du jansénisme et de la philosophie. Déjà, on avait miné le catholicisme dans une grande portion du clergé allemand, en dissolvant la notion fondamentale de l'Église, l'autorité du Pontife romain, au moyen des écrits empoisonnés de Fébronius, et plus tard, d'Eybel. Joseph II passant à la pratique, ouvrit, dès 1781, la série de ses règlements sur les matières ecclésiastiques. Il débuta, comme on a toujours fait, par déclarer la guerre aux réguliers, auxquels il enleva l'exemption et les moyens de se perpétuer, en attendant qu'il lui plût de porter la main sur la juridiction épiscopale elle-même. Mais le vrai moyen d'atteindre le catholicisme dans le peuple était de réformer la Liturgie. L'empereur ne s'en fit pas faute, et l'on vit bientôt paraître ces fameux décrets sur le service divin, dont le détail minutieux porta Frédéric II à désigner Joseph sous le nom de *mon frère le sacristain*. La chose était cependant bien loin d'être plaisante. Les conseillers de Joseph, et surtout le détestable prince de Kaunitz, dont le nom appartient à cette histoire comme celui d'un des plus grands ennemis de la forme catholique, les conseillers de Joseph, disons-nous, et sans doute l'empereur lui-même, sentaient parfaitement la portée de ce qu'ils faisaient en préparant l'établissement d'un catholicisme bâtard, qui ne serait ni garanti par des corporations privilégiées, ni régi exclusivement par la hiérarchie, ni basé sur un centre inviolable, ni populaire dans ses démonstrations religieuses.

On vit paraître, entre autres, sous la date du 8 mars 1783, un ordre impérial qui défendait de célébrer plus d'une messe à la fois dans la même église. Le 26 avril suivant, fut promulgué un règlement très étendu, dans lequel l'empereur supprimait plusieurs fêtes, abolissait des

INSTITUTIONS LITURGIQUES

processions, éteignait des confréries, diminuait les expositions du saint Sacrement, enjoignait de se servir du ciboire au lieu de l'ostensoir dans la plupart des bénédictions, prescrivait l'ordre des offices, déterminait les cérémonies qu'on aurait à conserver et celles qu'on devrait abolir, et fixait enfin jusqu'au nombre des cierges qu'on devrait allumer aux divers offices. Peu après, Joseph fit paraître un décret de même sorte portant injonction de faire disparaître les images les plus vénérées par la dévotion populaire. Cependant, quelque *philosophiques* et *libéraux* que voulussent être les règlements de l'empereur, il s'y trouvait dès l'abord une disposition non moins antiphilanthropique qu'antiliturgique. Joseph statuait que l'on ferait désormais dans les églises, les dimanches et fêtes, deux sermons distincts, l'un pour les maîtres, l'autre pour les domestiques; en quoi il se conformait, sans le savoir peut-être, au génie du calvinisme qui se retrouve plus ou moins au fond de tout système antiliturgiste. Il y a longtemps que l'on a observé, pour la première fois, que le peuple qui se presse avec tant d'enthousiasme sous les voûtes étincelantes d'or d'une église catholique, trouve rarement cette hardiesse dans le temple calviniste. C'est que dans l'Église catholique, la pompe révèle la présence de Dieu qui a fait le pauvre comme le riche, tandis que le prêche protestant offre simplement l'aspect d'une froide et cérémonieuse réunion d'hommes. Pour en revenir aux édits de Joseph II, on sait avec quelle obéissance passive ils furent accueillis dans la plupart des provinces allemandes de l'Empire : mais la Belgique toujours fidèle, la Belgique que le voisinage de la France n'a jamais fait dévier du sentier romain de la Liturgie, prit les armes pour résister aux innovations de Joseph II, et préluda, sous l'étendard de la foi, à ces glorieux efforts qui devaient, quarante ans plus tard, après bien d'autres souffrances, fonder son indépendance et l'établir au rang des nations.

Tandis que les provinces allemandes de l'Empire acceptent ces innovations, la Belgique résiste à force ouverte.

Puisse-t-elle n'oublier jamais que le principe de sa liberté politique à l'intérieur et à l'extérieur est la liberté même du catholicisme !

Tandis que Joseph II travaillait à déraciner la foi de l'Église romaine dans l'empire, cette mère et maîtresse de toutes les églises n'avait pas à souffrir de moindres atteintes de la part des princes ecclésiastiques de l'Allemagne. Les archevêques électeurs de Cologne, Trèves et Mayence, avec l'archevêque prince de Salzbourg, signaient à Ems, le 25 août 1786, ces trop fameux articles dont le but était d'affranchir, disait-on, la hiérarchie, en anéantissant l'autorité suprême du Siège apostolique. Or, les maximes antiliturgistes avaient pénétré dans le cœur de ces prélats, et s'ils poursuivaient le Christ en son vicaire, ils cherchaient aussi à restreindre son culte dans l'église. L'un deux, Jérôme de Collorédo, archevêque de Salzbourg, avait donné, dès 1782, une instruction pastorale, dans laquelle il s'élevait contre ce qu'il nommait le luxe des églises, déclamait contre la vénération des images, et prétendait, entre autres choses, que le culte des saints n'est pas un point essentiel dans la religion. C'était bien là, comme l'on voit, l'esprit de nos novateurs français, mais fortifié de toute l'audace qu'on pouvait se permettre en Allemagne.

Mais ce qui parut le plus étonnant à cette époque, fut l'apparition des mêmes scandales, en Italie, où tout semblait conspirer contre les développements, et même contre les premiers symptômes de l'hérésie antiliturgiste. Cette importation manifesta à la fois les caractères de l'esprit français plus subtil, plus cauteleux, et de l'esprit allemand plus hardi et plus prompt à rompre en visière. On s'expliquera aisément ce double caractère, si on se rappelle les efforts inouïs que les jansénistes français avaient faits pour infiltrer leurs maximes en Italie, et aussi l'influence que devait naturellement exercer sur Léopold,

T. II. 34

grand-duc de Toscane, l'exemple de son frère Joseph II. Toutefois, avant d'oser réformer le catholicisme dans la portion de l'Italie qui était malheureusement échue à son zèle, Léopold avait besoin de se sentir encouragé par quelque haut personnage ecclésiastique de ses États. Ce personnage fut Scipion de Ricci, évêque de Pistoie et Prato, l'ami intime du trop fameux professeur Tamburini, le disciple fidèle des appelants français, et l'admirateur fanatique de toutes leurs œuvres, mais spécialement de leurs brillants essais liturgiques.

Le 18 septembre 1786, s'ouvrit à Pistoie, sous les auspices du grand-duc, ce trop fameux synode dont les actes firent dans l'Église un éclat si scandaleux, mais aussi, il faut le dire, si promptement effacé. Ricci était venu trop tôt; peut-être même la mauvaise influence s'était-elle trompée tout à fait sur la contrée où un pareil homme aurait dû naître. Quoi qu'il en soit, le malheureux prélat survécut aux scandales qu'il avait causés, et il a fini ses jours dans la communion de l'Église dont il avait déchiré le sein. Il n'est point de notre sujet de dérouler ici le honteux système de dégradation auquel le synode de Pistoie, dans sa sacrilège outrecuidance, prétendait soumettre tout l'ensemble du catholicisme; la partie liturgique de ses opérations est la seule que nous ayons le loisir de mettre sous les yeux de nos lecteurs. Ainsi, nous ne nous arrêterons pas à signaler l'audace de cette assemblée, promulguant la doctrine hérétique et condamnée de Baïus et de Quesnel, sur la grâce; adoptant scandaleusement la déclaration de 1682 contre les droits du Pontife romain; abolissant l'exemption des réguliers pour étaler ensuite dogmatiquement le plus dégoûtant presbytérianisme; mais nous citerons d'abord ces mémorables paroles de la session sixième :

« Avant tout, nous jugeons devoir coopérer, avec notre « prélat, à la réforme du bréviaire et du missel de notre

« église, en *variant, corrigeant* et *mettant dans un meil-*
« *leur ordre* les offices divins. Chacun sait que Dieu, qui
« est la vérité, ne veut pas être honoré par des mensonges ;
« et d'autre part, que les plus savants et les plus saints
« personnages, des papes même, ont dans ces derniers
« temps reconnu dans notre bréviaire, spécialement pour
« ce qui regarde les leçons des saints, beaucoup de faus-
« setés, et ont confessé la nécessité d'une plus exacte
« réforme. Quant à ce qui regarde les autres parties du
« bréviaire, *chacun comprend qu'à beaucoup de choses*
« OU PEU UTILES, OU MOINS ÉDIFIANTES, *il serait nécessaire*
« *d'en substituer d'autres* TIRÉES DE LA PAROLE DE DIEU OU
« des ouvrages originaux des saints Pères ; mais, sur
« toutes choses, on devrait disposer le bréviaire lui-
« même de façon que, dans le cours de l'année, on pût lire
« tout entière la sainte Écriture (1). »

{I PARTIE CHAPITRE XXIII de la Liturgie les axiomes des novateurs français.}

Ainsi donc, nous entendrons les antiliturgistes tenir partout un langage uniforme, de Luther à Ricci, en attendant le tour de nos constitutionnels français. Toujours l'Écriture sainte, en place des prières de la tradition ; toujours la guerre au culte des saints, l'oubli infligé à leurs œuvres merveilleuses, sous le prétexte d'épurer la vérité de toutes les scories apocryphes dont l'ont souillée

{De Luther à Ricci les antiliturgistes tiennent tous le même langage.}

(1) Prima di tutto pero noi giudichiamo di dovere cooperare col nostro Prelato alla riforma del Breviario e del Messale della nostra Chiesa, variando, correggendo e ponendo in migliore ordine i divini Ufizi. Ognun' sà che Iddio, il quale è la verità, non vuole essere onorato con menzogne ; e che per altra parte î piu dotti e santi uomini, e i Pontefici medesimi in questi ultimi tempi hanno riconosciuto nel nostro Breviario, specialmente per quel che riguarda le lezioni dei santi, molte falsita, ed hanno confessato la necessita d'una piu esatta riforma. Per quello che riguarda poi le altre parti del Breviario, ognuno comprende, che a molte cose o poco utili o meno edificanti sarebbe necessario sostituire altre tolte dalla parola di Dio o dalle opere genuine dei Patri ; ma soprattutto che dovrebbesi disporre il Breviario medesimo in maniera, che nel corso d'un anno vi si leggesse tutta intiera la Santa Scrittura. (*Atti e decreti del Concilio Diocesano di Pistoia. Sessione VI*, pagina 205.)

les légendaires (1). D'où vient donc cette affectation de copier si servilement les fades déclamations des Foinard, des Grandcolas, des Mésenguy, des Baillet, etc. ? Le digne interprète de Scipion de Ricci, l'éditeur de ses *Mémoires*, de Potter le voltairien, nous l'explique quand il nous dit, en parlant des plans liturgiques de l'évêque de Pistoie : « Ses amis de France, entre autres les abbés Maultrot, « Leroy et Clément, et les Italiens qui professaient les « mêmes principes, s'étaient hâtés de lui communiquer « leurs idées et leurs lumières pour opérer une réforme « complète du bréviaire et du missel (2). » Au reste, la prédilection de Ricci pour cette école liturgique paraît assez clairement dans le choix de livres que le synode prescrit aux curés. On se garde bien d'y oublier l'*Année chrétienne* de Nicolas Le Tourneux, ni l'*Exposition de la doctrine chrétienne* de Mésenguy. Ces deux chefs-d'œuvre des fameux compilateurs des Bréviaires de Cluny et de Paris, figurent dignement sur le catalogue à côté du rituel d'Alet et des *Réflexions morales* de Quesnel.

Mais voyons plus avant l'œuvre du synode et ses glorieux efforts pour s'élever dans la réforme liturgique à la hauteur des vues de Joseph II et de son digne frère. Observons d'abord que les *Pères du concile diocésain*, comme ils s'appellent, sont d'avis qu'on évite dans les églises *les décorations trop variées et trop précieuses, parce qu'elles attirent les sens et entraînent l'âme à l'amour des choses inférieures ;* sur quoi les Pères décla-

(1) Nous n'avons pas besoin de réfuter ici ce que dit le synode sur les Papes qui ont réprouvé les Légendes du Bréviaire. Comme il s'agit ici principalement de Benoît XIV, il suffira de rappeler encore une fois ce qu'il dit à ce sujet, savoir qu'il n'est aucune de ces Légendes qui ne soit susceptible d'être défendue.

(2) De Potter. *Mémoires de Scipion de Ricci, évêque de Pistoie et Prato, réformateur du catholicisme en Toscane, sous le règne de Léopold.* Tome II, page 220.

rent embrasser la doctrine de l'instruction pastorale de Jérôme de Collorédo, archevêque de Salzbourg (1).

Les églises des réguliers devront être fermées au public et l'office divin y sera réduit.

Dans le chapitre *sur la réforme des réguliers,* ils émettent le vœu que ceux-ci *n'aient point d'églises ouvertes au public ; qu'on y diminue les offices divins, et qu'il n'y soit célébré qu'une, ou, tout au plus, deux messes par jour, les autres prêtres se bornant à concélébrer* (2).

Suppression des processions en l'honneur de la sainte Vierge et des saints.

Dans la même session, il plaît aux *Pères d'abolir les processions qui avaient lieu pour visiter quelque image de la sainte Vierge ou d'un saint,* et de prescrire aux curés de la campagne *de restreindre le plus possible la longueur et la durée de celles des Rogations.* Le but de ces suppressions, disent-ils, est d'empêcher *les rassemblements tumultueux et indécents, et les repas qui accompagnaient ces processions.* Quant aux fêtes, les *Pères* se plaignent de ce que, par leur multiplicité, *elles sont aux riches une occasion d'oisiveté, et aux pauvres une source de misère,* et sont résolus de s'adresser à S. A. S. le Grand-Duc, pour obtenir une réduction dans le nombre de ces jours consacrés aux devoirs religieux (3). C'est, sans doute, pour honorer en Léopold la qualité de prince de la Liturgie, que les *Pères* décrètent qu'on ajoutera désormais au Canon ces paroles : *Et pro Magno Duce nostro N.* (4). On voit que l'esprit des antiliturgistes est partout le même, en Italie comme ailleurs : la seconde majesté profite toujours des dépouilles de la première.

Le grand-duc de Toscane supplié de réduire le nombre des fêtes chômées.

« Pour ce qui regarde les pratiques extérieures de la
« dévotion envers la sainte Vierge et les autres saints,
« disent les *Pères*, nous voulons *qu'on enlève toute ombre*
« *de superstition*, comme serait *d'attribuer une certaine*
« *efficacité à un nombre déterminé de prières et de salu-*

Le rosaire condamné sous prétexte d'ôter toute ombre de superstition aux pratiques de dévotion envers la sainte Vierge et les saints.

(1) Sessione IV, pag. 129.
(2) Sessione VI, pag. 238, 239.
(3) *Ibid.* pag. 207-209.
(4) *Ibid.*, pag. 204.

« *tations dont, la plupart du temps, on ne suit pas le sens, et généralement à tout autre acte, ou objet extérieur ou matériel* (1). »

Après cette flétrissure infligée au rosaire et aux diverses couronnes ou chapelets approuvés et recommandés par le Saint-Siège, les réformateurs de Pistoie devaient naturellement en venir à poursuivre les images. C'est pourquoi, immédiatement après, ils enjoignent d'*enlever des églises toutes les images qui représentent de faux dogmes, celles par exemple du Cœur de Jésus, et celles qui sont aux simples une occasion d'erreur, comme les images de l'incompréhensible Trinité.* On enlèvera de même celles dans lesquelles il paraît que *le peuple a mis une confiance singulière, ou reconnaît quelque vertu spéciale.* Le synode ordonne pareillement de déraciner *la pernicieuse coutume qui distingue certaines images de la Vierge par des titres et noms particuliers, la plupart du temps vains et puérils*, comme aussi celle *de couvrir d'un voile certaines images ;* ce qui, en faisant supposer au peuple qu'elles auraient une vertu spéciale, *contribue encore à anéantir toute l'utilité et la fin des images* (2).

La réforme dans le culte de la sainte Vierge et des saints n'était pour le synode qu'une conséquence de la réforme à laquelle, toujours à la remorque de Joseph II, il avait cru devoir soumettre le culte même du saint Sacrement et le sacrifice de la messe.

Ainsi, les *Pères du concile diocésain* décrétèrent qu'*on rétablira l'antique usage de n'avoir qu'un seul autel dans la même église* (3). On ne placera sur cet autel ni reliquaires, ni fleurs (4). *La participation à la victime,* disent-ils un peu plus loin, *est une partie essentielle du*

---

(1) Sessione VI, pag. 201.
(2) *Ibid.* pag. 202.
(3) Sessione IV, pag. 130.
(4) *Ibidem.*

sacrifice ; toutefois, *on veut bien ne pas condamner comme illicites les messes auxquelles les assistants ne communient pas sacramentellement* (1). En effet, cette hardiesse aurait semblé par trop luthérienne ; mais on déclare qu'*excepté dans les cas de grave nécessité, les fidèles ne pourront communier qu'avec des hosties consacrées à la messe même à laquelle ils auront assisté* (2).

I PARTIE
CHAPITRE XXIII

il ne convient pas que la messe soit célébrée sans communion des fidèles.

Quant à la langue à employer dans la célébration des saints mystères, on découvre les intentions du synode dans ces paroles expressives : *Le saint Synode désirerait qu'on réduisît les rites de la Liturgie à une plus grande simplicité ; qu'on l'exposât en langue vulgaire, et qu'on la proférât toujours à haute voix* (3) ; car, ajoutent plus loin les *Pères* avec Quesnel leur patron : *Ce serait agir contre la pratique apostolique et contre les intentions de Dieu, que de ne pas procurer au simple peuple les moyens les plus faciles pour unir sa voix à celle de toute l'Église* (4).

Vœu du synode pour la réduction de la Liturgie et sa célébration à haute voix et en langue vulgaire.

Ailleurs, on enseigne que *c'est une erreur condamnable de croire qu'il soit en la volonté du Prêtre d'appliquer le fruit spécial du sacrifice à qui il veut* (5).

Le prêtre ne peut appliquer à son gré le fruit spécial du sacrifice.

Quant à la vénération à rendre au mystère de l'Eucharistie, le synode ordonne de réduire l'exposition du saint Sacrement à la seule fête et octave du *Corpus Domini*, excepté dans la cathédrale où l'exposition sera permise une fois le mois ; dans les autres églises, aux jours de dimanche et de fête ; *on donnera seulement la bénédiction avec le ciboire* (6). Le nombre des cierges allumés en présence du saint Sacrement exposé dans l'octave du

Réduction des expositions et bénédictions du saint Sacrement.

---

(1) Sessione IV, pag. 130.
(2) Ibidem.
(3) Ibid., pag. 131.
(4) Ibid., page 206.
(5) Ibid., pag. 132.
(6) Ibid., pag. 126.

Corpus Domini, ne pourra excéder *trente* à la cathédrale et *vingt-quatre* dans les paroisses (1).

Le synode rejette la dévotion au Sacré-Cœur comme nouvelle et erronée, en s'appuyant sur une lettre pastorale de Ricci du 3 juin 1781.

Ailleurs, les antiliturgistes de Pistoie poursuivent la dévotion au Sacré-Cœur de Jésus et à la Passion de Notre-Seigneur, sous l'affectation d'une orthodoxie dont la prétention est surtout ridicule dans des hérétiques. *Attendu*, disent-ils, *que ce serait une erreur dès longtemps anathématisée dans l'Église que d'adorer en Jésus-Christ l'humanité, la chair, ou toute portion de cette chair, séparément de la divinité, ou avec une séparation sophistique ; ainsi serait-ce également une erreur d'adresser à cette humanité nos prières, au moyen d'une semblable division ou abstraction. C'est pourquoi, souscrivant pleinement à la lettre pastorale de notre évêque, du 3 juin 1781, sur la dévotion nouvelle au Cœur de Jésus, nous rejetons cette dévotion et les autres semblables, comme nouvelles et erronées, ou tout au moins comme dangereuses.* (2).

Dans cette lettre pastorale, Scipion de Ricci avait dit en propres termes, confondant la vérité et l'erreur : *Ni la très sainte chair de Jésus-Christ, ni un petit morceau* (un pezzetto) *de cette chair, ni son humanité tout entière, avec séparation de la divinité, ni aucune qualité ou perfection de Jésus-Christ, ni son amour, ni le symbole de cet amour, ne peuvent jamais être l'objet du culte de latrie* (3).

Condamnation de la dévotion du chemin de croix.

Quant au mystère de la Passion, dit le synode, *s'il doit particulièrement occuper notre piété, il faut aussi dégager cette piété elle-même de toutes les inutiles et dangereuses matérialités auxquelles ont voulu l'assujettir les dévots superstitieux des derniers siècles. L'esprit de componction et de ferveur ne peut pas certainement être attaché à un nombre déterminé de* STATIONS, *à des*

(1) Appendice al Sinodo, N° IV.
(2) Sessione VI, pag. 198.
(3) Appendice, N° XXXII.

réflexions arbitraires, souvent fausses, plus souvent encore capricieuses, et toujours périlleuses (1).

On voit que nos réformateurs du catholicisme allaient vite en besogne, et que si, à la façon des novateurs français, la refonte des livres liturgiques sur un plan janséniste leur paraissait un moyen important d'avancer l'œuvre, ils voulaient mener de front, à la manière de Joseph II, la réduction extérieure des formes du culte catholique. Ils s'étaient trompés en prenant ainsi l'Italie pour l'Allemagne ; car si c'était un avantage pour la Toscane d'être régie par un prince de la maison d'Autriche, c'était du moins une grande faiblesse de jugement dans Léopold, que de vouloir régir les populations au rebours de leur génie et de leurs habitudes.

Le synode de Pistoie fut imité par ceux que présidèrent peu après dans leurs diocèses, Sciarelli, évêque de Colle, et Marani, évêque d'Arezzo, lesquels tinrent à honneur de marcher à la suite de Ricci et de ses curés. Dès lors, le parti janséniste ne put contenir la joie de son triomphe, et le grand-duc se crut assuré de la victoire sur les préjugés surannés d'un catholicisme bigot. Dès le 26 janvier 1786, voulant s'assurer de la coopération du clergé dans la réforme religieuse qu'il projetait, il avait adressé à tous les prélats de son duché cinquante-sept articles de consultation. Les principaux de ces articles roulaient sur la réforme indispensable du bréviaire et du missel ; sur l'abolition de toute aumône pour les messes ; sur la réduction du luxe des temples ; sur la défense de célébrer plus d'une messe par jour dans chaque église ; sur l'examen à faire de toutes les reliques ; sur le dévoilement des images couvertes ; sur l'administration des sacrements en langue vulgaire ; sur l'instruction à donner au peuple touchant la communion des saints et les suffrages

I PARTIE
CHAPITRE XXIII

Illusion des novateurs qui prenaient l'Italie pour l'Allemagne ou la France.

Ricci imité par Sciarelli et Marani, évêques de Colle et d'Arezzo, qui tiennent comme lui des synodes de réforme.

Le grand-duc consulte les archevêques et évêques de ses États sur la réforme religieuse qu'il projette, 26 janvier 1786.

(1) Sessione VI, pag. 199.

pour les défunts; sur l'urgence de soumettre les réguliers aux ordinaires, etc., etc. On y insistait spécialement sur la nécessité de tenir des synodes diocésains, à l'aide desquels Léopold espérait faire pénétrer dans le clergé du second ordre les maximes qu'il lui tardait tant de voir adoptées par ses évêques. Ces *Points ecclésiastiques* (Punti ecclesiastici) avec les réponses des archevêques et évêques de Toscane furent publiés à Florence, en 1787. On voit au frontispice du livre le portrait du grand-duc soutenu par la Renommée et entouré de figures allégoriques de la Justice, du Commerce, de l'Abondance et du Temps. Au-dessous, est un génie qui tient un livre ouvert, sur lequel est écrit en grandes lettres et en français, le mot : ENCYCLOPÉDIE. C'était sans doute assez pour montrer les intentions ultérieures des antiliturgistes.

Le voltairien de Potter, qui nous a conservé de précieux détails dans ses ignobles *Mémoires de Scipion de Ricci*, nous apprend en détail quelle fut la réponse des évêques de Toscane aux cinquante-sept Points (1). Ricci, dont les influences avaient été pour beaucoup dans les résolutions de Léopold, et qui se préparait à tenir son synode, fit telle réponse qu'on pouvait souhaiter ; en quoi il fut imité par Sciarelli, évêque de Colle ; Pannilini, évêque de Chiusi, et Santi, évêque de Soana. Marani et Ciribi, évêques d'Arezzo et de Cortone, s'expliquèrent dans le même sens, mais avec plus de modération. Les autres prélats, Martini, archevêque de Florence ; Costaguti, Vannucci, Pecci, Vincenti, Bonaccini, évêques de Borgo San-Sepolcro, Massa, Montalcino, Pescia, et Volterra, se déclarèrent avec courage, dans leurs réponses, contre les innovations proposées ; mais nous devons une mention spéciale aux intrépides prélats Franceschi et Borghesi, archevêques de Pise et de Sienne ; Mancini, Fazzi, Franci

(1) Tome IV, pages 249-264.

et Franzesi, évêques de Fiesole, San-Miniato, Grosseto et Montepulciano, qui manifestèrent par les termes les plus énergiques, dans leurs réponses, toute l'horreur que leur inspiraient les propositions antiliturgistes qu'on avait osé leur faire.

Léopold convoque une assemblée générale des évêques à Florence, le 23 avril 1787.

Ce fut après la réception de ces diverses lettres, et aussi après la célébration des synodes de Pistoie, de Colle et d'Arezzo, les seuls dont Léopold put obtenir la tenue, que ce prince convoqua une assemblée générale des évêques de Toscane, qui s'ouvrit à Florence le 23 avril 1787.

S'il l'on en croit les Mémoires de Ricci (1), les prélats qui s'étaient montrés si fermes dans leur réponse aux *Points ecclésiastiques*, auraient manifesté, dans l'assemblée, une moindre opposition aux volontés du grand-duc, sur certains points de doctrine liturgique, notamment sur la réforme du Bréviaire et du Missel romains, dont les trois archevêques auraient accepté la commission. L'auteur des *Mémoires sur l'Histoire ecclésiastique*, au XVIIIe siècle, ajoute même qu'il fut arrêté qu'on traduirait le rituel en italien, pour ce qui concerne l'administration des sacrements, excepté les paroles sacramentelles qui se diraient toujours en latin (2). Quoi qu'il en soit, de Potter est obligé de convenir que des réclamations violentes s'élevèrent à toutes les séances, de la part des évêques, contre les principaux fauteurs de l'innovation, Ricci, Sciarelli, Pannilini et Santi. Et, d'ailleurs, la discussion roula sur un grand nombre d'autres articles de droits ecclésiastique, à l'occasion desquels la majorité se montra animée de la plus courageuse énergie pour les droits du Saint-Siège. L'assemblée tint sa dix-neuvième et dernière session, le 5 juin 1787, et s'étant présentée à l'audience du grand-duc, elle reçut les témoignages les

Au dire de Ricci et de Potter, les archevêques acceptent la commission de réformer le bréviaire et le missel; cependant les pratiques des novateurs sont vigoureusement combattues.

---

(1) Tome IV, pages 216-249.
(2) *Mémoires*, tome II, page 88.

plus significatifs de mécontentement de la part du prince, *pour le peu d'harmonie qui avait régné dans son sein, pour l'esprit de préjugé et de parti qui avait constamment guidé le plus grand nombre des prélats* (1). Léopold, toujours poussé par le parti janséniste, décréta plusieurs édits propres à accroître et à consolider le scandale. « Sans aucun égard pour la Cour de Rome, dit de Potter, « on soumit le clergé régulier aux ordinaires ; on déclara « qu'à l'avenir la doctrine de saint Augustin devrait être « suivie dans l'enseignement ecclésiastique ; *on ordonna* « *la réforme des missels et des bréviaires*, etc. (2). »

Toutefois, ainsi que nous l'avons dit, cette levée de boucliers n'eut pas de suites. La dislocation sociale qui, en France, avait couronné les efforts persévérants du parti anarchiste, ouvrit les yeux de Léopold. Il eut le bon esprit de comprendre que l'évêque du dehors commet un acte impolitique dont le châtiment, tôt ou tard, retombe sur sa tête, toutes les fois que, convié par les sacrilèges flatteries d'un pasteur lâche ou corrompu, il ose mettre la main à l'encensoir. Mais il est facile de comprendre comment les instincts du despotisme ont si souvent conduit les princes à tenter ou à seconder les attentats des antiliturgistes. Les démonstrations liturgiques sont éminemment populaires ; elles tendent à réunir les masses dans le temple catholique, comme dans le centre de leur vie sociale ; elles resserrent le lien qui les attache au sacerdoce. Donc, les ennemis du spiritualisme dans les peuples doivent les avoir en horreur. Et voilà pourquoi chez nous, en ce moment, les ennemis des processions, soi-disant *libéraux*, se ruent à la suite des Joseph II et des Léopold, monarques du bon plaisir. Heureuse la France de n'avoir pas de ces vils pasteurs dont toute la gloire était d'en-

---

(1) De Potter. *Mémoires*, tome III, page 247.
(2) *Ibid.* page 248.

chaîner l'Église au marchepied du trône, comme les Ricci, les Pannilini, les Sciarelli ! Ajoutons encore un trait pour faire connaître ces dignes coryphées de l'hérésie antiliturgiste.

Franzesi, évêque de Montepulciano, dans un mémoire contre la prétention des novateurs, de réduire à un seul les autels de chaque église, avait osé faire remarquer que le grand-duc lui-même, qui poussait avec tant de chaleur l'adoption de cette mesure, faisait alors bâtir des églises à plusieurs autels. Ricci et ses deux dignes collègues répondirent à cette objection : « Que prétend donc le « théologien (consulteur du prélat), par cette assertion « vague et téméraire ? Que le souverain s'est contredit, « ou qu'il a changé d'opinion ? Ce serait un sacrilège d'en « avoir la pensée (1). » Voilà ce que la secte antiliturgiste sait faire de la liberté ecclésiastique et de la dignité humaine. Considérons maintenant ce qu'elle voudrait faire du catholicisme lui-même.

Nous pourrions nous contenter de renvoyer le lecteur au XIVe chapitre de cette histoire, dans lequel nous avons traité de l'*Hérésie antiliturgiste et de la réforme protestante du XVIe siècle, dans ses rapports avec la Liturgie;* mais, comme il est utile de déduire les enseignements qui résultent du récit que nous avons fait dans les chapitres précédents, nous nous arrêterons quelques instants à résumer le système des ennemis de la foi catholique, tel

Ignoble servilité de Ricci et de ses adeptes à l'égard du prince.

Résumé du système des antiliturgistes.

---

(1) *Che pretende dunque il teologo in quella vaga e temeraria asserzione? Che il sovrano siassi contradetto, o che abbia mutato sentimento? Sarebbe sacrilegio il sospettarlo.* (*Mémoires de Ricci.* Tome IV, page 271.) — La brutalité de ce servilisme contraint le voltairien de Potter à faire cette curieuse observation, en dépit de ses préventions fanatiques pour Ricci et consorts : *Ce passage démontre bien quelles sont les funestes conséquences d'avoir une opposition fanatique. Les personnes raisonnables, pour vaincre le fanatisme, sont forcées de se jeter dans l'absurdité de l'ultramonarchisme, et le peuple devient nécessairement le jouet et la victime, ou de ses prêtres, ou de son gouvernement.*

qu'il apparaît dans l'ensemble des lois et règlements à l'aide desquels ils ont espéré étouffer cette divine foi. C'est l'esprit protestant lâchement caché sous des dehors catholiques que nous voulons démasquer, et notre intention est de faire voir ce que ces perfides pharisiens ont tenté pour anéantir, autant qu'il était en eux, l'adorable mystère de la très sainte-Eucharistie.

Embûches qu'ils ont tendues à la foi des peuples dans ce qui touche le culte de la sainte Vierge et des saints.

Auparavant, si le temps et l'espace nous le permettaient, nous aimerions à montrer en détail toute la portée des embûches qu'ils ont tendues à la foi des peuples, dans ce qui touche le culte de la glorieuse Vierge Marie et des saints. Nous dirions comment ils les ont livrés, ces peuples sans défense, au souffle glacé du rationalisme, en expulsant de la Liturgie, et, partant, de la mémoire des fidèles, la plupart des miracles et des dons merveilleux accordés aux saints, sous le vain prétexte des droits de la critique; comme s'il suffisait de la volonté d'un pédant pour faire reconnaître comme incontestables les stupides affirmations du pyrrhonisme historique. Nous dirions comment

La suppression des anciens offices des saints porte un coup mortel à leur culte.

ils ont retranché du bréviaire, et bientôt des *Vies* même des saints, le récit des actes de vertu extraordinaire inspirés par l'Esprit de Dieu à ses membres, sous la futile apparence que ces faits ne seraient pas imitables ; comme si l'Esprit de Dieu, dans les livres qu'il a dictés lui-même, n'avait pas accumulé pour sa gloire les actes les plus extraordinaires, aussi bien que les actes les plus vulgaires en apparence (1). Nous dirions comment il était inévitable au peuple d'oublier les actions, les mérites, les services et jusqu'au nom des saints patrons, du moment

---

(1) Qu'on se rappelle ici la sévère censure de la Sorbonne de 1548, contre le Bréviaire d'Orléans donné à cette époque, et dans lequel on commença à faire subir aux légendes des saints les mutilations dont nous parlons. La Faculté ne fait nulle difficulté de trancher le mot. *Nova ista mutatio imprudens, temeraria et scandalosa, neque carens suspicione favendi hæreticis.* Voyez ci-dessus, tome I, pages 439, 440, et 590 et 591.

qu'on abolissait les antiques répons et antiennes où ces noms sacrés, avec les merveilles qu'ils rappellent, étaient consignés et si souvent embellis par les plus gracieuses mélodies, pour mettre en place quelques phrases de la Bible, bien froides, bien décousues ; comme si des paroles générales tirées de l'Écriture sainte, et amenées à grands frais pour célébrer tel saint auquel elles n'avaient pas plus de rapport qu'à tel autre saint, pouvaient servir dans un degré quelconque à maintenir des traditions. Nous dirions comment la guerre qu'on a faite jusqu'à nos jours dans une grande partie de l'Europe catholique, aux images miraculeuses, aux sanctuaires révérés, aux pèlerinages, aux processions extraordinaires, était une hostilité flagrante contre le Seigneur et contre ses *christs* (1) ; puisque, si le Concile de Trente enseigne qu'il ne faut pas croire qu'il y ait dans les images une vertu qui vienne d'elles, on n'en doit pas conclure que cette auguste assemblée ait voulu contester à Dieu le droit de choisir certains lieux de ce monde qui est à lui, pour y manifester plus directement sa gloire dans la Vierge Marie, ou dans les saints. Nous dirions qu'en supprimant avec violence les fêtes populaires dans lesquelles les habitants des villes et des campagnes se livraient à une joie, quelquefois abusive, nous en convenons, Joseph II, Léopold, Jérôme de Collorédo, Ricci, etc., voulaient bien plus éteindre les influences religieuses puisées dans le culte des saints, que favoriser, ainsi qu'ils le prétendaient, la réforme des mœurs et l'avancement des saines doctrines de l'économie politique ; comme si les mœurs étaient meilleures et la nation plus heureuse, quand le motif des réjouissances publiques ne provient plus d'une source religieuse, mais tout simplement des habitudes grossières d'un peuple inaccessible d'ailleurs à l'idée de morale qui ne lui vient

I PARTIE
CHAPITRE XXIII

Intention criminelle de ceux qui supprimaient les fêtes populaires des saints, sous prétexte d'en retrancher les abus.

(1) Nolite tangere christos meos. **Psalm. CIV**, 15.

pas par l'organe de la religion. Nous dirions enfin qu'on a grandement nui à la foi des peuples qui tire un si puissant accroissement de la vénération des saints, en répétant sur tous les tons, et avec toute l'exagération de Port-Royal, que la sainte Vierge et les saints repoussent tout hommage de la part de ceux qui n'imitent pas leurs vertus ; qu'il est inutile de songer à leur plaire par des prières, des vœux, des chants, des démonstrations extérieures, si l'on n'est pas déjà vivant de la vie de la grâce et de la sainteté ; comme si la simple *louange* n'était pas déjà un acte surnaturel et excellent de la religion ; comme si celui qui rend hommage à la sainteté ne protestait pas déjà contre le péché qui est dans son cœur ; comme si tout acte religieux, pour n'être pas parfait, n'était pas un acte conforme à l'ordre ; comme si, enfin, la miséricordieuse Mère du Sauveur et les Amis de Dieu ne devaient pas se trouver inclinés à demander à Dieu l'entière conversion de ces pauvres âmes qui, trop charnelles encore dans leurs espérances et leurs vœux, n'ont jusqu'ici compris, comme la Samaritaine, que dans un sens matériel, cette eau qui jaillit jusqu'à la vie éternelle !

Le fait est que depuis le triomphe de toutes ces théories perfectionnées, nous ne connaissons plus la vie des saints, et qu'après un siècle et demi de rationalisme, la simple explication des légendes de nos vitraux et de notre antique peinture et statuaire catholique est devenue l'objet d'une science. Dieu fasse que cette science ne soit pas de longue durée, par notre retour aux antiques traditions de la foi de nos pères, aux livres vénérables qui l'ont gardée toujours vierge et pure, tandis que nous allions boire à d'autres sources !

Mais arrêtons-nous à considérer l'outrage insigne dont l'adorable mystère de l'Eucharistie a été l'objet au sein même de plusieurs nations catholiques. C'est ici qu'éclate la malice de satan. Nous avons montré ailleurs comment les albigeois et les vaudois parvenaient à éluder la divine miséricorde du Sauveur présent sous les espèces eucharistiques, en prêchant partout que le prêtre, s'il n'est en état de grâce, ne consacre pas ; d'où il s'ensuivait que Dieu seul connaissant le cœur de l'homme, le fidèle n'aurait pu croire à la présence du Christ dans l'hostie qu'il recevait à la communion, qu'autant qu'il eût été associé à la science même de Dieu. Nos antiliturgistes n'osèrent non plus nier la divine Eucharistie ; mais comme elle est l'objet de la foi des fidèles, le sacrifice propitiatoire du salut du monde, la nourriture vivifiante du chrétien sur la terre, il leur sembla bon de la poursuivre sous ce triple rapport. En effet, s'ils eussent été jaloux de voir le Sauveur des hommes recueillir l'hommage de la piété publique dans le mystère de son amour, pourquoi ces édits, ces décrets synodaux pour interdire l'exposition du saint Sacrement, pour éteindre les lumières qui se consumaient, en signe populaire de joie et d'amour, sur l'autel ; pour enjoindre de se servir du ciboire qui voile l'hostie, plutôt que de l'ostensoir qui la montre et l'entoure d'une couronne radieuse, vrai triomphe pour la piété ? Pourquoi tant d'écrits, de règlements hostiles au rite de l'exposition du saint Sacrement, dans divers pays, mesures dont les motifs semblent puisés dans le livre condamné du trop fameux J.-B. Thiers ? Pourquoi avoir humilié à un degré inférieur, dans un si grand nombre de nouveaux bréviaires et missels, la fête du Corps du Seigneur, qui, jusqu'alors, était mise au rang des plus grandes solennités ? Quel siècle, quels hommes que ceux qui trouvèrent qu'il y avait en cela de l'excès !

Quant au sacrifice eucharistique lui-même, que n'ont pas fait les antiliturgistes, pour en amoindrir la notion dans l'esprit des peuples ? L'autel les gêne ; ils voudraient n'y voir plus qu'une table. Ils en ôteront, comme à Troyes et à Asnières, la croix et les chandeliers ; les reliques et

l'exposition du saint Sacrement.

Amoindrissement de la notion du sacrifice eucharistique par la diminution de la pompe des rites

546   CONSPIRATION DE LA SECTE ANTILITURGISTE

INSTITUTIONS LITURGIQUES

symboliques et du secret qui l'environnent.

les fleurs, comme en Toscane, poursuivant ainsi le Christ jusque dans ses saints, et voulant que l'autel de Dieu soit nu et glacé comme leur cœur. Autour de cet autel, sur les dons sacrés, des rites augustes, apostoliques, mosaïques même, s'accomplissent ; ils en conserveront une partie, après les avoir purgés de tout symbolisme, pour qu'ils ne soient plus que des usages vulgaires et vides de réalité. Une langue sacrée environnait comme d'un nuage la majesté de cet autel et des mystères qu'il porte ; on préparera l'abolition de cet usage vénérable, en initiant le vulgaire aux plus profondes merveilles du sanctuaire par des traductions, en invitant le prêtre, au nom d'une chimérique antiquité, à rompre le silence du canon, en attendant qu'en certains temps et en certains lieux, on ose décliner enfin la prétention qu'on a de proclamer, comme Calvin, la langue vulgaire. Déjà, n'a-t-on pas fait admettre que la Bible seule doit fournir la matière des offices divins, aux dépens de la tradition ? Ne l'a-t-on pas mise en pièces à coups de ciseaux, pour en faire une mosaïque à l'aide de laquelle on décrira telles figures que l'on voudra ?

Efforts de la secte pour rendre la célébration de la messe plus rare.

Mais, pour en revenir au divin sacrifice, voyez avec quelle affectation on répète cette vérité incontestable en elle-même, mais dont il est si facile d'abuser à cette époque de calvinisme déguisé, *que le peuple offre avec le prêtre,* afin d'étayer d'autant ce laïcisme, frère du presbytérianisme, qui apparut peu d'années après, avec un si éclatant triomphe, dans la constitution civile du clergé. Toutefois, ce n'est point encore assez pour la secte. Elle peut insulter le sacrifice catholique, mais elle ne peut l'abolir. Dès lors, toute son adresse tendra à en rendre la célébration plus rare. D'abord, elle inculquera au prêtre timoré qui, par le plus étrange travers, s'en vient mettre sa conscience à la disposition de quelqu'un de ses adeptes, elle lui inculquera (1) qu'il y aurait de l'imprudence à un prêtre, même pieux, de célébrer la messe plus de trois ou quatre fois par semaine. Que si, enfin, il ose monter à l'autel, il trouvera jusque dans le missel la condamnation de sa témérité ; car la secte a souillé jusqu'au missel (2). Bientôt, soutenue dans son audace par les Joseph II et les Léopold, on la verra interdire la célébration simultanée des messes dans une même église ; elle ira même jusqu'à réduire le nombre des autels à un seul. Éclairée par les prescriptions de Ricci, elle trouvera un nouveau moyen de restreindre encore l'oblation de ce sacrifice qui lui est si odieux : ce sera en rétablissant l'usage de l'Église primitive, suivant lequel tous les prêtres d'une église concélébreraient à une seule messe. Quant aux réguliers, on saura bien les y forcer, en ne tolérant qu'un prêtre ou deux dans chaque monastère : d'ailleurs, les églises des réguliers seront interdites au peuple. Enfin, et nous achèverons par ce dernier trait, afin d'empêcher la célébration de la messe plus efficacement encore, le synode de Pistoie enseignera dogmatiquement que c'est une erreur de penser que le sacrifice de la messe profite davantage à celui pour lequel le prêtre a l'intention particulière de l'offrir. Que lui importe de mentir à la tradition catholique, si par là il est à même de porter à la foi du sacrifice dans l'esprit des peuples, une atteinte digne de Calvin ?

Si nous en venons à l'Eucharistie, considérée comme nourriture du chrétien, nous la voyons poursuivie sous

I PARTIE
CHAPITRE XXIII

Théories
forgées en
France par

---

(1) Du Guet, *Traité sur les dispositions pour offrir les saints mystères*, page 32.

(2) En la Messe de saint Jérôme, au Missel de l'archevêque Vintimille, rédigé par l'acolyte Mésenguy, on a lu pendant bien des années cette *Secrète*, digne pendant de certaine Postcommunion de saint Damase qu'on y lit encore : *Sacrificium salutis nostræ fac nos tibi, Domine, cum timore ac tremore offerre, quod sanctus Presbyter Hieronymus præ verecundia et humilitate veritus est exercere.*

ce rapport avec le même acharnement par les antiliturgistes. Ici, comme toujours, les théories viennent de France ; l'application brutale et audacieuse aura lieu dans d'autres pays. Le livre de la *Fréquente Communion*, d'Antoine Arnauld, le Rituel d'Alet, ces deux productions du parti qui ont exercé et exercent encore sourdement une si grande influence sur la pratique des sacrements en France, donnent, comme l'on sait, pour maxime fondamentale, que *la communion est la récompense d'une piété avancée et non d'une vertu commençante*. Qui oserait calculer jusqu'à quel degré cette maxime toute seule a produit la désertion de la table sainte ! Les novateurs d'Italie, toutefois, ne s'arrêteront pas là ; ils s'appliqueront à fatiguer la piété des fidèles, en décrétant qu'on ne devra plus communier les fidèles qu'avec des hosties consacrées à la messe même à laquelle ils auront assisté, ou du moins qu'on ne devra plus administrer la communion hors le temps de la messe (1) ; double ruse qui, étant bien conduite, suffira pour priver de la communion un grand nombre de personnes, à raison des embarras et des pré-

---

(1) Telle fut la rage des novateurs sur ce dernier point, qu'il devint nécessaire que Benoît XIV publiât une constitution adressée aux évêques de toute l'Italie, pour décider solennellement que, quelque louable que soit l'intention de participer, par la communion, au sacrifice même auquel on assiste, il n'y a pour les prêtres aucune sorte d'obligation de distribuer, *infra ipsam actionem*, la communion à tous ceux qui la demandent. Cette constitution est du 13 novembre 1742. La question avait été violemment agitée, d'abord dans le diocèse de Crêma, par Joseph Guerrieri, chanoine de la cathédrale, qui enseigna publiquement qu'on devait improuver la coutume de communier les fidèles avec des particules consacrées à une messe précédente. Il fut bientôt suivi par Michel-Marie Nannaroni, dominicain, qui enseigna la même doctrine dans un catéchisme spécial sur la communion, qu'il fit paraître à Naples en 1770. Nannaroni ne tarda pas d'être réfuté dans une *Dissertation théologico-critique*, publiée à Naples en 1774, par Joseph-Marie Elefante, aussi dominicain, et abjura bientôt son sentiment. Enfin, on vit paraître, à Pavie, en 1779, une Dissertation *de incruenti novæ legis sacrificii communione*, dont l'auteur était un servite, nommé Charles-Marie Traversari.

textes qu'il est facile d'alléguer dans une grande église. C'était dans le même but que le Missel de Troyes supprimait les prières qui, dans le rite actuel de l'Église, accompagnent l'administration de l'Eucharistie. Le docteur Petitpied et ses pareils prétendaient par là faire considérer la communion des fidèles comme une partie inséparable de la messe ; d'où il serait facile de conclure, avec Luther, que les messes où personne ne communie sont contraires à l'institution de l'Eucharistie, tandis que, d'autre part, étant certain que les fidèles ne doivent communier que quand ils en sont *dignes*, ce qui n'arrive guère, le sacrement divin, mémorial de la Passion du Sauveur, centre de la religion et nourriture de l'Église, se trouve à peu près réduit à l'état d'abstraction. Et voilà les œuvres de la secte qui, comme un chancre, s'était glissée parmi nous. Nous le demandons, n'avait-elle pas pris, sous l'inspiration de Satan, tous les moyens de faire périr dans ses racines l'arbre qu'elle désespérait d'abattre ?

Mais *la bénignité et l'humanité de notre Dieu et Sauveur ont apparu* (1), et nous avons été préservés. Ces hommes, qui voulaient nous faire oublier que *Dieu a tant aimé le monde* (2), ont été confondus, et aujourd'hui, comme Caïn, ils sont marqués au front, ceux qui voulaient substituer dans le cœur des fidèles la terreur à la charité. Arrière donc ces doctrines fatales qui, réduisant tout le christianisme au dogme de la prédestination interprété par une raison sauvage, ne se pouvaient compléter que par le rigorisme d'une morale impraticable, ni s'expri-

I PARTIE
CHAPITRE XXIII

Le culte du Sacré-Cœur révélé à l'Église comme remède à la tiédeur et au désespoir, suites inévitables de ces systèmes.

Elle était dans le sens des novateurs, et ne tarda pas d'être mise à l'*Index*, ainsi que le livre de Nannaroni. On peut lire, sur cette controverse, l'ouvrage de Benoît Vulpi, sous ce titre : *Storia della celebre controversia di Crema sopra il pubblico divin diratto alla communione Eucaristica nella Messa, con una dissertazione sullo stesso argumento*. Venise, 1790.

(1) Tit. III, 4.
(2) Joan., III, 16.

mer au dehors que par les formes sèches et prosaïques d'une Liturgie dont la Synagogue elle-même eût détesté la froideur. De même qu'à l'apparition de ces erreurs manichéennes et rationalistes en même temps, qui niaient la chair et pour qui la divine Eucharistie était une chose impure ou une idolâtrie, le Sauveur ordonna à son Église de proclamer avec une pompe nouvelle le mystère de son Corps, par la fête, la procession et l'exposition du saint Sacrement ; ainsi, quand l'audace pharisaïque des antiliturgistes, n'osant s'attaquer à la réalité de ce Corps divin, s'appliquait avec une infernale opiniâtreté à montrer dans le Fils de Dieu celui qui juge le monde et non celui qui le sauve, à écarter de ses autels les chrétiens effrayés au bruit de cette affreuse maxime, que *le sang de la Rédemption n'a point été répandu pour tous*, le Sauveur des hommes daigne calmer ces terreurs en invitant les fidèles à se reposer sur son Cœur, c'est-à-dire sur son amour, en permettant qu'ils honorent d'un culte spécial le divin organe de la charité dans la personne de l'Homme-Dieu. Il ne fallait pas moins pour rassurer les chrétiens épouvantés de la dureté des préceptes, de la difficulté du salut, de la rigueur des décrets dont on leur disait qu'ils étaient l'objet. Le culte du Sacré-Cœur de Jésus fut donc la forme que devait prendre et que prit, en effet, l'espérance chrétienne échappée au naufrage. Elle se jeta dans le Cœur de Celui qui a dit lui-même être venu *pour les pécheurs et non pour les justes*, et qui n'abandonne Jérusalem que parce qu'elle *n'a pas voulu* connaître le temps de sa visite.

Grande fut la colère du jansénisme, à la nouvelle que toutes ses tentatives allaient échouer contre la confiance que les peuples mettraient dans le Cœur de leur Sauveur. Ces sectaires qui, pour perfectionner l'homme, voulaient commencer par lui arracher le cœur, voyant que le *Cœur* de l'Homme-Dieu, à la fois symbole et organe de son amour, recevait les adorations de la chrétienté, se prirent à nier le cœur dans l'homme, pour le nier ensuite dans le Christ lui-même. Donnant un brutal démenti à l'humanité tout entière, qui plaça toujours dans le cœur le siège des affections, ils ne craignirent point de poursuivre ce noble organe jusque dans la poitrine de l'Homme-Dieu. Nous avons vu comment Ricci appela le Cœur de Jésus-Christ un *petit morceau de chair* (un pezzetto di carne) ; Grégoire n'y reconnut qu'un *muscle* (1) ; un de ses amis, digne de lui, Veiluva, chanoine d'Asti, ne voit dans un tableau du Sacré-Cœur qu'*un grand foie tout rayonnant* (2). Mais à ces blasphèmes ignobles et furibonds, il était facile de voir que la secte se sentait atteinte dans le principe même de son existence. *L'amour chasse dehors la crainte*, a dit le disciple bien-aimé (3), celui qui, dans la Cène, se reposa sur le Cœur du Sauveur ; le culte du Sacré-Cœur de Jésus chasse dehors l'affreux destin, idole implacable, que la secte avait substitué à la douce image de Celui qui aime toutes les œuvres de ses mains, et veut que tous les hommes soient sauvés.

Nous aurons ailleurs l'occasion de parler de la fête du Sacré-Cœur de Jésus ; toutefois, les nécessités de notre récit nous obligent à toucher ici quelque chose des circonstances de son institution. Elle fut d'abord révélée à une humble religieuse, et cette révélation fut le secret du cloître, avant d'être la grande nouvelle dans l'assemblée des fidèles. L'institut vénérable de la Visitation, fondé par saint François de Sales, fut celui que Dieu choisit pour y faire connaître l'œuvre de sa douce puissance, par le moyen de la vénérable Mère Marguerite-Marie Alacoque, comme pour glorifier davantage, par ce moyen, la doctrine du saint évêque de Genève, si éloignée du phari-

---

(1) *Histoire des sectes religieuses*. Tome II. Article *Cordicoles*, page 246.
(2) *Ibid.* page 269.
(3) I. Joann, IV, 18.

INSTITUTIONS LITURGIQUES

Intention de la Providence qui veut réaliser ce grand dessein au moyen d'une fille spirituelle de saint François de Sales, aidée par un jésuite.

saïsme de la secte, et il voulut aussi que la servante de Dieu fût aidée dans ce grand œuvre par le P. de la Colombière, jésuite, comme pour manifester sa divine satisfaction à l'égard d'une société dont les membres firent paraître, dans les luttes de la foi, à cette époque de scandales, un courage d'autant plus précieux à l'Église, qu'alors même elle voyait fléchir momentanément plusieurs milices sur la fidélité desquelles elle avait eu droit de compter.

La fête célébrée pour la première fois en 1678 à la Visitation de Moulins, se répand peu à peu dans l'Église entière.

Ce fut en 1678, dans le monastère de la Visitation de Moulins, que le culte extérieur du Cœur de Jésus commença ; il ne fut inauguré à Paray même que huit ans plus tard. Depuis, l'Église entière, province par province, l'a reçu, et cette admission libre et successive offre un spectacle plus atterrant peut-être pour les novateurs, que l'adhésion simultanée qu'eût produite un décret apostolique.

La fête du Sacré-Cœur établie à Coutances en 1688, à Besançon en 1694, à Lyon en 1718, à Marseille en 1720, par Belzunce au moment de la peste et ensuite dans toute la Provence.

Enregistrons les principaux faits qui signalèrent cette marche triomphante du culte de l'amour de Jésus-Christ pour les hommes. C'est d'abord la France, principal foyer des manœuvres jansénistes, qui se trouve être à la fois le lieu d'origine et le théâtre principal de l'établissement de la nouvelle fête ; présage heureux des intentions divines qui destinent ce royaume à triompher, au temps marqué, du virus impur qui agite son sein. Or, dès l'année 1688, Charles de Brienne, évêque de Coutances, inaugurait dans dans son diocèse la fête du Sacré-Cœur de Jésus (1). Six ans après, en 1694, le pieux Antoine-Pierre de Grammont, archevêque de Besançon, ordonna que la messe propre de cette fête serait insérée dans le missel de sa métropole. En 1718, François de Villeroy, archevêque de Lyon, en prescrivait la célébration dans son insigne pri-

---

(1) Nous n'avons point à parler ici de la fête du saint Cœur de Marie. Nous traiterons de cet intéressant sujet en son lieu, dans le corps même de cet ouvrage.

matiale. Cette fête disparut, comme on devait s'y attendre, devant le Bréviaire de Montazet. Tout le monde sait en quelles circonstances mémorables, Henri de Belzunce, évêque de Marseille, inaugura, en 1720, le culte du Sacré-Cœur de Jésus, au milieu de sa ville désolée. La confiance du prélat fut récompensée par la diminution instantanée, et bientôt la cessation du fléau. Le lecteur se rappelle aussi le zèle que le saint prélat fit paraître quelques années après, au sujet des attaques antiliturgistes de Paris, contre le culte de la sainte Vierge et des saints. A l'exemple de Belzunce, les archevêques d'Aix, d'Arles et d'Avignon, et les évêques de Toulon et de Carpentras, s'empressèrent de donner des mandements pour l'établissement de la fête (1). En 1729, l'illustre Languet, encore évêque de Soissons, faisait paraître la vie de la vénérable Mère Marguerite-Marie Alacoque, et se plaçait au nombre des plus zélés promoteurs du culte du Sacré-Cœur de Jésus.

Cependant le Siège apostolique, dès longtemps sollicité, tardait à sanctionner l'érection de la nouvelle fête. Des obstacles inattendus, au sein de la sacrée congrégation des Rites, s'opposaient à cette approbation, qui avait été postulée dès l'année 1697. En 1726, Constantin Szaniawsky, évêque de Cracovie, adressait à cet effet, à Benoît XIII, une supplique à laquelle souscrivit bientôt Frédéric-Auguste, roi de Pologne. Un refus solennel et fameux, notifié le 30 juillet 1729, par la congrégation des Rites, sur les conclusions de Fontanini, archevêque d'Ancyre, promoteur de la Foi, fut une épreuve sensible pour les adorateurs du Sacré-Cœur de Jésus, et pour les jansénistes l'objet d'un triomphe mal avisé ; car, après tout, il n'y avait rien de si surprenant dans les délais que la prudence du Saint-Siège exigeait avant de statuer sur un objet si important. Les ennemis du Sacré-Cœur de Jésus répan-

(1) L'*Ami de la Religion*, tome XXII, pag. 337 et suiv.

Institutions liturgiques

Artifices employés pour tromper le Saint-Siège sur le caractère de la nouvelle dévotion.

daient les bruits les plus étranges sur la manière dont cette dévotion était pratiquée. Ils osaient dire que c'était au cœur de Jésus-Christ, considéré isolément du reste de sa personne divine, que les adorations s'adressaient ; d'autre part, ils incidentaient sur la question physiologique des fonctions du cœur dans l'organisme humain, prétendant que Rome ne pouvait prononcer en faveur de la nouvelle fête, sans décider, ou préalablement ou simultanément, une thèse de l'ordre purement naturel. Nous aurons ailleurs l'occasion d'entrer dans le fond de la question ; qu'il suffise de dire ici que le refus d'approuver la fête n'entraînait aucune défaveur sur la dévotion au Sacré-Cœur de Jésus, considérée en elle-même. L'ardeur de la controverse engagée sur la matière, et dans laquelle plusieurs catholiques sincères semblaient pencher vers les préventions que nourrissait le parti janséniste, soit par suite de quelques préjugés, soit aussi parce que des partisans de la fête s'étaient, quoique innocemment, permis quelques expressions peu exactes ; la nouveauté de cette dévotion qui demandait, comme toute chose récemment introduite, l'épreuve du temps ; l'absence d'un examen sérieux sur les révélations qui avaient accompagné et produit son institution (1) ; c'était plus qu'il n'en fallait pour motiver la résolution de la sacrée congrégation. Toutefois, on continua à Rome de donner des brefs pour l'érection des confréries sous le titre du Sacré-Cœur de Jésus, jusque-là que, dès 1734, on en comptait déjà quatre cent quatre-vingt-sept. Rome même en vit établir une, sous le titre d'archiconfrérie, dans l'église de Saint-Théodore, par bref de Clément XII, du 28 février 1732 (2). On n'eût

Le Siège apostolique tout en refusant la fête, continue à favoriser la dévotion et érige en particulier de nombreuses confréries dans Rome même, sous le titre du Sacré-Cœur.

---

(1) Nous empruntons une partie de ces raisons à Benoît XIV lui-même, qui n'était pas favorable à la fête, bien qu'il ne parle du culte du Sacré-Cœur de Jésus qu'avec toute sorte d'égards. Voyez son traité *de Canonizat. Sanctorum*, lib. IV, part. II, n° 21.

(2) *L'Ami de la Religion*. *Ibid.* page 341.

point accordé ces nombreuses faveurs aux associations réunies sous le vocable du *Sacré-Cœur de Jésus*, si, au fond, le Siège apostolique n'eût gardé, pour la dévotion elle-même, un fonds de bienveillance. Celui que la Providence avait choisi pour consommer l'œuvre, fut le pieux cardinal Rezzonico, dont le nom vénéré était dès longtemps inscrit au registre de l'archiconfrérie de Saint-Théodore (1), lorsqu'il fut appelé par l'Esprit-Saint à s'asseoir sur la chaire de Saint-Pierre, où il parut avec tant de force d'âme sous le nom de Clément XIII.

Le saint pontife reçut de nouvelles instances de la part des évêques de Pologne, qui demandaient, presqu'à l'unanimité, qu'il fût permis à la chrétienté d'honorer d'un culte public le Cœur du Rédempteur des hommes. C'était assurément un spectacle bien touchant que celui de cette nation héroïque, à la veille d'être effacée du nombre des nations de l'Europe, travaillant à faire jouir la chrétienté des richesses du Cœur du Sauveur des hommes. Ce Cœur, le plus fidèle de tous, ne saurait oublier que les instances de la Pologne sont, avec celles de l'archiconfrérie de Saint-Théodore, les seules mentionnées dans le décret qui vint enfin consoler la piété des fidèles. Plusieurs évêques de France avaient, il est vrai, pris l'initiative en établissant la fête ; mais, quoi qu'il en soit de leur pouvoir en cette matière, il n'y avait là qu'un fait louable, sans doute, et l'Église catholique attendait toujours le jugement de Rome.

Il fut rendu le 6 février 1765, et on disait dans les motifs du décret, *qu'il était notoire que le culte du Sacré-Cœur de Jésus était déjà répandu dans toutes les parties du monde catholique, encouragé par un grand nombre d'évêques, enrichi d'indulgences par des milliers de brefs apostoliques pour l'érection des confréries devenues*

---

(1) *L'Ami de la Religion*. Ibid. page 341.

innombrables. En conséquence, *sur les instances du plus grand nombre des révérendissimes évêques du royaume de Pologne, et sur celles de l'archiconfrérie romaine* (1), la sacrée congrégation, ouïes les conclusions du R. P. Gaétan Forti, promoteur de la foi, déclarait se désister de la résolution prise par elle le 30 juillet 1729, et jugeait devoir condescendre aux prières desdits évêques du royaume de Pologne et de ladite archiconfrérie romaine. Enfin, elle annonçait l'intention de s'occuper de l'office et de la messe, devenus nécessaires pour solenniser la nouvelle fête.

L'un et l'autre ne tardèrent pas à paraître, et ils étaient dignes de leur sublime objet, qui est, suivant les termes du décret, *de renouveler symboliquement la mémoire de ce divin amour, par lequel le Fils unique de Dieu s'est revêtu de la nature humaine, et, s'étant rendu obéissant jusqu'à la mort, a dit qu'il donnait aux hommes l'exemple d'être doux et humble de cœur* (2). Clément XIII, qui confirma le décret de la congrégation des Rites, ne tarda pas à donner de nouvelles preuves de son zèle pour le culte du Cœur de Jésus. Par ses soins, la fête fut célébrée dans toutes les églises de Rome, et faculté générale fut attribuée à tous les ordinaires de l'introduire dans leurs diocèses. Pie VI maintint cette précieuse dévotion, et l'enrichit même de nouvelles Indulgences, lesquelles s'accrurent encore par l'effet de la pieuse munificence de Pie VII, qui, dérogeant à toutes les règles reçues, a statué, par un rescrit du 7 juillet 1815, que les indulgences attachées à la célébration de la fête seraient transférées à tel jour

---

(1) Instantibus plerisque Reverendissimis episcopis regni Poloniæ, etc. Decreta authent. S. R. C. Tome V, N° 4175.

(2) Symbolice renovari memoriam illius divini amoris quo unigenitus Dei Filius humanam suscepit naturam, et factus obediens usque ad mortem, præbere se dixit exemplum hominibus, quod esset mitis et humilis corde. Ibidem.

qu'il aurait plu à l'ordinaire de la fixer. Rien n'eût pu exprimer d'une manière plus significative le désir qu'éprouvait le Siège apostolique de voir se propager en tous lieux la nouvelle fête : aussi pouvons-nous dire que, si les rameaux du jansénisme ont cessé de faire ombre au champ du Père de famille, ses racines elles-mêmes, au sein de la terre, s'en vont même se desséchant tous les jours.

Le bruit de la sanction apostolique donnée au culte du Cœur de Jésus, vint réjouir les catholiques de France. La pieuse reine Marie Leczinska, dans cette circonstance, ne fit point défaut à sa qualité de fille du royaume orthodoxe. Elle témoigna aux évêques réunis à Paris pour l'assemblée de 1765, le désir de voir la fête introduite dans les diocèses où elle ne l'était pas encore. Ses pieuses intentions furent remplies, et les prélats, après une délibération tenue le 17 juillet, résolurent *d'établir dans leurs diocèses respectifs la dévotion et l'office du Sacré-Cœur de Jésus, et d'inviter, par une lettre-circulaire, les autres évêques du royaume d'en faire de même dans les diocèses où cette dévotion et cet office ne sont pas encore établis* (1). Le vertueux roi de Pologne, Stanislas, père de Marie Leczinska, avait, dès 1763, écrit à Claude de Drouas, évêque de Toul, une lettre de félicitation de ce qu'il avait institué la fête dans son diocèse (2). Tous les évêques du royaume ne se rendirent pas, il est vrai, aux vœux de l'assemblée de 1765 ; mais, parmi ceux qui témoignèrent de leur zèle envers le culte du Sacré-Cœur de Jésus, nous aimons à citer Félix-Henri de Fumel, évêque de Lodève, le même que nous avons vu rétablir le Bréviaire romain dans son diocèse, et faire disparaître le parisien de Vigier et Mésenguy, que son prédécesseur Jean-Georges de Souillac y avait introduit. Le pieux évêque ne se contenta

---

(1) *Procès-Verbaux du Clergé*, tome VIII, page 1441.
(2) *L'Ami de la Religion. Ibid.* page 343.

pas d'établir la fête ; il fit paraître un ouvrage spécial pour l'expliquer et la défendre. Christophe de Beaumont, ainsi que nous l'avons rapporté, inséra l'office du Sacré-Cœur de Jésus dans la nouvelle édition des livres parisiens de 1778, et il est à remarquer que le prélat, en fixant la fête au dimanche après l'octave du saint Sacrement, donnait un premier et solennel démenti aux rubriques de Vigier et Mésenguy, si sévères pour maintenir l'inviolabilité du dimanche. Ce fait valait la peine d'être noté. La publication de cet office dans le diocèse de Paris, outre les clameurs obligées du gazetier ecclésiastique, occasionna un double scandale. On vit les marguilliers de Saint-André-des-Arcs faire opposition à leur curé, pour empêcher la célébration de la fête dans cette paroisse, et le grand tribunal liturgique de France, le Parlement de Paris, saisi de l'affaire, donna, le 11 juin 1776, un arrêt portant défense de célébrer la fête (1). Ce fut le dernier que cette cour rendit en matière liturgique. Ce qui vint après fut la constitution civile du clergé, élaborée dans les arsenaux de cette compagnie.

Il n'est point de notre sujet de faire ici l'histoire du schisme constitutionnel. Nous nous hâtons d'arriver à l'année 1797. Elle est fameuse dans les fastes du jansénisme, par le conciliabule que tinrent, à Notre-Dame de Paris, les tristes restes du clergé intrus, décimé par l'apostasie, le supplice et même la conversion de plusieurs de ses membres. Ils étaient, de compte fait, vingt-neuf évêques sans compter six procureurs d'évêques absents, et les députés du second ordre, le tout sous la présidence de *citoyen* Claude Lecoz, évêque métropolitain d'Ille-et-Vilaine. Convoquée pour relever les ruines de l'Église avortée de 1791, l'assemblée des *Évêques réunis* (c'est ainsi qu'ils s'intitulent dans leurs

---

(1) L'*Ami de la Religion*, page 387.

propres actes), devait nécessairement s'occuper des progrès de la Liturgie. On a vu que Ricci ne s'en était pas fait faute dans son synode de Pistoie, digne précédent des prétendus conciles de 1797 et 1801.

Déjà, dans le journal de la secte, il avait été question de réunir la France dans une seule liturgie, et les livres de Vigier et Mésenguy avaient été mis en avant, comme dignes à tous égards de servir d'expression aux besoins religieux de l'Église gallicane régénérée (1). Le concile de 1797, dans sa *Lettre synodique aux pères et mères et autres chargés de l'éducation de la jeunesse*, avait témoigné de sa vénération pour les auteurs de la récente Liturgie parisienne, en recommandant, comme Ricci, parmi les livres *les plus intéressants pour la foi et les mœurs*, l'*Année chrétienne de Le Tourneux* et l'*Exposition de la doctrine chrétienne de Mésenguy* (2). Toutefois, les évêques réunis ne bornèrent pas leur sollicitude à recommander solennellement la mémoire et les écrits des réformateurs liturgistes parisiens ; ils s'occupèrent de dresser plusieurs décrets sur la matière du culte divin. Le premier commençait ainsi : « Le concile national, considé-« rant qu'il importe d'écarter du culte public *les abus* « *contraires à la religion,* et de rappeler sans cesse les « pasteurs à l'observation des saintes règles, décrète : « *Article I*er. Les messes simultanées sont défendues. » Nous venons de montrer le but de cette défense dans le plan des antiliturgistes ; observons seulement ici ce zèle à copier Joseph II et Léopold, bien remarquable dans les évêques républicains. Au second décret, on lit : « *Ar-* « *ticle III.* Dans la rédaction d'un rituel uniforme pour « l'Église gallicane, l'administration des sacrements sera « en langue française. Les formules sacramentelles seront

---

(1) *Annales de la Religion*, tome I, 9 Messidor an III, pag. 206-212.
(2) *Lettre Synodique*, etc., page 18.

« en latin. — *Article IV.* Dans les diocèses où les dia-
« lectes particuliers sont en usage, les pasteurs sont in-
« vités à redoubler leurs efforts pour répandre la con-
« naissance de la langue nationale (1). » C'était, comme
l'on voit, marcher à grands pas vers la sécularisation du
culte. On jugera encore de l'esprit progressif des pères,
par ces paroles du *citoyen* Grégoire, sur les opérations
du concile : « Un pays où l'on écrit tant (l'Allemagne), est
« un pays où on lit beaucoup, où conséquemment la
« masse des lumières fera bientôt explosion. Les *Actes*
« *du Congrès d'Ems*, les écrits de M. Dalberg, coadjuteur
« de Mayence ; l'excellent *Traité de la tolérance*, par
« M. de Trautmansdorf, évêque de Kœnigsgrats, la *ma-*
« *gnifique* Instruction pastorale de M. de Colloredo, ar-
« chevêque actuel de Saltzbourg, touchant *l'abolition*
« *des pompes religieuses inutiles*, *l'exhortation à la lec-*
« *ture de la Bible*, *l'introduction d'un recueil de canti-*
« *ques en allemand*, etc., etc., sont autant de monuments
« qui attestent la marche de l'esprit public dans cette
« contrée, vers une amélioration dans l'ordre des choses
« religieuses (2). » Ainsi le masque était levé de toutes
parts ; le temps des ménagements était passé, et les
antiliturgistes s'entendaient et s'avouaient par toute
l'Europe.

Trois ans après, en 1801, à la veille du fameux concordat, l'église de Notre-Dame vit encore *réunis* dans son
sein les pontifes de l'Église constitutionnelle, dans leur
second et dernier concile. Entre autres choses qui occupèrent la sollicitude des prélats, dans ce moment suprême,
le projet d'une liturgie universelle pour l'Église gallicane
revint sur le tapis, et Grégoire lut un long rapport sur
cet objet, dans lequel il fit entrer, à sa manière accou-

---

(1) Journal du Concile National de France, en 1797, pag. 165 et 167.
(2) Compte rendu par le citoyen Grégoire, au concile national, des travaux des évêques réunis, page 64.

SES TENTATIVES ANTILITURGIQUES   561

tumée, une immense quantité d'anecdotes grotesques et de détails superficiels, sans rapport les uns avec les autres, mais de manière à faire preuve de cette érudition superficielle et mal digérée qui fait le fond de tous ses écrits. Il ne manqua pas d'insulter, comme *inconvenante*, la dévotion au Sacré-Cœur de Jésus, dont il attribua l'invention à un protestant (1); déclama contre les messes privées (2); reprocha au Bréviaire romain de dire à la sainte Vierge : *Solve vincla reis*, et aux apôtres : *Qui cœlum verbo clauditis* (3); dit, en parlant de saint Grégoire VII : *Pour le repos du monde et l'honneur de la religion, que le ciel nous préserve de pareils saints* (4) ! se plaignit que Rome n'eût pas encore canonisé Gerson et Clément XIV (5); réclama en faveur de la prétention de réciter le Canon à haute voix (6); répéta les fadaises accoutumées sur l'omission du mot *animas* dans l'oraison de saint Pierre (7); proposa l'admission du *tam-tam* chinois, pour remplacer l'orgue (8), etc., etc.

I PARTIE
CHAPITRE XXIII

De tout ceci, Grégoire concluait à l'établissement d'une liturgie universelle pour toute l'Église gallicane. Il est curieux d'insérer ici les motifs qu'il allègue de cette proposition. On y verra un schismatique affectant le langage de l'orthodoxie, et s'agitant pour se créer un fantôme d'unité, en la manière que nous avons dit ailleurs, au sujet du patriarche melchite de Constantinople, qui, dès le XIIe siècle, était venu à bout d'abolir toute autre Liturgie que la sienne dans les patriarcats qui reconnaissaient son autorité (9). Quelle leçon nouvelle et inattendue pour

Grégoire alléguant des motifs pour appuyer son projet d'une Liturgie universelle, prend le langage de l'orthodoxie sur l'importance de l'unité dans l'Église, spécialement au point de vue de la foi.

---

(1) Actes du second concile national de France, tome II, page 158.
(2) *Ibid.*, page 401.
(3) Page 409.
(4) Page 410.
(5) Page 411.
(6) Page 413.
(7) Page 417.
(8) Page 447.
(9) Voyez tome I, page 223.

T. II.   36

ceux qui persisteraient à regarder la variété des Liturgies comme un perfectionnement!

« Dans l'Église de Jésus-Christ, dit Grégoire, *tout
« doit se rapporter à l'unité;* c'est donc entrer dans son
« esprit que d'adopter une même manière de célébrer les
« saints offices et d'administrer les sacrements. L'identité
« des formules est un des moyens les plus propres à
« garantir l'identité de la foi, selon le principe du Pape
« saint Célestin : *Legem credendi lex statuat suppli-
« candi.*

« Quand les vérités à croire, les vertus à pratiquer sont
« invariables, pourquoi la méthode d'enseignement est-
« elle si variée ? Pourquoi cette multitude d'eucologes,
« d'offices divins, de catéchismes qui, lorsqu'un individu
« passe d'un diocèse dans un autre, dérangent pour lui
« et pour ceux qui doivent le diriger, tout le plan des
« instructions publiques et domestiques? Si des erreurs
« et des vices à combattre exigent, dans certains cantons,
« une instruction plus étendue, ne peut-on pas en faire
« l'objet d'un travail particulier, sans intervertir l'ordon-
« nance d'un plan général? Toutes les villes et les pro-
« vinces, renonçant à leurs privilèges civils ou politiques,
« ont désiré se fondre dans l'unité constitutionnelle, pour
« être régies par les mêmes lois. En ramenant à l'unité le
« code civil, le système monétaire, les poids et les me-
« sures, etc., on a fait un grand pas pour donner à la
« nation un caractère homogène; mais rien ne peut y
« contribuer plus puissamment que l'uniformité du culte
« public et de l'enseignement religieux : vous aurez bien
« mérité de la religion et de la patrie, par des opérations
« analogues pour la France ecclésiastique (1). »

Non seulement Grégoire entendait ramener en France l'unité liturgique, mais, entraîné par les nécessités de la

(1) Page 386.

situation, il ne faisait plus un doute de l'obligation de retenir la langue latine. Les essais du concile de 1797 n'avaient pas été heureux. On craignait le scandale des fidèles, et une division se préparait à éclater sur ce point entre les divers membres du clergé constitutionnel. En effet, et pour en finir avec toute cette lie du parti janséniste et antiliturgiste, le citoyen Duplan, prêtre de l'église de Gentilly, près Paris, ayant, dès 1798, imaginé de faire chanter les vêpres en français, mais sur le ton ordinaire des psaumes (1), un des évêques *réunis* qui se permit de répondre à l'invitation que Duplan lui avait faite d'assister à cet office, fut vivement blâmé par plusieurs de ses collègues. En 1799, Royer, évêque de la Seine, en vint même jusqu'à condamner l'usage d'administrer les sacrements en français, ainsi qu'on le pratiquait déjà dans la cathédrale de Versailles (2). Mais le plus étrange de tout ceci fut ce qui arriva à Ponsignon, prêtre du Doubs, qui avait été chargé, par le concile de 1797, du soin de travailler au rituel. Ce véritable homme de progrès n'avait pas cru pouvoir mieux faire que de rédiger tout simplement un *sacramentaire français*, et il attendait en patience les témoignages de haute satisfaction des Pères du concile, lorsque tout à coup il se vit attaqué dans le journal de la secte par Saurine, évêque des Landes, qui exhalait son mécontentement dans une dissertation expresse contre l'usage de la langue vulgaire dans la Liturgie (3). Bientôt les *Annales* publièrent l'adhésion de Royer, évêque de la Seine, et de Desbois, évêque de la Somme, à la dissertation de Saurine, et enregistrèrent peu après les protestations, dans le même sens, de Lecoz, Villa, Font, Blampoix, Delcher, Becherel, Demandre, Prudhomme, Étienne, Aubert, Reymond, Flavigny, Berdolet et Nogaret, évêques

(1) *Annales de la Religion,* tome VII, 18 Thermidor an VI.
(2) *Ibid.*, tome IX, an VII, page 461.
(3) *Ibid.*, tome X, an VIII.

d'Ille-et-Vilaine, des Pyrénées-Orientales, de l'Ariège, de l'Aube, de la Haute-Loire, de la Manche, du Doubs, de la Sarthe, de Vaucluse, de l'Isère, de la Haute-Saône, du Haut-Rhin et de la Lozère. Ce fut en vain que Ponsignon répliqua et chercha à démasquer la conduite pleine de contradiction de ces Pères du concile de 1797, qui reculaient devant leurs propres principes (1) ; l'Église constitutionnelle se renia elle-même en expirant. Les forces lui manquèrent pour s'élever jusqu'à la triste et sacrilège audace de sa digne alliée, l'Église d'Utrecht.

Détournons enfin nos regards de cet ignoble spectacle, et considérons les Pontifes romains fidèles à la garde du dépôt séculaire de la Liturgie romaine, et présidant aux accroissements qu'elle devait prendre dans le cours des cinquante dernières années du xviiie siècle.

Le pieux successeur de Benoît XIV, Clément XIII, à qui nous sommes redevables de l'institution de la fête du Sacré-Cœur de Jésus, trancha la question dont la solution avait arrêté son prédécesseur. Après dix-huit années d'immobilité, le calendrier romain fut appelé à recevoir de nouveaux accroissements. Par l'autorité du saint pontife, la fête de saint Camille de Lellis fut instituée du rite *double mineur*, et celle de saint Laurent Justinien, du rite *semi-double*. Enfin, sainte Julienne de Falconieri passa du degré *semi-double* au rang des *doubles mineurs*.

Clément XIV vint ensuite. Il éleva la fête des Stigmates de saint François au degré *double mineur* d'obligation, et créa celles de saint Fidèle de Sigmaringen, et saint Joseph de Copertino, du même rite. On lui doit aussi les offices des saints Jérôme Emiliani, Joseph Calasanz et celui de sainte Jeanne-Françoise de Chantal, tous du degré *double mineur*. Enfin, il éleva au même rang des *doubles mineurs* la fête de saint Venant, martyr, qui n'était auparavant que

---

(1) Tome XI, page 553 et suiv.

semi-double, et institua celle de saint Jean de Kenty du rite *semi-double*.

<small>I PARTIE
CHAPITRE XXIII</small>

Pie VI, Pontife zélé plus qu'aucun autre pour les pompes de la Liturgie, trouva moyen d'enrichir encore le calendrier romain. Sans compter les décrets par lesquels il éleva au rang des *doubles majeurs* la Décollation de saint Jean-Baptiste, et au degré *double mineur* les fêtes de saint Pie V et de saint Jean de Kenty, il en rendit encore deux autres, savoir, pour établir les fêtes de saint Guillaume, abbé du Mont-Vierge, et de saint Paschal Baylon, du rite *double mineur*.

<small>Pie VI établit deux fêtes nouvelles et en élève trois à un degré supérieur.</small>

Nous avons parlé ci-dessus du projet de Benoît XIV pour la réforme du Bréviaire romain, projet qui n'eut point d'exécution, parce que, dit un pieux évêque, *telles et si grandes furent les raisons du contraire, si graves et si justes en furent les motifs, que le Souverain Pontife estima un bien de suspendre le travail qu'on avait préparé* (1). Pie VI, à son tour, revint sur ce projet; le plan de la réforme du bréviaire fut rédigé et présenté à la sacrée congrégation des Rites ; mais, quelle que fût en cela l'intention de la divine providence, de nouveaux obstacles se présentèrent. *Ce fut*, dit l'auteur que nous venons de citer, *ce fut un principe de prudence, tout à fait compatible avec l'étendue du génie, qui porta Pie VI à se rendre aux considérations qui avaient fait impression à son grand prédécesseur et maître Benoît XIV, et l'engagea à suspendre toute réforme* (2). Pie VI se borna donc, pour tout progrès liturgique, à étendre le culte des saints par

<small>Pie VI revient sur le projet de la réforme du bréviaire; mais il y renonce après une étude de la question par la congrégation des Rites.</small>

---

(1) Tali e tante furono le ragioni in contrario e cause si gravi, e giuste, che il sommo Pontefice stimo bene di sospendere il meditato lavoro. (Albergotti. *La divina Salmodia secondo l'antica e nuova disciplina della Chiesa*, page 231.)

(2) Ma siccome nella vastità del genio nel presente S. Pontefice, corrisponde perfettamente la prudenza, inerendo alle massime del suo gran Predecessore e Maestro Benedetto XIV, ha creduto anch'esse per ora di sospendere qualunque riforma. (Albergotti. *Ibidem*.)

de nouveaux offices, à l'époque même où ce culte était l'objet de si violentes restrictions de la part des antiliturgistes.

La bulle Auctorem fidei publiée le 28 août 1794, condamne le synode de Pistoie, affirme la doctrine de l'Église romaine sur les controverses soulevées par les novateurs en matière de Liturgie.

Quelque portée que pussent avoir ces nouveaux décrets du Siège apostolique en faveur du culte des saints, surtout après le pontificat de Benoît XIV, dont la réserve avait été si grande au sujet du calendrier, un acte solennel de la puissance pontificale vint attester bien plus fortement encore la doctrine de l'Église romaine, à propos des controverses que les xviie et xviiie siècles avaient soulevées sur les matières liturgiques. Nous voulons parler de la bulle *Auctorem fidei*, par laquelle Pie VI, le cinq des Calendes de septembre de l'année 1794, condamna à jamais le synode de Pistoie, ses actes et sa doctrine. Il serait grandement à désirer que la connaissance explicite de cette bulle, incontestable jugement de foi, fût plus répandue qu'elle ne l'est : on entendrait moins souvent des personnes, bien intentionnées d'ailleurs, répéter et soutenir avec une incroyable bonne foi plusieurs des propositions condamnées d'une manière irréfragable par cette constitution, dont on peut dire qu'elle a véritablement tranché l'erreur dans le vif.

Quinze propositions concernant la Liturgie, condamnées par la bulle.

Sur les doctrines et prétentions des antiliturgistes de Pistoie, Pie VI condamne explicitement la proposition XXVIIIe, qui donne à entendre *que les messes auxquelles personne ne communie manquent d'une partie essentielle au sacrifice;* la XXXe, qui *qualifie d'erreur la croyance au pouvoir du prêtre d'appliquer le fruit spécial du sacrifice à une personne en particulier;* la XXXIe, qui *déclare convenable et désirable l'usage de n'avoir qu'un seul autel dans chaque église;* la XXXIIe, qui *défend de placer sur les autels les reliques des saints, ou des fleurs;* la XXXIIIe, qui *émet le désir de voir la Liturgie ramenée à une plus grande simplicité, et de la voir aussi traduite en langue vulgaire et proférée à haute voix*; la LXIe, qui *affirme que l'adoration qui s'adresse à l'humanité de Jésus-Christ, et plus encore à quelque partie de cette humanité, est toujours un honneur divin rendu à la créature;* la LXIIe, qui *place la dévotion au Sacré-Cœur de Jésus parmi les dévotions nouvelles, erronées, ou au moins dangereuses;* la LXIIIe, qui *prétend que le culte du Sacré-Cœur de Jésus ne peut être exercé qu'autant que l'on sépare la très sainte chair du Christ, ou une de ses parties, ou même son humanité tout entière, de la divinité;* la LXIVe, qui *note de superstition l'efficacité que l'on mettrait dans un nombre déterminé de prières et de pieuses salutations;* la LXVIe, qui *affirme qu'il est contraire à la pratique des apôtres et aux desseins de Dieu, de ne pas fournir au peuple le moyen le plus facile de joindre sa voix à la voix de toute l'Église;* la LXIXe, qui *place les images de la Très Sainte Trinité au rang de celles qu'on doit faire disparaître des églises;* la LXXe, qui *réprouve le culte spécial que les fidèles ont coutume de rendre à certaines images;* la LXXIe, qui *défend de distinguer les images de la Sainte Vierge par d'autres titres que ceux qui font allusion aux mystères rapportés dans l'Écriture sainte;* la LXXIIe, qui *ordonne d'extirper comme un abus la coutume de couvrir d'un voile certaines images;* enfin la LXXXIVe, qui *prétend qu'on ne doit pas élever les réguliers aux ordres sacrés, si ce n'est un ou deux au plus par chaque monastère, et qu'on ne doit célébrer, par jour, dans leurs églises, qu'une ou deux messes, tout au plus, les autres prêtres se bornant à concélébrer.*

Nous nous contenterons de cet aperçu de la bulle *Auctorem fidei*, considérée sous le point de vue de la doctrine liturgique, omettant un grand nombre d'autres traits dirigés contre l'ensemble du damnable système dont la révolution liturgique du XVIIIe siècle n'a été qu'un des résultats. Toutefois, il est de notre sujet de rapporter ici les paroles générales qui viennent à la suite de la cen-

La bulle renferme d'autres traits qui atteignent les principes et les auteurs de la révolution liturgique.

sure : « Au reste, dit le Pontife, par cette expresse répro-
« bation des susdites propositions et doctrines, nous
« n'entendons nullement approuver les autres choses
« contenues dans le livre, d'autant plus qu'on y découvre
« un grand nombre d'autres propositions et doctrines, les
« unes approchantes de celles qui sont condamnées ci-
« dessus, les autres inspirées par un mépris téméraire de
« la doctrine communément reçue et de la discipline en
« vigueur, et principalement par une haine violente
« contre les Pontifes romains et le Siège apostolique (1). »

Il est temps enfin de clore cette histoire liturgique du XVIIIe siècle, et de donner le catalogue des écrivains que les cinquante dernières années ont produits sur la matière du culte divin.

(1751). Alexandre Politi, clerc régulier des Écoles pies, a laissé un grand travail sous ce titre : *Martyrologium Romanum castigatum ac commentariis illustratum*. Florence, 1751, in-folio. Nous doutons que cet ouvrage ait été achevé, n'ayant eu entre les mains que le premier tome, qui ne contient que le mois de janvier.

(1752). Benoît Monaldini, moine basilien de Grotta-Ferrata, prêta un concours éclairé à Joseph-Aloyse Assemani, dans la rédaction de son *Codex liturgicus*, et nous a laissé une lettre érudite adressée à ce savant homme, sur un manuscrit important de la Liturgie jacobite.

(1753). Le comte Frédéric Salvaroli a laissé l'ouvrage suivant : *De Kalendariis in genere et speciatim de Kalendario ecclesiastico*. Venise, 1753, in-8°. Ce volume ren-

---

(1) Cæterum per hanc expressam præfatarum propositionum et doctrinarum reprobationem, alia in eodem libro contenta nullatenus approbare intendimus, cum præsertim in eo complures deprehensæ fuerint propositiones et doctrinæ, sive illis quæ supra damnatæ sunt affines, sive quæ communis ac probatæ cum doctrinæ et disciplinæ temerarium contemptum, tum maxime infensum in Romanos Pontifices, et Apostolicam sedem animum præ se ferunt.

ferme plusieurs monuments hagiologiques inédits, et trois opuscules intitulés : 1° *Iter liturgicum Forojuliense;* 2° *Baptismale hieroglyphicum epistolica dissertatione explanatum;* 3° *In quoddam altare portatile epistolaris dissertatio.*

(1753). Sébastien Donati, recteur de l'église de Saint-Alexis, à Lucques, est célèbre par son savant travail : *De' dittici degli Antichi profani e sacri, coll'appendice di alcuni Necrologj, e Calendarj finora non publicati.* Lucques, 1753, in-4°.

(1753). Jean Vignoli, gardien de la bibliothèque vaticane, a donné la dernière édition du *Liber pontificalis.* Inférieure à celle de Bianchini, elle a du moins sur celle-ci l'avantage d'être achevée. Elle est en trois volumes in-4°, Rome, 1724, 1753, 1755.

(1754). Alban Butler, savant et zélé prêtre catholique anglais, s'est fait un nom par ses fameuses *Vies des Saints,* ouvrage véritablement érudit, et qui a été traduit en français par l'abbé Godescard. Elles parurent en Angleterre, de 1754 à 1760, et furent suivies de onze traités sur les *Fêtes mobiles,* qui furent imprimés après la mort de l'auteur, et ont été traduits en français par l'abbé Nagot, supérieur du séminaire de Baltimore.

(1754). Fortuna de Brescia, mineur observantin, a laissé une dissertation *de Oratoriis domesticis,* qui a été réimprimée à la fin du traité *de Ecclesiis,* de Joseph-Aloyse Assemani.

(1755). Alexandre Lesley, jésuite écossais, fidèle compagnon des travaux de son illustre confrère Azevedo, a rendu un des plus importants services à la science liturgique, en publiant le fameux *Missale mixtum secundum Regulam beati Isidori, dictum Mozarabes, præfatione, notis et appendice ornatum.* Rome, 1755, in-4° en deux parties. Lesley se proposait de publier aussi le Bréviaire mozarabe, avec un travail analogue à celui du missel. Il préparait aussi une réponse à la fameuse lettre de l'Anglais Middleton, dans laquelle cet auteur prétend prouver que l'Église romaine a emprunté ses cérémonies au paganisme.

(1755). Antoine Zanolini, orientaliste distingué, a laissé une dissertation *de Eucharistiæ sacramento cum christianorum orientalium ritibus in eo conficiendo et administrando*. Padoue, 1755, in-8°.

(1756). Dom Herman Scholliner, bénédictin allemand, a laissé un savant traité : *De Disciplina arcani suæ antiquitati restituta, et ab heterodoxorum impugnationibus vindicata. Typis Monasterii Tegernseensis.*

(1756). Joseph Allegranza, dominicain, a publié des *Spiegazioni e riflessioni sopra alcuni sacri monumenti antichi di Milano*. Milan, 1756, in-4°.

(1756). Joseph Garampi, chanoine de Saint-Pierre au Vatican, archéologue célèbre, est auteur du livre suivant : *Notizie, regolee orazioni in onore de' SS. Martiri della Basilica vaticana, per l'esercizio divoto solito praticarsi in tempo che sta ivi esposta la loro sacra Coltre*. Rome, 1756, in-12.

(1756). Gaëtan-Marie Capece, théatin, a donné un savant ouvrage intitulé : *De vetusto altaris pallio Ecclesiæ Græcæ Christianorum ex Cimeliarchio Clericorum Regularium domus SS. Apostolorum Neapolitanæ*. Naples, 1757, in-4°.

(1756). François-Antoine Vitale est auteur de trois *Dissertations Liturgiques*, publiées à Rome, 1756, in-4°. Elles traitent des matières suivantes : 1° *Dell' antichita, origine, ed ufizio de' Padrini nella Confermazione*. — 2° *Dell'antico costume di ritenersi da Fedeli l'Eucaristia nelle private case, e di trasmetterla agli Assenti*. — 3° *Della Communione cristiana, cosa stata fosse, e di quante maniere*.

(1758). Pierre Pompilius Rodota, professeur de langue grecque à la bibliothèque vaticane, est auteur du grand traité : *Dell' origine, progresso, e stato presente del rito greco in Italia osservato da' Greci, monaci Basiliani e Albanesi.* Rome, 1758, trois volumes in-4°. *[I PARTIE CHAPITRE XXIII Pierre Rodota, professeur à la bibliothèque vaticane.]*

(1758). Dom Pierre-Louis Galetti, bénédictin de la congrégation du Mont-Cassin, archéologue fameux, appartient à notre bibliothèque par son savant traité *del Vestarario della santa Romana Chiesa.* Rome, 1758. *[Dom Pierre-Louis Galetti, bénédictin du Mont-Cassin.]*

(1759). Dom Martin Gerbert, illustre abbé bénédictin de Saint-Blaise, dans la Forêt-Noire, a excellé dans les matières liturgiques, comme dans toutes les branches de la science ecclésiastique. Nous avons de lui : 1° *Principia theologiæ liturgicæ, quoad divinum Officium, Dei cultum et Sanctorum.* Saint-Blaise, 1759, in-12. — 2° Un *Appendix de arcanis Ecclesiæ traditionibus*, à la fin du volume intitulé : *Principia Theologiæ exegeticæ.* Saint-Blaise, 1757, in-12. — 3° *De Festorum dierum numero minuendo, celebritate amplianda.* Saint-Blaise, 1765, in-8°. — 4° *De cantu et musica sacra a prima Ecclesiæ ætate usque ad præsens tempus.* Saint-Blaise, 1774, deux volumes in-4°. — 5° *Vetus Liturgia Alemannica disquisitionibus præviis, notis et observationibus illustrata.* Saint-Blaise, 1776, deux parties in-4°. — 6° *Monumenta veteris Liturgiæ Alemannicæ, ex antiquis manuscriptis codicibus.* Saint-Blaise et Ulm, 1777-1779, deux parties in-4°. — 7° *Scriptores Ecclesiastici de Musica sacra, potissimum ex variis Italiæ, Galliæ et Germaniæ codicibus collecti.* Saint-Blaise et Ulm, 1784, trois volumes in-4°. Nous nous restreignons à ce simple catalogue, tant parce que les bornes que nous nous sommes tracées dans cette bibliothèque nous interdisent les longs détails, que parce que la réputation de Dom Gerbert est suffisamment établie, comme celle du plus savant liturgiste que l'Allemagne ait jamais possédé, et qui ait illustré l'Ordre de Saint-Benoît, au dix-huitième siècle. *[Dom Martin Gerbert, abbé de Saint-Blaise, dans la Forêt-Noire, le plus savant liturgiste de l'Allemagne et de l'ordre bénédictin au XVIIIe siècle.]*

(1760). Joseph-Antoine-Toussaint Dinouart, chanoine de Saint-Benoît de Paris, écrivain attaché aux doctrines du jansénisme, est principalement connu par le *Journal ecclésiastique*, qui parut sous sa direction, de 1760 à 1786, et dans lequel on trouve un grand nombre de questions singulières sur la Liturgie. Le trop fameux Rondet, en particulier, a inséré dans ce journal un grand nombre d'articles. A l'époque où ce recueil paraissait, le *Journal des Savants* et le *Mercure de France* avaient cessé de servir d'organes aux sciences ecclésiastiques.

(1761). Joseph de Bonis, barnabite, a donné l'ouvrage suivant : *De Oratoriis publicis tractatus historico-canonicus*. Milan, 1761.

(1761). Pierre Gallade, auteur dont l'existence et les travaux nous sont révélés par Zaccaria, est auteur de trois dissertations savantes qui parurent à Heidelberg en 1761 et 1762. 1° *Templorum Catholicorum antiquitas et consecratio*. — 2° *Sanctitas Templi ritibus Catholicis consecrati*. — 3° *Sanctitas Templorum Catholicorum dotata ac ornata*.

(1763). Dom Grégoire Zallwein, bénédictin allemand, l'un des premiers canonistes de son siècle, dans ses *Principia juris ecclesiastici universalis et particularis Germaniæ* (Augsbourg, 1763, quatre volumes in-4°), au tome second, traite avec érudition *de Liturgiis, libris liturgicis, et studio liturgico*.

(1766). C'est l'année où mourut Jean-Laurent Berti, célèbre augustin, assez connu d'ailleurs. Il a laissé deux dissertations en langue italienne sur des matières liturgiques. La première traite des *Titres* que saint Évariste distribua aux prêtres de Rome, et la seconde du *Pallium*. Elles ont paru dans un recueil spécial des Opuscules de Berti, à Florence, en 1759, et ont été depuis recueillies dans l'édition complète de ses œuvres, publiée à Venise.

(1766). Pascal Copeti, chanoine, a donné huit dissertations sous ce titre : *Discorsi di Liturgia recitati alla presenza di Benedetto XIV Pontefice Massimo, nella sala Apostolica dell' Quirinale*. Rome, 1766, in-4°.

(1766). André-Jérôme Andreucci, jésuite, dans son ouvrage intitulé : *Hierarchia ecclesiastica in varias suas partes distributa et canonico-theologice exposita* (Rome, 1766, in-4°), a donné un traité spécial : *De observandis ab Episcopo in authenticandis Reliquiis*. Il a laissé aussi un traité *de Ritu Ambrosiano*, dans le second volume du même ouvrage.

(1769). Alexis-Aurèle Pellicia, savant prêtre napolitain, publia d'abord une dissertation célèbre, qui fut traduite par ordre de l'Impératrice Marie-Thérèse, en allemand et en latin, et qui est intitulée : *Della disciplina della Chiesa, e dell' obligo de' sudditi intorno alla preghiera del proprio Sovrano, dissertazione istorico-liturgica*. Naples, 1769, in-4°. Mais le plus important ouvrage de Pellicia est son savant traité : *De Christianæ Ecclesiæ primæ, mediæ et novissimæ ætatis Politia*, qui parut à Naples en 1777, et a acquis une si grande réputation dans le monde liturgique.

(1769). Joseph Novaès, Portugais, est auteur du livre intitulé : *Il sacro rito antico e moderno della elezione, coronazione, e solenne possesso del Sommo Pontefice*. Rome, 1769, in-8°.

(1769). Vincent Fassini, dominicain, a publié, sous le pseudonyme de Dominique Sandelli, deux ouvrages remplis d'érudition. Le premier est intitulé : *De Singularibus Eucharistiæ usibus apud veteres Græcos*. Brescia, 1769. Le second : *De Priscorum Christianorum synaxibus extra ædes sacras*. Venise, 1770.

(1770). Jean-Pérégrin Pianacci publia l'ouvrage suivant : *Dell' Officio divino, trattato istorico-critico-morale*.

(1771). Thomas Declo, pénitencier d'Ancône, est auteur de ce livre : *Dichiarazioni di tutto cio che vi ha, o *difficile da intendersi, o interessante in ogni parte nel Breviario Romano dal principio sino al fine.* Ancône, 1771-1772, deux volumes in-4°.

Camille Blasi, avocat romain, publie une dissertation sur le culte du sacré-cœur qui donne lieu à une controverse à laquelle plusieurs théologiens prennent part.

(1771). Camille Blasi, avocat romain, a publié l'ouvrage suivant : *De Festo Cordis Jesu Dissertatio commonitoria, cum notis et monumentis selectis*. Rome, 1771, in-4°. Cette dissertation, dont l'auteur est contraire au culte du Sacré-Cœur de Jésus, fut attaquée par un écrivain de Florence dont nous n'avons pu découvrir le nom, et qui publia deux *Lettres* en réponse. Elles furent suivies d'une réplique par le P. Giorgi, augustin, sous ce titre : *Christotimi Ameristæ, adversus epistolas duas ab anonymo censore in Dissertationem commonitoriam Camilli Blasii de Festo Cordis Jesu vulgatas, Antirrheticus : accedit mantissa contra epistolium tertium nuperrime cognitum*. Rome, 1772, in-4o. Giorgi paraît aussi être auteur de Lettres italiennes qui font suite à l'*Antirrheticus*, sous le titre d'*Antropisco Teriomaco* (in-4o). On peut voir dans l'*Ami de la Religion*, à qui nous empruntons ces détails bibliographiques, la notice de divers autres écrits dans le même sens, qui furent publiés de 1773 à 1783, à Naples, Gênes et Bergame (1). Le même recueil donne aussi la notice des écrits qu'on opposa aux ennemis de la dévotion au Sacré-Cœur de Jésus. Nous remarquons en particulier une dissertation latine sur cette dévotion, publiée à Venise, 1775, par un jésuite nommé Pubrana. Quant aux pamphlets des Jansénistes français, nous ne fatiguerons pas le lecteur de leur insipide énumération.

Jules-Laurent Selvaggi, prêtre napolitain.

(1772). Jules-Laurent Selvaggi, prêtre napolitain, mort en cette année, avait donné un ouvrage classique très-important sous ce titre : *Antiquitatum Christianarum institutiones nova methodo in quatuor libros distributæ, ad usum Seminarii Neapolitani*. Naples, 6 vol. in-12 souvent

---

(1) Tome XXII, pages 385-389.

réimprimés : notre exemplaire est de 1794. On a quelques reproches à faire à cet ouvrage ; il porte en plusieurs endroits la trace trop visible des préjugés qui dominaient à Naples à cette époque.

(1772). Jean-Baptiste Gallicioli, savant prêtre vénitien, dans son excellente réimpression du saint Grégoire le Grand de Dom Denis de Sainte-Marthe, a placé, au tome IX, un important travail liturgique qu'il a intitulé : *Isagoge institutionum liturgicarum*. On doit toutefois regretter que cet illustre éditeur ait cru devoir retrancher le *Sacramentaire* de Dom Hugues Ménard, et le *Responsorial* de Dom Denis de Sainte-Marthe, ainsi que les notes de ces deux illustres bénédictins. La préférence donnée aux originaux publiés par le B. Tommasi n'est pas équitable dans une édition de saint Grégoire, où l'on désirerait voir rassemblé tout ce qui peut contribuer à compléter ses œuvres.

(1773). Laurent-Etienne Rondet, laïque, l'un des plus zélés réformateurs de la Liturgie, a laissé, outre de nombreux articles dans le journal de Dinouart, un livre intitulé : *Ordinaire de la Messe avec la manière de l'entendre, quand on la dit sans chant, et quand on la chante*. Paris, 1773, in-12. Il a laissé aussi un *Avis sur les bréviaires, et particulièrement sur une nouvelle édition du Bréviaire romain*, Paris, 1775, in-12.

(1773). Philippe-Laurent Dionigi, bénéficier de la basilique vaticane, a publié le précieux ouvrage intitulé : *Sacrarum Vaticanæ Basilicæ Cryptarum monumenta æreis tabulis incisa et commentariis illustrata*. Rome, 1773, in-folio. Il a donné aussi : *Antiquissimi Vesperarum Paschalium Ritus expositio; de sacro inferioris ætatis Processu, Dominica Resurrectionis Christi, ante Vesperas, in Vaticana Basilica usitato conjectura*, Rome. 1780, in-8°.

(1773). Joseph Heyrenbach, jésuite, est auteur d'une dissertation *de Salutatione angelica, ejusque in sancta Ecclesia usu*. Vienne, 1773, in-8°.

576　AUTEURS LITURGISTES

INSTITUTIONS LITURGIQUES

Pierre Lazeri, professeur romain.

(1774). Pierre Lazeri, savant professeur romain, a donné trois dissertations : 1° *De sacra Veterum Christianorum Romana Peregrinatione.* Rome, 1774, in-4°. — 2° *De Liminibus Apostolorum disquisitio historica.* Rome, 1775, in-4°. — 3° *De falsa veterum Christianorum Rituum a ritibus Ethnicorum origine Diatriba.* Rome, 1777, in-4°.

Le cardinal Étienne Borgia.

(1775). Étienne Borgia, cardinal, préfet de la Propagande, antiquaire fameux, s'est exercé sur plusieurs matières liturgiques. Il fut d'abord l'éditeur d'un opuscule du cardinal Augustin Valeri : *De Benedictione Agnorum Dei.* Il donna ensuite, sous son propre nom, les deux ouvrages suivants : 1° *De Cruce Vaticana, ex dono Justini Augusti, in Parasceve majoris hebdomadæ publicæ venerationi exhiberi solita.* Rome, 1779, in-4°. — 2° *De Cruce Veliterna commentarius.* Rome, 1780, in-4°.

Nicolas Collin, prémontré.

(1775). Nicolas Collin, prémontré, a laissé : 1° *Traité du Signe de la Croix, fait de la main, ou la Religion catholique justifiée sur l'usage de ce signe.* Paris, 1775, in-12. — 2° *Traité de l'Eau bénite, ou l'Église catholique justifiée sur l'usage de l'Eau bénite.* Paris, 1776, in-12. — *Traité du Pain bénit, ou l'Église catholique justifiée sur l'usage du Pain bénit.* Paris, 1777, in-12.

Le cardinal de Lorenzana, archevêque de Tolède.

(1775). François-Antoine de Lorenzana, cardinal, archevêque de Tolède, prélat illustre par sa charité envers le clergé français déporté, mérite ici une place distinguée pour la magnifique édition qu'il a donnée des livres de la Liturgie gothique. Il en a accompagné l'édition de savantes lettres pastorales, qui sont de véritables Traités. Le bréviaire parut en 1775, sous ce titre : *Breviarium Gothicum, secundum regulam Beatissimi Isidori, Archiepiscopi Hispalensis, jussu Cardinalis Francisci Ximenii de Cisneros prius editum; nunc opera Exc. D. Franscisci Antonii Lorenzana sanctæ Ecclesiæ Toletanæ Hispaniarum Primatis Archiepiscopi recognitum.* Madrid, in-folio.

Le missel, qui porte un titre analogue à celui du bréviaire, parut à Rome, 1804, in-folio.

(1776). François-Antoine Zaccaria, jésuite, est sans contredit l'homme le plus versé dans toutes les branches de la science ecclésiastique qu'ait vu la période que nous décrivons dans ce chapitre. Ses ouvrages imprimés s'élèvent au nombre de cent six. Celui qui occupe le premier rang parmi les travaux liturgiques du savant religieux, est la *Bibliotheca ritualis*, publiée à Rome (1776, 1778, 1781), en trois volumes in-4°. Zaccaria voulut compléter la série des collections bibliographiques des Lelong, des Mayer, des Fabricius, des Banduri, etc., par la publication d'un ouvrage du même genre sur la science liturgique. Corneille Schulting, dont nous avons parlé ailleurs (1), avait ébauché ce grand travail dans sa *Bibliotheca ecclesiastica*; mais les omissions et les erreurs étaient sans nombre dans cet ouvrage déjà vieux de près de deux siècles, au moment où Zaccaria entreprenait sa *Bibliotheca ritualis*. Le travail du jésuite n'a d'autre défaut que ceux qui sont inséparables des ouvrages de ce genre, dont le meilleur sera toujours celui qu'on trouvera le moins inexact et le moins incomplet. Nous confessons volontiers ici que nous sommes grandement redevable à Zaccaria, pour la partie bibliographique de cette histoire, bien que nous ayons eu souvent l'occasion de suppléer ses omissions et de rectifier ses méprises. Un autre nous rendra le même service.

<small>François-Antoine Zaccaria, jésuite, et sa *Bibliotheca ritualis*.</small>

En 1787, Zaccaria publia à Faënza (deux tomes in-4°) son *Onomasticon Rituale selectum*, ouvrage d'une haute portée scientifique, et accessible à un plus grand nombre de personnes que la *Bibliotheca ritualis*, bien qu'il soit encore moins connu en France. On a encore de lui, sur les matières liturgiques, la célèbre dissertation *de Usu li-*

<small>Autres ouvrages liturgiques de Zaccaria.</small>

---

(1) Tome I, page 479.

brorum liturgicorum in rebus theologicis, réimprimée souvent; le traité *Dell' anno Santo* (Rome, 1775, deux volumes in-8°); les annotations au livre des *Mœurs des Chrétiens*, de l'abbé Fleury, traduit en latin et publié à Venise (1761, deux volumes in-4°); de nombreux et savants articles dans plusieurs journaux scientifiques d'Italie.

(1777). Annibal Olivieri de Abbatibus, gentilhomme de Pesaro, est célèbre par son beau livre : *Dell' antici Battistero della S. chiesa Pesarese*. Pesaro, 1777, in-4°.

(1778). François-Michel Fleury, curé dans le diocèse du Mans, ayant été suspendu de ses fonctions par l'évêque Louis-André de Grimaldi, pour son obstination à vouloir se faire répondre et servir la messe par la sœur de son vicaire, publia, dans le *Journal ecclésiastique* de Dinouart (juin 1774), une dissertation sur cette question : *Si une femme, au défaut d'homme, peut répondre la Messe?* Une critique manuscrite ayant couru le pays du Maine, Fleury fit imprimer la brochure intitulée : *Réponse de la Messe par les femmes, en réponse à une lettre anonyme*. 1778, in-8°.

(1779). Jean-Baptiste Graser, docte professeur allemand, a composé une savante dissertation : *De Presbyterio et in eo sedendi jure*. Trente, 1779, in-4°.

(1779). Dom Nicolas Jamin, bénédictin de la congrégation de Saint-Maur, auteur de plusieurs ouvrages estimés, paraît être l'auteur du livre intitulé : *Histoire des Fêtes de l'Église* (in-12), dont la plus ancienne édition, venue à notre connaissance, est de 1779. Il a été traduit en allemand et publié à Bamberg, en 1784.

(1779). Ferdinand Tetamo, prêtre sicilien, est justement célèbre par le bel ouvrage de Liturgie pratique qu'il a intitulé : *Diarium liturgico-theologico-morale, sive sacri Ritus, Institutiones ecclesiasticæ, morumque disciplina, notanda singulis temporibus atque diebus anni ec-*

clesiastici et civilis. Venise, 1779-1784, huit volumes in-4° en deux séries.

(1779). François-Xavier Holl, jésuite allemand, illustre professeur de droit canonique dans l'Université d'Heidelberg, a publié le premier volume d'un ouvrage remarquable intitulé : *Statistica Ecclesiæ Germanicæ,* 1779, in-8°. Ce volume, le seul qui ait paru, renferme une dissertation infiniment précieuse : *De Liturgiis Ecclesiæ Germanicæ.*

(1781). Joseph-Marie Mansi, clerc régulier des Écoles pies, fit paraître cette année, à Lucques, un opuscule rempli d'érudition, sous ce titre : *Lettera ad un Ecclesiastico, nella quale si dimostra, che non e lecito ad ogni Sacerdote celebrare la Messa privata nella notte del santo Natale,* 1779.

(1784). Jean Sianda, cistercien de Mont-Réal, a laissé un ouvrage trop superficiel et trop abrégé pour le sujet qu'il traite. Il porte ce titre : *Onomasticum sacrum : opusculum tripartitum.* Rome, 1774, in-8°.

(1786). Faustin Arevalo, illustre jésuite espagnol, si digne de toute la reconnaissance des amis de la science ecclésiastique par ses excellentes éditions de Prudence et de saint Isidore de Séville, a publié, sous le titre d'*Hymnodia Hispanica,* un ouvrage remarquable surtout par la célèbre dissertation *de Hymnis ecclesiasticis,* que nous regardons comme un des plus précieux monuments de la science liturgique. Le livre a paru à Rome, 1786, in-4°.

(1786). Joseph Cuppini, cérémoniaire de la cathédrale de Bologne, a laissé, sur plusieurs questions de Liturgie pratique, des *Instructiones Liturgicæ,* qui présentent un grand intérêt. Bologne, 1786, in-4°.

(1786). François Cancellieri, savant prélat romain, est l'écrivain le plus important sur les matières liturgiques qui ait paru à la fin du XVIII° siècle. Il débuta par son magnifique ouvrage de *Secretariis Basilicæ Vaticanæ*

INSTITUTIONS LITURGIQUES

veteris ac novæ. Rome, 1786 et années suivantes, quatre volumes in-4°. Il donna ensuite successivement : 1° *Descrizione della Basilica Vaticana.* Rome, 1788, in-12.— 2° *Notizie intorno alla Novena, Vigilia, Notte e Festa di Natale.* Rome, 1788, in-12. — 3° *Descrizione de' tre Pontificali che si celebrano nella Basilica Vaticana, per le feste di Natale, di Pasqua et di san Pietro.* Rome, 1788, in-12. — 4° *Descrizione delle funzioni della Settimana santa nella Cappella pontificia.* Rome, 1789, in-12. — 5° *Descrizione delle Capelle pontificie e cardinalizie di tutto l'anno.* Rome, 1790, quatre volumes in-12. — 6° *Storia de' solenni possessi de' sommi Pontefici, detti anticamente Processi o Processioni, dopo la loro coronazione, nella Basilica Vaticana alla Lateranese, da Leone III a Pio VII.* Rome, 1802, in-4°. — 7° *Memorie delle sacre Teste de' santi Apostoli Pietro e Paolo e della loro solenne recognizione nella Basilica Lateranese.* Rome, 1806, in-4°. — 8° *Le due Nuove Campane di Campidoglio benedette dalla Santita di N. S. Pio VII. P. O. M. e descritte, con varie Notizie sopra i Campanili.* Rome, 1806, in-4°. — 9° *Dissertazione Epistolare sopra le Iscrizioni delle Martiri Simplicia madre di Orsa, et di un altra Orsa.* Rome, 1819, in-12. — 10° *Notizie sopra l'origine e l'uso dell' Anello Pescatorio, e degli Anelli ecclesiastici.* Rome, 1823, in-8°.

François-Antoine Mondelli, ecclésiastique romain.

(1787). François-Antoine Mondelli, ecclésiastique romain, a publié une excellente dissertation intitulée : *Della legitima disciplina da osservarsi nella pronuncia del Canone della Messa.* Rome, 1787, in-8°.

Augustin Kraser, docteur allemand.

(1786). Augustin Kraser, docteur allemand, a laissé un ouvrage remarquable sous ce titre : *De Apostolicis necnon antiquis Ecclesiarum Occidentalium Liturgiis, illarum origine, progressu, ordine, die, hora et lingua, cæterisque rebus ad Liturgiam antiquam pertinentibus, liber singularis.* Augsbourg, 1786, in-8°.

(1787). Jacques-Denys Cochin, curé de Saint-Jacques-du-Haut-Pas, à Paris, composa des *Prônes* ou *Instructions familières sur toutes les parties du saint Sacrifice de la Messe*, qui n'augmentent pas beaucoup la somme des notions scientifiques de la Liturgie, mais que nous citons cependant comme ouvrage français de cette époque.

(1788). Etienne-Antoine Morcelli, jésuite si connu par ses travaux archéologiques, a laissé : 1° *Kalendarium Ecclesiæ Constantinopolitanæ mille annorum vetustate insigne, primitus e Bibliotheca Romana Albanorum in lucem editum, et veterum monumentorum comparatione diurnisque commentariis illustratum.* Rome, 1788, deux volumes in-4°. — 2° *Agapea Michaelia et tesseræ Paschales*, 1816, 1818. Ces opuscules, d'un style trop classique peut-être, ont été réimprimés ensemble, à Bologne, 1822, in-8°.

(1790). *Il Breviario Romano difeso, e giustificato contro il libro intitolato :* Lettera risponsiva di un parroco Fiorentino alla Lettera di un parroco Pistoiese. — Cet ouvrage anonyme, publié en 1790, sans lieu d'impression, est dirigé contre le curé Scaramucci, l'un des fauteurs du synode de Pistoie.

(1797). Jean Marchetti, savant prélat romain, si connu par son excellente critique de Fleury, a laissé l'ouvrage suivant : *Del Breviario Romano, o sia dell' Officio divino e del modo di recitarlo.* Rome, 1797, in-12.

(1798). Jean Gonzalès Villar, chanoine de la cathédrale de Léon, a donné le livre intitulé : *Tratado de la sagrada luminaria, en forma de disertacion, en el que se demuestra la antiguedad, y piedad de las velas, y lamparas encendidas a honra de Dios, y en obsequio de las santas Imagenes, y Reliquias.* 1798, in-8°.

Tirons maintenant les faciles conclusions des faits contenus au présent chapitre.

Il est clair, en premier lieu, qu'une conjuration a été

formée au sein même des pays catholiques, dans le but d'insinuer l'esprit du protestantisme, à la faveur des innovations liturgiques.

Il est clair, en second lieu, que le parti antiliturgiste a constamment procédé en affaiblissant l'autorité du Saint-Siège, en opérant la destruction de la Liturgie romaine, en procurant à ses adeptes, par toutes sortes d'intrigues, l'honneur de rédiger les livres destinés à remplacer ceux que la tradition catholique avait formés dans le cours des siècles.

Il est clair, en troisième lieu, que si *tous* nos liturgistes français n'ont pas été aussi loin dans leur audace que les Ricci, les Grégoire, etc., ceux-ci les ont hautement avoués et recommandés comme des hommes qui possédaient leurs sympathies.

Il est clair, en quatrième lieu, que l'abolition de l'ancienne Liturgie a été une œuvre à laquelle ont pris part les hommes qui ont eu le plus à cœur de répandre le jansénisme, le protestantisme, le philosophisme et les maximes anarchiques.

Il est clair, enfin, qu'au moment où finissait le xviiie siècle, l'Église gallicane avait laissé périr une des branches de la science ecclésiastique ; qu'en se séparant de la Liturgie ancienne, elle s'était séparée dans le culte divin non seulement de l'Église de Rome, mais de toutes les autres Églises latines, et cela sans pouvoir rétablir dans son propre sein cette unité qu'elle avait sacrifiée à un vain désir de perfectionnement, en renonçant avec une facilité sans exemple à cette glorieuse immutabilité qui est la gloire de la Liturgie, et qui a inspiré cet axiome de tous les siècles : *Legem credendi statuat lex supplicandi.* Gloire et actions de grâces soient donc rendues au Seigneur, qui n'a point abandonné cette Église au jour de la tribulation.

CHAPITRE XXIV

DE LA LITURGIE AU XIXe SIÈCLE. — EN FRANCE, RÉTABLISSEMENT DU CULTE CATHOLIQUE. PROJET D'UNE LITURGIE NATIONALE. ACTES DU LÉGAT CAPRARA. SACRE DE NAPOLÉON. PIE VII DANS LES ÉGLISES DE PARIS. SITUATION GÉNÉRALE DE LA LITURGIE SOUS L'EMPIRE. — CARACTÈRE DES ŒUVRES LITURGIQUES SOUS LA RESTAURATION ET DEPUIS. DESTRUCTION PRESQUE TOTALE DE LA LITURGIE ROMAINE. MOUVEMENT INVERSE ET FAVORABLE AUX USAGES ROMAINS. NOUVELLE MODIFICATION DU PARISIEN EN 1822. EFFORTS DIVERS DANS LE MÊME SENS. DIFFICULTÉS DE LA SITUATION, ET SON REMÈDE. — EN ALLEMAGNE, SCANDALES DES ANTILITURGISTES. ORDONNANCE DE L'ÉVÊQUE DE ROTTENBOURG. AFFAIRE DE COLOGNE. — EN ANGLETERRE, TENDANCES FAVORABLES AUX FORMES CATHOLIQUES, ET AU BRÉVIAIRE ROMAIN EN PARTICULIER. — EN RUSSIE, INFLUENCE DÉSASTREUSE DE LA LITURGIE GRECQUE. — A ROME, TRAVAUX DES PAPES SUR LA LITURGIE ROMAINE. — BIBLIOTHÈQUE DES AUTEURS LITURGISTES DU XIXe SIÈCLE.

Le XVIIIe siècle, en finissant, voyait s'éteindre la cruelle persécution dont l'Église de France avait eu à supporter les rigueurs pendant dix années. Dès l'année 1799, des oratoires publics, des églises même se rouvraient de toutes parts. Les prêtres se montraient avec plus de sécurité, les autels dépouillés revoyaient comme une ombre des anciennes pompes. On osait enfin exposer au jour ces quelques vases sacrés, ces ornements, ces reliquaires, derniers et rares débris de l'opulence catholique, soustraits

La persécution cesse en France avec le XVIIIe siècle.

INSTITUTIONS LITURGIQUES

à la cupidité des persécuteurs, par le mâle courage de quelque chrétien qui jouait sa tête. Rien n'était sublime comme ces premières apparitions des symboles de la foi de nos pères, comme ces messes célébrées au sein de nos grandes villes, dans ces églises dévastées, violées, mais toujours chastes, et tressaillant de revoir encore le doux sacrifice de l'Agneau, après les orgies des fêtes de la Raison et les paroles de la théophilanthropie.

Renaissance du culte catholique.

Dans Paris même, il advint que, tandis que les restes de l'Église constitutionnelle s'agitaient encore dans la métropole de Notre-Dame, l'étroite, mais à jamais vénérable église des Carmes de la rue de Vaugirard s'ouvrait à la piété des fidèles catholiques. Le sang des pontifes, des prêtres et des religieux martyrs, épanché si abondamment dans son enceinte et ses alentours, l'avait marquée pour le rendez-vous sublime des pasteurs décimés par l'échafaud et les misères de l'exil. A Lyon, dès 1801, la procession de la Fête-Dieu traversait les rues, aux acclama-

La procession de la Fête-Dieu à Lyon, en 1801, décrite par Chateaubriand.

tions des peuples enivrés de joie. « Quelle est, écrivait
« à ce sujet, dans le *Mercure de France*, celui qui s'apprê-
« tait à raconter le Génie du Christianisme, quelle est
« cette puissance extraordinaire qui promène ces cent
« mille chrétiens sur ces ruines ? Par quel prodige la croix
« reparaît-elle en triomphe dans cette même cité où naguère
« une dérision horrible la traînait dans la fange ou le
« sang ? D'où renaît cette solennité proscrite ? Quel chant
« de miséricorde a remplacé si soudainement le bruit du
« canon et les cris des chrétiens foudroyés ? Sont-ce les
« pères, les mères, les frères, les sœurs, les enfants de
« ces victimes qui prient pour les ennemis de la foi, et
« que vous voyez à genoux de toutes parts aux fenêtres
« de ces maisons délabrées, et sur les monceaux de pierres
« où le sang des martyrs fume encore ? Ces collines
« chargées de monastères, non moins religieux parce
« qu'ils sont déserts ; ces deux fleuves où la cendre des

« confesseurs de Jésus-Christ a si souvent été jetée : tous
« ces lieux consacrés par les premiers pas du christia-
« nisme dans les Gaules ; cette grotte de saint Pothin, ces
« catacombes d'Irénée, n'ont point vu de plus grand
« miracle que celui qui s'opère aujourd'hui. »

C'est que l'amour des pompes sacrées est profondément enraciné au cœur des Français, et que l'alliance de la foi et de la poésie, qui constitue le fond de la Liturgie catholique, a pour eux un si grand charme, qu'il n'est ni souffrances ni intérêts politiques qu'ils n'oublieraient dans les moments où de si nobles et si profondes émotions traversent leurs âmes. Combien donc avaient été coupables ou imprudents ceux qui avaient eu le triste courage, durant un siècle entier, de travailler par tous les moyens à dépopulariser les chants religieux, à ruiner les pieuses traditions qui sont la vie des peuples croyants ! C'était, certes, un triste contraste que celui qui s'était offert mille fois dans le cours de la persécution, lorsqu'au fond de quelque antre ignoré, à la faveur des ombres de la nuit et du mystère, les fidèles, réunis à travers mille périls, entouraient l'autel rustique, et qu'alors le prêtre, confesseur et peut-être martyr dans quelques heures, plaçait sur cet autel non le missel des âges de foi, mais ce moderne missel rédigé par les mains impures d'un sectaire, et promulgué avec le concours des parlements, aux beaux temps de la Régence ou de madame de Pompadour, alors qu'on travaillait de toutes mains à préparer l'affreuse catastrophe qui avait enfin éclaté. Et n'était-ce pas aussi un pitoyable spectacle que celui qui s'était offert dans la rade de Rochefort, en 1798, lorsque les neuf cents prêtres, confesseurs de la foi, réunis dans la même fidélité et dans les mêmes souffrances, ne pouvaient s'unir dans une même psalmodie, parce que le petit nombre des bréviaires qu'on avait pu introduire dans ces prisons flottantes représentaient, pour ainsi dire, autant de diocèses différents qu'ils formaient d'exemplaires (1). Certes, si la persécution qui faillit dévorer l'Église de France, eût été avancée d'un siècle, on eût du moins entendu s'élever du fond des cachots la prière uniforme des confesseurs, la prière romaine que l'univers catholique tout entier fait monter vers le ciel sept fois le jour. Il est vrai que le sang des martyrs suppléait à tout. L'Église de France puisa dans ce bain glorieux une nouvelle naissance. Mais il fallut que tout entière elle fût offerte en holocauste : la charité pastorale, fécondée par l'obéissance au pontife romain, immola ceux que le glaive avait épargnés. Le concordat de 1801 fut conclu et bientôt ratifié par Pie VII. La bulle pour la nouvelle circonscription des diocèses fut donnée à Rome : la nouvelle Église de France devait donc tout au Siège apostolique. Les antiques préjugés ne pouvaient tout au plus que se débattre en expirant.

Le concordat de 1801 avait une grande portée liturgique. Il garantissait l'exercice du culte catholique ; aussi fut-il accepté comme un immense bienfait, par une nation qui avait tressailli de joie au retour de ses prêtres. Rien ne pourrait dépeindre l'enthousiasme des Parisiens, lorsqu'enfin, le 18 avril 1802, le concordat fut promulgué, au milieu d'une cérémonie religieuse et civique. C'était le jour même de Pâques ; en sorte que les fidèles avaient à solenniser en même temps le passage du Seigneur quand les Israélites sortirent de l'Égypte, la résurrection triomphante du Christ, et la restauration miraculeuse de cette religion que, neuf ans auparavant, un décret sacrilège

---

(1) Nous devons ce détail, qu'il était du reste bien facile de pressentir, au vénérable abbé Ménochet, chanoine de Saint-Julien du Mans, et vicaire général, décédé en 1834. Il était du petit nombre de ces glorieux confesseurs que la mort épargna, afin qu'ils pussent rendre témoignage des scènes sublimes de Rochefort. La mémoire de ce saint prêtre est précieuse à Solesmes : nous ne saurions jamais oublier qu'il eut la bonté de venir présider à l'installation de ce monastère en 1833, alors qu'une pareille démarche était un acte de courage.

avait déclarée abolie, comme si le sang pouvait autre chose que fertiliser le champ de l'Église. Le bourdon de Notre-Dame, muet depuis douze ans, ébranlait encore la cité; et, comme enivrés du bruit de cet airain sacré dont la seule destination semblait être désormais de donner le signal du carnage, les citoyens s'embrassaient dans les rues sans se connaître. Les consuls se rendirent en pompe à Notre-Dame, et l'on vit les étendards français se balancer encore une fois autour du sanctuaire. Jean-Baptiste Caprara, cardinal de la sainte Église romaine, légat apostolique, célébra pontificalement sous ces voûtes réconciliées qu'ébranlaient par moments le mouvement triomphal des tambours et les fanfares belliqueuses. La France retrouvait son antique amour pour la foi catholique, et le premier consul pouvait s'applaudir d'avoir deviné les instincts de la nation : heureux s'il eût su toujours y attacher sa fortune !

Un livre d'une haute portée, publié à cette époque, avait grandement servi à préparer les esprits à un retour si merveilleux. Toute la France s'était émue à l'apparition de l'épisode fameux d'un poème américain, et dans lequel l'auteur faisait valoir, avec un talent inouï, l'harmonie des cérémonies religieuses avec les grands aspects de la nature. L'ouvrage annoncé dans la préface de cet opuscule, le *Génie du Christianisme* parut enfin, au mois d'avril 1802, et ce livre, qui s'attachait à prouver que le christianisme est *vrai* parce qu'il est *beau*, avança plus la réconciliation des Français avec l'ancien culte, que cent réfutations de l'*Émile* ou du *Dictionnaire philosophique*. Sans doute, la *poétique* nouvelle révélée par Châteaubriand n'était pas à la portée de tous les lecteurs de ce livre ; on peut même dire (surtout aujourd'hui que nous voilà pour jamais *délivrés des grecs et des romains*) qu'elle laisse quelque peu à désirer ; mais la partie liturgique du *Génie du Christianisme*, c'est-à-dire la description des fêtes, des

I PARTIE
CHAPITRE XXIV

L'apparition du *Génie du christianisme*, véritable triomphe pour la religion, commence la réaction contre la secte antiliturgiste.

INSTITUTIONS LITURGIQUES

cérémonies, les riches peintures des cathédrales et des cloîtres du moyen âge, tout cela formait la partie populaire de l'ouvrage. Certes, si, quarante ans après, il est vrai de dire que notre littérature, nos arts et notre poésie sont la réfraction plus ou moins riche de l'éclat que jeta alors ce merveilleux météore; quel ne dut pas être l'empressement de la nation, fatiguée des courses desséchantes qu'elle avait été contrainte de faire dans les champs du matérialisme, lorsqu'une main bienfaisante vint ouvrir pour elle une source intarissable de poésie, là même où d'invincibles instincts lui révélaient qu'était toujours pour elle la véritable vie ? Et n'y avait-il pas aussi toute une réaction féconde dans cette promulgation solennelle du christianisme comme la religion éminemment *poétique*, un siècle et demi après Boileau, qui, digne écho des antiliturgistes de son Port-Royal, ne voyait dans la *foi du chrétien* que des *mystères terribles*, et dans la poésie que des *ornements égayés?* C'était bien en leur qualité de littérateurs classiques, que les Foinard et les Grancolas avaient donné les belles théories que nous avons vues, faisant une chasse impitoyable à tous ces répons et antiennes surannés, composés dans un latin si différent de celui de Cicéron, et fourrant toute leur œuvre nouvelle de pastiches à la façon d'Horace, comme pour faire pardonner le cliquetis peu agréable de leurs centons, pillés dans la Bible à tort et à travers, d'après tout autre système que celui de l'harmonie. Le *Génie du Christianisme*, en posant comme fait la *poétique* du Christianisme considéré en lui-même (1), a donc exercé une action vaste, et ce sera un jour une longue histoire que celle des résultats sortis de ce livre,

---

(1) *Les Martyrs* vinrent plus tard, et fournirent, malgré quelques défauts, l'irrécusable preuve d'un fait que la postérité s'étonnera qu'on ait pu contester une minute. Elle aura peine à comprendre le xviiie siècle, siècle *prosaïque* qui se mêla de tout refaire, parce qu'avant lui la poésie était partout.

qui, entre beaucoup d'avantages, a celui d'être venu en son temps. L'œil d'aigle de Napoléon en vit dès l'abord toute la portée, et il chercha à s'attacher l'auteur ; Pie VII témoigna sa satisfaction de la manière la plus éclatante ; Dussault, de Fontanes, le grand philosophe de Bonald, s'unirent à l'abbé de Boulogne pour célébrer l'importance de cette victoire remportée sur les ennemis de la forme religieuse.

Mais au fort même de ce triomphe, comme il est de nécessité en ce monde que les tribulations accompagnent toujours fidèlement les succès de l'Église, des obstacles inattendus vinrent tempérer la joie du Pontife romain et de l'Église de France. Sans doute, le concordat avait été publié à Notre-Dame; mais quelques jours auparavant, le 8 avril 1802 (18 germinal an X), jour même où ce traité avait été porté au Corps législatif, et inauguré comme loi de la République, on avait décrété en même temps, sous le nom d'*Articles organiques*, soixante-dix-sept articles dont le plus grand nombre avait été conçu et rédigé dans le but d'amortir l'influence du catholicisme, et d'arrêter le développement de ses institutions renaissantes. Il n'est point de notre sujet de développer ici toute la série des dispositions de ce décret tyrannique, contre lequel le Siège apostolique ne tarda pas à faire entendre les plus explicites réclamations. Nous nous bornerons à relever quelques-unes des dispositions du titre III, intitulé : *Du Culte.*

La première avait une portée immense, malgré sa brièveté, et elle était ainsi conçue : *Il n'y aura qu'une Liturgie et un catéchisme pour toutes les églises catholiques de France.* Laissant de côté le *catéchisme*, bornons-nous à ce qui tient à la *Liturgie.* On conçoit aisément que, par suite de la nouvelle circonscription des diocèses, l'Église de France devait se trouver dans une déplorable confusion sous le rapport de la Liturgie. Le nombre des diocèses ayant été réduit de plus de moitié, et par conséquent les nouveaux évêchés se trouvant formés, en tout ou en partie, du territoire de trois ou quatre et quelquefois jusqu'à sept des anciens diocèses, il arrivait, par suite des changements survenus au dix-huitième siècle, que la Liturgie de l'église cathédrale, loin de réunir les autres églises du diocèse dans l'unité de ses formes, se voyait disputer le terrain par cinq ou six autres Liturgies rivales. Certes, un si étrange spectacle était inouï dans l'Église; jamais en aucun temps, en aucun pays, la communion des prières publiques n'avait présenté l'aspect d'une si étrange anarchie; bien plus, pour qu'elle fût devenue possible par suite d'un remaniement des diocèses, il avait fallu qu'il existât déjà, dans un seul pays qui ne compte pas trois cents lieues d'étendue, plus de diverses formes d'office divin qu'il n'en existe dans le monde entier, sans oublier même les églises d'Orient.

Les conciliabules de 1797 et de 1801 avaient senti l'inconvénient de cette situation; car, bien que l'Église constitutionnelle comptât un évêché par département, la division de la France en départements avait déjà grandement bouleversé la circonscription des diocèses. Mais les évêques *réunis*, comme ils le disent fort bien, trouvaient surtout dans le projet d'une Liturgie uniforme pour la France (idée qui leur appartient en propre), un moyen efficace de perpétuer leur secte, si elle fût née viable, en rattachant cette organisation liturgique au système de nivellement et de centralisation sur lequel avait été fondée la république (1). On conçoit parfaitement cette idée dans une Église schismatique repoussée par toutes les autres églises, et qui ne peut avoir de vie qu'en se nationalisant; mais quel machiavélisme impie

---

(1) Voyez ci-dessus, page 558.

que celui de ces législateurs qui, dans le moment où la France venait de rentrer dans l'unité catholique, décrétaient que le moment était venu de travailler sérieusement à élever pour jamais un mur de séparation entre l'Église de France et toutes les autres ? Telle n'avait pas été la politique de Charlemagne, ni celle de saint Grégoire VII, ni celle d'Alphonse VI de Castille, ces grands civilisateurs qui voyaient le salut et la gloire des États européens dans l'unité générale de la chrétienté, et qui brisaient de si grand cœur tout retranchement derrière lequel la religion universelle eût tendu à devenir chose nationale. Et cependant nous avons entendu des gens honorables, mais d'une insigne imprudence, former encore ce souhait d'une Liturgie nationale ; ne pas sentir quelle honte c'eût été pour la France, de se retrouver, après mille ans, dans l'état où elle était lorsqu'elle préludait à ses destinées de nation très chrétienne, ayant perdu et l'antiquité vénérable de la Liturgie gallicane, et l'autorité souveraine de la Liturgie romaine, sans autre compensation que des traditions qui eussent daté du XIXe, ou du XVIIIe siècle.

Dieu ne permit pas que cette œuvre anticatholique reçût son accomplissement. Une commission fut nommée pour la rédaction des nouveaux livres de l'Église de France ; mais le résultat de ses travaux ne fut même pas rendu public. On sait seulement que plusieurs des membres cherchèrent à faire prévaloir, l'un la Liturgie parisienne, l'autre celle de tel ou tel diocèse, un autre enfin un amalgame formé de toutes ensemble. Personne n'osa proposer de revenir à l'ancien rite gallican, seul projet pourtant qui eût été sensé, le principe étant admis ; mais projet impraticable, puisque les monuments de ce rite ont péri pour la plupart. Il en fut donc de ce projet de Liturgie nationale, comme de la réédification du temple de Jérusalem au IVe siècle ; ou si l'on veut remonter

Ce projet de Liturgie nationale avorte par les divergences d'opinion qui se produisent au sein de la commission chargée de la préparer.

plus haut, comme de la tour de Babel ; et le grand homme qui parlait de *son prédécesseur* Charlemagne, fut atteint et convaincu de n'avoir pu s'élever à la hauteur des vues de cet illustre fondateur de la société européenne. Au reste, qu'on y regarde bien, on verra que toutes les fautes de Napoléon étaient là. Il n'est tombé de si haut que pour avoir voulu faire de l'Église et du Pape une chose française. Est-ce l'erreur de son esprit ? est-ce le crime de son cœur ? Dieu seul le sait bien.

Le reste des *Articles organiques* du titre III est employé à détailler maintes servitudes auxquelles l'Église sera soumise en France. Nous citerons le XLVe article, si tyrannique, que les protestants eux-mêmes ont plusieurs fois réclamé contre : *Aucune cérémonie religieuse n'aura lieu hors des édifices consacrés au culte catholique, dans les villes où il y a des temples destinés à différents cultes.* Ainsi avait-on cherché à atténuer la victoire du catholicisme, en prolongeant le règne de cette intolérance qui n'était plus sanglante, il est vrai, comme celle de la Convention, mais qui allait chercher ses traditions dans les annales des parlements et dans les fastes antiliturgistes de Joseph II et de Léopold.

Pendant ce temps, d'importantes opérations liturgiques s'exécutaient à Paris, par le ministère du légat Caprara, qu'une délégation apostolique avait investi de tous les droits nécessaires pour agir avec plénitude d'autorité dans les circonstances solennelles où se trouvait l'Église de France. La réduction des fêtes aux seules solennités de Noël, de l'Ascension et de la Toussaint ; la translation au dimanche de la solennité des fêtes de l'Épiphanie, du Saint Sacrement, de saint Pierre et de saint Paul, des saints patrons du diocèse et de la paroisse ; l'institution d'une commémoration de tous les saints Apôtres au jour de la fête de saint Pierre et de saint Paul, et de tous les saints Martyrs, au jour de saint Étienne ; enfin, la fixation de la fête de la

Dédicace de l'Église au dimanche qui suit l'octave de la Toussaint; ce furent là de grands événements dans l'ordre liturgique, et nous aurons ailleurs l'occasion d'en peser toute la valeur. L'indult du légat, exprimant sur ce sujet les volontés apostoliques, parut le 9 avril 1802, et fut interprété par le légat lui-même, dans un décret rendu à la sollicitation du vicaire général de l'archevêque de Malines, sous la date du 21 juin 1804. Nous donnerons ces diverses pièces en leur lieu.

Les dures nécessités qui contraignaient le Siège apostolique à sacrifier un si grand nombre de fêtes célèbres dans l'Église, au risque de contrister la piété des fidèles catholiques, ne permirent pas d'assigner un jour spécial à la fête longtemps projetée du *Rétablissement de la religion catholique en France*, non plus qu'à celle de saint Napoléon, dont l'institution devenait indispensable, du moment que le général Bonaparte échangeait les faisceaux du consulat avec le sceptre impérial. On pensa donc à joindre la célébration de ces deux fêtes nouvelles avec la solennité même de l'Assomption de la sainte Vierge, patronne de la France. Le 15 août était aussi le jour de la naissance de l'Empereur; il eût donc été difficile de trouver un jour plus convenable pour cette triple solennité nationale. Le légat rendit sur cette matière un décret solennel qui commence par ces mots : *Eximium Catholicæ Religionis*, mais dont nous n'avons pu nous procurer la teneur ; et, le 21 mai 1806, il adressa à tous les évêques de l'Empire une instruction détaillée sur la manière de célébrer la fonction du 15 août.

Cette curieuse instruction, que nous reproduisons dans les notes du présent chapitre (1), était divisée en trois parties. Dans la première, il était enjoint aux évêques d'annoncer par mandement ou autrement, le premier diman-

(1) *Vid.* Note A.

che d'août de chaque année, la fête de saint Napoléon, martyr, *laquelle est en même temps la fête du Rétablissement de la Religion catholique*, comme devant être célébrée concurremment avec la solennité de l'Assomption de la sainte Vierge. Ils devaient semblablement annoncer la procession de l'action de grâces qu'on aurait à célébrer, conformément *au rite usité dans l'Église : Juxta receptum . Ecclesiæ ritum ;* et enfin publier une indulgence plénière attachée à la bénédiction papale que Sa Sainteté leur accordait de pouvoir donner ledit jour de l'Assomption, après la messe pontificale.

La seconde partie de l'instruction renfermait la légende de saint Napoléon, destinée à être lue, en neuvième leçon, aux matines de l'Assomption. On s'était sans doute donné beaucoup de peine pour la conduire à une si raisonnable longueur ; mais, quoi qu'il en soit, l'office du saint martyr avait été complété au moyen des oraisons de la messe *Lætabitur*, au Missel romain. Le rite à observer pour la bénédiction papale était détaillé dans la troisième partie de l'instruction.

Le sacre de Napoléon avait été aussi un grand acte liturgique : mais, en cette qualité même, il exprimait d'une manière bien significative toute la distance qui séparait le nouveau Charlemagne de l'ancien. On pouvait, certes, comprendre que la Liturgie est l'expression de la religion dans un pays, quand on vit le pontife romain, accouru, par le plus généreux dévouement, pour prêter son ministère à un si grand acte, attendre, en habits pontificaux, sur son trône, à Notre-Dame, pendant une heure entière, aux yeux de toute la France, l'arrivée du nouvel empereur ; quand on vit Napoléon prendre lui-même la couronne, au lieu de la recevoir du pontife, et couronner ensuite de ses mains profanes le front d'une princesse sur lequel, il est vrai, le diadème ne put tenir ; quand on vit enfin l'évêque du dehors, sacré de l'huile sainte, s'abstenir de participer aux mystères sacrés, terrible présage de l'arrêt qui devait, cinq ans plus tard, le retrancher de la communion catholique. Ce ne fut qu'en faisant violence aux règles les plus précises de la Liturgie (dérogation d'ailleurs légitimée par la plénitude d'autorité qui résidait dans le pontife), que l'antique rite du sacre put être accompli à l'égard de Napoléon : nous verrons encore ailleurs que la royauté de nos jours, absolue ou constitutionnelle, n'est plus taillée à la mesure des anciens jours. Les peuples, au contraire, ne demandent qu'à se nourrir des plus pures émotions de la Liturgie.

Rien ne pourrait rendre l'enthousiasme des fidèles de Paris et des provinces, durant les quatre mois que Pie VII passa dans la capitale de l'Empire. Il n'y avait cependant rien d'officiel ni de cérémonieux dans cette affluence qui inondait les églises où le Saint-Père venait célébrer la messe. Les fidèles se pressaient par milliers autour de la table sainte, dans l'espoir de recevoir l'hostie du salut des mains mêmes du vicaire de Jésus-Christ, et c'était un spectacle ineffable que celui qu'offrait cette multitude, chantant d'une seule voix le *Credo* entonné par le curé, environnant comme d'une atmosphère de foi le pieux pontife qui, dans un recueillement profond, célébrait le sacrifice éternel, et rendait grâce de trouver encore tant de religion au cœur des Français. Saint-Sulpice fut la première église de Paris honorée de la visite du pontife, le quatrième dimanche de l'Avent. Notre-Dame le posséda le jour même de Noël; mais il n'y célébra qu'une messe basse, parce qu'on n'aurait pu réunir les conditions liturgiques d'une fonction papale. Le jour des Saints-Innocents, il favorisa Saint-Eustache de sa présence apostolique, et le 30 décembre, Saint-Roch reçut le même honneur. Saint-Etienne-du-Mont accueillit le pontife, le 12 janvier 1805, et Sainte-Marguerite, le 10 février. Il visita Saint-Germain-l'Auxerrois le 17 février ; Saint-Merry, le 24 ; Saint-Germain-des-Prés, le 30 mars, et Saint-Louis en l'île, le 10 du même mois. Nous ne parlons ici que des églises où Pie VII célébra la messe et donna la communion aux fidèles, et nous nous sommes complu dans cette énumération, afin que la mémoire de ces faits si honorables à ces églises ne périsse pas tout à fait (1). Il y aurait un beau livre à faire sur le séjour de Pie VII en France, à cette époque ; mais rien peut-être ne serait plus touchant à raconter que les visites que le pontife faisait à ces églises qui portaient encore les traces de la dévastation qu'elles avaient soufferte, et dans lesquelles il célébrait la messe avec le recueillement angélique si admirablement empreint sur sa noble et touchante figure. Les Parisiens, dont il était l'idole, disaient sur lui ce beau mot, qu'*il priait en pape*. Entre autres spectacles liturgiques qui frappèrent leurs regards, il en est deux qui firent une plus profonde impression. L'un fut la tenue d'un consistoire public, le 1er février 1805, dans lequel les cardinaux de Belloy et Cambacérès reçurent le chapeau de cardinal ; après quoi, Pie VII présida un consistoire secret dans lequel furent préconisés dix archevêques ou évêques. Les murs de l'archevêché, qui depuis ont croulé sous les coups d'une fureur sacrilège, furent témoins de cette scène imposante qui, depuis bien des siècles, s'était rarement accomplie hors de l'enceinte de Rome.

Le lendemain, jour de la Purification, une autre pompe émut les catholiques de respect et d'enthousiasme : elle se déploya en l'église de Saint-Sulpice. Le pape y consacra les nouveaux évêques de Poitiers et de La Rochelle, et l'on vit en ce moment la grâce du caractère épiscopal découler de la même source que la mission canonique.

(1) On peut voir sur cela les journaux du temps, mais surtout le précieux recueil intitulé : *Annales philosophiques et littéraires*, rédigé alors par l'abbé de Boulogne, qui fut depuis évêque de Troyes.

Tels étaient les riches et féconds moyens que la divine Providence avait choisis pour rattacher les Français au centre de l'unité catholique, à la veille des malheurs inouïs qui se préparaient à fondre sur l'Église romaine, au grand péril de l'unité et de la foi. Pie VII partit enfin de Paris le 4 avril, et son voyage à travers la France fut un triomphe continuel. Il s'arrêta le dimanche des Rameaux à Troyes, bénit les palmes et célébra une messe basse dans la cathédrale. L'ancienne cathédrale de Chalon-sur-Saône eut la gloire de le posséder, les trois derniers jours de la Semaine sainte, et le vit, le jour de Pâques, célébrer le saint Sacrifice dans son enceinte. Le pontife ne put encore dire qu'une messe basse par la même raison qui avait privé Notre-Dame de Paris de l'honneur de servir de théâtre sacré à une solennité papale.

Mais le moment le plus triomphal du voyage du pontife fut peut-être celui de son séjour à Lyon, en cette ville si justement appelée *la Rome de la France*. Pie VII y entra le 16 avril. Le lendemain, il célébra la messe dans la vieille primatiale, qui a vu deux conciles œcuméniques et la réunion de l'Église grecque et de l'Église latine. L'affluence était extrême, et la vaste basilique ne pouvait contenir la multitude condensée des fidèles lyonnais. On vit une foule de personnes qui n'avaient pu pénétrer dans son enceinte qu'après la sortie du pontife, se précipiter avec enthousiasme et baiser le siège où il s'était reposé, le prie-Dieu où il avait fait ses prières, le tapis sur lequel il avait posé ses pieds. Le 18 avril, Pie VII revint célébrer la messe dans la primatiale, et ce ne fut qu'après avoir donné la communion à douze cents fidèles, ce qui dura trois heures, que ses bras apostoliques se reposèrent. Le même jour, dans l'après-midi, il les étendit encore, en présence de la cité tout entière, réunie sur l'immense place Bellecour, et ce fut pour bénir, avec une pompe magnifique, les drapeaux de la garde lyonnaise.

598   SITUATION GÉNÉRALE DE LA LITURGIE SOUS L'EMPIRE

INSTITUTIONS
LITURGIQUES

Toutefois, ce spectacle fut moins sublime encore que celui qui s'était offert la veille, lorsque le successeur de saint Pierre, assis sur une barque, parcourait les alentours de la ville enivrée de joie. Le peuple fidèle couvrait, à flots pressés, les deux rives ; le pontife, comme Jésus-Christ lui-même, bénissait la foule du sein de la nacelle, et le Rhône, fier d'un si noble fardeau, semblait atteindre à la gloire du Tibre. Mais n'affaiblissons point, par des récits incomplets et sans couleur, le charme et la grandeur de cette sublime apparition de la majesté apostolique qui se révéla soudain aux Français. Bientôt Pie VII rentre dans Rome pour quatre années encore : voyons ce que devenaient en France les traditions du culte divin, subitement ravivées par un événement si merveilleux.

Napoléon adopte pour sa chapelle la Liturgie parisienne.

On était en 1806 ; le projet d'une Liturgie nationale était encore dans toutes les bouches ; mais la Commission préposée à cette œuvre ne produisait rien. Le fameux projet avorta donc, et il n'en resta plus de mémoire que dans les *articles organiques*. D'autre part, cependant, Napoléon étant empereur, et empereur sacré par le pape, il devenait nécessaire qu'il eût une chapelle impériale, et aussi que cette chapelle célébrât l'office divin suivant les règles d'une Liturgie quelconque. L'ancienne cour, comme on l'a vu ailleurs, observait l'usage romain, depuis Henri III ; Napoléon, si jaloux de faire revivre en toutes choses l'étiquette de Versailles, y dérogea sur ce point. Il abolit la Liturgie romaine, et décréta que les livres parisiens seraient les seuls dont on ferait usage en sa présence. Grand honneur assurément pour Vigier et Mésenguy, mais preuve nouvelle de l'antipathie que le grand homme, si clairvoyant, avait conçue pour tout ce qui pouvait gêner ses rêves d'Église nationale.

Dans toute la durée de l'empire, on ne voit paraître aucune

Dans toute la durée de l'empire, nous n'avons découvert aucune nouvelle composition liturgique à l'usage d'un diocèse particulier. Il y eut sans doute des utopies comme au siècle précédent; mais le temps n'était pas propice à en faire parade. Cette époque ne produisit même pas une nouvelle édition parisienne des livres de Vintimille. Nous ne connaissons guère que le diocèse de Lyon qui ait alors réimprimé les livres de son Montazet. La guerre absorbait tout, et d'ailleurs le moment était peu favorable pour songer à faire du neuf sur la Liturgie, quand la catholicité de la France était elle-même en péril, et que le pontife triomphateur de 1805, traversait la France sous les chaînes de sa glorieuse confession.

Liturgie nouvelle, Lyon seul réimprime celle de Montazet.

Le *Fort armé* qui avait refusé le rôle de Charlemagne, tomba avant le temps, et les églises respirèrent; toutefois, la liberté du catholicisme ne fut pas restaurée avant l'ancienne dynastie. Il n'est point de notre sujet de raconter ce que l'Église souffrit durant quinze années, ni ce qu'elle a pâti depuis; nous n'avons qu'à raconter le sort de la Liturgie. D'abord, Louis XVIII rétablit, dès son arrivée, l'usage de la Liturgie romaine dans les chapelles royales : la simple raison d'étiquette l'eût demandée, et nous ne nous arrêterons point à chercher dans cet acte une valeur ou une signification qu'il ne saurait avoir.

Louis XVIII rétablit la Liturgie romaine à la chapelle royale.

Mais, avant d'entrer dans quelques détails sur cette époque, nous rappellerons ici deux grands faits qui la dépeignent assez bien, du moins sous le point de vue qui nous occupe. Le premier est le sacre de Charles X, à Reims. En cette circonstance, la Liturgie fut encore l'expression de la société. On ne se servit point du Pontifical romain dans la cérémonie, comme on avait fait au sacre de Napoléon, mais bien du cérémonial usité de temps immémorial dans l'Église de Reims, et dont les formules remontent probablement à l'époque de la seconde race de nos rois. Or ce fut ce vénérable monument, dont la teneur fut discutée en conseil des ministres, et dont les formules furent trouvées incompatibles avec nos mœurs constitutionnelles et gallicanes. On le vit donc bientôt

Sacre de Charles X à Reims.

Mutilations opérées sur le cérémonial antique de cette fonction par le conseil des ministres, pour complaire au libéralisme moderne.

sortir des presses de l'imprimerie royale, portant, en dix endroits, la trace des plus violentes mutilations. Nous donnerons ailleurs le détail de cette opération *libérale;* mais tout d'abord une réflexion se présente à notre esprit, et nous ne pouvons nous empêcher de la produire ; c'est que si la cérémonie du couronnement d'un roi est devenue, de nos temps, si difficile à concilier avec la forme qu'on lui donna lors de son institution, il eût été mieux, ce semble, de s'abstenir de la renouveler. Il avait été également convenu, en conseil des ministres, que le roi ne toucherait pas les écrouelles; tant on cherchait à décliner toute la portée d'un acte qu'on croyait pourtant devoir offrir en spectacle à l'Europe ! Il advint néanmoins qu'à Reims même, cette détermination fut changée. S'il était de notre sujet d'entrer ici dans les détails, nous dirions des choses étranges. Quoi qu'il en soit, le pieux roi toucha les écrouelles ; car sa foi était digne d'un siècle meilleur, et si la couronne posée sur son front, après tant de discussions politico-liturgiques, n'y put tenir longtemps, il a été du moins au pouvoir de Dieu de la remplacer par une autre plus solide et plus inattaquable.

Malgré l'opposition de ses ministres, le roi touche les écrouelles.

L'affaiblissement des traditions liturgiques se manifeste jusque dans les pompes de la translation des reliques de saint Vincent de Paul.

Une autre pompe de la même époque qui montra le grand besoin qu'on avait alors de fortifier, même dans les choses de pur extérieur, les traditions liturgiques de tous les temps, fut la translation des reliques de saint Vincent de Paul. Sans doute, cette cérémonie dans son objet dut être et fut, en effet, un sujet de consolation pour l'Église, et de triomphe pour les fidèles ; mais, si le procès-verbal détaillé de la fonction parvient à la postérité, et que la postérité veuille juger de cette translation d'après les règles observées dans toutes les autres, elle en conclura que nos mœurs, à cette époque, étaient grandement déchues de cette solennité qui se trouve à l'aise dans les formes liturgiques. Le XVIIe et le XVIIIe siècle lui-même, eussent mieux fait, et tout dégénérés qu'ils étaient, ils eussent jeté des chapes et des tuniques sur les épaules de ces six cents clercs qu'on vit circuler en rangs mille fois brisés, couverts de surplis étriqués et plissés, avec l'accompagnement d'un bonnet pointu ; ils eussent revêtu pontificalement ces dix-sept archevêques et évêques qu'on vit marcher à la suite des chanoines, en simple rochet, mozette et croix pectorale, au rang des dignités du chapitre de Notre-Dame; mais surtout ils n'eussent pas laissé à des *ouvriers* affublés d'aubes, le soin exclusif de porter la châsse du saint. On eût préparé pour cela des diacres couverts des plus riches dalmatiques, des prêtres ornés de chasubles somptueuses, enfin les évêques, mitre en tête, auraient à leur tour partagé le fardeau, suivant l'ancien terme des récits de translation, *succollantibus episcopis*. Ainsi s'accomplissaient autrefois les fonctions liturgiques ; ainsi les reverrons-nous encore, dans l'avenir, étonner les peuples par la majesté et la pompe qui caractérisent en tout l'Église catholique. Elle doit tenir à cœur de mériter les reproches de ses ennemis les rationalistes, qui croient la déshonorer en l'appelant la Religion de la forme, comme si le premier de ses dogmes n'était pas de croire en Dieu créateur des choses *visibles* aussi bien que des invisibles, et dont le Fils unique s'est fait chair *et a habité parmi nous*.

L'époque de la Restauration, à la différence de celle de l'empire, fut remarquable par le grand nombre d'opérations liturgiques qui la signalèrent. De nombreux bréviaires, missels et rituels, furent réimprimés, corrigés, refondus, créés même de nouveau. On ne peut nier que des travaux dans ce genre ne fussent assez à propos à cette époque de paix et de prospérité universelle. C'était le moment de venir enfin au secours des diocèses fatigués de l'anarchie liturgique et de la bigarrure que présentait la plus grande partie d'entre eux. Que s'il faut maintenant faire connaître ce que nous pensons de cette nouvelle crise, nous dirons, avec tous les égards dus à des contem-

Pendant la Restauration, de nombreuses opérations liturgiques sont accomplies, toujours d'après les funestes principes du XVIIe et du XVIIIe siècle, mais avec quelques indices de retour à de meilleures théories.

porains, qu'elle nous semble n'avoir fait autre chose qu'accroître la confusion déjà existante ; tout en nous réservant d'ajouter qu'au milieu de cette confusion même, les indices d'un retour prochain à de meilleures théories se manifestent de toutes parts.

<small>Extinction complète de la science liturgique en France.</small>

Comment, en effet, au XIXe siècle, eût-il été possible de réussir dans une forme liturgique, quand il est évident pour tout le monde que la science liturgique a totalement cessé parmi nous ? S'il en est autrement, qu'on nous cite les ouvrages publiés en ce siècle qui attestent le contraire ; qu'on rende raison de tant de règles violées, de tant de traditions anéanties, de tant de nouveautés inouïes mises à l'ordre du jour. Certes, les voies de fait commises, sous le prétexte de restaurations et d'embellissements, contre les monuments de l'architecture catholique, donnent assez l'idée des ruines d'un autre genre que l'on a su accumuler. Jusqu'en 1790, les débris du passé empreints dans les institutions, les corps ecclésiastiques, conservateurs de leur nature ; la Liturgie romaine célébrée encore dans un grand nombre de monastères et autres lieux exempts ; l'éducation d'alors plus empreinte de formes extérieures que celle d'aujourd'hui, tout cela contribuait à amortir la chute des anciennes mœurs liturgiques. De nos jours, au contraire, où l'Église avait perdu la plus grande partie de ses moyens extérieurs ; où le loisir manquait pour lire les saints Pères ; où le droit canonique n'était plus enseigné que par lambeaux dans des cours rapides de théologie morale ; qui songeait à sauver les traditions liturgiques déjà si amoindries, et faussées, comme on l'a vu, sur tant de points ?

<small>Inconvénients de cette confusion et de cette ignorance.</small>

De là sont venus (et nous éviterons constamment de nommer des personnes vivantes), de là sont venus, disons-nous, ces changements de bréviaire qui se sont répétés jusqu'à deux et trois fois en vingt ans pour un même diocèse ; de là ces usages vénérables maintenus par une administration, supprimés par celle qui la suivit, rétablis avec modification par une troisième ; de là ces cérémonies transportées sans discernement d'un diocèse dans l'autre, sans nul souci de la dignité respective des églises, qui s'oppose à de pareils emprunts ; de là ces réimpressions de bréviaires en contradiction avec le missel, de missels en contradiction avec le bréviaire ; de livres de chœur sans harmonie entre eux ; de là ces rubriques inouïes, ces fêtes sans antécédents, ces plans généraux de bréviaires qui ne ressemblent à rien de ce qu'on a vu, même au XVIIIe siècle, et dans lesquels on a si largement appliqué le système de la diminution du service de Dieu ; de là l'interruption presque universelle de l'office canonial dans les cathédrales ; et il en est où la bonne volonté ne suffirait pas, attendu que les livres de chœur ne sont encore ni rédigés, ni imprimés ; de là, en plusieurs endroits, la suppression de fait ou de droit, quelquefois l'une et l'autre, de cérémonies historiques et populaires, de rites et bénédictions inscrits pourtant au rituel diocésain ; de là, tant de milliers de tableaux et d'images des saints commandés et chèrement payés, sans qu'on prenne soin d'y faire représenter ces amis de Dieu et du peuple chrétien, avec les attributs, les couleurs et autres accessoires qui les caractérisent expressément. Nous ne pousserons pas plus loin, mais certainement nous ne disons rien ici que nous n'ayons entendu mille fois de la bouche des curés les plus vertueux et les plus éclairés ; nous dirons mieux, de la bouche même de plusieurs de nos premiers Pasteurs. Tous, il est vrai, attendaient de meilleurs temps, et nous avons bien aussi cette confiance.

Ajoutons encore un mot pour signaler tout le malaise de notre situation liturgique. Qui n'a entendu parler des vexations dont la France entière a été le théâtre depuis dix ans, quand le nouveau gouvernement exigea l'addition expresse du nom du roi à la prière *Domine, salvum?*

Grâce aux innovations liturgiques, le gouvernement de Louis-Philippe montre les prétentions les plus exagérées

INSTITUTIONS LITURGIQUES

au sujet de la prière pour le roi.

N'avons-nous pas alors porté la peine d'une trop grande complaisance à l'égard des souverains ? Sans rappeler l'insertion irrégulière du nom du roi au Canon de la messe, entreprise qu'on peut regarder comme prescrite aujourd'hui, quelle n'eût pas été notre indépendance à l'égard des circulaires ministérielles, si nous eussions accepté dans son temps la sage constitution de Benoît XIV, du 23 mars 1753, qui défend aux supérieurs ecclésiastiques d'accéder aux volontés des princes qui leur enjoignent de faire célébrer des prières publiques ? Pourquoi, dans certains diocèses, en est-on venu jusqu'à prescrire à toutes les messes chantées des dimanches et fêtes, l'usage d'une oraison solennelle, *pro Rege*, laquelle oraison se retrouve encore comme une partie obligée des prières qui se font au salut du Saint-Sacrement, tandis qu'il est inouï dans ces mêmes diocèses que les rubriques prescrivent jamais une oraison pour le Pape ? Enfin, s'il arrivait, ce que nous ne souhaitons pas, que le gouvernement de notre pays vînt à tourner totalement à la démocratie, quelle messe chanterait-on dans certains diocèses, le XXIIe dimanche après la Pentecôte (1) ?

Tout le mal de notre situation vient de nos devanciers.

Il est vrai que ces entraves imposées à la liberté de l'Église ont été fabriquées dans d'autres temps. Notre tort, si nous en avons un, est simplement de n'avoir pas secoué assez tôt un joug que les XVIIe et XVIIIe siècles nous ont légué : il faut même reconnaître que toutes les fautes que nous avons pu faire en notre époque ont été comme nécessaires. Nos pères nous ont laissé, avec leurs préjugés, la succession de leurs œuvres, et si la Liturgie est aujourd'hui une science à créer de nouveau ; c'est qu'elle est tombée sous les coups de nos devanciers. Tout le mal de notre situation vient donc d'eux ; le bien qui reste à raconter est de nous seuls.

---

(1) Voyez les Missels de Lyon, de Bourges, du Mans, de Poitiers, etc.

Mais avant de tracer le tableau, si incomplet qu'il soit, de la régénération liturgique, nous manquerions à la fidélité de l'historien, si nous ne signalions pas ici les entreprises dirigées de nos jours, dans plusieurs diocèses, contre la Liturgie romaine. Les remarques que nous avons faites jusqu'ici portent sur les diocèses qui, à l'ouverture du siècle présent, se trouvaient déjà nantis d'un nouveau bréviaire ; car nous laissons toujours de côté la question de droit, et nous ne jugeons les innovations que d'après les principes généraux de la Liturgie. Il en est tout autrement de l'expulsion violente du Bréviaire et du Missel romains ; attentat qui a eu lieu plusieurs fois depuis 1815, dans des diocèses où cette Liturgie avait survécu à tous nos désastres, à toutes nos erreurs. Nous ne craignons pas de nous faire ici le champion de la Liturgie romaine, et nous demanderons volontiers, comme les évêques de Saint-Malo et de Saint-Pol-de-Léon à l'archevêque de Tours, en 1780, quelle peut être l'utilité de rompre, de nos jours, un lien si sacré avec la Mère des Églises ? Telle était aussi la manière de penser du plus saint prélat de notre temps, Charles-François d'Aviau du Bois de Sanzay, archevêque de Bordeaux, qui maintint avec tant de zèle dans son diocèse la Liturgie romaine, en même temps qu'il donnait, en 1826, comme en 1811, de si glorieux témoignages de son attachement aux prérogatives du Siège apostolique. Un bruit se répandit dans ces derniers temps, que l'Église de Bordeaux était menacée de voir les livres de saint Grégoire remplacés par ceux de Vigier et Mésenguy ; mais cette nouvelle, sans doute, n'était qu'une fausse alarme.

Malheureusement, il n'en a pas été ainsi en tous lieux. Il n'est que trop certain que plusieurs autres diocèses ont franchi le pas. Il en est même où on est allé jusqu'à défendre l'usage des livres romains, et nous pourrions même citer un diocèse où l'évêque, pour ne pas fulminer

I PARTIE
CHAPITRE XXIV

De nouveaux attentats sont dirigés dans plusieurs diocèses contre la Liturgie romaine.

Mgr d'Aviau, le plus saint prélat de notre temps, maintient la Liturgie romaine à Bordeaux.

Dans certains diocèses, on va jusqu'à défendre l'usage des livres romains.

<small>INSTITUTIONS LITURGIQUES</small>

cette défense, a eu à lutter contre ses conseillers. Il est vrai que depuis, dans ce même diocèse, de graves casuistes ont décidé que la récitation du Bréviaire romain n'était dès lors qu'un PÉCHÉ VÉNIEL ! Et qu'on ne croie pas qu'il s'agisse ici de quelqu'un de ces diocèses où l'on est en possession d'une Liturgie vieille au moins de cinquante années ; non, dans le Diocèse dont nous parlons, les livres romains sont encore à peu près les seuls qu'on trouve dans les sacristies et sur les pupitres du chœur.

<small>La Liturgie romaine détruite en Bretagne, au grand détriment de la foi et des mœurs.</small>

Que dirons-nous de la Bretagne ? Cette belle et catholique province, toute romaine encore jusqu'en 1770, a vu s'effacer par degrés cette couleur qui annonçait si expressivement sa qualité de *pays d'Obédience ;* mais du moins en 1790, et longtemps encore depuis, les diocèses de Nantes, de Rennes, de Vannes et de Saint-Brieuc, avaient conservé l'extérieur de la Liturgie romaine. Le clergé récitait ses heures suivant Jacob, Vigier et Mésenguy ; mais le peuple était demeuré en possession de ses chants séculaires dans les églises paroissiales. Depuis, on a imprimé à grands frais d'autres livres ; les anciennes mélodies, l'ancien calendrier, ont disparu pour faire place, ici au parisien, là au poitevin ; mais si, dans quelques portions *plus civilisées* de la Bretagne, ces changements ont été accueillis avec quelque indifférence, il n'en a pas été de même dans les diocèses peuplés par cette race énergique et forte de croyances qu'on appelle du nom de bas Bretons. L'œuvre nouvelle jusqu'ici ne les tente pas, et quand ils y seront faits, on pourra dire que l'indifférence religieuse les aura gagnés aussi : car on ne s'imagine pas, sans doute, que ces braves gens deviendront capables d'apprendre par cœur les nouveaux chants, par cela seul qu'on les aura forcés d'oublier les anciens. Ils oublieront en même temps le chemin de l'église où rien ne les intéressera plus. Nous le disons avec franchise, la destruction de la Liturgie romaine en basse Bretagne, combinée avec la proscription de la langue jusqu'ici parlée dans cette contrée, amènera pour résultat de faire de ce peuple grossier le pire de tous. Si vous lui ôtez la langue de ses pères, si vous le lancez, tout sauvage qu'il est, dans nos mœurs corrompues, et que vous ne le reteniez pas enchaîné à son passé au moyen des pompes et des chants religieux, vous verrez, au bout de trente ans, ce que vous aurez gagné aux nouvelles théories.

En attendant, l'esprit catholique de ces populations simples se débat contre les entraves qu'on lui impose. On rencontre sur les routes des familles entières qui, après avoir vu célébrer dans leur paroisse les funérailles d'une personne chère, avec des chants jusqu'alors inconnus pour elles, s'en vont à trois et quatre lieues faire chanter, dans quelque autre paroisse dont les livres romains n'ont pas encore été mis au pilon, une messe de *Requiem;* ils veulent entendre encore une fois ces sublimes introït, offertoire et communion, qui sont demeurés si profondément empreints dans leur mémoire, comme l'expression à la fois tendre et sombre de leur douleur. Aux fêtes de la sainte Vierge, après avoir écouté patiemment chanter les psaumes sur des tons étrangers, quand vient le moment où devrait retentir l'hymne des marins, l'*Ave maris stella*, merveilleux cantique sans lequel l'Église romaine ne saurait célébrer les solennités de la Mère de Dieu, et que le chantre vient à entonner ces hymnes nouvelles dont pas une syllabe jusqu'ici n'avait frappé l'oreille de ce peuple, vous verriez dans toute l'assistance le déplaisir peint sur les visages ; vous entendriez les hommes et jusqu'aux enfants trépigner d'impatience, et bientôt, après l'office, se répandre en plaintes amères de ce qu'on ne veut plus chanter ce beau cantique qu'ils ont appris sur les genoux de leurs mères, et dont le matelot mêla si souvent les touchants accents au bruit des vents et des flots dans la tempête.

>**INSTITUTIONS LITURGIQUES**
>
>Effet produit sur les fidèles par les nouveautés que leur présente la Liturgie parisienne.

Quand le curé, du haut de la chaire, faisant son prône, le dimanche, au lieu de cette belle liste de saints protecteurs qu'offrait chaque semaine le calendrier romain, donne en quatre paroles le bref détail des saints qu'on a bien voulu conserver; quand la monotone série des dimanches après la Pentecôte se déroule pendant cinq ou six mois, sans que les yeux de ces hommes simples voient se déployer les couleurs variées des confesseurs et des martyrs, sans qu'ils entendent chanter cette autre hymne, qu'ils aimaient tant et qu'ils savaient tous, l'*Iste confessor*, avec son air tantôt champêtre, tantôt triomphal; alors ils se prennent à demander à leurs recteurs quel peut être l'avantage de tous ces changements dans la manière d'honorer Dieu; si les chrétiens du temps passé qui chantaient *Ave maris stella* et *Iste confessor*, ne valaient pas bien ceux d'aujourd'hui; si les livres de notre Saint-Père le Pape ne seraient pas aussi bons que les nouveaux qu'on a apportés tout à coup; et souvent les recteurs sont dans un grand embarras pour leur faire saisir tout l'avantage que la religion devra retirer de ces innovations. Dans ces contrées, et nous parlons avec connaissance de cause, l'ancien clergé a tenu jusqu'à la fin pour le romain, et c'est parce que ses rangs s'éclaircissent de jour en jour, que les changements deviennent possibles : mais, nous le répétons, si la religion vient à perdre son empire sur les Bretons, elle ne le regagnera pas de sitôt, et on sentira alors qu'il était plus facile de retenir ces hommes dans l'Église, que de les y faire rentrer quand une fois ils en seront dehors.

>L'Église de Quimper fidèle au rite romain jusqu'en 1835 est dotée d'un nouveau bréviaire.

Restait encore jusqu'en 1835, au fond de la Bretagne, un diocèse qui, garanti par son heureuse situation à l'extrémité de cette province, par l'intégrité des mœurs antiques de ses habitants, n'avait point pris part à la défection universelle. Quimper avait conservé le romain, comme Marseille le conserve avec sa foi méridionale, comme Saint-Flour au sein de ses pauvres et stériles montagnes ; lorsque tout à coup on apprit qu'un nouveau bréviaire allait prendre la place que le romain occupait dans cette église depuis le concile de Tours de 1583. Nous ne dirons que la vérité, si nous disons que cette mesure a profondément affligé les personnes les plus respectables dans le clergé ; mais il nous faut ajouter, ce qui est tout à fait affligeant, que la propagande protestante a trouvé dans cette déplorable innovation des armes contre la foi des peuples et qu'elle s'est hâtée de s'en servir.

« Vous changez donc aussi, a-t-elle dit ; il vous est donc
« libre de prendre et de quitter les formules sacrées de
« l'Église de Rome ? Vos dogmes qui reposent sur la
« tradition, suivant votre dire, sont-ils à l'épreuve des
« variations, du moment que vous êtes si faciles à changer
« les prières qui les expriment ? Vous avouez donc qu'il
« y a de l'imparfait, de la superfétation, des choses inad-
« missibles dans les livres de Rome, puisque, après les
« avoir eus en main pendant des siècles, vous les répudiez
« aujourd'hui ? Comme il est certain que ces mêmes
« livres vous sont imposés par les bulles papales et que
« vous n'avez aucune autorisation de leur en substituer
« d'autres, le pape, contre la volonté duquel vous agis-
« sez directement, n'exerce donc, de votre aveu, qu'une
« suprématie purement humaine, à laquelle vous pouvez
« désobéir sans que votre conscience de catholiques vous
« fasse entendre ses reproches, etc., etc. ? » Tels sont les discours que des protestants anglais et français ont tenus et tiennent encore aux fidèles du diocèse de Quimper, et il faut bien convenir que si leur argumentation n'est pas irréprochable en tout, il est des points aussi sur lesquels elle se montre irréfutable ; outre qu'il est souverainement déplorable d'y avoir fourni un semblable prétexte. Au reste, la révolution liturgique n'est pas encore totalement consommée à Quimper. Le missel qui devait

compléter le nouveau bréviaire n'est pas imprimé; les offices publics se célèbrent encore au romain : Dieu soit en aide au nouvel évêque de cette Église affligée, et lui donne de consoler les ruines du sanctuaire !

Nous croyons devoir, en achevant cette pénible partie de notre récit, ajouter quelques mots sur ce *Breviarium Corisopitense*, dont tout le monde sait, dans le diocèse de Quimper, que la publication fut extorquée au vénérable évêque qui gouvernait encore cette Église en 1840. Nous ne citerons que deux traits pris au hasard dans ce livre.

On trouve, en tête de la partie du printemps, une notice des hymnographes qui ont été mis à contribution pour tout le bréviaire. Or, voici une de ces notices :

N. T. *Le Tourneux (Nicolaus) presbyter Rothomagensis, Breviario Cluniacensi operam dedit, multosque libros de theologia et pietate vulgavit, quorum alii damnati sunt, alii caute legendi. Obiit Parisiis anno* 1686.

C'est maintenant au compilateur du nouveau bréviaire de Quimper de nous expliquer les raisons de sa sympathie pour Nicolas Le Tourneux, et de nous dire aussi quelle idée il se forme du clergé de Quimper, pour s'en venir lui étaler d'une façon si crue les mérites de son étrange hymnographe. S'est-il proposé de donner à entendre que, pour remplacer saint Ambroise et saint Grégoire dans les nouveaux bréviaires, il n'est pas nécessaire qu'un poète latin soit catholique ? Jamais encore un si naïf aveu n'était échappé aux modernes liturgistes. Ceux du dix-huitième siècle avaient du moins cela de particulier qu'ils cachaient soigneusement l'origine impure de certaines pièces modernes.

Mais voici quelque chose qui a bien son prix. En la partie d'été, on trouve un office sous ce titre : Officium pro anniversaria commemoratione ordinationis. — *Semiduplex*. Ce titre est suivi d'une rubrique qui porte que cet office se récitera au premier jour non empêché, après la fête de la Sainte-Trinité, et qu'on y fera mémoire d'un *simple* occurrent. Ainsi, depuis l'origine de l'Église jusqu'aujourd'hui, les évêques, le Souverain Pontife lui-même, en l'anniversaire de leur consécration, s'étaient contentés de célébrer une messe en mémoire de cette solennité personnelle, ou encore d'ajouter simplement *une seule oraison* à la messe du jour, dans le cas où le degré de la fête occurrente n'en eût pas permis davantage ; mais jamais ils n'auraient osé interrompre l'office public de l'Église pour y insérer la célébration particulière d'un fait personnel ; et voilà qu'à l'extrémité de la Bretagne, tous les prêtres sont appelés, bien plus, sont obligés à faire ce que n'ont jamais fait ni les évêques des plus grands sièges, ni le pape lui-même. Les voilà qui s'isolent de l'Église avec laquelle on prie, même dans l'office férial, pour se célébrer eux-mêmes tout vivants; à moins qu'on ne suppose, ce qui est tout aussi ridicule, que l'Église est censée faire avec eux la fête de leur ordination. Un saint du degré *simple*, et dans le nouveau calendrier on en a fait un grand nombre aux dépens des *doubles* du romain, un saint de ce degré, disons-nous, est désormais condamné à n'avoir qu'une commémoration dans cet étrange office, où le récitant se célèbre lui-même; comme aussi, si le lendemain est une fête *double*, le récitant fera commémoration *de seipso* aux secondes vêpres, dans les premières du saint ; car enfin il faut pourtant convenir qu'on a encore assez de modestie pour ne se pas déclarer *semi-double privilégié*.

Nos optimistes conviendront-ils pourtant de l'esprit presbytérien qui anime plus ou moins ces faiseurs ? Et ces derniers où s'arrêteront-ils, si on les laisse faire ? Car ils ne se sont pas contentés de fabriquer ainsi un office pour l'ordination des prêtres du diocèse, ils ont osé l'adapter par des leçons particulières aux DIACRES et même aux SOUS-DIACRES ; rien n'a été oublié, si ce n'est l'ÉVÊQUE. Pour lui, il devra se contenter de réciter l'office de l'Église, au jour de sa consécration, comme font au reste tous les autres évêques du monde : le privilège d'interrompre la Liturgie universelle pour le fait d'un individu qui n'est même pas assuré d'une place dans le ciel après avoir paru ainsi chaque année dans le calendrier, ce privilège n'a point été étendu aux ÉVÊQUES. Certes, nous ne voudrions point d'autre preuve de cet esprit de presbytérianisme qui fermente sourdement, que l'indifférence avec laquelle une si incroyable nouveauté a été accueillie. Plusieurs causes déjà anciennes ont contribué à nourrir et à fortifier cet esprit ; mais, assurément, comme nous l'avons dit ailleurs, l'influence des rédacteurs des nouvelles Liturgies depuis cent cinquante ans, tous exclusivement choisis dans les rangs du second ordre, quand ils n'étaient pas laïques, a grandement servi à le fomenter dans le clergé. Toutefois, pour rendre possible un aussi monstrueux abus de l'office divin que l'est celui que nous signalons, il fallait plus que les prétentions presbytériennes ; il a fallu dans plusieurs l'extinction totale des plus simples notions de la Liturgie.

Mais la divine Providence fera sortir le bien de l'excès même du mal ; et le retour à de meilleures traditions viendra par le dégoût et la lassitude qu'inspireront de plus en plus ces œuvres individuelles. Déjà, on ne peut le nier, un sentiment général du malaise de la situation liturgique règne dans les rangs du clergé. L'attention commence à se porter de ce côté, et il est difficile de croire que, longtemps encore, on consente à demeurer si redevable au xviii° siècle. Les variations continuelles, le désaccord des livres liturgiques entre eux, le retour aux études traditionnelles, l'impuissance de fonder une science sur des données si incohérentes, la difficulté de satisfaire aux questions des fidèles : toutes ces choses préparent une crise. Déjà l'innovation n'est plus défendue qu'à travers de maladroites et inévitables concessions. Si on excepte les personnes, en petit nombre, qui ont fabriqué de leurs mains les bréviaires de Quimper et autres lieux, il n'est pas un homme aujourd'hui parmi les amateurs du genre français en Liturgie, qui ne soit en voie de reculer sur plusieurs points ; encore nos récents faiseurs sont-ils loin de s'entendre entre eux et d'offrir un centre de résistance.

Rien ne se ressemble moins pour les principes généraux de rédaction, et pour l'exécution elle-même, que les bréviaires français du dix-neuvième siècle. Les auteurs de ces bréviaires daigneront donc nous pardonner, si nous éprouvons de la difficulté à goûter leurs œuvres, tant en général qu'en particulier. Au reste, nous ferons connaître en détail ces œuvres, et nous laisserons nos lecteurs libres de prononcer.

Outre ce malaise généralement senti, il est une autre cause du peu d'enthousiasme qu'inspire au clergé d'aujourd'hui l'avantage de ne plus réciter l'office dans un bréviaire universel, de ne plus célébrer la messe dans un missel qui soit pour tous les lieux. C'est le besoin universellement reconnu d'être en harmonie avec l'Église romaine, besoin qui augmente sans cesse, et devant lequel s'efface de jour en jour toute la résistance de nos soi-disant *maximes*. Après tout, il est assez naturel que l'on trouve meilleur de tenir la Liturgie de saint Grégoire et de ses successeurs, plutôt que d'un prêtre obscur et suspect du xviiie siècle; tout le monde est capable de sentir que si *la loi de la foi* dérive de la *loi de la prière*, il faut pour cela que cette loi de la prière soit immuable, universelle, promulguée par une autorité infaillible. En un mot, quand bien même les tendances romaines dont l'Église de France se fait gloire aujourd'hui ne seraient pas le résultat naturel de la situation si particulière que lui a créée le Concordat de 1801, le simple bon sens suffirait à lui seul pour produire ces tendances.

614 MOUVEMENT INVERSE ET FAVORABLE AUX USAGES ROMAINS

INSTITUTIONS
LITURGIQUES

La piété française s'affranchit des formes raides du xviie et du xviiie siècle, et les rapports fréquents avec Rome et l'Italie font renaître le goût des pompes liturgiques.

D'autre part, la piété française s'affranchit de plus en plus des formes froides et abstraites dont le dix-septième et le dix-huitième siècle l'avaient environnée. Elle est devenue, comme avant la Réforme, plus expansive, plus démonstrative. Elle croit davantage aux miracles, aux voies extraordinaires; elle n'exige plus autant que l'on gaze la vie des saints et qu'on couvre certains actes héroïques de leur vie comme d'un voile de pudeur. Le culte des reliques prend un nouvel accroissement, et c'est aux acclamations des fidèles que Rome, fouillant encore ses entrailles, en retire ces corps des saints martyrs qu'elle envoie de temps à autres remplir les trésors dévastés de nos églises. L'abord de cette cité sainte n'est plus défendu à nos évêques par de prétendues et dérisoires *libertés*, et le nombre des prêtres français qui la visitent chaque année en pèlerins est de plus en plus considérable. De là ce goût renaissant pour les pompes de la Liturgie, ces importations d'usages romains, cet affaiblissement des préjugés français contre les démonstrations religieuses des peuples méridionaux, qui sous ce rapport, ne sont, après tout, que ce qu'étaient nos pères dans les siècles de foi. Il fut un temps où un homme zélé pour les fonctions du service divin courait risque de s'entendre appliquer le sarcasme français : *Il aime à jouer à la chapelle;* aujourd'hui, on semble commencer à comprendre que le zèle et la recherche dans l'accomplissement des actes liturgiques pourrait bien provenir de tout autre chose que de manie, de prétention, ou de faiblesse d'esprit. Mais produisons en détail quelques-uns des faits à l'aide desquels on est à même de constater la révolution liturgique qui s'opère.

Plusieurs principes des antiliturgistes rétractés par la nouvelle édition du Bréviaire de

Nous trouvons d'abord, dès 1822, l'éclatante rétractation de plusieurs des principes des antiliturgistes, par la nouvelle édition du Bréviaire et du Missel de Paris. Qu'on lise la lettre pastorale de l'archevêque Hyacinthe-Louis de Quélen, en tête dudit bréviaire, on y trouvera la preuve de ce que nous avançons.

1° La fête du Sacré-Cœur de Jésus, que Christophe de Beaumont avait plutôt montrée à son diocèse qu'instituée véritablement, s'y trouve établie de précepte, et placée au rang des solennités.

2° La fête de saint Pierre et de saint Paul, si elle ne recouvre pas encore le rang que lui assigne l'Église universelle, est rehaussée d'un degré, et cela dans le but expressément déclaré de donner un témoignage de dévouement au Siège apostolique (1). Une prose nouvelle est substituée, dans le missel, à l'ancienne, dont l'unique intention semblait être d'égaler en toutes choses saint Paul à saint Pierre. La nouvelle qui a pour auteur un prêtre moins distingué encore par la pureté de son talent que par son obéissance filiale au Pontife romain (2), exprime avec élégance les prérogatives du Siège apostolique, et en particulier l'inerrance que la prière du Christ a obtenue à saint Pierre. Au calendrier, la fête de saint Léon le Grand a été élevée du degré *semi-double* au rang des *doubles mineurs*, et la fête de saint Pie V apparaît pour la première fois dans un bréviaire français.

Les deux grands moyens dont les antiliturgistes s'étaient servis pour déprimer le culte des saints, savoir la suppression de toutes leurs fêtes dans le Carême, et le privilège assuré au dimanche dans toute l'année contre ces mêmes fêtes ; ces deux stratagèmes de la secte sont jugés et désavoués : la Saint-Joseph est replacée au 19 mars, et désormais le dimanche cédera, *comme autrefois,* UT OLIM, aux fêtes des apôtres et aux autres *doubles majeurs*.

(1) Ut magis ac magis pateat quam arctis nexibus Ecclesiarum omnium Matri ac Magistræ devinciamur. (*Lettre pastorale pour la nouvelle édition du Bréviaire parisien*, page VII.)
(2) M. l'abbé de Salinis.

Outre cette mesure toute favorable au culte des saints on remarquait dans le bréviaire de 1822 un zèle véritable pour cette partie de la religion catholique. Ainsi, la fête de la Toussaint y a été relevée d'un degré; plusieurs saints ont été l'objet d'une mesure semblable, et quelques-uns même ont obtenu l'entrée du calendrier qui leur avait été fermée jusqu'alors.

Les témoignages de la dévotion envers la sainte Vierge se montraient aussi plus fréquents dans certaines additions au propre de ses offices. On avait même, par un zèle qui n'était peut-être pas trop selon la science, inséré dans l'oraison de la fête de la Conception, l'énoncé précis de la pieuse et universelle croyance au privilège insigne dont la Conception de Marie a été honorée. Mieux eût valu, sans doute, rétablir l'octave de cette grande fête, ou rendre à la sainte Vierge le titre des fêtes du 2 février et du 25 mars. Dans tous les cas, c'est au Siège apostolique tout seul qu'appartenait de décider s'il était à propos de concéder à l'Église de Paris un privilège accordé jusqu'ici seulement à l'ordre de Saint-François et au royaume d'Espagne, et que l'Église de Rome n'a pas encore jugé à propos de se conférer à elle-même.

C'est ainsi que les maximes qui avaient présidé à la rédaction du Bréviaire de Paris, sous les archevêques de Harlay et de Vintimille, étaient reniées en 1822, par le successeur de ces deux prélats (1). Le parti janséniste s'en

---

(1) La Compagnie de Saint-Sulpice eut la principale part à cette réforme telle quelle du Bréviaire de Paris, et on aime à la voir signaler dans cette occasion le zèle de religion que son pieux instituteur avait déposé dans son sein. Fidèle à sa mission, elle avait résisté à l'archevêque de Harlay en 1680, et n'avait admis le trop fameux bréviaire qu'après avoir épuisé tous les moyens de résistance que la nature de sa constitution lui pouvait permettre. Plus tard, en 1736, le Bréviaire de l'archevêque Vintimille fut l'objet de ses répugnances, et elle ne dissimula pas l'éloignement qu'elle éprouvait pour une œuvre qui portait les traces trop visibles des doctrines et intentions de la secte. Elle mettait alors en pratique

émut, et, quoique l'œuvre de Vigier et Mésenguy demeurât encore malheureusement en son entier, à part ces corrections suggérées par un esprit bien différent, et qui s'y trouvaient implantées désormais comme une réclamation solennelle, on vit néanmoins paraître une brochure de l'abbé Tabaraud (1), dans laquelle ce *Vétéran du Sacerdoce* protestait avec violence contre la plupart des améliorations que nous venons de signaler. Un journal ecclésiastique du temps (2) présenta aussi ses réclamations, et la nouvelle prose de saint Pierre fut plusieurs fois rap-

d'abord courageusement combattue.

le précieux conseil de Fénelon, dans une de ses lettres à M. Leschassier : *La solide piété pour le saint Sacrement et pour la sainte Vierge, qui s'affaiblissent et qui se dessèchent tous les jours par la critique des novateurs, doivent être le véritable héritage de votre maison.* (19 novembre 1703.) Elle ne pouvait donc voir sans douleur, dans le nouveau bréviaire, la fête du Saint Sacrement abaissée à un degré inférieur à celui qu'elle occupait auparavant, et l'office dans lequel saint Thomas traite du mystère eucharistique avec une onction et une doctrine dignes des anges, supprimé, sauf les hymnes, et remplacé par un autre élaboré par des mains jansénistes. Elle ne pouvait considérer de sang-froid les perfides stratagèmes employés par Vigier et Mésenguy pour *affaiblir* et *dessécher* la piété envers Marie ; entre autres, cette falsification honteuse de l'*Ave maris stella*, à laquelle on porta remède, il est vrai, mais sans rendre à cette hymne incomparable la place qui lui convient aux fêtes de la sainte Vierge. Plus tard, les choses changèrent ; Symon de Doncourt et Joubert s'apprivoisèrent au point de prêter leurs soins au perfectionnement de l'œuvre de Vigier et Mésenguy ; ils trouvèrent que tout était bien au bréviaire pour le culte du saint Sacrement et de la sainte Vierge : nous avons vu comment, pour la plus grande gloire de saint Pierre, ils améliorèrent une oraison du sacramentaire de saint Grégoire, et comment leur *mémoire* obtint, comme il était juste, l'honneur de figurer avec éloges dans les *Nouvelles Ecclésiastiques*. Ces aberrations, dont l'histoire de plusieurs congrégations ne présente que trop de preuves, à l'époque où la secte antiliturgiste avait prévalu, ne seraient plus possibles aujourd'hui, et nous ne les rappelons que pour faire ressortir davantage la portée de cette réaction romaine que notre but est de constater dans le présent chapitre.

(1) *Des Sacrés-Cœurs de Jésus et de Marie, précédés de quelques observations sur la nouvelle édition du Bréviaire de Paris,* par un vétéran du Sacerdoce. Paris, 1823, in-8º.
(2) *Tablettes du Clergé*. Nº de juin 1822.

pelée dans les feuilles *libérales*, comme un document irrécusable des progrès scandaleux de l'ultramontanisme au XIXᵉ siècle.

Mgr de Quélen prépare une édition du Rituel de Paris, dans lequel sont rétablies les prières romaines pour l'administration des Sacrements.

Peu de temps avant sa mort, l'archevêque de Quélen prépara une édition du Rituel de Paris. Cette publication fut encore l'occasion d'une nouvelle manifestation de la tendance générale vers un retour aux anciennes formes liturgiques. Dans ce nouveau rituel, en effet, qui a paru depuis la mort du prélat, on a rétabli les prières pour l'administration des sacrements, dans la forme du Rituel romain, et fait disparaître les périodes plus ou moins sonores qui avaient été fabriquées au temps de l'archevêque de Juigné (1).

L'exemple donné par l'Église de Paris devait naturellement avoir de l'influence au loin; mais avant de poursuivre ce récit, faisons une remarque importante sur la situation actuelle de la Liturgie en France. On se rappelle ce que nous avons dit au sujet de l'introduction du Bréviaire et du Missel de Vintimille dans plusieurs diocèses, aussitôt après leur apparition. Ces nouveaux livres y furent

(1) L'*Ami de la Religion*. 21 mars 1840. — Nous n'entendons, au reste, aucunement approuver plusieurs choses qui se remarquent dans ce rituel, et sur lesquelles nous aurons occasion de nous expliquer dans la suite de cet ouvrage. Nous disons la même chose du Bréviaire parisien de 1822 : certainement les tendances romaines que nous avons relevées, font de cette édition le monument précieux d'une réaction salutaire; mais il est dans l'ensemble de cette réforme beaucoup de choses qui nous paraissent répréhensibles, tant du côté du goût que sous le point de vue des convenances liturgiques. En attendant l'examen que nous aurons lieu d'en faire, nous félicitons du moins ici les auteurs de cette correction parisienne d'avoir, entre autres services rendus à la piété des fidèles, débarrassé les complies du temps de Noël de cette antienne désolante, au moyen de laquelle Vigier et Mésenguy cherchèrent à arrêter l'élan des cœurs chrétiens vers l'amour du divin Enfant, à l'heure même où le fidèle, prêt à se livrer au sommeil, a plus besoin de nourrir sa confiance. Depuis 1822, l'église de Paris ne chante plus à l'office du soir ces terribles paroles : *In judicium in hunc mundum veni; ut qui non vident videant, et qui vident cœci fiant.*

reçus avec enthousiasme, et tout d'abord on travailla à les réimprimer avec le propre du diocèse. Dès l'année 1745, l'archevêque Vintimille donna une nouvelle édition de son bréviaire, dans laquelle il fit plusieurs changements qui, sans être très notables, exigèrent le remaniement d'une centaine de pages et plus. Il eût été incommode aux diocèses qui, les premiers, avaient adopté le nouveau parisien, de se soumettre à cette réforme qui, en droit, ne les obligeait à rien. Ce fut donc déjà le principe d'une divergence, non seulement avec l'Église de Paris dont on avait voulu se rapprocher, en adoptant son bréviaire, mais aussi avec les autres diocèses qui se vouèrent au parisien postérieurement à 1745. Ces derniers, à leur tour, s'ils s'étaient rangés sous la Liturgie de Vigier et de Mésenguy antérieurement à 1778, se trouvèrent bientôt en désaccord, sur des points assez légers, il est vrai, avec l'Église de Paris, qui, en cette année, sous Christophe de Beaumont, fit encore quelques améliorations à sa Liturgie. Enfin, les diocèses qui adoptèrent le parisien, de 1778 à 1790, et de 1801 à 1822, sont par là même en contradiction plus ou moins notable avec les Églises qui suivent la première édition de 1736, et avec celles qui se servent des livres de 1745, mais bien davantage encore avec l'Église de Paris depuis la correction de 1822. Cette dernière correction a été si considérable, qu'on formerait, en réunissant les diverses additions et changements, un volume fort raisonnable. C'est le parisien de cette dernière réforme qu'ont choisi les diocèses qui, postérieurement à 1822, ont jugé à propos de renoncer à leurs anciens usages, pour venir s'enrôler bénévolement sous les lois de Vigier et Mésenguy. Nous pourrions même citer un diocèse (1) qui, dans ces vingt dernières années, a adopté de si bon cœur le parisien de 1822, qu'il ne s'est pas fait grâce même du calen-

---

(1) Angers.

drier, jusque-là que, sans bulle ni bref, il a pris la fête de B. Marie de l'Incarnation. Douze ans après, on s'est aperçu de la grave irrégularité avec laquelle on s'était arrogé ainsi, sans aucune formalité, le droit de canoniser cette bienheureuse servante de Dieu, et dès lors, il est juste de le dire, on a cessé de marquer son office dans l'*Ordo* du diocèse, la laissant ainsi sans utilité dans le bréviaire. Tel est donc, dans les diocèses mêmes qui suivent le parisien, l'état dans lequel se trouve l'œuvre de 1736; encore faut-il tenir compte des changements, modifications, améliorations dont ce bréviaire a été l'objet de la part des correcteurs particuliers des diocèses où il s'est établi depuis cette époque. On peut donc dire, et nous le montrerons en détail dans cet ouvrage, que le Bréviaire de Vintimille a plus subi de changements et de remaniements en un siècle, que le Bréviaire romain lui-même depuis saint Pie V : car les additions d'offices faites à ce bréviaire ne constituent pas de véritables changements; et nous ne comptons pas non plus ces additions entre les variations du Bréviaire parisien. Mais reprenons notre récit.

L'exemple donné par l'église de Paris, en 1822, étendit son influence au dehors. La fête du Sacré-Cœur de Jésus s'établit enfin dans les diocèses qui jusqu'alors avaient tardé à fournir ce témoignage de leur éloignement pour les tendances jansénistes. On a même vu dans ces dernières années plusieurs églises, Rennes et Nantes, par exemple, reprendre l'office du saint Rosaire; ce que l'archevêque de Quélen lui-même n'avait pas fait. Certains diocèses, Versailles, Nantes, etc., ont établi une fête collective en l'honneur de tous les saints papes. Il serait mieux sans doute de les fêter en particulier avec l'Église romaine; mais c'est déjà une démarche significative que de consacrer d'une manière quelconque la mémoire de ces saints pontifes qu'on expulsait du calendrier, en si grand nombre, au xviiie siècle.

Déjà, dans plusieurs diocèses, les évêques ont manifesté hautement le désir de rétablir les usages romains, autant que les difficultés matérielles pourraient le permettre. Nous avons entendu de nos oreilles, nous avons lu de nos yeux cette assurance ferme et positive. En attendant, plusieurs évêques ont donné ordre d'emprunter à la Liturgie romaine toutes les parties qui manquent dans les livres diocésains. Au Puy, l'illustre évêque, depuis cardinal de Bonald, après avoir exprimé le regret de ne pouvoir changer le bréviaire et le missel que le xviiie siècle imposa à ce diocèse, a donné en 1830 un excellent cérémonial puisé en grande partie aux sources romaines les plus pures et les plus autorisées, et remarquable par la précision, la clarté et l'abondance des règles qu'il renferme.

Nous devons sans doute compter parmi les indices les plus significatifs d'un retour vers les usages romains, le *Monitum* placé à la fin du Missel de Lyon de 1825, page cxciv. Dans les réimpressions du Missel de l'archevêque Montazet, on était déjà parvenu à la page 330, lorsqu'il vint en idée à l'administrateur apostolique de l'église de Lyon, qu'il serait plus conforme *à l'ancien usage lyonnais, à l'usage romain et même à celui de tous les lieux* (1), de rétablir, en tête des évangiles de la messe, la préface *In illo tempore*, et en tête des épîtres, les mots *Fratres*, ou *Carissimi*, ou *In diebus illis*, ou *Hæc dicit Dominus*, que les jansénistes avaient fait disparaître comme l'impur alliage de la parole de l'Église avec la parole de la Bible. En conséquence, il fut ordonné qu'à partir de ladite page 330, on imprimerait désormais le mot d'introduction convenable et usité autrefois, en tête des épîtres et des évan-

---

(1) Sed tunc D. D. de Pins, administrator apostolicus, antiquæ Lugdunensis Liturgiæ protector et defensor, superveniens, hanc recentem Liturgiam cum nostro antiquo usu, cum Romano, et alio quocumque ubique diffuso, in ea re conciliavit, etc. (*Missale Lugdunense*. 1825. *Ad calcem*, pag. cxciv.)

giles, et une rubrique fut créée au moyen de laquelle les prêtres pourraient, tant bien que mal, intercaler ce mot dans les endroits où il manquerait. On ne jugea pas à propos de réimprimer les 330 pages, pour ne pas rendre inutiles *le temps, la dépense et le travail* (1). Certes, de pareilles humiliations, subies devant tout un public, sont un bien rigoureux châtiment de la prétention de se donner un nouveau missel. Espérons qu'une autre édition du Missel lyonnais avancera plus encore l'œuvre du rétablissement des traditions antiques dans l'auguste primatiale des Gaules, et que ce livre se verra purgé un jour des innombrables nouveautés qui l'encombrent et l'ont réduit à n'être, pour ainsi dire, qu'un livre du XVIIIe siècle.

Mais il est un fait plus éclatant encore et qui vient de s'accomplir sous nos yeux. N'avons-nous pas vu l'archevêque de Quélen (et son exemple a été suivi par un nombre déjà considérable de ses collègues dans l'épiscopat), n'avons-nous pas vu ce prélat demander au Saint-Siège la permission d'ajouter à la préface *de Beata*, dans la fête de la Conception de la sainte Vierge, le mot *immaculata*, et aux litanies de Lorette, ceux-ci : *Regina sine labe concepta ?* Dix-huit ans auparavant, le même prélat avait cru pouvoir *de son autorité*, insérer la doctrine expresse de l'Immaculée Conception dans l'oraison de cette fête; il avait donné une préface nouvelle *tout entière* dans son missel, pour la messe du Sacré-Cœur ; il avait inséré dans son bréviaire, non une simple invocation, mais des litanies *entières*, improuvées par le Saint-Siège, savoir celles du saint Nom de Jésus; et voilà qu'en 1830, sa piété l'engage à se poser en instances auprès du pontife romain, pour obtenir la liberté de disposer de deux ou trois mots

---

(1) Sed in posteriori harum 330 paginarum, tempus, impensa et opera periissent. (*Ibid.*, page cxcv.)

dans la Liturgie, lui dont les prédécesseurs ont pu remanier et renouveler presque en totalité l'œuvre de saint Grégoire, la Liturgie de l'Église universelle. C'est là, il faut en convenir, une des meilleures preuves du retour à l'antique dépendance que professait l'Église de France à l'égard de Rome, dans les choses de la Liturgie; de même qu'il faut voir une nouvelle abjuration du fameux principe de l'inviolabilité du dimanche, dans la demande faite à Rome par le même prélat, de pouvoir célébrer la solennité de la fête de la Conception au second dimanche de l'Avent. Rome même, dans ses rubriques actuelles, ne va pas si loin ; et cette fête, toute grande qu'elle est, le cède toujours au second dimanche de l'Avent, quand elle vient à tomber en ce jour, bien que les derniers dimanches de l'Avent soient seulement *privilégiés de seconde classe.*

On peut assigner encore comme une des causes de la résurrection des traditions romaines de la Liturgie en France, les légitimes exigences de la piété des peuples qui, ne pouvant participer aux indulgences attachées à certaines fêtes, offices et prières, qu'autant que l'on s'y conforme aux calendrier, bréviaire, missel et rituel romains, finiront par obtenir qu'il soit fait sur ces articles les concessions nécessaires. Or chacun sait que, dans les nouveaux bréviaires français, le petit office de la sainte Vierge, celui du saint Sacrement, celui des Morts, diffèrent sur une immense quantité de points avec les mêmes offices dans le Bréviaire romain ; que la prière *Regina cœli,* qu'on croit réciter au temps pascal en place de l'*Angelus,* a été gratifiée d'un nouveau verset tout différent de celui qui est indiqué dans les bulles des papes ; qu'un nombre considérable de fêtes a été transféré à des jours souvent éloignés de ceux auxquels Rome les célèbre ; que les jours où la Liturgie romaine fait un office *double,* étant souvent occupés par un *simple,* ou même laissés à la férie, dans les nouveaux livres, et réciproquement, il en résulte l'impossibilité absolue de faire cadrer les modernes calendriers et les *ordo* dressés d'après eux, avec les règles statuées par les souverains pontifes, dans les concessions d'*autel privilégié*; etc., etc. Il serait inutile de presser cette énumération qui nous mènerait trop loin; mais outre qu'il est indubitable, *en droit*, que le Siège apostolique, accordant des indulgences pour l'usage de telle ou telle formule liturgique, n'a et ne peut avoir en vue que la teneur de cette formule telle qu'elle est dans les livres romains et approuvés; des décisions récentes ont montré, *en fait*, quelle était expressément l'intention des souverains Pontifes.

Mais un grand et solennel exemple est celui que vient de donner Monseigneur Pierre-Louis Parisis, évêque de Langres, en rétablissant purement et simplement la Liturgie romaine dans son diocèse; mesure courageuse que l'histoire enregistrera, et que le prélat motive dans une lettre pastorale à son clergé, d'une façon trop remarquable pour que nous puissions résister au désir de rapporter ici ses propres paroles.

« Vous n'ignorez pas, nos très chers frères, dit le
« prélat, de quelles divergences liturgiques la célébration
« des offices divins est l'objet dans ce diocèse; souvent,
« vous avez gémi de cette contradiction et opposition de
« rites entre des paroisses voisines les unes des autres;
« d'où il résulte que les fidèles, à force de voir ces varia-
« tions de chants et de cérémonies dans chaque église,
« sont pour ainsi dire réduits à se demander si c'est à un
« même culte que sont consacrés des temples où l'on cé-
« lèbre les cérémonies de la Religion avec des solennités
« si diverses.

« Le zèle des curés, loin de remédier à cette perte de
« l'unité extérieure, la complique chaque jour par de
« nouveaux abus; chacun d'eux se trouvant livré à son
« caprice, dès l'instant qu'il entre en fonctions, et man-

EFFORTS DIVERS DANS LE MÊME SENS 625

I PARTIE
CHAPITRE XXIV

« quant d'une règle générale, tant pour sa propre con-
« duite au chœur, que pour celle de ses clercs. Vous com-
« prenez facilement, nos très chers frères, le détriment
« que souffre de tout ceci la sainte Église, l'épouse de
« Jésus-Christ, *celle qui ne doit avoir ni taches, ni*
« *rides* (1), et particulièrement à cette époque agitée de
« tant de tempêtes par l'effet des doctrines impies, et sur-
« tout affligée et déshonorée par la maladie de l'indiffé-
« rence religieuse. Comme, en effet, parmi les notes de la
« véritable Église, et même avant toutes autres, la note
« d'Unité doit briller et la faire distinguer des sectes dis-
« sidentes, les peuples qui ne jugent de l'essence même
« des choses que par les apparences, témoins de ces con-
« trariétés, en sont à se demander si elle est véritable-
« ment *une* par toute la terre, cette Église catholique qui
« paraît si contraire à elle-même dans les limites d'un
« seul diocèse; en sorte que, par suite de l'état auquel le
« service divin se trouve réduit chez nous, Jésus-Christ
« est divisé, d'après l'idée des profanes, et la lumière de
« son Église obscurcie et couverte de nuages.

contredire la notion même de l'Église catholique.

« Frappé depuis longtemps des inconvénients d'une si-
« tuation aussi fâcheuse et sujette à tant de périls, après
« en avoir fait l'objet de nos réflexions le jour et la nuit,
« et imploré le secours du Père des lumières, nous cher-
« chions en quelle manière il nous serait possible de réu-
« nir toutes les paroisses de notre diocèse dans cette unité
« de cérémonies et d'offices, si sainte, si désirée, si con-
« forme à l'unité et à l'édification des fidèles. Enfin, après
« de longues incertitudes, toutes choses examinées et
« pesées avec le plus grand soin, il nous a semblé que
« nous devions en revenir à la Liturgie de l'Église ro-
« maine, notre mère, qui, étant le centre de l'unité et la
« très ferme colonne de la vérité, nous garantira et nous

Le retour à la Liturgie romaine semble le meilleur remède à cette situation pleine de périls.

(1) *Eph.*, v, 27.

T. II. 40

« défendra, nous et notre peuple, contre le tourbillon des
« variations, et contre la tentation des changements. Nous
« avons dû nous arrêter à ce parti avec d'autant plus de
« fermeté, que tous les autres moyens que nous aurions
« pu prendre seraient devenus l'occasion d'un grand
« trouble dans les choses mêmes de la religion, pour le
« peuple qui nous a été confié par la divine volonté.

« Mais, afin d'éviter le mal qui pourrait s'ensuivre de
« l'usage même du remède que nous appliquons, et aussi
« afin que tous se soumettent peu à peu à la même règle,
« *non par violence, mais spontanément* (1), il est néces-
« saire de considérer que la plus grande partie de notre
« diocèse a été précédemment soumise au rite romain,
« tandis que les autres parties détachées de divers dio-
« cèses, sont demeurées étrangères aux susdits usages ro-
« mains. Il faut aussi distinguer, entre l'office que chaque
« prêtre est tenu de réciter par l'obligation de son ordre,
« et l'office que nous appellerons *liturgique*, et qui doit
« être chanté et récité en présence du peuple.

« Ces distinctions faites, nous déclarons et ordonnons
« ce qui suit :

« 1º A partir du premier jour de l'année 1840, la Litur-
« gie romaine sera la Liturgie propre du diocèse de
« Langres.

« 2º A partir du même jour, dans les paroisses qui
« appartenaient à l'ancien diocèse de Langres, l'office, le
« rite, le chant, les cérémonies, et tout ce qui tient au
« culte, auront lieu suivant les règles de la Liturgie ro-
« maine.

« 3º Nous permettons aux paroisses qui n'ont pas en-
« core quitté les rites des diocèses voisins, de se servir,
« pour un temps, de leurs livres ; mais nous les obligeons

---

(1) II Petr., v, 2.

« à observer tous les détails énoncés et prescrits dans
« l'*Ordo* pour l'année 1840.

« 4° Les prêtres qui ont jusqu'ici récité le Bréviaire de
« Monseigneur d'Orcet, pourront satisfaire à l'obligation
« de l'office en continuant de le réciter; cependant, il se-
« rait mieux que tous usâssent du Bréviaire romain, et
« nous les exhortons à le faire.

« Quoique, en publiant cette ordonnance, nous n'ayons
« en vue que le bien de notre sainte religion et la cessa-
« tion d'un désordre public, nous n'ignorons pas cepen-
« dant qu'il en pourrait résulter pour plusieurs quelque
« ennui, ou quelque inquiétude. Nous les prions de
« recourir à nous avec une confiance filiale, non pour
« obtenir une dispense, mais afin que nous puissions
« résoudre leurs difficultés, s'ils en ont, et aussi afin de
« leur faire mieux comprendre que si nous avons été
« amené à prendre ce parti, ce n'a point été par l'effet de
« quelque considération qui nous fût personnelle, mais que
« nous y avons été contraint par une nécessité urgente, et
« pour faire droit aux réclamations de notre conscience.

« Nous vous supplions donc tous, vous qui êtes nos
« coopérateurs dans le Seigneur, d'apporter à l'exécution
« de ce grand œuvre tout le zèle dont vous êtes capables,
« afin que, de même qu'entre nous il n'y a *qu'un Sei-*
« *gneur, une foi, un baptême* (1), il n'y ait aussi dans
« notre peuple *qu'un seul langage* (2).

« Donné à Langres, en la Fête de sainte Thérèse, le
« 15 octobre de l'an de notre Salut 1839 (3). »

Qui n'admirerait dans cette lettre vraiment pastorale le
zèle de la maison de Dieu, tempéré par cette discrétion si
recommandée par l'Apôtre (4), et dont saint Pie V, au

---

(1) *Ephes.*, IV, 5.
(2) *Gen.*, XI, 1.
(3) *Vid.* la Note B.
(4) *Rom.*, XII, 3.

XVIᵉ siècle, donna un si éclatant exemple, lors même qu'il promulguait plus haut le grand principe de l'unité liturgique. Tous les actes du même genre que notre siècle pourra voir s'accomplir dans l'Église de France, seront d'autant plus efficaces dans leurs résultats, qu'ils seront à la fois empreints de vigueur et de modération ; car, nous n'avons garde de penser qu'on puisse guérir la partie malade en la froissant durement et sans pitié.

Le retour aux traditions liturgiques des âges de foi demeurera un des caractères de l'époque actuelle et sera le fruit de la réaction historique et artistique en faveur du moyen âge.

Mais il faut en convenir, le retour aux traditions liturgiques des âges de foi se prépare et devient de jour en jour plus visible ; on peut même déjà prévoir qu'il demeurera comme un des caractères de l'époque actuelle. Le réveil de la science historique, qui nous a permis de jeter un regard désintéressé sur les mœurs et les usages des siècles de foi ; la justice rendue enfin aux monuments de l'art catholique du moyen âge ; toutes ces choses ont contribué aussi à la réaction, ou plutôt l'ont déjà fort avancée. C'est cette réaction historique et artistique qui nous restitue déjà nos traditions sur l'architecture sacrée, sur l'ameublement du sanctuaire, sur les types hiératiques de la statuaire et de la peinture catholiques ; or de là il n'y a plus qu'un pas à faire pour rentrer dans nos antiques cérémonies, dans nos chants séculaires, dans nos formules grégoriennes.

La cause de l'art catholique et traditionnel complètement gagnée en France, spécialement au sein du clergé.

Plusieurs personnes ont observé avec raison que le progrès du catholicisme en France n'était pas évidemment constaté, par cela seul que nos artistes exploitaient le moyen âge, et s'employaient avec zèle à la restauration intelligente des sanctuaires matériels de notre foi. La question n'est pas là. Il est vrai qu'on devrait savoir quelque gré à des hommes distingués, de retirer l'appui de leurs talents aux arts sensualistes et païens, pour l'offrir aux autels du Dieu que nous servons ; mais déjà il ne s'agit plus de contester la portée de cette révolution favorable à l'art catholique, en la considérant simplement dans ses rapports avec le monde profane; désormais elle est un fait, et un fait à jamais accompli dans l'intérieur de l'Église elle-même. Non seulement le clergé souffre volontiers que les églises qu'il dessert soient restaurées d'après les mystiques théories de l'art de nos aïeux, que des conseils, une direction lui soient donnés du dehors pour accomplir les devoirs que lui impose sa charge de gardien des traditions de l'esthétique sacrée; mais nos archevêques et évêques rendent des ordonnances, publient des lettres pastorales, établissent des cours spéciaux dans leurs séminaires, pour ranimer de toutes parts et par tous les moyens possibles la connaissance et l'amour de ces anciennes règles de la forme catholique dont l'oubli, depuis deux siècles, avait entraîné chez nous la destruction d'un si grand nombre de monuments de la foi de nos pères, et formé entre eux et nous, sous le rapport des usages extérieurs du culte, comme un abîme qui allait se creusant de plus en plus.

Oui, nous le répétons avec confiance, dans nos églises restaurées d'après les conditions de leur inspiration première, ou construites de nouveau suivant les règles statuées aux siècles de foi, mystiquement éclairées par des verrières sur lesquelles étincelleront les gestes et les symboles des saints protecteurs, assorties d'un ameublement plein d'harmonie avec l'ensemble, il faudra bien que nos costumes sacrés participent à cette régénération, et perdent enfin les formes déplaisantes et grotesques que le xixe siècle, enchérissant encore sur les coupes étriquées et rabougries du xviiie, a trouvé moyen de faire prévaloir. Nous verrons infailliblement disparaître, par degrés, ces chasubles qu'un inflexible *bougran* a rendues, dans leur partie antérieure, semblables à des *étuis de violon*, pour nous servir de l'expression trop vraie de l'illustre artiste anglais, Welby Pugin; ces chapes non moins étranges qui, garanties contre toute prétention aux

INSTITUTIONS LITURGIQUES

effets de draperies par les enduits gommés qui leur servent de charpente, s'arrondissent en cône autour du clerc condamné à habiter momentanément dans leur enceinte ; ces surplis, aux épaules desquels on a suspendu deux plaques de batiste décorées du nom d'*ailes,* en dépit de leur terminaison horizontale à l'endroit où elles s'évasent le plus ; ce qui leur ôte toute ombre de ressemblance avec l'objet qu'elles prétendent imiter. Ce serait ici le lieu de réclamer encore contre le bonnet pointu qui a remplacé la barrette de nos pères ; mais sa suppression récente dans plusieurs diocèses vient par avance confirmer nos prévisions. Le zèle des prélats pour la dignité du service divin l'a déjà fait disparaître dans les diocèses de Marseille, du Puy, d'Orléans, de Séez, etc. L'Église de Paris elle-même a récemment repris la barrette par l'ordre de son premier pasteur ; et il est permis de prévoir que d'ici peu d'années le bonnet pointu n'existera plus que dans l'histoire des costumes nationaux de la France, où il excitera peut-être un jour le sourire de nos neveux, en la manière que nous nous sentons égayés nous-mêmes, lorsque quelque description ou quelque dessin nous met sous les yeux la bizarre chaussure qui fit fureur il y a cinq siècles, sous le nom de *souliers à la poulaine.*

La réaction amènera la restauration du chant grégorien.

Mais la révolution liturgique ne s'arrêtera pas aux costumes. Une autre nécessité la précipitera plus rapidement encore. Quand on aura rétabli nos édifices sacrés dans leurs convenances architectoniques, rendu nos costumes à la dignité et à la gravité qu'ils n'auraient jamais dû perdre, on n'aura rien fait encore, si le chant qui est l'âme d'une église catholique n'est aussi restitué à ses traditions antiques. Franchement, des mélodies, si on peut sérieusement leur donner ce nom, des mélodies fabriquées en plein xviiie siècle, fût-ce par l'abbé Lebeuf, ne sauraient plus retentir dans un chœur auquel sera rendue la sainte et légendaire obscurité de ces vitraux qu'on défonçait avec tant de zèle pour inaugurer, au grand jour, les livres de Vigier et Mésenguy. De l'archéologie qui s'exerce sur les pierres et sur la coupe des vêtements sacrés, il faudra, bon gré, mal gré, en venir à celle qui recueille les mélodies séculaires, les airs historiques, les motifs antiques de ce chant romain, dans lequel saint Grégoire a initié les nations modernes aux secrets de la musique des Grecs.

Mais sur ce point encore nous n'en sommes plus déjà aux conjectures et aux prévisions : la révolution n'y est pas moins sensible que sur tous les autres. Quand nous n'en aurions d'autre preuve que la publication de ces nouveaux *Livres chorals*, donnés par Choron et autres musiciens récents, dans le but avoué de dégrossir la note de l'abbé Lebeuf, moins d'un siècle après l'inauguration de ses lourds graduel et antiphonaire, ceci suffirait déjà pour constater l'extrême lassitude du public. Ces *Livres chorals*, en effet, se débitent et sont même déjà en usage, non simplement en quelques paroisses, mais jusque dans des cathédrales. Nous nous garderons bien, assurément, de témoigner la plus légère admiration pour ce remaniement d'un fonds déjà jugé; nous dirons même que dans ces nouveaux livres on a altéré souvent le caractère du chant ecclésiastique, surtout dans les *traits* ; aussi ne relevons-nous cette particularité que comme un fait à l'appui de nos prévisions.

Déjà même on ne se borne plus à remanier l'œuvre de l'abbé Lebeuf; on a commencé à substituer dans de nouvelles éditions des livres liturgiques, plusieurs mélodies romaines à celles que renfermaient les éditions précédentes. C'est ainsi que le Missel de Paris, donné par l'archevêque de Quélen, en 1830, présente, à l'office du Samedi saint le chant de l'*Exultet* conforme à celui du Missel romain, en place du chant, beaucoup moins mélodieux, qu'on remarquait dans tous les Missels de Paris,

<small>INSTITUTIONS LITURGIQUES</small>

antérieurs même à l'édition de Vintimille. C'est ainsi qu'au Mans, tout en laissant encore subsister dans l'antiphonaire, l'office des Morts composé en 1750 par Lebeuf, on a déjà rétabli, pour l'absoute, le *Libera* de l'antiphonaire romain. Nous ne citons ces faits que comme échantillons de ce qui s'est déjà opéré et de ce qui se prépare ; mais en voici un autre dans lequel la progression que nous croyons pouvoir prédire se montre plus visible encore.

<small>Les *Comités historiques*, formés par le gouvernement pour la recherche et la conservation des monuments de notre passé, formulent un vœu pour le rétablissement des livres du chant grégorien.</small>

Tout le monde sait que le gouvernement a établi, il y a quelques années, sous le nom de *Comités historiques*, plusieurs commissions dans lesquelles ont pris place les hommes les plus versés dans nos origines nationales et dans la science archéologique. L'un de ces comités a reçu le département *des arts et monuments*. Or, tandis que la commission préposée à la recherche des chartes et des chroniques est conduite à désirer le rétablissement des anciennes appellations dominicales tirées des *introït* du Missel romain et qui sont la clef de l'histoire, le comité des *arts et monuments* arrive par un autre chemin à la même conclusion. Le désir de voir restituer l'antique musique religieuse dans les églises de Paris, comme un complément de leur restauration, l'a porté à émettre le vœu du rétablissement du graduel et de l'antiphonaire de saint Grégoire, au préjudice de ceux de l'abbé Lebeuf(1). Des démarches officielles ont été faites à ce sujet auprès de monseigneur l'archevêque de Paris, qui les accueillies avec bienveillance ; mais on sent que les conclusions définitives d'une semblable motion sont de nature à se faire longtemps attendre. L'esprit de l'homme peut prévoir les révolutions, les indiquer, en assigner la durée ; le temps seul, aidé des circonstances, les réalise. Pour faire droit

---

(1) *Bulletin du Comité historique des arts et monuments.* Onzième numéro, pages 288-292.

aux comités historiques, ou si l'on veut aux réclamations de plus en plus nombreuses qui s'élèvent et s'élèveront à l'avenir de la part de toutes les personnes ecclésiastiques et séculières, en faveur d'un retour aux mélodies grégoriennes, il ne faudra rien moins que revoir les actes du grand procès que le XVIIIe siècle intenta à la Liturgie romaine, casser l'arrêt déjà centenaire qui fut porté contre elle, détrôner l'œuvre favorite du XVIIIe siècle, et pour cela enlever de redoutables obstacles d'autant plus embarrassants qu'ils sont plus matériels. Nous avons néanmoins la confiance que tôt ou tard cette grande justice se fera; mais le Comité des *arts et monuments* a eu raison de compter sur d'extrêmes difficultés liturgiques *contre lesquelles les laïques seuls viendraient inévitablement se heurter* (1).

En attendant, les vrais amis de la science des rites sacrés se réjouiront en lisant ces belles paroles, dans lesquelles monseigneur l'archevêque de Paris, dans sa lettre pastorale sur les *Études ecclésiastiques*, énonce en particulier la nécessité de raviver une science, dont trop longtemps on sembla, parmi nous, avoir anéanti jusqu'au nom. Quelle si magnifique notion en pourrait-on donner qui ne soit renfermée dans cette imposante définition fournie par le prélat?

« La Liturgie, dit-il, contient des symboles, merveil-
« leux abrégés de notre croyance, double objet de foi et
« d'amour, qui, à l'aide d'un chant à la fois pieux et har-
« monieux, se gravent dans la mémoire et dans le cœur.
« Leur antiquité, si bien démontrée, leur universalité, les
« rendent d'irrécusables témoins de l'apostolicité et de la
« catholicité de notre foi.

« La Liturgie renferme des prières qui supposent ou
« expriment en détail chacun de nos dogmes, de nos mys-

(1) *Bulletin du Comité historique des arts et monuments.* Onzième numéro, page 291.

« tères, de nos sacrements. Elles n'ont pas, comme les
« symboles, l'unité d'expression ; mais la variété même
« de leurs formes, jointe à l'unité de doctrine, fournis-
« sent une nouvelle démonstration de l'immutabilité de
« l'enseignement catholique. Elles justifient cet axiome :
« *La loi de la prière est la loi de la croyance.*

« La Liturgie se compose de rites, nouvelle expression
« du dogme et de la morale. Ils forment, avec les sym-
« boles et les prières, le culte extérieur : culte nécessaire
« à un être qui, bien que créé à l'image de Dieu, est
« soumis à l'empire des sens. Sans eux périrait infaillible-
« ment le culte intérieur. Nos sentiments ne sont excités
« et ne persévèrent, qu'autant qu'ils sont soutenus par des
« actes et des images sensibles. Dieu lui-même, source
« essentielle et éternelle d'intelligence et d'amour, est
« compris (c'est saint Paul qui nous l'assure) à l'aide des
« choses visibles : *Invisibilia ipsius, per ea quæ facta sunt,*
« *intellecta conspiciuntur, sempiterna quoque ejus virtus*
« *et divinitas.* La Liturgie nous donne donc la science
« pratique de la partie la plus élevée de la morale chré-
« tienne ; c'est par elle que nous accomplissons nos
« devoirs envers Dieu. Nos devoirs envers nos semblables
« et envers nous-mêmes, qui n'y sont pas directement
« retracés, y sont rappelés toutes les fois que nous deman-
« dons la grâce d'y être fidèles, ou que, gémissant de les
« avoir violés, nous implorons une miséricorde infinie :
« double lumière qui fait briller la loi du Seigneur aux
« yeux de notre âme. Posséder cet ineffable trésor de sen-
« timents pieux, qui nous font descendre dans les pro-
« fondeurs de notre misère, pour nous élever ensuite
« jusqu'à la miséricorde infinie qui doit la guérir, est bien
« préférable, sans doute, à la science la plus étendue
« de notre Liturgie ; mais cependant, combien cette
« science elle-même est propre à éclairer et à ranimer
« notre foi !

« Nous ne parlerons point ici de l'influence exercée sur
« les arts par la Liturgie catholique, des sublimes inspi-
« rations qu'elle a prêtées à la musique, à la peinture, à la
« poésie, ni des immortels monuments que lui doivent la
« sculpture et l'architecture. L'histoire de chacun de ces
« arts, considérés dans leurs seuls rapports avec nos rites,
« fournirait une ample matière à la plus vaste érudition. »

Saluons donc avec effusion l'aurore des jours meilleurs qui sont promis à l'Église de France, et ne doutons pas que, dans un temps plus ou moins rapproché, la Liturgie de saint Grégoire, de Charlemagne, de saint Grégoire VII, de saint Pie V, la Liturgie de nos conciles du XVIe siècle, et de nos Assemblées du Clergé de 1605 et de 1612, en un mot la Liturgie des âges de foi ne triomphe encore dans nos églises.

Mais d'ici là de grands obstacles restent encore à vaincre, de ces obstacles qui céderont d'autant moins aisément qu'ils sont d'une nature plus matérielle. Si, d'un côté, une révolution favorable aux anciens chants, aux anciennes prières se prépare ; d'un autre côté, nos églises ont été pourvues et à grands frais de missels, de graduels, d'antiphonaires, de processionnaux, qu'on ne pourra remplacer qu'avec une dépense considérable. La question du bréviaire en lui-même est peu grave sous ce rapport ; l'impression de ce livre étant moins dispendieuse et son écoulement toujours facile ; mais le bréviaire ne peut être réformé sans le missel, et l'un et l'autre appellent, comme complément indispensable, la publication des livres du Chœur. Il est vrai, d'autre part, que l'énorme dépense qu'entraîne toujours après elle chaque nouvelle édition des livres liturgiques, serait grandement allégée, si un nombre considérable de diocèses s'unissaient pour opérer ces éditions à frais communs, et c'est ce qui arriverait infailliblement, du moment que nous aurions le bonheur de voir renaître l'unité liturgique.

INSTITUTIONS
LITURGIQUES

L'unité liturgique peut être déjà garantie dans une portion notable de l'Église de France.

Quant aux diocèses investis du privilège de conserver leurs anciens usages, ils ne seraient tenus d'adopter que ce qui est nécessaire pour garder dans les prières publiques la tradition, l'unité, et partant, l'autorité.

Les Églises pourraient rentrer en possession de cette partie nationale de la Liturgie qui a ses racines dans

Maintenant, cette unité elle-même quelle forme revêtirait-elle? Nous avons déjà maintes fois protesté que notre but n'était point d'approfondir présentement la question du *Droit de la Liturgie;* mais nous ne pouvons pas moins faire que d'énoncer ici tout franchement que les églises qui sont tenues strictement à garder la Liturgie romaine proprement dite, la doivent retenir, et que celles mêmes qui, contrairement aux principes sur cette matière, s'en seraient écartées, y doivent retourner; rien n'est plus évident, et par ce moyen déjà l'unité serait garantie dans une portion notable de l'Église de France.

Quant aux diocèses qu'une possession légitime, ou une prescription conforme au droit, aurait investis du privilège de conserver leurs anciens usages, et ces diocèses sont nombreux, rien ne les contraindrait d'adopter exclusivement les livres romains. Sans doute, après s'être préalablement débarrassés de l'amas de nouveautés dont le XVIIIe siècle avait encombré la Liturgie, ils devraient rentrer dans la forme romaine de l'antiphonaire, du responsorial, du sacramentaire et du lectionnaire de saint Grégoire, puisque la Liturgie de l'Occident (sauf le droit de Milan et des Mozarabes) doit être et a toujours été romaine. Ces Églises devraient donc reprendre les prières qu'elles avaient reçues au temps de Charlemagne, qu'elles gardaient encore avant la réforme de saint Pie V, qu'elles conservèrent depuis cette réforme, qui régnait seule encore chez elles jusqu'à la fin du XVIIe siècle : car, c'est là la forme, hors de laquelle il n'a plus été possible pour elles de garder dans les prières publiques, ni la tradition, ni l'unité, et partant, ni l'autorité.

Mais ce fonds inviolable des prières de la Chrétienté une fois rétabli, avec les chants sublimes qui l'accompagnent, et tous les mystères qui y sont renfermés, rien n'empêcherait, ou plutôt il serait tout à fait convenable que ces Églises rentrassent en même temps en possession de cette partie nationale de la Liturgie qui a ses racines dans l'ancien rite gallican, et que les siècles du moyen âge ont ornée de tant de fleurs, complétée par de si suaves mélodies. En un mot, c'est la Liturgie *romaine-française* que nous aimerions à voir ressusciter dans celles de nos Églises qui prétendent à des privilèges spéciaux. C'est alors que toutes nos traditions nationales se relèveraient, que la foi qui ne vieillit pas se retrouverait à l'aise dans ces antiques confessions, que la piété à la sainte Vierge et aux saints protecteurs se raviverait de toutes parts, que le langage de la chaire et des livres pieux s'empreindrait de couleurs moins ternes, que l'antique Catholicité, avec ses mœurs et ses usages, nous serait enfin révélée.

Oh! qui nous donnera de voir cette ère de régénération où les catholiques de France se verront ainsi ramenés vers ce passé de la foi, de la prière et de l'amour! Quand seront levés les obstacles qui retardent le jour où nos prélats devront s'unir pour promouvoir ce grand œuvre! Mais avec quel zèle, avec quelle intelligence, avec quelle piété à la fois érudite et scrupuleuse, une pareille œuvre devrait-elle être élaborée! Quelle sage lenteur, quelle discrétion, quel goût des choses de la prière, quel désintéressement de tout système, de toute vue personnelle, devraient présider à une si magnifique restauration! L'attention, l'inviolable fidélité, le soin religieux, l'invincible patience qu'emploie de nos jours l'artiste que son amour, bien plus que le salaire, enchaîne à la restauration d'un monument qui périrait sans son secours, et qui va revivre grâce à son dévouement, ne suffisent pas pour rendre l'idée des qualités qu'on devrait exiger de ceux qui prendraient la sainte et glorieuse mission de restituer à tant d'églises les anciennes traditions de la prière. Il leur faudrait s'y préparer de longue main, se rendre familiers les monuments de la Liturgie, tant manuscrits qu'imprimés, non seulement ceux de la France, mais encore ceux des diverses églises de l'Europe, de l'Allemagne et de l'Angleterre surtout, qui firent tant d'emprunts à nos livres et les enrichirent encore par des suppléments où respire la plus ineffable poésie. Enfin, ce merveilleux ensemble pourrait se compléter par quelques emprunts faits avec goût et modération aux derniers monuments de la Liturgie française; afin que certains traits heureux, quoique rares, empruntés à l'œuvre moderne, dans la partie que n'a point souillée la main des sectaires, ne périssent pas tout à fait, et aussi afin que les deux derniers siècles, auxquels il ne serait pas juste de sacrifier toute la tradition, ne fussent pas non plus déshérités totalement de l'honneur d'avoir apporté leur tribut au monument éternel et toujours croissant de la prière ecclésiastique.

Ainsi régénérée, la Liturgie de nos Églises serait les délices du clergé et la joie du peuple fidèle. La question d'un léger surcroît dans la somme des offices divins n'en est pas une pour les hommes de prières, et tout prêtre, tout ministre de l'autel doit être homme de prières. Le grand malheur des temps actuels, c'est qu'on ne prie pas assez; le réveil de la piété liturgique serait donc un signal de salut pour nos Églises, le gage d'une victoire prochaine sur les vices et les erreurs. Et quelle précieuse récompense de ce pieux labeur, dont la fatigue est d'ailleurs si fort exagérée par l'imagination de ceux qui ignorent les choses de la Liturgie, que ce retour si consolant à l'unité de la prière, à la communion romaine, à l'antique forme des âges de foi! Encore est-il vrai de dire que l'office divin, dans nos anciens livres français, s'il est plus considérable que dans les bréviaires actuels, est cependant plus abrégé qu'au Bréviaire romain proprement dit. L'usage, entre autres, d'accomplir matines, au temps pascal, par un seul nocturne, n'est point une innovation des Foinard et des Grancolas; il appartient aux Églises de France depuis bien des siècles; mais nous rougirions de pousser plus loin cette justification de la prière ecclésiastique.

Enfin, pour donner à ce grand œuvre de la régénération liturgique de la France, la solidité et la durée qui lui conviennent, et pour assurer cette immutabilité qui garantirait désormais, avec l'unité, l'autorité et la parfaite orthodoxie de cette Liturgie *romaine-française*, et la sauverait à l'avenir des atteintes de la nouveauté et de l'arbitraire, il serait nécessaire que la sanction inviolable du Siège apostolique intervînt pour sceller et consommer toutes choses. Il faudrait aussi que les décrets de la sacrée Congrégation des Rites fussent désormais publiés et observés dans tout ce qui ne serait pas contraire à la forme des livres français ; et que les nouvelles fêtes établies par le Siège apostolique obtinssent au moins l'honneur d'une mémoire au calendrier, dans le bréviaire d'une Église qui, si elle tenait à rester française dans des usages d'une importance secondaire, voudrait avant tout se montrer romaine, autant que ses sœurs de l'Occident.

Tel est le vœu que nous formons pour l'Église de France, en terminant la partie de notre récit qui regarde cette belle province de la Catholicité. Nous serons heureux si on veut bien reconnaître dans ce que nous venons de dire un témoignage de cette modération et de cette prudence qui doivent toujours accompagner l'application des théories les plus légitimes et les plus absolues.

Considérons maintenant l'état de la Liturgie dans les différentes parties du monde chrétien, au XIXe siècle.

L'unité romaine a régné sans partage, durant les quarante premières années de ce siècle, dans l'Italie, où les semences implantées par Ricci, sans être détruites, peut-être, n'ont plus rien produit à la surface ; dans l'Espagne et le Portugal, auxquels il faut joindre les nombreuses églises fondées autrefois dans les deux Indes par ces royaumes ; dans la Belgique, la Suisse, et on pourrait

I PARTIE
CHAPITRE XXIV

Pour donner à ce grand œuvre de la régénération liturgique de la France, la solidité, la durée et l'immutabilité, il serait nécessaire que la sanction du Siège apostolique intervînt.

Il ne faudrait pas négliger les décrets de la sacrée Congrégation des Rites, et les nouvelles fêtes établies par le Siège apostolique.

L'Allemagne aujourd'hui le théâtre des plus graves événements dans les choses du culte divin, doit arrêter nos regards.

même ajouter l'Allemagne, s'il n'y avait de changements liturgiques que ceux dont les livres du chœur et de l'autel portent la trace. Mais ce dernier pays est aujourd'hui le théâtre des plus graves événements dans les choses du culte divin, nous devons les signaler au lecteur; nous traiterons ensuite de la Liturgie en Angleterre, et dans les pays soumis à la Russie.

<small>Aux tentatives antiliturgistes de Joseph II, se sont joints le fébronianisme et l'hermésianisme.</small>

On se rappelle ce que nous avons raconté, au chapitre précédent sur les tentatives antiliturgistes de Joseph II, si bien secondées par cette portion du clergé dont Jérôme de Collorédo, archevêque de Salzbourg, se montra l'organe dans la fameuse Instruction pastorale de 1782. Depuis lors, la plaie s'est étendue, et les sophismes impies du fébronianisme ayant miné la notion de l'Église, l'hermésianisme s'est présenté pour en finir avec le christianisme lui-même. Malheureusement, l'un et l'autre ont été favorablement accueillis par une portion notable du clergé catholique de l'Allemagne, dans la Prusse, la Bohême, le Wurtemberg, le duché de Bade, et jusque dans la Bavière et l'Autriche. Bientôt, les exigences du culte extérieur sont devenues de plus en plus à charge à ces hommes légers de croyance, qu'on voit tous les jours s'associer complaisamment aux projets des gouvernements, dans le but d'étouffer jusqu'aux dernières étincelles de la foi qui, par le plus étonnant prodige, survit encore dans le cœur des peuples, à la secrète apostasie des pasteurs.

<small>L'esprit antiliturgiste a pris en Allemagne d'autres allures qu'en France.</small>

Mais, ainsi que nous l'avons déjà remarqué, l'esprit antiliturgiste a pris en Allemagne d'autres allures qu'en France, et il s'est bien gardé de perdre son temps à falsifier des bréviaires. Au siècle dernier, le pouvoir séculier, par l'autorité de Joseph II, avait pris l'initiative en procédant par voie d'ordonnances et d'édits; maintenant, c'est le clergé qui se met à l'œuvre, et ses opérations ne sont ni moins habiles, ni moins efficaces.

<small>Comparaison entre nos</small>

Une comparaison entre nos jansénistes de France et les

fébroniens et les hermésiens d'Allemagne, quant à la manière d'entendre la réforme liturgique, nous aidera à constater le chemin que ces derniers ont déjà fait vers le protestantisme.

I PARTIE CHAPITRE XXIV jansénistes et les fébroniens et hermésiens d'Allemagne.

Les nôtres, pour flatter la lâcheté et l'indévotion des clercs, osèrent composer des traités spéciaux où ils présentaient comme un appât la diminution de la somme des prières ecclésiastiques; les antiliturgistes allemands ont franchi le pas, et la récitation des Heures canoniales est désormais regardée, par une portion considérable du clergé d'outre-Rhin, comme une pratique tombée en désuétude, et son obligation comme de nulle valeur pour la conscience.

Les nôtres diminuent la somme des prières ecclésiastiques, les autres regardent leur récitation comme non obligatoire.

Nos jansénistes ont déclamé en cent manières contre la piété extérieure, contre le luxe des cérémonies qui, disaient-ils, ne servent qu'à soumettre la religion aux sens; les antiliturgistes allemands en sont venus à supprimer la plupart des cérémonies, et déjà bon nombre d'entre eux s'affranchissent du devoir de revêtir les habits sacerdotaux pour monter à l'autel, et célèbrent la messe avec les vêtements plus ou moins profanes dont ils se trouvent pour le moment revêtus.

Nos jansénistes ont déclamé contre la piété extérieure, les autres ont supprimé la plupart des cérémonies.

Nos jansénistes, par tous les mouvements qu'ils se sont donnés pour répandre les traductions en langue vulgaire de la Bible, du missel et des formules liturgiques, trahissaient leurs penchants calvinistes; aujourd'hui, les églises catholiques d'Allemagne retentissent de cantiques en langue vulgaire qui, la plupart du temps, n'offrent pas même la traduction des prières ou des chants d'Église.

Nos jansénistes répandaient les traductions en langue vulgaire; des cantiques en cette langue retentissent en Allemagne.

Nos jansénistes mirent la main sur les livres liturgiques et trouvèrent moyen d'y faire pénétrer la quintessence de leurs idées, et, quand ils ne le purent faire aisément, ils surent du moins faire disparaître de ces livres, sous divers prétextes, ce qui leur était le plus odieux. Il est vrai qu'un reste de pudeur, ou, si l'on aime mieux, de prudence, les

Nos jansénistes introduisirent dans les livres liturgiques la quintessence de leurs idées, le clergé allemand a aussi ses faiseurs d'utopies

T. II. 41

SCANDALES DES ANTILITURGISTES EN ALLEMAGNE

INSTITUTIONS LITURGIQUES liturgiques pour la réforme des cérémonies de la messe, des sacrements, des sépultures, des bénédictions.

obligea de conserver le cadre primitif et de laisser subsister les principales parties des anciennes formes, surtout en ce qui concerne l'administration des sacrements. Le clergé allemand de nos jours a aussi ses faiseurs, et la presse est inondée de leurs utopies liturgiques pour la réforme des cérémonies de la messe, des sacrements, des sépultures, des bénédictions. En tête de cette cohorte d'antiliturgistes, il est juste de compter le fameux Wassemberg, vicaire capitulaire de Constance, qui a été refusé par Grégoire XVI pour l'évêché de cette ville, mais qui, en revanche, a donné d'énergiques preuves de son attachement à la doctrine du second de nos Quatre Articles de 1682, par la publication d'une trop fameuse *Histoire des Conciles de Constance et de Bâle*. Après lui, mais dignes de lui faire escorte, apparaissent Winter, Busch, Selmar, Grosbock, Brand, Schwarzel, Hirscher, etc., dont les œuvres sont jugées avec une grande modération par le docte et pieux F. X. Schmid, dans sa *Liturgique*, lorsqu'il se contente de dire que, *d'une part, ils ont été trop loin, et que de l'autre ils ont complètement méconnu l'esprit du culte* (1).

Nos antiliturgistes rendaient plus rare la célébration de la messe, sous prétexte d'une grande pureté qu'on doit apporter à l'autel; les autres font de même pour fuir un assujettissement inutile.

Nos antiliturgistes français s'étaient appliqués à rendre plus rare la célébration de la messe, produisant pour motif la grande pureté qu'on doit apporter à l'autel. Ceux d'Allemagne entrent dans le même système; mais les raisons ascétiques qui n'étaient qu'un prétexte dans les adeptes avancés de l'école de Port-Royal n'y sont pour rien ; c'est tout simplement pour fuir un assujettissement inutile, que ces prêtres dégénérés s'abstiennent de la célébration des saints Mystères, hors les jours de dimanches et de fêtes; encore les voit-on disserter dans des écrits et des conférences, en présence du public, sur la quantité de nourriture qu'un prêtre catholique peut se permettre

---

(1) *Liturgik der christkatholischen Religion*. Édition de 1840, tome I, page 82.

avant de monter à l'autel. Sans doute, ces choses font horreur : mais pour être ignorées de quelques-uns de nos lecteurs, elles n'en sont pas moins patentes sous le soleil.

Les plus grands scandales causés chez nous par la violation du célibat ecclésiastique; furent chez les jansénistes, c'est aussi dans cette partie du clergé allemand que de nombreuses voix s'élèvent pour en demander l'abolition.

Mais allons jusqu'au bout : durant la persécution française, quand les lois eurent cessé de prêter aux dispositions canoniques l'appui de la force matérielle, on vit un grand nombre de prêtres abjurer leur saint état et contracter des mariages sacrilèges : dans quels rangs se recrutèrent ces apostats ? Tout le monde sait que ceux dont la défection fit le plus grand scandale, étaient précisément des hommes liés au parti janséniste, membres des congrégations qui avaient le plus sacrifié aux nouveautés antiliturgistes, fauteurs et même *auteurs* de ces nouveautés. Or, voici que dans cette partie du clergé allemand dont nous venons de signaler les tendances, de nombreuses voix s'élèvent pour demander l'abolition du célibat ecclésiastique ; et d'où vient cela ? C'est qu'il n'y a point de dégradation dans laquelle ne puisse et ne doive tomber le prêtre isolé, par des doctrines perverses, de ce centre apostolique d'où viennent la lumière et la vie, sevré du devoir et de l'usage de la prière de chaque jour et de chaque heure, séparé de cet autel dont la sainte familiarité est le premier motif de la continence sacerdotale. Assurément, il ne faut pas être bien profond, ni bien clairvoyant, pour avoir compris que le mariage des prêtres est la cause unique pour laquelle la célébration journalière de la messe n'a pu s'établir dans l'Église d'Orient.

Ordonnance de l'évêque de Rottembourg.

Afin de mettre dans tout son jour la situation de l'Église d'Allemagne, quant à la Liturgie, il est bon de produire quelques extraits d'un document récent et authentique; c'est la fameuse ordonnance qu'a publiée, il y a environ deux ans, l'évêque de Rottembourg ; on la trouve en entier au *Catholique de Spire* (1). Nous allons en faire connaître les principales dispositions.

(1) 1839. Mai et mois suivants.

M. Jean-Baptiste de Keller, évêque de Rottembourg, n'assume point, il est vrai, la responsabilité de tous les excès que nous venons de signaler; sa marche est administrative, et partant aussi prudente et aussi réservée qu'il est possible ; mais on n'y reconnaît que mieux l'existence du dangereux système à l'aide duquel les antiliturgistes d'Allemagne ont résolu de protestantiser le catholicisme. M. de Keller a enchéri sur Ricci dans la même proportion que ce dernier sur nos antiliturgistes français.

Dans cette trop fameuse ordonnance, le prélat semble préoccupé, comme les novateurs de France et d'Italie, de la réforme du bréviaire. Sans oser proposer non plus la suppression des Heures canoniales, il établit des dispositions propres à détruire totalement l'ancienne Liturgie. Les psaumes des vêpres devront se chanter en allemand ; encore cette psalmodie pourra-t-elle être remplacée par tout autre exercice religieux, au jugement du curé. On découvre encore la prédilection de l'évêque pour la langue vulgaire, dans l'article où il annonce une revision du rituel ; il déclare l'intention d'y introduire des formules en langue allemande, *conformément au besoin des temps.*

Pour réformer les tendances papistes vers la communion et la dévotion au saint Sacrement, le prélat décrète qu'on n'administrera plus l'eucharistie hors la messe ; que toutes les autres églises demeureront fermées durant la messe de paroisse ; que la première communion ne se fera point avant l'âge de quatorze ans ; qu'on ne célébrera plus de messe aux jours ouvrables, dans les autres églises, après celle qui se dira à la paroisse. Pour abolir, autant que possible, l'usage de la fréquente communion, les curés n'administreront point le sacrement de pénitence individuellement ; mais ils partageront leurs paroissiens en catégories qu'ils admettront successivement à des époques déterminées.

On n'exposera le saint Sacrement que six jours l'année, hors l'octave de la Fête-Dieu ; encore cette exposition ne pourra-t-elle avoir lieu que l'après-midi.

Ce qu'il décrète touchant l'exposition du saint Sacrement.

Sur les fêtes, le prélat décrète les dispositions suivantes : la messe de Minuit est abolie ; on ne pourra commencer à célébrer la messe, le jour de Noël, avant cinq heures du matin. Aux jours de fêtes supprimées, on ne tolérera aucun service divin dans les églises; les curés ne pourront même pas transporter à ces jours des dévotions particulières qui seraient capables de fournir au peuple le prétexte de se dispenser de ses travaux. On ne pourra ni annoncer ces fêtes, ni les sonner, ni allumer un plus grand nombre de cierges aux messes basses que l'évêque veut bien encore tolérer. En revanche, la fête du roi est déclarée fête de l'Église.

La messe de minuit et les fêtes supprimées.

Les processions ne sont pas plus ménagées par le prélat. Celles de saint Marc et des Rogations devront sortir à cinq heures du matin et être rentrées à huit, soi-disant *pour éviter la dissipation*, mais en réalité pour les rendre inaccessibles au grand nombre des fidèles; encore M. de Keller a-t-il bien soin d'ajouter qu'on pourra commuer ces processions en une prière faite dans l'intérieur de l'église, avec l'agrément de l'évêque. La procession de la Fête-Dieu est maintenue aux conditions suivantes : On évitera la pompe ; on ne fera entendre que des chants en langue allemande, et il devra y avoir une prédication à chaque station. La procession du jour de l'octave ne sortira pas de l'église.

Les processions de saint Marc, des Rogations et de la Fête-Dieu.

Les bénédictions, cette partie si essentielle du catholicisme, sont réduites à sept, parmi lesquelles on veut bien conserver celle de l'eau. Les autres, bien qu'elles soient dans le rituel, sont abolies. Il est recommandé aux pasteurs de veiller à ce que le peuple n'attribue pas, aux bénédictions même conservées, *une vertu qu'elles n'ont pas*.

Les bénédictions réduites à sept.

Les saintes images sont poursuivies avec une rigueur

INSTITUTIONS LITURGIQUES

Les saintes images, les reliques et les représentations de la crèche et du tombeau.

pareille. La coutume populaire de les habiller est supprimée, comme un scandale : le clergé devra combattre de toutes ses forces le préjugé qui attribuerait une vertu spéciale à quelques-unes d'entre elles. On n'exposera plus les saintes reliques désormais, ni on ne les portera en procession ; mais on les tiendra renfermées. On fera disparaître des églises les *ex-voto,* et on ne souffrira pas qu'on en replace de nouveaux. Les représentations de la crèche et du tombeau, qui sont en usage en Allemagne, à Noël et dans la Semaine sainte, sont abolies, ainsi que celle du mystère de l'Ascension, non moins chère au peuple.

Le cimetière et les funérailles.

On ne distinguera plus dans les cimetières la place des enfants morts sans baptême, ou des juifs et autres non baptisés, de celle des chrétiens. Les chants des funérailles seront en langue vulgaire, et au décès de chaque catholique, les parents ne pourront obtenir que trois messes au plus, et un anniversaire. Les enfants morts avant la première communion n'auront point droit à ces prières. On a vu plus haut que la première communion était différée jusqu'à l'âge de quatorze ans.

Les confréries.

Les confréries excitent aussi la sollicitude du prélat. Toutes sont supprimées, à l'exception d'une seule par paroisse, et pour empêcher les fidèles d'en fréquenter plusieurs, la fête patronale de toutes est fixée au même jour.

Les pèlerinages et leurs chapelles.

Les curés devront s'opposer de toutes leurs forces au concours des pèlerinages ; il n'y aura pas de messes dans les chapelles qui sont le but de ces pieux voyages, hors celle du chapelain qui s'y trouverait par hasard attaché. Il y aura défense d'y entendre les confessions, dans la crainte que les fidèles n'y veuillent communier, et la chapelle devra être fermée continuellement, hors le temps de la messe. S'il se trouve d'autres chapelles sur les paroisses, on les détruira, et les fondations qui y sont attachées seront transportées dans les églises paroissiales.

Telles sont les principales dispositions de l'ordonnance de l'évêque de Rottembourg, qui entend bien ne procéder dans tout ceci que d'après les principes les plus sains du christianisme le mieux compris et le plus dégagé des superfétations romaines. Il va sans dire que la morale prêchée à propos de ces innovations, est la plus rigoriste et la plus sèche, ainsi qu'il arrive toujours chez ceux qui ont à se faire pardonner leur relâchement sur les choses de la foi et de la piété. Néanmoins, il ne suffit pas, pour rendre religieuse et morale une population catholique, de supprimer les fêtes et les dévotions, sous prétexte qu'on interdira en même temps les danses aux jours de dimanches ; les yeux et l'imagination des peuples demanderont d'autres spectacles, et l'oisiveté engendrera bientôt tous les désordres.

Supprimer les fêtes et les dévotions lors même que l'on interdit aussi les danses aux jours de dimanches, n'est pas le moyen de rendre religieuse et morale une population catholique.

Mais nous sommes loin d'avoir épuisé tous les faits qui nous peuvent faire connaître la situation liturgique de l'Allemagne. Tandis qu'une partie du clergé catholique travaille à détruire l'antique foi, avec ses manifestations les plus essentielles, le protestantisme semble s'ébranler et rendre hommage aux théories catholiques sur la forme religieuse. Déjà, rendant hommage aux avantages de l'unité de communion, les réformés d'Allemagne ont tenté et réalisé, dès l'année 1817, dans la Prusse et le duché de Nassau, une réunion pompeuse du luthéranisme et du calvinisme ; le complément de cette grande mesure devait être une modification liturgique dans un sens toujours moins éloigné des usages catholiques. Le même roi de Prusse, Frédéric-Guillaume III, qui avait préparé la dramatique réunion des luthériens et des calvinistes, s'est donc chargé de pourvoir désormais l'Église réformée d'une Liturgie qui soit à la hauteur de ses destinées futures. Il est vrai de dire que Sa Majesté, loin de pouvoir faire agréer son œuvre par l'universalité de ce qu'elle appelle l'Église *évangélico-protestante*, n'a pas été sans éprouver quel-

Exemple contraire donné par le protestantisme qui semble s'ébranler et rendre hommage aux théories catholiques sur la forme religieuse.

INSTITUTIONS LITURGIQUES

ques résistances partielles dans son propre royaume; mais toujours est-il que cette Liturgie a pour caractère particulier de se rapprocher en plusieurs points des formes catholiques. Non seulement le prince a pris des mesures pour replacer des images dans les temples protestants, mais dans le service divin de la Cène, on trouve déjà une grande partie de notre *Messe des Catéchumènes*, la *Préface*, le *Sanctus*, le *Memento* des vivants, etc.

Aveu échappé au royal liturgiste dans la préface de son Missel de 1822, touchant l'*uniformité* dans le service divin.

Ce sont là, sans doute, des faits bien éloquents en faveur de l'importance de l'élément liturgique ; l'aveu qui échappe au royal liturgiste dans la préface de son missel de 1822, ne l'est pas moins. Il en vient jusqu'à faire valoir les avantages de l'*uniformité* dans le service divin, en la manière qu'avaient osé le faire nos évêques constitutionnels, dans leur conciliabule de 1797 (1). « L'Église évangé-
« lique, dit Sa Majesté, doit assurer la *stabilité* de la société
« chrétienne, par sa doctrine et sa discipline. Bien que
« tels ou tels usages religieux ne constituent pas l'essence
« du culte divin, il faut cependant que l'*uniformité* dans
« le culte produise une sorte de conviction générale, et
« même une tranquille sérénité de conscience, appuyée
« sur cette douce et consolante pensée que nous adressons
« à Dieu les mêmes louanges, les mêmes actions de
« grâces, les mêmes demandes, les mêmes vœux et les
« mêmes prières que nos ancêtres dans la foi lui ont
« adressés, depuis plusieurs siècles (2). » Certes il faut que l'unité liturgique soit d'une nécessité bien évidente, pour que les schismatiques et les hérétiques eux-mêmes le proclament si haut, en dépit de leur état d'opposition à l'égard de la Mère Église. Nous avons constaté ailleurs le même fait chez les Grecs Melchites (3); qui osera

---

(1) Ci-dessus, page 561.
(2) *Histoire générale de l'Église*, par le Baron Henrion. Tome XIII. page 413.
(3) Tome I, page 223.

donc désormais parmi nous contester un principe auquel toute société religieuse semble se recommander, pour vivre et se perpétuer ?

Au milieu de ces phénomènes vraiment remarquables, la littérature protestante de l'Allemagne se montre gravement préoccupée de la science liturgique. Sans parler d'Augusti, auquel nous consacrons ci-après une notice, la matière des rites sacrés est exploitée avec plus ou moins d'érudition par Marheinike, Hildebrand, Schmid, Rechenberg, Rheinwald, Schone, Bohmer, etc., etc. Plût à Dieu que nous pussions compter en France un nombre pareil d'hommes sérieux, se livrant à ces belles études qui furent si florissantes chez nous avant l'innovation antiliturgiste! Mais ce qui est plus admirable encore, c'est que l'Allemagne protestante ne renferme pas seulement des hommes auxquels la science liturgique est familière, sous le côté de l'archéologie ou de l'esthétique; elle en possède aussi qui proclament la magnificence et l'onction de nos formules *papistes*, qui s'en vont recueillant avec amour nos vieilles hymnes, nos proses et nos antiennes séculaires, les publiant avec des commentaires dont, la plupart du temps, l'esprit et la forme sont entièrement catholiques; bien différents assurément de nous autres Français, qui nous montrons si indifférents à toutes ces richesses de la piété de nos pères, engoués que nous sommes des pastiches de notre Santeul. Nous avons d'utiles leçons à prendre dans la lecture des précieux volumes publiés par Rambach, Daniel, et autres luthériens dont les travaux sont indiqués ci-après.

Mais si l'Allemagne protestante semble sous l'empire d'une réaction en faveur de la forme religieuse, il ne faut pas croire pourtant que tous les catholiques partagent les désastreuses théories que M. de Keller (1) et une partie

(1) En ce moment même, les journaux nous apprennent que M. de Keller vient de prendre, à l'égard du gouvernement de Wurtemberg, une

notable du clergé cherchent à faire prévaloir. Grâce à Dieu, la plus belle et la plus solennelle protestation est placée en face même de ces honteuses apostasies. Nulle contrée catholique aujourd'hui ne saurait montrer des hommes plus érudits et en même temps plus intelligents, que l'Allemagne elle-même. Nommer Mœhler, Klee, Gœrres, Windischman, etc.; et spécialement pour la Liturgie, Binterim, F. X. Schmid, etc., c'est prédire le mouvement d'ascension que ne peuvent manquer de subir les doctrines catholiques dans le pays qui produit de tels hommes. Au reste, nous ne tarderons pas à dérouler sous les yeux du lecteur la liste magnifique, quoique incomplète, des liturgistes allemands de ce siècle.

Triomphe de l'Église catholique dans la cause de Clément-Auguste Droste de Vischering, archevêque de Cologne.

Disons maintenant un mot du triomphe de l'Église catholique dans la cause de Clément-Auguste Droste de Vischering, archevêque de Cologne. Quel cœur catholique n'est ému de reconnaissance et d'admiration pour ce nouvel Athanase, dont le courage indomptable sauve à jamais la foi et la discipline dans l'Église d'Allemagne, contraint les puissances du siècle à reculer dans leurs perfides manœuvres, rend le sentiment de leur devoir à des prélats et à des prêtres dont la conscience pactisait avec la trahison, inonde le cœur des fidèles de cette joie et de cette espérance que le sentiment seul du catholicisme peut faire ressentir ? Or la source de cette victoire éclatante, dont les conséquences ne sauraient être] comprimées, est la fidélité de Clément-Auguste aux principes de la Liturgie ; comme aussi l'espérance des ennemis de l'Église était dans le

attitude plus épiscopale. Il a adressé des réclamations sur l'oppression que souffre l'Église dans ce pays. Puisse enfin ce prélat reculer dans la ligne malheureuse qu'il a adoptée, et comprendre que le catholicisme cesse d'exister, quand sa forme et sa liberté lui sont enlevées, et que toutes les atteintes dirigées contre cette forme et cette liberté, ont leur contre-coup sur la foi elle-même, sur la morale et sur la hiérarchie !

renversement de ces mêmes principes. Si donc les traîtreuses théories du congrès de Vienne sont refoulées, si la marche du système qui tendait à produire l'unité germanique au moyen du protestantisme est aujourd'hui en voie de rétrograder, c'est parce que Clément-Auguste, fidèle à la voix du Siége apostolique, ne veut pas qu'une formule de quelques lignes dans le Rituel romain, soit prononcée sur des époux indignes du nom de catholiques, tandis que le roi de Prusse voulait, au contraire, que cette formule sacrée fût prostituée jusqu'à servir d'égide à l'apostasie.

Donc, la doctrine, les mœurs, l'Église, tout s'est réfugié, concentré pour l'Allemagne, dans cette question liturgique ; c'est de là que l'hermésianisme est terrassé, parce que le glorieux confesseur dont il a éprouvé les indomptables poursuites est désormais proclamé le sauveur de la foi ; c'est de là que le fébronianisme est confondu, parce que la soumission au pontife romain ne saurait être prêchée plus éloquemment que par la captivité d'un archevêque, si docile au Siége apostolique ; c'est de là que le plus tonnant de tous les anathèmes éclate contre les *mariages mixtes*, dont la désastreuse multiplication allait à éteindre sous peu d'années la vraie foi dans de vastes provinces, et qui deviennent désormais odieux à tous ceux qui ont gardé dans leur cœur un reste de ce sentiment de nationalité catholique qui ne s'éteint que lentement dans le cœur des enfants de l'Église ; c'est de là enfin que sortira l'affranchissement religieux, non seulement de la Prusse et des provinces rhénanes, mais en général des diverses autres régions de l'Allemagne dans lesquelles les *mariages mixtes* allaient ruinant la foi de jour en jour, par l'indifférence et trop souvent la complicité des pasteurs. Que maintenant donc les peuples catholiques environnent de leur amour ces livres de la Liturgie qui renferment ainsi le salut de la foi, et qu'on ne peut mépriser sans

<small>INSTITUTIONS
LITURGIQUES</small>

mettre en péril le dépôt tout entier de la révélation de Jésus-Christ. Dieu donne toujours en leur temps ces sortes de manifestations, et il se plaît souvent à confondre l'irréflexion des hommes de peu de foi, en montrant que, dans l'Église, ce qui paraît moindre importe néanmoins tellement à l'ensemble, que cet ensemble périt du moment qu'une main profane touche à ces parties qu'un œil superficiel a jugées secondaires. Ainsi, Martin Luther aura enlevé l'Allemagne au vrai christianisme, en prêchant contre les Indulgences ; Clément-Auguste la rattache à l'Église véritable, en maintenant, au prix de sa liberté et de son sang, s'il le faut, la sainte franchise du rituel aux mains de ses prêtres. Tels sont les événements qui se pressent en notre siècle; passons maintenant en Angleterre : un spectacle non moins merveilleux nous y attend.

<small>La cause principale du retour de l'Angleterre à l'antique foi est la conservation de l'élément liturgique au sein de l'*Église-établie*.</small>

Tout le monde aujourd'hui est forcé de convenir que l'oracle du sublime Joseph de Maistre, sur la Grande-Bretagne, est au moment de s'accomplir. Le règne de Dieu et de son Église approche pour l'Ile des Saints. Or, nous l'affirmons tout d'abord, la cause principale de ce retour à l'antique foi, de cette dissolution du protestantisme anglican, tandis que le presbytérianisme, le méthodisme tiennent encore, n'est pour ainsi dire que le développement de l'élément liturgique que la plus heureuse inconséquence avait conservé au sein de l'*Église-établie*. Son calendrier, où figurent encore les saints, ses livres d'offices presque toujours traduits littéralement sur ceux de l'Église romaine, ses habits sacerdotaux, ses ornements pontificaux retenus dans leur forme catholique, ses cathédrales et autres édifices religieux conservés, restaurés, entretenus avec un soin pour ainsi dire filial, etc. (1);

---

(1) C'est ici le lieu de rappeler, avec Joseph de Maistre, les vers de Dryden, sur le caractère de l'Église anglicane : « Elle n'est pas l'épouse « légitime, mais c'est la maîtresse d'un Roi ; et quoique fille évidente de

AUX FORMES CATHOLIQUES ET AU BRÉVIAIRE ROMAIN 653

toutes ces choses n'étaient pas de simples anomalies ; il fallait y voir les indices d'une réaction future. Quand on pense que longtemps avant la fin du xviie siècle, deux anglicans, Dugdale et Dodsworth, publiaient le *Monasticon Anglicanum*, préludant ainsi, longtemps à l'avance, aux travaux que les catholiques eux-mêmes entreprendraient pour mettre en lumière les grandeurs et les bienfaits du monasticisme ; quand on se rappelle la faveur avec laquelle cette publication fut accueillie en Angleterre, et le zèle avec lequel tous les ordres de la société, même les acquéreurs des biens monastiques, s'offrirent à subvenir aux frais des nombreuses gravures qui enrichissent l'ouvrage, sans autre but que de conserver le souvenir des antiques merveilles de l'architecture papiste ; il est facile de comprendre que du moment où de mesquins et cruels préjugés viendront à disparaître, cette nation devra se précipiter avidement dans la vérité antique et grandiose du catholicisme.

C'est déjà ce qui arrive aujourd'hui ; d'abord, les conversions individuelles ont augmenté dans une proportion toujours croissante, au point d'arracher un cri d'alarme à l'anglicanisme ; mais bientôt la brèche s'est agrandie ; la profonde et large blessure faite à l'Église de Henri VIII et d'Élisabeth, a apparu plus désespérée encore qu'on ne l'aurait cru ; et qui la guérirait, cette blessure, maintenant que la défection est déclarée dans le camp même de ces docteurs d'Oxford, auxquels semblait être dévolue la défense de l'*Église-établie ?* Déjà le papisme triomphant les décime chaque jour, et ceux qui ne se rendent pas

I PARTIE
CHAPITRE XXIV

On en peut juger par les concessions modérées qu'accordent les ministres du culte anglican, aux besoins des cœurs, et qui ne font qu'accélérer le mouvement catholique.

« Calvin, elle n'a point la mine effrontée de ses sœurs. Levant la tête
« d'un air majestueux, elle prononce assez distinctement les noms de
« *Pères,* de *Conciles,* de *Chefs de l'Église* : sa main porte la crosse avec
« aisance ; elle parle sérieusement de sa noblesse ; et sous le masque
« d'une mitre isolée et rebelle, elle a su conserver on ne sait quel reste
« de grâce antique, vénérable débris d'une dignité qui n'est plus.» (Dryden.
The hind and the Panther.)

extérieurement à lui préparent, sans le vouloir, un retour plus universel encore, en publiant ces fameux *Traités sur le temps présent* qui, sous le prétexte d'arrêter le mouvement catholique par des concessions modérées, ne font autre chose que l'accélérer. Or, c'est principalement sur les choses de la Liturgie que les disciples du docteur Pusey conviennent qu'il est utile d'abonder dans le sens des usages catholiques ; le culte anglican, si pompeux déjà comparé à celui des calvinistes, leur semble encore trop nu et trop froid. Ils ont vu dans la tradition des Pères de l'Église, dont l'autorité est déjà réelle pour eux, ils y ont vu que plusieurs des cérémonies papistes remontent au berceau du christianisme; ils songent à les rétablir. Un vague besoin de la présence réelle les travaille; en attendant, il leur faut des images saintes, et les reliques ne tarderont pas à devenir l'objet de leur dévotion. Bien plus, ils en sont venus jusqu'à comprendre la nécessité de la prière canoniale ; ils parlent de rétablir la récitation de l'office divin; plusieurs même l'ont déjà ostensiblement reprise, et voici les étonnantes paroles qui leur échappent sur ce *Bréviaire romain,* si odieux pourtant aux hérétiques et si imprudemment repoussé par plusieurs catholiques : c'est un des *Traités pour le temps présent* que nous allons citer (1).

« Le service de prières du bréviaire est d'une telle
« excellence et d'une telle beauté, que si les controver-
« sistes romains étaient *assez avisés* pour le présenter aux
« protestants comme le livre de prières de leur Église, ils
« produiraient *infailliblement* sur l'esprit de tout dissi-
« dent non prévenu un préjugé en leur faveur... Nous
« essayerons donc d'arracher cette arme aux mains de
« nos adversaires; nous la leur avons abandonnée autre-

---

(1) Tome III, paragraphe 73. *Du Bréviaire romain considéré comme renfermant l'essence du culte de prière de l'Église catholique.* Cette dissertation n'a pas moins de 207 pages.

« fois, comme bien d'autres trésors qui nous appartiennent aussi bien qu'à eux, et nous n'avons garde de penser que, nos droits étant ce qu'ils sont, on puisse nous reprocher d'emprunter chez nos adversaires ce que nous n'avons perdu que par mégarde. »

Continuation de cet extrait faisant remonter aux temps apostoliques les parties principales du bréviaire.

L'auteur de la dissertation que nous venons de citer, après plusieurs aveux dans lesquels la plus noble franchise se montre souvent en lutte avec un reste de morgue protestante, trace une courte histoire du Bréviaire romain, dans laquelle il dit expressément que, quant aux parties principales, ce bréviaire est aussi ancien que le christianisme lui-même. Parlant de la réforme liturgique de saint Grégoire VII, au XIe siècle, il dit : « Grégoire VII n'a fait « que restaurer et adapter plus parfaitement aux églises « le service de prières du bréviaire, en sorte que, dans sa « forme actuelle, tant pour la distribution des heures que « dans sa substance, il n'est autre chose que la continua« tion d'un système de prière qui date des temps aposto« liques. »

Exposé rapide des points touchés dans cette dissertation par le docteur anglican.

Le docteur anglican traite ensuite du fond et de la forme du bréviaire, et les détails qu'il donne font voir qu'il n'a pas craint d'approfondir la matière, et que c'est avec une entière connaissance de cause qu'il relève le mérite du livre des prières papistes. Il commence par une analyse du service hebdomadaire *Psalterium per hebdomadam* (1). Il passe ensuite au détail de l'office du dimanche, et donne en entier, pour exemple, l'office du IVe dimanche après la Pentecôte (2). De là, descendant à l'office férial, il produit celui du lundi de la première semaine de l'Avent (3). Le service de prières d'un jour de fête est représenté par l'office de la Transfiguration (4). Il n'est pas jusqu'à l'office

---

(1) Pages 17-25.
(2) Pages 26-86.
(3) Pages 87-96.
(4) Pages 97-116.

d'un saint qui ne soit analysé en détail par l'auteur, et, à l'appui de son exposé, il donne l'office de saint Laurent (1). Enfin, et ce n'est pas la partie la moins curieuse de cette dissertation, l'auteur, dans une sixième section, après avoir exprimé le vœu de voir l'Église anglicane adopter, pour célébrer la mémoire de ses *saints*, la forme du Bréviaire romain, rédige à l'avance l'office de Thomas Ken, évêque de Bath, mort en 1710, et place sa fête au 21 mars. Nous renvoyons cette pièce curieuse dans les notes du présent chapitre (2). Certes, on devra avouer, après cela, que le mouvement qui pousse l'Angleterre vers le catholicisme est surtout un mouvement liturgique. Terminons par un dernier passage de la même dissertation.

« Avant la Réforme, dit encore l'auteur, l'Église obser-
« vait chaque jour les sept heures du service de la prière, et
« quelque négligemment, si l'on veut, que ce service fût
« pratiqué par plusieurs, on ne saurait manquer de re-
« connaître qu'il a exercé une grande influence sur les
« esprits, et que sa cessation a laissé des traces encore
« visibles aujourd'hui. En effet, partout où ce service de
« prières a été établi, un grand nombre de personnes rem-
« plies d'un esprit catholique, n'ont pas seulement écrit
« sur la prière, mais beaucoup aussi l'ont pratiquée dans
« leur vie. Au contraire, depuis que cette forme de prières
« est effacée de la mémoire du peuple, les livres sur la
« prière sont devenus chez nous une chose rare, et le peu
« que l'on en rencontrerait encore est dû à des personnes
« qui ont vivement senti l'obligation où nous sommes de
« nous donner davantage à la prière. De plus, il est très
« certain que toute religion, quelque forme qu'elle ait
« d'ailleurs, si elle n'est pas appuyée *sur la dévotion exté-*

---

(1) Pages 117-134.
(2) *Vid.* la Note C.

« rieure et sur la prière réglée et commune, doit être
« nécessairement mauvaise dans son essence (1). » Encore
une fois, le royaume de Dieu approche pour une nation
au sein de laquelle se répandent de pareilles doctrines, et
nous ne pouvons que souhaiter à tous nos frères de
France une entière compréhension de ces dernières paroles de notre anglican.

Si le progrès des tendances liturgiques accélère la marche de l'Angleterre vers la vérité et l'unité catholiques, il est d'autres contrées où la compression de ces mêmes tendances amène les résultats contraires. D'immenses provinces, soumises à la domination de l'autocrate Nicolas, voient s'éteindre le flambeau de la foi, dans les jours mêmes où nous écrivons ces lignes, et les changements dans la Liturgie sont le moyen par lequel cette catastrophe est opérée : tant il est vrai, comme nous l'avons dit ailleurs, que la Liturgie est un glaive à deux tranchants qui, dans les mains de l'Église, sauve les peuples, et qui, aux mains de l'hérésie, les immole sans retour.

La compression des tendances liturgiques amène les résultats contraires, témoin la Russie.

Nous avons caractérisé, au chapitre IX, ces Liturgies orientales, vénérables sans doute par leur antiquité, mais qui n'en ont pas moins été un obstacle invincible à toute réunion durable de l'Église grecque avec l'Église latine, depuis la première consommation du schisme. Nous avons fait voir aussi de quelle triste immobilité ces mêmes Liturgies ont été frappées, impuissantes qu'elles sont, depuis huit siècles, à tout développement ; tandis que la Liturgie romaine n'a cessé, à chaque époque, de produire de nouvelles formes, sans altérer le fond antique par lequel elle tient à l'origine même du christianisme. Il est aisé de conclure de ces faits incontestables, que toute réunion des deux Églises, pour être durable, devrait avoir pour auxiliaire une modification dans la Liturgie orientale, qui la

Les Liturgies orientales, frappées d'ailleurs d'une triste immobilité, auraient besoin d'une modification, pour qu'une réunion durable pût s'accomplir.

(1) Page 73.

T. II.

INSTITUTIONS LITURGIQUES

mît plus ou moins en rapport avec les développements des formes catholiques dans l'Occident. La fraternité devrait donc être scellée par certaines dérogations à des usages, antiques, il est vrai, mais sacrifiés au plus noble but ; puisqu'il s'agirait d'aspirer, dans une plus grande plénitude, cette vie dont l'Église romaine est la source, et dont on suppose que le désir sincère aura motivé la renonciation au schisme.

Exemple d'une modification semblable dans la métropole grecque de Kiew.

C'est là précisément ce qui avait eu lieu dans la métropole grecque de Kiew, qui comprenait l'ancienne Ruthénie à peu près entière, c'est-à-dire près des deux tiers du territoire et la moitié ou peu s'en faut de la population de la Pologne. Cette métropole et ses églises suffragantes étaient rentrées dans le sein de l'unité catholique en 1595. Dans l'acte dressé à Brzerc pour décréter ce retour heureux, le métropolite Michel Rahoza et les autres évêques ruthènes stipulèrent le maintien du rite grec, tel qu'il était au moment de l'Union de Florence. Beaucoup d'abus s'étaient introduits depuis lors ; les métropolites furent contraints d'user des plus grands ménagements, quand ils cherchèrent à les réprimer. La moindre imprudence aurait compromis l'Union mal affermie, en blessant les susceptibilités du peuple, jaloux à l'excès de son rite et de ses traditions. Mais vers la fin du XVIIe siècle, le contact avec les Latins, qui coudoyaient partout les Grecs en Ruthénie, et la nécessité de tracer une ligne de démarcation parmi ceux-ci entre les uniates et les schismatiques, détermina un mouvement de réforme liturgique, qui eut pour objet de changer sur bien des points les usages du rite grec pour les rapprocher du rite latin. Cette révolution fut consommée par un concile célèbre tenu à Zamosc, en 1720, sous la présidence d'un délégué apostolique et dans lequel le métropolite Léon Kiszha et ses suffragants prirent des décisions très importantes touchant les rites des Sacrements et du saint Sacrifice de la Messe.

Elles furent confirmées par le Saint-Siège, et leur autorité fut si grande, elles furent jugées si conformes aux besoins des Églises grecques-unies, qu'elles furent unanimement embrassées par le clergé de la Hongrie, de l'Esclavonie, de la Dalmatie, de la Croatie, etc. (1).

Quoique la lettre de la Liturgie byzantine fût exactement conservée dans les missels slaves à l'usage des diverses Églises du rite grec-uni dont nous venons de parler, ces missels, outre l'article de la procession du Saint-Esprit, la prière pour le pape, l'addition de certaines fêtes ou commémorations de saints, renfermaient plusieurs rubriques dans lesquelles il était pourvu à la forme des cérémonies d'une manière différente de ce qui s'observait chez les schismatiques. Ces missels étaient donc la forteresse de la foi et de l'unité. Ceux qu'on trouvait dans les Églises catholiques soumises à la Russie avant l'horrible persécution qui vient de fondre sur elles, sont le missel de 1659, donné par le métropolitain Cyprien Zochowski, dédié au prince Charles-Stanislas Radziwil ; celui de 1727, publié par le métropolitain Kirszka ; celui de 1790, imprimé par ordre du métropolitain Szeptycki ; enfin, le plus récent, promulgué, il y a peu d'années, par le métropolitain Josaphat Bulhack (2).

Missels slaves forteresse de la foi et de l'unité.

On peut rapporter les diverses modifications de la Li-

(1) Nous devons observer ici que des modifications du même genre ont été faites, depuis des siècles, dans les rites des Grecs-unis de l'Italie, de la Corse, de la Sicile, des îles de l'Archipel, etc., par l'autorité des Pontifes romains. C'est un préjugé janséniste de croire qu'il y ait au monde une seule Église unie au Saint-Siège qui soit indépendante de Rome dans les choses de la Liturgie. On peut consulter sur ce sujet le Bullaire romain, et les Décrets de la Congrégation de la Propagande ; on y verra jusqu'à ces derniers temps l'exercice du pouvoir papal sur les rites des Églises orientales.

(2) Nous empruntons ces détails à la lettre des cinquante-quatre prêtres catholiques de Lithuanie, qui ont réclamé pour la foi et l'unité catholique auprès de l'évêque Siemazko. (*Annales de Philosophie chrétienne*, X[e] année, IIIe série, tome I.

660 INFLUENCE DÉSASTREUSE DE LA LITURGIE GRECQUE

INSTITUTIONS LITURGIQUES

Les diverses modifications de la Liturgie grecque dans le sens romain se rapportent à deux classes, la première dans le rituel, la seconde dans le missel.

turgie grecque dans le sens romain à deux classes ; la première, moins considérable, dans le rituel, se compose de certaines additions aux cérémonies des sacrements, par exemple, l'onction des mains dans la collation de l'ordre de prêtrise, etc. ; la seconde, dans le missel, a pour objet les démonstrations de piété et d'adoration envers le divin sacrement de l'Eucharistie. Sous ce dernier rapport, l'Église orientale, au sein de laquelle l'erreur des sacramentaires n'a point étendu ses ravages, est restée beaucoup en retard de l'Église latine qui s'est vue obligée de multiplier les témoignages liturgiques de sa foi et de son amour pour le sacrement de l'autel, en proportion des attaques de l'hérésie. Mais on sentira facilement que ces développements de culte, si légitimes en eux-mêmes, en supposant même que les Églises d'Orient puissent encore surseoir à leur adoption, sont devenus absolument nécessaires dans les Églises de l'Occident, qui a été si violemment ravagée par les adversaires de la présence réelle. Ces derniers ne prendraient-ils pas scandale de ce que, parmi les enfants de l'Église romaine, les uns ne fléchissent pas même le genou devant l'Hostie sainte, tandis que les autres n'ont point assez de marques d'adoration à lui prodiguer ? Et les fidèles du rite grec uni ne seraient-ils pas blessés dans leurs plus chères affections religieuses, s'il ne leur était pas permis de pratiquer, à l'égal des catholiques du rite latin, auxquels ils sont mêlés, ces actes religieux qui ne sont, après tout, que la manifestation d'une même foi ?

Modifications touchant le sacrement de l'autel.

Il est donc résulté de là que, sitôt après la réunion de 1594, l'usage d'exposer le saint Sacrement les jours de fêtes et de dimanches s'est introduit, à la grande satisfaction des catholiques, dans la Lithuanie et les autres provinces du rite uni ; les génuflexions, les adorations profondes à la sainte Eucharistie sont devenues des pratiques communes et dès lors réglées par des rubriques spéciales.

Mais comme la piété catholique ne se contente pas d'adorer le Verbe incarné, dans le divin Sacrement, mais qu'elle aspire encore à s'en nourrir comme de l'aliment de vie, les entraves que la Liturgie orientale met à la communion fréquente ont dû pareillement céder devant l'empressement légitime des fidèles. Dans le rite grec, il ne doit y avoir pour la célébration de la messe qu'un seul autel, lequel doit être retranché derrière ce rempart qu'on nomme *iconostase,* espèce de portique décoré d'images saintes, qui laisse à peine l'œil pénétrer furtivement jusqu'à l'autel, et qui se ferme totalement aux instants solennels du saint Sacrifice. Ces usages sévères se sont trouvés modifiés comme d'eux-mêmes. L'autel du fond est demeuré, il est vrai, retranché derrrière l'*iconostase*, en plusieurs lieux ; mais, dans beaucoup d'églises, l'*iconostase,* a été sacrifiée, et, dans presque tous les autres, des autels extérieurs ont été construits en divers endroits de l'édifice, à la manière latine. Ces autels servent aux messes *privées* qui sont, pour les catholiques, l'aliment de la piété, l'occasion facile d'approcher fréquemment des saints Mystères et de resserrer le lien de l'unité. Enfin, ces autels multipliés, afin que la victime sans cesse renaissante se multiplie comme la manne du ciel, qui en était la figure, ces autels que la foule des fidèles environne dans une sainte familiarité, ces autels qui voient célébrer un sacrifice journalier, demandent un clergé digne de les desservir, un clergé voué à la chasteté ; et voilà pourquoi, en attendant une heureuse révolution qui astreindrait le clergé séculier au célibat, les Grecs-unis des contrées dont nous parlons professent une si grande vénération pour les moines basiliens, que leur profession de chasteté, qui rehausse encore en eux le zèle de la foi, rend aptes à la célébration journalière du grand Sacrifice.

Il est donc évident, d'après ces faits, que la Liturgie grecque, chez un peuple uni à l'Église romaine, tend na-

La Liturgie grecque, chez un peuple

turellement vers des développements destinés à faire pénétrer en elle les formes du christianisme occidental, et capables dans un temps donné, d'altérer plus ou moins, par l'effet même d'un tel progrès, sa physionomie primitive. Et nous n'avons garde d'en disconvenir ; mais dans un pays dont le souverain s'est fait chef de la religion, en sorte que les formes du culte sont désormais fixées par la loi de l'État, on conçoit que la politique voie avec inquiétude et jalousie un mouvement imprimé à ces mêmes formes par des sujets dissidents. Un tel progrès devient un attentat contre la Liturgie légale et immobile, au moyen de laquelle l'autocratie espère comprimer tout mouvement religieux, comme attentatoire à sa souveraineté spirituelle. Ce fut le motif qui arrêta promptement les velléités que Pierre Ier sembla manifester quelques instants de replacer son empire sous la communion romaine. Plus tard, Catherine II, après le partage de la Pologne (cette affreuse calamité que tout vrai catholique ne saurait trop déplorer), devenue maîtresse de la Lithuanie, de la Volhinie, de la Podolie et de l'Ukraine, employa toutes sortes de violences contre les Grecs-unis de ses nouveaux États, et l'on n'en compta pas moins de huit millions réunis violemment à l'Église schismatique, et privés désormais de tout moyen de suivre les rites qui étaient l'expression et la défense de leur foi.

Le feu de la persécution se ralentit un peu sous Paul Ier, sans qu'il fût permis néanmoins aux catholiques du rite grec-uni, arrachés violemment à leurs croyances et à leurs pratiques, de retourner à l'ancien culte. Alexandre Ier régna ensuite, et s'il ne persécuta pas les Grecs-unis, il ne fit rien non plus en leur faveur; si ce n'est, peut-être, d'autoriser le rétablissement du titre de la métropole grecque-unie; encore procéda-t-il en cette mesure sans le concours du Saint-Siège. Des bouleversements inouïs, des suppressions, réductions et unions de sièges épiscopaux, des nominations d'évêques faites par l'autorité laïque et même schismatique, avaient jeté une grande confusion dans toutes les provinces russes habitées par les Grecs-unis : la mission légitime avait cessé, et, partant, la vie des églises éprouvait une suspension désolante. Enfin, en 1817, il fut possible au Siège apostolique de remédier, au moins en quelque degré, à de si grands maux. Josaphat Bulhack, élève de la Propagande, ayant été désigné par l'empereur pour *métropolitain de toute l'Église grecque-unie*, Pie VII lui conféra l'institution canonique, avec des pouvoirs extraordinaires, pour réparer tout ce qui s'était fait d'irrégulier pendant la période d'anarchie spirituelle qui venait de s'écouler. Bulhack fut autorisé à donner lui-même l'institution canonique à tous les évêques de son rite qui ne l'avaient pas reçue, et, par ses soins, les églises qui étaient restées dans l'union avec le Saint-Siège recouvrèrent une ombre de liberté, et accueillirent quelques lueurs d'espérance; car l'esprit du bienheureux martyr Josaphat s'était reposé sur le pieux et fidèle métropolitain.

Mais les catholiques ne tardèrent pas à perdre toute illusion sur le sort qui les attendait. En 1825, Nicolas Ier monta sur le trône impérial de toutes les Russies, et avec lui la plus abominable tyrannie. Ce prince résolut d'en finir avec l'Église catholique dans ses États; mais sa rage s'attaqua principalement aux faibles restes des Grecs-unis. Méprisant profondément l'espèce humaine, il ne compta pour rien la résistance du peuple et même celle des popes; le knout et la Sibérie devaient en faire bonne justice. Mais l'épiscopat pouvait offrir une résistance plus éclatante; il importait donc de l'anéantir, ou, du moins, de le dégrader. Nicolas a d'abord, en 1825, supprimé l'évêché de Luck, à la mort du titulaire. Un nouvel ukase, en 1832, enchérissant encore, est venu décider que désormais les sujets russes du rite Grec-uni ne formeront plus que

Abominable tyrannie de Nicolas Ier.

deux diocèses, celui de *Lithuanie* et celui de la *Russie Blanche;* par cette mesure sacrilège, l'épiscopat se trouvant réduit à deux membres, ou quatre au plus, en comptant les vicaires-évêques des deux prélats, il devenait facile d'étouffer la foi catholique, en employant la violence et la corruption contre des hommes faibles et isolés.

Le résultat de cet impie machiavélisme ne s'est pas fait attendre longtemps. Le pieux Josaphat Bulhack a été enlevé trop tôt pour le malheur de son Église, et il a emporté dans sa tombe la liberté et la foi. Les sièges de Luck, de Minsk, de Polotzk, se trouvaient déjà vacants, et à l'exception de Philippe-Félicien Szumborski, évêque de Chelm, au royaume de Pologne, il n'y avait plus en exercice dans toute la Russie que trois évêques du rite grec-uni. Ces prélats étaient Joseph Siemasko, qui s'intitule, de par l'Empereur, *évêque de Lithuanie;* Basile Luzynski, dit évêque d'Orsza, établi par Nicolas *gérant du diocèse de la Russie Blanche;* et Antoine Zubko, institué, également par l'autocrate, *vicaire du diocèse de Lithuanie,* avec le titre d'évêque de Breszca. Ces trois malheureux prélats, que l'histoire flétrira de la même honte qui s'attache au nom du disciple perfide, et que l'indignation du Pontife romain a déjà marqués d'un stigmate ineffaçable, ont livré au schisme et à l'hérésie les âmes de leurs peuples, et par eux la lumière du salut s'est éteinte sur de vastes contrées où leur devoir était de la conserver et de l'accroître. Ils ont adressé au tyran, sous la date du 12 février 1839, une supplique, en les termes les plus humbles, tendant à obtenir la faveur d'être acceptés par Sa Majesté, eux-mêmes, leur clergé et leur troupeau, dans la communion de *l'Église apostolique-orthodoxe-catholique-grecque* (1), et cette horrible prévarication a consommé la perte de trois millions et demi de catholiques, dans la Lithuanie et la Russie Blanche.

---

(1) *Annales de Philosophie chrétienne.* Ibid., page 234.

Au reste, ces pasteurs mercenaires ont voulu en imposer à la conscience publique, quand ils ont osé affirmer qu'ils formaient, à eux trois, tout l'épiscopat grec-uni de la Russie. Outre l'évêque de Chelm que nous avons nommé ci-dessus, prélat fortement attaché à la catholicité, deux autres évêques ont refusé de souscrire l'acte de schisme; l'un est le prélat Zarski, évêque *in partibus*, et l'autre le prélat Joszyf, membre l'un et l'autre du collège grec-uni de Saint-Pétersbourg. En outre, les trois évêques apostats ont joint à leur supplique les signatures de mille trois cent cinq Ecclésiastiques, qu'ils assurent composer la totalité du clergé grec-uni; et, d'autre part, on sait qu'en 1834, cinquante-quatre prêtres lithuaniens protestèrent contre les tentatives de Siemasko pour établir le schisme. Il est vrai de dire que, depuis, la violence a produit de bien tristes effets sur la plupart de ces popes, tous engagés dans les liens du mariage et réduits à choisir entre leur devoir et l'exil en Sibérie.

<small>L'évêque de Chelm et deux autres avec cinquante-quatre prêtres lithuaniens ont protesté.</small>

Maintenant, il importe de faire connaître le double moyen employé par l'autocrate pour accomplir son œuvre et pour en assurer la durée. Il a tout consommé par la suppression de l'ordre des Basiliens, le seul qui existât chez les Grecs-unis, et par l'adoption forcée de nouveaux livres liturgiques.

<small>Double moyen employé par l'autocrate pour le succès de son œuvre:</small>

Habile dans la tactique des gouvernements européens, quand ils veulent asservir l'Église, Nicolas a suivi fidèlement tous les degrés qu'ils gardent dans l'exécution de ce plan sacrilège. Ainsi, pour anéantir les Basiliens, il a commencé par les soumettre aux ordinaires; en second lieu, il les a entravés dans l'admission des novices; la troisième mesure a été la confiscation des biens; enfin, la quatrième, qui a tout terminé, a été, en 1832, la suppression définitive de l'ordre lui-même. Du moins, la voix d'un évêque s'est élevée contre cette machiavélique et atroce persécution ; le pieux prélat Szezyt, suffragant de

<small>1º Suppression des Basiliens. L'évêque Szezyt réclame et est exilé.</small>

l'archevêché de Mohilow, du rite latin, a osé faire entendre des réclamations contre la suppression des Basiliens, et contre celle d'un grand nombre d'autres monastères du rite latin qui ont été abolis, jusqu'au nombre de deux cent vingt et un, dans la seule métropole de Mohilow. Ce courage apostolique n'a pas tardé non plus à recevoir sa récompense. Le prélat s'est vu arracher violemment à son troupeau et reléguer jusqu'aux extrémités de l'empire. Les instances de la noblesse ont pu seules obtenir qu'il ait enfin été rendu à l'exercice de sa charge pastorale (1).

Pendant qu'on travaillait à ruiner l'ordre des Basiliens, ces prêtres célibataires dont l'influence était si grande sur les Grecs-unis, et qui leur garantissaient le bienfait de la célébration journalière du sacrifice chrétien, les presses impériales de Moscou enfantaient, en 1831, un missel destiné à remplacer dans les Églises grecques-unies celui du vénérable Josaphat Bulhack et de ses prédécesseurs. Ce missel totalement conforme à celui des schismatiques ne différait guère de l'ancien que par ses omissions. On y supprimait l'article de la procession du Saint-Esprit, la mention du pape, et aussi les diverses rubriques tendantes

---

(1) Nous devons mentionner ici un autre prélat du rite latin, que sa conduite pleine de courage désigne à l'admiration et à la reconnaissance de tous les catholiques. En 1833, le gouvernement de Varsovie ayant publié un édit qui enjoignait à l'évêque de Podlachie, Mgr Gutkowski, de faire disparaître des bibliothèques ecclésiastiques de son diocèse un livre qui traite *de la Concorde et de la Discorde des Grecs et des Latins,* le prélat a refusé de se soumettre à cette injonction, par laquelle on lui demandait de trahir les intérêts d'une religion dont il est le défenseur naturel. Il n'a pas montré moins de vigueur en s'opposant de toutes ses forces à l'exécution du décret impérial qui ordonne que les enfants issus des mariages entre les Grecs et les Latins seront, sans distinction, élevés dans la religion grecque. Depuis près de dix ans, ce généreux confesseur de la foi et de la liberté de l'Église est chassé de sa ville épiscopale, et contraint d'errer à travers son diocèse, sans demeure fixe et en butte à toutes les persécutions.

à manifester par des rites spéciaux la foi dans le mystère de la présence réelle. Faire accepter ce missel aux Églises grecques-unies, c'était donc les replonger dans le schisme, en même temps que déclarer la Liturgie impuissante à tout développement, quelque légitime qu'il soit. Nous avons signalé ailleurs ce caractère judaïque de la Liturgie dans les Églises d'Orient.

Dès lors, le gouvernement russe a senti que tout était gagné pour son système s'il parvenait à introduire ce nouveau missel dans les Églises grecques-unies ; cet attentat devenait facile depuis la suppression des Basiliens, la mort, ou la défection des évêques de ce rite. Nous apprenons par une lettre du ministre de l'intérieur à l'empereur Nicolas, en date du 30 avril 1837 (1), que, dès cette époque, la plus grande partie des Églises grecques-unies, tant des villes que des campagnes, était déjà pourvue du nouveau missel. On avait enlevé les anciens par violence, et dans la crainte que les usages extérieurs empruntés à l'Église latine ne demeurassent comme une protestation contre la suppression des missels catholiques, l'autocrate avait pris des mesures matérielles pour anéantir toutes les tendances vers les habitudes de piété du catholicisme. Ainsi, dans l'espace de trois ans (de 1834 à 1837), on avait rétabli la barrière des *iconostases* dans trois cent dix-sept églises de l'Éparchie lithuanienne ; afin que désormais l'autel cessât d'être aussi accessible à la religion des peuples. Les autels latéraux, qui, dans les églises mêmes dont les *iconostases* avaient été conservées, étaient en dehors de cette barrière et si favorables à la célébration des messes privées, avaient été démolis ; on avait conservé seulement ceux de ces autels dont l'emplacement et la construction se trouvaient liés inévitablement à la disposition architecturale de l'église. Plusieurs églises en effet, surtout dans

On emploie même la violence pour l'introduire, et on rétablit la barrière des *iconostases*.

---

(1) *Annales de Philosophie chrétienne*. Ibidem, pages 240, 242,

668 INFLUENCE DÉSASTREUSE DE LA LITURGIE GRECQUE

INSTITUTIONS LITURGIQUES

les derniers temps, avaient été bâties d'après un système de plus en plus rapproché de celui des Latins, dans lequel le nombre et le placement des autels est d'une si grande importance. Au reste, si le gouvernement russe consentait à ne pas démolir ces autels, c'était en défendant qu'on y célébrât désormais le saint Sacrifice (1).

Les honneurs royaux rendus à l'Homme-Dieu blessent la majesté de l'autocrate.

Mais ce que nous disons ici ne montre point encore assez la rage dont les schismatiques russes sont animés contre les formes liturgiques des Latins. On conçoit que la majesté de l'autocrate se sente instinctivement blessée des honneurs rendus à l'Homme-Dieu, dont les Grecs-unis dressaient le trône quand ils exposaient le saint Sacrement, auquel ils prodiguaient les marques extérieures d'adoration; après tout, c'est une véritable cour, avec toutes ses assiduités et tous ses honneurs, que le catholicisme tend à former autour du tabernacle eucharistique. Mais croirait-on que le tyran en est venu jusqu'à se montrer jaloux de la sonnette que les Grecs-unis avaient empruntée des Latins, pour marquer les principaux instants du sacrifice et réveiller l'attention des fidèles! Le ministre de l'Intérieur se glorifie auprès de son maître d'avoir fait disparaître cet usage papiste de toutes les églises de Lithuanie (2).

L'autocrate supprime le puissant mobile de la prière et des sentiments religieux, l'orgue.

Enfin, tel est l'éloignement que le schisme grec a toujours eu pour les développements de la forme dans l'art, éloignement qui lui a inspiré ses déplorables théories sur la laideur du Christ et de la Vierge Marie, et aussi la raideur et l'immobilité de ses types, qu'on le voit aujourd'hui poursuivre avec la dernière rigueur le roi des instruments de musique, le grand moyen de l'harmonie sacrée, l'orgue. Les Grecs-unis avaient reçu des Latins ce puissant mobile de la prière et des sentiments religieux; avec l'orgue, ils se

---

(1) *Annales de Philosophie chrétienne.* Ibidem.
(2) *Ibidem.*

sentaient réellement fils de la chrétienté romaine, membres de la civilisation occidentale. Les ordres les plus sévères ont été donnés pour la destruction de cet instrument. Dans le christianisme bâtard de la Russie, la clef des mystères est perdue ; on prétend réduire à la seule voix humaine toute l'harmonie qui devra retentir autour de l'autel; comme si la vraie religion n'avait pas reçu la mission de donner une voix à toute la nature et de forcer les éléments à s'unir à l'homme dans un même concert. C'est ce que fait dans nos églises ce puissant prince de l'harmonie, qui a reçu la magnifique et biblique appellation d'*orgue*, *organum*. Qu'importent les succès merveilleux du collège des chantres de la cour à Saint-Pétersbourg, et des écoles de chant établies officiellement à Polock et à Zyrowice? Ce luxe ne sert qu'à mettre à découvert la pauvreté d'une Liturgie qui repousse, par système, les moyens grandioses d'accroître les effets de l'harmonie, et de marier la voix du peuple à celle des prêtres dans un concert immense. Une religion de cour, sensualiste et confortable, craint les mélodies fortes et sévères qui élèvent l'homme au-dessus du présent; il lui faut une harmonie qui soit toute de la terre, dans laquelle l'élément religieux ne fasse que raviver, par un contraste piquant, les sensations amolissantes du théâtre et des profanes mélodies. On sait de reste combien est dur, monotone et désagréable, l'accent du prêtre dans la Liturgie grecque ; combien il est loin de la suave magnificence de notre *Préface*, imitée pourtant des anciens Grecs : l'orgue venait donc à propos pour relever l'inspiration et ranimer la prière languissante : l'autocrate ne l'entend pas ainsi, et il est, au reste, assez piquant de le voir dans son zèle antiliturgiste s'accorder pour la destruction de l'orgue avec le régicide évêque Grégoire, que nous avons vu, au concile de 1801, proposer de remplacer cet instrument par le *tam-tam* chinois.

Au reste, le gouvernement se charge de pourvoir avec largesse aux frais de l'éducation des nouveaux musiciens, et telle est sa munificence quand il s'agit de procurer l'exécution de ses plans antiliturgiques, que le ministre de l'intérieur, dans le rapport déjà cité, fait voir en détail à son maître que le défaut d'argent est la seule cause du retard qui a été mis en quelques lieux à l'exécution des ordres impériaux, tant pour le rétablissement des *iconostases*, que pour la substitution des missels et ornements grecs purs aux missels et ornements papistes qu'on a été contraint de laisser subsister encore pour quelque temps.

L'autocrate poursuivait donc avec ardeur son système de destruction du catholicisme, au moyen de ces changements dans la forme, si significatifs et si efficaces, en même temps qu'il travaillait à amener les trois évêques Siemaszko, Luzynski et Zubko, à déclarer leur apostasie. Ce dernier fait étant accompli, Nicolas a fait donner des ordres par le *saint Synode*, portant qu'on ne devra pas procéder avec trop de rigueur contre quelques usages religieux conservés encore par les nouveaux schismatiques; mais qu'on devra, au contraire, user de tolérance, et maintenir, autant que possible, les mêmes pasteurs dans les églises, du moment qu'ils auront consenti à renoncer à l'unité romaine. Le nouveau missel de Moscou, l'interdiction des messes privées, le rétablissement des *iconostases*, la suppression des honneurs rendus au saint Sacrement, etc., tous ces moyens joints à un système d'éducation schismatique, suffisent en effet pour consommer sans trop de violence la séparation qui a été le but de tant de crimes et de parjures.

Maintenant, la divine Providence permettra-t-elle que cette œuvre abominable demeure accomplie sans retour, et que le schisme grec, avec toutes ses conséquences abrutissantes, étende à jamais son joug sur ces malheureuses provinces? C'est le secret de Dieu ; mais nous, sachons du moins accepter les leçons qui résultent de ces événements contemporains, dont notre préoccupation ne saisirait peut-être pas toute la portée.

D'abord, il est une fois de plus démontré par les faits qu'il ne saurait jamais y avoir d'attentat contre la foi ou l'unité catholiques, dont le contre-coup ne se fasse sentir sur la Liturgie; parce qu'il n'est pas non plus un seul des intérêts de cette foi et de cette unité, qui ne trouve dans la Liturgie sa représentation expresse. Cette vérité est banale à force d'avoir été répétée dans ce livre : ce sera la dernière fois. Concluons : donc, il est essentiel d'examiner les intentions et les doctrines de ceux qui proposent des changements dans la Liturgie, et se tenir en garde contre eux, fussent-ils couverts de peaux de brebis, et n'eussent-ils dans la bouche que les beaux mots de perfectionnement et de retour à l'antiquité.

Conclusion : il est essentiel d'examiner les intentions et les doctrines de ceux qui proposent des changements dans la Liturgie.

En second lieu, il résulte de ce récit que la politique des Pontifes romains, qui a toujours tendu à réunir les églises dans une même Liturgie, vient de recevoir sous nos yeux une nouvelle et éclatante justification. Si, au temps de Catherine II, huit millions de catholiques, et sous Nicolas Ier, trois millions ont été détachés du vrai christianisme, c'est uniquement parce que ces catholiques manquaient de l'appui que leur eût naturellement offert la communauté absolue de rites, de chants et de prières, avec les autres membres de l'Église romaine. Et cela est si vrai, que ni Catherine II, ni l'empereur Nicolas, n'ont songé à réunir au schisme grec des millions de Polonais dont la foi latine les inquiétait, mais qu'ils sentaient retranchés derrière l'inviolable boulevard de la Liturgie romaine. Or toute Liturgie qui n'est pas romaine devient infailliblement nationale, dans l'acception plus ou moins étendue de ce terme, et, partant, elle tombe sous le pouvoir et l'administration du prince ou de ses agents. En France, ce seront les parlements, ou toute autre forme

En second lieu, la politique des Pontifes romains tendant à réunir les Églises dans une même Liturgie, reçoit une nouvelle et éclatante justification.

judiciaire ou législative qui leur a succédé; en Russie, c'est l'autocrate avec ses ministres. Un pouvoir tyrannique, impie, hérétique, aura donc la haute main sur la foi des peuples et sur les mœurs chrétiennes qui dérivent de cette foi. Il est aisé de comprendre jusqu'où vont les conséquences de la forme nationale dans le culte ; nous en avons signalé un grand nombre dans cet ouvrage, et quant aux provinces qu'un sévère jugement de Dieu a soumises à l'empereur de Russie, tout le monde conviendra sans peine que la Liturgie romaine eût garanti, avec la foi des peuples qui les habitent, cette dignité de la nature humaine qui ne souffre pas la servitude de la pensée et des affections religieuses. Si donc l'autocrate a voulu, par ses mesures sacrilèges et antiliturgiques, river à jamais les fers de ces populations malheureuses, c'est qu'il savait que les tendances romaines qui se révélaient au milieu de la Liturgie grecque telles qu'elles la pratiquaient, leur faisaient pressentir le bienfait d'une civilisation catholique, et les amèneraient peu à peu à se fondre dans les mœurs plus dignes et plus libres des nations de la langue latine. La Pologne doit savoir maintenant que la seule nationalité qui lui reste, celle qu'on ne saurait lui ôter malgré elle, est dans le catholicisme ; mais à la vue du sort malheureux de sa triste sœur la Lithuanie, qu'elle comprenne aussi que le catholicisme, chez elle, n'a de défense que dans la Liturgie. Qu'elle presse donc contre son cœur et qu'elle défende comme sa dernière, mais ferme espérance, ce Bréviaire et ce Missel romains par lesquels elle sera toujours Latine, et non Russe. Qu'elle se sente fière aussi de ce que, par la Liturgie, le monde catholique rend hommage chaque année à la grandeur des héros de sainteté qu'elle a produits ; son Stanislas de Cracovie, son Casimir, son Hyacinthe, son Hedwige, et aussi son admirable Jean de Kenty, dans la fête duquel nous disons par toute la terre, suivant l'ordre du Siège apostolique :

O qui roganti nemini
Opem negasti, patrium
Regnum tuere; postulant
Cives Poloni et exteri.

Terminons maintenant cette revue de l'Église universelle, sous le rapport liturgique, en nous arrêtant à Rome même, où il nous reste à constater plusieurs faits remarquables en ce xixe siècle. Nous verrons d'abord que les Pontifes romains de nos jours n'ont pas été moins jaloux que leurs prédécesseurs, de laisser dans la Liturgie des marques de leur piété.

Pie VII, de sainte mémoire, plaça au bréviaire, sous le rite *double mineur*, saint François Carracciolo, l'un des cinq bienheureux qu'il avait canonisés. Il éleva au même degré la fête de saint Clément, pape, qui jusqu'alors n'avait été que *semi-double*. Enfin, pour ranimer dans toute l'Église la dévotion à Marie Compatissante, il institua une seconde fête des *Sept Douleurs de la Sainte Vierge*, qui se célèbre le troisième dimanche de septembre.

Léon XII accomplit une grande et honorable justice envers un des plus saints et des plus courageux prélats du moyen âge, en établissant au bréviaire le nom et la fête de saint Pierre Damien, du degré *double-mineur*, avec le titre de confesseur pontife et *docteur de l'Église*. Ce fut la seule œuvre de ce genre qu'il exécuta dans son trop court pontificat.

Son successeur Pie VIII, qui ne fit que passer sur la Chaire de Saint-Pierre, exerça d'une manière non moins solennelle sa prérogative d'arbitre de la Liturgie, en rendant un décret pour attribuer désormais à saint Bernard le titre et les honneurs de *docteur de l'Église*. Il y avait longtemps, il est vrai, que l'Église gallicane avait accordé cette faveur à l'auteur des livres *de Consideratione*; mais l'Église romaine, ou plutôt l'Esprit qui la dirige, n'a rendu cet oracle qu'en 1829, et toutes les églises du rite latin s'y sont conformées.

Enfin, le grand Pontife Grégoire XVI, qui conduit avec tant de gloire le vaisseau de l'Église, a récemment fait usage de son autorité liturgique, pour établir, du degré *double-mineur*, la fête du saint évêque Alphonse-Marie de Liguori, l'un des cinq bienheureux dont il a célébré la canonisation, en 1839.

A ce dernier décret s'arrêtent les développements actuels de la Liturgie romaine ; mais ses triomphes n'ont de bornes que l'univers. Car c'est elle qui accompagne l'apôtre qui s'en va planter la foi dans les régions infidèles ou hérétiques. Les jeunes Églises de l'Amérique du Nord, celles qui s'élèvent de toutes parts dans la Grande-Bretagne et disputent pied à pied le terrain à l'anglicanisme, ne connaissent d'autre prière que la prière de Rome ; le sauvage de la Louisiane, l'Indien, le Chinois, le néophyte du Tonquin, l'insulaire de l'Océanie, sont les enfants d'une même Liturgie, et cette Liturgie est romaine ; l'Algérie même, colonie française, n'emploie pas d'autres livres pour les offices divins que les livres de saint Grégoire, et tous ces prêtres français que Rome voit partir chaque année pour les quatre vents du ciel, et qui vont féconder de leurs sueurs et de leur sang la parole divine qu'ils annoncent à toute créature, avant de partir pour le lieu de leur mission, commencent par renoncer à ces modernes bréviaires et missels qu'ils avaient conservés jusqu'alors, et s'avancent vers les peuples qu'ils doivent évangéliser, les mains chargées de ces livres romains auxquels est aujourd'hui attachée la fécondité de l'apostolat, comme au temps des Boniface, des Anschaire et des Adalbert.

C'est sans doute encore un triomphe pour la Liturgie romaine que, seule de nos jours, au sein de la France, non seulement elle demeure la Liturgie des anciens ordres religieux qui renaissent de leurs cendres, mais que ces nouvelles familles qui se sont formées, l'une sous le nom de Société *des sacrés Cœurs de Jésus et de Marie*, l'autre sous celui de Congrégation des *Maristes*, et qui ont déjà opéré des fruits de salut chez les infidèles et mérité les bénédictions du Pontife romain, se soient fait une loi inviolable d'être romaines dans la Liturgie. Les nombreux instituts et monastères de vierges qui fleurissent de toutes parts autour de nous, comme autant de plantations célestes, font aussi monter vers le ciel, sept fois le jour et au milieu de la nuit, la prière romaine. Enfin, nous avons raconté ailleurs comment les pieuses confréries qui contribuent à maintenir, dans un si grand nombre de paroisses de France, la piété et les mœurs chrétiennes, célèbrent leurs fêtes, non d'après le calendrier appauvri et stérile des nouveaux bréviaires, mais bien d'après le calendrier romain, si riche de traditions, si fécond en grâces apostoliques.

Aussi, nous semble-t-il de plus en plus évident que la Liturgie romaine est appelée à régner de nouveau en France tôt ou tard : et ce sentiment n'est pas seulement le nôtre; il est partagé par un grand nombre d'excellents esprits. Nous avons même souvent entendu répéter à des personnes assez peu suspectes que si Rome consentait à réformer son bréviaire, l'opposition gallicane ne saurait tenir contre l'influence de cette mesure. A vrai dire, il nous semble qu'il y a bien un peu d'outrecuidance dans cette manière de voir une si grave question. Sans doute, il est dans les choses possibles que Rome entreprenne, dans ce siècle, une réforme de son bréviaire; ce serait la quatrième depuis saint Grégoire; mais qu'on le comprenne bien, cette réforme n'aurait point pour objet de produire un nouveau Bréviaire romain. Celui de saint Pie V est le même que celui qui fut revu au XIIIe siècle par les Frères Mineurs, le même que celui de saint Grégoire VII, le même que celui de saint Grégoire Ier. Le bréviaire qui sortirait de la réforme du XIXe siècle ne serait point autre non plus, quant au fond, que celui des siècles précédents ; les théories françaises du xviiie siècle sont venues trop tard pour entamer l'œuvre séculaire et traditionnelle des Pontifes romains. Mais ce n'est pas là précisément ce qui préoccupe plusieurs personnes dont nous avons souvent recueilli les aveux pleins de naïveté ; leur grande espérance, au cas d'une revision du bréviaire, serait de voir la somme des prières ecclésiastiques diminuée, à Rome, dans la proportion des bréviaires français.

Si elle avait lieu, nous devons être assurés qu'elle satisferait à tous les besoins de la Liturgie. — Quoi qu'il en soit de cette attente, nous devons être assurés à l'avance que si le Siège apostolique entreprend, en ce siècle, une réforme du bréviaire (prévision qui n'a rien d'improbable, puisqu'il s'est déjà écoulé près de trois siècles depuis la réforme de saint Pie V, et que les deux précédentes n'ont pas été séparées par un aussi long intervalle), nous devons être assurés, disons-nous, que cette réforme satisferait à tous les besoins de la Liturgie. Elle serait entreprise avec une souveraine autorité, dirigée par cet Esprit qui conduit les Pontifes romains dans les choses de la foi et de la discipline générale dont la Liturgie est l'expression. Elle ne serait point le fait d'une coterie hétérodoxe, ni le produit d'une école littéraire, ni le résultat d'une révolution pyrrhonienne dans la critique sacrée, ni l'œuvre d'un vain amour-propre national. La majestueuse confession des dogmes, la victoire contre les hérésies, la liberté ecclésiastique, la vigueur de la discipline, la dévotion à la sainte Vierge et aux saints, l'onction de la prière, la sainte et inviolable tradition, avec ce progrès légitime qui se fait dans la lumière et l'amour sous l'autorité, y puiseraient leur sublime manifestation ; en un mot, cette nouvelle réforme, comme toutes celles qui l'ont précédée, serait un pas magnifique de l'Église et de la société vers la conquête d'un plus grand éclat de vérité et d'une plus grande force et douceur d'amour ; car *le sentier de l'Église est semblable à la lumière qui* va toujours croissant, jusqu'à ce qu'elle enfante le jour parfait (1).

Il est temps de clore cette histoire générale de la Liturgie, et ce volume, par la bibliothèque des auteurs liturgistes qui ont fleuri ou fleurissent en ce XIXᵉ siècle.

(1802). Nous ouvrons notre liste par l'ouvrage suivant, composition anonyme et plus que médiocre; mais les ouvrages français publiés en ce siècle sur les matières liturgiques sont en si petit nombre, que nous ne nous permettrions pas d'omettre un seul de ceux qui sont venus à notre connaissance. Il est intitulé : *Manuel catholique pour l'intelligence de l'office divin*. Paris, 1802, in-12.

(1803). Dufaud, ancien doctrinaire, digne successeur des Foinard et des Grancolas, enfanta, dans les premières années de ce siècle, une nouvelle utopie liturgique dont la réalisation n'exigeait rien moins que la destruction de tous les systèmes de prière ecclésiastique suivis depuis dix-huit siècles. Dufaud jugea à propos de faire imprimer son projet, à l'usage de la commission liturgique dont nous avons parlé ci-dessus. Il lui donna ce titre : *Essai d'un nouveau calendrier liturgique, ou classification nouvelle et raisonnée des fêtes pour tout le cours de l'année chrétienne*. Paris, 1803, in-8°.

(1804). Louis-Vincent Cassitto, dominicain, a publié l'ouvrage suivant : *Liturgia domenicana spiegata in tutte le sue parti*. 1804. Naples, 2 vol. in-12.

(1805). Léonard Adami, avocat romain, a rendu un grand service à la science de la Liturgie et des antiquités ecclésiastiques, par les précieuses annotations dont il a enrichi le *Diario sacro* du jésuite Joseph Mariano Partenio, dont le vrai nom est Mazzolari. Ces annotations, qui font tout le mérite scientifique de cet ouvrage, ne se

---

(1) Prov. IV, 18.

trouvent que dans la seule édition de 1805. Rome, 7 vol. in-12.

Alphonse Muzzarelli, ancien jésuite, théologien de la sacrée pénitencerie, 1805.

(1805). Alphonse Muzzarelli, ancien jésuite, théologien de la sacrée Pénitencerie, si connu par ses nombreux et savants opuscules, a donné une dissertation intéressante sur le culte du Sacré-Cœur de Jésus. Nous avons encore de lui : *Observationes super annotationibus S. fidei promotoris super extensione festi atque approbatione officii et missæ propriæ in honorem S. Cordis Deiparæ V. M.*

Walraff, docteur allemand, 1806.

(1806). Walraff, docteur allemand, a publié le précieux recueil intitulé : *Corolla hymnorum sacrorum publicæ devotioni inservientium. Veteres electi sed mendis quibus iteratis in editionibus scatebant detersi, strophis adaucti. Novi adsumpti, recentes primum inserti.* Cologne, 1806, in-8°.

Menne, ecclésiastique allemand, 1810.

(1810). Menne, ecclésiastique allemand, est auteur de l'ouvrage suivant : *Die Liturgie der Kirche systemat. abgehandelt.* — *La Liturgie de l'Église systématiquement traitée.* Augsbourg, 1810, 3 vol. in-8°.

Le chevalier Artaud, 1810.

(1816). Le chevalier Artaud, qui, plus tard, a donné au public l'histoire de Pie VII, ouvrage curieux quoique fort incomplet, publia en cette année un livre intitulé : *Voyage dans les catacombes de Rome.* Paris, in-8°. Nous mentionnons ce livre superficiel et rempli d'inconvenances de plus d'une sorte, par cette seule raison que nous nous sommes jusqu'ici imposé la tâche de produire la succession des auteurs qui ont traité des monuments de Rome souterraine, dont la description et l'appréciation importent si fort à la science liturgique.

J.-B. Louis-Georges Seroux d'Agincourt, 1810.

(1810). J.-B. Louis-Georges Seroux d'Agincourt, ce généreux archéologue qui s'en vint à Rome pour y passer six mois et y demeura cinquante ans, a élevé un monument à la science liturgique, aussi bien qu'à la science archéologique en général, dans le grand ouvrage auquel il sacrifia toute sa fortune. Tout le monde sait qu'il est intitulé :

Histoire de l'Art par les monuments, depuis sa décadence au Ve siècle, jusqu'à son renouvellement au XVe siècle, 3 vol. in-f⁰ avec 325 planches. Paris, 1810-1823. Les monuments liturgiques sont innombrables dans cette collection, et pour ce qui est des antiquités de Rome souterraine, d'Agincourt a l'honneur d'avoir le premier senti toute la valeur des peintures des catacombes, et fixé le point de départ de l'iconographie chrétienne, en assignant aux IIe et IIIe siècles la décoration de plusieurs des fresques de divers cimetières.

(1811). Alexandre-Etienne Choron, musicien célèbre, publia en cette année une brochure intitulée : *Considérations sur la nécestié de rétablir le chant de l'Église de Rome dans toutes les églises de l'Empire français*. Paris, 1811, in-8⁰. L'auteur justifie sa préférence pour le chant grégorien, par la supériorité de ce chant sur tous les autres qui n'en sont que des imitations généralement défectueuses; par l'origine même de ce chant qui se trouve être le seul débris, si défiguré qu'il soit, de la musique des Grecs et des Romains; enfin, par l'utilité dont le rétablissement de ce chant peut être pour l'art musical, les compositeurs du XVIe siècle ayant tous, sans exception, choisi les morceaux grégoriens pour thème de leurs compositions. La place nous manque pour faire connaître et pour apprécier les propres travaux de Choron sur le chant ecclésiastique; mais l'occasion se présentera d'y revenir.

(1816). Augustin Albergotti, évêque d'Arezzo, a donné un livre assez médiocre sous ce titre : *La divina Salmodia secondo l'antica e nuova disciplina della Chiesa*. Sienne, 1816, in-12.

(1816). Antoine-Joseph Binterim, mineur observantin, curé de Bilk au diocèse de Cologne, et courageux confesseur de la liberté de l'Église, dans la cause de son glorieux archevêque Clément-Auguste, publia, en 1816, l'ouvrage suivant : *Commentatio historico-critica de libris bapti-*

zatorum, conjugatorum et defunctorum antiquis et novis, de eorum fatis ac hodierno usu. Dusseldorf, in-8°. Mais son principal travail sur la science liturgique est l'ouvrage suivant : *Die vorzüglichsten Denkwürdigkeiten der christcatholischen Kirche, aus den ersten, mittlern und letzen Zeiten.* — Les principaux monuments de l'Église chrétienne-catholique, des premiers siècles, du moyen âge et des temps modernes. Mayence, 1825-1833, 7 volumes en 16 tomes in-8°. Binterim, dans cet ouvrage où l'on retrouve l'érudition dont il a fait preuve dans ses innombrables écrits, mais aussi peut-être ce défaut de critique qu'on lui a quelquefois reproché, s'est proposé de refaire en grand l'excellent ouvrage de Pellicia, dont nous avons parlé ci-dessus, et que tout le monde connaît sous ce titre : *De christianæ Ecclesiæ, primæ, mediæ et novissimæ ætatis politia.*

(1817). L'abbé Poussou de la Rozière fit imprimer en cette année un *Mémoire sur la Liturgie,* que cet auteur défend avec vivacité dans une lettre insérée dans *l'Ami de la Religion* (1). Cette utopie est assez semblable à celle de Dufaud, et vient accroître le nombre des tristes manifestations de l'esprit d'anarchie en matière liturgique.

(1817). Ziegler, bénédictin, évêque de Lintz, est connu par l'ouvrage qu'il a donné sous ce titre : *Die der heiligen Firmung der katholischen Kirche.* — La solennité de la sainte Confirmation dans l'Église catholique. Vienne, 1817, in-4°.

(1817). Jean-Christian-Guillaume Augusti, illustre docteur protestant, a rendu un service signalé à la science liturgique, en publiant le grand et bel ouvrage intitulé : *Denkwürdigkeiten aus der christlichen Archäologie.* — Mémoires d'Archéologie chrétienne. Leipsik, 1817-1823. 6 vol. in-8°.

(1) Tom. X, page 302 et suivantes.

(1817). Auguste-Jacques Rambach, docteur luthérien, a pareillement mérité de la Liturgie, en publiant la compilation qui porte ce titre : *Anthologie christlicher Gesange aus allen Jahrhunderten der Kirche.* — Anthologie de chants chrétiens de tous les siècles de l'Église. Leipsik, 1817, in-8°. Ce volume renferme les principales hymnes grecques et latines recueillies religieusement par Rambach. Il a été suivi de plusieurs autres qui contiennent les cantiques protestants de l'Allemagne, depuis Luther.

(1818). Le docteur Björn, Danois, s'est occupé de travaux sur l'hymnographie, et a publié comme Rambach une collection d'hymnes à laquelle il a donné ce titre : *Hymni veterum poetarum christianorum Ecclesiæ latinæ selecti.* Copenhague, 1818, in-8°.

(1819). Fr. Brenner, chanoine de la cathédrale de Bamberg, a fait paraître l'ouvrage suivant, dans lequel il professe les sentiments de l'école rationaliste à laquelle il appartient : *Geschichte über die Administration der hl. Sakramente.* — Histoire de l'administration des SS. Sacrements. La première partie, qui renferme le Baptême, la Confirmation et l'Eucharistie, a paru à Bamberg, 1819-1824. 3 vol. in-8°.

(1819). Frédéric Münter, évêque de Seeland en Danemark, nous appartient pour son savant opuscule publié à Copenhague, en 1819 (36 pag. in-4°), et intitulé : *Symbola veteris Ecclesiæ, artis operibus expressa.* L'auteur y traite de vingt-quatre des principaux symboles du christianisme. Il s'est exercé de nouveau sur le même sujet, avec plus d'étendue, sous ce titre : *Sinnbilder und Kunstvorstellungen der alten christen.* — Images symboliques et représentations figurées des anciens chrétiens. Altona, 1825, parties I et II, in-4°.

(1820). J. Michel Sailer, le saint et savant évêque de Ratisbonne, compte parmi ses nombreux ouvrages plusieurs compositions sur les matières de la Liturgie. Nous citerons, entre autres, *Geist und Kraft der kathol. Liturgie.* — *Esprit et vertu de la Liturgie catholique.* Munich, 1820, in-12. Nous devons mentionner aussi l'ouvrage suivant : *Gedanken von der Abanderung des Breviers.* — *Réflexions sur le changement de bréviaire*, avec les remarques de F. X. Christman. Ulm, 1792, in-8°.

(1822). Fr. Grundmayr, docteur catholique, a donné, entre autres écrits liturgiques, *Liturg. Lexicon der römischkathol. Kirchen Gebraüche.* — *Lexique liturgique des usages de l'Église catholique romaine.* Augsbourg, 1822, grand in-8°.

(1824). Le docteur Jean Labus, savant milanais, est connu dans la science de l'archéologie catholique, par un grand nombre de dissertations, imprimées les unes à part, les autres dans des recueils périodiques ou académiques. Les *Fasti della Chiesa*, ou *Vies des Saints* pour tous les jours de l'année, qui ont paru à Milan, 12 vol. in-8°, 1824 et années suivantes, sont remplis de notes fournies par Labus, et presque toutes d'un grand intérêt pour les amateurs des origines liturgiques.

(1824). Louis Gardellini, assesseur de la Congrégation des Rites et sous-promoteur de la Foi, a dirigé l'impression des *Décrets authentiques de la Congrégation des Rites*. Cette collection si importante a paru à Rome en 7 vol. in-4° (1824-1826). L'impression du huitième n'est pas achevée. L'auteur, que la science liturgique a perdu depuis, avait commencé dans le septième volume à fortifier son texte de notes excellentes; ce plan paraît avoir été adopté par son successeur, dans les cent trente premières pages du huitième volume, qui ont déjà été livrées à l'empressement du public.

(1825). Fornici, ecclésiastique romain, a donné, pour l'usage du séminaire romain, l'ouvrage suivant qui est tout à fait élémentaire : *Institutiones liturgicæ ad usum seminarii romani.* Rome, 1825, 3 vol. in-12.

(1826). J. A. Gall, évêque d'Augsbourg, est auteur du livre intitulé : *Andachtsübungen, Gebräuche u. Ceremonien der Kirchen.* — *Pratiques, usages et cérémonies de l'Église.* Augsbourg, 1826, in-8°.

(1829). F. R. J. Antony, docteur allemand, a publié l'ouvrage intitulé : *Archäolog-liturgisches Lehrbuch des gregorianischen Kirchengesangs.* — *Institutions archéologico-liturgiques sur le chant ecclésiastique grégorien.* Munster, 1829, in-4°. — Nous citerons à ce propos le livre du docteur Hoffmann de Falersleben, professeur à l'Université de Breslau, quoique nous n'ayons pu encore nous le procurer. En voici le titre : *Geschichte des katholischen Kirchenliedes in Deutschland.* — *Histoire du chant religieux catholique en Allemagne.*

(1829). André Müller, chanoine de Wurtzbourg, est connu par *Lexicon des Kirchenrechts und der römisch kathol. Liturgie.* — *Dictionnaire de droit ecclésiastique et de Liturgie catholique-romaine.* Wurtzbourg, 1829-1832. 5 vol. in-8°.

(1829). Theobald Lienhart, supérieur du séminaire de Strasbourg, est connu dans le monde liturgique par l'ouvrage suivant : *De antiquis Liturgiis et de disciplina arcani.* Strasbourg, 1829, in-8.

(1829). J.-B. Salgues, ancien doctrinaire, fameux par plusieurs ouvrages dont l'esprit et le ton contrastent grandement avec les habitudes de son premier état, appartient à notre bibliothèque par le livre intitulé : *De la littérature des offices divins.* Paris, 1829, in-8. L'auteur y professe la plus expansive admiration pour les nouvelles hymnes et proses, et aussi le plus grotesque dédain pour les œuvres de la poésie catholique. Sous ce point de vue, l'ouvrage est monumental.

(1830). Toussaint-Joseph Romsée, autrefois professeur de Liturgie au séminaire de Liége, a donné divers traités de Liturgie pratique, assez médiocres, qui ont été réunis

Ambroise Guillois, curé, 1830. (1830). Ambroise Guillois, curé de Notre-Dame du Pré, au Mans, a fait paraître, vers cette année, un petit ouvrage intitulé : *Le Sacrifice de l'Autel, ou explication des cérémonies de la messe solennelle*. Le Mans, 2 vol. in-18.

Ecclésiastique de Rouen, 1830. (1830). Un ecclésiastique de Rouen, qui a gardé l'anonyme, prit, en cette même année, la défense des nouveaux bréviaires de France, à l'occasion de la controverse soulevée par le *Mémorial catholique*. Son ouvrage est intitulé : *Dissertation sur la légitimité des bréviaires de France, et du Bréviaire de Rouen en particulier*. Rouen, in-8.

J. L. Locherer, docteur allemand, 1832. (1832). J.-L. Locherer, docteur allemand, a donné l'ouvrage qui suit : *Lehrbuch der christ-kirchlichen Archäologie*. — *Institutions d'archéologie chrétienne et ecclésiastique*. Francfort, 1832, in-8.

J. Dobrowsky, 1832. (1832). J. Dobrowsky est auteur d'un ouvrage intitulé : *Ueber den Ursprung der romisch-slavischen Liturgie*.— *Sur l'origine de la Liturgie romaine-slave*. Prague, 1832, in-8.

William Palmer, 1832. (1832). William Palmer, professeur au collège de Worcester, s'est occupé de la science liturgique sous le point de vue anglican : *Origines Liturgicæ, or Antiquities of the Englisch Ritual, and a dissertation on primitive Liturgies*. — *Origines Liturgicæ, ou Antiquités du rituel anglais, et dissertation sur la Liturgie primitive*.

Jean England, évêque de Charlestown, 1833. (1833). Jean England, évêque de Charlestown, a fait paraître le livre intitulé : *Explanation of the Ceremonies of the holy Weeck*. — *Explication des cérémonies de la Semaine sainte*. Rome, in-12.

Joseph Settele, professeur à Rome, 1833. (1833). Joseph Settele, professeur au collège de la Sapience, à Rome, et profond archéologue, a donné cette année un savant opuscule sur les Stations de Rome, intitulé : *Notizie compendiose delle sagre Stazioni e Chiese Stazionali di Roma*. Rome, 1833, in-12. Nous lui devons en outre un excellent mémoire, *sur l'importance des monuments chrétiens des Catacombes*, qui se trouve au second tome des *Atti dell'Accademia Romana d'archeologia*, et plusieurs autres dissertations sur des sujets analogues dans la même collection.

(1834). Joseph Marzohl, aumônier de l'hôpital du Saint-Esprit, à Lucerne, et Joseph Schneller, membre de la Société historique de la Suisse, publient en ce moment un ouvrage plein d'érudition, intitulé : *Liturgia sacra, oder die Gebräuche und Alterthümer der katholischen Kirche, sammt ihrer hohen Bedeutung nachgewiesen aus den Schriften der frühesten Jahrhunderte, und aus andern bewährten Urkunden und seltenen Kodizen*. — *Liturgia sacra, ou les Usages et Antiquités de l'Église catholique, avec leur haute signification d'après les saintes Écritures, et les écrits des premiers siècles, et autres monuments authentiques et manuscrits rares*. Lucerne, 1834-1841, in-8, 4 volumes ont déjà paru.

(1834). Un anonyme italien, qui prend le nom de *Filadelfo*, a publié un curieux ouvrage de Liturgie pratique, sous ce titre : *Ritonomia ecclesiastica ; la scienza dei sacri riti discussa canonicamente, e decisa moralmente*. Lucques, 1834, 2 gros volumes in-18.

(1834). Jean Diclich, prêtre vénitien, est auteur d'un *Dizionario sacro-liturgico*, qui renferme plusieurs choses intéressantes. La troisième édition, la seule que nous connaissions, est de Venise, 1834. 4 vol. in-8.

(1834). Philbert, l'un des rédacteurs de la Biographie universelle, appartient à notre bibliothèque par un *Manuel des Fêtes et Solennités*, publié à Paris, 1834, in-16.

(1834). L'abbé Pascal, prêtre du diocèse de Mende, a fait paraître, en cette année, un livre intitulé : *Entretiens* sur la *Liturgie ; nouvelle explication des prières et cérémonies du Saint Sacrifice, suivie de la lettre curieuse de Dom Cl. de Vert au ministre Jurieu, sur les paroles et les actions du prêtre à l'autel, et d'une Mosaïque sacrée ou Ordinaire de Messe composé de fragments de divers rites du monde catholique.* Paris, in-12. L'auteur promet depuis longtemps, sous le titre de *Rational liturgique*, un ouvrage qui fera faire, sans doute, un grand pas à la science, et dont la publication est vivement désirée.

(1835). L'abbé Lecourtier, curé des Missions étrangères, puis Théologal de Notre-Dame de Paris, publia, en 1835, un *Manuel de la Messe, ou Explication des prières et des cérémonies du Saint Sacrifice.* Paris, in-18. Il a donné, l'année suivante, deux volumes in-18, sous ce titre : *Explication des Messes de l'Eucologe de Paris.* 2 vol. in-18.

(1835). Antoine-Adalbert Hnogek, professeur au séminaire de Leimeritz, en Bohême, s'est fait connaître par son livre intitulé : *Christkatholische Liturgie.— Liturgie chrétienne-catholique.* Prague, 1835-1837. L'ouvrage aura trois volumes, dont deux seulement ont paru.

(1835). Staudenmaier, docteur catholique, a fait paraître à Mayence l'ouvrage suivant : *Geist des Christenthumes dargestellt in den hl. Zeiten, in den hl. Handenlungen, und in der hl. Kunst. — L'Esprit du christianisme exposé dans les saints Temps, les saintes Cérémonies et l'Art saint.* 1835, in-8.

(1835). Nickel, prêtre catholique, comme le précédent, a donné l'ouvrage suivant, imprimé pareillement à Mayence : *Die heiligen Zeiten und Feste nach ihrer Geschichte und Feier. — Les saints Temps et les Fêtes d'après leur histoire et solennité.* 1835, in-8.

(1835). François-Xavier Schmid, curé dans le diocèse de Passau, est auteur de l'excellent livre intitulé: *Liturgik der christkatholischen Religion. — Liturgique de la*

Religion catholique. Passau, 1835, in-8. La troisième édition se publie maintenant par livraisons, dont la première est de 1840. Il a publié, en outre : *Grundrisz der Liturgik*. — *Plan de la Liturgique*, Passau, 1836, in-8.

(1836). C. Chiral, curé de Neuville-l'Archevêque, au diocèse de Lyon, a donné : *Esprit des cérémonies de l'Église*. Lyon, 1836, in-12.

(1836). A. Welby Pugin, professeur d'antiquités ecclésiastiques au collège catholique de Sainte-Marie d'Oscott, a puissamment avancé la régénération de l'art catholique en Angleterre, par la publication de plusieurs recueils de monuments accompagnés de planches. Nous citerons le plus piquant et le plus populaire de tous. Il est intitulé : *Contrasts, or a parallel betwen the noble edifices of the fourteenth and fitteenth centuries, and similar buildings of the present day; shewing the present decay of taste*. — *Contrastes, ou Parallèles des nobles édifices du XIVe et XVe siècles, et les bâtiments actuels du même genre, faisant voir la décadence du goût*. Londres, 1836, in-4. Pugin traite en particulier des églises, autels, tombeaux, habits sacerdotaux, etc.

(1837). Le vicomte Walsh est auteur de l'ouvrage suivant : *Tableau des fêtes chrétiennes*. Paris, 1837, in-8.

(1837). Raoul Rochette, savant archéologue, connu par d'importantes publications sur l'art antique, a abordé depuis avec succès la matière des antiquités de Rome souterraine. Plusieurs dissertations sur ce sujet insérées dans les Mémoires de l'Académie des inscriptions et belles-lettres, ont annoncé un homme rempli d'érudition et de sagacité. Il est à regretter qu'une plus intime connaissance de l'antiquité chrétienne proprement dite lui ait manqué ; ce qui l'a entraîné dans quelques écarts. Ces inconvénients ont presque entièrement disparu dans l'excellent petit volume que l'auteur a donné, en 1837, sous ce titre : *Tableau des Catacombes de Rome*, in-12,

Raoul Rochette avait publié, en 1834, un *Discours sur l'origine, le développement et le caractère des types imitatifs qui constituent l'Art du christianisme*. Paris, in-8. Cet opuscule remarquable, comme toutes les publications de l'auteur, pourrait être avantageusement modifié en la manière que l'ont été ses dissertations sur les antiquités des cryptes romaines.

(1838). En cette année a paru à Leipsik, sous le nom d'un écrivain allemand nommé Muralt, l'ouvrage suivant : *Briefe über den Gottesdienst der morgenlandischen Kirche*. — *Lettre sur le Service divin de l'Église orientale*. C'est une traduction de l'ouvrage russe d'André Nicolaiewitsch Murawieff.

(1839). L'abbé Charvoz a publié un petit volume sous ce titre : *Précis d'Antiquités liturgiques, ou le Culte aux premiers siècles de l'Église*. Lyon, 1839, in-12.

(1839). François de Schwinghannb est auteur d'un opuscule intitulé : *Ueber Kirchensprache und Landessprache in der Liturgie*. — *Sur la langue de l'Église et la langue nationale dans la Liturgie*. Lintz, in-12.

(1839). L'abbé Cousseau, chanoine de la cathédrale de Poitiers, s'est fait connaître dans la science liturgique par un Mémoire sur l'auteur du *Te Deum*, qu'il attribue à saint Hilaire. Nous avons parlé ailleurs de cet opuscule, qui est, au reste, d'une dimension fort restreinte. L'année suivante, l'auteur a donné un second Mémoire, mais plus sérieux *sur l'ancienne Liturgie du diocèse de Poitiers, et sur les monuments qui nous en restent*. In-8. Il est à regretter que ce travail vraiment remarquable porte trop souvent la trace des préjugés que l'oubli presque général de la véritable histoire de la Liturgie a rendus si communs de nos jours.

(1840). Joseph Kehrein, professeur au gymnase de Mayence, a publié, en cette année, le recueil suivant : *Lateinische Anthologie aus den christlichen Dichtern des*

Mittelalters. — *Anthologie latine des Poètes chrétiens du moyen âge*. Francfort, 1840, in-8. Ce recueil est destiné aux gymnases et lycées catholiques. Le premier volume, le seul qui soit venu à notre connaissance, renferme les hymnes des huit premiers siècles de l'Église. Le temps viendra sans doute aussi où dans nos petits séminaires de France on étudiera les bonnes vieilles hymnes catholiques.

(1840). Daniel Rock, prêtre catholique anglais, est auteur d'un ouvrage remarquable qui a paru à Londres sous ce titre : *Hierurgia; or the holy Sacrifice of the Mass*. — *Hierurgia, ou le saint Sacrifice de la Messe*. 2 vol. in-8.

(1841). Nous rattachons à cette année les *Conférences sur les cérémonies de la Semaine Sainte à Rome*, par Monseigneur Nicolas Wiseman, évêque de Mellipotamos et vicaire apostolique en Angleterre. Le livre est en anglais, et a été publié en français par M. l'abbé de Valette, en 1841 (Paris, in-12). Cet opuscule fort remarquable à tous égards se recommande surtout par des aperçus pleins de goût et de largeur sur la valeur des formes liturgiques. Malgré sa faible dimension, il est digne de l'illustre et savant prélat auquel nous devons déjà, pour ne parler que de l'objet de nos études, une précieuse dissertation, publiée à Rome, il y a quelques années, sur la *Chaire de saint Pierre*, que l'on conserve dans la basilique vaticane, et dont nous parlerons ailleurs. Dans la préface de ses *Conférences sur la Semaine Sainte*, Monseigneur Wiseman mentionne deux ouvrages récents, publiés par deux de ses compatriotes sur le même sujet, le docteur England, évêque de Charlestown, aux États-Unis, dont nous avons annoncé le livre ci-dessus, et le docteur Baggs, vice-recteur du collège anglais, à Rome.

(1841). Henri Gossler, prêtre régulier, curé dans le diocèse de Paderborn, vient de publier un livre de prières, dans lequel se trouvent fondues presque toutes les paroles de la Liturgie romaine, avec le texte de l'*Imitation de Jésus-Christ*. Cette œuvre tout allemande dans sa forme, annonce une connaissance profonde des choses de la prière dans son auteur. Elle porte ce titre : *De Vita et Imitatione Christi Libri IV, redacti in seriem dominicalem et festivalem.* Paderborn, 1841, énorme in-18.

(1841). Herman-Adalbert Daniel, docteur de l'Université de Halle, a grandement mérité de la science liturgique, et s'est acquis des droits à la reconnaissance des catholiques, par l'importante collection qu'il vient de publier sous ce titre : *Thesaurus hymnologicus, sive hymnorum, canticorum, sequentiarum, circa annum MD. usitatarum collectio amplissima.* Hall, 1841, in-8. Le premier volume, le seul qui ait encore paru, ne contient que les hymnes, Daniel les a enrichies de notes et de scholies remplies d'érudition, et remarquables aussi par le ton plein de décence avec lequel il parle de nos croyances, et spécialement du culte du saint Sacrement, de la Croix, de la sainte Vierge et des Saints. Tous ces cantiques papistes n'ont rien qui le scandalise ; il s'y délecte comme dans des œuvres de la vraie piété, de la piété chrétienne ; il en admire la haute et suave poésie ; en un mot, la publication du docteur Daniel est un événement pour le protestantisme allemand, et aussi une sévère critique de ces catholiques de France qui n'ont chargé les Santeul et les Coffin de leur composer des hymnes, que parce qu'ils pensaient que, jusqu'à ces deux latinistes, l'hymnographie n'avait rien produit que de barbare et d'indigne du culte divin.

(1841). Un autre protestant vient de publier un livre fort remarquable, et destiné aussi à constater le malaise que produit de plus en plus au sein de la Réforme l'absence des formes et des habitudes liturgiques. On trouvera à ce sujet les aveux les plus étonnants dans le livre intitulé : *Des beaux-arts et de la langue des signes dans le culte des Églises réformées,* par C.-A. Muller. Paris, 1841, in-8.

En terminant cette bibliothèque des auteurs liturgistes du XIX⁰ siècle, nous devons mentionner les travaux qui ont été publiés, de notre temps, dans plusieurs recueils périodiques et dans les Mémoires des sociétés savantes, sur divers objets de la science qui nous occupe. Ainsi, nous devons dire qu'il n'est pas un volume des *Actes de l'Académie romaine d'Archéologie* qui ne renferme plusieurs *Mémoires* précieux sur les antiquités du service divin. Des dissertations nombreuses sont publiées journellement à Rome et dans les autres villes de l'Italie sur des points d'archéologie sacrée, et ce serait rendre un immense service à la science que d'en former une collection dans le genre de celle que fit paraître le P. Calogéra, au XVIII⁰ siècle. Malheureusement, il faut bien convenir que la France ne marche pas à la tête de ce mouvement, et pour bien apprécier l'état de la science liturgique en ce pays, il suffit sans doute de considérer la faiblesse et la mince importance de la plupart des ouvrages dont nous avons tâché de mettre sous les yeux du lecteur la liste, incomplète peut-être, mais pourtant assez fidèle.

Nos recueils périodiques ont été longtemps presque stériles sur les questions liturgiques ; cependant, nous avons été grandement aidé, comme on a pu le voir, par certains articles historiques de l'*Ami de la Religion.* Il ne nous appartient pas de juger ceux que nous insérâmes nous-même, en 1830, dans le *Mémorial catholique,* et qui furent reproduits en entier, à Lucques, dans le recueil si connu sous le nom de *Pragmalogia catholica. L'Univers,* dans ces dernières années, a ouvert ses colonnes à des discussions intéressantes sur diverses matières liturgiques, et on y a lu plusieurs lettres de M. l'abbé Pascal, et plusieurs articles de M. Didron, sur des questions d'une véritable importance.

INSTITUTIONS LITURGIQUES

Parmi les élucubrations archéologiques qui nous inondent, il est certaines œuvres dignes d'éloge.

Si maintenant l'on considère les nombreux travaux qui s'exécutent en France, depuis quelques années, dans le but si louable de conserver et d'expliquer les monuments religieux du moyen âge, on a lieu de penser que, de ce côté, du moins, la bibliothèque liturgique du XIXe siècle est en mesure de prendre un accroissement colossal. Il est fâcheux que la partie de ces études qui concerne la description raisonnée et l'interprétation sérieuse des monuments religieux et des usages qui s'y rattachent se trouve traitée d'une manière aussi peu satisfaisante. Sans parler de la précipitation et souvent aussi de l'absence complète de connaissances spéciales dans les auteurs, on sent aisément que ces matières vont mal aux mains des séculiers, mais surtout de ceux qui ne portent aux choses catholiques qu'un intérêt d'amateur. Il serait néanmoins injuste de ne pas distinguer, au milieu de ce déluge toujours croissant d'élucubrations archéologiques, certaines œuvres qui méritent les égards et la reconnaissance des catholiques. Nous avons mentionné ci-dessus Séroux d'Agincourt; nous nous ferons un devoir de rappeler ici le grand et bel ouvrage de Boisserée sur la cathédrale de Cologne, et plus tard les publications de M. de Caumont, qui a la gloire d'avoir accéléré puissamment le mouvement conservateur dont nous sommes témoins. Nous dirons aussi que M. du Sommerard marche à grands frais et avec zèle sur les traces de d'Agincourt. Enfin, le clergé s'ébranle et se prépare à ressaisir une science qui lui appartient en propre. M. l'abbé Bourassé vient de donner aux séminaires un utile Manuel d'archéologie, et les RR. PP. Arthur Martin et Charles Cahier, de la Compagnie de Jésus, publient en ce moment les vitraux de la cathédrale de Bourges, avec une fidélité de dessin et une magnificence typographique qui ne sont égalées que par la lucidité et la profondeur du commentaire liturgique et archéologique qui encadre l'œuvre tout entière.

Nous voici enfin parvenu au terme de la difficile carrière que nous nous étions tracée : notre Introduction historique à l'étude de la Science Liturgique est maintenant sous les yeux du lecteur. Nous ne placerons pas de conclusions à la fin de ce chapitre, comme nous l'avons pratiqué jusqu'ici ; les corollaires d'un tel récit se tirent assez d'eux-mêmes.

Il ne nous reste donc plus qu'à offrir nos actions de grâces au Dieu tout-puissant dont la miséricorde nous a soutenu dans cette première partie d'un labeur si rude et si difficile : après quoi, nous le supplierons de nous remplir de son Esprit, afin que nous puissions devenir capable d'expliquer à nos frères en Jésus-Christ et en la sainte Église, les ineffables merveilles de la Liturgie sacrée.

NOTES DU CHAPITRE XXIV

NOTE A

Nos Joannes-Baptista, tituli sancti Honuphrii, S. R. E. Presbyter cardinalis Caprara, archiepiscopus Mediolanensis, SS. DD. nostri Pii Papæ VII, et Sanctæ Sedis apostolicæ ad Francorum Imperatorem, Italiæ Regem, a latere Legatus.

Instructio de S. Napoleonis festo, de processione, ac gratiarum actione, et de papali benedictione.

§ I

Revendissimi antistites, dominica I. Augusti, cujuslibet anni, per encyclicas litteras, vel alio convenienti modo, ipsis beneviso;

1º Ad formam nostri Decreti, cui initium : *Eximium Catholicæ Religionis,* publice nuntient festum S. Napoleonis, martyris, quod idem Restitutionis catholicæ religionis festum est, in solemnitate Assumptionis B. M. V. occurrens.

2º Similiter indicent processionem, seu supplicationem, et gratiarum actionem, juxta receptum Ecclesiæ ritum, de more habendas.

3º Publicent item plenariam indulgentiam, de apostolicæ Sedis specialissima gratia, tum papali benedictioni, post pontificalem missam, ut infra, largiendæ, addictam, tum Christi fidelibus processioni et gratiarum actioni, devote interessentibus, juxta memorati Decreti formam, benigne concessam.

§ II

1º Elogium, seu Lectio·S. Napoleonis erit sequens.

« Sub immani, et omnium teterrima Diocletiani et Maximiani persecu-
« tione, per universum Romanum imperium sævissime factitatum est, ut
« Christi fideles, suppliciorum vi perterriti vel devicti, a fide recederent,
« aut cunctis ubique peremptis, christianum nomen deficeret. At dum
« impia persequentium immanitas propria feritate confringebatur, et im-
« mites carnifices, improbo labore, laxabantur, milites Christi cœlitus
« roborati, ita congrediebantur impavidi, et consistebant invicti, ut præ-
« concepta insectantium spes ipsos fefellerit, et profusus martyrum san-
« guis semen fuerit christianorum. Inter fidei confessores, quam merito
« recensentur, qui atrox pro Christo certamen Alexandriæ in Ægypto,
« mira fortitudine, tunc sustinuerunt. Horum quidam, ipso in agone,

« gloriose occubuerunt; alii jam crudeliter divexati, in nervo jacebant,
« pedibus ad quatuor usque foramina sic divaricatis, ut supini esse coge-
« rentur; nonnulli vulneribus referti, et multipliciter excogitata tormen-
« torum genera corporibus suis circumferentes, humi projecti decumbe-
« bant; et quidam denique semineces conjiciebantur in carcerem. Ex his,
« quibus carcer pro stadio fuit, martyrologia, et veteres scriptores com-
« mendant Neopolim, seu Neopolum, qui, ex more proferendi nomina,
« medio ævo, in Italia invalescente, et ex recepto loquendi usu, Napoleo
« dictus fuit, atque italice Napoleone communiter nuncupatur. Napoleo
« igitur genere vel munere illustris, sed Alexandriæ, sub extrema Diocle-
« tiani et Maximiani persecutione, ob firmam in confessione constantiam,
« et constantem in passione firmitatem, illustrior, dire excruciatus, semi-
« vivus in carcerem tandem detrusus, ibi vulnerum acerbitate peremp-
« tus, et exanguis, pro Christo, in pace quievit. »

2º Consequenter, orationes S. Napoleonis addendæ in missa Assumptionis B. M. V., sub unica conclusione : *Per Dominum nostrum*, etc., erunt DE MARTYRE NON PONTIFICE, et ad conformitatem servandam, assumantur ex missa *Lætabitur*, cujus prima est.

ORATIO.

« Præsta, quæsumus, omnipotens Deus, ut, intercedente S. Napoleone
« martyre tuo, et a cunctis adversitatibus liberemur in corpore, et a pra-
« vis cogitationibus mundemur in mente. Per Dominum, etc. »

§ III

Papalis benedictio sequenti forma, et modo detur.

1º Expleta pontificali missa, præsul cum mitra, cæterisque sacris paramentis de more indutus, circumstantibus ministris, in episcopali cathedra sedeat.

2º Interim per diaconum, vel alium ministrum superpelliceo indutum præfati nostri Decreti articulus, quo de specialissima apostolica auctoritate conceditur facultas papalem benedictionem impertiendi, alta voce primum latine legatur, et subinde vulgari lingua, ad populi intelligentiam, recitetur.

3º Publicetur similiter concessio plenariæ indulgentiæ, sequenti formula :

« Attentis facultatibus a Sanctissimo in Christo Patre, et Domino nostro, Domino Pio, divina Providentia, papa septimo, per apostolicum decretum Eminentissimi Domini cardinalis archiepiscopi Mediolanensis, a latere Legati, datis Reverendissimo Domino N. Dei et Apostolicæ Sedis gratia hujus sanctæ N. Ecclesiæ antistiti; eadem Dominatio sua, Summi Pontificis nomine, dat et concedit omnibus hic præsentibus, vere pœnitentibus, et confessis, ac sacra communione refectis, indulgentiam plenariam in forma Ecclesiæ consueta : rogate igitur Deum, pro felici statu sanctissimi Domini nostri Papæ, Dominationis suæ reverendissimæ, et sanctæ Matris Ecclesiæ. »

4° Postmodum præsul surgat, et, deposita mitra, veluti canendo, alta voce dicat :

« Precibus et meritis beatæ Mariæ semper virginis, beati Michaelis, « archangeli, beati Joannis Baptistæ, et sanctorum apostolorum Petri et « Pauli, et omnium sanctorum.

« Misereatur vestri omnipotens Deus, et dimissis omnibus peccatis ves- » tris, perducat vos Jesus Christus ad vitam æternam.

« Indulgentiam, absolutionem et remissionem omnium peccatorum « vestrorum, spatium veræ et fructuosæ pœnitentiæ, cor semper pœni- « tens, et emendationem vitæ, perseverantiam in bonis operibus tribuat « vobis omnipotens et misericors Dominus. »

℟. Amen.

5° Hic præsul propius accedat populum versus, illico pulsentur campanæ, organa, atque alia, si quæ sint instrumenta, et cum sacra majori qua fieri poterit pompa ita benedicat :

« Et benedictio Dei omnipotentis, Pa✝tris et Fi✝lii, et Spiritus✝Sancti, « descendat super vos et maneat semper. »

℟. Amen.

Quo vero tam institutæ festivitatis, et quotannis indicendarum precum, quam apostolicarum gratiarum memoria ubique perenniter servetur, reverendissimi antistites, tum decretum : *Eximium Catholicæ religionis*, tum instructionem hanc in publicis respectivæ Curiæ actis de more referri præcipient, prout nos, ut ita referantur, enixe commendamus.

Datum Parisiis, ex ædibus nostræ residentiæ hac die 21 maii 1806.

J.-B., *Cardin. Legat.*

Vincentius Ducci.

A Secretis in Ecclesiasticis.

NOTE B

PETRUS LUDOVICUS PARISIS,

MISERATIONE DIVINA ET SANCTÆ SEDIS APOSTOLICÆ GRATIA, EPISCOPUS LINGONENSIS,

UNIVERSO CLERO DIŒCESIS NOSTRÆ SALUTEM ET BENEDICTIONEM IN DOMINO.

Non vos latet, Fratres dilectissimi, quot et quantis usuum contrarietatibus laboret, in hac nostra diœcesi, officii divini celebratio : sæpe sæpius unusquisque vestrum ingemuit de illa rituum, inter vicinas parœcias, varietate et etiam oppositione, quæ eo usque devenit ut fideles pro diversis Ecclesiis mutari cantus ceremoniasque videntes, aliquando dubitare propemodum possint utrum eidem cultui consecrentur templa tam diverso religionis apparatu frequentata.

Huic unitatis externæ perturbationi nedum medeatur zelus pastorum parochialium, novos quotidie superadjicit abusus, cum ad regimen sui gregis unusquisque propriæ voluntati permissus ascendat, regulaque generali indigeat, tum ad sui ipsius, tum ad choro assistentium moderamen. Porro facillime intelligetis, dilecti Fratres, quantum inde detrimentum patiatur sanctissima et venerabilis Ecclesia, sponsa Christi, quam *decet non habere maculam aut rugam*, præsertim in hac nostra ætate tot impiarum cogitationum procellis agitata et super omnia, indifferentiæ circa religionem morbo afflicta et constuprata. Dum enim inter alias veræ Ecclesiæ notas, sua ante omnia Unitas effulgere, et a sectis dissidentibus illam discriminare debeat, populi, qui de interioribus rebus a solis apparentiis judicium adducunt, tot diversitatum in ritibus testes, a se invicem postulant utrum vere sit una eademque super omnem terram illa Ecclesia catholica quæ etiam intra limites unius diœceseos tam sibi contraria videtur : ita ut, propter nostrum in servitio divino statum, Christus in opinione gentium dividatur et religionis suæ radius infuscetur et obnubiletur.

Tantæ perniciei totque periculorum conscii jamdudum diu noctuque cogitantes, Patremque luminum instantissime efflagitantes quærebamus quonam modo, omnes nostræ diœceseos parochias, in illa tam sancta, tam desiderata, tam fidelium utilitati et ædificationi adaptata ritus officiique unitate complecti possemus : et post longos cogitationum circuitus, omnibus studiosissime examinatis et omnimodo pensatis, Nobis visum est redeundum esse ad Liturgiam Matris Ecclesiæ Romanæ, quæ, cum ipsa centrum sit unitatis firmissimaque veritatis columna, Nos cum nostra gente, contra varietatum fluctus, mutationumque tentationes muniet et tutabitur. Huic vero sententiæ tanto magis adhærere debuimus, quanto nulla alia media potuissemus adhibere quin eveniret magna perturbatio reipublicæ christianæ intra gregem Nobis a divina voluntate permissum.

Ne autem ex remedio fiat aliud malum, et ut sensim omnes eidem regimini *non coacte sed spontanee* se submittant, considerandum est majorem nostræ diœceseos partem olim ritibus Romanis subjacuisse, alias vero partes ex diversis diœcesibus fractas Romanis usibus extraneas remansisse. Distinguendum est etiam inter officium publicum a quocumque sacerdote pro obligationis ordinis sui recitandum, et officium quod nuncupabimus liturgicum coram populo cantandum et celebrandum.

Quibus positis et distinctis, hoc declaramus et statuimus :

1º A prima die anni 1840, Liturgia Romana erit propria diœceseos Lingonensis.

2º Ab eadem die in parochiis quondam ad diœcesim Lingonensem pertinentibus, officium, ritus, cantus, ceremoniæ et omnia quæ ad cultum spectant, fient juxta regulas Liturgiæ Romanæ.

3º Parochiis, quæ ad aliarum diœceseum circumjacentium ritus nondum omnino reliquerunt, permittimus quidem ut, ad tempus, utantur suis propriis libris, sed volumus ut sequantur aliunde omnia quæ describit et præcepit *Ordo* pro anno 1840.

4º Sacerdotes qui huc usque breviarium jussu RR. DD. d'Orcet editum recitarunt, poterunt quidem eadem recitatione sui officii præceptum adimplere; hortamur tamen, et melius erit, ut omnes breviario Romano utantur.

Quanquam illud decretum nostrum ad bonum sanctæ religionis nostræ et ad curationem mali publici sit emissum, non ignoramus tamen aliquid forte molestiæ aut inquietudinis inde pluribus eventum iri. Quos rogamus ut ad Nos filiali cum fiducia recurrant, non ut dispensationem obtineant, sed ut difficultates, si quæ sint, a Nobis explanentur, utque etiam melius intelligant Nos ad hanc viam adductos esse, non aliqua nostra inclinatione vocatos, sed urgente necessitate et conscientia reclamante compulsos et coactos.

Omnes vos igitur, Cooperatores et adjutores nostri in Domino, obsecramus ut huic tanto operi opem, quantum in Vobis est, afferatis, adeo ut sicut inter nos *unus Dominus, una fides, unum baptisma,* sit etiam populus *unius labii.*

Datum Lingonis, sub signo sigilloque nostris, necnon et secretarii nostri subsignatione, in festo sanctæ Theresiæ, die 15ª octobris, anni rep. salut. 1839.

NOTE C

LEÇON IV.

Thomas Ken, d'ancienne et noble extraction, naquit à Berkhemstead, dans le Hertfordshire, l'an 1637, et fut élevé à Winton et à Oxford, au moyen de certains fonds laissés à perpétuité par Guillaume de Wikeham, de glorieuse mémoire, évêque de Winton. Ayant reçu les ordres sacrés, Ken commença à prêcher à l'église de Saint-Jean, aux environs de Winton, et quant aux fruits et bénédictions attachés à sa prédication, il l'emportait grandement sur tous les autres prédicateurs; de sorte que plusieurs anabaptistes rentrèrent dans le sein de l'Église et reçurent le baptême de sa main. Il dormait très peu, afin de trouver au milieu de sa vie active le temps pour l'étude et pour la prière; il se levait habituellement à une ou à deux heures après minuit, et même souvent encore plus tôt, et il conserva cette coutume jusqu'au moment de sa dernière maladie. Il devint chapelain de la princesse d'Orange, nièce du roi, et se rendit en Hollande, où il sut se concilier l'estime universelle par sa prudence et par son zèle religieux; mais il finit par s'attirer la disgrâce du prince, pour avoir auprès de lui intercédé pour un des courtisans qui avait séduit une jeune demoiselle de la cour; et c'est ainsi qu'il fut obligé de quitter le service royal.

LEÇON V.

Plus tard, se trouvant à Winton à sa maison de prébende, le roi y vint un jour avec sa cour, et ayant auprès de lui sa maîtresse ; celle-ci ordonna à son intendant de faire disposer un appartement pour elle, à l'endroit même où demeurait Ken ; mais l'évêque, craignant Dieu plus que la présence du roi, refusa énergiquement de céder son logement, et obligea la maîtresse du roi de chercher demeure ailleurs. Et en cette occasion, on put voir encore combien une sainte fermeté est avantageuse à ceux mêmes envers lesquels elle est employée. Car bientôt après, le Siège épiscopal de Bath en Weils étant devenu vacant, le roi, de son propre mouvement, le donna à Ken. Sa consécration eut lieu le jour de saint Paul, l'an 1684. Dans la dernière maladie du roi, Ken vint dans ses appartements et resta auprès du lit du malade, durant trois jours et trois nuits entières, profitant de toutes les occasions pour l'exciter à de pieuses et salutaires pensées. Dans un de ces moments, une des maîtresses étant entrée, l'évêque eut assez d'ascendant sur le roi pour la faire renvoyer, et il l'exhorta en outre de faire appeler la reine et de lui demander pardon de sa longue infidélité. Et bien que l'évêque n'obtînt pas du roi mourant tout ce qu'il eût désiré, du moins fit-il tout ce qu'il put pour l'y engager.

LEÇON VI.

Le frère du roi étant monté sur le trône, Ken se montra toujours fidèle dans l'exercice de ses devoirs, franc et loyal dans son langage. Plus tard, le roi s'étant permis des empiètements, l'évêque se souvint des droits de l'héritage du Christ, et refusa constamment d'abandonner au bon plaisir du roi la direction des affaires de l'Église. Pour le punir, le roi lui fit subir la prison à la Tour, avec six de ses confrères. Mais le roi ayant ensuite perdu son trône, Ken lui prouva sa fidélité, en refusant constamment de reconnaître la dynastie nouvelle, et il préféra sacrifier sa haute position dans l'État, plutôt que son attachement au roi. Chassé de son siège par l'autorité séculière, il mourut dans le lieu de sa retraite, en 1710. C'est ainsi qu'il sut rendre à César ce qui est à César, et à Dieu ce qui est à Dieu. Il était aussi ferme et énergique à la défense de l'Évangile, que doux et agréable dans ses relations particulières, et il supportait les contrariétés avec gaieté et résignation. Il possédait surtout dans un haut degré l'amour du prochain. Un jour que la somme de quatre mille livres sterling lui avait été comptée, il en distribua la plus grande partie aux protestants, alors persécutés ; et quand il fut destitué de son siège, tout ce qu'on tira de la vente de ce qu'il possédait ne s'éleva qu'à sept cents livres sterling. Quand les intérêts de l'État vinrent se heurter avec ceux de l'Église d'Écosse, il disait qu'il avait grand espoir que Dieu aurait pitié de la branche anglaise de l'Église anglicane, si celle-ci avait elle-même pitié de sa sœur d'Écosse. Étant près de mourir, il confessa

INSTITUTIONS LITURGIQUES — encore sa foi, disant qu'il mourait dans cette foi sainte, catholique et apostolique qui avait été reconnue de toute l'Église, avant la séparation de l'Orient d'avec l'Occident. C'est ainsi que Ken fut une lumière brillante et un reflet des siècles primitifs.

FIN DU SECOND VOLUME.

APPENDICE

CRITIQUE DES HYMNES DE SANTEUL

*xtraite de l'*Hymnodia Hispanica *du P. Faustin Arevalo, jésuite.*

Scriptores Gallos in Santolii Victorini hymnis celebrandis vix ullum modum tenuisse, qui eorum hac in re judicia legerit, facile sibi persuadebit, et argumento esse possunt, quæ *in Dissertatione prævia ad Hymnodiam,* § XXXX, *num.* 167, *etc.,* exposita sunt, et notata. Non defuerunt tamen, qui multa, eaque non levia, in hujusmodi hymnis animadvertenda censerent; quorum ego censuram proferre constitui, non quod laudibus Santolii quidquam detractum velim, sed ut, auditis, collatisque inter se diversis hominum ejusdem nationis sententiis, æquus rerum arbiter prudenter et incorrupte judicet; tum etiam, ut quid fugiendum, sequendumve sit in hoc lucubrationum genere, facilius possit intelligi. Ac primum quidem mihi occurrunt opera quædam posthuma P. Joannis Commirii edita Parisiis 1704, in quibus sunt multi hymni, videlicet 12 in sanctum Martinum; 3 in sanctum Gildardum; 1 in sanctum Perfectum Cordubensem martyrem; 8 in sanctam Ursulam, et socias Virgines, ac Martyres; 1 in sanctum Liberatum, et socios martyres; 1 in sanctum Saturninum; 1 in sanctum Augustinum; 3 in sanctum Nicasium; 2 in beatum Aloysium Gonzagam; 3 in sanctum Symphorianum; 1 in sanctum Maximum. Mundities latini sermonis, et venustas, quæ in reliquis Commirii operibus elucet, in hymnis maxime eminet; habita præterea est diligenter ratio modulationis ecclesiasticæ. Crederes Commirium cum Santolio olim amico, tunc rivali, de palma poeseos hymnodicæ certare voluisse. Nam, ut ad id veniam, de quo proposui dicere, Commirius plura epigrammata adversus Santolium inter hæc opera posthuma habet. Nihil ille quidem stylo Santolii objicit; nam eum antea plurimum laudaverat, vel potius maximis laudibus a Santolio ornatus, mutuum reddiderat. Nihilominus quoddam epigramma gallicum Nicolai Boelei Pratelli latinum fecit, in quo hymni Santolii dicuntur *ampullis graves;* suo vero nomine Commirius nihil fere nisi læsam a Santolio amicitiæ fidem queritur. Ceterum Dominus de La Monnoye data opera, et severitate censoria omnes Victorini hymnos in examen revocavit. Tota ejus animadversio in noto opere, cui titulus est, *Menagiana, edit. Amstelodamens.* 1713-1716, *tom. III, pag.* 402, *etc.*, inserta est. Censor usus est collectione hymnorum Parisina, 1698, in-12, apud Dionysium Thierry : eamdem ego præ manibus habeo.

1. In primo hymno, qui est auctoris anonymi, censor notat titulum, *Sacris pignoribus, vulgo sanctis Reliquiis,* quia simpliciter pro titulo rectius diceretur, *sanctis Reliquiis,* quam *Sacris pignoribus.*

2. Pag. 24. In hymno Johannis Baptistæ Santeul junioris reprehendit hunc versum : *Cum virgam quatiens imperat aridæ,* quod vox *arida* pro *terra* non accipiatur, nisi in sacris litteris.

3. Pag. 174. In hymno Claudii Santeul, in hoc versu : *Quam pio plangas Pater impiorum,* — *Corde ruinam,* negat *plangere* recte sumi active pro *lamentari,* cum accusandi casu.

Reliqui omnes hujus libri hymni auctorem habent Johannem Baptistam Santeul seniorem, qui adscito *Santolii*

Victorini nomine solet appellari, in quibus hæc animadvertit censor.

4. Pag. 5. *Tormenta quæ non horruit?* De S. Barbara, qui versus efficit *un contresens horrible*. Sed fortasse Santolius interrogationem non apposuit.

5. Pag. 5. *Frui sponso* pro *frui marito*, atque alibi *sponsa* pro *uxore*. De quo postea dicam.

6. Pag. 5. *Si prole non terras replent* pro *Si prole terras non replent*.

7. Pag. 9. *Vinclis ligant se mutuis — His conjuges liberrimi*. De Christo, ac S. Barbara. Haud recte dicitur; per *ea* vincula Christum esse liberum, neque a vinculis, quibus se mutuo ligant, Christum, et S. Barbaram esse liberos.

8. Pag. 6. *Ad dulce nomen Barbaræ — Vanos tremores ponimus*. Cur tremores *vani* dicuntur?

9. Pag. 10. *Substrahens*, et alibi *substrahe* pro *subtraho*.

10. Pag. 11. *Æstimas auri pretiosa damna*. Dici solet *parvi*, vel *magni aliquem æstimare*, non vero *æstimo hunc esse bonum virum*.

11. Pag. 11. *Sicque dotatus pudor immolandos — Servat honores* : pro *et sic;* reprehenditur etiam locutio *immolandos honores*.

12. Pag. 11. *Sic nos tenebras amare*. Ambiguum.

13. Pag. 11. *Cingere mitra* aliquem pro *cingere frontem*, caput, comas, tempora alicujus.

14. Pag. 16. *Per te, divus amor, frigida pectora — Puris ignibus ardeat* (lege *ardeant*) pro *dive amor*, vel *divum amorem*.

15. Pag. 20. *Virgo Dei puerpera. Puerpera* non regit casum gignendi, quamvis apud Vidam id reperiatur.

16. Pag. 20, et alibi *coævus*. Hoc vocabulum non cœpit esse in usu nisi post, vel circa dimidiatum seculum IV. Nam apud Ciceronem quod aliqui legunt *coævus*, legendum est *Coquus*, ut plures animadverterunt.

17. Pag. 25. *Urgent ecce Rhemos gens fera Vandali.* Prima vocalis in *Rhemos* est longa. Santolius iterum eam corripuit pag. 188, produxit vero pag. 68.

18. Pag. 25. *Intrat templa Nicasius.* Prima vocalis in *Nicasius* est longa, secunda brevis.

19. Pag. 32. *Dicere.* In præsenti passivo melius *diceris.* Nihilominus Terentius passim *videre* pro *videris* utitur.

20. Pag. 32. *In fervens olei conjicitur mare.* Audacter *mare olei* pro aheno. In sacra Scriptura hæc metaphora adhibita est pro *vase amplo.* III Reg., cap. vii, v. 23.

21. Pag. 33. *Sacræ participes et socii necis — Discamusque mori.* Præpostera conjunctionis *que* trajectio, sive transpositio.

22. Pag. 34. *Et jugo Christi tibi pœna major — Subdere gentes.* Perperam *pœna* pro labore (peine) quod sæpe alias occurrit.

23. Pag. 34. *Quos tu creasti, memor usque servas.* Non constat versus, nisi legatur *Quos creasti tu ;* sed tunc abest nitor, et harmonia.

24. Pag. 34, et 125. *Quem fides veri studiosa trinum — Credit et unum.* Vix alios concinniores versus in omnibus his hymnis reperias; sed fateri oportet, eos depromptos esse ex Sannazarii hymnis.

25. Pag. 36. *Te vocant flexi poplite supplices.* Melius, *flexo poplite.*

26. Pag. 36. *Fuso tinctaque sanguine.* Vitiosa constructio.

27. Pag. 42. *Eremus.* Vox parum latina.

28. Pag. 45. *Nota Sulpiti pietas*, Primum *i* in *Sulpiti* est breve.

29. Pag. 45. *Deerant tyranni.* Non est trisyllabum *deerant,* et, si aliquando fit, producitur primum *e.*

30. Pag. 49. *Ruenti.* In ablativo absoluto dicitur *ruente.*

31. Pag. 49. *Cœlo non hominum quæ posuit manus,* Pro *quæ hominum manus non posuit.*

32. Pag. 51. *Astra redire,* pro *redire ad astra.*

33. Pag. 55. *Saule, tendis quos in hostes?* Melior hæc constructio, *Quos in hostes, Saule, tendis?*

34. Pag. 55. *Insecutor.* Rejicitur hoc verbum Prudentianum.

35. Pag. 56. *Addunt — Seque triumpho.* Incongrua trajectio conjunctionis *que.*

36. Pag. 57 et 258. *Gliscit in mentem,* pro *venit in mentem : gliscere* non est idem ac gallicum *glisser.*

37. Pag. 57. *O Genevenses.* Reprobantur nomina hujusmodi in *ensis,* præsertim longa, in hoc versuum genere.

38. Pag. 57. *Tamdiu noctis gemitis sub umbra,* pro *dormitis.*

39. Pag. 59. *Nihil atque spiret,* pro *atque nihil spiret.*

40. Pag. 65. *Christum anhelantis.* Legendum, *Christumque anhelantis,* ut constet versus.

41. Pag. 66. *Sit fas beato sub sene nos mori.* Rectius *cum sene ;* sermo est de Simeone cantante, *Nunc dimittis.*

42. Pag. 68. *Cupiunt doceri — Teque magistro,* pro *cupiuntque.*

43. Pag. 69. *Dæmon ut cedat, jubet.* Longum est *o* in dæmon.

44. Pag. 70. *Plangere dolores,* pro *lamentari.*

45. Pag. 71. *Intras Pharos* pro *Pharon.*

46. Pag. 71. *Qui nos foves, laus, Spiritus.* Deest *tibi.*

47. Pag. 75. *Durusque pro throno lapis.* Latine non dicitur *thronus,* neque crux idonee vocatur *lapis.*

48. Pag. 74. *Nequæ vocaret,* pro *nequa.*

49. Pag. 75. *Vel cujus attactu,* pro *cujus vel attactu.*

50. Pag. 77. *Præco,* absolute positus pro concionatore, rejicitur.

51. Pag. 78 (lege 80). *Nos infenso* (leg. *inoffenso) pede ducat astris,* pro *ad astra.*

52. Pag. 81. *Quantis, et quibus suspiriis,* reprehenditur hæc locutio prosaica.

53. Pag. 83. *Subdita proles,* pro *obsequens.*

54. Pag. 95. *Non deest.* Est monosyllabum *deest.* Vide num. 29.

55. Pag. 96. *Indiges non hic ministris,* pro *non indiges.*

56. Page 98. *Quodque fugisti, fugiant caduci — Culmen honoris.* Ineptum est precari, ut fideles fugiant culmen honoris, quod S. Cœlestinus V fugit.

57. Pag. 99 et 202. *Desertum* in singulari reprobatur.

58. Pag. 106. *Lux redit terris sacra Landerico, Lux Parisinæ sacra semper urbi.* Variatur significatio verbi *sacra* in primo, et secundo versu.

59. Pag. 101. *Num suis dives satis est Olympus — Incolis?* pro *non.*

60. Pag. 109. *Assides conviva nobis. — Ipse tu convivium.* Quo sensu Christus est *conviva* nobis in Eucharistia?

61. Pag. 110. *Nos vides quam dissitos* pro *Quam vides nos. Dissitus* pro *remoto* non usurpatur.

62. Pag. 114. *Septimus mensis, neque claudet annus — Septimus ævum.* Deest unum *neque.*

63. Pag. 124. *Securis.* Prius dixerat fuisse *ensem.*

64. Pag. 125. *Victor exemplis animosiores — Fac tuis nostras sociare palmas.* Improbatur syntaxis.

65. Pag. 126. *Rutilantem in auro,* pro *rutilantem auro.*

66. Pag. 127. *Graviora ferro vulnera,* pro *vulnera graviora iis,* quæ ferrum infert.

67. Pag. 134. *Ut nos reducat.* Legendum, *ut reducat nos.* Vide supra num. 23.

68. Pag. 135. *Quod fit.* Prosæ id convenit, non carmini.

69. Pag. 135. *Victricem Dei,* ambiguum.

70. Pag. 135. *Qui christiano gloriantur nomine — Ahena frustra vincla captivos tenent.* Censor hoc loco ait : L'auteur s'est très mal à propos imaginé je ne sais quelle élégance dans ces sortes de transpositions dont ses hymnes sont toutes pleines.

71. Pag. 151. *Obstupendis.* Veteres dicunt *obstupescendis.*

72. Pag. 153. *Ingenito Patri,* pro *non genito.*

73. Pag. 158. *Nil damnas temere, nil leviter probas.* Ultimum *e* in *temere* creditur breve ab auctore censuræ ex versu in tragœd. Octaviæ. *Nihil in propinquos temere constitui decet..*

74. Pag. 168. *Suprema laus sit Parenti,* legendum *Laus suprema sit Parenti.*

75. Pag. 168. *Remeare urbes,* pro *ad urbes.*

76. Pag. 171. *Ire recessus,* pro *ire ad recessus,* seu recessus petere, quod aptius dicitur.

77. Pag. 172. *Subigisque menti.* Perperam *subigo* cum dativo.

78. Pag. 176. *Regibus qui dat, repetitque regna,* pro *repetit a regibus.*

79. Pag. 177. *Monte sub celso Sequanas ad oras.* Longum est *a* in *Sequana,* quamvis Ausonius corripuerit.

80. Pag. 179. *Invasor,* non est verbum latinum.

81. Pag. 179. *Ibat qui toties, dum furor impetit — Ferro Christiadas, erudiit mori.* Obscurum.

82. Pag. 183. *Lance pendis non severa — Luce functi crimina,* de S. Michaele, quasi is peccata supplicum dissimulet.

83. Pag. 184. *Nuncium,* neutrum non est, sed masculinum.

84. Pag. 188. *Nedum vir; impubes sed annos — Judicii gravitate vincit* (leg. *pensat.*), pro *Impubes, nedum vir,* vel pro *nondum vir; impubes sed annos — Judicii gravitate pensat.*

85. Pag. 196. *Sic renascenti cruciata pœna — Corpora subdunt* pro *renascente pœna*, et *subdunt* pro *subigunt*.

86. Pag. 197. *Nesciens solis* pro *nesciens solem*.

87. Pag. 198. *Sacris barbara gens, jam docilis regi — Christum fontibus induit*. Non recte exprimitur sensus.

88. Pag. 198. *Tres cœlo simul advolant* pro *ad cœlum*.

89. Pag. 200. *Clatra* pro *clathros*.

90. Pag. 203. *Si non vincla gravant manus* pro *gravent*.

91. Pag. 204. *Compita per*, absolute positum pro *per compita*.

92. Pag. 204. *Viscera martyris — Quando nuda patent, illius intimam — Rimeris penitus fidem*. Ridicula sententia, ac momi propria. Damnantur quinque strophæ paginæ 203, ob vitium obscuritatis.

93. Pag. 209. *Accensæ rutilant undique lampades, — Te præsente micant minus*. Frigide dictum.

94. Pag. 211. *Quæ subduntur, et imperant*. Sine dativo *subdo* non significat *subjicio*.

95. Pag. 211. *De cathedra docent — Pleni numine Martyres. — Pensée burlesque* (ait censor) *burlesquement exprimée*.

96. Pag. 213. *Qui flevere, — Serenus abstergit lacrymas Pater*. Deest *eis*, aut *his*.

97. Pag. 218. *Hoc, luce functi spiritus — Tam triste munus exigunt*. Idem est *luce fungi* ac *mori*, quod spiritibus non convenit.

98. Pag. 223. *Media tunica*, pro *dimidia* tunica.

99. Pag. 224. *Turo*. Fit longum *u*, quod est breve.

100. Pag. 224. *Ora deformi dabat una virtus — Unde niteret*. Obscure.

101. Pag. 225. *Nec truci quamvis caput immolandum — Pro Dei causa posuit sub ense, — Martyris palmam retulit vel isto — Dignus honore*. De S. Martino confessore, informis et intricata c nstructio.

102. Pag. 229. *Valeriano sese addidit.* Legendum est, *se addidit : autrement* (ait auctor censuræ) *il y aura trop d'une syllabe pour le chant. Il est vrai qu'il restera encore deux inconvénients, la rudesse de l'élision :* Valeriano SE addidit, *dans un vers qui se chante, et la seconde syllabe de* Valeriano *allongée.*

103. Pag. 230. *Flammis aheno fervido — Pudica virgo mergitur.* De S. Cæcilia, quæ non in ære, ut forte legit Santolius, sed *in aere balnei sui* inclusa est, ex Actis apud Baronium.

104. Pag. 232. *Divis invidiam facis,* neque catholice, neque latine.

105. Pag. 240. *Aperta non, euntibus — Addent moras pericula,* pro *aperta non addent moras — Euntibus pericula.*

106. Pag. 241. *Divina quæ gessit homo.* Ponitur tertia sede choreus *gessit* pro iambo, vel spondæo.

107. Pag. 244. *Confundisque tyrannum, — Dum, quos deprimit, elevas. Confundo* significat *misceo; elevo* plerumque *minuo.*

108. Pag. 256. *A quo maganimæ prælia sustinent — Spreto funere Virgines;* pro *cujus ope,* vel *per quem.*

Hæc est censuræ summa ; nam quædam leviora præterii, vitia etiam orthographiæ, quæ, ut ipse censor ait, *majori ex parte* imputanda sunt typographo. Qui Baillet¡ operi *de judiciis sapientum* notas adjecit, scilicet idemmet Bernardus Moneta, sive de La Monnoye, hanc censuram opponit elogio, quo Bailletus *tom. IV,* num. 1549. Santolium prosequitur iisdem verbis, quæ ex Dictionario Morerii attuli *in Dissertat.* num. 202. Annotator e contrario opinatur, animadversioni censoriæ expositæ difficulter responderi posse. Ac sane sunt multa a censore docte, periteque notata; sed in aliis plerique dissentient. Prætereo illa omnia, quæ *meliora* fieri potuisse dicuntur : nam hoc pacto infinitus reprehendendi pateret campus. Trajectiones autem verborum, sive constructiones, quæ duriores videntur, interdum in optimis auctoribus reperiuntur, ut in Catullo *Mamurræ pathicoque, Cæsarique ;* et alibi : *Expui tussim — Non immerenti quam mihi meus venter — Dum sumptuosas appeto, dedit, cœnas.* Nihilominus frequentius id fit a Santolio, quam ut tolerari possit. Verum improbare non auderem n. 2, *arida pro terra;* n. 3 et 44, *plangere* cum accusativo; n. 10, *æstimo* pro *existimo, puto;* n. 11, *cingere mitra* aliquem pro *cingere caput* alicujus; n. 14, *divus amor* pro *dive amor;* n. 15, *puerpera* cum genitivo *Dei;* n. 16, *coævus* pro *æquali;* n. 20, *fervens olei mare* pro *aheno pleno ferventis olei;* n. 77, *eremus;* n. 29, *deerant* trisyllabum cum primo *e* brevi; n. 34, *insecutor;* n. 37, *Genevenses;* n. 47, *thronus;* n. 48, *nequæ* pro *nequa;* n. 57, *desertum* in singulari; n. 58, varietatem significationis vocis *sacra;* n. 65, *rutilantem in auro;* n. 71. *obstupendis;* n. 72, *ingenitus* pro *non genitus;* n. 107, *confundis;* hæc, inquam, aliaque similia censuræ nota non inurerem. Etenim pleræque voces indicatæ Ecclesiasticæ sunt, et hymnis congruunt; aliæ idonea veterum auctoritate defendi possunt, ut ex lexicis vulgatis apparet. Quod autem censor *maritus*, et *uxor* dici mallet num. 5, pro *sponsus*, et *sponsa*, contra ego hæc verba et Ecclesiæ usu præferam, et potius castigarem Santolium, dum ait de Christo, et S. Barbara, *Conjuges liberrimi*, et *Deo superba conjuge.* Præterea *nuncium* neutrum pro *nuncius* num. 83, ex ipso Vossio *de Vitiis Sermon. lib. I, cap. XI,* qui illud reprobat, non esse reprehendendum redarguitur, cum doctissimorum hominum contrariæ sint sententiæ. At in *temere* num. 13, quid est animadversione dignum ? Nonne quamvis ultimum *e* breve esset, ob cæsuram produci posset ? In *protinus* ob cæsuram *u* produci posse dixi pag. 324 in nota, ac pariter *o* in *illico* ob cæsuram, et duas consonantes dictionis sequentis in sententia nonneminis, qui illud *o* semper esse breve scripsit, sed revera dubium mihi non est, quin sit commune. Quibusdam visus est vocalem brevem ob cæsuram produxisse Lucretius, lib. I, v. 806, quamvis in eadem dictione consonans non succedat : *Imbribus, aut tabe nimborum arbusta vacillant.* Et Ovidius, Amor. lib. II. eleg. 12. *Terra ferax cerere, multoque feracior uvis.* Et Statius, 3. Theb. *Effugiet, vix Œdipode fugiente timeret.* Nam quod Ricciolius, part. IV. prosod. reg. 2. versum Virgilii Æneid. 12. allegat, *Me sinite, auferte metus, ego fœdera faxo* alii melius legunt, *Me sinite, atque auferte metus, ego fœdera faxo.* Ita etiam versus Virgilii ab aliis productus ex Ciri, *Nec levis hoc facere, neque enim pote cura subegit;* correctior legitur, *Nec levis hoc faceret, neque enim pote cura subegit.* Quamquam versum Lucretii similiter alii corrigunt, *Imbribus, aut tabi nimborum arbusta vacillent,* et alterum Ovidii, *Terra ferax cereris, multoque feracior uvæ.* *Œdipode* potest dici ablativus primæ declinationis græcæ. Sane mihi non aliud exemplum pro Santolio occurrit præter versum Virg. lib. III. Æneid. v. 164 : *Dona dehinc auro gravia, sectoque elephanto;* ubi Servius notat : GRAVIA *finalitatis ratione producitur, sed satis aspere ; nam in nullam desinit consonantem.* Quid quod ultimum *e* in *temere* ex *temerarie* per contractionem factum videtur, aliis medius ex antiquo *temerus,* et utrolibet modo *e* postremum producendum est. In hac opinandi ratione tenendum est, aut versum Senecæ, sive auctoris *Octaviæ* corruptum esse, aut senarium iambicum aliquando apud tragicos, uti sæpe apud comicos, quarta sede admittere spondæum, quod nonnullis exemplis posset confirmari : etsi non probo, quod Ricciolius hunc ipsum versum, *Nihil in propinquos temere constitui decet,* in exemplum adduxerit, ut in *temere* longum esse *e* postremum ostenderet, et facilius Santolium ob cæsuram, quam alio modo defendi posse existimo. Potiori jure censor castigare potuit stropham illam in hymno S. Quintini pag. 208. *Ne sacros cineres contigeris reus — Tardo pœna sequax non pede deserit — Fossor diriguit; mors subito reum — Indignata praeoccupat.* Nam si mors pede non tardo deserit, nunquam consequitur reum; si *pede tardo* sequax non deserit, non *subito* eum consequitur, multoque minus *praeoccupat*, quamvis *indignata.*

Pariter non video, cur censor verba *invasor, dissitus,* pro *remoto,* atque alia hujus generis excludenda judicaverit, ac nonnulla, quae aeque, vel magis reprehensioni patent praetermiserit, veluti, *adytus* pro *adytum* pag. 30. *O sacros adytus!* et in festo Decollationis S. Joannis Baptistae *resecatum* pro *resecto : Illa vox crudo resecata ferro.* Certe aequior his non est animadversio circa verbum *glisco* pro gallico *glisser,* ut asseritur num. 36. En duo illa loca, quae indicantur, pag. 57. *Gliscit in mentem meditantis illa — Quae beat divos eadem voluptas,* pag. 258. *Non vana pompa saeculi — Sensus fefellit, nec malis — Gliscens voluptas artibus — Virile pectus molliit.* Quaererem a censore, cur *glisco* his in versibus non possit habere significationem, qua gaudet in illo Virgilii, *Accenso gliscit violentia Turno,* aut in altero Statii, Thebaid. 9. *Menti tumor, atque audacia gliscit?* Nec dubium est, quin ita sit accipiendum illud, *malis gliscens voluptas artibus,* quidquid sit de gallico *glisser,* et de *gliscit in mentem.*

Ne vero putet aliquis, me Santolii peccata defendere, ut meis patrocinium quaeram, dicam ingenue, mihi etiam illius hymnos oculis neque lynceis, neque lividis percurrenti quaedam displicuisse praeter alia vitia, quae in Menagianis recte observata fuisse monui. Ac primum in festo S. Joannis Evangelistae pag. 30, fit breve *u* in *duco; a quo vita ducit, principium petis — Et primordia luminis.* Simile est illud in festo S. Antonii abbatis pag. 42, *Ut nitens plumis sine labe puris — Ne sui perdas labe quid nitoris — Transvolat nubes, humilesque terras — Deserit ales.* Longum est *a* in *labes,* ut in primo verso cernitur, sed cur fi[t] breve in altero? immo quid eo loco significat *labe?* Sed majori fortasse reprehensione dignæ sunt sententiæ quædam duriores, metaphoræ audaces, et indecoræ. De S. Barbara pag. 4. *Deo superba conjuge.* Quid enim est *superbus* nisi arrogans, insolens, imperiosus, elatus, inflatus, non ferendus, se efferens, spe, atque animo inflatus, asper, difficilis, gravis, qui fastidio et contumacia effertur? De Christo Domino pag. 88. *Cœlestis en rex curiæ — Ut monstret ad cœlum viam — Secumque ducat exules — Se sponte fecit exulem.* Non placet, *exulem* a cœlo dici Dei filium, qui beata Patris visione semper fuerit perfruitus. Pag. 92 *Crux* vocatur lectus, in quo nos parit Christus : *Tu lectus, in quo nos parit;* et pag. 187 *torus,* et ibidem *lancea,* quia aperuit latus, obstetrix : *Per te salutis, lancea largius — Fluxere fontes, quando Dei latus — Prægnantis obstetrix recludis — Sacrilego famulante dextra.*

Abbas Guyotus Desfontaines, *tom. VII. Observ. de scriptis recen., pag.* 7, criminationem depellit nescio a quo oblatam contra hanc Santolii stropham : *Inscripta saxo lex vetus — Præcepta, non vires dabat, — Inscripta cordi lex nova. — Quidquid jubet, dat exequi.* Santolium erroribus suo tempore in Gallia disseminatis favisse aliqui jactarunt, quamvis non defuerint, qui affirmaverint, illum eum esse, qui ne intelligere quidem nascentem hæresim potuerit. In illa certe stropha nihil mali subesse puto (1); sed non propterea omnia, quæ in Santolii hymnis referuntur, libenti animo excipiam, quidquid sit de auctoritate, quam hymnis Santolianis conciliare possunt tot breviaria Gallicana, quæ eos adoptarunt, et a Guyoto recensentur, nempe Aurelianense an. 1693, Saniciense an. 1700, Lexoviense an. 1704, Narbonense 1709, Meldense 1713, Ande-

(1) Penitus ignorasse videtur Arevalus quæ acta sunt circa dictam strophen, tum ex parte jansenistarum ut illam in breviariis intruderent, tum ex catholicorum ingenio ut hæreticum virus ab illa expellerent, puta in diœcesibus Ebroicensi, Cenomanensi, Tolosana, etc.

gavense eodem tempore, Trecense 1719, Aniciense et Antisidiorense 1726, Rothomagense 1728, Nivernense 1729, Claromontanum eodem anno. Nam ut ab omni censura abstineam, dura mihi videtur sententia illa de Christo patiente pag. 75. *Clamore magno dum Patrem — Sibi relictus invocat — Cum morte luctantem Deum — Non audit ille, vix Pater.* Dum aliquis breviariorum Galliæ laudator benignam interpretationem his verbis quærit, ego potius credam Filium Dei a Patre (quem nunquam *vix Patrem* appellabo), in cruce non solum auditum, sed etiam exauditum fuisse pro sua reverentia, ita intelligens locum Apostoli cap. x. ad Hebr., v. 7. *Qui in diebus carnis suæ preces, supplicationesque ad eum, qui possit illum salvum facere a morte, cum clamore valido, et lacrymis offerens, exauditus est pro sua reverentia.* Quod autem cap. xxvii. Matth., v. 46, *Circa horam nonam clamavit Jesus voce magna, Eli, Eli, lamma sabacthani,* cum SS. Patribus, qui a Calmeto indicantur, interpretabor, quod *Salvator non pro se, sed pro membris suis exclamavit.* Gravis etiam pro Santolio videri posset auctoritas Patris Bourdaloue, si neque ipse fuisset gallus, et in poesi æque, ac in concionibus insignis extitisset. Is *in epistola gallica ad Santolium Victorinum tom. II. Operum hujus edit. Paris.* 1729, nimis magnifice assuerit, optare se, ut omnes hymni breviarii Romani e Santolii officina prodirent. Equidem si bene novi ingenia Romanorum, et universe Italorum, non credo eos opinioni Bourdalovii esse subscripturos, ne Hispanos meos in hujus invidiæ partem adducam.

Pergo ad alia. Displicet non nihil, quod dicatur pag. 12, in hymno S. Nicolai : *Ipse dux facti Deus insolentis,* quamvis variam *insolentis* significationem non ignorem. Neque probo versus illos, pag. 21, de Virgine Deipara : *Quam celsa! quæ se deprimens — Altum Tonantem deprimis; — In te, sui jam non memor, — Descendit e cœlo Deus.* Neque item illos de Jesu Christo in Eucharistia

pag. 100, *Ipse factus est pusillus,—Pauper, exul, indigens.*
Cur autem crucem Domini sic alloquar : *Manus Tonantis quæ ligabas — Semper eris pretiosa torques?* Ita lego pag. 187. Placida vero cœli gaudia non exprimerem hoc pacto : *Pontifex terris rapitur Salesus, — Festa dum cœli fremit aula plausu.* Nihil dico de cognomine *Salesus* quod in hymnis non esse inserendum docui num. 199 *Dissertat.;* in quam sententiam facere videntur decreta, S. Rit. Congregationis 22 Dec. 1624 et 23 Junii 1736. Santolius vero *Salesi* nomen gentile ter intrusit. Id autem minus est reprehendendum, cum ad hanc legem Santolius non attenderit, aut ea se astringere noluerit. Sed quod in synalœphas et ecthlipses non raro incidit, vix dignus est venia, cum ei propositum fuerit modulis ecclesiasticis consulere. Hoc idem vitium Carolo Coffin scriptori gallo objici potest, qui professus, se hymnos partim denuo condere, partim recognoscere antiquos, quos *idoneis Ecclesiæ cantui numeris alligaret*, sæpe elisiones duriusculas admittit, ut pag. 41. *Reges pompa alios*, alibi *subdere amant.* Coffinus Santolio clarior est, et doctior. Nuper illius hymnos vidi inter volumina miscellanea in 12. Bibliothecæ Marefuschiæ hoc titulo : *Hymni sacri, auctore Carolo Coffin. Ant. Universitatis Parisiensis rectore, collegii Dormano-Bellovaci Gymnasiarcha. Parisiis*, 1736. Passim, etiam aliud agens, in novos hymnorum correctores incurro, quo magis reprehensiones quorumdam eludere licet, qui novum, inauditumque facinus esse putant, de veterum hymnorum vitiis in latiis, musicisque numeris verba facere, sive quod ignari sint, quid rerum in republica litteraria gestum fuerit, sive quod inter carminum dotes antiquitatem reponunt, quasi *meliora dies, ut vina, poemata* redderet. Redeo ad sententias Santolianas.

Falsum partim est, partim puerile, quod in obitu S. Landerici asseritur, et interrogatur pag. 101. *Pauperes lugent, lacrymisque turbant — Gaudia cœli. — Num suis dives satis est Olympus — Incolis? terras spoliare cesset.* Nec verius est illud pag. 130. *Nil fecit, et nil pertulit — Homo Deus, te nescio,* de S. Jacobo Majori nuncupato. Illud etiam de S. Cajetano pag. 140 : *Prædicent Regem, Dominumque mundi — Prædicent justum; Gaetane, cunctis — Providum terris tibi prædicare — Convenit uni.* Nec sibi cohæret Santolius paulo infra eumdem S. Cajetanum alloquens : *Te canam sanctis similem Prophetis — Quosque provisor Deus educabat.* De S. Cæcilia pag. 231, hæc noto : *Ter percussa sua de nece fortior — Ter Virgo meruit mori.* Sed neque *ter*, neque *semel* mori Virgo meruit, et non nisi *semel mortua est* : in cujus Actis apud Laderchium non lego, *in aere,* aut *ære balnei,* sed *flammis balnearibus... calore balnei.* De SS. Apostolis hæc habentur pag. 236. *Hæc nempe plena lumine — Tu vasa frangi præcipis; — Lux inde magna rumpitur, — Ceu nube scissa fulgura.* Fortasse Santolius alludere voluit ad Gedeonis factum, cap. VII. Judic., v. 17 et seqq... *Divisitque trecentos viros in tres partes, et dedit tubas in manibus eorum, lagenasque vacuas, ac lampades in medio lagenarum... cœperunt buccinis clangere, et complodere inter se lagenas. Cumque per gyrum castrorum in tribus personarent locis, et hydrias confregissent, tenuerunt sinistris manibus lampades, et dextris sonantes tubas, clamaveruntque : Gladius Domini, et Gedeônis.* Sed quis est lucem *rumpi,* vasis confractis ? Displicet tum sententia, tum locutio; quemadmodum illa metaphora, sive allegoria de SS. Martyribus pag. 245 : *Acti procellis omnibus — Sui cruoris flumine — Vehuntur, et Christo duce — Portus beatos occupant.* Alterius generis est, quod de S. Cœlestino V affirmatur pag. 97. *Triplici corona — Frons timet cingi,* et pag. 98 : *Fleverat quando triplici tiara — Vidit ornatam radiare frontem.* Bonifacius VIII, qui Cœlestino V successit, tiara *duplici* primus usus est, quam postea Urbanus V *triplicem* fecit. Denique animadvertendum est,

Santolium, cum edita est Parisiis collectio ejus hymnorum, agnovisse errorem quemdam suum pag. 241. *Divina quæ gessit homo*, ubi tertio loco admisit choreum; sed in calce paginæ hanc notationem adjunxisse: *Sic peccasse gloriabor, ut pietati consulam.* Hanc excusationem non accipient, qui attendant, eum vehementissime declamasse contra *pinguem avorum gentem*, quibus eadem excusatio pietatis non profuit; *Dissert. num.* 167. Hæc fere habui, quæ censuræ *Menagiani operis* adjicerem. Verum cum nihil ex omni parte sit beatum, ut ait optimus poeseos magister : *Ubi plura nitent in carmine, non ego paucis — Offendar maculis, quas aut incuria fudit, — Aut humana parum cavit natura.* Sed Galli de suo Santolio præstabiliorem opinionem haberi volunt, quorum judicium eo magis faciendum esse videtur, quia jam diu in breviariis novis adornandis, refingendisque maximo conatu, et industria laborant. Tot nova breviaria hoc sæculo in Gallia prodierunt, tot opuscula, et Dissertationes de officiis singularibus, de precibus horariis universe, de litaniis, hymnisque recentibus Deiparæ in *Mercurio gallico*, in *Diario Dinouartii*, in *Bibliotheca rituali Zachariæ* indicantur, ut possit aliquis subvereri, ne in Galliis, ut feminæ novas vestium formas, ita sacerdotes nova breviaria quotannis inveniant, in quibus vel sola novitas placeat. Sed quod dicere cœperam, hymni Santolii plerisque gallis etiam post animadversionem censoriam, quam excussi, adeo arrident, ut nova versio gallica in lucem venerit Parisiis 1760, interprete Domino Poupin, quam Trivultiani *eodem anno p.* 666, *mense Martio* annunciant, asserentes ad hanc partem officii ecclesiastici perficiendam divinitus concessum fuisse Santolium. Equidem existimo, hujusmodi laudes immodicas fuisse perstrictas a Dinouartio, quem idem Trivultiani referunt *anno* 1759, *Sept.*, *pag.* 2302, promisisse editionem novam hymnorum Santolii ex autographo ipsius quasdam correctiones continente. In hac editione patefaciendæ erant quædam varietates, et mutationes, quæ in nonnullis Breviariis evenerant, ut cantui consuleretur, præmittenda etiam *la Notice historique de ce grand poète fort mal peint jusqu'ici, et plus défiguré qu'embelli dans ses portraits.* Nam Dinouartium non omnia in Santolii hymnis probasse observavi in *Dissertatione prævia num* 204. Sane si quid in poesi, præsertim latina, vident Itali (vident autem, ut quidam eorum sibi arrogant, longe acutius, quam reliqui omnes, ut ego ultro assentior, non minus quam ceteri) fateri necesse est, Santolium in primo poetarum ordine non esse collocandum. Nam cum optimos quosque poetas non indiligenter sibi undique comparent, atque adeo denuo excudant, Santolii hymnos Romæ neque in Bibliotheca Casanatensi, neque in Barberina, neque in Corsinia, neque in Alexandrina, neque in Passioneia ad Angelicam translata, neque in Marefuschia, quæ nunc sub hasta est, quarum utraque scriptoribus Santolii amicis abundat, mihi reperire contigit, ac vix tandem eos nactus sum in Bibliotheca collegii Romani. Ubi autem poetas recentes, quos post antiquos legere, et imitari liceat, recensent, Santolium nusquam laudatum memini. Sed Galli, opinor, non indigent plausoribus, qui ipsis domi, ut aiunt, nascuntur.

FIN DE L'APPENDICE.

ADDITION

RÉFORME LITURGIQUE DANS L'ÉGLISE DE MEAUX, AU COMMENCEMENT DU XVIIIe SIÈCLE.

Nous croyons être agréable au lecteur en donnant ici un coup d'œil historique sur les nouveaux livres de liturgie dont le diocèse de Meaux fut doté, au commencement du XVIIIe siècle. La matière est d'autant plus intéressante, que le grand nom de Bossuet s'y trouve mêlé, et que d'autre part, les détails qui se sont conservés sur cette opération liturgique peuvent initier le lecteur au genre d'intrigue qui s'exerça dans chacun des diocèses où l'on changea la liturgie, à cette époque. Le journal manuscrit de l'abbé Ledieu, qui fut l'instigateur et l'exécuteur de cette révolution dans l'église de Meaux, nous met à même d'en suivre pour ainsi dire les phases jour par jour. Tout le monde connaît l'importance de ces Mémoires auxquels le cardinal de Bausset a emprunté tant de choses pour sa belle histoire de Bossuet. Une heureuse circonstance nous a fait tomber un précieux extrait de ce manuscrit entre les mains, et nous y avons rencontré les curieux détails que nous allons faire connaître au lecteur. Nous n'avons pas besoin d'insister sur la véracité de l'abbé Ledieu ; elle est appréciée par tous ceux qui connaissent son journal, et quant à la question de la réforme liturgique dans le diocèse de Meaux, la candeur avec laquelle il s'exprime sur des opérations auxquelles il a eu la première part, le mérite qu'il s'en donne, et les traits de caractère répandus dans son récit, montrent avec évidence que la plus grande sincérité règne dans cette partie de ses Mémoires comme dans le reste.

Jusqu'en 1702, le diocèse de Meaux, gouverné par Bossuet, était resté étranger à la manie des changements liturgiques qui depuis plus de vingt ans s'était déclarée dans certains diocèses de France, et devait plus tard s'étendre comme un incendie. Bossuet avait été témoin de cette réforme dont Vienne avait donné le signal, et un passage important de sa célèbre réponse à Molanus, dans le projet de réunion des protestants d'Allemagne à l'Église catholique, fait voir assez clairement qu'il la considérait comme avantageuse à l'Église. Parmi les concessions qu'il croit pouvoir faire aux protestants on lit cet article : « Les prières publiques, les missels, les « rituels, les bréviaires, seront mis en meilleure forme, à « l'exemple de ceux des Églises de Paris, Reims, Vienne, « La Rochelle, et autres très illustres, ainsi que de l'archi-« monastère de Cluny et de tout son Ordre, on ôtera les « choses douteuses, suspectes, apocryphes, superstitieuses; « tout y ressentira l'ancienne piété (1). » C'était dire assez clairement que l'Église universelle était moins avancée que les Églises particulières de Paris, de Vienne, etc., dans l'intelligence de la véritable Liturgie; mais il faut faire attention que ces paroles furent écrites dix ans après 1682, époque à laquelle l'Église de France, ayant eu le malheur de formuler le gallicanisme dans un acte solennel, se trouvait comme forcée à croire qu'elle avait le

---

(1) Publicæ preces, missales, ac rituales libri, breviaria, Parisiensis, Remensis, Viennensis, Rupellensis, atque aliarum nobilissimarum Ecclesiarum, Cluniacensis quoque archimonasterii totiusque ejus Ordinis exemplo, meliorem in formam componantur : dubia, suspecta, spuria, superstitiosa tollantur, priscam pietatem omnia redoleant. (*Œuvres de Bossue*, tome XXV. Edit. Lebel. page 467.)

sens catholique plus que toute autre église de la chrétienté, plus que le Siège apostolique lui-même. Le concordat de 1801 nous a fait expier sévèrement ces rêves dangereux.

Les protestants d'Allemagne ne jugèrent pas à propos de rentrer dans l'orthodoxie, et firent peu de cas de l'avantage qui leur était proposé de se servir du Bréviaire parisien de François de Harlay, ou même de celui que Nicolas Letourneux avait rédigé pour Cluny ; en revanche, les généreuses et savantes recrues de l'Église catholique en Angleterre, les Spencer, les Newman et tous les autres, récitent et goûtent le bréviaire romain. La génération des livres liturgiques que Bossuet traite avec tant de complaisance n'a même pas joui un siècle de l'honneur d'avoir été vantée par ce grand homme. A l'exception du Bréviaire d'Orléans, ils ont tous disparu avant le temps. Dès 1736, le parisien de Harlay, malgré sa rédaction si remarquable et tous les soins qu'il avait coûtés, disparut devant l'œuvre de Vigier et de Mésenguy ; les autres s'éteignirent successivement : quant au Missel et au Bréviaire de Cluny, dès longtemps, il n'y a plus personne pour en faire usage.

Nous ne doutons pas au reste que Bossuet, s'il eût vu la suite de ces changements, et reconnu le coup mortel qu'ils portaient à la tradition, n'eût fini par réagir de tout le poids de son autorité contre la fatale méprise qui bientôt mit aux mains des sectaires ce que lui-même a appelé le *principal instrument de la tradition dans l'Église*. On trouvera peut-être quelques preuves à l'appui de cette conjecture, dans la suite de notre récit.

C'est un fait remarquable que Bossuet fût arrivé jusqu'à l'année 1702, sans avoir pris une part directe aux opérations liturgiques qui paraissent avoir eu ses sympathies, d'après le passage que nous venons de citer. C'est en cette année que l'abbé Ledieu commence à parler de la nouvelle Liturgie de Meaux. Nous allons transcrire les articles de son journal qui intéressent cette question, nous réservant d'y joindre de temps en temps quelques additions explicatives.

« 1702. *Août, vendredi* 4. Couché à Germigny, où M. l'abbé Chastelain est aussi venu, étant parti avec nous de Paris. C'est pour travailler au nouveau bréviaire, et prendre avec lui (Bossuet) de bonnes mesures pour avancer l'exécution de ce dessein. »

On se rappelle que l'abbé Chastelain avait été l'un des membres les plus influents de la commission du Bréviaire et du Missel de Harlay. Il exerça une sorte de dictature sur la Liturgie dans toutes les Églises qui, de son temps, prirent part à la première phase de l'innovation.

« *Dimanche* 6. Séjour à Germigny pendant toute cette semaine. Nous avons tous les jours travaillé au calendrier, M. l'abbé Chastelain et moi, et j'ai écrit sous lui plusieurs remarques pour servir à la disposition générale de l'office et des fêtes, et au rite. Puis, ce jeudi soir, le nouveau calendrier a été communiqué à M. de Meaux, M. Treuvé, théologal, seul présent. Et ce vendredi soir, tout le calendrier a été achevé et fort approuvé par notre prélat qui a fait très peu de changements à tout ce qu'on avait projeté. Ce fait, M. l'abbé Chastelain a pris congé de M. de Meaux qui l'a fait conduire en calèche jusqu'à Claye. »

« *Octobre. Germigny.* M. de Meaux travaille gaiement et assidûment. Je remarque même qu'il a toujours sur son bureau son portefeuille avec ses psaumes en vers, auxquels il travaille le matin en s'éveillant ou aux autres heures; ou pour se délasser, ou pour se mettre en état de travailler. Plein du psaume 118 qu'il retouchait ces jours derniers, il me dit lorsque je lui parlai de la division des psaumes qui conviendrait le mieux au bréviaire qu'il voulait faire : *qu'il fallait de nécessité mettre tous les jours le psaume* 118 *aux petites Heures, et qu'il y était tout à fait résolu;* tant il le jugeait nécessaire pour entretenir la piété. Ce qui est aussi certainement mon avis. »

La seconde phase de l'innovation ne tint pas compte de ce scrupule du grand évêque, et si le Bréviaire de Harlay avait conservé pour chaque jour le psaume 118, avec toute la division romaine du psautier, le parisien de 1736 effaça jusqu'aux dernières traces de l'antiquité, en attribuant au seul dimanche ce psaume que Bossuet avait voulu conserver à tous les jours. Certains aveux de l'abbé Ledieu nous feront voir bientôt que le sens catholique de Bossuet, égaré un moment, se retrouva tout entier, lorsqu'il s'agit de conclure la grande opération qu'on paraît lui avoir imposée, et il y a peut-être lieu de croire que si ce prélat eût vécu dix ans encore, l'œuvre du nouveau bréviaire n'eût pas été plus avancée après ce terme qu'elle ne l'était en 1702.

« (1703). *Février. Versailles. Mardi* 27... Le soir, M. de Meaux a voulu entendre la lecture du nouveau calendrier de Meaux et du mémoire que j'ai fait contenant les raisons du changement. Nous en avons vu Janvier, Février et Mars, sur lesquels M. de Meaux semble avoir pris une dernière résolution. »

« 28 *février*. Ce soir, nous avons repris la révision du calendrier. M. l'abbé Bossuet nous arrête à chaque pas, et propose toujours de nouveaux changements. M. de Meaux l'écoute, et je vois le moment que tous les premiers projets vont être renversés. »

« *Mars. Jeudi* 1er. Au soir, nous avons continué la révision du calendrier jusqu'à la fin de Juillet, avec les mêmes vétilleries de M. l'abbé Bossuet. »

« *Paris. Mars. Mardi* 6. M. de Meaux a encore entendu ce matin la révision du calendrier et sans contradiction; M. l'abbé Bossuet, contradicteur perpétuel de tout bien et n'en voulant faire aucun par lui-même, n'y étant pas. »

L'influence de l'abbé Ledieu se dessine de plus en plus, et en même temps il est curieux de voir comment il fait les honneurs du neveu de Bossuet, auquel le journal n'était probablement pas destiné.

« *Paris, Vendredi* 15. Ce soir, j'ai relu à M. de Meaux six mois du calendrier, M. l'abbé Bossuet et M. Phelippeaux présents. On est demeuré ferme dans les premières résolutions, retranchant même encore quelque saint douteux, ou peu connu, plutôt qu'en ajoutant. *J'espère qu'à la fin il y prendra goût et que nous pourrons finir.* »

Ces dernières paroles de l'abbé Ledieu sont précieuses. Elles nous apprennent que, après sept mois de travail, on n'était pas encore parvenu à faire agréer pleinement à Bossuet la réforme liturgique dont l'Église de Meaux devait être plus tard redevable à Chastelain et à Ledieu. Si déjà le calendrier causait tant d'anxiété au prélat, il est permis de penser que la réforme du corps du bréviaire eût suscité en lui bien d'autres répugnances, et qu'il eût disputé le terrain pied à pied. Au reste, l'histoire entière de l'innovation, dans ses différentes périodes, est là pour prouver que tout a été l'œuvre de quelques prêtres audacieux qui ont su forcer la main aux évêques.

« *Mardi*, 20. Ce soir, M. de Meaux a achevé d'entendre la révision du calendrier jusqu'à la fin, et l'on a même repassé dans les endroits qui faisaient quelque peine. *Au reste, M. de Meaux prend peu de plaisir à toute cette réformation.* »

Ce sont là les derniers mots du journal de l'abbé Ledieu sur la part que Bossuet a pu prendre à l'innovation liturgique; ils sont, comme l'on voit, assez significatifs. L'instigateur de la mesure est réduit à confesser que, malgré tous les moyens employés pour le circonvenir, Bossuet, au moment de conclure une des opérations préliminaires de la nouvelle Liturgie, hésitait encore, en un mot, n'entrait pas de bon cœur dans la voie qu'on lui ouvrait. Mais, ce qui est plus remarquable, c'est que le savant évêque qui vécut encore un an après la date que nous donne ici l'abbé Ledieu, ne paraît plus s'être occupé du nouveau bréviaire; du moins, le journal de son secrétaire n'en fait plus mention. Il est même fort probable, après les demi-mots qui échappent à ce dernier, que Bossuet aura fini par se désister d'une entreprise qui lui souriait si peu, et dans laquelle, d'ailleurs, il était visiblement l'instrument d'autrui. On s'expliquerait difficilement par une autre raison le silence de l'abbé Ledieu durant toute cette dernière année de la vie de Bossuet, surtout quand on se rappelle que ce prélat a travaillé jusque sur son lit de mort.

Il s'éteignit le 12 avril 1704, et eut pour successeur Henri de Thiard de Bissy qui ne prit possession qu'au mois de mai 1705. A peine assis sur le siège de Meaux, Henri de Bissy se vit aussitôt circonvenu par l'abbé Ledieu, organe de l'abbé Chastelain, et l'on sait quels désagréments lui procura son imprudente confiance envers le dangereux secrétaire de son prédécesseur (1). Mais l'abbé Ledieu avait modifié ses plans, et le calendrier une fois approuvé par l'évêque de Meaux, il s'agissait non plus de la publication du bréviaire, mais de celle du missel, sur lequel on avait résolu de faire un essai. Le bréviaire ne viendrait qu'après. Voici en quelle manière l'abbé Ledieu rend compte de son premier entretien avec Henri de Bissy sur la réforme liturgique du diocèse de Meaux.

« (1705). *Mai. Samedi* 23. L'entretien a passé sur la réformation du missel et du bréviaire. L'abbé Bossuet a a pris la parole et a fort vanté le travail que j'ai fait pour cela, dont feu Monseigneur l'évêque de Meaux s'était fait rendre compte, lui présent, et sur quoi j'avais pris ses avis que j'ai par écrit dans mes mémoires sur chaque article

---

(1) *Institutions liturgiques*, tome II, page 136.

en particulier. J'ai ajouté un mot en général sur l'état de tout ce travail, sur le calendrier et les légendes des saints, et particulièrement sur le missel dont la réformation et l'édition pressent le plus. Le prélat en a paru content et a dit qu'on en parlerait à loisir, et m'a remis à lundi pour m'entretenir plus amplement. »

On doit faire ici deux remarques : d'abord, l'abbé Ledieu parlant de Bossuet n'ose articuler autre chose, si ce n'est que ce prélat *s'était fait rendre compte* des plans pour la réforme liturgique. S'il eût approuvé, s'il eût donné un consentement définitif, assurément Ledieu eût bien su s'en prévaloir auprès du successeur de Bossuet. En second lieu, l'union de l'abbé Bossuet avec Ledieu, les éloges qu'il fait du travail de ce dernier, présentent aussi quelque chose d'assez piquant, lorsqu'on a lu certaines lignes citées plus haut. Mais l'amour des nouveautés, et un intérêt de parti avaient pour le moment réuni ces deux hommes. Voyons la suite.

« 4 *juin*. L'on m'a demandé la clef du magasin des bréviaires et missels pour le visiter. Je l'ai aussitôt portée à M. l'évêque qui m'a ordonné de la garder pour m'en parler à loisir, aussi bien que du Missel et du Bréviaire de Meaux qu'il faut réformer, me disant : « nous en parlerons
« à loisir. » Et moi, lui répliquant : « J'avais sur cela, Mon-
« seigneur, vos ordres à recevoir, et je vous supplie de
« me dispenser de communiquer mon travail à qui que ce
« soit, qu'auparavant vous n'en ayez entendu parler, et
« pris sur cela votre résolution. Pour moi, tout ce que j'ai
« à dire à MM. du Chapitre est que ma commission étant
« finie par la mort de feu Monseigneur l'évêque, je n'ai
« plus qu'à me tenir en repos sur tout cela, n'estimant
« pas mon travail digne d'être seulement vu, et laissant à
« des personnes habiles le soin de ce grand ouvrage. »

L'important était, en effet, de s'emparer de l'évêque, et de se faire autoriser par lui à reprendre la conduite de la réforme liturgique dans le diocèse de Meaux. Ledieu s'attendait à certaines oppositions au sein du Chapitre; l'investiture solennelle de l'évêque lui était devenue nécessaire pour continuer son œuvre. Il fit tout ce qu'il put pour l'obtenir, et en vint à bout auprès d'un prélat vertueux et zélé, mais que sa complète ignorance dans les matières liturgiques lui avait livré sans défense.

« *Mercredi*, 9 *juin*. Depuis dimanche, on nous avait avertis que M. l'évêque avait dessein d'aller voir chacun de MM. du Chapitre; il est venu à ma chambre, accompagné de M. l'abbé de Bissy. L'entretien a été fort aisé sur plusieurs choses pendant un bon quart d'heure. Il m'a encore parlé du missel, et m'a prié de communiquer mon travail au bureau. Je lui en ai fait voir un ou deux articles. « Cela « sera fort bien, dit-il; que pourront-ils dire? Demeurons-« en à ce que nous avons dit, que vous ne leur parliez « pas du calendrier, mais seulement du missel. » Du reste, bien des amitiés et de grandes protestations de service : compliments, et autant en emporte le vent. »

« *Juillet*. Il y a huit jours, mardi 7, que M. le doyen nous a assemblés chez lui, au sujet de la réformation du missel. M. Pidoux, chantre, s'y trouva avec MM. Morin et Filère. Je leur fis rapport de l'état de ce travail, et leur dis : « Que feu M. l'évêque de Meaux se voyant malade « l'avait arrêté; disant qu'il voulait être présent à Meaux, « quand on en parlerait, afin de finir tout d'un coup, sans « contestation; que cependant il lui suffisait de voir tout « en état d'être bientôt et très aisément conduit à sa fin. « C'est ainsi qu'il fut sursis à ce travail; mais la mort de « ce prélat, arrivée depuis, m'a fait quitter entièrement le « missel, en attendant un nouvel évêque, qui déclarât sur « cela ses intentions. » Puis j'entrai en matière sur la réformation même et la manière d'y procéder, et j'ai commencé par leur lire les messes de l'Avent. On vit bien qu'on avait besoin de mes livres, que j'ai sur ces matières.

« Ainsi il fut convenu que l'on s'assemblerait dans ma
« chambre le jeudi suivant, deux heures de relevée. »

« *Mardi* 14 *et jeudi* 16. On a continué le même travail, et M. Treuvé, théologal, aussi député, y a assisté, et promet de s'y rendre assidu. M. Phelippeaux, trésorier, pareillement député, se trouvant à Meaux, n'est pas venu à l'assemblée; mais il en a parlé comme y devant venir. Il est depuis parti pour Paris : ainsi nous ne l'y verrons pas de sitôt. Cette assemblée est donc composée de MM. le doyen, le chantre, le trésorier, Morin, Fouquet, Treuvé, théologal, Filère et moi. Tous ne s'y trouveront pas à la fois; mais on ne laissera pas d'aller son train, et d'avancer le travail en présence de ceux qui y viendront. »

« *Dimanche*, 26. M. de Meaux, alors fort occupé de ses visites épiscopales, est venu coucher à Meaux, où il est demeuré tout le reste de la semaine. Ayant eu occasion de le voir, il m'a fort pressé d'avancer le missel, puisque nous étions tous d'accord *et que pour lui il n'y connaissait rien*. Nous avons continué nos séances à l'ordinaire. M. le chantre qui était à Meaux n'y est pas venu. M. Phelippeaux est toujours absent. MM. Morin, Fouquet, le théologal, et Filère, y sont venus assidûment. Nous avançons à l'ordinaire avec un grand concert. »

« *Août. Vendredi* 14. En abordant le prélat avant que d'aller à vêpres, il m'a dit : « J'ai appris de M. le doyen
« que l'on a fini tout le Propre du Temps : cela va bien. »
— « Il est vrai, lui dis-je, Monseigneur, et ces Messieurs
« se sont portés avec un grand zèle et une grande patience
« pour entendre tous ces projets-là. C'est à Votre Gran-
« deur à y donner la forme. » Ce discours finit là, parce qu'on marchait en procession pour aller à l'église. Après vêpres, M. le doyen me dit qu'il avait demandé audience pour le missel, et que le Prélat avait répondu que cela était impossible, parce qu'il partirait dès demain sur le soir pour aller coucher à Lisy, et que nous pourrions travailler à

autre chose, comme au Commun. « Il y faudra aviser,
« lui dis-je : mais, au reste, vous voyez que cela est
« sérieux. »

« J'ai envie de surseoir pour quelque temps ; et de faire dans cet intervalle mes visites de Torcy, du Pont et de Soissons ; ce que je veux faire agréer à ces Messieurs même, pour leur marquer plus de considération. »

« 21 *octobre*. M. l'évêque m'a fait de grands compliments sur le missel dont M. le doyen lui avait dit que mon travail avait été approuvé presque en tout ; je lui ai répondu qu'il en fallait attribuer le succès à la patience de ces Messieurs, dont l'assiduité avait été très grande, et qu'au surplus tout cela n'était rien, si lui, M. l'évêque, n'y donnait son approbation ; mais que comme le fonds de ce travail était le nouveau missel de Paris, auquel tant de savants hommes avaient travaillé trente ans durant, il y avait lieu d'espérer que S. G. n'y trouverait pas de grandes difficultés. « *Vous avez raison*, m'a-t-il dit, *nous ne pouvons mieux* « *faire.* »

« *Mercredi* 4 *novembre*. M. de Meaux m'a dit qu'il souhaitait que nous nous assemblions lundi prochain, deux heures après midi, pour le missel, afin, allant à Paris, d'être en état de prendre des mesures avec un imprimeur. Je lui demandai la permission d'aller moi-même à Paris, croyant qu'il remettrait l'affaire du missel à son retour de cette ville. » — « Non, dit-il, j'ai ici des remèdes « à faire encore la semaine prochaine ; et la semaine d'après « j'irai, et je veux vous y mener, car j'irai dans mon « grand carrosse. » — « Il ne faut pas, Monseigneur, vous « incommoder ; je vous suis très obligé. » Il m'a témoigné qu'il voulait s'en rapporter entièrement à moi de la correction et de l'impression du missel ; et qu'il fallait expédier promptement. — « Une seule séance suffira-t-elle ? m'a-t-il « dit. » — « Cela dépendra de vous, Monseigneur, et du « temps que vous aurez à y donner. » — « Je vous don-

« nerai quatre heures d'audience. » — « Nous sommes
« tous d'accord, Monseigneur, si l'on ne fait pas des diffi-
« cultés, cela ira vite, et il ne sera pas nécessaire d'entrer
« dans tous les détails. »

« *Dimanche 8 novembre*. J'ai vu M. de Meaux, pour savoir de lui si l'assemblée du missel était toujours pour lundi. Et en même temps je lui ai mis en main les noms des députés qu'il s'est chargé de faire avertir de sa part pour lundi. — « Agréez-vous, lui dis-je, Monseigneur,
« que j'ouvre la séance par un mot de rapport qui expo-
« sera le fait et les règles qu'on a suivies; et voudrez-vous
« bien vous faire parler de vous-mêmes? » — « Oui,
« m'a-t-il répondu, et je dirai que je vous ai chargé de
« tout. »

« *9 novembre*. Donc lundi, deux heures de relevée, se sont rendus à l'évêché MM. le doyen, le chantre, le trésorier, Fouquet, Treuvé, théologal, Filère et moi. M. le doyen a pris la parole, et il a fait un discours plein de barbouillage, auquel l'on n'a rien compris. Et, quand il a cessé de parler, M. de Meaux m'a convié de faire mon rapport. J'avais mis sur le papier le cas de cette affaire : 1º le dessein de prendre, autant qu'il sera possible, le Missel de Paris, comme le mieux fait de tous ; et parce que les paroisses de la campagne pourraient profiter des graduels imprimés pour Paris, et les peuples jouiraient de la traduction française de ce missel; 2º qu'en prenant le missel de Paris, l'intention était de garder les usages de Meaux; et je fis un grand détail des anciens usages de notre Église, jusqu'à 1640 et autres années par M. Séguier, disant ce que j'avais trouvé de singulier en chacun d'eux; quels rites déjà abrogés ne devaient plus être rétablis ; quels au contraire encore en vigueur, devaient être maintenus; et quels, omis mal à propos, méritaient d'être repris. Je vins ensuite aux règles proposées pour la correction du missel, dont la première fondamentale est qu'il n'y entrera que la pure parole de Dieu ; que le texte sacré y sera partout rétabli dans son entier, sans omissions, sans lacunes, sans transpositions. Je donnai des exemples de chacune de ces sortes de correction : et je laissai à juger les autres par là. Je passai aux collectes où je fis les mêmes remarques. Je parcourus l'*Ordo Missæ* tout entier dont je remarquai les parties les plus anciennes, et ainsi du reste. Et sur tout cela, on passa par l'avis que j'avais proposé sur chaque chose. Ainsi finit cette première séance, indiquant une pareille séance à demain mardi pareille heure. »

« Après que chacun se fut retiré, M. de Meaux m'arrêta pour me dire la satisfaction qu'il avait de mon travail, et qu'il voulait que je fusse chargé tout seul de cette correction. Il parla de même en mon absence à l'abbé de Laloubère et autres de sa maison, qui, le jour suivant, avant l'ouverture de la séance, m'en firent tous compliment. »

Ainsi, l'excellent prélat était séduit, et le triomphe de Ledieu ne pouvait être plus complet. Nous venons de prendre sur le fait le nouveau liturgiste, avec toute sa suffisance et son audace. Le passé de l'Église n'est rien pour lui. Il fait les règles, il les applique, et comme l'on voit, il mène de front tous les principes des novateurs sur la matière. Il lui faut la pure parole de Dieu ; il lui faut des traductions françaises pour faire pénétrer chez le peuple toute la lumière dont il va inonder l'Église de Meaux. Saint Grégoire n'y connaissait rien ; la tradition est comme si elle n'existait pas ; l'Église de Meaux a le bonheur de posséder l'abbé Ledieu : de quoi se plaindrait-elle ? On est effrayé, sans doute, de cet esprit révolutionnaire appliqué à la Liturgie, de ce dédain du passé dans les choses de l'Église, et cependant nous ne sommes encore qu'en 1705.

« *Mardi* 10, deux heures de relevée, les mêmes députés qu'hier présents, j'ouvris la séance sur le sujet *du Commun*, à prendre tout entier de Paris; et ainsi du reste qui suit le Commun : messes de vierge, messes votives, messes des morts, *Orationes ad diversa*, etc., sur quoi l'on convint de tout, comme je l'avais proposé, sans aucune difficulté, et l'on remit à un autre temps l'examen du calendrier, sur lequel doit être composé le Propre du Temps. Je lus seulement des mémoires sur les saints et saintes du diocèse dont il est nécessaire de visiter les reliques, pour chercher dans leurs châsses quelques nouvelles instructions, s'il y en a. Je priai M. l'évêque de charger M. le doyen d'aller faire cette visite, comme ayant plus d'autorité que moi et tout autre. Mais MM. du bureau prièrent unanimement que je fusse chargé de cette commission : et, comme je faisais tous mes efforts pour m'en défendre, M. de Meaux m'y engagea par ses prières. »

« *Novembre, 17, à Paris*. J'ai vu beaucoup de mes amis qui m'ont très bien reçu ; comme l'abbé Chastelain à qui j'ai rendu compte de notre missel, qui m'a assuré qu'il avait dit à M. de Meaux d'aujourd'hui de se reposer entièrement sur moi de cette édition, et qu'il voulait encore lui en parler. Je lui ai dit la bonne intention de ce prélat et les facilités qu'il apportait pour faire une belle réforme. « Il est vrai, dit l'abbé Chastelain, que je l'ai « trouvé d'un esprit propre pour cela, *et même avec plus* « *de facilité que ne l'aurait été feu M. de Meaux.* »

Voici encore une parole précieuse. Au jugement de l'abbé Chastelain, de cet homme qui a eu, sans contredit, la plus grande part à l'innovation liturgique, Bossuet n'aurait pas eu *un esprit propre pour cela*, comme l'avait au contraire le faible et imprudent Henry de Bissy. On nous reproche, à nous qui préférons les doctrines romaines aux doctrines nationales, de ne pas faire de Bossuet un Père de l'Église; du moins, nous pensons qu'il y a lieu de se défier, toutes les fois que ce grand homme repousse une mesure comme contraire à la tradition de l'Église.

« *Novembre, vendredi 27*. Étant à Paris, j'ai trouvé M. de Meaux. Nous sommes convenus des propositions sur le missel. Je les ai données à M. Josse, libraire, qui doit en aller parler au prélat... Le prélat m'a parlé des proses et surtout de celle des morts, qu'il craint de retrancher à cause du peuple qui en pourrait murmurer. Je lui ai répété ce que l'on avait conclu, qui est de la laisser aller *in desuetudinem*, sans rien ordonner ; mais, en l'ôtant du missel nouveau, laisser la liberté de la lire dans l'ancien missel, et dans les vieux graduels. Nous verrons le parti qu'il prendra, après les consultations qu'il veut faire, m'a-t-il dit, à ce sujet. »

On voit ici une première trace de l'opposition de l'abbé Ledieu contre les proses ; il les repoussait, parce qu'elles ne sont pas composées de paroles de l'Écriture sainte. On doit se demander pourquoi il conservait le canon de la messe, les préfaces, les collectes et autres oraisons. Au reste, nous avons montré ailleurs comment l'innovation tout entière ne fut qu'une suite d'inconséquences. On ne voulait qu'une seule chose : refaire à neuf, et refaire à son gré. Ainsi, à Paris, où le même principe d'emprunter tout à l'Écriture sainte était pareillement mis en avant, non seulement on conserva les quatre proses romaines, mais on en composa quantité de nouvelles qui ne sont aucunement tirées de la Bible.

Il est à remarquer aussi comment Ledieu fait bon marché des réclamations du peuple catholique sur la suppression du *Dies iræ ;* mais les fidèles de Meaux n'auront-ils pas un nouveau missel, avec la traduction française ? Que pourraient-ils désirer de plus ? il est triste de penser que la conservation ou la destruction des usages les plus vénérés ont été ainsi, pendant plus de cent cinquante ans, dans un grand nombre de diocèses, laissées au caprice d'un subalterne qui n'était pas même responsable, et se retranchait derrière le nom de son évêque.

Le journal de l'abbé Ledieu garde ensuite le silence sur le missel de Meaux, jusqu'à la fin de l'année suivante.

« (1706). *Mardi matin, 28 décembre.* J'ai joint M. de Meaux, pour le préparer au rapport de ce soir; afin qu'instruit de tout il appuie les délibérations communes de nos assemblées. J'y menai M. Treuvé, théologal, qui marche d'un bon pied en cette affaire, et qui, ayant la mémoire plus fraîche de ces détails infinis, relève à propos ou appuie davantage les choses où j'oublie quelques circonstances. M. de Meaux est entré dans toutes nos décisions; sur le retranchement des fêtes même chômées, sur la nouvelle addition des saints du diocèse, et sur le retranchement de tant de saints martyrs de Rome, principalement des mois de Juin, Juillet et Août. Je l'ai assuré que tous nos députés étaient avertis, et ne manqueraient pas de venir; M. Pidoux même et M. Phelippeaux, à qui j'avais donné part de la lettre, et qui dirent *qu'il ne fallait pas rompre avec M. de Meaux.* »

En effet, si M. de Meaux eût tout à coup ouvert les yeux, et compris où on voulait le mener, MM. les commissaires se fussent trouvés fort embarrassés. Il importait donc de ne pas troubler son sommeil, et il faut convenir que Ledieu et ses amis étaient gens de grande prudence, et qui s'entendaient à faire le moins de bruit possible. On ne saurait, d'ailleurs, qu'être édifié de la bienveillance avec laquelle Ledieu parle de l'abbé Treuvé, à l'époque du missel; plus tard, lorsque Ledieu aura encouru la disgrâce de son évêque, et que l'abbé Treuvé lui sera substitué pour la rédaction du bréviaire, ce dernier ne sera plus qu'un ignorant et un homme sans considération.

« *Ce mardi donc, 28 décembre,* deux heures de relevée, j'ai fait à M. de Meaux le rapport du calendrier, en présence de MM. Pidoux, chantre, nouveau doyen; Phelippeaux, trésorier; Treuvé, théologal; Fouquet et Filère ; et même M. Chevalier, grand vicaire du prélat, que j'y avais invité exprès, à cause des fêtes à retrancher. J'avais minuté mon rapport, pour être plus précis et plus court. M. de Meaux a approuvé tous les principes posés sur la diminution des fêtes (chômées), et il est convenu d'abord d'ôter saint Sébastien, saint Joseph, sainte Anne, sainte Madeleine et saint Nicolas. Il a demandé du temps pour délibérer sur saint Laurent et sur saint Louis : il est demeuré d'accord de ne pas rétablir saint Mathias, saint Barthélemy et saint Thomas. La nouvelle addition des saints locaux a passé sans aucune difficulté. De même le retranchement des martyrs de Rome, et des saints douteux ou inconnus : comme saint Maur, 15 janvier; saint Alexis, 17 juillet; sainte Marguerite, 20 juillet ; et des translations qui chargeaient inutilement le calendrier; comme celles de saint Benoît, de saint Denys et de saint Nicolas; et ainsi du reste expliqué dans mon rapport. Cette séance a duré jusqu'à 6 heures 1/2 du soir. »

Notre but n'étant pas de relever toutes les assertions de Ledieu, nous en laissons passer un grand nombre sans réclamation; néanmoins, on nous permettra de nous étonner de le voir placer saint Maur parmi les saints *douteux ou inconnus*, après l'excellente dissertation qu'avait publiée Dom Ruinart sur cet apôtre de la Règle bénédictine en France, et qui obtint le suffrage de l'abbé Duguet lui-même.

« *Mercredi*, 29 *décembre*. Encore deux heures de relevée, l'assemblée indiquée d'hier a recommencé. J'ai exposé ce qui restait du calendrier; ces deux nouveaux choix des saints illustres qu'on a mis; comme saint Cyrille d'Alexandrie, saint Justin martyr, saint Pothin, sainte Blandine, saint Irénée, saint Césaire, saint Mamert, sainte Radégonde, sainte Clotilde, saint Claude, et peu d'autres, qui tous ont été approuvés sans aucune difficulté : parce que j'avais eu grand soin de faire voir combien nous avions été sobres dans ce choix : plus que Cluny qui avait pris tous les moines; plus que Paris qui avait pris tous les saints de France; plus que Sens qui n'avait rien voulu laisser des saints illustres dans tous les ordres, pour faire un bréviaire savant : au lieu que nous nous étions contentés de faire un triage simple et petit de tout cela. Ce qui a réussi et a été approuvé. »

« On a passé ensuite aux grandes solennités des fêtes; et notre projet a été unanimement approuvé; dont je ne dirai rien davantage, parce que tout est expliqué dans mon rapport, dont je garde la minute. Je dirai seulement qu'ayant extrêmement insisté pour élever le dimanche au-dessus des fêtes chômées, en ayant exposé avec soin toutes les raisons prises des anciens canons, des capitulaires, des constitutions des Papes, et des auteurs des rites ecclésiastiques, j'ai gagné le point principal et le plus essentiel, d'établir un nouveau grade qui sera le quatrième sous le nom de *festivum*, comprenant toutes les fêtes chômées, et nommément le saint dimanche à la tête de tout, et qui aura aussi la préférence sur toutes ces fêtes sans exception, hors sur celles qui sont dans les degrés supérieurs d'annuels ou de solennels : et c'est ce qu'il y avait ici de plus important. »

« *Tout étant ainsi décidé, il ne nous reste*, dit M. de
« Meaux, *qu'à tenir la copie prête pour l'imprimeur.* »
« — *Je n'attends pour cela*, lui dis-je, *Monseigneur, que
« la nouvelle édition du Missel de Paris, dont la plus
« grande partie doit entrer dans cette nouvelle réforme.* »
« — En même temps le prélat a donné ordre qu'on me
« le fît venir dans huitaine. — « *Cependant je vais*, lui
« dis-je encore, *Monseigneur, vous préparer deux mé-
« moires à consulter sur les proses et sur les fêtes chômées
« pour consulter à Paris*; *et j'aurai l'honneur de vous les
« rapporter au premier jour, vous priant de m'accorder
« votre audience.* » — « *Vous serez le bienvenu*, a-t-il
« dit; *adieu.* »

« 1707. *Lundi*, 3 *janvier*, sur le soir, j'ai été voir M. de Meaux, et lui dire que les mémoires qu'il m'avait demandés étaient prêts, il m'a donné heure à demain mardi, issue de la grand'messe. Pour appuyer toujours davantage ce que je dis, j'ai été, ce soir même, faire lecture de mes mémoires à M. le théologal, qui les a fort approuvés. Dans celui sur les proses, je fais voir quel est l'abus des proses; qu'il n'y a rien qui leur soit favorable : et qu'au contraire, il y a un statut dans les premiers Us de Cîteaux, et dès sa naissance, qui défend d'en jamais dire à la messe; et un autre statut de 1687, par lequel les quatre proses de Pâques, Pentecôte, Fête-Dieu et des Morts, mises à la fin du missel de Cîteaux, imprimé à Paris, cette année-là, chez Léonard, pour être dites par les particuliers à dévotion, ont été ôtées de cette dernière édition, avec défense de les dire jamais dans l'Ordre de Cîteaux; que, *tout étant contre les proses*, c'est la seule chose importante à réformer dans le missel, digne du zèle d'un prélat appliqué à ôter tous les abus, et à rétablir la pureté des usages de son Église, comme celle de Meaux, dans laquelle la prose des morts n'a point été dite avant l'an 1642, et ne se trouve pas encore dans nos anciens missels; ayant été fourrée contre nos usages dans la dernière édition de 1642; cet espace si court ne pouvant prévaloir sur toute l'antiquité. »

Il est curieux d'entendre l'abbé Ledieu prétendre que *tout est contre les proses*, parce que les Us de Cîteaux leur sont contraires. C'est quelque chose que l'ordre de Cîteaux; mais ce n'est pas tout dans l'Église. Une telle importance donnée, pour cette unique fois, aux traditions d'un ordre religieux rappelle tout naturellement le zèle avec lequel les Lettres Pastorales, placées en tête de tous les nouveaux bréviaires, ayant à justifier la nouvelle division du psautier, allèguent la règle de saint Benoît, dans laquelle ce saint Patriarche permet de diviser *en deux* quelques-uns des plus longs psaumes. Il fallait bien chercher des autorités quelque part, et à défaut d'autres, on alléguait les usages monastiques. Mais on se gardait bien d'ajouter que malgré ce privilége des bénédictins, l'office des Matines, dans cet ordre, est beaucoup plus long, durant la majeure partie de l'année, que dans le Bréviaire romain lui-même.

« *Paris, juillet.* Dom Jean Mabillon et M. l'abbé Chastelain ont été consultés par M. Chevalier, de la part de M. de Meaux, sur les proses. Ils ont répondu qu'ils étaient d'avis que l'on gardât ces quatre de Pâques, Pentecôte, Fête-Dieu, et des morts. J'ai été bien aise de le savoir d'eux-mêmes, *afin que je sache aussi comment parler à M. de Meaux.* »

L'autorité de Dom Mabillon, en matière de Liturgie, n'était rien pour l'abbé Ledieu; celle même de l'abbé Chastelain ne l'arrêtait pas. Tout ce qu'il avait retiré de ses entretiens avec eux était de se préparer à répondre aux objections de son évêque contre une suppression si scandaleuse. On ne sait qui l'emporte ici de l'outrecuidance ou de l'aveuglement. Ledieu tint bon cependant, et le missel parut sans les proses.

« *Ce mardi soir,* 6 *décembre,* nous nous sommes donc rassemblés chez M. Morin, chantre, MM. Fouquet, Treuvé, théologal, Filère et moi. Et ces messieurs ont approuvé la manière dont sont conçues toutes les rubriques, que l'on était convenu de faire pour les Cendres, les Rameaux, le Jeudi Saint et jours suivants, et nommément ces trois choses que M. de Meaux a demandées comme plus courtes : que les vêpres du Jeudi et Vendredi Saint seraient jointes à la messe, par la post-communion, seule collecte pour conclure ces deux offices, comme on fait au Samedi Saint; que le Vendredi Saint l'on dira une seule fois, *Ecce lignum crucis;* et que le Samedi Saint l'on ôtera *Lumen Christi,* inconnu dans notre usage et dans nos précédents missels; et que les litanies en allant, se diront à deux chœurs seulement et non à trois. C'est-à-dire que l'on se contentera de répéter une seule fois, par tout le chœur ensemble, ce que le chantre et le sous-chantre auront dit d'abord une seule fois. Et ainsi du reste des rubriques que je n'explique pas ici. Convenu que rapport sera fait au Chapitre de ceci seulement, sans parler des rubriques. »

« *Ce dimanche* 18. Je viens de voir M. de Meaux après vêpres. Il m'a très bien reçu; et a été bien aise d'apprendre que j'étais en état d'aller à Paris, quand il voudra, pour l'impression du missel. Il m'a tranché sur les proses, que, suivant mon projet, on les ôterait toutes de la messe; que, comme *Victimæ* se dit à vêpres, pendant l'octave de Pâques, on dira de même *Veni, Sancte Spiritus*, à vêpres, pendant l'octave de la Pentecôte, et *Lauda Sion*, au salut et à la procession du Saint Sacrement, et non plus à la messe; que *Dies iræ* se pourra dire *ad libitum* aux messes des sépultures, quand il y aura *oblatio populi*, après l'Évangile. »

« *Ce vendredi 23 décembre*, au Chapitre, j'ai fait rapport des trois ou quatre articles ci-dessus approuvés et demandés par M. de Meaux : ajoutant que ce prélat voulait que j'allasse à Paris exprès veiller à l'édition, et que je laissais à MM. à juger, si c'était une cause raisonnable et légitime de s'absenter de l'église, et d'y être tenu présent. M. Phelipeaux, trésorier, a grondé, disant qu'il fallait communiquer tout l'ouvrage à chacun dans les maisons, notamment les rubriques. Personne ne l'a suivi. MM. les commissaires ont dit, que tout avait été examiné en détail et approuvé unanimement, et que M: le trésorier nommément avait été invité à se trouver aux assemblées. Pas un de ces messieurs n'a suivi son avis, et le doyen n'a pas osé souffler.

« M. de Meaux a été très content de la manière que cela s'est passé, et il m'en a fait grands remerciements, quand je lui en ai rendu compte, me priant toujours d'aller au plus tôt à Paris : ce que je lui ai promis de faire aussitôt après les Rois, ayant encore besoin de ce temps pour déménager et ranger ma maison ; ce qu'il a approuvé »

« (1708). *Samedi 4 février.* Conférence avec M. l'abbé Chastelain, qui approuve toutes nos vues sur le missel et sur les principales dispositions du bréviaire. J'ai encore appris de lui quelques réformations pour le calendrier ; il veut bien m'entendre encore une autre fois. »

« *Mardi* 21... Pendant les longueurs de nos imprimeurs, je vais régulièrement toutes ces semaines encore chez M. l'abbé Chastelain sur nos corrections ; il m'écoute avec une grande douceur, et me promet un homme pour corriger nos épreuves en mon absence.

« *Ce 23 juin...* Nous avons recommencé nos conférences avec ces Messieurs dès le mardi 19 de juin. Ils continuent à s'assembler chez moi, où sont tous les livres ; et mon cabinet, avec mon grand bureau, mes chaises et fauteuils de maroquin, sont tout propres pour ce sujet. Les assemblées se sont faites tous les jours après vêpres. MM. Morin, chantre, Treuvé, théologal, Fouquet et Filère s'y sont toujours trouvés, et n'y ont jamais manqué. J'avais tout disposé en me servant de tout ce qui est dans Paris, *et ajoutant du mien tout ce qui nous est particulier.* Tout a passé sans contradiction. L'on a fort abrégé les nouvelles collectes de Paris, et poussé plus loin que l'on n'a fait à Paris la réformation de plusieurs choses singulières. Tout ce travail fini ce 27 juin 1708.

« *Ce samedi matin, 6 octobre.* M. l'abbé Bossuet me priant de corriger en son absence les épreuves de la *Politique sacrée* : « *Je suis bien fâché,* dis-je, *de ne le pouvoir*
« *faire. Outre mes épreuves du missel, au nombre de trois*
« *par semaine, j'ai encore à consulter tous les jours*
« *M. l'abbé Chastelain sur ce travail. J'ai aussi à choisir*

« *les estampes qu'on doit mettre au missel : excusez-moi,*
« *Monsieur ; je n'aurai point le temps de faire ce que*
« *vous souhaitez...* Je m'en suis ainsi débarrassé. »

« *Ce samedi, 6 octobre,* de relevée, j'ai eu une longue conférence avec M. l'abbé Chastelain sur notre Propre des Saints. Il l'a entendu jusqu'au dernier juin, et il loua extrêmement le choix des épîtres et évangiles et le reste, et la justesse de l'application aux saints qu'on prie dans notre calendrier, et s'est trouvé en tout et partout de mon avis, remettant une seconde conférence à samedi prochain pour le reste.

« *Samedi, 13 octobre.* De même tout le Propre des Saints revu avec M. l'abbé Chastelain, qui approuve tout, et notamment l'application des messes de saint Marcel pour saint Faron ; de la vigile des apôtres, *Sicut oliva,* pour saint Fiacre ; de la collecte, *Illumina,* pour saint Augustin ; de celle d'une pénitente, pour sainte Pélagie et autres ; aussi bien que le choix des évangiles, même différents de ceux de Paris.

« *Dimanche,* 21 *octobre.* Conférence avec M. l'abbé Chastelain, n'ayant pu y aller le samedi, à cause d'une pluie continuelle. Il approuve le ñ avant tous les *Amen* du *canon,* même aux deux endroits de la consécration et de la communion ; le *pietatis more ;* le *Gabrielis Angeli ;* l'*In igneis linguis ;* d'éviter le *submissa voce* dans la prononciation du canon, mais de mettre seulement *dicit,* comme nous l'avons ; et il m'a encore enhardi à toutes ces choses qui ont un goût d'antiquité. J'ai été bien aise qu'il en fût averti, afin que, dans l'occasion, il en pût parler à M. de Meaux, pour le confirmer davantage *dans l'aveu qu'il m'a donné de faire ces sortes de réformes.* Cependant notre impression avance, et nous voici arrivés à saint Autère, qui est le 26 avril, et la dernière messe de ce mois. »

L'abbé Ledieu touche ici le point le plus délicat de son missel. Les changements de *pietatis rore* en *pietatis more,*

INSTITUTIONS LITURGIQUES.

de *Michaelis Archangeli* en *Gabrielis Angeli*, de l'*innumeris linguis* en *igneis linguis*, sont des témérités condamnables; mais voici qui passe tout le reste. Afin de forcer le prêtre à réciter le canon à haute voix, Ledieu, de concert avec Chastelain, songe à supprimer les mots *submissa voce* que toute l'Église maintient religieusement dans la rubrique qui précède l'oraison *Te igitur* : il veut insérer des ℟ avant l'*Amen* qui termine les formules sacrées de la plus mystérieuse prière que la terre adresse au ciel, afin que désormais cette prière perde ce solennel caractère qui, en isolant le prêtre du reste des fidèles, apprend à ceux-ci que le prêtre seul, par sa puissance divine, opère le changement des dons sacrés au corps et au sang de Jésus-Christ. Le calvinisme est au fond de cette pensée, comme nous l'avons montré ailleurs, à propos de l'hérésie antiliturgique. On voit que Ledieu dont les sympathies cachées étaient pour le jansénisme, avait déjà sondé l'évêque de Meaux, et que le prélat, dans son extrême confiance, s'était laissé aller à une sorte de consentement. Ledieu sentit le besoin d'avoir pour lui l'abbé Chastelain; ce dernier approuva tout. Il n'eût pas osé proposer de semblables nouveautés pour le missel de Paris; mais il n'était pas fâché d'en voir faire l'essai dans un diocèse voisin.

« *Samedi*, 27 *octobre*. Dernière conférence avec M. l'abbé Chastelain. Il est d'avis que l'on garde pour le peuple la messe entière *Requiem æternam*, et convient néanmoins que ce ℣ est tiré du quatrième livre apocryphe d'Esdras, d'où sont tirés les ℣℣ *Lætitia sempiterna* et autres du temps pascal. Il est aussi d'avis de laisser dans les rubriques l'article *des dispositions du corps et de l'âme*, qui sont reçues partout. Il m'a confirmé dans le dessein d'en ôter le dernier article touchant l'absoute qui se fait sur la sépulture des morts. Nous l'avons déjà au rituel, livre commode à porter à la main, au lieu que le missel ne l'est point. Nous sommes aussi d'accord que l'inhumation des corps, et la manière de les placer à l'église, doit être la même pour les laïcs et les ecclésiastiques, à savoir les pieds tournés vers l'autel et la tête vers la porte de l'église; en sorte que dans le convoi, dans la manière de placer le corps, et dans le tombeau, le mort ait toujours le visage tourné vers l'orient et vers l'autel, et non vers le peuple; ce que les nouveaux rubriquaires avaient établi pour les prêtres, comme pour donner encore après leur mort la bénédiction au peuple : ce qui est *ridicule*, puisque la mort rend tous les hommes égaux. Nous sommes aussi convenus de bien d'autres points que je ne rapporte pas ici. »

Notre but n'est pas ici de relever l'une après l'autre toutes les réformes liturgiques que Ledieu introduisit dans son missel, et qui d'ailleurs pour la plupart ont été appliquées successivement à tous les missels de l'innovation. Nous les discuterons en temps et lieu, et nous montrerons que la convenance aussi bien que l'autorité sont constamment du côté des usages romains. La plus grave est celle qui est relative au secret du canon; elle succomba devant le sentiment catholique; les autres furent admises par l'effet de ce vertige inexplicable qui avait alors saisi tous les esprits. Reprenons la suite du journal, au même article.

« M. l'abbé Chastelain m'a fait beaucoup d'amitié et veut voir M. l'évêque de Meaux à Paris, pour le confirmer dans ses bons desseins.

« *Vendredi*, 2 *novembre*. J'ai rendu compte au prélat de l'état du missel, de la *satisfaction* et *approbation* de l'abbé Chastelain. »

Ces dernières paroles diront assez tout le crédit dont jouissaient les nouveaux liturgistes. Henri de Bissy que nous verrons tout à l'heure se relever et se ressouvenir enfin qu'il est évêque, subit sans appel le joug d'un chanoine de Paris, et se met en opposition avec la Liturgie universelle pour lui obéir, comme si la *satisfaction* et *l'approbation* de cet homme pouvaient balancer en quelque chose la sagesse et les usages de l'Église.

« *Ce* 28 *novembre*, veille de saint André, j'ai été saluer le prélat qui me parle toujours du bréviaire, désirant fort que l'édition suive celle du missel. Je lui dis qu'il faut se donner au moins un an de repos et d'intervalle, afin de voir le succès du missel ; et j'insiste que, pour la perfection de la Liturgie et rendre le missel utile au peuple, il faut nécessairement faire imprimer un graduel dont la cathédrale même et toutes les paroisses ont besoin, n'étant plus possible de faire de nouvelles additions et corrections par des ratures, et en collant des papiers sur les feuilles des anciens graduels manuscrits, parce que ces anciens livres en sont déjà tout défigurés, et *ne peuvent plus servir à cause des changements faits dans le nouveau missel.* Ce prélat craint la dépense ; mais il faut insister pour le graduel, parce que, *sans graduel, le missel est inutile.* »

On voit ici le principe des exactions auxquelles les nouvelles Liturgies condamnèrent les diocèses. Après le missel, il faut le graduel ; comme après le bréviaire, il faudra l'antiphonaire. Et toutes ces impositions inouïes procédaient de la fantaisie d'un novateur qui avait eu le crédit de surprendre la simplicité d'un évêque.

« (1709). *Vendredi*, 26 *juillet*. J'ai été à Germigny voir M. l'évêque de Meaux. Il est demeuré d'accord de tout ce que je lui ai proposé, et *il a approuvé nommément* qu'il y sera fait des rubriques pour répondre *amen* par le diacre, par l'enfant et par chaque fidèle, aux paroles de la consécration du Corps et du Sang de Notre-Seigneur, et à celles de la communion, soit du prêtre, soit des assistants, et ainsi des autres choses moins importantes. Au reste, notre calendrier est achevé d'imprimer. »

Ledieu avait été adroit dans l'affaire de ses *amen*. Il avait caché au Chapitre cet énorme et scandaleuse innovation ; mais il avait l'espoir de surprendre le consentement de l'évêque. Déjà nous avons vu qu'il avait reçu de bonnes paroles; aujourd'hui, il obtient l'objet de ses désirs. Henri de Bissy, malheureusement peu ferme sur la science liturgique, approuve la mesure que Ledieu lui propose, sans se douter qu'il se livre aux jansénistes, et qu'il se prépare à lui-même une pénible humiliation.

« *Ce dimanche* 28, *et* 3o *juillet*. J'ai communiqué les rubriques à nos commissaires qui ont tout passé. »

« (Paris). *Septembre, mardi* 10. Je communique *ma Lettre pastorale* du missel à M. Billet qui la trouve bien; mercredi à M. l'abbé Bossuet qui l'approuve aussi. »

« *Jeudi* 12.... J'ai été voir M. l'abbé de Beaufort, à qui j'ai laissé mon adresse et lui ai fait lecture de *ma Lettre pastorale* latine pour le missel, qu'il a fort approuvée. »

« *Ce* 15, j'ai vu M. l'abbé Fleury qui m'a reçu avec amitié, et a entendu avec plaisir *ma Lettre latine* pour le missel, qu'il a approuvée en tous points. »

L'abbé Ledieu se délecte en disant *ma* Lettre pastorale; mais on ne saurait trop plaindre Henri de Bissy dont elle porte en tête le nom, et qui devra en répondre devant l'Église. Il est curieux de voir le nom de l'abbé Fleury mêlé dans cette affaire; toutefois, nous persistons à croire que Ledieu n'eût pas eu si bon marché de Bossuet. Il eut cependant l'audace de compromettre ce grand nom dans *sa* Lettre pastorale, en disant que Bossuet ayant projeté de donner à l'Église de Meaux une Liturgie pure, avait été enlevé de ce monde, après avoir appliqué à ce travail des prêtres, élevés dans cette Église, et *formés par lui* (1). C'était associer assez clairement Bossuet, et fort gratuite-

---

(1) Necessarium duxit tantus vir, his adminiculis Liturgiam sacram in Ecclesia Meldensi puram-putam præstare ; sed vix admotis huic rei ac sedulo instantibus, quos eidem Ecclesiæ innutritos ipse informaverat, sacerdotibus, docto labori immoritur.

ment comme on l'a vu, à tout ce que ceux-ci, et Ledieu particulièrement, devaient faire après sa mort. Néanmoins nous avons vu que non seulement celui-ci, mais Chastelain lui-même, convenaient qu'ils n'eussent pas entraîné cet illustre évêque dans leurs voies, comme ils y poussèrent si tristement Henri de Bissy.

Les réformes de l'abbé Ledieu sont annoncées en termes pompeux dans *sa* Lettre pastorale. « Nous n'avons pas « négligé dans notre missel, fait-il dire à l'évêque de « Meaux, les usages de l'ancienne discipline de l'Église, « selon que l'occasion s'en est offerte; ils y sont en petit « nombre, amenés avec réserve, mais dignes de véné- « ration; les gens instruits les y découvriront aisément. « Dans une matière si sainte, nous n'avons voulu admettre « que ce qui est pur et digne de Dieu, que ce qui est ex- « primé par la parole même du Seigneur, dont le texte « a été maintenu sincère et sans alliage. Nous avons pris « soin de repousser toutes les choses *vaines, profanes* ou « *contraires à une véritable religion*, comme parle le « saint concile (1). »

On sait ce que signifient, dans le langage de l'abbé Ledieu, les usages de l'ancienne discipline; cela veut dire le renversement de la Liturgie antique et autorisée. L'Église de Meaux avait son missel *ad Romani formam*, publié en 1642 par Dominique Séguier; tous les usages repoussés par Ledieu sont pratiqués dans toute l'Église, et on n'est pas en peine, grâces à Dieu, de les défendre au nom de l'antiquité. Quant à ce qu'il dit que tout son missel n'est que

(1) Nec prætermissa sunt quæ ad veterem Ecclesiæ disciplinam spectant, ubi occasio se dedit. Pauca illa quidem ac sobria, sed veneranda : uti doctus quisque facile deprehendet. Scilicet in re tam sancta, nihil nisi sincerum ac Deo dignum, ipso etiam verbo Domini expressum, admisceri sustinuimus : sacro textu integro stante ac germano : vana omnia ac profana, ceu a vera religione aliena, ut sancta edixit Synodus, arcenda curavimus.

la pure parole du Seigneur, il oublie le nombre immense d'oraisons qu'il contient, et qui ont été composées par des hommes ; nous avons même vu plus haut qu'il se vantait d'y avoir *mis du sien ;* ce n'était assurément pas de l'Écriture sainte. Quant aux choses *vaines, profanes* et *contraires à une véritable Religion,* qu'il a expulsées, il faut mettre du nombre le *submissa voce* du canon ; les proses *Victimæ Paschali ; Veni, Sancte Spiritus ; Lauda, Sion,* etc. Mais, encore une fois, c'était l'esprit du temps, et à tel point, que lorsque Henri de Bissy eut fait droit aux réclamations sur le silence du canon, et rétabli les quatre proses, au moyen d'un appendice à la fin du missel, ce livre continua de servir à l'autel jusqu'à nos jours, et il se range de lui-même parmi les missels du siècle dernier, desquels il ne diffère que dans des détails d'une importance secondaire.

« 25 *octobre.* Dieu soit loué ; voici l'ouvrage de notre missel enfin au jour. Tout étant bien corrigé, je l'ai fait relier ; et je viens, ce vendredi 25 octobre 1709, d'en présenter le premier exemplaire relié à Mgr le cardinal de Noailles, archevêque de Paris, avec une lettre de Mgr l'évêque de Meaux pour son Eminence. Ce cardinal m'a très bien reçu et fort écouté, et surtout *notre* petite épître dédicatoire qu'il a aussi approuvée, et quelques choses principales ; et, entre autres, notre conformité avec le missel de Paris, notre métropole, que je lui ai bien fait valoir comme étant le premier dessein de cette édition, *de l'esprit de feu M. de Meaux,* et dans lequel M. de Meaux d'aujourd'hui est parfaitement entré ; que saint Denys, notre premier évêque commun, tant de Paris que de Meaux, nous attachait encore plus à la métropole que les autres églises de la même province ; qu'en mon particulier, j'étais bienheureux d'avoir cette occasion de donner ce témoignage public de mon attachement *et de ma soumission aux ordres de feu M. de Meaux,* même après sa mort. M. Ballard, l'imprimeur, était aussi présent, et il a eu sa part des gracieusetés du cardinal. »

« *Ce mardi, 29 octobre*, tous mes missels pour Meaux sont prêts. Arrêt de compte avec M. Ballard ; il me fait présent de deux missels, un en maroquin pour ma chapelle, et un en veau pour mon cabinet. Il m'en donne aussi un en deux parties, relié en maroquin, pour la cathédrale. Il se charge d'en donner à M. l'évêque de Meaux et à ses grands vicaires. J'en ai fait relier un autre en deux parties, en maroquin, pour chanter les épîtres et les évangiles dans la cathédrale ; et aussi un en maroquin, où sont seulement les messes pontificales, que je veux présenter à M. l'évêque de Meaux. Tout cela est fait, très propre et même magnifique. Je les emporte tous avec moi ; et voilà, Dieu merci, une affaire finie. »

« *Mercredi, 30 octobre*. Départ de Paris, et arrivée heureuse à Meaux par le carrosse de voiture, où il y avait quantité d'honnêtes gens. »

« *31 octobre*. M. de Meaux arrive de Germigny à Meaux, pour dîner, dans l'intention de faire l'office pontifical de la Toussaint. Je l'ai été voir en même temps, et lui ai présenté le missel contenant seulement les messes pontificales, bien relié en maroquin de Levant pour servir à son trône, qu'il a reçu fort gracieusement ; et l'on a fort affecté de beaucoup louer le nouveau missel : ce que j'apprends que M. de Meaux avait déjà fait à Germigny pendant plusieurs jours, dès qu'il en avait reçu le premier exemplaire. Ce prélat a fait l'office pontifical aux premières vêpres de la Toussaint, et à toutes les Heures du jour de la fête, moi lui servant de prêtre assistant. Grand régal à dîner. »

« Distribution du missel, chacun fort content d'en recevoir le présent. Je diffère de porter au Chapitre les deux exemplaires en deux parties chacun, pour le grand autel, pour chanter l'épître et l'évangile, que je fais relier en maroquin de Levant, avec une dorure magnifique; et j'attends exprès un Chapitre où il y ait moins d'affaires, afin de parler de ce missel. »

Ainsi, le changement de la Liturgie, quant au missel, était consommé dans le diocèse de Meaux, le triomphe de l'abbé Ledieu était complet, sauf la part de gloire qui revenait à l'abbé Chastelain, arbitre de la Liturgie à cette époque. Un seul homme était à plaindre dans toute cette affaire : l'évêque de Meaux dont l'abbé Ledieu avait si cruellement exploité la facilité. Henri de Bissy avait eu le malheur d'oublier que la Liturgie est un bien commun dans l'Église de Dieu, et qu'elle ne peut pas être livrée à la volonté d'un prélat particulier; il en avait méconnu l'importance dans l'économie de la religion; il avait agi, en un mot, avec une confiance illimitée dans un homme qui allait le compromettre gravement aux yeux de l'Église entière, et le mettre dans la nécessité de publier un mandement solennel contre ce missel même qu'un autre mandement signé du prélat venait de recommander comme une œuvre sainte et irréprochable.

La hardiesse de Ledieu à insinuer l'esprit janséniste dans son missel, en introduisant des ℟ rouges avant les *Amen* du canon, pour obliger le prêtre à en réciter les oraisons à haute voix, et en supprimant le mot *secreto* dans les rubriques qui prescrivent le mode de récitation pour cette prière sacrée; cette hardiesse, disons-nous, excita une vive indignation chez un grand nombre de personnes fidèles à l'esprit de l'Eglise. Dès le 9 novembre, Henri de Bissy, ému du scandale que causait le missel, écrivait pour demander des explications à l'homme qui n'avait cependant rien fait que dans le nom du prélat, et qui ne pouvait être responsable qu'après celui dont le nom, les armes, la lettre pastorale, la signature étaient visibles à tout le monde sur ce livre.

Écoutons de nouveau l'abbé Ledieu :

« M. de Meaux retourne à Germigny; et *ce 9 novembre,* du matin, je reçois une lettre de lui, où il me prie de lui mander pour quelle raison on a mis des ℞℞ rouges dans le canon de la messe, avant l'*Amen* qui est après chaque oraison du canon ; que l'on a remarqué que dans la rubrique avant la consécration, on ôte le mot *secreto*, qui est à Paris même, et qu'un ℞ rouge y a été mis aussi avec un *Amen* ; ensuite, que tout cela semble dire que le canon doit être dit à haute voix contre l'usage de l'Église qui est de le dire à voix basse. « *Y a-t-il sur cela*, ajoute M. de Meaux, *quelque usage particulier de notre Eglise ? Je vous prie de m'en informer.* »

Il était temps de s'informer, en effet, si par hasard l'Église de Meaux n'avait pas quelque privilège pour prononcer le canon à haute voix. Henri de Bissy oubliait que Ledieu avait obtenu son consentement pour cette énorme innovation. Le manuscrit de Ledieu ne donne pas la réponse de celui-ci au prélat, et présente même à cet endroit une lacune considérable. Nous avons raconté ailleurs les événements qui s'ensuivirent. L'évêque de Meaux qui tenait à passer pour un prélat orthodoxe, et qui l'était en effet, ne put s'en tirer autrement qu'en fulminant un mandement énergique contre son propre missel. Il défendit la lecture de la Lettre apologétique que Ledieu avait publiée pour expliquer sa conduite, et ce dernier fut désavoué par le Chapitre, dans une délibération imprimée (1). Mais il ne vint dans l'esprit de personne, ni a Meaux, ni ailleurs, que l'arbitraire et l'absence de toute correction supérieure exposaient la Liturgie, et par elle la foi de l'Église, à tous les hasards, et que la réserve apostolique qui régnait dans tout le reste de la chrétienté pour les textes liturgiques, était la seule sauvegarde de l'orthodoxie, et une protection efficace pour l'honneur de l'épis-

---

(1) *Institutions liturgiques.* Tome II, page 137 et suivantes.

copat. Les livres liturgiques composés par de simples particuliers et acceptés par les évêques se multiplièrent plus que jamais, et vingt-sept ans après, on voyait un archevêque de Paris, après avoir publié aussi un bréviaire par lettre pastorale, imposer de nombreux cartons à un texte déjà répandu dans son diocèse, sous sa garantie ; ce qui montre d'abord qu'il l'avait publié sans l'avoir lu. Encore une fois, Rome, avec toutes les prétendues entraves de la Congrégation des Rites, est de beaucoup préférable à cette liberté dont nous avons été si fiers.

Le mauvais succès du Missel de Meaux qu'il avait fallu amender, pour le rendre orthodoxe, n'arrêta pas la manie des innovations liturgiques dans ce diocèse. On eut encore le courage de songer à un nouveau bréviaire, et d'ailleurs il devenait nécessaire d'en fabriquer un, du moment que le missel, moyennant les corrections, se trouvait maintenu. Toutefois, l'abbé Ledieu avait perdu la confiance de l'évêque, et ce ne fut pas lui, mais l'abbé Treuvé, théologal de l'Église de Meaux, auquel Henri de Bissy confia cette œuvre importante. Nous trouvons cependant encore quelques traits curieux dans le journal de Ledieu sur cette affaire et nous allons les mettre sous les yeux du lecteur. Il y est question pour la première fois du bréviaire, au printemps de l'année 1710.

« (1710) *Avril, mardi* 29. On dit que le P. Doucin a bien triomphé de son succès contre le missel. Il sera encore plus grand contre le bréviaire ; certainement, il a augmenté l'*audace de quelques esprits emportés.* »

Ces paroles nous apprennent que, du moins, dans la pensée de Ledieu, le P. Doucin, jésuite, ami de l'évêque de Meaux, devait être regardé comme l'auteur de la rétractation qu'avait faite ce prélat, au sujet de son missel, et qu'il surveillait aussi la rédaction du futur bréviaire. On comprend également que les *esprits emportés* sont ici les catholiques qui s'inquiétaient des progrès que faisait l'innovation, et du triomphe prochain des jansénistes par la Liturgie.

« *Ce jeudi*, 1ᵉʳ *mai*. Le P. Doucin ayant vu le plan du nouveau bréviaire que M. de Meaux lui a fait donner, il s'est récrié à l'encontre, disant que les chanoines seraient bien obligés de dire les dix-huit psaumes des matines du dimanche, et les douze psaumes des matines des féries ; que l'on porterait au roi et jusqu'à Rome les plaintes contre leur nouveauté de ne mettre que neuf psaumes à toutes les matines, quelles qu'elles soient, et encore contre leur dessein de diviser tous les grands psaumes. On lui a fait voir ce dessein exécuté dans le bréviaire de Narbonne qui est de M. de la Berchère, ami de la Société et de sa doctrine; sans parler des autres nouveaux bréviaires d'Orléans, Sens et Lizieux, qui ont suivi le même plan. Il en est encore plus irrité, traitant tout cela de nouveautés, et menaçant de s'y opposer de toute sa force. Sur ce pied, ses espions Delpy et de Mouhy (*Chanoines de Meaux*) nous promettent un bréviaire tout différent du plan qu'on en avait pris, et qui, disent-ils, obligera de faire imprimer aussitôt après un nouveau missel, au plus tard dans deux ans ; c'est le terme qu'ils donnent au nouveau missel qu'ils se flattent de supprimer. »

Le moyen le plus efficace d'arrêter l'innovation liturgique, au xviiiᵉ siècle, eût été, en effet, de tenir ferme pour le maintien de la division romaine du psautier. Sans doute l'esprit de secte avait fait naître un certain nombre de compositeurs liturgistes dans les rangs du parti janséniste ; mais ils ne pouvaient espérer de faire goûter leurs utopies à la masse du Clergé, qu'en offrant l'attrait d'un bréviaire plus court. Or, cette abréviation de la prière ecclésiastique ne pouvait avoir lieu qu'au moyen d'une nouvelle division du psautier, destinée à remplacer celle dont l'Église usait depuis les premiers siècles. C'est encore ici un des points sur lesquels le sens traditionnel de Bossuet eût tout sauvé. On a vu ci-dessus combien il tenait à maintenir pour chaque jour de la semaine, aux petites Heures, le psaume CXVIII. Il n'en fallait pas davantage pour arrêter les systèmes modernes sur l'arrangement du psautier. C'est précisément parce qu'on avait besoin de soixante-douze nouveaux psaumes aux féries, pour les petites Heures, du moment qu'on affectait au seul dimanche le psaume CXVIII, qu'il devenait nécessaire de ruiner de fond en comble l'ancienne division. Bossuet, selon le propre récit de Ledieu, voulait expressément maintenir le psaume CXVIII pour chaque jour de la semaine ; par cela seul, il arrêtait l'innovation dans sa source. Mais Bossuet venait de mourir, et l'oubli des vraies traditions, à une époque où l'on ne parlait que de ramener toutes choses à l'antiquité, ne permit pas de comprendre la gravité du pas qu'on allait franchir. Tout se tient dans les choses de la religion, et les changements qui ne sont pas exécutés par la puissance supérieure courent risque bien souvent d'enfanter l'anarchie. Dès qu'on eut laissé voir aux novateurs que la diminution de l'office divin pouvait séduire ceux mêmes qui ne partageaient pas leurs principes, ils se sentirent forts ; et une fois maîtres des livres liturgiques, ils en firent, comme ils s'en sont vantés, un des principaux trophées de leur victoire.

Toutefois, les menées de l'abbé Ledieu n'eurent pas tout le résultat qu'il s'en promettait, quant au Bréviaire de Meaux ; le Psautier romain fut au moment d'être maintenu ; plus tard, il est vrai, on finit par l'altérer ; mais du moins, les hésitations de l'évêque assurèrent la conservation d'un grand nombre de détails de l'antique et romaine Liturgie. Parmi les bréviaires que cite Ledieu, et qui déjà avaient abandonné l'ancienne forme du psautier, c'est *à tort* qu'il compte le Bréviaire d'Orléans, puisque le cardinal de Coislin avait, du moins sur cet article, maintenu la tradition.

Quant au projet de rédiger le Bréviaire de Meaux dans une forme qui rendît inutile le missel que l'on venait de publier, il n'eut pas de suite. Henri de Bissy ayant voulu conserver le calendrier de ce missel, la marche du bréviaire se trouvait fixée pour le Propre des Saints, qui est une partie si importante dans un livre liturgique.

Reprenons le journal de l'abbé Ledieu.

« 10 *Juin*. M. de Meaux a dit à M. de Saint-André, sur le dessein du bréviaire, que l'on s'attirait de nouvelles plaintes, que l'on avait pensé les porter au clergé de France, contre tous les nouveaux bréviaires qui ont fait de nouvelles divisions des psaumes et du psautier. C'est l'effet d'une lâche complaisance pour les jésuites, qui ne peuvent souffrir qu'on fasse de nouveaux bréviaires sans eux, voulant mettre leur nez partout, et tout gouverner à leur fantaisie. C'est donc un faux zèle qui les fait parler, et dont ils couvrent l'envie qu'ils ont de régenter les évêques mêmes et les Églises. Au reste, M. de Meaux n'a rien dit aux commissaires du bréviaire, ni parlé de leur rendre leur plan. Ainsi, voilà ce travail tombé. Et aussi faut-il bien attendre la nomination à l'archevêché de Reims et aux grands bénéfices vacants, et ne se point donner d'exclusion. »

Il y avait donc encore en ce moment, dans nos églises, un mouvement de réaction, si faible qu'il fût, en faveur des traditions liturgiques, et l'on doit vivement regretter que la cause n'ait pas été portée devant l'Assemblée du clergé, comme on vient de voir qu'il en fut question. Le nombre des diocèses qui avaient accepté l'innovation était encore très peu considérable ; dans plusieurs églises, comme à Paris, à Reims, à La Rochelle, les nouveaux livres contenaient encore la plus grande partie de la Liturgie romaine ; on pouvait donc encore remonter le courant. Vingt ans après il eût été trop tard, et telle modification contre laquelle se révoltait le sentiment catholique en 1710, allait être bientôt regardée comme parfaitement licite, et même comme méritoire, après 1730.

Il est curieux de voir comment les jésuites qui rendent à l'évêque de Meaux le service de le retenir sur une pente contre laquelle il n'était pas assez en garde, sont accusés ici de vouloir *régenter les évêques et les églises*. Les jésuites parlent au nom de l'antiquité, de l'unité, de l'autorité ; il ne s'agit pas de leur œuvre, puisque enfin ils n'existaient pas encore au ive siècle, époque à laquelle les anciens liturgistes reportent la division romaine du psautier ; n'importe : *c'est un faux zèle qui les fait parler*. Si Henri de Bissy voulait bien encore se faire *régenter* par Ledieu, tout serait le mieux du monde ; mais l'excellent évêque se rappelle les palinodies auxquelles sa déférence pour Ledieu l'a engagé. Il préfère écouter ceux qui cherchent à le prévenir contre les nouveautés, et à le garantir des influences qui déjà ont jeté l'amertume sur son épiscopat. On vient de voir aussi qu'après avoir exhalé sa bile contre les jésuites, Ledieu témoigne son mépris pour l'évêque de Meaux. Décidément, parce que le prélat ne veut pas qu'on touche à la division séculaire du psautier, cela veut dire qu'il convoite l'archevêché de Reims. Rien n'est curieux comme ce dépit d'un fabricateur de Liturgie mis à la réforme. *Et nunc, intelligite.*

« *Mercredi*, 16 *septembre*. M. de Meaux a fait venir à Germigny MM. Morin, chantre, Fouquet, chanoine, et Treuvé, théologal, députés du bréviaire pour leur rendre le plan, et leur donner un nouvel avis de Paris. Cet avis est contenu en un grand mémoire, où le plan des commissaires est réfuté, et se termine à dire que la division des psaumes, telle qu'elle est dans le bréviaire romain, étant reçue par toute l'Église, doit être aussi suivie dans nos bréviaires de Meaux, comme dans l'ancien ; de même que la division et lecture de la sainte Écriture, telle qu'elle s'y fait ; et enfin les antiennes propres, comme de saint Laurent, de saint Martin et semblables, qui sont tirées ou des Actes de Martyrs, ou des Vies des Saints ; que lui-même s'en tient à ce dernier avis pour deux raisons : 1° parce qu'il ne croit point avoir cette autorité, qui n'appartient, dit-il, qu'au concile de la province ; 2° parce que ce sera plus tôt fait, n'y ayant qu'à suivre le bréviaire d'aujourd'hui, en s'attachant néanmoins au calendrier du nouveau missel. »

« *Lundi*, 20 *octobre*. Tout le temps de la conférence a principalement roulé sur le plan du nouveau bréviaire, et sur le dessein de faire une nouvelle division du psautier et des longs psaumes, pour donner facilité, toutes les matines étant égales, de renvoyer toujours aux psaumes de la férie, et par ce moyen dire le psautier sans faute dans chaque semaine. A quoi ce prélat n'a pu consentir, et a permis seulement que l'on lui donnât par écrit les raisons de cette nouvelle distribution ; et le bureau travaille à ce mémoire. »

« *Ce mardi*, 9 *décembre*, sur le soir, l'assemblée des commissaires du bréviaire s'est réunie à l'évêché. M. le théologal y a lu sa réponse au mémoire de Paris; essayant de persuader le prélat de la bonne disposition du plan du nouveau bréviaire, conforme à tous ceux qui se sont imprimés depuis vingt ans, et qui s'impriment actuellement. Mais le prélat n'en a point été persuadé ; et il a demandé un peu plus de temps pour se déterminer, promettant de le faire incessamment. On croit qu'il écrit pour cela à son conseil de Paris ; comme si, en cette matière, il avait d'autre conseil que son Chapitre, suivant tous les conciles. »

« (1711). *Le lundi*, 5 *janvier*. Les commissaires du bréviaire sont demeurés d'accord de s'assembler deux fois par semaine, pour travailler au bréviaire nouveau sur le plan ci-devant proposé, et de l'agrément de M. l'évêque de Meaux, mais qui n'en a rien signé ; il s'est contenté de le dire verbalement à M. le théologal et non aux autres. Ce dessein de travailler sans discontinuer, pris au commencement de ce mois de janvier 1711, nous en verrons le progrès : ils doivent aller vite, car ils se proposent de garder bien des choses de l'ancien bréviaire, comme répons, etc. »

Durant cet intervalle, l'abbé Ledieu s'impatientait de ne rien faire ; son exclusion de l'œuvre du bréviaire lui était dure, et il cherchait à intervenir, au moins par voie indirecte ; ce fut en vain.

« *Octobre*. Ayant appris dès le mois de septembre que le travail du bréviaire était prêt pour l'impression, j'ai fait un mémoire touchant la lecture de l'Écriture sainte dans l'Église, pour faire voir l'importance de la lire tout entière dans un an, suivant la tradition constante, et surtout pour démontrer qu'il n'est pas permis de la tronquer et mutiler, ni d'y faire des retranchements ou coupures. Cet écrit s'est trouvé prêt dès le mois de septembre que M. l'évêque de Meaux devait revenir à Meaux. M. de Saint-André l'a vu et l'a fait voir aux commissaires du bréviaire ; ils n'en ont tenu aucun compte, et ont dit qu'ils suivaient dans leurs retranchements les exemples de Cluny et de Sens ; et ils n'ont pas porté plus loin le mémoire qui me fut aussitôt rendu.

« J'ai cru devoir en parler à M. Gaudar, nouveau théologal, et même lui donner mon écrit à lire. Il est dans toutes mes raisons, trouvant l'écrit très bon, et il a même voulu le communiquer à M. Chevallier, archidiacre et grand vicaire, qui, de son côté, touché de ce mémoire, s'est chargé de savoir des commissaires mêmes en quoi consistent leurs retranchements et jusqu'où ils les portent. Quelques-uns d'eux en ont depuis parlé à M. Gaudar, théologal, pour en avoir son avis, se plaignant à lui, que tout passait aux désirs de M. Treuvé, sans un plus grand examen. Ainsi ce mémoire a fait en dernier lieu un peu plus d'impression, et peut-être y puisera-t-on encore davantage : c'est ce qu'il faudra suivre. »

L'année suivante, le bréviaire fut terminé. Voici en quels termes Ledieu rend compte de ses impressions :

« (1712). *Octobre.* Il y a un mandement imprimé de M. l'évêque de Meaux, du 6 novembre 1712, envoyé à tous les curés, pour leur ordonner de se servir du nouveau bréviaire de Meaux, le 1er dimanche de l'Avent, 27 novembre 1712, ou au plus tard le 1er janvier 1713 ; tout autre bréviaire demeurant interdit. Ce mandement est fort succinct. »

« C'est tout ce que j'ai vu du Bréviaire de Meaux ; *nous l'examinerons et l'éplucherons à loisir.* Comme on l'a fait et imprimé fort vite, sans en rien voir au net, il est difficile qu'il ne se soit pas glissé bien des fautes dans un ouvrage si précipité. »

« (1713). *Janvier.* Le bréviaire du sieur Treuvé, autrement dit le nouveau Bréviaire de Meaux, devient ici commun, et plusieurs s'en pourvoient. Je n'en ai point encore à moi, et néanmoins je l'ai lu et parcouru tout entier. La disposition en paraît bonne, utile et édifiante : surtout la division des psaumes, qui est à peu près celle de Sens. Mais, dans l'exécution, il y a des défauts et des négligences insupportables, même aux choses importantes, et dans les saints du diocèse que l'on s'était proposé de faire connaître, dont néanmoins on a ignoré des faits notoires, comme le lieu où reposent leurs reliques, ce qui appartient toutefois au bréviaire et à l'histoire ecclésiastique du diocèse. Il n'y a point du tout de latinité, ni dans l'épître préliminaire, ni dans les légendes de la façon du sieur Treuvé. On remarque même en d'autres légendes d'une bonne latinité les additions qu'il y a faites, par le latin détestable qu'il y a fourré. Pour les fautes que l'on nomme *errata*, elles sont innombrables et indignes de gens de lettres : au grand mépris des lecteurs de l'office divin et de Dieu même, puisqu'il s'agit ici précisément de son culte, et que c'est le cas de dire: *maledictus qui facit opus Dei frauduleuter*, i. e. *negligenter*. Au reste, ce M. Treuvé auteur, avait un marché fait, et il a reçu une récompense d'onze cents livres pour ce travail. Suivant la pratique des mercenaires, il devait rendre son ouvrage accompli, sinon perdre de son prix fait, à proportion de ses fautes. C'est une perte irréparable, qu'une Église, qu'un diocèse et tout un clergé soient si mal servis, en un temps où il était si aisé de faire un ouvrage parfait : car, à cause de la dépense, l'on n'y saurait revenir de près de cent ans : *et alors on aura perdu ce goût.* »

« Comme l'on commence à se servir du nouveau bréviaire en particulier, et que plusieurs s'en sont pourvus, ou par la curiosité de le lire, chacun y remarquant ce nombre étonnant de fautes qui sautent aux yeux, on ne peut se tenir d'en parler, et de s'en plaindre comme d'un scandale public dans l'office divin. Le bruit en est revenu aux oreilles du principal auteur et des commissaires, qui sont bien honteux de voir leurs âneries connues, et qui ne craignent rien tant que de les entendre relever. Ils voudraient bien qu'elles demeurassent dans l'oubli, et ils ne peuvent se résoudre à faire un *errata* général et exact, pour avertir du moins les plus ignorants des corrections nécessaires. Ainsi, c'est un mauvais ouvrage abandonné : et, pour le sieur Treuvé, il dit qu'il ne veut pas en entendre parler, et qu'on l'a tellement pressé, qu'il n'a pu y donner plus de soins. Il parle toujours comme un mercenaire, qui n'aurait plus rien à gagner, quelque peine qu'il prît pour la correction de ses fautes. »

Nous arrêterons ici nos extraits du journal de Ledieu sur la nouvelle Liturgie de Meaux ; le reste n'a plus rapport qu'aux contestations qui eurent lieu entre l'évêque et le libraire, pour le privilège. Il va sans dire que Ledieu ne ménage pas Henri de Bissy ; au reste, on est accoutumé à son ton qui seulement devient plus aigre, à partir du moment où l'auteur du missel a perdu l'espoir de rédiger par lui-même le bréviaire.

On a dû remarquer, dans l'article qui précède, l'aveu que laisse échapper, avec un certain dépit, l'abbé Ledieu, quand il prévoit que, dans un siècle, le goût des nouveautés liturgiques pourrait bien être passé. Cette fièvre, en effet, ne devait pas se prolonger au delà d'une certaine durée. Le jansénisme qui l'avait occasionnée a fait son temps ; la prétention gallicane à avoir des livres liturgiques rédigés dans le goût français, prétention qui, grâce à l'esprit mobile et entreprenant de notre nation, n'a pu cependant produire un bréviaire et un missel à l'usage de toutes les Églises de France; cette prétention, disons-nous, s'est calmée de nos jours. Nous avons vu composer quatre bréviaires, et déjà, deux de ces bréviaires, ceux de Quimper et de Nîmes, sont remplacés par le romain, avant même que la première édition ait eu le temps de s'épuiser. Celui de Meaux dont nous venons de raconter l'histoire a été, il y a vingt ans, remplacé par un autre qui, assurément, ne durera pas autant que celui qui l'a précédé.

Le sens catholique, chez nous, comprend assez généralement aujourd'hui que, du moment où l'Église a publié un bréviaire et un missel, ce sont ceux-là qu'il faut adopter, et qu'il y a un inconvénient réel à morceler par diocèses, dans une des grandes provinces de l'Église, l'élément de la prière publique dont se contentent les autres régions de la catholicité. L'abbé Ledieu vaincu par l'abbé Treuvé et se promettant en revanche de l'*éplucher* à propos de son bréviaire ; un évêque dupé avec scandale, pour avoir publié un missel rempli de nouveautés dont il ne soupçonne pas l'importance ; ce sont choses que nous ne reverrons plus. Nous avons raconté ailleurs comment et dans quelles circonstances de pareils abus devinrent possibles. La tendance de nos jours est tout entière à l'unité et à la conformité avec Rome ; la valeur de la Liturgie, comme confession de foi séculaire, est de plus en plus appréciée; la gravité des moindres changements dans ce qui la concerne et les inconvénients de l'arbitraire dans le service divin se révèlent de plus en plus ; l'étude sérieuse des textes de la Liturgie romaine si peu compris aujourd'hui, parce qu'on avait suspendu la lecture des Pères et de l'antiquité ecclésiastique, achèvera d'éclairer ceux qui hésitent encore, et, tôt ou tard, au lieu de se glorifier d'une Liturgie particulière qui ne représente que les idées d'un individu et d'une époque, on sentira mieux l'avantage d'être en communion avec tous les temps et tous les lieux, au moyen de ces formules sacrées que chaque siècle est venu enrichir et compléter par l'expression simple et forte de sa foi et de sa piété.

FIN DU SECOND VOLUME.

TABLE DU SECOND VOLUME

Pag.

Préface   I

Chapitre XVII

De la Liturgie durant la seconde moitié du XVIIe siècle. Commencement de la déviation liturgique en France. — Affaire du Pontifical romain. — Traduction française du Missel. — Rituel d'Alet. — Bréviaire parisien de Harlay. — Bréviaire de Cluny. — Hymnes de Santeul. — Caractère des chants nouveaux. — Travaux des Papes sur les livres romains. — Auteurs liturgistes de cette époque   1

Notes du Chapitre XVII

A. Bref d'Alexandre VII (12 janvier 1661), condamnant la traduction française du missel.   118
B. Bref de Clément IX (19 avril 1668), portant condamnation du Rituel d'Alet.   119
C. Lettre pastorale de François de Harlay, archevêque de Paris, annonçant à son clergé le nouveau Bréviaire de Paris.   120
D. Lettre pastorale du même, annonçant le nouveau Missel du diocèse.   122

Chapitre XVIII

De la Liturgie durant la première moitié du XVIIIe siècle. Audace de l'hérésie janséniste. Son caractère antiliturgique prononcé de plus en plus. — Quesnel. — Silence du Canon de la Messe attaqué. — Missel de Meaux. —

Missel de Troyes. — Languet. — Sa doctrine orthodoxe. — Dom Claude de Vert. Naturalisme dans les cérémonies. — Languet. — Liturgie en langue vulgaire. Jubé, curé d'Asnières............................ 125

Notes du Chapitre XVIII

A. Mémoire confidentiel de Fénelon adressé à Clément IX sur l'état de la France en 1705 sous le rapport du Jansénisme...... 208
B. C. D. E. Mandements de Languet archevêque de Sens, contre le nouveau Missel de Troyes (an. 1752)........................ 209
F. Lettre de Charles de Saint-Albin, archevêque de Cambrai, par laquelle il adhère à la condamnation du Missel de Troyes, par l'archevêque de Sens.. 214
G. H. Réponse de Languet à l'évêque de Troyes.................. 215

Chapitre XIX

Suite de l'histoire de la Liturgie, durant la première moitié du XVIII* siècle. — Projets de Bréviaire *à priori*. — Grancolas. Foinard. — Bréviaires de Sens, Auxerre, Rouen, Orléans, Lyon, etc. — Bréviaire et Missel de Paris, du cardinal de Noailles. — Bréviaire et Missel de Paris, de l'archevêque Vintimille. — Auteurs de cette Liturgie. Vigier, Mésenguy, Coffin. — Système suivi dans les livres de Vintimille. — Réclamations du Clergé. — Violences du Parlement de Paris. — Triomphe de la Liturgie de Vintimille.................... 218

Notes du Chapitre XIX

A. Lettre pastorale de Vintimille, archevêque de Paris (3 décembre 1735), imprimée en tête du nouveau Bréviaire.............. 336
B. Lettre pastorale du même sur le nouveau Missel de Paris (11 mars 1738)... 338

Chapitre XX

Suite de l'histoire de la Liturgie, durant la première moitié du XVIIIe siècle. — Réaction contre l'esprit janséniste des nouvelles Liturgies. — Bréviaire d'Amiens.

Robinet. — Bréviaire du Mans. — Caractère général de l'innovation liturgique sous le rapport de la poésie, du chant et de l'esthétique en général. — Jugements contemporains sur cette grave révolution et ses produits 342

Chapitre XXI

Suite de l'histoire de la Liturgie, durant la première moitié du XVIIIe siècle. — Affaire de la Légende de saint Grégoire VII............................. 395

Notes du Chapitre XXI

A. Ode de saint Alphane, archevêque de Salerne, sur saint Grégoire VII......... 461
B. Bref de Benoît XIII portant condamnation du mandement de l'évêque d'Auxerre qui défendait la récitation de l'office de saint Grégoire VII... 462
C. Bref du même par lequel il casse et annule les arrêts des parlements de Paris et de Bordeaux contre l'office de saint Grégoire VII... 463

Chapitre XXII

Fin de l'histoire de la Liturgie durant la première moitié du XVIIIe siècle. — Travaux des Souverains Pontifes sur la Liturgie romaine. — Auteurs liturgistes de cette époque.............. 465

Note du Chapitre XXII

Règlements de l'École des Rites sacrés, fondée à Rome par Benoît XIV... 501

Chapitre XXIII

De la Liturgie durant la seconde moitié du XVIIIe siècle. Derniers efforts pour la destruction des usages romains en France. — Rondet et ses travaux. — Bréviaire de

Poitiers. Jacob. — Bréviaire de Toulouse. Loménie de Brienne. — Bréviaire de Lyon. Montazet. Révision du Parisien. Symon de Doncourt. — Assemblée des Évêques de la Province de Tours. — Bréviaire de Chartres. Sieyès. — Missel de Sens. Monteau. — Désorganisation de la Liturgie dans plusieurs ordres religieux en France. — Situation de l'Église de France, sous le rapport liturgique, au moment de la persécution. — Entreprises antiliturgistes de Joseph II, en Allemagne et en Belgique ; de Léopold, en Toscane. — Ricci. Synode de Pistoie. — Conspiration générale de la secte antiliturgiste contre le culte et l'usage de l'Eucharistie. — Réaction catholique par le culte du Sacré-Cœur de Jésus. — Tentatives antiliturgistes de la secte constitutionnelle en France, après la persécution. — Travaux des Papes sur la Liturgie romaine, durant la dernière moitié du XVIIIe siècle. Bulle *Auctorem fidei*. — Auteurs liturgistes de cette époque. 503

Chapitre XXIV

De la Liturgie au XIXe siècle. — En France, rétablissement du culte catholique. Projet d'une Liturgie nationale. Actes du Légat Caprara. Sacre de Napoléon. Pie VII dans les églises de Paris. Situation générale de la Liturgie sous l'Empire. — Caractère des œuvres liturgiques sous la Restauration et depuis. Destruction presque totale de la Liturgie romaine. Mouvement inverse et favorable aux usages romains. Nouvelle modification du Parisien en 1822. Efforts divers dans le même sens. Difficultés de la situation, et son remède. — En Allemagne, scandales des Antiliturgistes. Ordonnance de l'Évêque de Rottenbourg. Affaire de Cologne. — En Angleterre, tendances favorables aux formes catholiques, et au Bréviaire romain en particulier. — En Russie, influence désastreuse de la Liturgie grecque. — A Rome, travaux des Papes sur la Liturgie romaine. — Bibliothèque des auteurs liturgistes du XIXe siècle........................ 583

Notes du Chapitre XXIV

A. Instruction du cardinal Caprara sur la manière de célébrer la Fonction du 15 août (21 mai 1806)............................ 694
B. Lettre pastorale de Mgr Parisis, évêque de Langres, sur le rétablissement de la Liturgie romaine dans son diocèse (texte latin). 696
C. Légende de Thomas Kent, évêque anglican de Bath, mort en 1710, rédigée par un protestant............................ 698

Appendice

Critique des hymnes de Santeul par le P. Arevalo................ 701

Addition

Extraits du journal de l'abbé Ledieu sur la nouvelle Liturgie du diocèse de Meaux.. 719

FIN DE LA TABLE DU SECOND VOLUME.

Le Mans. — Typographie Edmond Monnoyer, place des Jacobins, 12.

WITHDRAWN

CATHOLIC THEOLOGICAL UNION
X1970.G83   C001 V002
NSTITUTIONS LITURGIQUES 2E ED. PARIS

3 0311 00045 9003

73366